2026
조선바텐더 조주기능사

필기+실기+100% 무료강의

이진광 편저

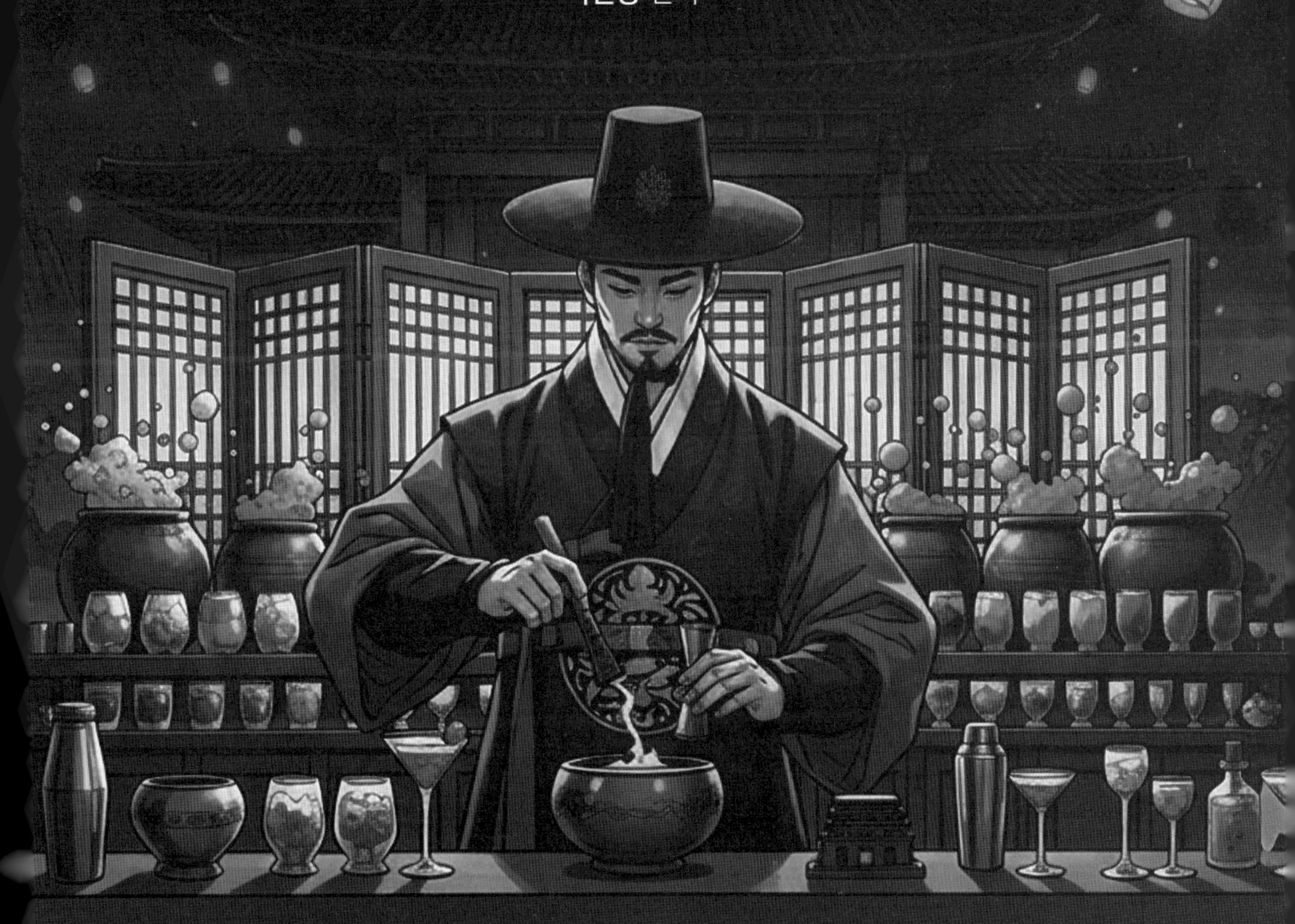

조선바텐더 유튜브

조선바텐더 카페

직업상점

PREFACE

조 선 바 텐 더 조 주 기 능 사 필 기 / 실 기 / 무 료 강 의

5년간 다니던 대기업을 퇴사 하고 시드니 워홀이 끝나기 전까지 저자는 바텐더가 될 줄 몰랐다. 회사에 다니면서도 늘 새로운 것에 도전하고 자격증을 수집에 가까울 정도로 취득했다. 조주기능사도 그중 하나였다. 술이 좋아서, 사람이 좋아서 바텐더라는 직업에 매력을 느껴 조주기능사를 취득했고, 나만의 노하우로 단기간에 합격했다.

조주기능사를 준비하는 수강생분들은 취미로, 또는 바텐더가 되기 위해 조주기능사에 도전할 것이다. 그동안 수십 명의 수강생들을 합격할 수 있도록 가르치며 쌓은 노하우를 책 한 권에 담았다. 물론 이 책을 산다고 해서 무조건 합격하는 것은 아니다. 수강생이 열심히 공부해야 하는 것은 필수이다. 저자는 수강생이 한 번에 합격해 시간과 돈을 아낄 수 있도록 지금까지 쌓아온 노하우와 전략을 알려줄 것이다. 특히 실기 강의는 타 강의보다 수강생이 놓칠 수 있는 세세한 부분까지 알려주는 완벽한 강의로 무려 무료로 제공한다.

좀 더 술기로운생활을 할 수 있도록 항상 응원한다.

저자 이진광

GUIDE

조선바텐더 조주기능사 필기 / 실기 / 무료강의

✦ 필기 출제기준 ✦

직무 분야	음식서비스	중직무분야	조리	자격종목	조주기능사	적용기간	2025.1.1~2027.12.31

다양한 음료에 대한 이해를 바탕으로 칵테일을 조주하고 영업장관리, 고객관리, 음료서비스 등의 업무를 수행하는 직무이다.

필기검정방법	객관식	문제수	60문제	시험시간	1시간

필기과목명	문제수	주요항목	세부항목	세세항목
음료 특성, 칵테일 조주 및 영업장 관리	60	1. 위생관리	1. 음료 영업장 위생 관리	1. 영업장 위생 확인
			2. 재료·기물·기구 위생 관리	1. 재료·기물·기구 위생 확인
			3. 개인위생 관리	1. 개인위생 확인
			4. 식품위생 및 관련법규	1. 위생적인 주류 취급 방법 2. 주류판매 관련 법규
		2. 음료 특성 분석	1. 음료 분류	1. 알코올성 음료 분류 2. 비알코올성 음료 분류
			2. 양조주 특성	1. 양조주의 개념 2. 양조주의 분류 및 특징 3. 와인의 분류 4. 와인의 특징 5. 맥주의 분류 6. 맥주의 특징
			3. 증류주 특성	1. 증류주의 개념 2. 증류주의 분류 및 특징
			4. 혼성주 특성	1. 혼성주의 개념 2. 혼성주의 분류 및 특징
			5. 전통주 특성	1. 전통주의 특징 2. 지역별 전통주
			6. 비알코올성 음료 특성	1. 기호음료 2. 영양음료 3. 청량음료
			7. 음료 활용	1. 알코올성 음료 활용 2. 비알코올성 음료 활용 3. 부재료 활용

CRAFTSMAN BARTENDER

필기과목명	문제수	주요항목	세부항목	세세항목
음료 특성, 칵테일 조주 및 영업장 관리	60	2. 음료 특성 분석	8. 음료의 개념과 역사	1. 음료의 개념 2. 음료의 역사
		3. 칵테일 기법 실무	1. 칵테일 특성 파악	1. 칵테일 역사 2. 칵테일 기구 사용 3. 칵테일 분류
			2. 칵테일 기법 수행	1. 셰이킹(Shaking) 2. 빌딩(Building) 3. 스터링(Stirring) 4. 플로팅(Floating) 5. 블렌딩(Blending) 6. 머들링(Muddling) 7. 그 밖의 칵테일 기법
		4. 칵테일 조주 실무	1. 칵테일 조주	1. 칵테일 종류별 특징 2. 칵테일 레시피 3. 얼음 종류 4. 글라스 종류
			2. 전통주 칵테일 조주	1. 전통주 칵테일 표준 레시피
			3. 칵테일 관능평가	1. 칵테일 관능평가 방법
		5. 고객 서비스	1. 고객 응대	1. 예약 관리 2. 고객응대 매뉴얼 활용 3. 고객 불만족 처리
			2. 주문 서비스	1. 메뉴 종류와 특성 2. 주문 접수 방법
			3. 편익 제공	1. 서비스 용품 사용 2. 서비스 시설 사용
			4. 술과 건강	1. 술이 인체에 미치는 영향
		6. 음료영업장 관리	1. 음료 영업장 시설 관리	1. 시설물 점검 2. 유지보수 3. 배치 관리

필기과목명	문제수	주요항목	세부항목	세세항목
음료 특성, 칵테일 조주 및 영업장 관리	60	6. 음료영업장 관리	2. 음료 영업장 기구·글라스 관리	1. 기구 관리
				2. 글라스 관리
			3. 음료 관리	1. 구매관리
				2. 재고관리
				3. 원가관리
		7. 바텐더 외국어 사용	1. 기초 외국어 구사	1. 음료 서비스 외국어
				2. 접객 서비스 외국어
			2. 음료 영업장 전문용어 구사	1. 시설물 외국어 표현
				2. 기구 외국어 표현
				3. 알코올성 음료 외국어 표현
				4. 비알코올성 음료 외국어 표현
		8. 식음료 영업 준비	1. 테이블 세팅	1. 영업기물별 취급 방법
			2. 스테이션 준비	1. 기물 관리
				2. 비품과 소모품 관리
			3. 음료 재료 준비	1. 재료 준비
				2. 재료 보관
			4. 영업장 점검	1. 시설물 유지관리
		9. 와인장비·비품 관리	1. 와인글라스 유지·관리	1. 와인글라스 용도별 사용
			2. 와인비품 유지·관리	1. 와인 용품 사용

CONTENTS

조 선 바 텐 더 조 주 기 능 사 필 기 / 실 기 / 무 료 강 의

| 시험일 | / | 시험 목표 | | 점 |

✤ 필기 시험 준비 플랜&목차 ✤

주요항목	세부항목	세세항목	Page	Day	Check
PART 1 위생관리	01. 음료 영업장 위생관리	영업장 위생 확인	14	/	
	02. 재료·기물·기구 위생관리	재료·기물·기구 위생 확인	16	/	
	03. 개인위생 관리	개인위생 확인	24	/	
	04. 식품위생 및 관련법규	위생적인 주류 취급 방법 주류판매 관련 법규	27	/	
PART 2 음료 특성 분석	01. 음료 분류	알코올성 음료 분류	32	/	
		비알코올성 음료 분류	33	/	
	02. 양조주 특성	양조주의 개념	35	/	
		양조주의 분류 및 특징	35	/	
		와인	36	/	
		맥주	47	/	
	03. 증류주 특성	증류주의 개념	49	/	
		증류기 종류	49	/	
		증류주의 분류 및 특징	49	/	
	04. 혼성주 특성	혼성주의 개념	60	/	
		혼성주 제조방법	60	/	
		혼성주의 분류 및 특징	61	/	
	05. 전통주 특성	전통주의 특징	64	/	
		소주의 종류	64	/	
		전통주 특성에 따른 분류	64	/	
		지역별 전통주	65	/	
	06. 비알코올성 음료 특성	기호음료(차, 커피)	68	/	
		영양음료	74	/	
		청량음료	75	/	
	07. 음료 활용	알코올성 음료 활용	76	/	
		비알코올성 음료 활용	77	/	
		홈 메이드 음료	78	/	
	08. 음료의 개념과 역사	음료의 개념	79	/	
		음료의 역사	79	/	

주요항목	세부항목	세세항목	Page	Day	Check
PART 3 칵테일 기법 실무	01. 칵테일 특성 파악	칵테일 역사	82	/	
		칵테일 기구 사용	83	/	
		칵테일 분류	87	/	
	02. 칵테일 기법 수행	셰이킹(Shaking)	91	/	
		빌딩(Building)	91	/	
		스터링(Stirring)	92	/	
		플로팅(Floating)	92	/	
		블렌딩(Blending)	92	/	
		머들링(Muddling)	92	/	
PART 4 칵테일 조주 실무	01. 칵테일 조주	칵테일 레시피	96	/	
		얼음 종류	102	/	
		글라스 종류	103	/	
		칵테일 계량 단위	105	/	
		칵테일의 부재료	106	/	
		칵테일 장식	107	/	
		시럽	107	/	
		알코올 도수 계산법	107	/	
	02. 칵테일 관능평가	칵테일 관능평가 방법	108	/	
PART 5 고객 서비스	01. 고객 응대	예약 관리	112	/	
		고객의 개념과 정의	113	/	
		서비스의 개념과 정의	113	/	
		고객 불만족 처리	115	/	
	02. 주문 서비스	주문의 정의	117	/	
		메뉴 특성과 종류	117	/	
		주문	121	/	
	03. 편익 제공	와인 서비스	123	/	
		BAR 서비스	123	/	
PART 6 음료 영업장 관리	01. 음료 영업장 시설 관리	시설물 점검	126	/	
		유지보수	128	/	
		배치 관리	132	/	
	02. 음료 영업장 기구·글라스 관리	칵테일 기구 유지관리	135	/	
		기구/글라스 진열	136	/	
		기구/글라스 보관	136	/	

CRAFTSMAN BARTENDER

주요항목	세부항목	세세항목	Page	Day	Check
PART 6 음료 영업장 관리	03. 음료 관리	적정 수량 산정	138	/	
		원가관리	138	/	
		재고관리	142	/	
PART 7 바텐더 외국어 사용	01. 기초 외국어 구사	음료 서비스 외국어	148	/	
		접객 서비스 외국어	148	/	
	02. 음료 영업장 전문용어 구사	시설물 외국어 표현 기구 외국어 표현 알코올성 음료 외국어 표현 비알코올성 음료 외국어 표현	158	/	
PART 8 식음료 영업 준비	01. 테이블 세팅	영업기물별 취급 방법	164	/	
	02. 스테이션 준비	기물 관리 비품과 소모품 관리	170	/	
	03. 음료 재료 준비	재료 준비 재료 보관	172	/	
	04. 영업장 점검	시설물 유지관리	174	/	
PART 9 와인 장비/비품 관리	01. 와인글라스 유지·관리	와인글라스 용도별 사용	180	/	
	02. 와인비품 유지·관리	와인 용품 사용	186	/	
PART 10 기타 주장관리	01. 주장의 개요	주장의 개요	194	/	
	02. 바 조직의 직무	조직별 업무	194	/	
	03. 주장의 종류	다양한 주장의 종류	195	/	
	04. 주장의 시설	주장 내부 시설	196	/	
PART 11 기출문제	2012년도	1회 필기 기출	200	/	
		2회 필기 기출	210	/	
		3회 필기 기출	220	/	
		4회 필기 기출	230	/	
	2013년도	1회 필기 기출	240	/	
		2회 필기 기출	250	/	
		3회 필기 기출	261	/	
		4회 필기 기출	271	/	
	2014년도	1회 필기 기출	280	/	
		2회 필기 기출	290	/	
		3회 필기 기출	299	/	
		4회 필기 기출	308	/	

주요항목	세부항목	세세항목	Page	Day	Check
PART 11 기출문제	2015년도	1회 필기 기출	318	/	
		2회 필기 기출	327	/	
		3회 필기 기출	336	/	
		4회 필기 기출	346	/	
	2016년도	1회 필기 기출	356	/	
		2회 필기 기출	366	/	
		3회 필기 기출	376	/	
	2017년도	1회 필기 기출	386	/	
		2회 필기 기출	397	/	
	2018년도	1회 필기 기출	408	/	
		2회 필기 기출	418	/	
	2019년도	1회 필기 기출	428	/	
		2회 필기 기출	438	/	
	2020년도	1회 필기 기출	448	/	
		2회 필기 기출	458	/	
	2021년도	1회 필기 기출	468	/	
	2022년도	1회 필기 기출	478	/	
		2회 필기 기출	488	/	
	2023년도	1회 필기 기출	498	/	
	2024년도	1회 필기 기출	507	/	
PART 12 실전 모의고사	실전모의고사	1회	516	/	
		2회	523	/	
		3회	530	/	
		4회	537	/	
		5회	547	/	
		6회	557	/	

조주기능사
CRAFTSMAN BARTENDER

필기

MEMO

PART 01
위생관리

Chapter 01 음료 영업장 위생관리

01 식품위생

1) 식품, 식품첨가물, 기구 또는 용기, 포장을 대상으로 하는 음식에 관한 위생
2) 식품의 재배, 생산 또는 제조로부터 최종적으로 사람에게 섭취될 때까지의 모든 단계에서 식품의 안전성, 건전성, 건강성을 확보하기 위한 모든 수단

02 식품 안전성을 해치는 요인

1) 부패 변질된 것
2) 유해·유독 물질이 들어 있거나 묻어 있는 것
3) 병원미생물에 오염된 것
4) 불결하거나 다른 물질이 혼입된 것

03 식품 안전성 단계

1) 원료의 재배·채취 및 수확 단계
2) 식품의 제조 및 가공 단계
3) 식품의 기구·용기 및 포장 단계
4) 수송·저장 및 판매 단계
5) 섭취의 단계

04 안전을 위한 기본원칙

1) 세균이 식품에 오염되지 않도록 주의하고 일단 오염되면 사용하지 않음
  ① **세균성 식중독**: 세균이 증식한 음식을 섭취 후 발생하는 중독증상
   예 살모넬라, 장염, 황색포도상구균, 보틀리누스균
  ② **경구전염병**: 물/음식물을 통해 사람에게 질병을 일으키는 세균
   예 장티푸스, 파라티푸스, 콜레라, 소아마비
  ③ **인수공통전염병**: 동물로부터 사람에게 감염되는 병
   예 탄저, 브루셀라, 랩토스피라, 광견병
2) 변패/부패를 일으키는 미생물에 오염되지 않도록 살균 후 저온에서 보관

3) 재배, 생산, 가공, 제조, 저장 조리 등의 과정 중에 유독·유해 물질의 혼입을 방지

4) 식품위생법의 기준에 맞게 식품첨가물을 사용

5) 분변, 농약, 중금속 및 공장 폐수의 오염이 되지 않도록 함

6) 불량·부정 식품을 만들지 않음

05 식품에 의한 건강 장해 요인

1) **내인성**(natural, intrinsic) : 식품 원재료 자체에 함유되어 있는 유해 성분

① **유독·유해 성분**(자연독) : 버섯독, 복어독, 패류(마비성 조개독, 시구아테라 독, 식물성 알칼로이드, 발암 물질 등)

② **생리 작용 성분**(고유 유해물) : 식이성 알레르기(allergen), 항비타민성 물질, 항효소성 물질, 항갑상선 물질

2) **외인성** : 식품 원재료 자체에 함유되어 있지 않고 재배, 생산, 제조, 유통, 소비 과정에서 외부로부터 혼입되거나 이행된 것

① **생물적·미생물** : 식중독, 경구전염병, 인수공통전염병, 곰팡이독 등

② **기생충** : 회충, 요충, 디스토마 등

③ **인위적·의도적 식품첨가물** : 불허용 식품첨가물(둘신, 시클람산염), 불허용 타르 색소 등

④ **비의도적 식품첨가물** : 잔류 농약, 환경오염 물질, 방사선 물질, 용기·포장으로부터의 용출 물질, 방사선 강하물 등

⑤ **가공 중 과오 첨가물** : 비소화합물, 폴리염화바이페닐(PCB) 등

3) **유기성** : 식품의 조리 과정이나 섭취에 의하여 생체 내에서 생성되는 물질

① **물리적 작용** : 가열로 인한 산화유지, 조사유지

② **화학적 작용** : 조리 시 가열 분해물(PAH, n-nitrosamine 절임 식품, 조리 과정의 가열 분해물 등)

③ **생물적 작용** : 아질산염 및 아민·아미드(amine·amide)류와의 생체 내 생성(n-Nitroso 화합물)

06 합리적인 식품 위생관리의 장점

1) **식중독 사고 방지** : 세균, 곰팡이, 기생충 그리고 음료 영업장 바이러스로부터 식중독 사고를 막을 수 있어 안전한 식생활 문화를 조성할 수 있다.

2) **저장 기간 연장 및 품질 개선** : 미생물 관리를 통하여 부패, 변색, 변취 등을 예방, 식품 폐기 및 판매 손실을 최소화 할 수 있다.

3) **품질 개선 및 신뢰도 향상** : 식품 위생을 통하여 고객과의 관계 개선, 공중 보건의 위험 감소, 종업원의 도덕성 향상에 기여할 수 있다.

4) 각종 식품 관련 법적 규제로부터 피해를 막을 수 있다.

Chapter 02 재료·기물·기구 위생 관리

01 세척과 소독

세척과 소독은 식품 접촉 표면(그릇, 도구, 설비 등)을 통한 교차 오염을 예방하고 미생물을 안전한 수준으로 감소시키기 위해 반드시 실시하여야 한다.

1) 세척 : 급식 기구 및 용기 표면을 세제를 사용하여 음식찌꺼기와 잔여물을 제거하기 위한 작업

1종 세척제 (채소, 과일 전용 세제)	• 식기류나 조리기구 세척에도 사용 가능함 • 사용할 때에는 세척제 용액에 5분 이상 담그지 말 것 • 사용 후에는 반드시 음용수로 씻을 것 • 흐르는 물을 사용할 때에는 야채 혹은 과실을 30초 이상, 식기류는 5초 이상 씻음 • 흐르지 않는 물을 사용할 때는 물을 교환하여 2회 이상 씻음
2종 세척제 (식기 세척기용 세제)	• 2종은 1종의 용도로 사용하지 못하나 3종의 용도로는 사용할 수 있음 • 사용 후에는 세척제가 잔류하지 않도록 음용수로 씻을 것 • 용도 이외로 사용하거나 규정 사용량을 초과하지 말 것
3종 세척제 (주방기구용 세제)	• 3종은 1종, 2종의 용도로 사용하지 못함 • 사용 후에는 세척제가 잔류하지 않도록 음용수로 씻을 것 • 용도 이외로 사용하거나 규정 사용량을 초과하지 말 것

2) 소독 : 급식 기구, 용기 및 음식이 접촉되는 표면에 존재하는 미생물을 위생상 안전한 수준으로 감소시키는 것을 의미

대상	소독종류	소독방법	비고
식기 행주	열탕소독 (자비소독)	ㄱ. 열탕에서는 77℃, 30초 이상 ㄴ. 중기소독기 : 100~120℃, 10분 이상 ㄷ. 재질에 따른 방법 • 금속재 : 100℃, 5분 / 80℃, 30분 • 사기/토기 : 80℃, 1분 • 천류 : 70℃, 25분 / 95℃, 10분	그릇을 포개어 소독할 때에는 끓이는 시간을 연장
식기	건열소독	160~180℃, 30~45분	
작업대 기기 도마 생채소 과일	화학소독	ㄱ. 염소 용액 소독 • 생채소, 과일의 소독 : 100ppm 이상의 염소용액에 5분간 침지 • 발판소독조 : 100ppm • 식품 접촉면의 소독 : 200ppm, 1분 이상 ㄴ. 요오드 용액(기구, 용기 소독) : pH5 이하, 24℃ 이상, 요오드 25ppm이 함유된 용액에 최소 1분 침지 ㄷ. 70% 에틸알코올 소독(손, 용기 등) : 분무하여 건조	반드시 세척 후 사용

대상	소독종류	소독방법	비고
칼, 도마 식기 소도구 용기	자외선 소독	ㄱ. 살균력이 가장 강한 2537Å의 자외선에서 30~60분 조사 ㄴ. 기구 등을 포개거나 엎어서 살균하지 말고 자외선이 바로 닿도록 배치	자외선은 빛이 닿는 부분만 살균됨에 유의

① 소독액은 미리 만들어 놓으면 효과가 떨어지므로 1일 1회 이상 제조하여 사용한다.

② 소독제는 반드시 식품과 구분하여 안전한 장소에 보관한다.

③ 음료 영업장 기구류를 염소 용액으로 소독했을 경우에는 세척한 후 사용한다.

02 주방기기 및 기물관리

(1) 주방기기 및 조주기물의 위생 관리

1) 냉장·냉동고 관리

① 주 1회 이상 청소

② 온도를 주기적으로 측정 기록

③ 교차 오염을 예방하기 위해 식품을 분리 보관

④ 내부 용적을 70% 이하로 식품 보관

⑤ 조명은 라벨을 읽을 수 있을 정도로 함

2) 주방기기 및 조주기물 관리

① 사용 후 뜨거운 물로 깨끗이 씻어내고 세제를 묻힌 스폰지로 더러움을 제거하여 완전히 건조

② 물을 사용하지 못하는 기물들은 더러움을 제거한 후 행주로 닦고 소독용 알코올을 분무

3) 칼·도마·행주의 관리

① 칼은 사용 후 세척하여 자외선살균기에 넣어 보관

② 도마는 사용 재료에 따라 색을 구분하여 사용하며 교차 오염을 예방

③ 도마, 조리대 등 작업대 옆에는 소독 세제와 소독 비누 비치

④ 목제 기구는 세균이 잔존할 가능성이 높으므로 충분히 건조하여 사용

⑤ 마른 행주와 젖은 행주를 구분하여 사용

⑥ 행주는 사용 후 반드시 열탕 소독(5분 이상) 또는 염소 소독한 뒤 건조

4) 식기세척기 관리

① 음료 영업장 바닥에서 최소한 15cm 이상 위에 설치

② 온도, 수압을 알리는 계기판은 잘 보이는 장소나 기계 가까이에 부착

5) 조주기물과 각종 기기의 관리

구분	소독 종류	소독 방법
조주기물, 행주	열탕 소독	100℃에서 5분 이상 충분히 삶음
조주기물	건열 소독	100℃ 이상으로 2시간 이상 충분히 건조
작업대 도마 생채소, 과일	화학 소독	• 염소 용액 소독 : 채소 및 과일을 100ppm에서 5분간 담근 후 흐르는 물에 3회 이상 충분히 세척 • 70% 에틸알코올 소독 : 손 및 용기에 분무한 후 건조될 때까지 문지름
칼, 도마 식기류	자외선 소독	포개거나 뒤집어 놓지 말고 자외선이 음료 영업장에 닿도록 30 ~ 60분간 소독

03 자외선 살균

1) 자외선 살균 자외선은 1801년 독일의 화학자 J. W. 리터가 자외선이 가지는 사진 작용에서 처음 발견하였다. 자외선은 파장이 약 397~10nm인 전자기파의 총칭으로서, 극단적으로 파장이 짧은 자외선은 x선과 거의 구별되지 않는다. 즉, 자외선(UV Light)은 가시광선의 파장(400nm)보다는 짧고 X선(100nm)보다는 긴 파장을 가진 전자 방사선을 말한다.

2) 적외선을 열선이라 하는 반면, 자외선은 화학 작용이 강하므로 화학선이라 하기도 한다.

3) 파장의 길이에 따라 근자외선(파장 290nm 이상), 수정 범위의 자외선(수정을 투과하는 290~190nm), 슈만선(190~120nm), 라이만선(120~60nm), 밀리컨선(60nm 이하) 등으로 세분하고, 190nm 이하의 파장을 가지는 자외선은 원자외선이라고도 한다.

4) 자외선 살균의 특징은 모든 균종에 대해서 유효하며, 약물이나 가열 등에 의한 살균 방법과 달리 피조사물에 거의 변화를 주지 않는다.

5) 사용 방법이 간단하며 경제적이며, 공기와 물의 살균에 가장 적당하다.

6) 살균 효과는 조사 중에 한하여 잔존하지 않으나, 눈과 피부에 유해하기 때문에 안정상의 주의를 필요로 한다.

7) 자외선의 살균 효과는 자외선의 파장과 조사량(방사 강도 × 조사 시간)에 관계되며, 균종에 따라서 거의 동일하며 파장 250~260nm 부근이 가장 높다.

8) 자외선 살균 효과는 균의 종류, 수온, 물의 투과율, 램프의 자외선 출력의 열화, 램프 표면의 더러움, 처리 유량 등에 좌우된다.

04 음료의 위생적 보관

1) 정해진 곳에 정해진 물품을 구분하여 보관한다.
2) 선입선출이 용이하도록 보관, 관리한다.

3) 유통기한이 짧은 순으로 사용할 수 있도록 진열한다.

4) 진열되어 있던 음료를 다른 곳으로 잠시 이동하여 보관한다.

5) 세척제를 묻힌 브러시로 음료 진열장 표면의 먼지를 제거한다.

6) Steam, 4급 암모늄, 염소, 알코올, 요오드 등 '기구 등의 살균 소독제'를 빈틈없이 분무하고 일정시간 방치한다.

7) 자연 건조시킨다.

8) 매일 업무 마감 시간에 반드시 청소하며, 음료 진열장의 상태에 따라 수시로 청결 관리한다.

9) 잠재적 오염에 노출되지 않도록 주의한다.

05 냉장고 위생적 관리

1) 냉장 시설의 온도는 0~5℃ 이하로 유지하며 주기적으로 측정, 기록한다.

① HACCP 기준에서 냉장온도를 5℃ 이하로 정하고 있으며, 냉장 보관되어야 하는 식품은 이 온도 이상에서는 서서히 미생물이 증식하여 식품이 부패·변질된다.

2) 냉장고 내의 제품은 물건을 많이 넣어 냉기가 나오는 구멍을 막지 않도록 주의한다(일반 냉장고의 경우 70% 이내로 저장하고, 창고형 냉장고의 경우 40% 이내로 저장). 냉기 순환 장애로 고장이나 제품 변질, 효율 저하의 원인이 된다.

3) 교차 오염을 예방하기 위해 식품을 분리하여 보관한다.

4) 조명은 라벨을 읽을 수 있을 정도인 110룩스(Lux) 이상을 유지한다.

5) 주 1회 이상 냉장고 내부를 청소하고, 냉각기 코일은 최소한 1년에 한 번 청소한다. 청소할 때 반드시 코드를 뽑고 코일의 먼지를 조심스럽게 솔로 털거나 진공청소기로 제거한다. 그러면 냉장고 효율이 30% 향상될 수 있다.

① 냉장고 안에 있는 음료 및 식재료를 모두 꺼낸다.

② 신선도가 떨어지면 위험한 음식물은 다른 냉장고에 보관하고, 없으면 얼음팩 등을 이용하여 신도를 유지시켜 준다.

③ 칸칸이 있는 선반 등을 냉장고에서 분리하여 싱크대에서 깨끗하게 씻어 건조한다.

④ 냉장고 내부를 청소할 때는 주방용 세제에 물을 섞어 깨끗이 닦아내고 주방용 세제 등이 남아 있는지 체크한다.

⑤ 찌든 때나 얼룩 등은 남은 소주나 식초 등을 사용해서 닦아내면 힘들이지 않고 닦아낼 수 있다. (음료 영업장) 냉장고 문의 고무 패킹이나 손잡이 등도 잊지 말고 주방세제를 이용해 깨끗하게 닦는다.

⑥ 손이 잘 닿지 않거나 미세한 부분은 칫솔 등을 이용해 닦아주면 효과적이다.

⑦ 깨끗한 물에 적신 행주로 냉장고 내부와 손잡이를 깨끗하게 닦는다.

⑧ 마른 행주로 남아있는 물기를 잘 닦아 낸다.

06 자외선살균소독기를 올바른 사용법

1) 건조 상태 유지: 자외선 살균 능력은 습도가 높으면 감소하므로 식기류를 세척하여 건조시킨 후 자외선살균소독기에 넣어야 한다.

2) 1단식만 배치: 자외선살균소독기에 컵 등의 주방용 식기류를 넣을 때는 겹치지 않게 넣는다.

3) 위치별 살균 효과: 자외선살균소독기의 살균 소독력은 위치에 따라 상이하므로 가능한 상단 선반 구석은 피하여 넣는다.

4) 컵 방향별 살균 효과: 자외선살균소독기에 컵 등의 식기류를 넣을 때는 컵 등의 내면이 자외선 램프 쪽을 향하도록 한다.

5) 적정 시간 살균: 자외선살균소독기의 살균 소독력은 램프 출력, 사용 시간 등에 따라 차이가 있으므로 제품 설명서에 표시된 권장 살균 시간(예 출력 10W 램프 사용 시 40분 이상) 동안 넣는다.

6) 자외선 램프 청결: 자외선 방사 효율을 최적의 상태로 유지하려면 자외선 램프의 표면을 주기적으로 청소하는 것이 좋다.

7) 자외선 램프 교체: 자외선 램프 출력은 어느 시점에서 초기값 보다 급속히 감소되므로 감소되는 시점(예 자외선 출력이 초기값의 60%가 되는 시점)에서 램프를 교체하여 자외선 방출 능력을 유지하는 것이 좋다.

8) 음료 영업장 자외선살균소독기 선택 시 참고사항
① 내부 천정 및 벽면의 자외선 반사율이 높은 재질로 제작된 것인지 확인한다.
② 자외선살균소독기의 문을 열 경우 즉시 자외선 램프가 소등될 수 있도록 안전장치가 갖추어 졌는지를 확인한다.
③ 틈새가 완벽히 차단되어 자외선 누출이 없는지 확인한다.

07 조주 기구의 살균 소독

1) 식기 세정은 손으로 씻는 방법과 식기세척기를 이용하는 방식이 있는데, 업장의 형태나 규모에 따라 적절한 방법을 선택하여야 한다.

2) 수작업으로 세척할 때에는 조리용 싱크대가 아닌 식기세척용 싱크대를 사용한다. 수작업 시에는 애벌 세척-세척-헹굼-살균 소독-건조·보관의 5단계로 진행

① **1단계 애벌 세척**: 40℃ 정도의 물로 기구 및 용기에 붙은 찌꺼기를 씻어 낸다.
② **2단계 세척**: 브러시에 세제를 묻혀 남아있는 이물질을 완전히 제거한다.
③ **3단계 헹굼**: 40℃의 깨끗한 물로 세제를 충분히 씻어 낸다.
④ **4단계 살균 소독**: 마지막 단계에서는 77℃ 이상의 물에 30초간 열탕 소독하거나 기구 등의 살균 소독제를 사용하여 제품에 표시된 사용 방법(제품의 희석 방법, 살균 소독 대상별 사용 방법 및 사용량)에 맞게 살균 소독한다. 화학 소독제를 사용할 경우 염소 용액은 24~43℃, 100ppm 농도에서 5분간, 요오드 용액은 24~43℃, pH 5.0 이하, 12.5ppm 농도에서 1분 정도 침지하였다가 헹군다.

⑤ **5단계 건조·보관**: 소독이 완료된 식기는 2차 오염이 되지 않도록 자연 건조 시킨 후 식기 보관고에 보관한다.

기계 작업에 의한 세척을 위해서는 업장 규모에서 사용하는 식기의 재질, 종류, 용량에 맞는 식기세척기를 선정한다. 식기세척기의 용량은 단위 시간당 세정할 식기 및 기구의 최대 수량과 종류에 따라 결정된다. 식기세척기의 실제 처리 용량은 제품에 제시된 용량의 70%이며, 최적 용량은 제품 사양서를 참조한다.

08 조주기물 위생 관리 요령

(1) 은기물류(Silverware)

업장에서 사용하고 있는 은기물은 일반적으로 스테인리스 제품에 은도금한 것을 사용하며, 은도금이 되어 있지 않은 제품일지라도 식탁에서 사용되는 포크, 나이프, 스푼 등의 집기류들을 편하게 은기물이라 부르기도 한다. 은기물류는 변색될 가능성이 많으므로 깨끗이 닦은 후에 반드시 마른 수건으로 닦아야 하며, 장기간 보관해야 할 경우에는 비닐봉지 같은 밀폐 용기에 잘 싸서 보관하면 좋다.

1) 은기물류 취급 방법

① 운반이나 보관할 때는 같은 종류의 기물끼리 취급한다.
② 세척이나 세팅 시 지문이 묻지 않도록 한다.
③ 변색되거나 얼룩진 기물은 약물(distant)에 닦아서 사용한다.
④ 고객 앞에서는 부딪혀 소리 나지 않도록 주의한다.

2) 은기물류 세척 요령

① 뜨거운 물을 용기에 따로 준비한다.
② 종류별로 분류된 은기물을 왼손으로 적당량 잡는다.
③ 오른손으로 핸드타월(hand towel)을 잡고 뜨거운 물을 사용하여 닦는다.
④ 닦여진 기물을 종류별로 정리한다.

(2) 도자기류(Chinaware)

도자기류는 운반과 취급 시 매우 세심한 주의를 요한다. 식당 서비스 업장 현장에서 주로 차이나웨어라고 하는 도자기류는 식음료 상품을 판매하는 데 있어 매우 중요한 역할을 한다. 식음료의 역사 못지않게 오랜 역사를 갖고 있는 도자기류의 기물은 그 자체로서 예술이며, 그 예술 품위에 또 하나의 예술품인 요리의 작품을 올려놓음으로써 작품의 극치를 이루기도 한다. 식음료를 담고 운반하거나 보관하는 기능 외에도 재질에 따라 식음료의 신선도나 숙성도의 차이를 자아내는 기능 등 다양한 성질을 갖고 있는 기물들은 경제적 가치나 비용 면에서도 부담이 되는 것들이다.

1) 도자기류 취급 방법

① 음식이 닿는 부분을 손으로 잡거나 만져서는 안 된다.

② 마크(mark)나 로고(logo)가 있을 경우 고객 앞으로 바르게 놓이도록 제공한다.

③ 한 번에 들 수 있는 양만큼만 든다.

④ 왼손으로 접시 밑을 받친다.

⑤ 최대한 몸에 밀착시킨다.

⑥ 오른손으로 접시 윗부분을 잡고 접시의 흔들림을 방지한다.

(3) 글라스류(Glassware)

글라스는 음료 영업장의 용도로 사용되는 것이 대부분으로 디자인, 모양, 용량, 제조자에 의해서도 같은 용도의 것이 달리 만들어진다. 또한 동일한 글라스를 다양한 용도로 사용하기도 한다.

1) 글라스를 옮길 경우 어떤 경우에도 손가락을 끼워서는 안 된다. 스템(stem)이 있는 글라스는 스템을, 텀블러(tumbler)류는 하단을 잡아야 한다.
2) 사용한 글라스는 반드시 종류별로 구분하여 랙(rack)에 담는다.
3) 글라스류와 은기물류, 도자기류를 함께 모아 운반하지 않는다.
4) 트레이(tray)로 운반할 때는 글라스가 미끄러지지 않게 트레이에 매트 또는 냅킨을 깔고 무게가 한쪽으로 쏠리지 않도록 중심 자리부터 글라스를 붙여서 놓으며, 내용물이 담긴 글라스를 운반할 때는 조심해서 다루고 전후좌우 경계를 소홀히 해서는 안 된다.
5) 용기에 뜨거운 물을 따로 준비하여 세척된 글라스를 한 개씩 수증기에 쏘여 깨끗이 닦는다.
6) 닦기 전에는 금이 갔거나 깨어진 데가 있는지 확인한 후 닦도록 한다.
7) 닦을 때는 냅킨을 펼쳐 잡은 후 한쪽 엄지손가락과 냅킨을 글라스 안쪽에 넣고 나머지 손가락은 글라스 바깥부분을 쥐며, 다른 한쪽 손은 글라스 밑바닥을 냅킨으로 감싸 쥐고 무리한 힘을 가하지 않도록 글라스를 가볍게 돌려가면서 닦는다.
8) 닦는 순서는 윗부분부터 안팎을 닦은 후, 손잡이 부분과 밑바닥을 차례대로 물기가 없도록 깨끗하게 닦는다.
9) 수증기를 쏘여도 얼룩이나 물자국 등이 닦이지 않을 때는 뜨거운 물에 담갔다가 닦는다.
10) 닦은 후에는 먼지 또는 얼룩이나 물자국 등이 깨끗하게 닦였는지 철저히 점검해야 한다.

09 글라스류를 유지, 보관, 관리

1) **글라스의 손질**: 중성세제로 세척하여 따뜻한 물로 헹구고 흐르는 물로 다시 헹구어 엎어서 10분 정도 둔 뒤에 물기가 빠진 글라스를 마른 타월로 물기를 완전히 제거한다.

① 타월을 잡은 오른손으로 글라스 밑부분을 잡는다.

② 왼손은 글라스 림(rim) 부분을 잡는다.

③ 글라스 표면을 먼저 닦고, 림 부분을 닦는다.

④ 타월을 글라스 안쪽까지 깊숙이 넣고 닦는다.

2) 글라스 보관

① 글라스는 유리 제품이므로 포개어 놓지 않는다.

② 글라스는 먼지가 들어가지 않도록 엎어서 보관한다. 엎어서 보관이 어려운 글라스는 글라스 전용 캡을 사용하여 보관한다.

③ 열이나 직사광선, 연기, 습기, 가수, 불쾌한 냄새가 나는 곳을 피한다.

④ 냉동실에 넣어 오랫동안 얼려 놓지 않는다.

⑤ 글라스는 육류 등 식자재 창고에 함께 보관하지 않는다.

⑥ 영업 종료 후에는 전체를 덮개를 덮어 보관한다.

⑦ 와인잔과 같이 스템이 길고 볼(ball)이 큰 글라스류는 얇아서 깨지기 쉬우므로 글라스 랙에 꽂아서 사용해야 안전하게 진열 및 보관할 수 있으며 공간 활용에도 유리하다.

⑧ 선반에 놓고 진열/보관 시에는 붙여서 보관하는 것보다 조금의 여유 공간을 두어 글라스끼리 부딪쳐서 깨지지 않도록 주의한다.

⑨ 사용한 글라스는 세척하여 물기를 제거한 후 제자리에 보관한다.

Chapter 03 개인위생 관리

01 개인위생 관리

1) 제조, 가공, 보관, 유통 및 서비스에 이르기까지 식품과 직·간접적으로 접촉하게 되는 개인의 위생 관리가 무엇보다도 중요
2) 병원성 미생물이나 유해 물질이 음식물에 들어올 수 있는 경로는 사람과 음식물과의 접촉에 의한다. 장내 세균은 사람의 접촉으로 인하여 음식물에 들어오는 가장 중요한 병원성 미생물균이다.
3) 사람의 피부는 미생물 오염에 항시 노출되어 세균 생육의 중요한 장소가 된다. 포도상구균은 화상, 여드름, 뾰루지, 외상, 안질환, 귓병이 있는 곳에 늘 많이 증식하고 있다. 이러한 곳의 미생물이 식품에 오염되어 결국은 체내로 유입된다. 체내로 유입되어도 증세를 느끼지 못하는 보균자는 뚜렷한 증세 없이도 음식물을 오염시킬 수 있어 관리가 더욱 어렵다.

02 개인 위생 관리의 중요성

1) 청결한 몸 관리, 개개인의 위생 관리는 식중독 방지에 있어서 매우 중요하며 또한 식품 취급자로 하여금 소비자에게 안전한 식품을 공급할 수 있는 척도가 된다. 따라서 안전하게 식품을 취급하는 요령을 명백히 숙지하지 않으면 안 된다.
2) 식품으로 가장 흔하게 발생할 수 있는 식중독의 원인은 사람이며 피해자도 역시 사람이다. 취급자의 손이나 땀 또는 호흡을 통해 박테리아나 다른 미생물들을 전염시킬 수 있다. 또한 대량 유통 체계에서 위생상 어떤 문제가 발생한다면 그 영향이 매우 광범위한 범위에 확산될 것이다.
3) 위생에 대한 규칙이나 방침은 휴게실, 세면실, 공고란 등의 종사원이 쉽게 볼 수 있는 곳에 붙여 놓는다. 적당한 모양과 크기로 다양성을 주고 개인의 청결, 흡연, 위생복, 권장하는 행위, 금지하는 행동이나 습관 등이 포함되어야 한다. 개인 위생에 대한 음료 영업장에서의 바람직한 태도와 더불어 그와 관련된 화장실, 락커, 세면시설 등의 시설이 위생적으로 갖추어지면 사람에 의한 식품의 오염과 전파를 최소한으로 줄일 수 있다.

03 보건증(건강진단 결과서)

(1) 보건증(건강진단서)

식품 위생 분야 종사자는 정기적인 건강진단과 위생 교육을 통해서 식음료의 취급과 음료 영업장 업무에 주의를 기울임으로써 항상 위생적이고 청결한 칵테일을 제공할 수 있도록 1년에 1회 정기적인 건강진단을 받아야 하는데 건강진단 후 발급되는 건강진단 결과서를 보건증이라 한다.

(2) 식품 위생 분야 종사자의 건강진단 규칙

1) 종사자의 건강진단

① 총리령으로 정하는 영업자 및 그 종업원은 건강진단을 받아야 한다. 다만, 다른 법령에 따라 같은 내용의 건강진단을 받는 경우에는 이 법에 따른 건강진단을 받은 것으로 본다.

② 건강진단을 받은 결과 타인에게 위해를 끼칠 우려가 있는 질병이 있다고 인정된 자는 그 영업에 종사하지 못한다.

③ 영업자는 건강진단을 받지 아니한 자나 건강진단 결과 타인에게 위해를 끼칠 우려가 있는 질병이 있는 자를 그 영업에 종사시키지 못한다.

④ 건강진단의 실시 방법 등과 타인에게 위해를 끼칠 우려가 있는 질병의 종류는 총리령으로 정한다.

2) 건강진단 대상: 식품 또는 식품첨가물(화학적 합성품 또는 기구 등의 살균·소독제는 제외한다.)을 채취·제조·가공·조리·저장·운반 또는 판매하는데 직접 종사하는 사람. 다만, 영업자 또는 종업원 중 완전 포장된 식품 또는 식품첨가물을 운반하거나 판매하는데 종사하는 사람은 제외한다.

3) 건강진단 항목

① 장티푸스(식품 위생 관련 영업 및 집단급식소 종사자만 해당한다.)

② 폐결핵

③ 전염성 피부 질환(한센병 등 세균성 피부질환을 말한다.)

4) 시행 횟수: 1회/연

04 감염병

(1) 감염병이란

건강진단 결과 음료 영업장 업무에서 제외되어야 하는 질병. 소화기계 전염병 환자 및 보균자(제1군 감염병), 결핵환자, 피부병 또는 그 밖의 화농성 질환자이다.

1) 제1군 감염병: 마시는 물 또는 식품을 매개로 발생

> 예 콜레라, 장티푸스, 파라티푸스, 세균성 이질, 장출혈 대장균 감염증, A형 감염

2) 제2군 감염병: 예방 접종을 통하여 예방 및 관리가 가능하여 국가 예방 접종 대상

> 예 디프테리아, 백일해, 파상풍, 홍역, 유행성 이하선염, 풍진, 폴리오, B형 간염, 일본뇌염, 수두, b형 헤모필루스 인플루엔자, 폐렴 구균

3) 제3군 감염병: 간헐적으로 유행할 가능성이 있어 계속 그 발생을 감시하고 방역 대책의 수립이 필요한 감염병

> 예 말라리아, 결핵, 한센병, 성홍열, 수막구균성 수막염, 레지오넬라증, 비브리오패혈증, 발진티푸스, 발진열, 쯔쯔가무시증, 렙토스피라증, 브루셀라증, 탄저, 공수병, 신증후군출혈열, 인플루엔자, 후천성면역결핍증(AIDS), 매독, 크로이츠펠트-야콥병(CJD) 및 변종 크로이츠펠트-야콥병(vCJD)

4) **제4군 감염병**: 국내에서 새롭게 발생하였거나 발생할 우려가 있는 감염병 또는 국내 유입이 우려되는 해외 유행 감염병으로서 보건복지부령으로 정하는 감염병

5) **제5군 감염병**: 기생충에 감염되어 발생하는 감염병으로서 정기적인 조사를 통한 감시가 필요하여 보건복지부령으로 정하는 감염병

(2) 감염병 유행의 3대 요인

1) 감염원, 감수성 숙주에게 병원체를 전파시키는 근원
① 환자, 보균자, 감염 동물, 오염 식품이나 오염 식기구 및 생활용구

2) 감염 경로(환경 요인), 감염원으로부터 감수성 보유자에게 병원체가 운반되는 과정
① 접촉 감염, 공기 전파(비말 전파), 동물 매개 전파, 개달물(fomites, 의복, 침구, 완구, 책, 수건 등과 같은 비활성 매체) 전파

3) 감수성 숙주, 숙주의 병원체에 대한 저항력(resistance)이 낮은 상태, 즉 감수성이 높은 인구 집단은 감염병 유행이 쉽게 만연되지만, 면역성이 높은 집단에서는 유행이 잘 이루어지지 않는다.

(3) 감염병의 생성 과정

6개 요인이 구비되어 연쇄적 관계를 가질 때 발생된다. 이 요인들 중 하나라도 결여 또는 차단되면 감염병의 생성은 이루어지지 않는다.

1) 병원체
2) 병원소
3) 병원소로부터 병원체의 탈출
4) 전파
5) 병원체의 새로운 숙주 내 침입
6) 숙주의 감수성

(4) 감염성 질환의 예방과 관리 방법

1) 전파 예방(preventing spread)
　병원소를 제거하고 병원소로부터 병원체의 탈출이 이루어지지 않도록 하여 감염병의 전파를 막는다.

2) 면역 증강(increasing immunity)

3) 예방되지 못한 환자에 대한 조치
　진단 시설의 제도화, 치료를 위한 의료 시설의 확충, 무의지역 해소 등의 국가적·사회적 차원의 감염병의 관리가 필요하며, 계속적인 보건 교육 등이 필요하다.

Chapter 04 식품위생 및 관련법규

01 위생적인 주류 취급 방법

1) 주류 취급 방법

① 주류는 매일 닦아서 적절한 장소에서 청결하게 보관
② 병맥주는 깨끗하게 닦아서 냉장고에 보관
③ 생맥주 기계의 세척 및 교체주기를 준수
④ 주류를 서비스하기 전에 이물질을 확인
⑤ 술을 따를 때 병이 잔에 닿지 않도록 1~2cm 띄워서 따른다.
⑥ 칵테일을 조주하기 전 유통기한을 확인한다.
⑦ 사용한 주류는 항상 입구를 깨끗하게 닦고 뚜껑을 닫아 둔다.

2) **식품위해요소 중점관리기준** : HACCP(Hazard Analysis Critical Control Points)

① **위해분석(HA)** : 위해 가능성이 있는 요소를 찾아 분석·평가하는 것
② **방지 및 제거(CCP)** : 해당 위해 요소를 방지·제거하고 안전성을 확보하기 위하여 중점적으로 다뤄야 할 관리점
③ 식품의 원재료 생산에서 제조, 가공, 보존, 유통단계를 거쳐 최종 소비자가 섭취하기 전까지의 각 단계에서 발생할 우려가 있는 위해 요소를 규명하고, 이를 중점적으로 관리하기 위한 중요 관리점을 결정하여 체계적이고 효율적인 관리로 식품의 안전성을 확보하기 위한 과학적인 위생관리체계라 할 수 있다.

02 주류판매 관련 법규

(1) 주세법상 용어의 정의

1) 주세법

주류에 대한 조세를 부과하기 위하여 제정된 법률로, 주세의 과세 요건 및 절차를 규정함으로써 주세를 공정하게 과세하고, 납세의무의 적정한 이행을 확보하며, 재정수입의 원활한 조달에 이바지함을 목적으로 한다.

2) 주류

① **주정** : 희석하여 음용할 수 있는 에틸알코올을 말하며, 불순물이 포함되어 있어 정제하여 음용할 수 있는 조주정을 포함한다.
② **알코올분 1도 이상의 음료** : 용해하여 음용할 수 있는 가루상태인 것을 포함, 약사법에 따른 의약품 및 알코올을 함유한 조미식품으로서 대통령령으로 정하는 것은 제외 한다.

③ 주류에는 식품위생법이나 그 밖에 대통령령으로 정하는 위생 관계 법령에 위반되는 유해한 성분이 포함되어서는 아니 된다.

3) 알코올분: 전체 용량에 포함되어 있는 에틸알코올(15℃에서 비중 0.7947을 가진 것)을 말한다.

① **알코올분의 도수**: 온도 15℃에서 전체 용량 100분 중에 포함되어 있는 알코올분의 용량

② **미국 단위**: 순수 에틸알코올을 200proof로 기준하는데, 이는 우리나라 기준의 2배이다.

(2) 주세법상 주류의 분류

1) 주정(酒精): 녹말 또는 당분이 포함된 재료를 발효시켜 알코올분 85도 이상으로 증류한 것과 알코올분이 포함된 재료를 알코올분 85도 이상으로 증류한 것을 말한다.

2) 발효 주류: 발효 주류는 기타 발효액으로 제성(制成)한 것을 말한다.

- 제성(制成): 발효가 끝난 술에 물을 넣어 도수를 조정하고 조미를 위해 첨가물을 넣는 공정

① **탁주(濁酒)**: 전분질 원료와 국(麴)을 주원료로 하여 발효시킨 술덧을 혼탁하게 제성한 것을 말한다.

② **약주(藥酒)**: 전분질 원료와 국(麴)을 주원료로 하여 발효시킨 술덧을 여과하여 제성한 것을 말한다.

③ **청주(淸酒)**: 전분질 원료(쌀)와 국(麴)을 주원료로 하여 발효시킨 술덧을 여과하여 제성한 것 또는 발효 제성 과정에 주류 등을 첨가한 것을 말한다.

④ **맥주(麥酒)**: 맥아 또는 맥아와 전분질 원료, 홉 등을 주원료로 하여 발효시켜 여과, 제성한 것을 말한다.

⑤ **과실주(果實酒)**: 과실 또는 과즙을 주원료로 하여 발효시킨 술덧을 여과, 제성한 것 또는 발효 과정에 과실, 당질 또는 주류 등을 첨가한 것을 말한다.

3) 증류 주류: 증류 주류는 주료(酒料), 기타 알코올분을 함유하는 물료(物料)를 증류하여 제성한 것을 말한다.

① **소주**: 전분질 원료, 국(麴)을 원료로 하여 발효시켜 증류·제성한 것 또는 주정을 물로 희석하거나 이에 주류나 곡물 주정을 첨가한 것으로 불휘발분이 2도 미만이어야 한다.

② **위스키**: 발아된 곡류 또는 이에 곡류를 넣어 발효시킨 술덧을 증류하여 나무통에 넣어 저장한 것이나 또는 이에 주류 등을 첨가한 것으로 불휘발분이 2도 미만이어야 한다.

③ **브랜디**: 과실(과즙 포함) 또는 이에 당질을 넣어 발효시킨 술덧이나 과실주(과실주박 포함)를 증류하여 나무통에 넣어 저장한 것 또는 이에 주류 등을 첨가한 것으로 불휘발분이 2도 미만이어야 한다.

④ **일반 증류주**: 전분질 또는 당분질을 주원료로 하여 발효, 증류한 것 또는 증류주를 혼합한 것이다. 주정, 소주, 위스키, 브랜디 이외의 주류로서 주세법에서 규정한 것으로 불휘발분이 2도 미만이어야 한다.

⑤ **리큐어**: 전분질 또는 당분질을 주원료로 하여 발효시켜 증류한 주류에 인삼, 과실(포도 등 발효시킬 수 있는 과실 제외) 등을 침출시킨 것이거나 발효 증류 제성 과정에 인삼, 과실(포도 등 발효시킬 수 있는 과실 제외)의 추출액을 첨가한 것, 또는 주정, 소주, 일반 증류주의 발효, 증류, 제성 과정에 주세법에서 정한 물료를 첨가한 것으로 불휘발분이 2도 이상인 것을 말한다.

4) 기타 주류 : 별도의 기준 및 규격이 제정되지 아니한 주류로서 주세법에서 규정한 것을 말한다. 용해하여 알코올분 1도 이상의 음료로 할 수 있는 가루 상태이며, 발효에 의하여 제성한 주류로서 발효 주류 외의 것과 쌀 및 입국(粒麴)에 주정을 첨가해서 여과한 것 또는 이에 대통령령으로 정하는 재료를 첨가하여 여과한 것이다. 발효에 의하여 만든 주류와 주정 또는 증류 주류에 따른 주류를 섞은 것을 말한다.

기출문제

Q. 주장의 영업 허가가 되는 근거 법률은?
① 외식업법
② 음식업법
③ 식품위생법
④ 주세법

답 ③

MEMO

PART 02
음료 특성 분석

Chapter 01 음료 분류

01 음료 분류

1) 음료란 크게 알코올성 음료(Alcoholic Beverage = Hard Drink)와 비알코올성 음료(Non Alcoholic Beverage = Soft Drink)로 분류
2) 알코올성 음료는 일반적으로 알코올이 포함된 술을 의미
3) **비알코올성 음료** : 청량음료, 영양 음료, 기호 음료

02 알코올성 음료의 분류

알코올성 음료는 제조 방법에 따라 발효주(Fermented Liquor), 증류주(Distilled Liquor), 혼성주(Compounded Liquor)로 나눈다.

(1) 발효주(양조주)

발효주는 원료에 대한 당화 과정의 진행 여부로 단발효주와 복발효주로 분류한다.
1) **단발효주** : 단발효주는 원료의 당질 형태가 당분으로 이루어져 있으며, 과즙을 천연 발효시켜 숙성 여과한 술로 과일 자체의 향미가 술의 품질에 영향을 준다.
① 와인(포도), 사이다(사과), 발포성 와인(포도)
2) **복발효주** : 복발효주는 당화와 발효가 각각 순서대로 진행되는지 아니면 당화가 발효가 동시에 진행되는지에 따라 단행 복발효주(당화와 발효가 순서대로 진행), 병행 복발효주(당화와 발효가 동시에 진행)로 분류한다. 곡물을 당화하여 효모로 발효시킨 술이다. 당화 효소를 내는 미생물과 효모의 종류에 따라 품질이 달라진다.
① 단행 복발효주 – 맥주(보리)
② 병행 복발효주 – 황주(쌀·수수), 막걸리(옥수수·밀·쌀)
3) **기타 식물의 수액, 줄기, 뿌리 등을 원료로 하는 술** : 풀케(용설란 수액)

(2) 증류주

1) **브랜디** : 와인이나 사이다(사과주)를 증류하여 숙성시킨 술
① 포도 브랜디 – 꼬냑, 아르마냑, 브랜디 등
② 사과 브랜디 – 칼바도스 등
③ 체리 브랜디 – 키르쉬

2) **위스키** : 곡물을 발효시켜 만든 양조주를 증류하여 오크통에 숙성시킨 술
3) **진** : 주정에 주니퍼 베리, 코리안더, 시나몬 등의 향료 식물을 침출시켜 증류하거나 주정에 향료 식물의 엑기스를 첨가한 술
4) **보드카** : 옥수수, 감자 등의 전분질을 발효, 연속증류하여 만든 것을 활성탄으로 여과한 무색, 무취, 무미의 술
5) **테킬라** : 용설란 수액을 발효, 증류시켜 만든 술
6) **럼** : 사탕수수의 수액을 발효, 증류시켜 만든 술
7) **백주** : 수수, 조, 쌀 등의 곡물을 발효, 증류시켜서 도자기에 저장하여 숙성시킨 중국의 전통 증류주
8) **소주** : 주정을 희석하고 조미료를 첨가한 한국과 일본의 증류주

(3) 혼성주

양조주와 증류주를 혼합하거나 증류주에 향료 식물이나 과즙 등을 섞은 술이다. 과일·과실, 약초·향초, 종자류 등 재료에 따라 구분

03 비알코올성 음료의 분류

비알코올성 음료는 기능에 따라서 청량음료(Soft Drink), 영양 음료(Nutritious), 기호 음료(Fancy Taste)로 구분하나 영양 음료와 기호 음료는 식료의 범주에 포함시키기도 한다.

(1) 청량음료

1) **탄산음료**
① 콜라, 소다워터, 진저에일, 토닉워터 등
2) **무탄산음료**
① 물, 광천수(미네랄 워터)

(2) 영양 음료

1) **주스류** : 과일, 야채의 즙으로 만든 음료이다.
2) **우유류** : 생우유, 가공유, 발효유, 유산균 음료 등이다.

(3) 기호 음료

개인의 취향과 기호에 맞게 즐길 수 있는 커피, 차와 같은 음료이다.

음료	알코올성 음료 (Alcoholic Beverage)	양조주 (Fermented Liquor)	• 단발효주 : 과일(포도, 사과 등) • 복발효주 : 곡물(맥주, 청주, 막걸리 사케 등) • 기타 : 당밀(풀케)
		증류주 (Distilled Liquor)	• 과일 : 브랜디(Brandy), 코냑(Cognac), 칼바도스(Calvados) 등 • 곡물(Grain) : 위스키(Whisky), 진(Gin), 보드카(Vodka), 증류식 소주 등 • 사탕수수, 당밀 : 럼(rum) • 아가베(Agave) : 테킬라(Tequila), 메즈칼(Mezcal)
		혼성주 (Compounded Liquor)	• 과일, 과실 : 큐라소, 미도리 등 • 약초, 향초 : 베네딕틴DOM, 압생트, 캄파리 등 • 종자 : 깔루아, 아마레토 등 • 기타 : 드람뷔이, 베일리스 아이리쉬 크림 등
	비알코올성 음료 (Non-Alcocholic Beverage)	청량음료 (Soft Drink)	• 탄산음료 : 콜라, 탄산수, 토닉워터 등 • 무탄산 음료 : 물, 미네랄 워터 등
		영양음료 (Nutritious)	• 주스류 : 과일주스, 야채주스 • 우유류 : 우유 등
		기호음료 (Fancy Taste)	• 커피, 차 등

기출문제

Q. 비알코올성 음료의 분류방법에 해당되지 않는 것은?

① 청량음료 ② 영양음료
③ 발포성음료 ④ 기호음료

답 ③

Chapter 02 양조주 특성

01 양조주의 개념

양조주는 과일이나 곡물 및 기타 재료에 들어 있는 당분 또는 전분을 당화시켜 효모(미생물인 효모는 당을 먹고 알코올, 물, 이산화탄소를 배출함)의 발효작용에 의해 만들어진 술로서 당질을 재료(과일류)로 만들어지는 단발효주와 전분질(곡물류)을 재료로 만들어지는 복발효주로 나눌 수 있다.

효모는 맥아즙 속의 당분을 분해하여 알코올과 탄산가스를 만드는 작용을 한다.

1) 효모의 생육조건

① 적정 영양소

② 적정온도

③ 적정 pH

02 양조주의 분류 및 특징

(1) 양조주의 분류

1) **단발효주**(과실) : 와인, 사과주(Cidre)

2) **복발효주**(곡류) : 맥주, 청주, 막걸리, 사케

3) **기타** : 미드(Mead, 꿀), 풀케(Pulque), 용설란

(2) 양조주의 특징

1) 알코올 함량이 20% 이하로 낮은 편이다.

2) 과실주는 당분을 가지고 있어 쉽게 술을 만들 수 있다.

3) 곡물주는 전분을 당화과정을 통해 당으로 분해 후 발효시켜 술을 만든다.

4) 디아스타제(Diastase, 전분당화효소)+이스트(Yeast, 효모)=에틸알코올(Ethyl Alcohol)+이산화탄소(CO_2)

(3) 양조주의 제조방법

1) **단발효주** : 과당원료(과일)에 효모를 첨가하면 알코올, 이산화탄소, 물이 만들어진다.

2) **복발효주** : 전분원료(곡물)에 당화과정을 거쳐 효모를 첨가하면 알코올, 이산화탄소, 물이 만들어진다.

① **단행복발효** : 곡물을 당화한 후 효모를 넣어 발효시킨 술 예 맥주

② **병행복발효** : 곡물에 미생물 효소를 이용하여 당화와 발효를 동시에 진행하는 술 예 막걸리, 청주, 사케 등

기출문제

Q. 양조주에 대한 설명으로 옳은 것은?

① 당질 또는 전분질 원료에 효모를 첨가하여 발효 시켜 만든 술이다.
② 발효주에 열을 가하여 증류하여 만든다.
③ Amaretto, Drambuie, Cointreau 등은 양조주에 속한다.
④ 증류주 등에 초근, 목피, 향료, 과즙, 당분을 첨가하여 만든 술이다.

답 ①

Q. 다음 중 양조주가 아닌 것은?

① 맥주(Beer)
② 와인(Wine)
③ 브랜디(Brandy)
④ 폴케(Pulque)

답 ③
해 브랜디는 포도로 만든 증류주이다.

Q. 다음 중 양조주(Fermented Liquer)에 포함되지 않는 것은?

① 와인
② 맥주
③ 막걸리
④ 진

답 ④

03 와인(Wine)

(1) 와인의 어원 및 정의

1) **와인의 어원**: 라틴어의 비넘(Vinum)으로 포도나무로부터 만든 술이라는 의미

2) 와인을 의미하는 말로는 뱅(Vin, 프랑스), 비노(Vino, 이탈리아), 바인(Wein, 독일), 와인(Wine, 영어), 비뇨(Vinho, 포르투갈)

3) 와인은 포도로 만든 과실주로서 도수는 주로 9~13도 내외이다.

4) 1% 알코올을 만들기 위해 16.5g/L의 당분이 필요하다.

5) 넓은 의미에서는 과실을 발효시켜 만든 양조주를 말하지만, 일반적으로 포도를 발효시켜 만든 포도주를 의미하며, 우리나라 주세법에서도 과실주의 일종으로 정의한다.

6) **와인 생산 3요소**: 포도품종, 토양, 기후

(2) 와인의 분류

1) 색에 따른 분류

① 레드 와인(Red Wine)

　가. 적포도의 씨와 껍질을 함께 넣어 발효시켜 포도 껍질의 안토시안 때문에 붉은색이 나고 씨와 껍질에 들어 있는 타닌(Tannin) 때문에 떫은 맛이 난다.

　나. 타닌 성분으로 인해 15~19°C에서 마시며, 차게 마시면 쓴맛이 난다.

② 화이트 와인(White Wine)

　가. 청포도 또는 껍질과 씨를 제거한 적포도로 만들며 타닌 성분이 적어 부드럽고 상큼한 맛이 난다.

　나. 보통 칠링해서 차게(8~12°C) 마셔야 과일 향이 풍부해진다.

③ 로제 와인(Rose Wine)

　가. 보통 적포도로 만드는데 레드 와인과 비슷하게 만들지만 어느 정도 색이 나오면 껍질을 제거하기 때문에 분홍색이 난다. 또는 레드와인과 화이트와인을 섞어 만들기도 한다.

　나. 화이트와인처럼 차게 해서 마신다.

④ 와인별 적정 서브온도

　가. 레드 와인 : 15~19°C

　나. 화이트 와인 : 8~12°C

　다. 로제 와인 : 8~12°C

2) 맛에 따른 분류

① 스위트 와인(Sweet Wine)

　가. 포도 함량이 18g/L 이상, 당 함량 2% 이상의 와인으로 식후 디저트 와인으로 마신다. 주로 화이트 와인으로 발효 시 포도당을 완전히 발효하지 않고 당분이 남아 있는 상태에서 발효를 중지해 만든 와인이다.

　나. 귀부병(Noble Rot) : 수확시기가 늦어지거나 특정 기후에 발생하는 보트리티스 시네레아(Botrytis Cinerea) 균에 의해 부패한 포도로 만든 와인으로 포도의 수분이 증발하여 당도가 높은 와인을 만들 수 있다.

　　예 소테른(Sauternes, 프랑스), 토카이(Tokay, 헝가리), 트로켄베렌아우스레제(Trockenbeerenauslese)

　다. 레이트 하비스트(Late Harvest) : 수확시기를 늦춰 당도를 충분히 높인 후 수확, 발효한 와인

　라. QmP(독일) : 당분이 풍부한 포도만 선별하여 만든 상급 와인

　마. 발효 시 첨가하는 설탕은 알코올 도수를 올리기 위해 첨가하는 것으로 감미 목적이 아님

② 드라이 와인(Dry Wine) : 발효 과정에서 포도당을 모두 발효시켜 단맛이 없는 와인

③ 미디엄 드라이 와인(Medium Dry Wine) : 드라이와 스위트의 중간 정도의 와인

3) 알코올 첨가 유무에 따른 분류

① **주정 강화 와인**(Fortified Wine): 도수를 높여 변질을 방지하기 위해 브랜디 혹은 주정을 첨가하여 도수를 높인 와인으로 스페인의 드라이 셰리(Dry Sherry) 와인(식전주)과 포르투갈 포트(Port) 와인(식후주) 등이 있다.

② **비강화 와인**(Unfortified Wine): 알코올을 첨가하지 않은 일반적인 와인

4) 탄산가스 유무에 따른 분류

① **스파클링 와인**(Sparkling Wine/발포성 와인)

   가. 샴페인(Champagne/프랑스): 6기압

      ㄱ. 프랑스 샹파뉴 지방에서 만들어지는 스파클링 와인

      ㄴ. 샴페인 품종: 샤르도네(Chardonnay), 피노 누아(Pinot Noir), 피노 뫼니에(Pinot Meunier)

   나. 크레망(Cremant/프랑스): 3.5~4기압

   다. 뱅 무쉐(Vin Mousseux/프랑스): 샴페인과 크레망 이외 지역의 스파클링 와인

   라. 젝트(Sekt/독일)

   마. 스푸만테(Spumante/이탈리아)

   바. 카바(Cava/스페인)

② **스틸 와인**(Still Wine/비발포성 와인)

   가. 탄산가스가 들어 있지 않은 모든 와인

기출문제

Q. 발포성 와인의 이름이 아닌 것은?

① 스페인 - 까바(Cava)
② 독일 - 젝트(Sekt)
③ 이탈리아 - 스푸만테(Spumante)
④ 포르투갈 - 도세(Doce)

답 ④

Q. 다음 중 프랑스의 발포성 와인으로 옳은 것은?

① Vin Mousseux
② Sekt
③ Spumante
④ Cava

답 ①
해 Sekt(독일), Spumante(이탈리아), Cava(스페인)

5) 식사에 따른 분류

① **아페리티프 와인**(Aperitif Wine)

　가. 주로 식전에 식욕촉진을 위해 마시는 와인

　나. 스페인의 드라이 셰리(Dry Sherry), 이탈리아의 베르무트(Vermouth)

② **테이블 와인**(Table Wine)

　가. 요리와 함께 마시는 와인

　나. 육류＝레드 와인／생선류＝화이트 와인

③ **디저트 와인**(Dessert Wine)

　가. 식후에 마시는 달콤한 와인

　나. 포트 와인(Port Wine), 크림 셰리(Cream Sherry), 소테른(Sauternes), 바르삭(Barsac), 아우스레제(Auslese)

④ **셰리 와인**(Sherry wine) : 스페인, 강화 와인, 아페리티프 와인(식전주)

⑤ **포트 와인**(Port wine) : 포르투갈, 강화 와인, 디저트 와인(식후주)

기출문제

Q. 와인과 음식과의 조화가 제대로 이루어지지 않은 것은?

① 식전 - Dry Sherry Wine　　② 식후 - Port Wine

③ 생선 - Sweet Wine　　　　 ④ 육류 - Red Wine

답 ③

해 White Wine과 생선이 어울린다.

---

6) 가향 유무에 따른 분류

① **가향와인** : 와인의 발효 전/후 브랜디 또는 당분, 향쑥 등 다양한 약초나 향료를 첨가해 향을 강화한 와인

　가. 베르무트(Vermouth)

기출문제

Q. 와인을 분류하는 방법의 연결이 틀린 것은?

① 스파클링 와인 - 알코올 유무　　② 드라이 와인 - 맛

③ 아페리티프 와인 - 식사용도　　 ④ 로제 와인 - 색깔

답 ①

해 스파클링 와인은 탄산 유무로 분류된다.

(3) 주요 포도품종

1) 레드 와인용 품종

품종명	지역명
카베르네 소비뇽(Cabernet Sauvignon)	프랑스 보르도 지역
메를로(Merlot)	프랑스 보르도 지역
피노 누아(Pinot Noir)	프랑스 부르고뉴 지역
시라(Syrah), 쉬라즈(Shiraz)	프랑스 론 지방과 호주
가메(Gamay)	프랑스 부르고뉴 지방 보졸레 지역
말벡(Malbec)	아르헨티나의 주품종
진판델(Zinfandel)	미국 캘리포니아 나파 밸리 지역(원산지는 이탈리아)
산지오베제(Sangiovese)	이탈리아 토스카나, 피에몬테 지역
템프라니요(Tempranillo)	스페인 리오하 지역

2) 화이트 와인용 품종

품종명	지역명
샤르도네(Chardonnay)	프랑스 부르고뉴 지역
소비뇽 블랑(Sauvignon Blanc)	프랑스 보르도와 루아르 지역
세미용(Semillon)	프랑스 보르도 지방 소테른 지역
리슬링(Riesling)	독일 모젤, 라인가우와 프랑스 알자스 지역

기출문제

Q. 포도품종에 대한 설명으로 틀린 것은?

① Syrah : 최근 호주의 대표 품종으로 자리 잡고 있으며, 호주에서는 Shiraz 라고 부른다.
② Gamay : 주로 레드 와인으로 사용되며 과일 향이 풍부한 와인이 된다.
③ Merlot : 보르도, 캘리포니아, 칠레 등에서 재배되며, 부드러운 맛이 난다.
④ Pinot Noir : 보졸레에서 이 품종으로 정상급 레드와인을 만들고 있으며, 보졸레 누보에 사용된다.

답 ④

해 피노 누아는 프랑스 부르고뉴 지방의 레드와인 품종이다.

(4) 와인의 제조방법

1) 화이트 와인

포도 수확 → 파쇄 → 압착 → 발효 → 앙금 분리 → 숙성 → 여과 → 병입

2) 레드 와인

포도 수확 → 파쇄 → 이산화황(SO_2) 첨가 → 1차발효 → 압착 → 2차발효 → 앙금 분리 → 숙성 → 여과 → 병입

3) 샴페인 제조과정 및 용어

포도수확 - 압착 - 1차발효 - 블렌딩 - 2차발효 및 숙성 - 르미아주(Remuage) - 데고르주망(Disgorgement) - 도자주(Dosage) - 병입

① **수확**(Hand Harvesting) : 샴페인용 포도는 보통 손으로 하나 하나 수확한다.

② **압착**(Pressing) : 수확한 포도는 압착되어 주스로 만들어 진다.

③ **1차 발효**(Primary Fermentation) : 발효통에서 1차 발효를 한다.

④ **블렌딩**(Blending) : 다양한 포도밭, 빈티지, 포도 품종의 와인을 혼합한다.

⑤ **2차 발효**(Bottle Fermentation) : 혼합한 와인에 설탕과 효모를 추가해 병 안에서 2차 발효를 한다. 약 10~12도에서 몇개월 정도 발효 및 숙성을 거친다.

⑥ **르미아주**(Remuage) : 병 속에서 2차 발효가 끝나면 효모의 찌꺼기가 남는데, 병을 거꾸로 세워 6~12주 동안 하루 한 번씩 돌려 병목에 찌꺼기가 쌓이게 한다. 전통방식은 수작업으로 진행되며, 쀼피트로(Pupitre)라는 나무 또는 금속으로 만든 선반 형태의 장치를 사용한다.

⑦ **데고르주망**(Disgorgement) : 병을 거꾸로 해서 영하 25~30℃의 소금물에 병목을 잠기게 하여 얼린 뒤 충격을 가해 내부 탄산가스의 힘으로 찌꺼기를 병 밖으로 빼내는 과정

⑧ **도자주**(Dosage) : 일정량의 와인과 당분으로 부족해진 양을 채운다.

⑨ **병입**(Bottling) : 쇠고리가 달린 병마개로 봉인하여 병 속의 탄산가스의 압력을 견딜 수 있도록 병입 과정

(5) 와인의 보관요령

1) **빛** : 햇볕에 노출되면 변질될 수 있기 때문에 직사광선이 없는 어두운 곳에 보관

2) **온도** : 8~15℃

3) **습도** : 60%~80% 정도에 서늘한 곳, 습도가 너무 높으면 코르크에 곰팡이가 생기고, 너무 낮으면 코르크가 수축해 공기유입으로 와인이 산화될 수 있다.

4) **기타** : 통풍이 잘 되는 곳에 눕혀서 보관, 코르크가 와인에 젖어 수축하는 것을 막아 준다.

5) **부쇼네**(Bouchonne) : 코르크가 곰팡이에 오염되어 와인의 맛이 변질된 것

기출문제

Q. 와인의 적정온도 유지의 원칙으로 옳지 않은 것은?

① 보관 장소는 햇빛이 들지 않고 서늘하며, 습기가 없는 곳이 좋다.
② 연중 급격한 온도변화가 없는 곳이어야 한다.
③ 와인에 전해지는 충격이나 진동이 없는 곳이 좋다.
④ 코르크가 젖어 있도록 병을 눕혀서 보관해야 한다.

답 ①

해 60%~80% 정도에 서늘한 곳, 습도가 너무 높으면 코르크에 곰팡이가 생기고, 너무 낮으면 코르크가 수축해 공기유입으로 와인이 산화될 수 있다.

(6) 와인 서브 및 테이스팅(Tasting)

1) 서브온도

① 화이트 와인/8~12℃(칠링) : 온도가 차가울수록 과일 향이 돋아난다.

② 레드 와인/15~19℃(실온) : 온도가 낮으면 신맛과 쓴맛이 강해진다.

2) 와인의 서브 적정량 : 화이트 와인/120ml, 레드 와인/150ml

3) 와인 테이스팅의 3요소 : 색, 향, 맛

4) 맛 평가 기준 : 당도(Sweetness), 타닌(Tannin), 산도(Acidity), 바디(Body)

5) 와인 테이스팅의 순서

① 드라이 → 스위트

② 화이트 → 레드

③ 영 → 올드

6) 호스트 테이스팅(Host Tasting) : 와인의 상태를 체크하기 위해 초대한 사람 또는 주문한 사람이 와인을 시음해서 이상여부를 확인

7) 아로마(Aroma)와 부케(Bouquet)

① 아로마(Aroma) : 원산지에서 오는 와인의 첫 번째 향, 품종과 재배 환경에 따른 향

② 부케(Bouquet) : 복잡하고 다양한 향, 오크통 숙성, 병숙성을 통해 생성된 향

(7) 각국 와인의 등급 및 주요 산지

구분	프랑스	이탈리아	독일
최상급	AOC	DOCG	QmP
우수	VDQS(폐지)	DOC	QbA
지역등급	Vins De Pays	IGT	Deutscher Landwein
테이블	Vins De Table	VDT	Tafelwein

기출문제

Q. 와인의 등급을 「AOC, VDQS, Vins De Pay, Vins De Table」로 구분하는 나라는?
① 이탈리아　　　　　　　　　　　② 스페인
③ 독일　　　　　　　　　　　　　④ 프랑스

답 ④

1) 프랑스

① 프랑스 3대 와인 산지 : 보르도, 부르고뉴(버건디), 샴파뉴

② 프랑스 기후

　가. 대서양 기후(해양성 기후) : 연평균 11~12.5도로 겨울은 따듯하고 여름은 선선하며 강수량이 많다. 노르망디, 보르도, 코냑 지역

　나. 지중해성 기후 : 여름이 더워 포도 당도를 높게 해준다. 프랑스 남부 론, 프로방스, 랑그독 지역

　다. 대륙성 기후 : 겨울은 춥고 눈이 많이 내리고 여름은 짧다. 샴파뉴, 부르고뉴, 알자스 지역

③ 프랑스의 와인에 관한 법률

　가. AOC법(AOC, VDQS, Vins de Pays, Vins de Table) : 2009년에 AOP법으로 개정

　나. 프랑스는 1935년 AOC 규정을 만들었고, 1949년에 VDQS에 관한 규정을 추가했으며, 1979년 Vins de Pays와 Vins de Table에 관한 규정을 신설하여 와인의 등급을 관리하고 있다.

④ 프랑스의 유명 와인산지

　가. 보르도(Bordeaux) : 메독(Medoc), 그라브(Graves), 소테른(Sauternes), 생떼밀리옹(Saint-Emilion), 뽀므롤(Pomerol) 등

　나. 부르고뉴(Bourgogne) : 샤블리(Chablis), 꼬뜨 드 뉘(Cote de Nuits), 꼬뜨 드 본(Cote de Beaune), 꼬뜨 샬로네즈(Cote Chalonnaise), 마꼬네(Maconnais), 보졸레(Beaujolais) 등

　다. 샴파뉴(Champagne) : 스파클링 와인인 샴페인의 산지

기출문제

Q. 보르도(Bordeaux) 지역에서 재배되는 레드와인용 품종이 아닌 것은?
① 메를로(Merlot)　　　　　　　　② 뮈스까델(Muscadelle)
③ 까베르네 쇼비뇽(Cabernet Sauvignon)　　④ 까베르네 프랑(Cabernet Franc)

답 ②

⑤ **샴페인의 분류**: 당분 함량에 따라 아래와 같이 분류한다.

가. 브뤼(Brut): 15g/L 이하(Very Dry) 당분 1% 이하

나. 엑스트라 섹(Extra Sec): 12~20g/L 이하(Dry) 당분 1~2%

다. 섹(Sec): 17~35g/L 이하(Medium Dry) 당분 3~6%

라. 드미 섹(Demi Sec): 33~50g/L 이하(Sweet) 당분 5~10%

마. 두(Doux): 50g/L 이상(Very Sweet) 당분 10~15%

2) 이탈리아

① **이탈리아의 와인 등급**: 최상급 DOCG, 고급 DOC, IGT, VDT(Vino da Tavola)

② **이탈리아의 유명 와인산지**: 이탈리아는 거의 전 지역에서 와인 생산

가. 토스카나(Toscana): 키안티(Chianti) 등

나. 피에몬테(Piemonte): 바롤로(Barolo), 바르바레스코(Barbaresco) 등

다. 베네토(Veneto): 소아베(Soave) 등

라. 에밀리아-로마냐(Emilia-Romagna)

③ **포도 품종**: 산지오베제, 네비올로, 바르베라, 돌체토, 말바시아 등

④ **그라파(Grappa)**: 와인을 만들고 난 후 남은 포도 찌거기를 압착, 증류한 무색의 이탈리아 브랜디

3) 독일

① **독일의 와인 등급**: QmP, QbA, Deutscher Landwein, Tafelwein

② **QmP 와인등급 6단계**

가. 카비네트(Kabinett): 보통 수확기에 만든 와인

나. 슈패트레제(Spatlese): 7~10일 정도 늦게 수확하여 당도가 높을 때 만든 와인

다. 아우스레제(Auslese): 잘 익은 포도송이를 선별하여 만든 와인

라. 베렌아우스레제(Beerenauslese): 잘 익은 포도송이만 손으로 수확해 만든 최고 품질의 와인

마. 트로켄베렌아우스레제(Trokenbeerenauslese): 귀부병이 있는 포도송이로 만든 와인

바. 아이스바인(Eiswein): 얼린 포도로 만든 디저트 와인

③ **독일의 유명 와인산지**: 라인(Rhein), 모젤-자르-루버(Mosel-Saar-Ruwer) 등

④ **호크(Hock) 와인**: 독일 라인산의 화이트 와인을 말하는데, 호크하임(Hochheim)이라는 마을 명에서 유래되었으며, 미국에서는 라인 와인(Rhine Wine)이라 한다.

4) 스페인

① 스페인의 와인 등급 : DOC, DO, Vino de la Tierra

② 스페인의 유명 와인산지 : 리오하(Rioja), 헤레스(Jerez), 카탈루냐(Cataluna) 등

　가. 솔레라 시스템(Solera System) : 스페인 셰리 와인을 숙성시키는 방식으로 오래된 와인에 새로운 와인을 섞어 균일한 맛을 유지하는 방법

　나. 보데가(Bodaga) : 스페인 와인 저장 창고

③ 셰리 와인(스페인 화이트 와인)의 분류

　가. 휘노(Fino) : 영(Young) 셰리 와인으로 단맛이 없고 향이 좋은 와인

　나. 만자닐라(Manzanilla) : 휘노와 동급으로 드라이한 와인

　다. 아몬티라도(Amontillado) : 휘노를 묵힌 것으로 2급품

　라. 몬틸라도(Montillado) : 휘노와 아몬티라도의 중간급

　마. 올로로소(Oloroso) : 농도가 짙고 단맛이 있어 디저트로 마시는 와인

5) 포르투갈

① 포르투갈의 와인 등급 : DOC, IPR, Vinho de Mesa

② 포르투갈의 3대 와인 : 마테우스 로제, 포트 와인, 마데이라 와인

③ 포르투갈의 유명 와인산지 : 도우루(Douro), 미뉴(Minho), 다웅(Dao) 등

(8) 와인 전문 용어

명칭	내용
소믈리에(Sommelier)	와인을 전문적으로 취급하는 와인 전문가
코르크 스크류(Corkscrew)	나선형 스크류를 가지고 있는 와인 오프너(Wine Opener)
디캔터(Decanter)	와인을 디캔팅할 때 사용하는 투명한 유리나 크리스털 용기
디캔팅(Decanting)	병 속의 와인을 디캔터에 옮겨 담는 작업으로 이 과정을 거쳐 산소와의 접촉을 통해 와인의 향과 맛이 더욱 살아난다.
빈티지(Vintage)	포도의 수확연도
클라레(Claret)	프랑스 보르도 지방의 레드 와인으로 포도주의 여왕이란 뜻이다.
호크(Hock)	와인 독일 라인산 화이트 와인(Rhine Wine)
필록세라(Phylloxera)	포도나무뿌리혹벌레, 19세기 미국에서 전파되어 유럽 대부분의 포도밭을 황폐화시킨 해충
아로마와 부케	아로마(Aroma) : 원료 자체에서 우러나오는 향기(포도 품종, 원산지) 부케(Bouquet) : 와인의 발효나 숙성과정에서 형성되는 여러 가지 복합적인 향기
테루아(Terroir)	토양, 기후 등 포도를 재배하기 위한 자연조건을 총칭하는 말
효모의 생육조건	적정 영양소, 적정 온도, 적정 pH
페니어(Pannier)	와인용 바구니
프렌치 패러독스(French Paradox)	프랑스인들이 고지방 식이를 하고도 심장병에 덜 걸리는 현상을 말한다. 연구를 통해 그 이유가 레드 와인 때문이라고 밝혀졌다.
와인셀러(Wine Cellar)	와인 저장실
보졸레 누보의 출시일	매년 11월 셋째 주 목요일
콜키지 차지(Corkage Charge)	외부로부터 반입된 음료를 서브하고, 그에 대한 서비스 대가로 받는 요금을 말한다.
아황산염(SO_2)	향균제, 산화방지제로 와인이 식초로 변하는 것을 막아준다.
그린 하비스트(Green Harvest)	포도 품질을 위해 일부 포도 송이를 솎아내는 작업

기출문제

Q. 와인을 막고 있는 코르크가 곰팡이에 오염되어 와인의 맛이 변하는 것으로 와인에서 종이 박스 향취, 곰팡이 냄새 등이 나는 것을 의미하는 현상은?

① 네고시앙(negociant) ② 부쇼네(bouchonne)
③ 귀부병(noble rot) ④ 부케(bouquet)

답 ②

04 맥주(Beer)

(1) 명칭

이탈리아	Birra	독일	Bier
러시아, 체코	Pivo	덴마크	Ollet
프랑스	Biere	포르투칼	Cerveja
영국	Ale		

(2) 원료

1) 대맥(보리)

① 껍질이 얇고 황금빛을 띠며 윤택이 있는 것

② 낱알이 크고 균일한 것

③ 전분 함유량이 많고 단백질이 적은 것

④ 수분함량이 13% 이하로 잘 건조된 것

⑤ 발아율 95% 이상

기출문제

Q. 맥주(beer) 양조용 보리로 가장 거리가 먼 것은?

① 껍질이 얇고, 담황색을 하고 윤택이 있는 것
② 알맹이가 고르고 95% 이상의 발아율이 있는 것
③ 수분 함유량은 10% 내외로 잘 건조된 것
④ 단백질이 많은 것

답 ④

해 전분 함유량은 많고, 단백질은 적은 것이 좋다.

---

2) **물** : 맥주의 90% 이상을 차지하기 때문에 맥주 품질을 좌우함

3) **호프(Hop)** : 뽕나뭇과 식물로 맥주 특유의 향과 상쾌한 쓴맛을 내고, 맥아즙의 단백질을 제거하며, 잡균이 번식하는 것을 막는 역할을 한다.

4) **효모(Yeast)** : 맥아즙 속의 당분을 분해하여 알코올과 탄산가스를 만드는 미생물

(3) 제조과정

맥아 – 분쇄 – 당화 – 발효 – 저장·숙성 – 여과

(4) 분류

1) 효모의 종류에 의한 분류

상면발효(고온발효 10 ~ 20도)	하면발효(저온발효 5 ~ 10도)
에일(Ale), 스타우트(Stout), 포터(Porter), 램빅(lambic)	라거(Lager), 복(Bock), 필스너(Pilsner), 드래프트 비어(Draft Beer)

기출문제

Q. 다음 중 하면발효맥주에 해당 되는 것은?

① Stout Beer
② Porter Beer
③ Pilsner Beer
④ Ale Beer

답 ③

Q. 일반적인 병맥주(Lager Beer)를 만드는 방법은?

① 고온발효
② 상온발효
③ 하면발효
④ 상면발효

답 ③

2) 살균에 의한 분류

① **생맥주(Draft Beer)**: 영양 풍부, 저장 불가능, 술통의 압력은 12~14파운드 유지, 온도는 2~3도 유지, 3~4도로 서브, 선입선출
② **라거(Lager Beer)**: 살균하여 저장하는 맥주, 영양소 파괴, 저장 가능

기출문제

Q. 생맥주(Draft Beer) 취급요령 중 틀린 것은?

① 2~3℃의 온도를 유지할 수 있는 저장시설을 갖추어야 한다.
② 술통 속의 압력은 12~14pound로 일정하게 유지해야 한다.
③ 신선도를 유지하기 위해 입고 순서와 관계없이 좋은 상태의 것을 먼저 사용한다.
④ 글라스에 서비스할 때 3~4℃ 정도의 온도가 유지되어야 한다.

답 ③
해 선입선출(FIFO)을 한다.

Chapter 03 증류주

01 증류주(Distilled Liquor)의 개념

증류주는 양조주를 증류한 술, 열을 가하면 기화하고 냉각되면 액화하는 액체의 성질을 이용(에탄올 기화점 약 78도)

02 증류기의 종류

1) **단식 증류기**(Pot Still) : 1회 증류가 끝날 때마다 발효액을 넣어 증류

① **장점** : 시설비 저렴, 맛과 향이 풍부

② **단점** : 대량생산이 어려움

③ **종류** : 몰트 위스키, 브랜디, 다크럼, 증류식 소주 등

2) **연속 증류기**(Patent Still) : 발효액을 연속해서 투입하여 증류

① **장점** : 대량생산 가능, 생산 원가 저렴

② **단점** : 시설비 비쌈, 맛과 향이 부족

③ **종류** : 그레인 위스키, 보드카, 럼 등

기출문제

Q. 증류주에 대한 설명으로 옳은 것은?

① 과실이나 곡류 등을 발효시킨 후 열을 가하여 분리한 것이다.

② 과실의 향료를 혼합하여 향기와 감미를 첨가한 것이다.

③ 주로 맥주, 와인, 양주 등을 말한다.

④ 탄산성 음료는 증류주에 속한다.

답 ①

03 증류주의 분류 및 특징

(1) 위스키(Whisky)

1) 위스키의 정의, 어원, 제조과정

① **정의** : 위스키는 보리, 밀, 호밀, 옥수수, 귀리 등의 곡류를 당화, 발효, 증류, 숙성 시켜 만든 술

② **어원** : 켈트(Celt)어의 우스게바하(Uisge-Beatha)이며, '생명의 물'이란 의미

③ **제조 과정** : 당화(Mashing) - 발효(Fermentation) - 증류(Distillation) - 숙성(Aging)

2) 위스키의 분류

① 원료별 분류

　가. 몰트 위스키(Malt Whisky) : 100% 맥아를 원료로 만든 위스키로서, 단식증류(Pot Still)로 증류한다.
- 제조과정 : 보리 → 침맥 → 발아 → 건조(피트) → 분쇄 → 당화(워트 Wort, 맥아즙) → 발효(워시 Wash) → 증류(단식 증류) → 오크통 숙성 → 병입
- 종류 : 더 글렌리벳, 맥캘란, 글렌피딕, 글렌모렌지 등

　나. 그레인 위스키(Grain Whisky) : 곡물을 원료로 만든 위스키로서 연속식 증류기(Patent Still)로 증류하는데, 풍미가 가볍기 때문에 'Silent Spirit'이라고도 한다.

　다. 블렌디드 위스키(Blended Whisky) : 몰트와 그레인위스키를 혼합하여 만든 위스키
- 종류 : 발렌타인, 조니워커, 시바스리갈, 로얄살루트 등

기출문제

Q. 위스키의 종류 중 증류방법에 의한 분류는?
① malt whisky　　② grain whisky
③ blended whisky　　④ patent whisky

답 ④

해 Malt, Grain, Blended Whisky는 원료(재료)에 따른 분류이다.

Q. 위스키의 제조과정을 순서대로 나열한 것으로 가장 적합한 것은?
① 맥아 - 당화 - 발효 - 증류 - 숙성　　② 맥아 - 당화 - 증류 - 저장 - 후숙
③ 맥아 - 발효 - 증류 - 당화 - 블렌딩　　④ 맥아 - 증류 - 저장 - 숙성 - 발효

답 ①

Q. 위스키의 원료에 따른 분류가 아닌 것은?
① 몰트 위스키　　② 그레인 위스키
③ 포트스틸 위스키　　④ 블렌디드 위스키

답 ③

② 산지별 분류

　가. 아이리시 위스키(Irish Whisky) : 존 제임슨(John Jameson), 올드 부시밀(Old Bushmills)

　나. 스카치 위스키(Scotch Whisky) : 조니 워커(Johnnie Walker), 시바스 리갈(Chivas Regal), 로얄 살루트(Royal Salute), 발렌타인(Ballantine's), J&B

기출문제

Q. 다음 중 스카치 위스키(Scotch Whisky)가 아닌 것은?

① Crown Royal
② White Horse
③ Johnnie Walker
④ Chivas Regal

답 ①

해 크라운 로얄은 캐나디안 위스키이다.

다. 아메리칸 위스키(American Whisky)

ㄱ. 스트레이트 위스키(Straight Whiskey)

- 버번 위스키(Bourbon Whiskey) : 옥수수 51% 이상
  - 짐 빔(Jim Beam), 와일드 터키(Wild Turkey), 올드 크로우(Old Crow), 아이 더블유 하퍼(I.W.Harper), 올드 그랜드 대드(Old Grand Dad)
- 테네시 위스키(Tennessee Whiskey) : 버번 위스키와 비슷하나 제조과정에서 사탕단풍나무 숯 여과(링컨 카운티 프로세스)라는 특유한 여과방법을 사용한다. 잭 다니엘(Jack Daniel's)
- 라이 위스키(Rye Whiskey) : 호밀 51% 이상
- 콘 위스키(Corn Whiskey) : 옥수수 80% 이상

기출문제

Q. 옥수수를 51% 이상 사용하고 연속식 증류기로 알코올 농도 40% 이상 80% 미만으로 증류하는 위스키는?

① Scotch Whisky
② Bourbon Whiskey
③ Irish Whiskey
④ Canadian Whisky

답 ②

ㄴ. 블렌디드 위스키(Blended Whiskey) : 한 가지 이상의 스트레이트 위스키와 주정을 섞어서 만들어진다. 씨그램즈 세븐 크라운(Seagram's 7 Crown)

라. 캐나디안 위스키(Canadian Whisky) : 크라운 로얄(Crown Royal), 캐나디안 클럽(Canadian Club), 블랙 벨벳(Black Belvet), 씨그램즈 V.O.(Seagram's V.O.)

(2) 럼(Rum)

1) 럼의 원산지 및 제조방법

① **원산지**: 카리브해 연안의 서인도제도

② **원료**: 사탕수수(Sugar Cane), 당밀(Molasses)

③ **어원**: 사탕수수의 라틴어인 사카럼(Saccharum)의 어미인 'rum'으로부터 생겨났다는 것이 가장 유력한 설이다.

④ **제조방법**: 당밀이나 사탕수수를 발효시켜 연속식 증류기(라이트 럼) 혹은 단식 증류기(헤비 럼)로 증류하고, 병입 또는 숙성 후 병입한다.

기출문제

Q. 럼(Rum)의 주원료는?

① 대맥(Rye)과 보리(Barley)
② 사탕수수(sugar cane)와 당밀(molasses)
③ 꿀(Honey)
④ 쌀(Rice)과 옥수수(Corn)

답 ②

2) 럼의 종류

① **라이트 럼(Light Rum, White Rum)**: 칵테일 기주로 많이 사용되는 투명한 럼, 쿠바산이 유명

② **미디엄 럼(Medium Rum, Gold Rum)**: 라이트 럼과 헤비 럼의 중간색으로 캐러멜로 착색하거나 숙성한 럼, 도미니카산이 유명

③ **헤비 럼(Heavy Rum, Dark Rum)**: 맛과 향이 진하고 짙은 갈색의 럼, 자메이카산이 유명

기출문제

Q. 럼(Rum)의 분류 중 틀린 것은?

① Light Rum
② Soft Rum
③ Heavy Rum
④ Medium Rum

답 ②

3) 럼의 유명상표

① 쿠바 – 하바나 클럽(Havana Club)

② 자메이카 – 마이어스(Myers's)

③ 푸에르토리코 – 바카디(Bacardi), 캡틴 모건(Captain Morgan)

④ 베네수엘라 – 팜페로(Pampero)

⑤ 과테말라 – 자카파(Zacapa)

4) 럼 칵테일
① 쿠바리브레(Cuba Libre)
② 다이키리(Daiquri)
③ 마이타이(Mai-Tai)
④ 피나콜라다(Pina Colada)

기출문제

Q. 다음 중 럼에 대한 설명이 아닌 것은?
① 럼의 주재료는 사탕수수이다.
② 럼은 서인도제도를 통치하는 유럽의 식민정책 중 삼각무역에 사용되었다.
③ 럼은 사탕을 첨가하여 만든 리큐르이다.
④ 럼의 향, 맛에 따라 라이트 럼, 미디엄 럼, 헤비 럼으로 분류된다.

답 ③

---

(3) 진(Gin)

1) 진의 정의, 어원 및 역사

진(Gin)은 네덜란드 라이덴(Leiden) 대학의 의학 교수 프란시스큐스 실비우스(Franciscus Syvius)에 의해 열병 치료제로 개발되었다. 알코올에 주니퍼 베리(Juniper Berry), 코리앤더 씨앗, 안젤리카 뿌리 등을 침출 시켜 증류했다. 이것이 널리 퍼지면서 네덜란드 선원들에 의해 제네바(Geneva)로 불리게 되었고, 17세기 말 영국에 전파되어 발전하고 이름도 Gin으로 바뀌게 되었으며, 그 후 미국에 전파되어 칵테일용으로 널리 쓰이게 되었다.

진은 "네덜란드 사람이 만들었고, 영국 사람이 꽃을 피웠으며, 미국 사람이 영광을 주었다."라는 말이 있다.

기출문제

Q. 진(Gin)이 제일 처음 만들어진 나라는?
① 프랑스　　　　② 네덜란드
③ 영국　　　　　④ 덴마크

답 ②

2) 진의 원료와 제조법

① **침출 재료** : 주니퍼 베리(Juniper Berry, 두송자), 코리앤더(Coriander), 안젤리카(Angelica) 등 각종 베리, 허브류

② **런던 드라이 진**(London Dry Gin) : 원료인 맥아와 옥수수 등의 곡물을 당화, 발효한 뒤 연속증류를 통해 만든 90~95%의 주정에 물을 희석해 60%로 만든 후 주니퍼 베리, 코리앤더, 안젤리카, 시나몬, 레몬 껍질 등을 넣고 단식 증류기로 2회 증류, 마지막으로 증류수를 혼합해 알코올 도수를 37~47.5%로 낮추어 병입한다.

③ **네덜란드 진**(Dutch Genever) : 맥아와 옥수수 등을 당화, 발효, 증류해 얻은 50~55%의 알코올에 주니퍼 베리를 넣고 단식증류를 2~3회 증류한 후 증류수를 혼합해 45%까지 알코올 도수를 낮춰 병입한다.

기출문제

Q. gin에 대한 설명으로 틀린 것은?

① 진의 원료는 대맥, 호밀, 옥수수 등 곡물을 주원료로 한다.
② 무색 투명한 증류주이다.
③ 활성탄 여과법으로 맛을 낸다.
④ Juniper berry를 사용하여 착향시킨다.

답 ③
해 활성탄 여과는 보드카를 만들 때 사용한다.

3) 진 브랜드

① 비피터(Beefeater)
② 고든스(Gordon's)
③ 탱커레이(Tanqueray)
④ 봄베이 사파이어(Bombay Sapphire)
⑤ 헨드릭스(Hendrick's Gin)
⑥ 길비스(Gillbey's Gin)

기출문제

Q. 진(Gin)의 상표로 틀린 것은?

① Bombay Sapphire
② Gordon's
③ Smirnoff
④ Beefeater

답 ③
해 스미노프는 미국 보드카 브랜드이다.

(4) 보드카(Vodka)

1) 보드카의 어원 및 역사

① 유래: 보드카는 12세기경 러시아 문헌에 지제니스 쿼타(Zhiezenniz Vcda)란 말에서 유래했는데 이는 생명의 물(Water of Life)이란 뜻이 18세기경부터 보드카(Vodka)라고 불리었다.

2) 보드카의 원료와 제조법

① 원료: 감자, 고구마, 보리, 밀, 호밀, 옥수수

② 제조방법: 원료에 맥아를 가해서 당화, 발효 시켜 연속식 증류기로 95% 가량의 주정을 얻는다. 이 주정을 자작나무 활성탄이 들어 있는 여과조에 20~30번 반복해서 여과하고, 마지막으로 모래층을 여러 번 통과시켜 숯 냄새마저 제거한 후 증류수를 혼합해서 알코올을 40~50% 가량 낮추어 병입한다.

기출문제

Q. 곡류와 감자 등을 원료로 하여 당화시킨 후 발효하고 증류한다. 증류액을 희석하여 자작나무 숯으로 만든 활성탄에 여과하여 정제하기 때문에 무색, 무취에 가까운 특성을 가진 증류주는?

① Gin　　　　　　　　　② Vodka
③ Rum　　　　　　　　　④ Tequila

답 ②

---

3) 보드카의 특징: 무색(Colorless), 무미(Tasteless), 무취(Odorless)

기출문제

Q. 보드카(Vodka)에 대한 설명 중 틀린 것은?

① 슬라브 민족의 국민주라고 할 수 있을 정도로 애음되는 술이다.
② 사탕수수를 주원료로 사용한다.
③ 무색(colorless), 무미(tasteless), 무취(odorless)이다.
④ 자작나무의 활성탄과 모래를 통과시켜 여과한 술이다.

답 ②
해 사탕수수를 주원료로 만든 증류주는 럼이다.

---

4) 보드카의 유명상표

① 러시아 - 스톨리치나야(Stolichnaya), 모스코프스카야(Moskovskaya)

② 미국 - 스미노프(Smirnoff), 스카이(SKYY), 사모바(Samovar), 모나크(Monarch)

③ 네덜란드 - 볼스(Bols), 케틀 원(Ketel One), 복스(Vox), 핑크(Pink)

④ 핀란드 - 핀란디아(Finlandia)

⑤ 폴란드 - WH I C I O(Belvedere)
⑥ 스웨덴 - 앱솔루트(Absolute), 레벨(Level)
⑦ 프랑스 - 그레이 구스(Grey Goose), 시락(Ciroc)
⑧ 뉴질랜드 - 42빌로우(42Below)
⑨ 덴마크 - 단즈카(Danzka)

기출문제

Q. 보드카(Vodka) 생산 회사가 아닌 것은?
① 스톨리치나야(Stolichnaya) ② 비피터(Beefeater)
③ 핀란디아(Finlandia) ④ 스미노프(Smirnoff)

답 ②

해 비피터는 진(Gin) 브랜드이다.

(5) 테킬라(Tequila)

1) 테킬라의 원산지, 원료

① **원산지**: 멕시코
② **원료**: 용설란(Agave)
③ **제조방법**: 용설란(Agave) 당화 – 분쇄, 압착 – 발효(풀케, Pulque) – 증류(단식증류 2회) – 숙성(메즈칼, Mezcal)
　가. 메즈칼 중에서 멕시코의 중앙 고원지대에 위치한 테킬라 마을에서 블루 아가베(Blue Agave)로만 생산되는 것만을 테킬라라고 부르며, 어원도 이 마을 이름에서 유래되었다.
④ **기타**
　가. 테킬라는 1968년 멕시코 올림픽 이후 세계적으로 알려지게 되었다.
　나. 테킬라를 마실 때 라임과 소금을 함께 먹는 것은 열대지방인 멕시코에서 부족한 비타민과 염분을 섭취하기 위한 것이다.

기출문제

Q. 다음 중 데킬라의 주 원료는?
① 아가베 ② 포도
③ 옥수수 ④ 호밀

답 ①

기출문제

Q. 테킬라에 대한 설명으로 맞게 연결된 것은?

최초의 원산지는 (㉠)로서 이 나라의 특산주이다. 원료는 백합과의 (㉡)인데 이 식물에는 (㉢)이라는 전분과 비슷한 물질이 함유되어 있다.

① ㉠ : 멕시코　　㉡ : 풀케(Pulque)　　㉢ : 루플린
② ㉠ : 멕시코　　㉡ : 아가베(Agave)　　㉢ : 이눌린
③ ㉠ : 스페인　　㉡ : 아가베(Agave)　　㉢ : 루플린
④ ㉠ : 스페인　　㉡ : 풀케(Pulque)　　㉢ : 이눌린

답 ②

2) 테킬라의 종류

① **블랑코**(Blanco) : 숙성시키지 않은 것, 화이트 또는 실버로도 표기
② **레포사도**(Reposado) : 오크통에서 2~3개월 이상 숙성시킨 것
③ **아네호**(Anejo) : 오크통에서 1년 이상 숙성시킨 것
④ **엑스트라 아네호**(Extra Anejo) : 오크통에서 2년 이상 숙성시킨 것

3) 테킬라의 유명상표

① 호세 쿠엘보(Jose Cuervo)
② 사우자(Sauza)
③ 페페 로페즈(Pepe Lopez)
④ 투 핑거스(Two Fingers)
⑤ 마리아치(Mariachi)
⑥ 패트론(Patron)

(6) 브랜디(Brandy)

1) 브랜디의 정의, 어원

① **정의** : 브랜디는 넓은 의미로는 과실을 발효·증류한 술을 말하는데, 흔히 포도를 발효·증류시켜서 만든다. 보통 포도 이외의 다른 과실을 원료로 할 경우에는 브랜디 앞에 그 과실의 이름을 붙여 Apple Brandy, Cherry Brandy 등으로 부른다. 사과로 만든 칼바도스가 유명하다.
② **어원** : 프랑스에서 뱅 브루레(Vin Brule)라고 불리던 술을 네덜란드어인 브란데 웨인(Brande-wijin : Burnt Wine)이라고 불리다가 마침내 영국에서 브랜디(Brandy)라고 불리게 되었다.

2) 브랜디의 등급

① **약자**: V (Very), S (Superior), O (Old), P (Pale), X (Extra)

② **등급**: V.O / V.S.O / V.S.O.P / X.O / EXTRA

브랜디의 등급표시는 제조회사에 따라 차이가 있는데 헤네시는 아래와 같다.

　가. Three Star(☆☆☆): 5년

　나. V.O: 15년

　다. V.S.O: 15~25년

　라. V.S.O.P: 25~30년

　마. X.O: 45년 이상

　바. EXTRA: 70년 이상

기출문제

Q. 헤네시(Henney)사에서 브랜디 등급을 처음 사용한 때는?

① 1763　　　　　　　　　　② 1765
③ 1863　　　　　　　　　　④ 1865

답 ④

3) 브랜디의 제조과정: 와인 제조 → 증류(단식 증류) → 저장 → 혼합 → 숙성 → 병입

기출문제

Q. 브랜디의 제조순서로 옳은 것은?

① 양조작업 - 저장 - 혼합 - 증류 - 숙성 - 병입
② 양조작업 - 증류 - 저장 - 혼합 - 숙성 - 병입
③ 양조작업 - 숙성 - 저장 - 혼합 - 증류 - 병입
④ 양조작업 - 증류 - 숙성 - 저장 - 혼합 - 병입

답 ②

4) 코냑(Cognac)

① 프랑스의 코냑 지방(보르도 북쪽)에서 생산되는 브랜디를 말한다.

② 코냑 전통 품질을 유지하기 위해 모든 증류작업은 3월 31일까지 마친다.

③ 세계 5대 코냑

　가. 마르텔(Martell), 헤네시(Hennessy), 쿠브와지에(Courvoisier), 레미 마르탱(Remy Martin), 까뮤(Camus)

　나. 코냑과 브랜디의 차이점은 지역(Region)이다. 프랑스의 코냑 지방에서 생산되는 브랜디만을 코냑이라고 부른다.

기출문제

Q. 브랜디와 코냑에 대한 설명으로 틀린 것은?

① 모든 코냑은 브랜디에 속한다.
② 모든 브랜디는 코냑에 속한다.
③ 코냑 지방에서 생산되는 브랜디만이 코냑이다.
④ 코냑은 포도를 주재료로 한 증류주의 일종이다.

답 ②
해 코냑은 프랑스 코냑지방에서 생산된 브랜디만 칭할 수 있다.

5) 아르마냑(Armagnac)

① 보르도의 남쪽 아르마냑 지역에서 AOC법에 준하여 생산되는 브랜디이다.

② 샤보(Chabot), 마리약(Malliac), 쟈노(Janneau), 마르키 드 비브락(Marquis de Vibrac)

6) 칼바도스(Calvados) : 프랑스 노르망디 지방에서 생산되는 사과 브랜디

7) 그라파(Grappa) : 이탈리아의 브랜디로 와인을 만들고 난 포도의 찌꺼기로 만듦

(7) 아쿠아비트(Aquavit) = 생명의 물

1) 어원은 라틴어 'Aqua Vitae'로서 생명의 물이란 의미이다.

2) 북유럽 스칸디나비아 지방에서 감자를 주원료로 만드는 증류주(40~45%)이다.

3) 주로 무색 투명하며 차게 해서 스트레이트로 마신다.

① 생명의 물로 지칭되는 술 : 위스키, 브랜디, 보드카, 아쿠아비트, 오드비

(8) 오드비(Eau-de-vie)

생명의 물이라는 의미로 과일로 만든 알코올성 음료를 말한다.

예 키르슈(Kirsch) - 체리, 애프리콧(Apricot) - 살구, 프람부아즈(Framboise) - 라즈베리

Chapter 04 혼성주

01 혼성주(Liqueur, Compounded Liquor)의 개념

혼성주는 증류주(주정)에 초근목피 등 색, 향, 맛을 내는 재료와 당분을 더한 술로 단맛이 있는 알코올 음료다. 그리스 시대에는 약용으로 사용되었다. 현재는 식후주로 많이 마신다.

기출문제

Q. 과일이나 곡류를 발효시킨 주정을 기초로 증류한 스피릿(Spirits)에 감미를 더하고 천연향미를 첨가한 것은?

① 양조주(Fermented Liquor)　　② 증류주(Distilled Liquor)
③ 혼성주(Liqueur)　　④ 아쿠아비트(Akvavit)

답 ③

02 제조방법

(1) 증류법(Distillation Process)

주정에 재료를 우려낸 다음 증류하여 설탕 등을 넣어 단맛을 내고 향료를 넣는다.

(2) 배합법(Essence Process)

원료의 진액을 추출해 주정을 첨가하거나, 주정에 천연 또는 합성향료를 가하여 만드는 방법이며, 질이 낮다.

(3) 침출법(Infusion Process)

주정에 과실이나 초근목피를 담가 그 성분이나 향미를 우려내는 방법으로 많이 쓰는 방법이며, 콜드 방식(Cold Method)이라고 한다. 가장 시간이 많이 소요되는 방법이다. 영국에서는 코디얼(Cordial)이라고 한다.

(4) 여과법(Percolation Process)

커피 만드는 방법과 비슷하게 허브, 약초 등을 기화된 증류주가 통과할 수 있도록 위치하고 향을 얻은 증류주를 액화해 당분을 가미한다.

기출문제

Q. 혼성주의 제조 방법이 아닌 것은?

① 양조법(Fermentation)　　② 증류법(Distillation)
③ 침출법(Infusion)　　④ 에센스 추출법(Essence)

답 ①

03 혼성주의 분류 및 특징

(1) 혼성주의 분류

1) 약초, 향초류

명칭	내용
압생트(Absente)	향쑥의 라틴명 압신티움에서 유래한 이름으로 향쑥, 살구씨, 아니스 등의 원료를 침출한 다음 증류한 암록당황색의 술이다.
아니세트(Anisette)	증류주에 아니스 열매, 레몬 껍질, 코리앤더 등의 향미를 첨가하고 시럽으로 단맛을 낸 혼성주다.
베네딕틴 D.O.M (Benedictine D.O.M)	1510년경에 프랑스에서 만들어진 혼성주로서, 안젤리카, 박하, 주니퍼 베리, 시나몬, 넛맥, 바닐라, 레몬 껍질, 벌꿀 등 약 27종의 약초를 사용하여 만들며, D.O.M은 라틴어로 '데오 옵티모 맥시모(Deo Optimo Maximo)'로서 '가장 선하고 가장 위대한 신에게'라는 뜻이다.
캄파리(Campari)	각종 식물의 뿌리, 씨, 향초, 껍질 등 70여 가지의 재료로 만들어지는 빨간색의 이탈리아 식전주다.
샤르트뢰즈(Chartreuse)	프랑스어로 수도사란 뜻으로 리큐르의 여왕이라고 불린다. 레몬껍질, 박하초 등 130가지 정도의 약초를 포도주에 침출하고 증류한 혼성주다.
시나(Cynar)	와인에 아티초크를 배합한 리큐르로 약간 진한 커피색을 띤다.
갈리아노(Galliano)	오렌지, 아니스, 바닐라 등 각종 약초 40여 종으로 만드는데 연한 황금빛을 띤 이탈리아산 리큐르이다. 길고 독특한 병이 특징이다.
예거마이스터(Jagermeister)	1878년에 만들어진 독일산 허브 리큐르로서, 56가지의 재료를 사용해서 만든다. 천식, 위장병 등을 치료할 약용 리큐르로 개발되었다.

2) 과일, 과실류

명칭	내용
큐라소(Curacao)	베네수엘라 북방 20km 떨어진 카리브 해의 큐라소 섬에서 재배되는 오렌지를 원료로 만들어진 리큐르
트리플 섹(Triple Sec)	증류를 3번 해서 만들어진 오렌지 향 리큐르
쿠앵트로(Cointreau)	프랑스에서 오렌지껍질로 만든 고급 리큐르
그랑 마니에(Grand Marnier)	3~4년 숙성된 코냑에 오렌지껍질 등을 침출해 만든 최고급 오렌지 리큐르
슬로 진(Sloe Gin)	야생자두를 진에 첨가해 만든 빨간색 리큐르
크렘 드 카시스(Crème de Casis)	블랙 커런트(Black Currant, 까막까치밥나무열매)로 만든 새콤달콤한 리큐르

기출문제

Q. 오렌지향이 가미된 혼성주가 아닌 것은?

① Triple Sec
② Tequila
③ Grand Marnier
④ Cointreau

답 ②

해 데킬라는 아가베(용설란)로 만든 증류주이다.

3) 종자류

명칭	내용
칼루아(Kahlua)	멕시코산 커피, 코코아, 바닐라 향을 첨가한 커피 리큐르
아마레토(Amaretto)	이탈리아의 리큐르로 살구씨를 물과 함께 증류하여 향초 성분과 혼합하고 시럽을 첨가해서 만든다.

4) 기타

명칭	내용
드람뷰이(Drambuie)	스코틀랜드산 리큐어로 '사람을 만족시키는 음료'란 뜻인데, 스카치 위스키에 꿀, 허브 등을 첨가해서 만드는 암갈색의 술이다.
베일리스 아이리시 크림 (Bailey's Irish Cream)	아이리쉬 위스키에 크림과 카카오 맛을 첨가한 크림 리큐르
말리부 (Malibu, 코코넛 럼)	화이트 럼에 코코넛 향을 첨가한 리큐르
앙고스투라 비터 (Angostura Bitters)	베네수엘라에서 만들어진 비터로 럼을 베이스로 용담에서 채취한 고미제와 약초들을 배합한 술로 1~3Dash 정도 소량 사용한다.

기출문제

Q. Scotch whisky에 꿀(Honey)을 넣어 만든 혼성주는?

① Cherry Heering
② Cointreau
③ Galliano
④ Drambuie

답 ④

Q. 혼성주 특유의 향과 맛을 이루는 재료가 아닌 것은?

① 과일
② 꽃
③ 천연향료
④ 곡물

답 ④

기출문제

Q. 혼성주(Compounded Liquor) 종류에 대한 설명이 틀린 것은?

① 아드보가트(Advocaat)는 브랜디에 계란노른자와 설탕을 혼합하여 만들었다.
② 드람브이(Drambuie)는 「사람을 만족시키는 음료」라는 뜻을 가지고 있다.
③ 아르마냑(Armagnac)은 체리향을 혼합하여 만든 술이다.
④ 깔루아(Khalua)는 증류주에 커피를 혼합하여 만든 술이다.

답 ③
해 아르마냑은 프랑스 아르마냑 지방에서 만든 브랜디를 말한다.

Chapter 05 전통주

01 전통주란?

약 3천 년 전부터 곡류를 원료로 발효주를 만들어 제사에 사용하던 술로 크게 탁주, 약주, 소주로 구분한다.

02 소주의 종류

(1) 증류식 소주

쌀, 보리 등 곡류를 원료로 국(누룩)과 물을 원료로 발효 후 단식증류한 술

예) 안동소주, 남한산성소주, 진도홍주, 불소곡주, 계룡백일주, 송화백일주, 죽력고, 추성주, 금산인삼주, 문배주, 고소리술, 감홍로, 이강주

(2) 희석식 소주

타피오카, 고구마, 당밀 등을 연속식 증류를 통해 얻은 주정에 증류수와 당류, 구연산, 아미노산 등의 첨가물을 배합한 술

03 전통주 특성 따른 분류

(1) 모양

1) 동동주 – 술 위에 쌀알이 동동 뜬 모습

2) 막걸리 – 술을 거르는 모습

3) 매화주 – 뜬 쌀알이 모여 매화꽃처럼 보이는 모습

4) 백화주 – 술 위에 흰 꽃이 피어 있는 모습

5) 부의주 – 쌀알이 개미 유충처럼 떠 있는 모습

(2) 향기

1) 하향주 – 연꽃 향이 나는 술

2) 감향주 – 달콤한 향이 나는 술

3) 만년향 – 향이 만 년을 가는 술

4) 집성향 – 성인을 모으는 향기를 가진 술

5) 석탄향 – 마시기 아까울 정도로 맛과 향이 좋은 술

(3) 맛

1) 감주 - 단맛이 강한 술

2) 석탄주 - 입에 머금고 삼키기 아까운 술

3) 점감청주 - 잔맛이 강한 술

4) 녹파주 - 입안에서 파도가 치는 듯한 술

5) 점주 - 술의 농도가 진한 술

(4) 시간

1) 삼해주 - 정월의 세 해일(亥日)에 만든 술

2) 삼오주 - 세 번째 말의 날에 빚는 술

3) 벼락술 - 벼락처럼 빨리 완성되는 술

4) 일일주 - 하루 만에 완성되는 술

5) 삼일주 - 삼일 만에 완성되는 술

04 지역별 전통주

(1) 경주 교동법주

중요무형문화재이다. 엄격한 법도에 의해 술을 담근다는 전통주로 신라 시대부터 내려오는 유상곡수라 하여 주로 상류계급에서 즐기던 전통주이다.

(2) 계명주

고구려의 도읍지인 서경(평양)을 중심으로 제조법이 널리 알려진 술로서 붉은빛이 나도록 하는 수수를 주원료로 사용했다. 술을 빚은 다음 날 새벽닭이 울 때까지는 술이 다 익는다고 하여 계명주라 하였다. 술을 빨리 익히기 위해 엿기름을 사용하는 것이 특징이며, 알코올의 농도가 낮고 단맛이 있는 술이다.

(3) 금산 인삼주

인삼 누룩에 쌀, 미삼과 물을 섞어 밑술을 만든 다음 여기에 고두밥, 미삼, 솔잎, 쑥을 섞어 발효시키는 충남 금산 지역의 민속주이다.

(4) 김천 과하주(過夏酒)

무더운 여름을 탈 없이 날 수 있는 술이라는 뜻에서 이름이 유래 되었는데 원료는 쌀이며, 약주에 소주를 섞어 빚는 혼성주이다.

(5) 두견주

청주에 진달래꽃을 넣어 만든 가향주이다. 진달래꽃을 다른 말로 '두견화'라고 하므로 두견주라고 부른다. 충남 당진군 면천면의 두견주가 유명한데, 두견주는 고려의 개국공신인 복지겸에 얽힌 전설이 있다.

(6) 모주

전주 지방의 해장술로 알려져 있고, 막걸리에 생강, 대추, 감초, 인삼, 칡 등의 8가지 한약재를 넣고 술의 양의 절반 정도로 졸이고 알코올 성분이 거의 없어졌을 때 계핏가루를 넣어 먹는다.

(7) 서울 문배주

중요무형문화재 제86-1호로 지정된 문배주는 평안도 지방에서 전승되어 오는 증류식 소주인데, 술의 향기가 문배나무의 과실에서 풍기는 향기와 같다고 붙여진 이름이다. 원료는 밀, 좁쌀, 수수이며 누룩의 주원료는 밀이다.

(8) 송죽 오곡주

오곡을 비롯하여 산수유, 감초, 구기자, 당귀, 하수오 등 각종 한약재와 소나무액, 대나무 잎을 첨가하여 빚어낸 술로 전북 완주군 모악산의 산사에서 전해 내려오는 술이다.

(9) 안동소주

경상북도무형문화재 제12호로서 안동지방의 명가에서 전승되어온 증류식 소주이다. 쌀, 보리, 조, 수수, 콩 등 5가지 곡식을 물에 불린 후 시루에 쪄 고두밥을 만들고, 누룩을 섞고 발효 시켜 전술을 빚는다.

(10) 안동 송화주

밑술을 바탕으로 덧술을 빚은 후 용수를 박아 걸러내는 청주로서 경북 안동지방의 전주 유씨 무실파 정재종택에서 전승되어온 민속주이다.

(11) 전주 이강주

전북 전주 지역의 전통주인 이강주는 이름대로 소주에 배와 생강을 넣어 만드는 혼성주이다. 1947년 발간된 최남선의 저서 『조선상식문답』에서 평양 감홍로, 정읍 죽력고와 함께 조선의 3대 명주로 꼽은 전주 이강고를 계승한 술이다. 재료 가운데 울금은 피로 회복을 돕고 위를 건강하게 하는 효과가 있다.

(12) 한산 소곡주
한산 지방의 이름난 술로서 빛깔은 청주와 같다. 백제 때의 궁중 술로서 백제 유민들이 나라를 잃고 그 슬픔을 잊기 위해 빚어 마셨다고 한다. 소곡주는 찹쌀을 빚어 100일 동안 익히는 방법으로, 며느리가 술맛을 보느라고 젓가락으로 찍어 먹다 보면 저도 모르게 취하여 일어서지도 못하고 앉은뱅이처럼 엉금엉금 기어 다닌다고 하여 "앉은뱅이 술"이라고도 한다.

(13) 홍천 옥선주
강원도 홍천에서 멥쌀과 옥수수, 누룩, 옥수수 엿물을 주된 원료로 하여 당구, 갈근, 엿기름을 넣고 빚은 혼양주

(14) 기타
진도 홍주, 계룡 백일주, 아산 연엽주, 정읍 죽력고, 청송 불로주, 감홍로주

기출문제

Q. 우리나라 전통주에 대한 설명으로 틀린 것은?
① 증류주 제조기술은 고려 시대 때 몽고에 의해 전래되었다.
② 탁주는 쌀 등 곡식을 주로 이용하였다.
③ 탁주, 약주, 소주의 순서로 개발되었다.
④ 청주는 쌀의 향을 얻기 위해 현미를 주로 사용한다.

답 ④

Q. 국가지정 중요무형문화재로 지정된 전통주가 아닌 것은?
① 충남 면천두견주 ② 진도 홍주
③ 서울 문배주   ④ 경주 교동법주

답 ②

Q. 부드러우며 뒤끝이 깨끗한 약주로서 쌀로 빚으며 소주에 배, 생강, 울금 등 한약재를 넣어 숙성시킨 전북 전주의 전통주는?
① 두견주   ② 국화주
③ 이강주   ④ 춘향주

답 ③

Chapter 06 비알코올성 음료

01 기호음료

(1) 차(Tea)

1) 발효에 의한 분류

① **비발효차/불발효차**(Non-Fermented Tea) : 녹차

차의 여린 잎을 따서 무쇠나 돌솥에 덖거나 쪄서 발효를 중지한 차다.

② **반발효차**(Semi-Fermented Tea) : 우롱차, 자스민차, 오룡, 청차

녹차 잎을 10~70% 발효시킨 것으로 찻잎을 햇볕에 적당히 말린 후 가마솥에 볶아 발효를 정지한 차로, 발효가 반쯤 이루어져 반발효차라고 한다.

③ **발효차**(Fermented Tea) : 홍차(다즐링, 기문차, 우바), 블랙티

찻잎을 85% 이상 발효시킨 차로 차(tea) 소비량의 75%를 차지한다. 인도의 다즐링(Darjeeling), 중국의 기문차, 스리랑카 우바(Uva)가 세계 3대 홍차로 유명하다.

④ **후발효차**(Post-Fermented Tea) : 보이차

찻잎을 가열한 후 미생물로 발효한 차로 중국의 보이차가 유명하다.

2) 다도 기물 및 용어

① **다기**(=차기)(茶器) : 차마실 때 사용되는 차도구의 총칭

② **다도**(=차도)(茶道) : 차를 달이거나 마실 때의 방식이나 예의범절

③ **다반**(=차반) : 차 받침태, 찻잔 등의 다구를 올려놓는 쟁반 / 중국식 다반은 티를 우려내는 과정에서 찻물을 버릴수있는 구조로 되어있음

④ **다관**(=차관)(茶罐) : 차를 우려내는 주전자

⑤ **숙우**(熟盂) : 물을 식히는 사발

⑥ **다호**(=차호)(茶壺) : 찻잎을 우릴 만큼 덜어 넣어두는 작은 항아리

기출문제

Q. 제조 방법상 발효 방법이 다른 차(Tea)는?

① 한국의 작설차 ② 인도의 다즐링(Darjeeling)
③ 중국의 기문차 ④ 스리랑카의 우바(Uva)

답 ①
해 다즐링, 기문차, 우바는 찻잎을 발효해 만든 홍차이다.

(2) 커피(Coffee)

커피나무에서 생두를 수확해 가공 후 볶은 원두를 곱게 분쇄하고 물을 이용해 성분을 추출한 음료로 생산량 1위는 브라질, 2위는 콜롬비아로 중남미에서 60% 정도 생산하고 있다.

기출문제

Q. 커피에 대한 설명으로 가장 거리가 먼 것은?

① 아라비카종의 원산지는 에티오피아이다.
② 초기에는 약용으로 사용되기도 했다.
③ 발효와 숙성과정을 거쳐 만들어진다.
④ 카페인이 중추신경을 자극하여 피로감을 없애준다.

답 ③

1) 커피 재배 조건

연 강우량 1500~2000mm, 평균기온 20도 전후이면서 온난기후

2) 3대 원종

구분	생산량	원산지	재배지역	고도	특성
아라비카 (Arabica)	75%	에티오피아	브라질, 콜롬비아, 콩고 등 중남미와 일부 동아프리카 지역	해발 800m 이상	• 성장 느림 • 부드러운 맛 • 향미가 풍부 • 산미가 있음
로부스타 (Robusta)	25%	콩고	동남아, 서아프리카, 베트남, 인도네시아, 인도 등	해발 800m 이하	• 성장 빠름 • 쓴맛이 강함 • 향미가 약함
리베리카 (Liberica)	1%	라이베리아	라이베리아	저지대	• 쓴맛이 강함 • 향미가 약함

기출문제

Q. 커피의 품종이 아닌 것은?

① 아라비카(Arabica) ② 로부스타(Robusta)
③ 리베리카(Riberica) ④ 우바(Uva)

답 ④
해 우바는 홍차의 종류이다.

3) 커피 벨트(Coffee Zone)

북회귀선과 남회귀선 사이(남위 25도~북위 25도 사이)는 커피 재배에 적합한 기후와 토양을 가지고 있어 커피 벨트라고 불린다.

4) 커피의 수확·가공

① 수확

   가. 핸드 피킹(Hand Picking) : 잘 익은 체리만 선별 수확

   나. 스트리핑(Stripping) : 커피나무에 열린 체리를 손으로 훑어 수확하는 방식

   다. 기계 수확 : 나뭇가지 채로 흔들어 체리가 자동으로 수확되는 기계를 이용

② 가공

   가. 자연 건조방식(건식법, Natural or Dry Process) : 파티오(Patio)라는 건조장에 펼쳐 말리는 방식으로 주로 물이 부족하거나 햇볕이 좋은 지역에서 사용

   나. 수세식/습식법(Washed or Wet Process) : 수확한 체리를 씻어 물이 담긴 탱크에 넣어 가벼운 체리를 분류하고, 껍질을 제거한 후 발효 탱크에 옮겨 세척한다. 세척 후 자연 건조 또는 기계를 이용해 건조

   다. 세미 워시드(Semi-Washed Process) : 수확한 체리를 세척한 후 껍질과 과육을 벗겨 건조

   라. 펄프드 내추럴 방식(Pulped Natural Process) : 체리의 과육을 제거한 뒤 건조

5) 카페인(Caffeine)

아드레날린을 분비 시켜 각성효과를 주고 이뇨작용을 도와준다.

6) 커핑

① 커피의 향과 맛을 체계적으로 평가하는 과정

② 향(자연적인 향), 맛(단맛, 쓴맛, 신맛을 평가), 촉각(입안에서 텍스처를 평가)

③ 순서 : 후각(향기) > 미각(맛) > 촉각(입안의 느낌)

기출문제

Q. 커피의 향미를 평가하는 순서로 가장 적합한 것은?

① 미각(맛) → 후각(향기) → 촉각(입안의 느낌)
② 색 → 촉각(입안의 느낌) → 미각(맛)
③ 촉각(입안의 느낌) → 미각(맛) → 후각(향기)
④ 후각(향기) → 미각(맛) → 촉각(입안의 느낌)

답 ④

7) 로스팅(Roasting)

생두를 볶아 커피의 향과 맛을 만들어주는 과정으로 가볍게 살짝 볶으면 신맛이 강해지고, 오래 강하게 볶으면 쓴맛이 강해진다.

기출문제

Q. 다음은 커피와 관련한 어떤 과정을 설명한 것인가?

> The heating process that releases all the potential flavors locked in green beans.

① Cupping ② Roasting
③ Grinding ④ Brewing

답 ②

① 로스팅의 분류

가. 라이트 로스팅(Light Roasting) : 생두가 노란색으로 변하는 초기 단계

나. 시나몬 로스팅(Cinnamon Roasting) : 은피(Silver Skin)가 제거되고 황갈색을 띠는 단계로 신맛이 강하고 커피 향이 약하다.

다. 미디엄 로스팅(Medium Roasting) or 아메리칸 로스팅(American Roasting) : 신맛과 견과류 맛이 나는 단계로 추출해서 마실 수 있는 단계로 담갈색이다.

라. 하이 로스팅(High Roasting) : 신맛이 줄어들고 단맛이 나는 단계로 가장 일반적인 로스팅 단계로 갈색의 커피가 된다.

마. 시티 로스팅(City Roasting) or 저먼 로스팅(German Roasting) : 신맛은 거의 없어지고 쓴맛과 단맛이 나는 단계로 갈색은 띤다.

바. 풀 시티 로스팅(Full City Roasting) : 단맛이 강하고 원두 표면에 오일이 생긴다. 에스프레소용 로스팅 단계로 짙은 갈색이다.

사. 프렌치 로스팅(French Roasting) : 아이스 커피용 로스팅으로 쓴맛과 진한 커피 향이 특징이다. 원표에서 오일이 생기고 검은색을 띤다.

아. 이탈리안 로스팅(Italian Roasting) : 바디감과 단맛은 줄고 쓴맛이 강조된다.

기출문제

Q. 커피 로스팅의 정도에 따라 약한 순서에서 강한 순서대로 나열한 것으로 옳은 것은?

① American Roasting → German Roasting → French Roasting → Italian Roasting
② German Roasting → Italian Roasting → American Roasting → French Roasting
③ Italian Roasting → German Roasting → American Roasting → French Roasting
④ French Roasting → American Roasting → Italian Roasting → German Roasting

답 ①

8) 커피 품질 요소

① **로스팅(Roasting)** : 생두를 볶아 커피의 맛과 향을 생성하는 과정
② **블렌딩(Blending)** : 2가지 이상의 원두를 혼합하여 새로운 맛과 향을 갖은 커피를 만드는 과정
③ **그라인딩(Grinding)** : 원두를 갈아 가루로 만들어 추출 시 물과 접촉면적을 넓혀주는 과정

기출문제

Q. 커피의 맛과 향을 결정하는 중요 가공 요소가 아닌 것은?

① roasting   ② blending
③ grinding   ④ weathering

답 ④

9) 커피 추출방식

① **우려내기(Steeping)** : 커피 가루를 뜨거운 물에 일정 시간 우려낸 후 추출하는 방식
  가. 프렌치 프레스(French Press)
  나. 더치 커피(Dutch Coffee)

② **끓이기(Boiling, Decoction)** : 커피 가루를 뜨거운 물에 넣고 끓여주는 방식
  가. 이브릭(Ibrik)
  나. 체즈베(Cezve)

③ **반복 여과 추출(Percolation)** : 뜨거운 물과 커피 추출액이 연속으로 커피 층을 통과하는 방식
  가. 퍼컬레이터(Percolator)

④ **여과(Drip Filtration)** : 여과용 필터에 커피 가루를 넣고 뜨거운 물을 부어주는 방식
  가. 커피 메이커(Coffee Maker)
  나. 핸드 드립(Hand Drip)

⑤ **진공 여과 추출**(Vacuum Filtration) : 진공 상태에서 우리는 방식

　가. 사이펀(Siphon)

⑥ **가압여과 추출**(Pressurized Infusion) : 2기압 이상의 뜨거운 물이 커피 층을 통과하는 방식

　가. 모카포트(Mocha Pot)

　나. 에스프레소 머신(Espresso Machine)

⑦ **크레마**(Crema) : 에스프레소 추출 시 생성되는 갈색의 거품으로 에스프레소의 맛과 향을 담고 있다.

10) 커피의 종류

① **에스프레소**(Espresso) : 고온·고압으로 빠르게 추출한 커피

② **에스프레소 마끼아또**(Espresso Macchiato) : 에스프레소 위에 우유 거품을 올린 커피

③ **에스프레소 콘파냐**(Espresso Con Panna) : 에스프레소 위에 크림을 올린 커피

④ **아메리카노**(Americano) : 에스프레소에 물을 섞은 연한 커피

⑤ **비엔나 커피**(Vienna Coffee) : 아메리카노 위에 휘핑크림을 얹은 커피, 아인슈패너(Einspanner Coffee)로 불리기도 한다.

⑥ **카페라테**(Café Latte) : 에스프레소에 우유를 1 : 4 비율로 섞은 커피

⑦ **카푸치노**(Cappucino) : 에스프레소에 우유와 우유 거품을 올린 커피로 시나몬 파우더를 뿌려 마신다.

⑧ **카페 모카**(Café Mocha) : 에스프레소에 우유와 초콜릿을 넣고 휘핑크림을 올린 커피

기출문제

Q. 에스프레소의 커피 추출이 빨리 되는 원인이 아닌 것은?

① 약한 탬핑 강도　　　　　　　　② 너무 많은 커피 사용
③ 높은 펌프 압력　　　　　　　　④ 너무 굵은 분쇄 입자

답 ②

Q. 에스프레소에 우유거품을 올린 것으로 다양한 모양의 디자인이 가능해 인기를 끌고 있는 커피는?

① 카푸치노　　　　　　　　　　② 카페라테
③ 콘파냐　　　　　　　　　　　④ 카페모카

답 ①

11) 알코올이 들어간 커피

① **아이리쉬 커피**(Irish Coffee) : 커피에 위스키를 넣어 만든 것으로 몸을 따뜻하게 해주는 칵테일 커피

② **카페 로얄**(Café Royal) : 커피 컵 위에 스푼을 걸치고 그 위에 각설탕을 놓고 브랜디를 부은 후 불을 붙이는 칵테일로 카페 로얄이라는 것은 '왕족의 커피'라는 의미

기출문제

Q. 다음 중 알코올성 커피는?

① 카페 로얄(Cafe Royale)   ② 비엔나 커피(Vienna Coffee)
③ 데미타세 커피(Demi-Tasse Coffee)   ④ 카페오레(Cafe au Lait)

답 ①

Q. 다음 중 비알코올성 음료가 아닌 것은?

① 레몬에이드   ② 과일 스무디
③ 미모사   ④ 커피

답 ③
해 미모사는 샴페인에 오렌지주스가 들어간 칵테일이다.

02 영양음료

1) **주스류** : 레몬, 라임, 오렌지 등

① 과실을 짜서 만든 즙

2) **우유류**

① 70%는 살균된 우유로 판매되고 30%는 가공되어 다양한 유제품으로 판매

② 살균법

　가. 저온살균법(LTLT) : 62~65도, 30분

　나. 고온단시간살균법(HTST) : 72~75도, 15~20초

　다. 고온장시간살균법(HTLT) : 95~120도, 30~60분

　라. 초고온순간살균법(UHT) : 130~150도, 2초

03 청량음료

1) **콜라**(Cola) : 미국 조지아주 애틀랜타의 존스타인 펨버튼 박사에 의해 발명된 청량음료로 카페인이 커피의 2~3배가 함유되어 있다.

2) **소다**(Soda Water) : 물에 이산화탄소를 주입한 것으로 이산화탄소를 만드는 데 소다를 쓰기 때문에 소다수라고 한다.

3) **토닉워터**(Tonic Water) : 영국에서 발명된 무색투명한 음료로 말라리아 치료제로 사용되었다. 퀴닌(Qunine), 레몬 등이 함유되어 있다.

4) **진저에일**(Ginger Ale) : 생강의 향을 나게 한 소다수에다 구연산, 향신료를 섞어 캐러멜 색소로 착색한 무알코올 탄산음료다.

5) **콜린스 믹스**(Collins Mix) : 탄산수에 설탕과 라임 또는 레몬즙을 넣어 만든 음료다.

6) **사이다**(Cider), **시드르**(Cidre) : 사과를 발효 시켜 만든 사과주이다.

기출문제

Q. 다음 중 영양음료는?

① 토마토 주스　　　　　　　　② 카푸치노
③ 녹차　　　　　　　　　　　④ 광천수

답 ①

Chapter 07 음료 활용

01 알코올성 음료의 활용

(1) 소주를 활용한 인퓨전(Infusion) 음료

우리나라의 소주는 인퓨전 음료 제조에 아주 적합한 증류주이다. 위스키, 브랜디, 럼, 보드카와 같은 증류주에 비교하여 깨끗하고 풍부한 맛과 향을 가진 증류주이다. 소주에 재료를 넣고 숙성을 하고 재료를 여과한 이후에 음용하거나 계속 숙성을 한다. 다양한 재료를 사용하여 독특한 특징을 가진 인퓨전 음료를 만들 수 있다.

(2) 비터(Bitters)

인퓨전 음료와 유사한 비터(Bitters)가 있는데 히포크라테스 시절부터 사용되어 왔다. 로마 시절의 사람들도 쓴맛 나는 스타일의 음료를 갖고 있었고 이탈리아는 비터를 즐기는 사람이 가장 많은 나라이다.

1) 비터의 기원

대부분의 비터가 처음 개발되었을 당시에는 술보다는 소화촉진제, 위장약, 강장제, 해열제 같은 약제로 개발되었다. 특히 약초 종류를 많이 사용하여 대부분이 쓴맛이 많이 난다. 비터는 약으로도 사용되지만 칵테일과 요리를 만들 때 향신료로도 많이 사용된다.

2) 비터의 특징

비터의 특징은 하나 또는 여러 가지의 자연 재료(쓴맛을 가진)들의 첨가하여 제조되는데, 기나피(Cinchona Bark), 퀴닌, 안젤리카, 용담, 루타(Ruta, 혹은 Rue), 마전자(Nux Vomica), 아티초크, 대황(Rhubarb)을 증류시켜 에센셜 오일을 얻거나 중성 증류주에 침용하여 만든다. 비터 베이스는 브랜드에 따라 클로브, 바닐라, 코리앤더, 생강 등을 첨가하여 향을 준다. 그 후, 이 혼합물에 당분을 첨가한다. 대부분의 비터를 제조하는 레시피는 비밀에 싸여 있다.

3) 비터의 부활

비터는 칵테일처럼 인기가 줄어들면서 사라지는 듯하다 칵테일의 인기가 다시 살아나면서 바텐더들이 강력한 향을 조절해 주는 비터에 다시 관심을 갖기 시작했다. 오래된 브랜드의 다수가 이미 사라졌을 수도 있지만 오렌지비터 같은 스타일들이 다시 사용되기 시작했다.

(3) 플레이버드 스피릿(Flavored Spirits)

　과일, 야채, 허브, 향초, 견과, 크림, 과자 등 여러 가지 재료에서 추출이 가능한 향미 성분을 사용해 만들어진 플레이버드 스피릿은 스미노프, 앱솔루트 등 보드카를 중심으로 독창적인 풍미가 생겨나고 있다. 플레이버드 스피릿은 맛이 아니라 향을 가리키며, 사용한 재료의 구성에 따라 마신 이후의 여운에 복합적인 풍미를 느낄 수 있다. 1980년대부터 서서히 제품이 출시되고 있지만, 오래전부터 향미를 가진 진이나 즈브로우카(Zubrówka) 등이 플레이버드 스피릿이라고 할 수 있다. 보드카 이외에도 다양한 향을 가진 플레이버드 럼이 출시되고 있다.

02 비알코올성 음료의 활용

(1) 주스(Juice)와 스무디(Smoothie)

　칵테일에서 주스는 많이 사용되는 재료이다. 보다 신선하게 재료의 맛을 살리는 칵테일을 만들고 싶으면 싱싱한 과일과 야채를 직접 주스로 만들어서 사용하는 것이 좋다. 보통 야채와 과일로 만든 음료를 모두 '주스'라고 하지만 만드는 방법에 따라 주스와 스무디는 다르다. 주스는 야채와 과일을 짜서 섬유질을 여과한 '즙'을 말하고, 야채와 과일을 갈아서 만든 부드럽고 크림 같은 걸쭉한 형태의 음료를 '스무디'라고 한다.

1) 천연 주스

　아무 과일이나 야채를 섞어 주스를 만들어 칵테일에 사용하면 마시기 어려운 맛을 경험한다. 모든 과일과 야채가 주스를 만드는 데 어울리지는 않는다. 맛과 영양에 따라 사용되는 과일과 야채를 사용하여 주스를 만든다.

2) 천연 스무디

　1940년대 미국의 요리책에서 시작된 스무디는 주스에 사용되는 재료의 종류가 다양하다. 과일과 야채 이외에도 견과류, 요거트, 시리얼 등 다채로운 재료로 영양과 맛의 균형을 주며 포만감도 얻을 수 있다. 칵테일에 사용하여 일석이조의 효과를 얻을 수 있다.

(2) 허브(Herb)

　허브는 약효를 얻을 수 있는 식물의 씨, 꽃잎, 뿌리 등을 건조시켜서 약이나 음식, 음료에 사용한다. 수많은 종류의 허브가 있으며 오감만족을 주는 중요한 역할을 한다. 일종의 치료제로서 소화 촉진, 해열, 해독 작용을 하며, 음식과 음료의 맛과 향을 증진시킨다. 허브를 가공하는 방법에 따라 채취하는 시기에 따라 맛과 향이 달라진다.

1) 허브의 역할

　허브는 각종 약리 성분을 함유하고 있고 소화, 이뇨, 살균, 항균 작용을 한다. 허브를 식이요법으로 사용하기도 하며 정유(精油) 성분이나 화학 성분은 인간의 오감을 자극해 기분을 좋게 해주고 식욕을 불러일으킨다. 음식, 차, 칵테일에 어떤 종류의 허브를 사용 하느냐에 따라서 맛과 향이 달라진다.

① 음식의 불쾌한 냄새를 없애 주고 단맛, 신맛, 매운맛, 쓴맛을 준다.
② 색소 성분이 있어서 착색 작용을 한다.

③ 식욕을 자극해 소화 흡수를 돕고 신진대사에 기여한다.

2) 허브의 맛과 향

① **부드럽고 달콤한 향**: 감초(Licorice), 바질(Sweet Basil), 아니스(Anise), 히비스커스(Hibiscus), 히스(Heath)

② **달콤하고 자극적인 향**: 고수(Coriander), 오레가노(Oregano), 정향(Clove), 달래(Wild Onion), 대파(Leek)

③ **매운 맛과 자극적인 향**: 고추(Red Pepper), 산초(Chinese Pepper), 생강(Ginger), 와사비(Wasabi), 타라곤(Tarragon), 커민(Cumin), 넛멕(Nutmeg)

④ **신맛과 상큼한 향**: 로즈 힙(Rose Hip), 레몬그라스(Lemongrass), 레몬 밤(Lemon Balm), 레몬 버베나(Lemon Verbena), 캐러웨이(Caraway)

⑤ **쓴맛과 상쾌한 향**: 마조람(Marjoran), 샤프란(Saffron), 솔잎(Pine), 오미자(Schizandra)

⑥ **상큼하고 강렬한 향**: 로즈마리(Rosemary), 세이지(Sage), 민트(Mint), 챠빌(Common Chervil)

03 홈 메이드 음료

(1) 시럽

칵테일 제조에 많이 사용하는 시럽은 심플 시럽(Simple Syrup)과 그레나딘 시럽(Grenadine Syrup) 두 가지 종류가 있다.

(2) 탄산수

칵테일에 사용되는 비알코올성 음료 중에 미네랄 워터와 탄산가스가 혼합된 탄산음료를 많이 사용한다.

1) 탄산수의 효능

① **다이어트**: 탄산수의 탄산가스가 소화 효소가 들어있는 침을 발생시켜 위와 장의 연동 운동을 돕고 포만감을 주어 식사량 조절에 도움을 주며 탄산가스로 장 운동이 활발해진다.

② **소화 불량**: 속이 더부룩할 때 탄산수를 마시면 많은 양의 공기가 위로 들어가 트림을 유도하여 속을 편안하게 해 준다.

③ **피부 미용**: 탄산수로 세안을 하면 탄산이 피부에 적당한 자극을 주어 혈액 순환을 도와주며 얼굴의 노폐물을 제거하고 근육에 탄력을 준다고 한다.

Chapter 08 음료의 개념과 역사

01 음료란?

1) 사전적 의미 : 사람이 마실 수 있도록 만든 액체를 통틀어 이르는 말

2) 알코올성 음료(Alcoholic Beverage = Hard Drink)와 비알코올성 음료(Non-Alcoholic Beverage = Soft Drink)로 구분

① **알코올성 음료**(술) : 양조주, 증류주, 혼성주

② **비알코올성 음료** : 청량음료, 영양음료, 기호음료

기출문제

Q. 음료에 관한 설명으로 틀린 것은?

① 음료는 크게 알코올성 음료와 비알코올성 음료로 구분된다.
② 알코올성 음료는 양조주, 증류주, 혼성주로 분류된다.
③ 커피는 영양음료로 분류된다.
④ 발효주에는 탁주, 와인, 청주, 맥주 등이 있다.

답 ③
해 커피는 기호음료다. 영양음료는 우유류, 주스류가 있다.

02 음료의 역사

모든 생명체는 대부분 수분과 단백질로 이루어져 있으며 사람도 예외는 아니다. 사람은 체내 수분이 약 60%로 수분 섭취량보다 수분 배출량이 많으면 탈수가 나타난다. 탈수는 체내 수분이 지나치게 손실되는 현상으로, 체내 총수분량의 2%가 손실되면 갈증을 느끼며, 4%가 손실되면 근육 피로감을 쉽게 느끼게 되고, 12%가 손실되면 무기력 상태에 빠지고, 20% 이상이 손실되면 사망할 수 있다. 수분을 보충하기 위해 마신 최초의 음료는 물인데, 강물이 오염되어 질병에 걸리게 되자 물을 가공해서 마시기 시작했다.

인류 최초의 알코올성 음료는 벌꿀 술인 미드(Mead)로 알려져 있고, 자연적으로 존재하는 봉밀을 물에 약하게 타서 마시기 시작한 것이 기원이다. 1919년 스페인 발렌시아(Valencia) 부근 동굴에서 약 1만 년 전의 것으로 추정되는 벽화에 봉밀을 채취하는 그림이 발견되기도 했다.

다음으로 발견한 음료는 과즙이다. 기원전 6천 년경 바빌로니아에서 레몬 과즙을 마셨다는 기록이 있고, 그 후 자연 발효된 와인과 밀빵이 물에 젖어 자연 발효된 맥주가 차례로 나오게 된다.

탄산음료를 발견하게 된 것은 천연광천수이다. 18세기 영국의 화학자 조셉 프리스트리(Joseph Pristry)가 탄산가스를 발견함으로써 인공 탄산음료가 발명되었고, 이후 청량음료의 발전에 큰 기여를 하게 된다.

기출문제

Q. 음료의 역사에 대한 설명으로 틀린 것은?

① 기원전 6000년경 바빌로니아 사람들은 레몬 과즙을 마셨다.
② 스페인 발렌시아 부근의 동굴에서는 탄산가스를 발견해 마시는 벽화가 있다.
③ 바빌로니아 사람들은 밀빵이 물에 젖어 발효된 맥주를 발견해 음료로 즐겼다.
④ 중앙아시아 지역에서는 야생의 포도가 쌓여 자연 발효된 포도주를 음료로 즐겼다.

답 ②
해 스페인 발렌시아 부근 동굴에서 발견된 것은 봉밀을 채취하는 그림이다.

PART 03
칵테일 기법 실무

Chapter 01 칵테일

01 칵테일(Cocktail) 특성 파악

(1) 칵테일의 역사

　문서의 기록을 살펴보면, 호메로스의 '일리아드'에서는 정확하게 무엇을 혼합했는지 밝히지 않았지만 혼합해서 마셨다는 기록이 있고, 640년경 중국의 당나라에서는 와인에 말의 젖을 첨가해 마셨고, 1180년에는 이슬람교인들 사이에 꽃과 식물을 물과 엷은 알코올에 섞어 마시는 것이 고안되었다고 한다. 그러나 지금과 같은 형태의 칵테일이 만들어지기 시작한 것은 1873년 독일의 카를 폰 린데(Carl von Linde, 1842~1934)에 의해서 암모니아 압축에 의한 인공 냉동기가 발명되고, 여러 가지 모양의 글라스가 일반화된 이후부터라고 볼 수 있고, 미국을 시초로 해서 칵테일이 계승 발전되어 온 것이라는 것이 통설이다.

　메이플라워호로부터 시작된 영국인들의 아메리카 신대륙 이주는 마지막 범선인 커티샥(Cutty Sark)에 이르기까지 계속되었는데, 이들 이주자들이 지닌 술이라고는 고향을 떠날 때 실은 지금의 스카치위스키(Scotch Whisky) 뿐이었다. 당시 개척자 정신에 불타던 사람들에게 고향에 대한 향수를 잊게 해 주는 유일한 벗은 스카치 위스키 뿐이었을 것이라 생각된다. 그 후에도 스카치위스키는 영국과 미국을 왕복하며 장사하던 무역 상인에 의해 부분적으로 들어왔으나 충분한 양이 되지 못하다가, 드디어 1789년 미국의 켄터키 주에서 위스키가 탄생하게 되었다. 그러나 지금의 위스키에 비해 맛이나 향에서 매우 미흡해서 마시기에 역겨울 정도였다. 이렇게 마시기 힘든 위스키에 중서부 지역의 목동들이 손쉽게 얻을 수 있는 소나 양의 젖을 배합하는 방법이 칵테일의 시초인 것으로 알려지고 있다.

　그 후 1800년대 후기와 1900년대 초반에 걸쳐서 칵테일은 서서히 대중화되기 시작했는데, 좀 더 본격화된 것은 미국의 금주법이 시행되던 시기(1920~1933)에 일반인들 사이에서 당국의 눈을 피하기 위해 주스류나 크림, 탄산수 등을 혼합하여 마시면서 칵테일이 널리 보급되었다. 위스키사워(whisky Sour), 핑크레이디(pink Lady), 탐칼린스(tom collins), 알렉산더(alexander) 등이 당시의 애주가들에게 인기 있었으며, 콜라나 세븐업의 사용이 대중화되었다. 이후 금주법이 해제되면서 본격적으로 칵테일의 시대가 열리게 되었다. 1950년대에는 보드카의 인기가 미국 전역을 휩쓸면서 진저에일(Ginger Ale)과 보드카(Vodka)로 혼합된 모스코뮬(moscow mule)이 스미노프(smirnoff)라는 회사에 의해 큰 비중으로 광고되었으며, 스크류드라이버(screw driver), 블러디메리(bloody mary) 등이 대유행하였다.

　1970년대 초기에는 술 외판원인 하비월뱅어(harvey wallbanger)에 의해 갈리아노(Galliano)라는 새로운 술이 알려졌고, 갈리아노를 넣은 칵테일은 그의 이름과 동일하게 명하여 폭발적인 인기를 얻으면서 국민들의 마음을 사로잡았다. 이는 타임지의 머리기사에 자리 잡을 만큼 유명하게 되었고, 모두들 갈리아노와 하비월뱅어를 찾을 정도로 인기가 있었다. 이후에도 더욱 많은 리큐르(혼성주)가 등장하였고, 새로운 술들의 개발과 동시에 훌륭한 칵테일이 탄생되는 현상이 반복되어 왔다.

(2) 칵테일의 정의

칵테일은 Mixed Drink로서 2가지 이상의 재료가 혼합된 혼합주이다.

1) 술+술

2) 술+술 이외의 재료(주스, 탄산음료 등)

3) 무알콜 칵테일(Mocktail)

4) **칵테일의 요소**: 잔(glass), 맛(Taste), 향(Flavor), 색(Color), 장식(Decoration)

02 칵테일 기구 사용

이미지	명칭	내용
	셰이커 (Shaker)	• 서로 잘 섞이지 않는 재료들로 칵테일을 조주할 때 이용하는 기구 • 바디(Body), 스트레이너(Strainer), 캡(Cap)으로 구성
	지거 (Jigger)	• 음료의 양을 측정하는 도구로 계량컵(measure cup)이라고도 한다. • 일반적으로 작은쪽(1oz), 큰쪽(1.5oz)으로 구성된 더블지거 형태
	바 스푼 (Bar Spoon)	재료를 섞거나 계량할 때 사용하는 긴 스푼
	믹싱 글라스 (Mixing Glass)	바 스푼을 이용하여 빠른 시간 내에 칵테일의 온도를 냉각시키는 스터(stir) 기법에 필요한 기구

이미지	명칭	내용
	스트레이너 (Strainer)	믹싱 글라스에서 조주한 칵테일을 잔에 따를 때 얼음이 빠져나오지 않도록 거름망 역할을 하는 기구
	머들러 (Muddler)	머들러는 크게 두 가지의 용도로 사용되는데 첫 번째는 고객용 머들러로 고객에게 제공된 칵테일의 글라스 안에 꽂아 주는 얇은 막대로 글라스 안의 칵테일을 저을 때 사용한다. 두 번째는 바텐더용 머들러로 바텐더가 '모히토'와 같은 줄렙(julep) 형태의 칵테일을 조주할 때 민트 잎을 으깨는 용도로 사용하는 봉모양의 막대를 말한다. 이런 형태의 조주 기법을 머들링(muddling)이라고 한다.
	칵테일 픽 (Cocktail Pick)	칵테일 픽은 칵테일에 제공되는 장식인 가니쉬(garnish)를 만들기 위해 체리, 올리브 등의 부재료를 꽂거나 장식을 돋보이게 하기 위해 사용되는 도구
	블렌더 (Blender)	과일이나 잘 섞이지 않는 재료를 혼합할 때 이용한다. 또한 생과일주스를 만들거나 얼음까지 갈아서 만드는 칵테일을 조주할 때 이용하는 기구

이미지	명칭	내용
	스퀴져 (Squeezer)	레몬, 라임 등 과즙을 짤 때 사용
	글라스 리머 (Glass Rimmers)	글라스 림머는 크러스터 또는 스노스타일 칵테일을 조주할 때 사용하는 기구로 소금, 설탕 등을 나누어 담아 둘 수 있다.
	아이스 통 (Ice Tong)	얼음 집게
	아이스 페일 (Ice Pail)	얼음 통

이미지	명칭	내용
	아이스 스쿱 (Ice Scoop)	얼음을 담을 때 사용
	제스터 (Zester)	레몬이나 오렌지 껍질을 벗기는 칼
	코스터 (Coaster)	코스터는 글라스의 받침으로 사용되는 바 용품
	아이스 픽 (Ice Pick)	얼음을 잘게 부술 때 사용
	푸어러 (Pourer)	푸어러는 병에 담긴 음료를 따를 때, 병에서 한꺼번에 쏟아져 나와 흘리는 것을 방지하기 위해 병의 입구에 끼워 사용하는 기구

> **기출문제**
>
> Q. 칵테일 조주 시 술이나 부재료, 주스의 용량을 재는 기구로 스테인리스제가 많이 쓰이며, 삼각형 30mℓ와 45mℓ의 컵이 등을 맞대고 있는 기구는?
> ① 스트레이너　　　　　　② 믹싱글라스
> ③ 지거　　　　　　　　　④ 스퀴저
>
> 답 ③

03 칵테일 분류

(1) 용도(시간별)에 따른 분류의 활용

1) 식사 전 칵테일(Aperitif Cocktail): 식사 전 칵테일인 애프리티프 칵테일은 식욕을 증진시키기 위해 식전에 마시는 칵테일로 단맛이 없는 특징이 있다.

　예 드라이마티니, 맨해튼, 캄파리소다

2) 식사 후 칵테일(After Dinner Cocktail): 식사 후 칵테일인 애프터 디너 칵테일은 식후 소화를 돕기 위해 마시는 단맛의 칵테일로서 다이제스티프(digestif)라고도 한다. 주로 리큐르를 주재료로 하는 칵테일을 말한다.

　예 그래스하퍼, 브랜디 알렉산더

3) 올데이 타입 칵테일(All Day Type Cocktail): 올데이 타입의 칵테일은 식사와는 상관없이 마시는 것으로 신맛이나 단맛이 함유된 칵테일을 말한다.

　예 마가리타, 롱아일랜드 아이스티, 피나콜라다, 준벅

(2) 기주(Base)별 분류의 활용

1) 진 베이스 칵테일(Gin Base Cocktail): 드라이마티니, 싱가폴슬링, 네그로니

2) 보드카 베이스 칵테일(Vodka Base Cocktail): 블러디메리, 블랙러시안, 씨브리즈, 키스오브화이어

3) 럼 베이스 칵테일(Rum Base Cocktail): 다이퀴리, 마이타이, 쿠바리브레, 피나콜라다

4) 데킬라 베이스 칵테일(Tequila Base Cocktail): 마가리타, 데킬라선라이즈

5) 위스키 베이스 칵테일(Whisky Base Cocktail): 맨해튼, 뉴욕, 위스키 사워, 러스티네일

6) 브랜디 베이스 칵테일(Brandy Base Cocktail): 브랜디 알렉산더, 허니문, 사이드카

7) 와인 및 리큐르 베이스 칵테일(Wine, Liqueur Base Cocktail): 키르

8) 한국 전통주 베이스 칵테일(Korea Traditional Liquor Base Cocktail): 힐링, 진도, 풋사랑, 고창

(3) 용량에 의한 분류

1) 쇼트 드링크(Short Drink): 알코올성 음료에 알코올성 음료를 혼합 조주하여 주정이 강한 칵테일이다. 비교적 용량이 적은 6oz(약 180ml) 미만의 칵테일 글라스 또는 샴페인 글라스에 제공되며, 짧은 시간에 취기가 빨리 오르는 특징을 가지고 있다.

2) 롱 드링크(Long Drink): 알코올성 음료에 다량의 비알코올성 음료를 혼합 조주하여 주정이 비교적 약한 칵테일이다. 용량이 많은 8oz(약 240ml) 이상의 칼린스 글라스 또는 필스너 글라스에 제공되며, 시간을 두고 여러 번에 나눠 마시기 좋은 칵테일로 도수가 약한 특징을 가지고 있다.

(4) 조주 형태별 분류

1) 에이드(Ade): 과일즙에 설탕 시럽과 물을 혼합하는 기법으로 비알코올성 칵테일인 레몬에이드(lemonade)가 대표적이다.

2) 칼린스(Collins): 위스키, 진, 럼, 보드카 등의 증류주에 레몬주스와 설탕 시럽을 첨가하고 소다수로 채우는 기법이다. 12oz(약 360ml) 정도의 큰 잔에 제공되는 롱드링크로 탐칼린스(Tom Collins) 등이 있다.

3) 쿨러(Cooler): 증류주나 양조주에 라임주스, 설탕 시럽 등을 첨가하고 소다수나 진저에일 등을 채워 갈증 해소나 청량감을 느끼게 음료를 만드는 기법으로 와인쿨러(wine cooler) 등이 있다.

4) 크러스터(Crusta): 먼저 글라스 가장자리에 레몬즙을 적신 다음 글라스 림머에 담긴 설탕 또는 소금을 묻힌다(rimmed with sugar or salt, snow style, frost). 증류주에 소량의 리큐르와 레몬 주스, 설탕 등을 혼합해서 조주한 다음 과일의 껍질로 장식하여 제공하는 기법이다. 대표적인 칵테일로 브랜디 크러스터, 럼 크러스터 등이 있다.

5) 에그녹(Eggnog): 칵테일 제조시 계란과 우유를 첨가하는 기법으로 브랜디 에그녹(brandy eggnog)이 있다.

6) 데이지(Daisy): 증류주에 리큐르 또는 레몬주스, 그레나딘 시럽 등을 첨가하고 와인 글라스에 분쇄된 얼음을 채운 다음, 과일을 장식하여 스트로를 꽂아 제공하는 기법으로 칵테일 이름은 기주로 사용한 증류주에 데이지를 붙인다. 위스키데이지(whisky daisy) 등이 있다.

7) 피즈(Fizz): 진 등의 증류주를 기주로 하여 레몬주스, 설탕 시럽, 소다수를 혼합하고 과일로 장식하는 기법으로 슬로진 피즈(sloe gin fizz) 등이 있다. 피즈는 탄산음료 캔을 딸 때 나는 소리를 표현한 의성어이다.

8) 플립(Flip): 와인이나 증류주에 계란 노른자와 시럽 등을 첨가하여 혼합한 후 넛멕(nutmeg : 계란 특유의 비린내를 제거해 주는 향신료)을 뿌려 만드는 기법으로 에그녹과 비슷하지만 플립은 노른자만 사용하고 우유를 사용하지 않는 점이 다르다.

9) 푸스카페(Pousse Cafe): 술의 비중을 이용하여 몇 가지의 술이 서로 섞이지 않도록 띄우는 기법으로 플로팅(floating)이라고도 한다. 바 스푼을 뒤집어 글라스 안쪽에 대고 다른 술과 섞이지 않도록 조심스럽게 따르는 기법으로 B-52, 엔젤스키스(angel's kiss) 등이 있다.

10) 프라페(Frappe) : 칵테일 글라스 또는 샴페인 글라스에 크러쉬드 아이스(crushed ice)를 채운 다음, 원하는 리큐르를 붓고 빨대를 꽂아 제공하는 기법으로 민트프라페(mint frappe) 등이 있다.

11) 하프 앤 하프(Half and Half) : 두 종류의 알코올성 음료를 절반씩 섞는 기법으로 브랜디와 베네딕틴(B&B)이 있다.

12) 하이볼(Highball) : 텀블러 글라스에 얼음을 넣고 증류주를 부은 다음, 소다수 또는 탄산음료 등을 채우면 위로 부풀어 오르는데, 이를 '하이볼'이라고 표현한 것으로 버번콕(Bourbon coke), 진앤토닉(gin&tonic) 등이 있다.

13) 줄렙(Julep) : 민트 잎을 넣고 머들러로 으깨어 향이 배어 나오게 한 다음, 얼음을 채우고 재료를 넣어 만드는 기법으로 민트 줄렙(mint julep) 등이 있다.

14) 미스트(Mist) : 프라페와 만드는 기법이 비슷한데 주로 위스키나 브랜디 등의 증류주를 사용한다. 글라스 표면이 얼음의 냉각으로 인하여 하얗게 서리가 끼는 것에서 붙여진 이름으로 스카치미스트(Scotch mist), 버번미스트(Bourbon mist) 등이 있다.

15) 온더락스(On the Rocks) : 올드패션 글라스에 얼음을 넣고 위스키 등의 증류주를 그 위에 붓는 기법으로, 얼음을 바위에 비유하여 바위 위에 붓는다는 의미로 붙여진 이름이다.

16) 펀치(Punch) : 파티에서 여러 사람이 떠서 마시는 음료로 펀치볼(punch bowl)에 물, 증류주나 양조주, 과일, 설탕 등을 혼합하고 큰 얼음을 띄워 만드는 기법이다. 술과 과일은 그 지역 특산물이나 계절 과일을 최대한 이용하는 것이 특징이다.

17) 리키(Ricky) : 증류주에 라임즙을 넣고 소다수를 채우는 기법으로, 라임을 구하기 어려울 때는 레몬을 쓰기도 한다. 리키는 설탕 시럽을 사용하지 않아 상쾌한 신맛이 특징으로 진리키(gin ricky) 등이 있다.

18) 생거리(Sangaree) : 와인에 설탕이나 레몬주스를 넣고 물로 채우는 기법으로, 스페인어로 피를 의미, 레드와인을 묽게 한 것에서 유래되었다. 와인 외에 위스키나 브랜디 등을 사용하기도 한다.

19) 슬링(Sling) : 피즈(fizz)와 비슷한데 피즈보다 용량이 많고 리큐르를 첨가하여 맛을 부드럽게 하는 기법이다. 대표적인 칵테일로 싱가포르 슬링(Singapore sling)이 있다.

20) 사워(Sour) : 위스키를 비롯한 각종 증류주를 기주로 하여 레몬주스와 설탕 시럽을 혼합하여 만드는 기법으로, 위스키 사워(whisky sour), 브랜디 사워(brandy sour) 등이 있다.

21) 스쿼시(Squash) : 에이드와는 달리 과일즙에 소다수를 넣어 만드는 기법으로, 오렌지 스쿼시(orange squash) 등이 있다.

22) 토디(Toddy) : 하이볼 글라스에 설탕을 넣고 위스키나 럼 등의 증류주를 넣은 다음, 뜨거운 물로 채우는 기법으로 대부분의 칵테일이 얼음을 첨가하는 찬 음료(cold drink)인 반면, 토디는 뜨거운 음료(hot drink)이다.

23) 트로피컬(Tropical) : 열대성 칵테일로써 럼에 각종 과일주스, 시럽 등을 넣고 과일로 장식하여 만드는 기법으로 시원한 과일 맛이 특징이며, 대표적인 칵테일로는 마이타이(Mai-tai) 등이 있다.

기출문제

Q. 다음과 같은 재료를 사용하여 만드는 칵테일은?

> Liquor + Lemon Juice + Sugar + Soda Water

① Collins ② Martini
③ Flip ④ Rickey

답 ①

Q. 프로스팅(Frosting)기법이 사용되지 않는 칵테일은?

① Margarita ② Kiss of Fire
③ Harvey Wallbanger ④ Irish Coffee

답 ③
해 ③ Margarita(Salt), Kiss of Fire / Irish Coffee(Sugar)

Q. 뜨거운 물 또는 차가운 물에 설탕과 술을 넣어서 만든 칵테일은?

① toddy ② punch
③ sour ④ sling

답 ①

Chapter 02 칵테일 기법 수행

01 셰이킹(Shaking)

1) 리큐르, 시럽, 설탕, 크림, 계란 등 잘 섞이지 않는 재료를 혼합할 때 사용하는 조주
2) 기주의 강한 맛을 부드럽게 만든다.
3) 셰이커의 구조는 바디, 스트레이너, 캡의 세 부분으로 되어 있다.
4) 바디에 얼음과 재료를 넣은 후 스트레이너와 캡을 각각 정확하게 닫는다.
5) 셰이킹을 하는 방법은 양손 파지법과 한손 파지법이 있다.

   양손 파지법은 왼손 엄지손가락으로 스트레이너, 나머지 손가락으로는 바디를 감싸 쥐고, 오른손 엄지손가락은 캡을, 나머지 손가락으로는 스트레이너와 바디를 감싸 쥔다. 캡이 가슴을 향하게 하여 가슴 안에서 밖으로 10~15초 흔든다.

   한손 파지법은 오른손 검지손가락으로 캡을, 나머지 손가락으로 스트레이너와 바디를 감싸 쥔다. 손목을 이용하여 좌우로 흔들면서 팔을 위아래로 움직이면서 10~15초 흔든다. 셰이커에 성에가 낄 정도로 매우 차갑게 냉각되면 멈춘다. 글라스에 따를 때는 캡을 연 다음 오른손 검지로 스트레이너를 잡고 따라야 스트레이너가 빠지는 것을 방지할 수 있다.

02 빌딩(Building)

1) 재료를 글라스에 직접 부어 넣는 기법
2) 글라스에 큐브 아이스로 ⅔ 정도 채운 다음 재료를 지거로 정확하게 계량하여 글라스에 직접 넣는다. 마지막으로 바 스푼을 이용하여 글라스의 아래부터 위로 글라스의 벽면을 긁어 주듯이 2~3회 저어 준다.
3) 재료의 비중이 가볍고 잘 섞이는 두 가지 이상의 술이나 음료수를 혼합할 때 사용하는 기법
4) 부재료로 탄산음료를 사용하는 경우에는 저어 주는 횟수를 좀 더 줄여서 제공해야 청량감을 살릴 수 있다.

03 스터링(Stirring)

1) 스터(Stir)는 '휘젓다'라는 뜻으로, 믹싱 글라스에 얼음과 재료를 넣은 다음, 바 스푼을 이용하여 휘저어 혼합과 냉각을 시키는 조주 기법
2) 올바른 스터링은 바 스푼의 볼록한 부분(스푼 뒷면)이 계속해서 믹싱 글라스의 벽면을 향하도록 저어 준다. 이때 바 스푼 자체를 회전시키면서 저어야만 얼음들이 부딪히는 현상을 방지할 수 있으며, 얼음이 믹싱 글라스 내부에 부딪히지 않고 회전하면서 냉각이 된다.
3) 스터링 횟수는 10~15회 정도
4) 소다와 같은 발포성 음료를 함께 넣고 저을 때는 조심스럽게 짧게 해야 한다. 글라스에 따를 때는 스트레이너를 이용해서 얼음이 쏟아지지 않도록 한다.

04 플로팅(Floating)

1) 비중이 서로 다른 음료를 섞이지 않게 비중이 높은 음료부터 비중이 낮은 음료 순으로 층을 만들어 띄우는 기법
2) 띄울 때는 바 스푼을 뒤집어 글라스 안쪽에 대고, 그 위에 술을 조심스럽게 조금씩 부어서 아래의 술과 섞이지 않도록 한다.

05 블렌딩(Blending)

1) 칵테일 레시피에 얼음이 들어간 프로즌 스타일이나 과일, 계란이 포함되어 블렌더 등의 전동 기구를 사용하여 만드는 방법
2) 소다와 같은 발포성 음료는 블렌더에 직접 넣지 말고 블렌딩이 끝난 후에 별도로 첨가해 저어 준다.
3) 큐브 아이스보다는 크러쉬 아이스를 사용해야 블렌더의 날이 상하지 않는다.

06 머들링(Muddling)

1) 칵테일을 조주할 때 허브나 생과일의 맛과 향이 더욱 강해지도록 으깨는 방법으로 럼을 베이스로 한 모히토(Mojito), 브라질의 국민 칵테일인 까이삐리냐(Caipirinha) 등을 만들 때 이 방법을 사용
2) 글라스에 허브나 라임이나 레몬과 같은 생과일을 넣고 머들러로 으깨 준다. 이때 너무 강하게 두드리기보다는 즙이 나올 정도로 눌러 주는 것이 좋다. 그런 다음 나머지 재료를 넣고 혼합해 준다.

기출문제

Q. 칵테일 제조 방법 중 셰이킹(Shaking)이란?
① 재료를 셰이커(Shaker)에 넣고 흔들어서 혼합하는 과정을 말한다.
② 칵테일 제조가 끝난 후에 장식하는 것을 말한다.
③ 칵테일 제조가 끝난 후에 따르는 것을 말한다.
④ 칵테일에 대한 향과 맛을 배합한다.

답 ①

Q. 「Dry Martini」를 만드는 방법은?
① Mix
② Stir
③ Shake
④ Float

답 ②
해 Stir 기법 칵테일 - Martini, Gibson, Manhattan, Rob Roy 등

Q. 다음 중 믹싱 글라스(Mixing Glass)를 이용하여 만든 칵테일만으로 짝지어진 것은?

| ① Pink Lady | ③ Stinger | ⑤ Bacardi | ② Gibson | ④ Manhattan | ⑥ Dry Martini |

① ①, ②, ⑤
② ①, ④, ⑤
③ ②, ④, ⑥
④ ①, ③, ⑥

답 ③

MEMO

PART 04

칵테일 조주 실무

Chapter 01 칵테일 조주

01 칵테일 레시피

(1) 표준 레시피

순번	칵테일	기법	글라스	가니쉬	재료
1	Pousse Café	Float	Stemed Liqueur Glass	없음	Grenadine Syrup 1/3part Crème De Menthe(Green) 1/3Part Brandy 1/3part
2	Manhattan	Stir	Cocktail Glass	Cherry	Bourbon Whiskey 1 1/2oz Sweet Vermouth 3/4oz Angostura Bitters 1dash
3	Dry Martini	Stir	Cocktail Glass	Green Olive	Dry Gin 2oz Dry Vermouth 1/3oz
4	Old Fashioned	Build	Old Fashioned Glass	A Slice of Orange& Cherry	Bourbon Whiskey 1 1/2oz Soda Water 1/2oz Powdered Sugar 1tsp Angostura Bitters 1dash
5	Brandy Alexander	Shake	Cocktail Glass	Nutmeg Powder	Brandy 3/4oz Crème de Cacao(Brown) 3/4oz Light Milk 3/4oz
6	Singapore Sling	Shake Build	Footed Pilsner Glass	A Slice of Orange& Cherry	Dry Gin 1 1/2oz Lemon Juice 1/2oz Powdered Sugar 1tsp Fill with Club Soda Top With Cherry Brandy 1/2oz
7	Black Russian	Build	Old Fashioned Glass	없음	Vodka 1oz Coffee Liqueur(Kahlua) 1/2oz
8	Margarita	Shake	Cocktail Glass	Rimming with Salt	Tequila 1 1/2oz Triple Sec 1/2oz Lime Juice 1/2oz
9	Rusty Nail	Build	Old Fashioned Glass	없음	Scotch Whisky 1oz Drambuie 1/2oz
10	Whisky Sour	Shake Build	Sour Glass	A Slice of Lemon& Cherry	Bourbon Whiskey 1 1/2oz Lemon Juice 1/2oz Powdered Sugar 1tsp Top With Soda Water 1oz

순번	칵테일	기법	글라스	가니쉬	재료
11	New York	Shake	Cocktail Glass	Twist of Lemon Peel	Bourbon Whiskey 1 1/2oz Lime Juice 1/2oz Powdered Sugar 1tsp Grenadine Syrup 1/2tsp
12	Daiquiri	Shake	Cocktail Glass	없음	Light Rum 1 3/4oz Lime Juice 3/4oz Powdered Sugar 1tsp
13	B – 52	Float	Sherry Glass (2oz)	없음	Coffee Liqueur 1/3part(1/3oz) Bailey's Irish Cream 1/3part(1/2oz) Grand Marnier 1/3part(3/4oz)
14	June Bug	Shake	Collins Glass	A Wedge of Pineapple& Cherry	Midori(Melon Liqueur) 1oz Malibu 1/2oz Banana Liqueur 1/2oz Pineapple Juice 2oz Sweet&Sour Mix 2oz
15	Bacadi Cocktail	Shake	Cocktail Glass	없음	Bacardi Rum(White) 1 3/4oz Lime Juice 3/4oz Grenadine Syrup 1tsp
16	Cuba Libre	Build	Highball Glass	A Wedge of Lemon	Light Rum 1 1/2oz Lime Juice 1/2oz Fill With Cola
17	Grasshopper	Shake	Champagne Glass(Saucer)	없음	Crème de Menthe(Green) 1oz Crème de Cacao(White) 1oz Light Milk 1oz
18	Seabreeze	Build	Highball Glass	A Wedge of Lemon or Lime	Vodka 1 1/2oz Cranberry Juice 3oz Grapefruit Juice 1/2oz
19	Apple Martini	Shake	Cocktail Glass	A Slice of Apple	Vodka 1oz Apple Puker 1oz Lime Juice 1/2oz
20	Negroni	Build	Old Fashioned Glass	Twist of Lemon Peel	Dry Gin 3/4oz Sweet Vermouth 3/4oz Campari 3/4oz
21	Long Island Iced Tea	Build	Collins Glass	A Wedge of Lemon or Lime	Gin 1/2oz Vodka 1/2oz Light Rum 1/2oz Tequila 1/2oz Triple Sec 1/2oz Sweet&Sour Mix 1 1/2oz Top With Cola

순번	칵테일	기법	글라스	가니쉬	재료
22	Side Car	Shake	Cocktail Glass	없음	Brandy 1oz Cointreau or Triple Sec 1oz Lemon Juice 1/4oz
23	Mai – Tai	Blend	Footed Pilsner Glass	A Wedge of Pineapple or Orange& Cherry	Light Rum 1 1/4oz Triple Sec 3/4oz Lime Juice 1oz Pineapple Juice 1oz Orange Juice 1oz Grenadine Syrup 1/4oz
24	Pina Colada	Blend	Footed Pilsner Glass	A Wedge of Pineapple& Cherry	Light Rum 1 1/4oz Pina Colada Mix 2oz Pineapple Juice 2oz
25	Cosmopolitan Cocktail	Shake	Cocktail Glass	Twist of Lime or Lemon Peel	Vodka 1oz Triple Sec 1/2oz Lime Juice 1/2oz Cranberry Juice 1/2oz
26	Moscow Mule	Build	Highball Glass	A Slice of Lime or Lemon	Vodka 1 1/2oz Lime Juice 1/2oz Fill With Ginger Ale
27	Apricot Cocktail	Shake	Cocktail Glass	없음	Apricot Brandy 1 1/2oz Dry Gin 1tsp Lemon Juice 1/2oz Orange Juice 1/2oz
28	Honeymoon Cocktail	Shake	Cocktail Glass	없음	Apple Brandy 3/4oz Benedictine D.O.M 3/4oz Triple Sec 1/4oz Lemon Juice 1/2oz
29	Blue Hawaiian	Blend	Footed Pilsner Glass	A Wedge of Pineapple& Cherry	Light Rum 1oz Blue Curacao 1oz Malibu(Coconut Rum) 1oz Pineapple Juice 2 1/2oz
30	Kir	Build	White Wine Glass	Twist of Lemon Peel	White Wine 3oz Crème de Cassis 1/2oz
31	Tequila Sunrise	Build	Footed Pilsner Glass	없음	Tequila 1 1/2oz Fill With Orange Juice Grenadine Syrup 1/2oz
32	힐링 (Healing)	Shake	Cocktail Glass	Twist of Lemon Peel	Gam Hong Ro(감홍로 40도) 1 1/2oz Benedictine 1/3oz Crème de Cassis 1/3oz Sweet&Sour Mix 1oz

순번	칵테일	기법	글라스	가니쉬	재료
33	진도 (Jindo)	Shake	Cocktail Glass	없음	Jindo Hongju(진도 홍주 40도) 1oz Crème de Menthe(White) 1/2oz White Grape Juice(청포도 주스) 3/4oz Raspberry Syrup 1/2oz
34	풋사랑 (Puppy Love)	Shake	Cocktail Glass	A Slice of Apple	Andong Soju(안동 소주 35도) 1oz Triple Sec 1/3oz Apple Pucker 1oz Lime Juice 1/3oz
35	금산 (Geumsan)	Shake	Cocktail Glass	없음	Geumsan Insamju(금산 인산주 43도) 1 1/2oz Coffee Liqueur(Kahlua) 1/2oz Apple Pucker 1/2oz Lime Juice 1tsp
36	고창 (Gochang)	Stir	Flute Champagne Glass	없음	Sunwoonsan Bokbunja Wine(선운산 복분자주) 2oz Cointreau or Triple Sec 1/2oz Sprite 2oz
37	진 피즈 (Gin Fizz)	Shake Build	Highball Glass	A Slice of Lemon	Gin 1 1/2oz Lemon Juice 1/2oz Powdered Sugar 1tsp Fill with Club Soda
38	프레쉬 레몬 스쿼시 (Fresh Lemon Squash)	Build	Highball Glass	A Slice of Lemon	Fresh squeezed Lemon 1/2ea Powdered Sugar 2tsp Fill with Club Soda
39	버진 프루트 펀치 (Virgin Fruit Punch)	Blend	Footed Pilsner Glass	A Wedge of Pineapple& Cherry	Orange Juice 1oz Pineapple Juice 1oz Cranberry Juice 1oz Grapefruit Juice 1oz Lemon Juice 1/2oz Grenadine Syrup 1/2oz
40	불바디에 (Boulevardier)	Stir	Old Fashioned Glass	Twist of Orange Peel	Bourbon Whiskey 1oz Sweet Vermouth 1oz Campari 1oz

기출문제

Q. 다음 중 가니쉬가 없는 칵테일은?

① 준벅 ② 그래스호퍼
③ 맨하튼 ④ 마가리타

답 ②
해 준벅(파인애플 웨지&체리), 맨하튼(체리), 마가리타(소금)

(2) 기주별 칵테일 분류

기주	칵테일
진 (Gin)	• Dry Martini(드라이 마티니) • Long Island Iced Tea(롱 아일랜드 아이스 티) • Negroni(네그로니) • Singapore Sling(싱가폴 슬링) • Gin Fizz(진 피즈)
럼 (Rum)	• Bacardi(바카디) • Blue Hawaiian(블루 하와이언) • Cuba Libre(쿠바 리브레) • Daiquiri(다이키리) • Mai-Tai(마이타이) • Pina Colada(피나 콜라다)
보드카 (Vodka)	• Apple Martini(애플 마티니) • Black Russian(블랙 러시안) • Cosmopolitan Cocktail(코스모폴리탄 칵테일) • Moscow Mule(모스코 뮬) • Seabreeze(시브리즈)
위스키 (Whisky)	• Manhattan(맨하탄) • New York(뉴욕) • Old Fashioned(올드 패션드) • Rusty Nail(러스티네일) • Whisky Sour(위스키 사워) • Boulevardier(불바디에)
브랜디 (Brandy)	• Brandy Alexander(브랜디 알렉산더) • Honeymoon Cocktail(허니문 칵테일) • Side Car(사이드 카)
테킬라 (Tequila)	• Margarita(마가리타) • Tequila Sunrise(테킬라 선라이즈)
와인(Wine)	• Kir(키르)
리큐르 (Liqueur)	• Apricot Cocktail(애프리콧 칵테일) • B-52 • Grasshopper(그래스호퍼) • June Bug(준벅) • Pousse Café(푸스 카페)
전통주	• Geumsan(금산) • Gochang(고창) • Healing(힐링) • Jindo(진도) • Puppy Love(풋사랑)
논알콜	• Fresh Lemon Squash(프레쉬 레몬 스쿼시) • Virgin Fruit Punch(버진 프루트 펀치)

(3) 기법 칵테일 분류

기법	칵테일
Build (직접 넣기)	• Cuba Libre(쿠바 리브레) • Long Island Iced Tea(롱 아일랜드 아이스 티) • Negroni(네그로니) • Black Russian(블랙 러시안) • Moscow Mule(모스코 뮬) • Seabreeze(시브리즈) • Old Fashioned(올드 패션드) • Rusty Nail(러스티네일) • Kir(키르) • Fresh Lemon Squash(프레쉬 레몬 스쿼시)
Stir (휘젓기)	• Dry Martini(드라이 마티니) • Manhattan(맨하탄) • Gochang(고창) • Boulevardier(불바디에)
Shake (흔들기)	• Bacardi(바카디) • Daiquiri(다이키리) • Apple Martini(애플 마티니) • Cosmopolitan Cocktail(코스모폴리탄 칵테일) • New York(뉴욕) • Brandy Alexander(브랜디 알렉산더) • Honeymoon Cocktail(허니문 칵테일) • Side Car(사이드 카) • Margarita(마가리타) • Apricot Cocktail(애프리콧 칵테일) • Grasshopper(그래스호퍼) • June Bug(준벅) • Geumsan(금산) • Healing(힐링) • Jindo(진도) • Puppy Love(풋사랑)
Blend (블렌딩)	• Blue Hawaiian(블루 하와이언) • Mai-Tai(마이타이) • Pina Colada(피나 콜라다) • Virgin Fruit Punch(버진 프루트 펀치)
Float (띄우기)	• B-52 • Pousse Café(푸스 카페)
Shake + Build	• Singapore Sling(싱가폴 슬링) • Whisky Sour(위스키 사워) • Gin Fizz(진 피즈)
Build + Float	• Tequila Sunrise(테킬라 선라이즈)

02 얼음의 종류

얼음의 종류는 매우 다양하며 용도에 따라 사용법도 각기 다르다. 칵테일에도 다양한 얼음이 사용되며, 용도에 맞는 얼음을 사용하면 좋은 효과를 가져올 수 있다. 얼음은 얼음 속에 공기가 들어가 있지 않고, 냄새가 없고 투명해야 하며, 물에 잘 녹지 않는 것이 좋은 얼음이다.

(1) 블록아이스(Block Ice)

1kg 이상의 큰 덩어리 얼음을 말한다. 보통 파티나 축제 때 대량으로 만들어 놓은 펀치나 컵을 오랜 시간 차갑게 하기 위해 사용한다.

(2) 럼프아이스(Lump Ice)

직경 5인치 정도 크기의 작은 덩어리 얼음을 말한다. 화채와 같은 것을 오랫동안 차게 하기 위해 사용한다. 최근에는 올드패션글라스 크기에 딱 맞는 덩어리 얼음을 강하게 얼려서 온더락스(on the rocks) 용도로 사용하기도 한다.

(3) 크랙아이스(Cracked Ice)

블록아이스나 럼프아이스를 아이스 픽(ice pick)으로 깬 얼음을 말한다. 크기는 큐브아이스와 유사하나 아이스 픽으로 깨서 모양이 일정하지가 않다. 스터링이나 셰이킹에 사용하기도 하며, 모서리가 없는 것이 좋은 얼음이다.

(4) 큐브아이스(Cubed Ice)

제빙기에서 만들어지는 육면체 모양의 네모 반듯한 각 얼음이다. 바에서 칵테일 조주 시 가장 널리 이용하는 얼음으로 주스나 콜라 등의 음료를 제공할 때도 사용한다.

(5) 크러쉬아이스(Crushed Ice)

'부수다', '으깨다'라는 뜻을 지닌 크러쉬는 얼음을 으깨어 부스러기로 만든 것으로 주로 트로피컬 칵테일을 만들 때 많이 사용한다. 아이스크러셔를 이용하여 큐브아이스를 크러쉬아이스로 만들기도 하고, 아이스크러셔가 없는 경우에는 깨끗한 타월에 큐브아이스를 싸서 망치 등으로 두들겨서 만들 수도 있다. 블렌더에 큐브아이스를 넣고 약간만 갈아주면 크러쉬아이스가 된다.

(6) 셰이브아이스(Shaved Ice)

빙수를 만들 때 사용하는 가루 얼음으로서 프로즌스타일(Frozen style)의 칵테일을 만들 때 주로 사용된다.

03 글라스(Glass)의 종류

(1) 텀블러(Tumbler)류

'구르다, 굴러가다'라는 뜻의 텀블(tumble)에서 온 말로 원통형 모양의 글라스를 총칭하여 텀블러라고 한다. 대표적인 텀블러 글라스는 다음과 같다.

이미지	명칭	내용
	하이볼 글라스 (Highball Glass)	증류주에 탄산음료를 혼합해서 마시는 하이볼(highball) 칵테일을 제공할 때 주로 사용하는 잔으로 용량은 8oz(약 240ml)가 표준이다. 주로 양이 많은 롱 드링크(Long Drink) 칵테일을 낼 때 사용한다.
	올드 패션드 글라스 (Old Fashioned Glass)	올드패션 글라스를 온더락(on the rock)글라스라고도 한다. 얼음을 넣고 위스키를 부어 마실 때 주로 사용되며, 용량은 보통 8oz(약 240ml)이다.
	칼린스 글라스 (Collins Glass)	원통형의 대형잔으로 주로 양이 많은 롱 드링크를 낼 때 사용한다. 용량은 12oz(약 360ml) 정도로 키가 크므로 일명 톨하이볼(Tall Highball) 또는 굴뚝이란 뜻의 침니(Chimney)글라스라고도 한다.

(2) 스템글라스(Stemmed Glass)류

글라스의 하단에 스템(Stem)이라고 하는 손잡이가 있는 글라스로 다음과 같은 스템 글라스들이 있다.

이미지	명칭	내용
	칵테일 글라스 (Cocktail Glass)	역삼각형 모양의 글라스로 칵테일의 종류 중 쇼트 드링크(Short Drink)를 제공하는데 가장 많이 사용되는 글라스이다. 4oz(약 120ml)가 표준 사이즈이며, 용량에는 약간의 차이가 있다.
	샴페인 글라스 (Champagne Glass)	샴페인을 제공하는 잔으로 잔의 용량은 3~4oz(약 120~160ml) 정도가 일반적이다.
	(가) 소서(Saucer)형 글라스	입구 부분이 넓은 샴페인 글라스로 각종 파티나 케이크 커팅 등 축하의 자리에서 주로 사용하는 잔이다. 프라페(Frappe)나 프로즌(Frozen) 스타일의 칵테일 등에 사용한다.
	(나) 플루트(Flute)형 글라스	입구 부분이 가늘고 긴 샴페인 글라스로 샴페인을 식사와 함께 또는 천천히 마시고자 할 때 사용되는 잔이다.
	사워 글라스 (Sour Glass)	가늘고 긴 잔으로 플루트형 샴페인 글라스와 모양이 비슷하나, 글라스와 스템의 길이가 약간 짧다. 사워 칵테일을 제공할 때 사용되며 용량은 4oz(약 120ml)이다.
	리큐르 글라스 (Liqueur Glass)	리큐르를 제공하는 잔으로 용량은 1oz(약 30ml)이다. 플로팅(Floating) 기법을 사용하는 푸스 카페나 레인보우 등에 사용되는 글라스로, 증류주를 스트레이트로 마실 때도 사용한다.

이미지	명칭	내용
	셰리와인 글라스 (Sherry Wine Glass)	셰리와인을 마실 때 사용하는 잔으로 용량은 2~2½oz(약 60~75ml)이다. 리큐르 글라스와 와인 글라스의 중간 크기이며, 셰리와인 글라스를 사용하는 대표적인 칵테일로 B-52가 있다.
	필스너 글라스 (Pilsner Glass)	원래 맥주 전용 잔으로 사용하였으나 최근에는 롱 드링크 등의 칵테일 글라스로도 사용된다. 필스너 글라스의 용량은 8~12oz(약 240~360ml)로 종류가 다양하다.
	와인 글라스 (Wine Glass)	와인 글라스의 종류는 매우 다양하고 여러 가지가 있다. 대체적으로 용량은 레드와인 글라스가 가장 크고 화이트, 포트 순으로 크기가 작아진다.

기출문제

Q. 맨하탄(Manhattan) 칵테일을 담아 제공하는 글라스로 가장 적합한 것은?

① 샴페인 글라스(Champagne glass) ② 칵테일 글라스(Cocktail glass)
③ 하이볼 글라스(Highball glass) ④ 온더락 글라스(On the rock glass)

답 ②

04 칵테일 계량 단위

단위	표준 계량환산	용량(1oz = 30ml)
1dash	1/32oz	0.9ml
1Tea Spoon(1tsp)	1/8oz	3.7ml
1Table Spoon(1Tsp)	3/8oz	11ml
1Pony(Finger)	1oz	30ml
1Jigger	1 1/2oz	45ml

단위	표준 계량환산	용량(1oz = 30ml)
1Split	6oz	180ml
1Cup(1/16 Gallon = 1/2Pint)	8oz	240ml
1Pint(1/8Gallon = 1/2Quart)	16oz	480ml
1Quart(1/4Gallon)	32oz	960ml
1Gallon	128oz	3,840ml

05 칵테일 부재료

(1) 허브와 스파이스류(Herbs and Spices)

1) **클로브**(Clove, 정향) : 정향은 정향나무의 꽃봉오리

2) **시나몬**(Cinnamon) : 녹나무과 녹나무속의 나무껍질을 벗겨서 건조시킨 향신료로 약간의 매운맛과 단맛을 가지고 있다.

3) **넛맥**(Nutmeg) : 육두구과 나무 열매로 사향 향기가 나는 호두라는 뜻이다. 달걀이나 크림 등의 재료가 들어간 칵테일을 만들 때 비린내를 없애기 위해 사용한다.

4) **민트**(Mint) : 30가지 이상의 민트를 사용하고 주로 페퍼민트 또는 스피어민트를 사용한다.

(2) 과실류

1) **레몬**(Lemon) : 비타민C가 풍부해 중세시대에 괴혈병 예방용으로 마시기도 했다.

2) **라임**(Lime) : 레몬보다 새콤하고 단 과일로 마가리타 등에 즙으로 사용된다.

3) **파인애플**(Pineapple)

4) **체리**(Cherry)

5) **올리브**(Olive) : 드라이 마티니(Dry Martini)의 장식으로 사용된다.

6) **어니언**(Onion) : 깁슨(Gibson)의 장식으로 사용된다.

기출문제

Q. 깁슨(Gibson) 칵테일에 알맞은 장식은?

① 올리브(Olive)　　　　　　② 민트(Mint)
③ 체리(Cherry)　　　　　　④ 칵테일 어니언(Cocktail onion)

답 ④

06 장식

(1) 리밍(Rimming)

1) 소금 또는 설탕을 잔 테두리에 레몬 또는 라임즙을 바른 후 묻혀준다.

2) 마가리타(Margarita)=소금, 키스 오브 파이어(Kiss of Fire)=설탕

(2) 과일장식

슬라이스(Slice) = 반달	휠(Wheel) = 원	웨지(Wedge)	필(Peel)

07 시럽(Syrup)

1) **설탕 시럽**(Can Sugar Syrup) : 플레인 시럽(Plain Syrup), 심플 시럽(Simple Syrup)이라고도 하며, 물과 설탕으로 만든다.

2) **그라나딘 시럽**(Grenadine Syrup) : 당밀에 석류 향을 가미한 붉은색의 시럽

08 알코올 도수 계산법

공식 = (재료의 알코올 도수×재료의 양)+(재료의 알코올 도수×재료의 양)+ ⋯ /음료의 총량

예시 ❶

Q. 보드카 1oz(알코올 도수 40%)에 깔루아 0.5oz(알코올 도수 20%)로 만든 블랙러시안의 알코올 도수는?

A. (40×30+20×15) / (30+15) = 약 33.33%

예시 ❷

Q. 위스키 1.5oz(알코올 도수 40%), 탄산수 4oz로 만든 하이볼의 알코올 도수는?

A. (40×45+0×120) / (45+120) = 약 10.9%

> **기출문제**
>
> Q. Whisky 1oz(알코올 도수 40%), Cola 4oz(녹는 얼음의 양은 계산하지 않음)를 재료로 만든 Whisky Coke의 알코올 도수는?
>
> ① 6%   ② 8%
> ③ 10%   ④ 12%
>
> 답 ②

Chapter 02 칵테일 관능평가

01 칵테일 감정의 단계

1) **1단계**: 먼저 칵테일을 많이 맛을 보고, 그 맛이나 향에 익숙해져야 한다. 초보자는 칵테일을 감정하기 이전에 먼저 칵테일의 맛과 향에 익숙해지도록 칵테일을 많이 맛보고, 나름대로 판단력이 생겨야 가능하다.
2) **2단계**: 차이 식별 검사로서 어떤 칵테일의 맛이나 향이 다른 것을 인식할 수 있어야 한다.
3) **3단계**: 묘사 분석으로 칵테일의 맛과 향 그리고 감촉 등을 묘사한다.
4) **4단계**: 정량적 묘사로 칵테일의 맛과 향의 강도를 수치로 표현한다.

02 칵테일의 외관(Appearance, 투명도와 색깔)

1) 칵테일에는 이물질이 없어야 하며, 맑고 빛이 번쩍이는 듯한 보석의 반짝임이 나타나야 한다.
2) 적절한 조명이 있어야 한다.
3) 다른 색깔의 영향을 받지 않도록 반드시 흰 바탕에 잔을 기울여 그 경계면의 색깔을 평가해야 한다.

03 칵테일의 향(Odor)

1) 칵테일을 마시기 전에 냄새를 맡아 본다. 잔을 약간 흔들어서 휘발 성분이 많이 나오게 만들어 후각에 미치는 영향을 크게 한다.
2) 후각을 느끼는 부분은 콧구멍 위쪽에 있다. 후각 점막에 물질이 도달하는 통로는 두 가지가 있는데, 코를 통해서 들어오는 물질은 직접 후각 세포에 닿고, 다른 하나는 와인을 마시면 입안에서 데워져 약간의 압력으로 증기가 발생하여 후각 세포에 전달된다. 이것을 '마우스 아로마(mouth aroma)'라고 한다.
3) 후각과 미각을 합쳐서 '향미(Flavor)'라고 한다.

04 칵테일의 맛(Taste)

맛은 물질의 작용에 따라 심리적으로 느끼는 현상이다. 맛은 혀에 있는 미뢰(Taste Bud)에서 느끼는데, 하나의 세포가 여러 가지 맛을 감지할 수 있지만, 대개는 맛의 종류에 따라 느끼는 부위가 정해져 있다. 그리고 맛을 느낄 수 있는 물질은 물(침)에 녹는 물질이라야 하며, 그 맛의 강도는 자극 물질의 양에 비례한다. 미뢰의 중요한 성질 중 하나는 자극에 대한 순응(Adaptation)이 빨리 일어나며, 이로 인하여 한 가지 맛을 오랫동안 접하면 그 강도가 점차 약하게 느껴지는 피로 현상(Fatigue)이 일어난다는 점이다.

(1) 기본 맛

단맛(Sweet), 신맛(Sour), 짠맛(Salty), 쓴맛(Bitter)으로 사람에게는 이 네 가지 맛 중에서 단맛만 좋게 느껴지고 다른 맛은 불쾌감을 주는데, 단맛에 신맛, 짠맛, 쓴맛이 섞이면 괜찮게 느껴진다. 칵테일은 이 네 가지 맛을 다 가지고 있다.

(2) 단맛

칵테일에서 단맛을 내는 물질은 당분, 글리세롤, 알코올 등이 있다. 당분은 과당이 포도당보다 더 많이 존재한다. 저농도의 알코올도 단맛을 내는데, 4% 알코올과 2% 포도당은 동일한 단맛을 가진다. 또 알코올은 설탕의 단맛을 증가시킨다. 그리고 글리세롤은 발효의 부산물로 1% 정도 나오는데, 이것도 단맛에 기여한다.

(3) 신맛

산도와 pH의 영향을 받는다. 신맛의 강도를 보면, 주석산>사과산>초산>젖산>구연산 순서가 된다. 주석산과 구연산의 신맛이 바람직한 신맛이다. 알코올은 유기산의 신맛을 감소시킨다.

(4) 짠맛

칵테일에는 소량의 염분이 들어 있다. 이 염은 산과 금속의 결합 형태로 이 정도의 농도에서는 짠맛을 못 느끼지만, 칵테일에 간접적으로 독특한 맛과 생동감을 준다. 대표적으로 데킬라에 잘 어울리는 안주 중 하나가 소금이다.

(5) 쓴맛과 떫은맛

페놀성 물질로서 색소와 탄닌을 이루고 있는 성분이다. 이들은 칵테일의 색깔과 향미에 큰 영향을 준다. 쓴맛과 신맛은 상승 작용을 하여 더욱 쓰고 신맛을 내기 때문에 그 양의 조절이 잘 이루어져야 한다. 신맛과 단맛은 서로를 감소시키기 때문에 칵테일의 단맛은 신맛과 쓴맛을 합한 정도의 세기가 되어야 균형을 이룬다.

05 관능평가에서 주의할 점

(1) 대비 효과

농도가 진한 것 다음에 농도가 낮은 것을 마셨을 때는 농도가 낮은 것이 더 낮게 느껴진다. 대비 효과는 자극이 큰 것에서 자극이 작은 것의 순서로 실험할 때는 자극의 강도가 커지고, 순서가 바뀌었을 때는 작아진다.

(2) 잔존 효과

한 가지 칵테일을 맛보고 나면 그 성분이 입안에 남아 있어서 다음 시료에 영향을 주게 된다. 특정 성분은 특이한 맛을 만들어 낼 수 있기 때문에 항상 입을 물이나 식빵으로 헹궈야 한다.

(3) 기호 효과

숫자나 기호에 대한 선호도를 피해야 한다. 칵테일에 번호나 기호를 부여했을 경우, 개인에 따라서 좋아하는 번호나 기호가 있기 마련이다. 테이스팅 할 칵테일에는 난수표를 이용하여 의미가 없는 두세 자리 숫자를 사용한다.

(4) 순서 효과

두 칵테일이 같아도 실험 대상자들은 칵테일의 순서에 따라 느끼는 감각이 달라진다. 100명 중 70명은 처음 맛보는 칵테일에 호의적이다. 그러나 두 칵테일을 비교할 때 시간적 간격이 짧을수록 순서의 긍정적 효과가 뚜렷하고, 간격이 길수록 부정적 효과가 뚜렷해진다.

(5) 중앙 집중 오차

검사자가 양극에 가까운 점수를 주기 싫어하는 데서 오는 오차이다. 그래서 테이스팅은 점수 범위의 폭을 넓게 하지 않는다.

(6) 반복 오차

동일한 칵테일을 반복하여 측정했을 때 생기는 오차로서 어쩔 수 없는 것을 말한다. 물론 이 오차를 줄여야 하지만, 오차 자체를 인정해야 한다.

PART 05
고객서비스

Chapter 01 고객응대

01 예약 관리

(1) 방문 예약

예약은 고객이 직접 방문하거나 인터넷, 팩스, 전화 등의 방법으로 접수한다. 예약 접수 기재 사항을 보면 다음과 같다.

1) 행사 일자, 시간, 인원 수, 회사명, 예약자 성명, 연락처 등을 확인한 후 기재한다.
2) 장소(room) 또는 테이블, 좌석 배치를 결정한다.
3) 요구 사항(사진, 꽃, 케이크, 안내문, 테이블 메뉴 등) 또는 준비 사항 유무를 확인한다.
4) 예약 사항을 반복 확인한다.
5) 취소 통보 접수 때는 취소자 성명, 취소 일자, 시간, 연락처를 확인한 후 기재한다.

(2) 전화 예약

전화는 레스토랑의 상품 및 서비스를 판매할 수 있는 의사 전달 매개체이다. 고객은 음성만으로 상대를 평가, 판단하므로 서비스 제공자들은 몇 배의 주의가 필요하다. 항상 정확한 표현력과 적극적인 태도로서 고객의 문의에 신속하게 답변할 수 있도록 정성을 다해야 한다.

전화 받는 좋은 태도	전화 거는 좋은 태도
벨소리 두 번 이내에 받는다.	전화번호와 용건을 정리한다.
소속과 이름을 밝힌다.	자신 소속과 이름을 밝힌다.
안부 인사를 교환한다.	안부 인사를 교환한다.
용건을 확인한다.	상대의 상황을 파악한다.
정확한 내용을 확인한다.	용건을 확인한다.
끝인사 후 상대가 먼저 끊은 것을 확인하고 수화기를 내려놓는다.	끝인사 후 상대가 먼저 끊은 것을 확인하고 수화기를 내려놓는다.

02 고객의 개념과 정의

'고객'의 어원적 정의를 살펴보면 한자어로 顧(돌아볼 고), 客(손 객)으로 '客'은 사람, 상객(지위가 높은 손님), 단골손님, 손님 등의 뜻을 가지고 있다.

(1) 고객의 정의

1) 고객은 돈이다.
2) 가장 무서운 고객은 돌아오지 않는 고객이다.
3) 20%의 단골 고객이 80%의 매출을 올려준다.
4) 고객은 월급을 주는 사람이다.
5) 고객(顧客)은 고객(高客)이다. 기업의 입장에서 볼 때 고객보다 높은 사람은 이 세상에는 없기 때문이다.
6) 고객이 남이 되면 회사는 망한다. 왜냐하면 쓰레기(안 팔리는 물건은 제품이 아님)만 남아서 회사는 돈을 벌 수 없고, 직원들에게 월급도 줄 수 없기 때문이다.
7) 고객은 쉽게 변한다. 입맛에 맞는 곳은 자주 찾아가 단골손님이 되지만, 마음에 안 들면 갑자기 등을 돌리고 말없이 떠나가 남남이 되어 버리기도 한다.

03 서비스의 개념과 정의

서비스란 고객이 원하는 바를 고객이 원하는 방식대로 제때에 제공하는, 만족을 주는 일련의 과정을 일컫는다.

1) **물적 서비스** : 영업장에서 판매되는 식사와 음료(food&beverage), 시설, 장비
2) **인적 서비스** : 일반적인 서비스의 개념으로서 고객의 만족과 편익을 위해 제공되는 직원들의 모든 활동

(1) 서비스인의 갖추어야 할 마음가짐

1) 확고한 직업 의식을 가져야 한다.
2) 항상 고객의 입장에서 생각하여야 한다.
3) 고객의 마음에 들도록 노력해야 한다.
4) 긍정적인 사고를 가져야 한다.
5) 고객에 따라 서비스가 달라지지 말아야 한다.
6) 끈기를 가지고 자신감을 가져야 한다.
7) 항상 반성하고 개선의 의지를 갖추어야 한다.

(2) 서비스의 4대 요소

1) Speed : 고객의 일부터 신속하게 처리하여 고객을 기다리게 하지 않는다.

2) Sincerity : 정중한 마음으로 고객의 가치를 높여준다.

3) Accurate : 고객의 말을 정확하게 이해하고 실천한다.

4) Smile : 밝게 웃는 얼굴로 고객의 방문을 환영한다는 이미지를 심어주어야 한다.

(3) 식음료 서비스의 특성

1) **무형성** : 보거나 만질 수 없다.

① 무형적 특성으로 인해 다양한 문제점

　가. 저장이 불가능하므로 수요의 변동을 관리하기가 어렵다.

　나. 쉽게 모방할 수 있다.

　다. 고객이 쉽게 서비스 품질을 평가하기가 어렵다.

　라. 서비스 단위당 실제 원가를 산정하기 어렵다.

2) **생산과 소비의 동시성** : 생산과 소비가 동시에 일어난다.

3) **이질성** : 품질이 일정하지 않다.

4) **소멸성** : 판매되지 않은 서비스는 사라진다.

(4) 서비스직의 기본 요건

1) 봉사성(Service)

2) 청결성(Cleanness)

3) 능률성(Efficiency)

4) 경제성(Economy)

5) 정직성(Honesty)

6) 환대성(Courtesy&Hospitality)

(5) 서비스직의 용모와 복장

　식음료 서비스직의 업무를 수행하는 데 있어 바른 몸가짐은 모든 행동의 기본이며, 단정한 용모는 고객으로부터 호감을 받는 첫 번째 조건이다. 따라서 고객에게 좋은 서비스를 제공하기 위해서는 종사원의 깨끗하고 단정한 용모 및 태도가 필요하다.

04 고객 불만족 처리

(1) 고객의 불평 처리

고객의 불평은 소비자의 소비 경험에 대한 평가에서 시작되어 그 경험에 대한 모든 비행동적이거나 행동적인 반응을 마친 시점까지 지속된다는 것이다. 또 소비자의 불평 행동을 구매 경험에 따른 반응과 비행동적 반응을 포괄하는 복합적 반응이라고도 한다. 고객의 불만족을 어떤 방법으로 처리할 것인가에 따라 기업의 성패가 좌우될 수도 있는 상황이다.

(2) 고객을 화나게 하는 응대 태도

서비스 기업은 고객의 불평, 불만이 어떻게 발생되었으며 왜 발생했는지를 조기에 파악하는 것이 바람직하다. 그러나 조기에 파악을 못해서 불평, 불만이 발생되었을 경우 서비스 회복을 위한 최고의 기회라고 여겨야 한다. 만일 고객이 불평을 토로하지 않는다면 기업은 더 많은 손실을 입을 가능성이 높다.

따라서 서비스 기업은 기본적으로 고객이 언제든지 쉽게 불평을 털어놓을 수 있도록 통로를 제공하는 것이 장기적인 측면에서 손실을 최소화하게 할 수 있다. 물론 나쁜 서비스를 제공하지 않도록 하는 것이 무엇보다 중요하다. 그러므로 기업에서는 고객의 불평을 최소화하기 위해 사전에 철저한 교육 훈련이 필요하다. 서비스 기업의 불평 발생 요인을 보면 대부분 나쁜 태도적 서비스가 문제가 된다.

(3) 불평, 불만의 요인

1) **퉁명스러운 말씨 사용**: 서비스 요원이 상냥하고 공손한 말씨를 사용하지 않았을 경우 고객은 불평을 하게 된다. 고객과 대화할 때는 항상 주의를 기울여 상냥하고 공손한 말씨를 사용하여야 한다.
2) **접객 태도 불량**: 서비스 요원의 접객 태도가 불량할 때 발생된다. 서비스 요원이 고객에게 서비스를 제공할 때 접객하는 방법이 거칠거나 혹은 무엇인가 불만이 가득 차 있거나 업무에 대해 잘 모르고 있을 때 나타나는 접객 태도는 고객의 입장에서 보면 불만족스러울 수 있다.
3) **배려 부족**: 기업이나 서비스 요원의 고객에 대한 배려가 부족할 경우 불평을 하게 된다.
4) **불친절**: 고객은 대가를 지불하고 제품이나 서비스를 구매한다. 그러므로 고객은 서비스 요원에게 친절한 서비스를 제공받기를 기대하고 있으며, 기대했던 친절을 제공받지 못했다고 지각하면 불만을 갖게 된다.
5) **서비스 제공의 지연**: 고객은 기다리기를 싫어하기 때문에 신속한 서비스를 제공받기를 원한다. 그러나 서비스 요원이 신속하게 서비스를 하지 못했을 때 불평한다.
6) **불충분한 설명 및 의사소통**: 고객이 의문스럽거나 궁금한 부분에 대해 설명을 요구할 때 이해하지 못하게 설명하거나 의사소통에 어려움이 있을 경우 불평한다.
7) **지식 및 기술의 부족**: 서비스 요원들의 직무에 대한 지식이나 기술 부족으로 인해 고객의 불평, 불만이 발생될 경우 지속적인 교육 훈련 실시나 기술을 연마하여 고객의 불평, 불만이 나오지 않도록 하여야 한다.

① 업무 지식의 부족 요인

　가. 제품이나 서비스에 대한 설명력 부족

　나. 예약 실수 및 부정확한 정보 제공

② 업무 기술의 부족 요인

　가. 기술적 능력의 부족 : 고객은 서비스 요원이 업무 수행에 필요한 기술적인 부분을 충분히 숙지하지 못함으로 인한 고객의 불편에 대해 불평하게 된다.

　나. 부당한 가격 및 요금 부과 : 고객은 기업이나 서비스 요원이 가격을 잘못 부과했을 때 불평한다.

　다. 부주의로 인한 내용물 훼손 : 고객이 요청한 내용물을 제공하거나 다루면서 기업이나 서비스 요원의 기술 부족으로 손상되었을 때 불평, 불만을 하게 된다.

　라. 무관심 : 서비스 요원이 고객에게 무관심하고 불친절했을 때 불평을 한다.

Chapter 02 주문서비스

01 주문의 정의

식당에서의 주문이란 고객의 기호와 취향에 맞게 판매 가능한 상품을 제공하기 위한 고객과의 계약 행위

(1) 판매자의 필수 조건

1) 고객에게 상품(요리, 음료)에 대한 정확한 정보를 전달할 수 있어야 한다.
2) 항상 미소 띤 얼굴로써 서비스와 친절을 판다는 것을 잊어서는 안 된다.
3) 상품 가격을 파는 것이 아니라 상품의 가치를 팔아야 한다.
4) 레스토랑의 전체적인 분위기를 함께 팔아야 한다.

(2) 식음료 주문 순서

하기 순서는 양식당의 풀 코스(full course) 주문을 기준으로 나열한 것이며, 식당의 종류, 메뉴의 종류 및 내용, 고객의 선택 등에 따라 주문 순서와 서비스가 달라진다.

> **📢 주문 순서**
> 식전음료 > 전채요리 > 수프 > 생선요리 > 육류 또는 가금류 > 샐러드 > 와인 > 주요리가 끝난 후 > 치즈 > 후식 > 커피 또는 홍차 > 식후주

02 메뉴의 특성과 종류

(1) 상품의 특성

1) 식음료 상품은 부패성이 강한 특징을 가지고 있다.

메뉴는 미리 만들어 놓은 상품을 제공하는 것이 아니라 최소한 1일 3식을 주문 받은 후에 그 주문에 따라서 주방에서 조리를 하여 즉시 제공해야 하는 시간적인 제약을 가지고 있기 때문에, 식음료 원재료나 상품 자체의 품질 관리 및 위생 관리가 매우 중요하다. 상품의 부패성 때문에 단기간 내에 판매되지 않으면 안 되고, 오래 보관할 수 없으므로 적절한 수요 예측이 요구된다.

2) 장소적인 제약을 받는다.

원칙적으로 외식 사업은 고객이 직접 업장을 찾거나 또는 원하는 곳에서 요리를 하여 제공할 수 있으므로 장소적인 제약을 받는다.

3) 시간적 제약을 받는다.

외식 산업에 있어서 가장 문제가 되는 것이 바로 시간적인 문제이다. 고객이 밀리는 시간을 어떻게 잘 배분하는가는 성공의 열쇠가 될 수 있기 때문이다. 앞에서 언급한 장소적인 제약을 받는 조건에서 한정된 좌석과 한정된 시간에 최대의 효과를 올릴 수 있는 방법을 찾을 수 있다면 성공의 조건이 될 수 있다.

4) 외식 산업은 영업장의 시설과 분위기 등에 영향을 받는다.

외식 산업의 분위기는 고객의 식용과 밀접한 관련이 있으며, 현대에는 시설이 현재의 외식 산업체와 비슷한 형태를 갖춘다거나 뒤떨어진 시설이 되면 성공하지 못한다. 이러한 이유로 현대인은 청결하고 조금은 색다른 분위기와 시설 속에서 외식을 즐기기를 원하기 때문이다.

(2) 메뉴의 분류

1) 변화 정도에 의한 구분

① **고정 메뉴**(Static Menu, Fixed Menu) : 고정 메뉴는 일정 기간 동안 메뉴 품목이 변하지 않고, 새로운 메뉴가 등장하기 전까지 몇 개월 또는 그 이상 사용되는 메뉴이다. 따라서 같은 품목을 반복하여 제공하기 때문에 주방의 관리가 용이하고, 원가가 절감되며 생산성이 높아질 수 있는 장점이 있다. 반면, 상품이 오랫동안 고정되어 있어 환경 변화에 둔감하여 고객이 싫증 내기 쉬우며, 시장이 제한적일 수 있다.

② **순환 메뉴**(Cycle Menu) : 일정한 주기 또는 계절에 맞추어 교체하는 메뉴이다. 메뉴에 변화를 주어 고객에게 신선함을 제공할 수 있고, 계절에 따라 메뉴 조정이 가능한 장점이 있다. 호텔이나 카페테리아, 단체급식 등에서 많이 사용되는 메뉴이다.

2) 식사 내용에 의한 구분

① **정식 요리 메뉴**(Table d'Hote, Full course Menu) : 전채, 수프, 생선, 육류, 샐러드, 후식, 커피의 순서가 표준이다. 일반적으로 미각, 영양, 분량을 고려하여 구성되는데, 5~9코스가 보통이다.

정식 요리(定食料理) 메뉴의 특징을 살펴보면 다음과 같다.

가. 메뉴가 정해져 있어 선택의 폭이 좁다.

나. 제공되는 메뉴 아이템의 구성이 한정되어 있다.

다. 메뉴에 대한 지식이 없어도 주문하기가 쉽다.

② **일품 요리 메뉴**(A La Carte Menu) : 메뉴의 구성은 정식 메뉴의 순으로 되어 있으나, 각 코스별로 여러 가지의 종류를 나열해 놓고, 고객의 기호에 맞는 음식을 한 아이템씩 선택할 수 있도록 만들어진 메뉴이다. 각 아이템에 가격이 정해져 있어 고객이 선택한 아이템에 대한 가격만을 지불하면 된다.

일품 요리(一品料理) 메뉴의 특징은 다음과 같다.

가. 제공되는 메뉴 아이템이 다양하다.

나. 고객의 기호에 따라 메뉴를 선택할 수 있다.

다. 메뉴 아이템의 종류가 많아 식자재의 관리가 어렵다.

라. 가격이 정식보다 비교적 비싼 편이다.

③ **콤비네이션 메뉴**(Combination Menu) : 정식 요리 메뉴와 일품 요리 메뉴의 장점만을 혼합하여 만든 것으로 최근에 많이 선호되는 메뉴이다. 고객의 식사 유형의 변화에 유연하게 대처할 수 있고, 다양성을 제공할 수 있다. 콤비네이션 메뉴의 특징을 살펴보면 다음과 같다.

가. 정식요리와 일품요리의 혼합으로 다양성을 제공할 수 있다.

나. 고객의 기호에 따라 선택의 폭이 넓다.

다. 고객의 식습관 변화나 트렌드 변화를 적절하게 반영할 수 있다.

3) 식사 시간에 의한 구분

식사 시간에 따른 기본적 메뉴의 유형은 조식, 브런치, 중식, 석식 등으로 구분되며, 성수기의 식자재와 조리장의 창의성에 따른 특별 메뉴가 있다.

① **조식 메뉴**(Breakfast Menu) : 조식 메뉴는 시간적으로는 7~10시에 제공되며, 신속·간단·저렴한 특징이 있다. 조식은 대체로 가벼운 요리로서 커피, 주스, 빵, 계란 요리, 시리얼, 팬케이크, 과일 등을 제공하며 하루 일과의 시작으로 신속하고 효율적이며 경쾌하고 즐거운 분위기를 조성하는 노력이 필요하다.

가. 미국식 조식 : 미국식 조식(America breakfast)은 과일, 주스류, 시리얼(cereal : 곡물 요리), 달걀요리(eggs), 케이크류, 핫케익(hot cake), 음료, 빵, 토스트, 샐러드, 커피, 베이컨, 햄, 소시지를 기본적으로 제공하지만 모든 아이템이 선택적으로 주어지는 세트 메뉴이다.

나. 유럽식 조식 : 유럽식 조식은 계란 요리가 포함되지 않고 빵, 주스, 커피 정도로 간단히 하는 식사이다. 호텔 객실료 책정 방법 중 콘티넨탈 플랜(continental plan)이라고 하여, 객실료에 아침 식사 요금이 포함된 형식으로 유럽에서 많이 사용하고 있다.

다. 한식 조식 : 내국인을 위한 한식 조식은 밥과 국, 생선구이, 세 가지의 나물과 김치, 계절 과일과 인삼차 등으로 구성되어 있다.

라. 일식 조식 : 일본 단체 관광객을 위해 준비된 메뉴로서 밥과 된장국, 야채 조림, 절임류, 생선구이, 김, 계절 과일, 일본식 녹차 등으로 구성되어 있다.

마. 조식 뷔페 : 조식 뷔페는 이른 아침 조찬 모임이나 단체 관광객의 식사 시간을 고려해 만든 메뉴이다. 차가운 요리와 더운 요리 그리고 빵과 음료로 구분한다.

② **브런치 메뉴**(Brunch Menu) : 브랙퍼스트(breakfast)와 런치(lunch)가 합쳐진 용어로 공휴일에 늦게 일어난 고객들을 위한 메뉴이다. 아침 겸 점심 메뉴가 혼합된 것으로 보통 10시부터~12시까지 제공되는 요리를 말한다.

③ **중식 메뉴**(Lunch Menu) : 중식 메뉴는 보통 코스가 복잡하지 않고 저녁보다 가볍게 구성된다. 일반적으로 수프, 주요리, 후식, 커피 순의 정식 요리가 표준이며, 기타 일품 요리로 구성된다.

④ **석식 메뉴**(Dinner Menu) : 석식 메뉴는 비중이 크고 다양하게 구성되어 메뉴 선택의 폭이 넓다. 대체로 스테이크(steak), 로스트(roast), 해산물(seafood), 파스타(pasta) 등이 전통적인 주요리 메뉴이다. 특히 음식과 곁들여지는 와인, 칵테일, 디저트 등은 매출에 높은 기여를 하는 중요한 음료들이다.

⑤ **특별 메뉴**(Speciality Menu) : 레스토랑의 차별화된 운영을 위한 메뉴로 여러 가지 유형이 있다. 계절 성수기의 식자재를 이용한 메뉴, 조리장의 아이디어에 따른 메뉴, 각종 기념일을 위한 메뉴 등이다. 이러한 특별 메뉴는 고객 만족도를 높일 수 있고, 레스토랑은 식재료의 재고를 줄일 수 있으며, 매출까지도 증진시키는 효과가 있다.

4) 행사 내용에 의한 분류

① **축제 메뉴** : 축제 메뉴(gala&festival menu)는 특정 나라의 축제일이나 기념일에 특별히 제공되는 메뉴로, 예를 들면 추수 감사절 때의 칠면조 요리 같은 것이다.

② **오늘의 메뉴** : 오늘의 메뉴(daily special menu)는 요일별·주별 또는 월별로 메뉴를 다양하게 세트화하여 고객의 욕구 변화를 충족시켜 줄 수 있는 메뉴이다. 이 메뉴는 매일매일 준비된 상품으로 신속한 서비스를 제공할 수 있고, 재료의 재고품 판매를 꾀할 수 있으며, 고객의 흥미를 유발시켜 매출액을 증진시킬 수 있는 운영상의 장점을 가져올 수 있다.

③ **계절 메뉴** : 계절 메뉴(seasonal menu)는 성수기인 계절의 재료를 선정하여 짧게는 1주에서 길게는 2~3개월까지 판매하는 메뉴이다.

5) 제공 품목에 의한 분류

① **양식 메뉴** : 양식 메뉴(western menu)는 양식 요리를 판매하기 위한 메뉴로 대표적인 것이 프랑스식 식당(French food) 메뉴, 이탈리아식 식당(Italian food) 메뉴, 미국식 식당(American food) 메뉴, 스페인식 식당(Spanish food) 메뉴, 멕시코식 식당(Mexican food) 메뉴 등을 들 수 있다.

② **동양식 메뉴** : 동양식 메뉴(oriental menu)는 동양식 요리를 판매하기 위한 메뉴로, 대표적인 것은 한국식 식당(Korean food) 메뉴, 중국식 식당(China food) 메뉴, 일본식 식당(Japanese food) 메뉴, 인도식 식당(india food) 메뉴 등이 있다.

③ **룸 서비스 메뉴** : 룸 서비스 메뉴(room service menu)는 객실의 투숙객을 위하여 객실에서 식사를 할 수 있도록 제공되는 메뉴로서 조식을 비롯하여 간단한 식사와 음료·주류·안주 등이 제공된다.

④ **연회용 메뉴** : 연회 행사는 다양한 고객이 이용하기 때문에 행사의 종류에 따라서 메뉴도 달라지기 때문에 연회용 메뉴(banquet menu)는 매우 다양하다. 조식 메뉴(breakfast menu), 런치 메뉴(lunch menu), 디너 메뉴(dinner menu), 티 파티 메뉴(tea party menu), 칵테일 파티 메뉴(cocktail party menu), 뷔페 메뉴(buffet menu), 한식 메뉴(korean menu), 일식 메뉴(japanese menu), 중식 메뉴(china menu), 출장 케이터링 메뉴(outside catering menu), 음료 메뉴(beverage menu), 채식주의자 메뉴(vegetarian menu) 등이 준비되어 있다.

⑤ **바 메뉴**: 바 메뉴(bar menu)는 칵테일과 와인 및 음료의 매출을 촉진하기 위하여 바나 커피숍 및 각 식당에서 특색 있고 다양한 메뉴를 제공한다.

⑥ **후식 메뉴**: 후식 메뉴(dessert menu)는 식후의 고객에게 디저트를 제공하기 위하여 준비한 디저트 메뉴이다.

03 주문

(1) 자세

1) 고객의 왼쪽에서 주문 받는다(예외적으로 그렇지 않을 경우도 있다).
2) 판매원은 항시 볼펜과 메모 용지를 준비하고 있어야 하고 주문을 받을 때는 메모 용지에 받아 적어야 한다.
3) 주문을 받는 순서는 고객인 여성, 고객인 남성, Hostess, Host의 순으로 주문을 받는다.
4) 주문을 받을 때는 똑바로 선 자세에서 고개를 약간 숙여서 받는다.
5) 주문은 정확하고 잘 알아볼 수 있도록 기록하고 복창하여 재확인한다.
6) 당일 특별 메뉴 및 준비가 안 되는 요리는 매일 점검하고 정확히 알고 있어야 한다.
7) 우리의 상품인 요리나 음료의 내용을 충분히 설명할 수 있도록 상품 지식에 대해 평소 부단히 노력해야 한다.
8) 자주 오시는 꾸준한 고객은 고객 관리 카드(guest history card)에 의해서 고객의 기호를 미리 파악해 둔다.
9) 간단하고 정확하게 메뉴를 설명해야 한다.
10) 요리에 사용하는 재료 및 소요 시간 등을 알고서 정확히 대답해야 한다.
11) 요리 주문 후에는 꼭 음료 주문을 받아야 한다.
12) 주문을 다 받은 후 "감사합니다."라고 꼭 감사를 표한다.

(2) 주문 받을 때 유의사항

1) 서비스 요원은 영업 전에 주방과 긴밀한 연락으로 판매 품목 중의 품절 상품 및 그날의 특별 요리(daily special)를 숙지하여 주문 시에 착오가 없도록 한다.
2) 차림표(menu)는 식당의 얼굴이므로 항시 소중하게 깨끗이 취급해야 하며, 고객에게 드리기 전에 메뉴 속의 이상 유무를 확인 후 드린다.
3) 메뉴 설명 시 고객이 이해하기 힘든 전문 용어를 사용해서는 안 된다.
4) 메뉴 설명 시에 절대로 손가락으로 가리켜선 안 되며, 손을 펴서 손바닥이 위로 오도록 하여 메뉴 품명을 가리킨다.
5) 주문서 작성 시 날짜, 식탁 번호, 고객 수(외·내국인 구분), 담당자 고유 번호, 요리 품명, 수량, 변동 가격, 단가, 특별 주문 내용 등이 틀리지 않도록 정확히 기록하여 접객 서비스에 실수가 없도록 한다. 또 요리와 음료는 각기 따로 작성해야 하고, 되도록 정정 또는 이중 기입을 해서는 안 된다.

6) 육류 주문 시 굽는 정도, 계란 주문 시 익히는 정도, 샐러드 드레싱 종류 등 고객의 기호에 맞게 선택하도록 반드시 물어보고 주문서에 정확히 기입하여 주방에 건네준다.

7) 주문 받을 때에는 메뉴 구성의 순서대로 주문 받도록 하고, 고객의 특징 또는 번호를 표기함으로써 정확한 서비스를 할 수 있으며, 고객에게 호감을 받을 수 있다.

(3) 추천

1) 고객에서 상품(음료, 요리)을 팔기 전에 자신을 먼저 팔아야 한다.

2) 항상 웃음으로써 서비스와 친절(hospitality)을 판다는 것을 잊어서는 안 된다.

3) 메뉴를 고객에게 제시할 때, 부부일 경우에는 부인에게 먼저 보이고, 연회 시와 같이 많은 고객인 경우에는 주빈 또는 주최자(host)의 왼쪽 고객부터 시계 방향으로 여자, 남자, Hostess, Host의 순으로 주문을 받는 것이 기본 원칙이다.

4) 주문 받을 때는 양발을 모으고, 양팔은 겨드랑이에 자연스럽게 붙이며, 양손은 주문서와 볼펜을 쥐고, 가슴을 앞으로 하여 똑바로 선 자세에서 허리를 약간 15도 정도 숙이고, 고객의 좌측에서 얼굴을 주시하며 공손히 주문 내용을 받아 적는다.

5) 단골 고객인 경우 사전에 기호를 암기하여 고객의 기호에 맞는 추천으로 고정 고객과의 호의적인 관계 유지를 돈독히 한다. 또한 고객 관리 카드를 기록 유지하여 고객 이용 시 항상 만족한 서비스가 이루어지도록 한다.

6) 주문 기록은 통일된 약자(abbreviation)로 정확히 기재하며 반드시 복창하여 확인한다.

7) 특별 메뉴 및 준비가 안 되는 요리는 매일 점검하여 정확히 알고 있어야 하며, 특히 고객의 특별한 주문 요청이 있을 경우 주방과 신속히 연락하여 가능 여부를 확인한 후 주문을 받도록 한다.

8) 시간이 오래 걸리는 요리는 주문받을 때 반드시 소요 시간을 말씀드린다.

9) 요리 주문 후에는 와인 리스트(wine list)를 고객의 우측에서 제공하고 주문을 받아야 한다. 특히 와인은 주문된 주 요리에 잘 어울리는 품목으로 권유하여 주문 받는다.

10) 메뉴 설명 시 손가락 하나로 메뉴를 가리키거나 짚어서는 안 된다.

11) 주문을 받은 후 "감사합니다"라고 꼭 인사를 한다.

Chapter 03 편익 제공

01 와인 서비스 제공

(1) Red Wine Opening

1) 와인을 주문한 고객에게 와인의 상표를 확인시키기 위하여 상표가 고객을 향하게 하여 고객의 좌측에서 보여드린다.
2) 코르크 스크루에 있는 칼을 이용하여 병목의 캡슐 윗부분을 제거한 후, 서비스 냅킨으로 병마개 주의를 잘 닦는다.
3) 코르크 스크루 끝을 코르크의 중앙에 대고 천천히 돌려 넣은 후 두 단계 스텝으로 코르크가 병목의 1/4 정도 걸려 있을 때까지 빼낸다.
4) 코르크를 손으로 잡고 살며시 돌리면서 천천히 소리 나지 않게 빼낸다.
5) 코르크의 냄새를 맡아 이상 유무를 확인 후 손님에게 확인하도록 접시 위에 얹어서 보여 드린다.
6) 서브하기 전에 서비스 냅킨으로 병목 안팎을 깨끗이 닦는다.
7) 주문한 고객에게 확인시켜 드린다.
8) 와인을 따른 후 병목을 서비스 냅킨으로 닦아, 술방울이 테이블에 떨어지지 않도록 한다.

02 BAR 서비스

(1) 음료 주문 서비스

1) 바에 온 고객을 친절하게 밝은 모습으로 간단한 인사를 한다.
2) 고객이 원하는 테이블로 안내를 한다.
3) 고객에게 메뉴를 드리고 간단하게 메뉴에 대한 설명을 한다.
4) 고객이 방문 영업장 메뉴에 대해 잘 모를 경우 시그니처 메뉴에 대한 설명을 해드린다.
5) 고객의 요청이 있을 때 주문한 음료와 어울리는 음식에 대한 페어링(pairing) 서비스를 한다.
6) 주문한 내용은 반복해서 말한 뒤 "주문해 주셔서 감사합니다."라고 인사를 한다.
7) 고객이 주문한 식음료에 맞게 테이블세팅을 한다.
8) 주문 받은 음료는 테이블 위에 코스터를 깔고 제공한다.
9) 웃는 모습으로 "즐거운 시간 되십시오."라고 인사를 한다.

(2) 칵테일 서비스

1) 주문 받은 칵테일을 고객이 보는 앞에서 신속하게 제조를 한다.

2) 바 테이블 위에 서비스로 믹스넛류를 제공한다.

3) 바 테이블에 코스타를 깔고 그 위에 칵테일을 올려서 제공한다.

4) 웃는 모습으로 "맛있게 드십시오."라고 인사를 한다.

5) 고객과 밝은 모습으로 간단한 대화를 이어 나간다.

PART 06

음료 영업장 관리

Chapter 01 음료 영업장 시설 관리

01 시설물 점검

(1) 음료 영업장 안전 관리 기준

1) 다중 이용업소: 휴게음식점, 단란주점 영업, 유흥주점 영업, 비디오물 소극장업, 복합 영상물 제공 등 불특정 다수인이 이용하며, 영업 중 화재 등 재난 발생 시 생명, 신체, 재산상의 피해가 높은 곳으로서 「다중 이용업소의 안전 관리에 관한 특별법」 시행령 제2조(다중이용업)에서 정의한 영업을 하는 업소를 다중 이용업소라고 한다. 음료 영업장은 이 다중 이용업소에 속한다. 다중 이용업소에는 비상 피난 안내도가 부착되어 있어야 한다.

2) 비상 피난 안내도 설치기준

구분	기준
비치 대상	시행령 제2조에 따른 다중 이용업의 영업장(다만, 가 또는 나의 경우는 제외 가능) 가. 영업장으로 사용하는 바닥 면적의 합계가 33㎡ 이하인 경우 나. 영업장 내 구획된 실이 없고, 영업장 어느 부분에서도 출입구 및 비상구를 확인할 수 있는 경우
비치 위치	각 목의 어느 하나에 해당하는 위치에 모두 설치 가. 영업장 주 출입구 부분의 손님이 쉽게 볼 수 있는 위치 나. 구획된 실의 벽, 탁자 등 손님이 쉽게 볼 수 있는 위치
안내 내용	피난 안내도에 포함되어야 할 내용 가. 화재 시 대피할 수 있는 비상구 위치 나. 구획된 실 등에서 비상구 및 출입구까지의 피난 동선 다. 소화기, 옥내 소화전 등 소방 시설의 위치 및 사용 방법 라. 피난 및 대처 방법
설치 기준	피난 안내도의 크기 및 재질 가. 크기: B4(257mm×364mm) 이상(다만, 각 층별 영업장의 면적 또는 영업장이 위치한 층의 바닥 면적이 각각 400㎡ 이상인 경우에는 A3(297mm×420mm) 이상) 나. 재질: 코팅 처리한 종이, 아크릴, 강판 등

※ 2015년 1월부터는 영어를 포함한 외국어도 병행해서 표기해야 한다.

3) 다중 이용업소 소방 시설

구분	기준
소화기	영업장 안의 구획된 실(룸)마다 한 개씩 설치한다.
자동 확산 소화 용구	다중 이용업소 주방 가스레인지 상부 및 보일러실 천정에 설치한다(자동 확산 소화 용구는 10㎡ 이상이면 두 대 설치한다).
간이 스프링쿨러 설비	지하층 바닥 면적 150㎡ 이상일 경우 설치한다.

구분	기준
유도등, 유도 표지, 비상 조명등	주 출입구 및 비상구에 유도등을 설치한다. 구획된 실에는 유도등, 유도 표지, 비상 조명등 중 하나를 설치한다.
휴대용 비상 조명등	영업장 안의 구획된 실(룸)마다 한 개씩 설치한다.
피난 기구	위치, 구조에 따라 적정 기구를 비치한다.
비상벨 설비, 비상 방송 설비, 단독 경보형 감지기(연동)	구획된 실에는 비상벨 설비, 비상 방송 설비, 단독 경보형 감지기(연동) 중 하나를 설치한다.
가스 누설 경보기	가스 사용 주방 또는 가스 사용 난방 시설 장소에 설치한다.

4) 다중 이용업소 방화 시설

구분	기준
비상구	• 대상 : 다중 이용업소 영업장마다 한 개 이상 설치한다. • 위치 : 주 출입구와 반대 방향에 설치, 불가피한 경우 영업장의 장 변 길이 1/2 이상 이격된 곳에 설치한다. • 크기 : 가로 0.75m × 세로 1.5m 이상 • 문의 재질 : 방화문(주요 구조부가 내화 구조인 경우), 불연재료문(주요 구조부가 내화 구조가 아닌 경우, 건축법상의 방화 구획과 관계가 없는 경우, 문이 지표면과 접히는 경우) • 비상구 확보 방법(계단이 1개소인 경우) : 2~4층은 부속실 또는 발코니 설치 + 피난 기구, 5층 이상은 계단을 설치한다.
복층 구조 영업장 비상구	• 각 층마다 영업장 외의 계단 등으로 피난할 수 있는 비상구를 설치한다. • 비상구 문은 방화문 구조로 설치한다. • 비상구 문 열림 방향은 실내에서 외부로 열리는 구조로 설치한다.
방화 구획	• 보일러실과 영업장 사이의 출입문은 방화문으로 설치한다. • 보일러실과 영업장 사이 개구부에는 자동 방화 댐퍼(damper)를 설치한다.

5) 다중 이용업소 그 밖의 안전시설

구분	기준
영상 음향 차단 장치 (누전차단기)	노래 반주기 등 영상 음향 장치를 사용하는 영업장에 설치한다.
피난 유도선	영업장 안에 복도, 통로가 있는 경우 설치한다.

6) 시설 안전 상태 점검표

음료 영업장 시설물의 안전 관리를 위한 점검 항목 및 점검 결과 등을 기재한 표이다. 시설 안전 점검을 맡은 담당자는 각 점검 항목에 따라 시설을 점검하고, 그 결과를 빠짐없이 기록하여야 한다. 시설 안전 상태 점검표 작성 시에는 각 항목에 따른 점검 결과를 정확하게 표시해야 하며, 작성을 마친 후에는 담당자의 확인 서명을 기재하도록 한다. 시설 안전 상태 점검표는 시설물의 문제점을 파악하여 이에 신속히 조치하는데 작성 목적이 있다.

02 유지보수 - 음료 영업장 시설물 점검

(1) 냉장(동)고

1) 형태에 따른 분류

① **테이블형**: 테이블 형태로 되어 있다. 테이블 위를 작업대로 공간 활용할 수 있어, 주로 음료 영업장 안쪽에 설치한다.

② **스탠드형**: 세워서 사용하는 형태로, 주로 음료 영업장 안쪽보다는 뒤쪽에 설치하여 맥주 등 음료를 보관하는 용도로 사용한다.

2) 냉각 방식에 따른 분류

비교 항목	직접 냉각 방식 (자연 대류 방식)	간접 냉각 방식 (강제 순환 방식)
장점	• 냉장고 벽면의 냉각 파이프에 냉기가 직접 흐르는 방식 • 간냉식 대비 전력 소모가 적음 • 간냉식 대비 냉기가 오래 유지됨 • 음식이 마르지 않고 오래 보관할 수 있음 • 소음이 적음	• 냉각기에서 팬으로 차가운 냉기를 순환시키는 방식 • 제상 히터가 주기적으로 성에를 제거 • 성에 발생 범위가 좁음
단점	• 성에 발생 범위가 넓음	• 음식이 건조해질 수 있음 • 간냉식 대비 소음이 큼 • 문을 여닫을 때 냉기 손실이 큼
비고	• 소형 냉장고, 업소용 아이스크림 냉장고, 김치냉장고에 많이 쓰이는 방식	• 대형 냉장고에 많이 쓰이는 방식

(2) 생맥주 기기

1) **생맥주 기기의 구성 요소**: 냉각기, 탭, 생맥주, 탄산가스, 압력계(게이지)로 구성되어 있다.

2) 생맥주 주출 과정

① 탄산가스 통에서 CO_2가 생맥주 통으로 들어간다.

② 생맥주 통으로 들어간 CO_2의 압력으로 맥주 통에서 생맥주가 추출된다.

③ 순간 냉각기를 통과하며 2~6℃로 차가워진 생맥주는 호스를 따라 탭이 달려 있는 방출기까지 이동한다.

④ 잔을 기울이고 방출기의 탭 손잡이를 앞으로 당겨 생맥주를 따른다.

3) 생맥주 주출 과정 및 관리요령

① 급속 냉각기

　가. 냉각기: 냉각 수조 안에 냉매관, 생맥주관, 교반 모터, 냉각수로 이루어져 있다. 냉매관 주위에 얼음이 형성되면 교반 모터가 냉각수를 순환 냉각시켜 약 0℃로 냉각된 냉각수가 생맥주관 내부를 통과하는 생맥주를 순간 냉각하여 시원한 생맥주를 음용할 수 있게 한다.

나. 생맥주 냉장고 : 생맥주 통(keg)을 냉각, 저장하며 생맥주를 따를 수 있도록 탭이 부착되어 있어 생맥주 판매 시 가장 기본이 되는 시설이다.

② 압력계(게이지) 명칭 및 기능

　가. 저압계 : 생맥주 통으로 들어가는 CO_2압을 표시한다.

　나. 고압계 : 탄산가스 통 내의 압력을 표시 고압계의 바늘이 적색 부분에 오면 CO_2 통 교체 준비를 한다.

　다. 압력 조절 레버 : 저압계의 눈금을 확인하면서 서서히 좌우로 돌려 적정 압력을 맞춘다.

　라. 연결 너트 : CO_2 통과 압력계를 연결하는 너트

　마. 중간 밸브 : 밸브를 좌우로 90도 돌려 CO_2가 생맥주 통으로 들어가고 들어가지 못하게 하는 중간 밸브(개폐 시에는 호스와 일직선이 되도록 조작한다.)

③ 게이지의 기능 및 주의사항

　가. 압력 조절 방법 : 압력 조절 레버를 시계 방향으로 돌리면 압력계 몸통 안의 미세한 밸브가 열려 CO_2가 맥주 통으로 들어간다(이때 압력 조절 래버는 1/4씩 돌려 조절한다).

　나. 업소의 외부 환경, 냉각기 종류, 통 안의 생맥주 온도에 따라 적정 압력은 다르다.

※ 여름철에는 겨울철보다 50~100kpa 정도 높여 준다.

※ 맥주 CO_2 적정 압력

구분	대형	중형	소형(하이펜서)
압력	300~350	250~300	250~300

　다. 사용 방법 및 주의사항

　　ㄱ. 탄산가스 통(CO_2)에 게이지를 완전하게 결합 후 밸브를 연다.

　　ㄴ. 외부의 충격을 피한다.

　　ㄷ. 냉각기 종류에 따른 압력을 조절한다(거품 과다의 원인).

④ 헤드 사용법 및 주의사항

　가. 생맥주 통의 휘팅(fitting) : 생맥주 통 내부에 장착되어 헤드와 연결 시 생맥주를 헤드를 통해 추출하게 되어 있으며, 맥주 공장에서 휘팅을 통하여 생맥주를 주입한다.

　나. 결합 및 분리 시 무리한 충격을 가하지 않는다.

　다. 맥주 잔류물이 및 이물질이 끼지 않도록 항상 청결을 유지한다.

　　ㄱ. 영업 종료 후 흐르는 물에 세척

　　ㄴ. 영업 종료 후 생맥주 통에서 분리하여 보관(물에 담그어 보관)

⑤ 타워, 탭, 코크주

　가. 소형 냉각기에는 탭이 직접 부착되어 있다.

　나. 탭 손잡이에 무리한 힘을 가하지 않는다.

다. 청결히 한다.

라. 맥주량 조절 밸브를 조절하여 맥주 추출 속도를 조절한다.

마. 탭 : 냉각기에서 냉각이 된 생맥주를 생맥주 잔에 적당하게 따를 수 있도록 조절하는 장치이다.

바. 탭 사용 방법 및 주의사항

　ㄱ. 하이펜서에는 탭이 냉각기 몸체에 고정되어 있기 때문에 별도의 타워는 필요없으나, 중형이나 대형 같은 경우에는 냉각기와 별도로 설치되기 때문에 타워가 필요하다.

　ㄴ. 조절기는 처음 압력 설정 시 맞추어 사용한다.

⑥ 세척

가. 생맥주 통 대신 세척 통에 물을 채워 헤드와 연결하여 맥주 라인 안의 잔여 맥주(헤드, 호스, 냉각기, 타워)를 물로 씻어 냄으로써 항상 깨끗하게 보관하는 방법이다. 이때, 맥주라인 안에 물을 채워 놓는 것보다는 탭을 열어 탄산가스가 뿜어 나올 때까지 물을 완전히 제거하여 보관하면 물때도 끼지 않아 좋다.

나. 원리 : 세척 통에 물을 채워 생맥주 통 대신 헤드와 결합 후 헤드, 호스, 냉각기, 탭을 물로 청소하여 고객에게 항상 신선한 생맥주를 제공할 수 있다.

다. 효과 : 생맥주의 특성상 효모의 변질(생맥주 라인 호스가 파랗게 변하는 것)을 방지하며 호수나 냉각기 라인에 잔류된 맥주를 제거하여 미생물, 세균들이 번식할 수 없게 하여 항상 신선한 생맥주를 소비자에게 공급할 수 있다.

라. CO_2 세척 순서

　ㄱ. 세척 통을 깨끗한 물로 채워 준다.

　ㄴ. 생맥주 헤드와 연결한다.

　ㄷ. CO_2 밸브를 연다.

　ㄹ. 깨끗한 찬물이 나올 때까지 탭을 작동한다.

　ㅁ. CO_2 밸브를 잠근다.

　ㅂ. 세척 통의 안전밸브를 사용하여 CO_2 압력을 제거한다.

　ㅅ. 헤드를 세척 통과 분리하여 생맥주 통 위에 보관하다.

4) 생맥주 응급조치 요령

원인	점검	조치
맥주가 나오지 않는다.	생맥주 잔량	생맥주 잔량 확인 후 없으면 새 통으로 교환한다.
	탄산가스 잔량	탄산가스 잔량 확인 후 새 가스통으로 교체한다.
	가스통이나 게이지 밸브	가스통의 메인 밸브와 게이지의 중간 밸브가 열려 있는지 확인 후 개방한다.
	유량조절기 개폐 여부	유량 조절기를 개방하고 적정한 유량으로 맞춘다.
	생맥주 통과 헤드 분리 여부	생맥주 통과 헤드를 결합시킨다.

원인	점검	조치
맥주가 나오지 않는다.	생맥주 보관 냉장고 혹은 냉각기 온도	생맥주 보관 냉장고의 온도를 4~6도 조정하고 A/S 의뢰한다.
	조절 기능 이상으로 인한 맥주 라인 결빙 여부	냉각기 과냉 시에는 전원을 차단하고 미지근한 물로 해동을 시킨다. 언 생맥주는 새 것으로 교체한다.
생맥주 맛 이상	생맥주 통 보관 상태	직사광선을 피해 4~6도로 보관하고 선입선출한다.
	기기 청결 상태	맥주 라인, 헤드, 탭 등을 청소한다.
	개봉 상태로 장기간 영업	영업 종류 후 헤드를 분리하고 맥주 라인 안의 맥주를 제거하고 보관한다.
	탄산가스 압력	적정한 압력으로 맞춘다.
소리가 날 때	냉각수 수평 상태	생맥주 기기를 수평에 맞게 재위치시킨다.
	냉각기 조립 상태	볼트, 너트 등이 단단히 고정되도록 조인다.

(3) 정수기

1) 정수기 관리 요령

① 정수기 물탱크 소량의 일반 세균 검출 제때에 필터 교환이 이루어지고, 정기적인 물탱크 청소로 정수기 관리를 철저히 한다면, 안심하고 깨끗한 물을 마실 수 있다. 정수기 내에서 일반 세균이 검출될 수 있는 경우는 모든 오염물질을 제거한 후 공기와의 접촉 등에 의해 미량 발생할 수도 있으나, 이것은 인체에 무해하다.

② 업소용 정수기를 관리하는데 특별히 신경 써야 할 사항 업소용 정수기도 일반 가정용처럼 관리해 주면 된다. 다만 일반 가정에서보다는 많은 고객들이 사용하기 때문에 청소를 좀 더 자주 해주고, 필터를 교환하는 시기도 정확히 지켜 준다. 또한 정수기 주변을 깨끗하게 유지한다.

③ 물탱크 청소 2주일에 한 번 정도 다음과 같은 요령으로 간단히 청소하면 된다. 저장 탱크의 물을 완전히 배수시키고, 약간의 주방용 세제를 묻혀 청소한 후 깨끗이 헹구어 사용하면 손쉽게 해결된다. 장기간 물을 저장해 두었거나 오랜 기간 사용하지 않았을 경우에도 마찬가지로 청소해 주면 된다.

④ 필터 교체 시기 필터는 업체별로 교체 시기가 다르므로 사용 설명서에 나와 있는대로 교체해 주면 깨끗한 물을 안심하고 마실 수 있다.

⑤ 정수기의 경제성을 고려해 볼 때 수명 연장을 위한 정수기 관리 요령

　가. 정수와 폐수의 비율을 1:3 이상으로 유지한다.

　나. 수돗물 공급이 중단되었을 경우 원수 밸브를 잠그고 전원 코드를 뽑는다.

　다. 수도 공사 시 혹은 녹 찌꺼기가 많이 섞인 수돗물이 공급될 때 원수 밸브를 잠그고 전원 코드를 뽑는다.

　라. 단수 후 수돗물 재공급 시 1~2분간 물을 틀어 녹 찌꺼기 등을 흘려버린 후 원수 밸브를 연다.

　마. 정기적인 청소를 실시한다.

(4) 제빙기(Ice Maker)

음료 영업장에서 제일 많이 사용하는 재료인 얼음을 만드는 기계이다. 일반 수돗물을 사용하면 안 된다. 꼭 정수 시설을 설치한 물을 제빙기에 연결하여 사용하여야 한다. 제빙기 청소는 2주에 한 번 이상 제빙기의 모든 얼음을 제거한 후 중성세제를 사용하여 깨끗이 청소한 후 깨끗한 물을 사용하여 내부를 잘 헹구고 마른 수건으로 물기를 제거한 후 말린다. 다 마른 상태가 되면 전원을 다시 키고 사용한다. 제빙기 밑부분에 있는 필터를 꺼내어 수시로 먼지를 제거해 준다. 필터에 먼지가 많으면 공기 순환을 이용한 냉각이 잘 이루어지지 않아 얼음 제작 시간이 오래 걸리고, 꽉 찬 얼음이 아닌 속이 빈 얼음이 만들어진다.

(5) 자외선살균소독기

영업 종료 후 사용한 셰이커, 지거, 도마, 칼, 음료 영업장 타월 등 기구 등을 세척한 후 자외선 살균 소독기 안에 넣고 퇴근하면 다음날 깨끗이 살균 소독된 기구를 사용할 수 있다. 자외선살균소독기 안의 살균 램프를 강제로 켜서 빛을 직접 쬐이지 않도록 절대 주의해야 한다. 자외선 빛을 오래 쬐이면 피부가 벗겨지거나, 안구 통증 및 두통 등을 일으킬 수 있다. 단, 도어의 유리창을 통하여 빛을 보는 것은 이상이 없다.

(6) 포스 시스템(POS System)

POS는 Point Of Sales의 줄임말이다. POS 시스템은 금전등록기와 컴퓨터 단말기의 기능을 결합한 시스템으로 매상 금액을 정산해 줄 뿐만 아니라 동시에 경영에 필요한 각종 정보와 자료를 수집, 처리해 주는 시스템으로 판매 시점 관리 시스템이라고 한다.

(7) 영업장 시설 운영 매뉴얼 작성

영업장에서 일일 또는 일주일, 한 달 등 지정 기간을 정해 관리해야 할 시설물 관리 리스트를 짜고 매뉴얼을 만들어 신입 직원이 들어오면 시설 관리 매뉴얼을 가지고 OJT 교육을 실시한다. 모든 직원이 시설 관리에 대한 공통된 교육을 통해 어느 직원이 근무를 하든지 매뉴얼에 따라 시설 관리를 통해 업무의 효율성을 높일 수 있다.

03 배치관리

(1) 효과적인 음료 영업장 시설물의 배치

음료 영업장텐더가 근무를 하면서 능률적인 일을 하려면 시설의 배치 및 설치가 중요하다. 그중에서도 음료 영업장텐더가 근무하면서 이동하는 동선(動線)이 특히 중요한데, 최대한 근무 동선이 짧게 시설물을 배치해야 한다.

(2) 음료 영업장 시설의 배치

음료 영업장 시설의 배치를 위해 도면 작성 시부터 음료 영업장 담당자가 설계 작업에 참여하여야 한다. 음료 영업장텐더를 중심으로 시설물이 설치가 이루어져야 업무 효율성이 높아진다.

1) 음료 영업장의 형태

① 음료 영업장텐더의 뒤편으로는 진열장이 있다. 진열장에 위스키, 보드카, 럼, 테킬라 등 판매되는 주류를 진열 보관한다. 고객은 진열장을 통해 방문한 음료 영업장에 어떤 주류가 있는지 한눈에 알 수 있다. 프로모션이 진행 중인 주류는 제일 잘 보이는 곳에 진열한다. 고객은 진열된 주류를 보고 주문을 함으로써 홍보 효과뿐만 아니라 판매 촉진 기능도 가지고 있다.

② 테이블 형태의 냉장(동)고가 설치되며, 냉장(동)고 위에 바텐딩(bartending) 작업 공간(언더 음료 영업장)을 만들어 칵테일 및 음료 준비를 할 수 있다. 칵테일을 만들 때 필요한 재료들은 바텐딩 공간에서 가장 가까운 음료 영업장의 밑이나 뒤편 냉장고에 넣어 두고 사용한다.

③ 바텐딩 공간 우측에 제빙기, 얼음을 보관하는 냉동고가 위치하여야 업무를 하는 데 편리하다. 바텐딩 후 사용한 기구를 세척할 수 있는 싱크대는 음료 영업장에 설치를 하지만 고객의 시선에 보이지 않도록 설치하는 것이 좋다.

④ 음료 영업장 좌석 바닥 부분 높이를 높여서 스탠드 형태의 의자 대신 편안한 암체어를 비치해 고객에게 편안함을 제공하고 있다.

2) 음료 영업장 작업 공간을 배치

① **일(一)자형 음료 영업장**: 길게 일자형의 바로, 많은 영업장에서 선호하는 스타일로 벽면을 활용하기 때문에 어떤 공간에서도 적용 가능한 형태의 음료 영업장이다.

② **ㄷ자형 음료 영업장**: ㄷ자 형태로 되어 있는 바로, 공간이 넓고, 음료 영업장 좌석을 많이 만들 때 많이 설치한다.

③ **ㅁ자형, 라운드형, 타원형 음료 영업장**: 기둥이 있는 공간이나 라운지 형태의 넓은 공간의 중앙에 바를 설치할 때 선호하는 형태의 음료 영업장이다. 좁은 공간의 기둥이 있는 음료 영업장은 기둥 주위에 진열장을 설치하여 사용한다. 넓은 공간의 영업장은 중앙에 음료 영업장을 설치하여 음료 영업장을 중심으로 테이블 등 시설 배치가 이루어진다.

④ 음료 영업장에 설치되는 냉장고는 주로 테이블 형태의 냉장고가 사용되고, 음료 영업장 작업대의 틀을 만든 후 그 밑에 냉장고를 넣어서 사용한다.

⑤ 음료 영업장에 보통 1~2개의 작업대를 만들어 사용하며, 작업대 사이에는 주로 수도 시설을 만든다.

⑥ 작업 공간 배치에 있어서 제일 중요한 것은 음료 영업장에서 바텐더의 움직임을 최소화 할 수 있는 동선으로 시설 및 기구가 배치되어야 한다.

⑦ 음료 영업장에 필요한 주류 및 각종 재료들의 배치 및 수납의 경우 바텐더의 팔이 닿는 곳에 위치하여야 하며, 최대한 두 걸음 정도의 거리에 있어야 한다.

3) 시설물의 안전한 배치
① 음료 영업장에는 많은 전기 시설물과 함께 수도 시설도 같이 배치되어 있기 때문에 누전에 의한 전기 안전사고에 주의하여 시설물을 배치하여야 한다.
② 음료 영업장 바닥은 매일 영업 종료 후 물청소를 하기 때문에 음료 영업장 바닥에 전기 시설을 하여서는 안 된다.
③ 식기(글라스) 세척기를 음료 영업장에 설치하는 영업장도 있고 백사이드(back side)나 주방에 설치하는 영업장도 있는데, 세척기는 고온의 물을 사용하기 때문에 화상의 위험이 있으므로 모든 직원이 사용법을 숙지 후 안전하게 사용할 수 있도록 관리하여야 한다.

Chapter 02 음료 영업장 기구·글라스 관리

01 칵테일 기구 유지, 관리 및 보관

(1) 셰이커(Shaker)

셰이커의 구성은 캡(cap), 스트레이너(strainer), 바디(body)의 3단계로 나누어진다. 특히 스트레이너 부분은 다른 부분보다 세심한 관리가 필요하다. 세제나 락스가 남아 있지 않도록 깨끗한 물로 잘 세척한다.

(2) 바 스푼(Bar Spoon)

바 스푼은 영업 중에는 길이가 긴 글라스 등에 깨끗한 물 또는 소다수를 넣어서 사용한다. 자주 사용하면 여러 음료들이 물에 섞이게 되므로 자주 물을 갈아줘서 오염을 방지한다.

(3) 스트레이너(Strainer)

얼음 및 재료를 걸러 주는 기구이다. 망이 좁을수록 재료가 잘 낄 수 있으므로, 스프링이 있는 스트레이너는 스프링을 제거한 후 수세미로 잘 세척하며, 고운 망으로 된 스트레이너는 물에 담가 이물질을 불려서 제거한다.

(4) 블렌더(Blender)

혼합하기 어려운 재료를 섞거나 트로피컬 칵테일(tropical cocktail), 프로즌 스타일(frozen style)의 칵테일을 만들 때 사용하므로 과일 등 재료들이 블렌더 날에 걸려 남아 있는 경우가 많이 생긴다. 물과 수세미로 세척하면 대부분 제거된다. 그래도 육안으로 잘 보이지 않는 날 뒤편에 이물질이 낄 수 있으므로 투명 플라스틱 몸체와 날 부분을 고정하고 있는 나사를 풀어 분리 후 세척한다.

(5) 아이스 스쿠프(Ice Scoop)

얼음을 푸는 기구인 아이스 스쿠프는 바의 영업 중에는 흐르는 물에 담아서 사용하거나, 물을 담은 통에 담아서 사용한다. 통에 담아서 사용할 때에는 물은 30분에서 1시간 간격으로 자주 갈아준다. 스쿠프를 제빙기 안에 넣고 사용하는 일이 없도록 하여야 한다. 영업 후에는 소독액에 담아서 보관 후 영업 시작 전에 소독액을 깨끗하게 제거한 후 사용한다.

(6) 스퀴저(Squeezer)

레몬이나 오렌지, 라임 등의 과즙을 짜는 기구인 스퀴저는 과즙을 짜면서 과일 찌꺼기가 많이 묻어 있으며, 과일에서 나오는 오일이 묻어 있으므로 중성세제를 이용하여 수세미로 찌꺼기와 오일을 제거한다.

(7) 머들러(Muddler)

막내로 끝부분에는 오돌토돌한 돌기 형태로 되어 있다. 으깨면서 돌기 사이에 재료가 잘 끼어 있으므로 사용 후 돌기 사이에 이물질을 수세미로 제거 후 보관한다.

(8) 아이스픽(Ice Pick)

끝이 송곳처럼 뾰족한 기구로 손 등을 다칠 위험이 있으므로 보관 시에는 고무 재질 튜브 등을 이용하여 뾰족한 부분에 꽂아서 안전하게 보관한다.

(9) 푸어러(Pourer) 병

입구에 끼워 쓰는 보조 병마개로 영업 종료 후 병에서 모두 빼내어 세제물과 깨끗한 물로 남아 있는 음료 등을 제거한 후 다시 병에 끼운 다음 뚜껑을 닫아 먼지가 들어가지 않도록 한다.

02 기구·글라스의 진열

(1) 칵테일 기구

음료 영업장에서 사용하는 칵테일 기구를 셰이커, 지거, 바 스푼 등 종류별로 작업대를 중심으로 진열한다. 고리가 있어 걸 수 있는 기구들은 거치대를 이용하여 진열을 하며, 나머지 기구들은 접시, 고무판, 린넨 등을 깔고 그 위에 놓고 사용한다.

(2) 글라스의 진열

1) **스템(Stem)이 있는 글라스**: 와인 글라스와 같이 스템이 길고 바닥이 넓은 글라스 종류는 선반 밑부분에 설치하는 글라스 랙(glass rack)에 먼지가 들어가지 않게 거꾸로 걸어 보관한다. 글라스 랙이 설치되어 있지 않으면 먼지가 들어가지 않도록 음료 영업장 선반에 깨끗한 린넨을 깔고 그 위에 거꾸로 세워 보관한다.
2) **스템이 없는 글라스**: 텀블러와 같이 스템이 없는 글라스 종류들은 먼지가 들어가지 않도록 음료 영업장(bar) 선반에 깨끗한 린넨을 깔고 그 위에 엎어서 보관한다.

03 기구·글라스의 보관

(1) 칵테일 기구의 보관

1) **영업 중**: 음료 영업장에서 사용하는 칵테일 기구인 셰이커, 지거, 바 스푼 등 사용 후 음료 영업장의 싱크대에서 세척을 한다. 물기를 뺀 후 마른 린넨을 사용하여 물기를 완전히 제거한 후 제자리에 보관한다.
2) **영업 후**: 영업 후에는 사용된 기구들을 세제로 깨끗하게 세척 후 소독액에 담가 보관하거나 자외선살균소독기에 넣어 보관한다.

(2) 글라스의 보관

1) 영업 중: 고객이 글라스를 사용하신 후 립스틱 자국 등 잘 지워지지 않는 이물질을 제거하기 위해 부드러운 수세미로 초벌 세척을 한 후 세척기용 랙에 글라스를 꽂아 준비를 한다. 식기세척기에 넣고 세척을 한다. 세척을 한 글라스는 열기가 잠시 식으면 글라스에 묻어 있는 물기를 제거한 후 제자리에 보관한다.

2) 영업 후: 영업 후에는 글라스 커버나, 덮개를 씌워서 먼지가 글라스에 앉지 않도록 한다.

Chapter 03 음료관리

01 적정 수량 산정

1) 각 영업장의 규모, 주 판매 메뉴의 종류, 주 고객 층에 따른 적정 수량 산정이 필요하다.
2) 가오픈을 하여 고객의 메뉴 선호도, 고객층 분석을 통해 정식 오픈에 맞추어 적정 수량 준비를 하는 것이 제일 좋은 방법이다.
3) 좌석 수의 1.5~2배인 정도의 수량을 준비하고 있어야 한다.
4) 칵테일 글라스 중 제일 많이 사용하는 마티니 칵테일을 포함하여 여러 스타일의 글라스를 모두 포함해서 최소 좌석 수의 절반 정도의 수량 이상을 보유하고 있어야 한다.
5) 음료 영업장 기구의 적정 수량은 음료 영업장텐더 1인을 기준으로 셰이커, 지거, 믹싱 글라스, 바 스푼은 각각 최소 2개는 준비되어 있어야 한다.

02 원가 관리(Cost Control)

(1) 원가 관리의 목적

원가 관리의 목적은 식자재의 구입, 조리, 판매의 과정에서 최대의 이윤을 얻는 것이며, 최대의 이윤은 원가 계산의 손익 계정이나 재정 상태를 파악하기 위한 기초 자료로 사용된다.

(2) 원가의 분류

※ 원가 3요소 : 재료비, 노무비, 제조경비

첫째, 재료비(Material Costs)는 제품의 제조에 필요한 재료의 소비액으로 재료, 원료, 소모품, 소모공구 기구비품 등의 소비액이 재료비를 구성한다.

둘째, 노무비(Labor Costs)는 제품을 제조하는 데 필요한 종업원의 노동력에 대해서 지급되는 임금, 급여, 잡급, 종업원 상여금, 수당 등을 말하며, 이는 보통 근무 시간, 제품의 생산량 등을 기준으로 계산한다.

셋째, 제조경비(Factory Overhead Costs)는 재료비, 노무비를 제외한 모든 원가 요소로서, 감가상각비, 수선비, 보험료 등과 건물을 운영하기 위한 수도광열비, 여비 교통비 등이 있다. 경비는 그 발생액과 지급액을 기준으로 그 소비액을 계산한다.

1) 제품의 추적가능성에 따른 분류
① **직접원가**(Direct Costs) : 특정제품 또는 특정부서별로 추적이 가능한 원가로서, 특정제품에 직접 부과하여 그 제품의 원가로서 집계할 수 있는 원가요소이다.
- 직접원가＝직접재료비 + 직접노무비 + 직접경비

② **간접원가**(Indirect Costs) : 여러 제품에 공통적으로 소비되어 특정 제품 또는 특정 부서별로 추적할 수 없는 원가이다.
- 간접원가＝간접재료비 + 간접노무비 + 간접경비

2) 경영활동의 직능에 따른 분류
① **제조원가**(Manufacturing Cost) : 제품을 제조하는 데 발생하는 원가이다.
- 제조원가＝직접원가 + 제조간접비＝직접재료비 + 직접노무비 + 직접경비 + 제조간접비

② **총원가**(Total Cost or Full Cost) : 제조원가에 판매비 및 일반관리비를 가산한 원가로 제품의 판매가격을 결정하는 기초자료가 된다.
- 총원가＝제조원가 + 판매비와 관리비
  ＝직접재료비 + 직접노무비 + 직접경비 + 제조간접비 + 판매비와 관리비

③ **판매가격**(Selling Price) : 총원가에 판매이익을 가산하여 제품이 매출되는 제품가격을 말하는 것이다.
- 판매가격＝총원가 + 이익＝제조원가 + 판매비와 관리비 + 이익
  ＝직접원가 + 제조간접비 + 판매비와 관리비 + 이익

3) 원가를 인식하는 시기에 따른 분류
① **실제원가**(Actual Cost) : 재화나 용역을 취득한 당시의 교환가격이다.
- 실제원가＝정상적인 실제소비량×실제가격

② **예정원가**(predetermined Cost) : 예산의 신속성을 기한다든지 또는 원가능률을 측정하기 위하여 생산 및 판매활동이 실시되기 이전에 산정되는 원가이다.

4) 조업도에 따른 분류
① **변동비**(Variable cost) : 조업도의 증감에 따라 원가 총액이 증가 또는 감소하는 성격의 원가요소이다.
② **고정비**(Fixed cost) : 일정기간에 있어서의 조업도의 증감에 관계없이 일정액이 발생하는 비용이다.
③ **준변동비**(Semi-Variable costs) : 준변동비는 변동원가와 고정원가의 두 가지 요소가 모두 포함되어 있는 것으로, 조업도가 0인 경우에도 일정액이 발생하고 그 이후로부터 조업도에 따라 비례적으로 증가하는 원가이다.
④ **준고정비**(Semi-Fixed costs) : 일정한 조업도 내에서는 고정되어 있으나, 그 한계를 넘으면 비례적으로 증가하고 그 후에는 다시 일정한 조업도 내에서 고정되는 원가요소이다.

5) 원가의 관리여부에 따른 분류

① **관리가능비**(Controllable Costs) : 경영관리자의 의지나 관리방법에 따라 절약할 수 있는 원가이다.

② **관리불가능비**(Uncontrollable Costs) : 경영자의 의지나 관리방법에도 불구하고 절약할 수 없는 원가이다.

(3) 판매 관리 및 원가율(Cost %) 계산 방법

주류의 판매 가격은 먼저 재료의 원가를 판매 가격의 몇 %로 할 것인지 목표 원가를 설정한 다음 판매 가격을 산출한다. 물론 목표 원가를 설정할 때는 인건비, 일반관리비, 판매 경비 그리고 마진 등을 고려하여 배분해야 할 것이다. 보통 주류의 목표 원가는 대략 20~40% 정도이다. 예를 들어 원가가 6,000원이고 목표 원가를 30%로 잡았을 경우 판매 가격 산정은 다음과 같다.

- 판매가 × 원가율/100 = 원가
- 원가(6,000원) ÷ (목표 원가율(30%)/100) = 판매가(20,000원)

1) 원가율 구하기

품목 (판매가)	용량 원가	전월재고		입고		판매		마감		%
		BTL	OZ	BTL	OZ	BTL	OZ	BTL	OZ	
위스키A (230,000)	700ml (23oz) 70,000원	3	5	3	0	3	17	2	11	2.48
위스키B (265,000)	750ml (25oz) 80,000원	3	11	2	0	1	12	3	24	3.96

- 위스키A 원가 : 70,000원 판매가 : BTL(1병) 230,000원. Glass 10,000원
- 위스키A : 3BTL&17oz('3-17'로 표시, 백분율 3+(17÷23)=3.74%)
- 판매 원가 : 70,000 × 3.74 = 261,800(원)
- 판매 금액 : (3×230,000)+(17×10,000)=860,000(원)
- 판매 Cost(%) : (261,800÷860,000)×100=30.4(%)
- 위스키B 원가 : 80,000원 판매가 : BTL 265,000원. Glass 11,000원
- 위스키B : 1BTL & 12oz('1-12'로 표시, 백분율 1+(12÷25)=1.48%)
- 판매 원가 : 80,000 × 1.48 = 118,400(원)
- 판매 금액 : (1×265,000)+(12×11,000)=397,000(원)
- 판매 Cost(%) : (118,400÷397,000)×100=29.8(%)

① 원가 인상 시 가격 조정

- 위스키A 원가율(Cost %) : (70,000÷230,000)×100=30.4(%)
- 원가 75,000원으로 인상 시 Cost % : (75,000÷230,000)×100=35.7(%)
- 판매 원가 조정 : 75,000(원가)÷0.3(목표 원가율 30%)=250,000(원)

2) 음료의 원가계산

① Mixed Drink 의 재료원가와 판매가격

칵테일명 : 드라이 마티니(Dry Martini)						
재료명	가격(원)	용량	단위원가(원)	재료사용량	총원가(원)	원가율(%)
Dry Gin	20,000	750ml (25oz)	800/oz당	2oz	1,600	77.4
Dry Vermouth	20,000	750ml (25oz)	800/oz당	1/3oz	267	12.9
Olive	10,000	50개	200/개당	1개	200	9.7
합계					2,067	100

- 단위원가×재료사용량=재료원가
- 재료원가(1)+재료원가(2), (3)… =총재료원가
- 총재료원가÷평균원가율=판매가격

가. 판매가격이 정해졌을 때 총원가율 산정방법 : 만일, 드라이 마티니 1잔의 판매가격이 10,000원일 경우, 재료비에 대한 총재료 원가는 2,067원이며, 총원가율을 20.67%이다.

- 총재료원가(2,067원)÷판매가격(10,000원)×100=총원가율(20.67%)

나. 평균 원가율이 정해졌을 때 : 판매가격 산정방법 만일, 평균 원가율이 20%로 책정되었을 경우 총재료원가 2,067원의 판매가격은 10,335원이다.

- 총재료원가(2,067원)÷평균원가율(20%)=판매가격(10,335원)

② Straight Drink의 재료원가와 가격결정

○○ 위스키(Whisky)			
재료명	가격(원)	용량	단위원가(원)
버번 위스키	80,000	750ml(25oz)	3,200/oz당

가. 판매가격이 정해졌을 때 총원가율 산정방법 : 만일, 버번 위스키 1잔의 판매가격이 10,000원일 경우, 1oz 단위원가는 3,200원이며, 단위 원가율을 32%이다.

- 단위 재료원가(3,200원)÷판매가격(10,000원)=단위 재료원가율(32%)

나. **평균 원가율이 정해졌을 때**: 판매가격 산정방법 만일, 평균원가율이 20%로 책정되었을 경우 단위원가 3,200원의 판매가격은 16,000원이다.

- 단위 재료원가(3,200원) ÷ 평균원가율(20%) = 판매가격(16,000원)oz당

기출문제

Q. 주장 경영에 있어서 프라임 코스트(Prime Cost)는?

① 감가상각과 이자율
② 식음료 재료비와 인건비
③ 임대비 등의 부동산 관련 비용
④ 초과근무수당

답 ②

Q. 주장 원가의 3요소는?

① 인건비, 재료비, 주장경비
② 재료비, 주장경비, 세금
③ 인건비, 봉사료, 주장경비
④ 주장경비, 세금, 봉사료

답 ①

03 재고관리

(1) 인벤토리(Inventory)의 기능

1) 유통 재고의 기능
① 전시를 위한 기능
② 거래 상대의 서비스 기능
③ 적정 재고를 유지하고, 무익한 재고 투자를 절감하여 예비 자금을 윤택하게 하는 기능
④ 경제 발주량을 지키는 것에 의해서 물류 비용을 절감하는 기능
⑤ 판매 변동의 파동으로부터 생산 공정을 감당하는 기능 등

2) 비축을 위한 기능
① 가격이 쌀 때 대량으로 저장하는 기능
② 불시의 사태를 고려해서 재고를 갖는 기능

3) 생산 재고의 기능
① 생산 건을 배려한 재고 기능

4) 재고의 역할
① 생산량과 수요 사이의 완충 역할
② 구매와 수송 활동의 경쟁력 확보

③ 가격 상승에 따른 투자 효과 기대

④ 원활한 생산 공정의 지원

⑤ 긴급 상황의 대비

5) 재고의 형태

① **수송 중 재고**: 수송 수단에 의한 수송 중인 재고

② **투기성 재고**: 비용 절감 또는 투기를 목적으로 가격이 낮을 때 매입하는 재고

③ **순환 재고**: 평균 수요를 충족시키는 데 필요한 재고

④ **안전 재고**: 조달 기간 중에 수요를 충족시킬 수 있는 재고

⑤ **불용 재고**: 재고 기간 동안 손상, 분실, 사용 및 판매 중지된 재고

(2) 음료(Beverage) 인벤토리

음료 인벤토리는 바 영업을 하면서 제일 중요한 서류 작업이다. 인벤토리를 통해 음료의 판매 및 입출고 내역을 한눈에 볼 수 있다. 각 영업장에 따라 매일, 1주일, 한 달 기간 등으로 나누어 인벤토리를 실시하고 있다. 매 월 말일은 거의 모든 바 영업장에서 영업 종료 후 월말 인벤토리를 실시하는 날이다.

(3) 기물 인벤토리

영업장에서 사용하는 각종 글라스류, 포크, 나이프, 접시 등 각종 기물들도 음료와 마찬가지로 최소 한 달에 한 번 이상 인벤토리를 실시한다. 기물 인벤토리를 통해 기물의 Breakage 파악을 통해 적정 수량 이하로 떨어졌을 때에는 새로 구매하여 업장 운영에 차질이 없도록 한다. 기물 인벤토리 시트에는 기물의 사진, 기물명, 규격, 브랜드명(원산지), 단가를 표시하여 시트만 보면 어떤 기물인지 알 수 있도록 기록한다.

- 기물 로스율(Loss %)
- 기물 로스(Loss) = 전월 인벤토리 수량 - 당월 실재고 수량
- 로스액 = 로스 × 기물 원가
- 로스율 = 총 로스액 ÷ 월 매출액 × 100

예 기물 인벤토리

- 기물 로스액 240만 원, 매출 6500만 원
- 기물 로스율 = (2,400,000 ÷ 65,000,000) × 100 = 3.7(%)

※ 로스율은 매출액 대비 3~5% 사이가 적정 수준으로, 5% 이상일 때에는 원인을 찾아 문제 해결을 하여야 한다.

(4) 소모품 인벤토리

바에서 사용하는 각종 비품, 사무용품 등을 소모품 리스트에 기입하고 주 또는 월 단위로 실수량과 적정 재고량을 비교한다. 영업 활성화로 인한 비품 소비가 늘어나면 적정 재고량을 늘려 부족함이 없도록 하며, 영업이 저조한 경우는 재고량을 감소시켜 영업 손실을 최소화한다.

04 선입선출법(FIFO; First In First Out)

1) 재고자산(원재료·재공품·반제품·완제품)의 출고단가를 결정하는 방법으로, 선입선출법(FIFO)은 가장 먼저 취득된 것부터 순차로 불출하는 방법이다.
2) 위스키, 브랜디, 보드카, 럼, 리큐어 등 알코올 도수 20도가 넘는 경우는 유통기한이 없으므로 선입선출법을 이용하여 보관, 판매한다.
3) 선입선출법이 우선이나 맥주, 탄산음료, 주스류 등 음료나 식재료의 경우 상품의 품절 및 기타 사유로 대체상품이 들어오는 경우, 동일 제품이 들어왔으나 복수의 유통업체를 통해 들어오는 시스템인 경우 유통기한이 짧은 제품이 나중에 들어오는 경우가 발생될 때가 있다. 이럴 경우에는 선입선출이 우선이 아닌 유통기한에 따른 제품 반출이 이루어져야 한다.
4) 창고에 음료 보관 시에도 기존 선입선출과 유통기한을 기준으로 보관한다.
5) 냉장고에 진열 시에는 냉장 보관 중인 음료는 맨 앞으로 옮기고 뒤편에 새로운 음료를 채운다.
6) 제일 앞줄에 진열된 음료에 유통기한을 스티커(견출지 등)에 기록하여 붙여 놓는다. 진열 중인 동일 상품 중에 유통기한이 틀린 제품에도 스티커를 붙여 날짜를 확인할 수 있도록 한다.
7) 냉장고 문 앞에는 유통기한 체크리스트를 붙여 한눈에 볼 수 있도록 한다.

05 음료의 특성에 맞는 보관

(1) 위스키, 브랜디(증류주) 보관 방법

위스키는 보관 방법이 나쁘다고 해서 상하거나 하지는 않는다. 위스키는 알코올 도수가 높아서 잘 변질되지 않는다. 다만 보관할 때 위스키의 향이 빠져나가지 않도록 가능한 한 밀봉에 신경을 쓰는 것이 좋다. 위스키는 개봉하지 않은 상태라고 해도 코르크 마개의 특징상 완전하게 밀봉되지 않는다. 처음부터 밀납으로 봉인해서 판매하는 위스키를 제외하고 보관 중 약간씩 증발될 수 있다. 그래서 고가의 위스키들은 실험실에서 사용하는 파라 필름(para film)을 사용하여 병목에 감아 주기도 한다.

파라 필름은 주로 고가 위스키나 판매량이 적은 위스키에 사용한다. 대부분의 위스키는 와인처럼 코르크 마개로 되어 있다. 와인처럼 계속 눕혀서 보관하는 것이 아니라 한 달에 한번 5분 정도 눕혀서 코르크를 적셔 주면 좋다. 이렇게 코르크를 적셔 주면 코르크가 말라서 부서지는 현상을 방지할 수 있다.

위스키의 숙성이란 오크통에 담겨서 나무의 독특한 향이 가미되고 위스키 원액에 들어 있던 거친 느낌이 완화되는 과정을 이야기한다. 때문에 오크통에서 꺼내 유리병에 들어간 위스키는 더는 숙성이 진행되지 않는다.

(2) 화이트 스피릿(White Spirit) 보관 방법

보드카, 럼, 진, 데킬라 등의 증류주를 화이트 스피릿이라고 한다. 18~22℃의 서늘하고 통풍이 잘 되는 실온에 보관하는 것이 좋다. 오픈 된 스피릿은 3개월 이내에 사용하는 곳이 좋다. 그러나 최근에는 보드카의 경우 냉동고에 보관하여 차갑게 냉동된 보드카를 선호하는 고객이 늘면서 냉동 보관하는 곳이 늘고 있다. 냉동 보관은 영하 10~15℃가 적당하다. 알코올의 어는 온도는 영하 117℃이므로 보드카가 얼어서 터지는 일은 발생하지 않는다.

(3) 맥주 보관 방법

1) **얼지 않도록 보관**: 맥주는 4~5도의 저도주로 어는 온도는 영하 2.5~1.8℃이다. 맥주가 얼게 되면 맥주 성분 중 단백질이 응고되어 혼탁이 일어나기 쉬우므로 시원하게 마시려고 일부러 냉동실에 넣어 두는 경우 얼지 않도록 주의해야 한다. 맥주 거품에 하얀 침전물이 생기는 혼탁 현상이 일어나면 맥주 본연의 맛을 잃기 때문에 주의하여야 한다.

2) **직사광선 및 심한 온도 변화를 피해 보관**: 맥주병이 갈색이나 녹색으로 되어 있는 것은 햇볕을 차단하여 품질을 보호하는 데 있다. 맥주가 햇볕에 오랫동안 노출되면 맥주의 호프 성분이 햇볕에 반응하여 암모니아 냄새 같은 나쁜 냄새가 나고 맛이 변하게 된다. 투명한 병에 맥주를 담아 판매하는 경우가 있는데 이것은 햇볕에 의한 나쁜 냄새가 나지 않게 특별한 공정을 거친다고 한다. 색이나 특별한 공정을 거쳐도 햇볕을 완전하게 차단할 수는 없다.

3) **날짜와 온도 확인**: 맥주는 발효시켜 만든 양조주이기 때문에 시간이 경과함에 따라 맛이 변하고 신선한 맛이 떨어지게 된다. 여름에는 4~8℃, 겨울에는 8~10℃가 가장 좋은 맛을 즐길 수 있는 적정 온도이다.

(4) 와인 보관 방법

햇빛이 들지 않는 서늘한 곳에서 보관하는 것이 좋다. 와인 셀러가 있으면 거기에 보관을 한다. 레드 와인은 12~18℃, 화이트 와인은 10~12℃, 스파클링 와인은 6~8℃가 적당하다. 습도가 너무 높게 되면 곰팡이가 생겨 맛이 변할 수 있으며, 습도가 낮으면 공기가 와인병 속으로 들어가 내용물을 산화 시킬 수 있다. 습도는 55~75%를 유지해 주는 것이 좋다.

06 파스톡(Par Stock)

파스톡이란 바(bar) 등 주류 영업장에서 물품 공급을 원활히 함으로써 신속한 서비스를 도모하기 위한 목적에서 일정 수량의 식재료 재고를 저장고에서 인출해서 업장의 진열대나 기타의 장소에 보관하고 필요한 때 사용하는 재고를 지칭한다. 즉, 저장되어 있는 적정 재고량을 말한다.

적정 재고량은 각 영업장의 규모, 고객층, 주 판매 주류 등이 다르기 때문에 기준을 정확히 정할 수가 없다. 영업장의 바텐더, 바 매니저가 영업을 하면서 업장에 맞는 적정 재고량 기준을 정해야 한다. 적정 재고량을 항상 보유하고 있기 위해서는 인벤토리가 필요하다. 영업이 끝나면 판매된 각 음료의 수량을 파악하여 부족 수량에 대해서는 주문을 한다.

(1) 파스톡에 의한 주문

1) 공급자의 주문 스케줄을 확인
2) 물품의 특성을 파악한 후 재고가 얼마 남을 때 주문할 것인지 결정
3) 모든 식재료에 대한 적정 수량(par stock level) 결정
4) 주문 시 현재 필요한 양을 제외한 파스톡을 고려할 것
5) 주기적으로 파스톡 수량에 대한 체크 필요

PART 07
바텐더 외국어 사용

Chapter 01 기초 외국어 구사

01 주문 서비스에 필요한 기초 영어

(1) 주문 받기

1) 주문을 받을 때

대화문	해석
May I take your order?	주문하시겠습니까?
May I take your order for your main dish now?	주요리를 지금 주문하시겠습니까?
Could you call a waiter when you are ready to order?	주문하시고 싶을 때 웨이터를 불러 주십시오?
What would you like to order, sir?	어떤 요리를 주문하시겠습니까?

2) 주문 DIALOG **1** May I take your order?

- **W** May I take your order, please?
- **G** Yes. We'll have some bacon and soft scrambled eggs.
- **W** Very well, sir. How'd you like to have your bacon done, sir?
- **G** Have it done very crispy for both of us.
- **W** Very well, sir.

3) 주문 DIALOG **2** May I suggest our bulgogi?

- **G** What would you recommend?
- **W** May I suggest our bulgogi? Many people like it.
- **G** What is bulgogi?
- **W** It's thin slices of beef that you broil at your table.
- **G** Is it hot?
- **W** No, sir. It's very mild. It's served with rice and kimchi. some kinds of kimch are pretty spicy.
- **G** OK. Let me give it a try.
- **W** Yes, sir. What would you like to drink? Beer goes very well with this.
- **G** Fine. Bring two beer.

4) 주문 DIALOG ❸ What would you like to drink?

> W And What would you like to drink?
> G1 I'll have coffee.
> W Thank you, sir
> W How about you, Mr. James
> G2 Make mine cheese omelet and a slice of ham. A glass of tomato juice, too

(2) 좌석이 없을 때

- I'm sorry, the bar is full now.
- We may be able to seat you in about half a hour.
- You may wait in the lounge if you like and we'll call you when we have a seat.
- Would you care to have a soft drink in the lounge while you're waiting?
- I'm sorry, but the bar is fully booked tonight.

(3) 주문한 상품이 없을 때

대화문	해석
I'm afraid it is not on our breakfast menu.	죄송합니다만 그것은 저희 아침 메뉴에 없습니다.
I'm afraid We don't have your order on our menu.	죄송합니다. 손님이 주문하신 요리가 저희 메뉴에는 없습니다.
W I'm sorry, spaghetti is not on the menu. G Can you make some for me? W Just a moment, please. I'll ask. We can make some for you.	죄송합니다. 스파게티가 저희 메뉴에는 없습니다. 특별히 만들어 줄 수는 없습니까? 잠시 기다려주십시오. 물어 보겠습니다. 손님이 주문하신 요리는 별도로 만들어 드리겠습니다.

(4) 추천하기

- I would recommend some brandies.
- Our wine is very good.
- Perhaps you'd like this.
- These are very nice.
- We guarantee its quality.

(5) 계산하기

- Would you pay the bill, now?
- How would you like to pay, sir?
- We accept most credit cards except cash cards.
- Would you like separate checks?
- I am sorry, we cannot get approval for the card. Do you have any other card?
- Check the amount and your signature, please.
- Here's your receipt.

02 고객 응대에 필요한 기초 영어

(1) 예약과 안내

1) 전화로 좌석 예약을 받을 때

G I'd like a table for four.	네 사람이 앉을 자리를 예약하고자 합니다.
W Certainly, Sir. For what day?	그러시죠, 며칠로 하시겠습니까?
G For today.	오늘로 예약하겠습니다.
W For today. And for what time?	오늘이죠. 시간은 몇 시로 하시겠습니까?
G For about seven thirty.	약 7시 30입니다.
W Seven thirty. And how many sir?	7시 30분으로 모두 몇 분이십니까?
G Four people.	네 사람입니다.
W That would be fine. Could I have your name, please?	네 분이면 예약이 가능하겠습니다. 성함을 말씀해 주시겠습니까?
G James.	제임스입니다.
W Could you spell your name, please?	성함을 스펠링으로 말씀해 주시겠습니까?
G Yes, James. J-A-M-E-S. It's my first name.	그러죠. James. J-A-M-E-S. 제 퍼스트 네임입니다.
W May I repeat your reservation for sure? It's a table for 4 people for today night at Seven thirty in the name of Mr. James.	예약 사항을 확실히 하기 위하여 다시 말씀드리겠습니다. 오늘 밤 7시 30분 네 분이시고, Mr. 제임스 이름으로 예약되었습니다.

이상의 예문에서 본 바와 같이 예약 순서는 ① 날짜, ② 시간, ③ 인원 묻고 끝에 가서는 이름을 스펠링으로 묻는다. 이상의 과정이 다 끝나면 예약을 받은 종사원은 다음과 같은 요령으로 복창하여 손님에게 확인을 시킨다.

2) 고객 응대 첫인사

대화문	해석
Good afternoon, sir/madam	안녕하십니까?
Welcome to our restaurant.	어서 오십시오.(저희 레스토랑에 오신 것을 환영합니다.)
How many persons, please?	몇 분이십니까?

대화문	해석
Good morning, sir. A table for two?	안녕하십니까? 두 분이십니까?
Do you have reservation, sir?	예약은 하셨습니까?

W Do you have a reservation, sir? G Yes. W May I have your name, please?	예약을 하셨습니까? 예. 성함을 말씀해 주시겠습니까?

3) 단골고객 응대

대화문	해석
Mr. James, welcome back.	제임스 씨, 다시 와주셔서 감사합니다.
We're very happy to see you again.	다시 뵈니 기쁩니다.
Good morning, sir. It's very nice to see you again.	안녕하십니까? 다시 뵈니 기쁩니다.
Thank you. It's good to be back.	다시 와 주셔서 감사합니다.

4) 고객 테이블 안내

대화문	해석
This way, please.	이쪽으로 오십시오.
Shall I show you the way?	안내해 드리겠습니다.
Would you like to come this way?	이쪽으로 오시겠습니까?
I'll show you to your new table.	다른 자리로 안내해 드리겠습니다.
Is this all right for you, sir?	이 자리가 괜찮겠습니까?

W I'll show you to your table. This way, please. Is this fine? G O.K. That'll be fine.	손님 자리로 안내하겠습니다. 이쪽으로 오십시오. 이 자리가 괜찮겠습니까? 예. 됐습니다.

(2) 영업 시간을 말할 때

G When does the restaurant open? W The restaurant opens at 11 a.m. G When does the restaurant open the breakfast? W It opens for breakfast from 6 a.m. untill 10 a.m. G What are the restaurant's hours? W Opening hour are from 11 a.m. untill 10 p.m.	레스토랑은 언제 오픈합니까? 오전 11시입니다. 아침 식사는 언제부터 됩니까? 오전 6시에서 오전 10시까지입니다. 레스토랑의 영업 시간은 몇 시까지입니까? 오전 11시부터 오후 10시까지입니다.

(3) 작별 인사

1) 헤어질 때

- I hope to see you again.
- Good-bye. See you Friday.
- See you(again soon / then, or later).
- Say hello to Bill.
- Take care of yourself.
- Good-bye / Bye / So long

2) 주말의 인사

- Have a nice weekend.
- Good-bye. See you next week.
- Good-bye. I'll see you Monday.
- Bye. See you Monday.

3) 여행하는 사람을 전송할 때

- Good-bye. I hope you have a nice trip.
- Good-bye. Have a nice time.
- Enjoy your trip.
- Please come back soon. I'll miss you.

(4) 소개

1) 자기를 소개할 때

- Hello, my name is ○○○.
- How do you do? My name is ○○○.
- Let me introduce myself. My name is ○○○.
- I'm ○○○, and glad to meet you.

2) 직업 및 직함을 말할 때

- I work for K Hotel.
- I'm with the K Hotel.
- I work at the F&B department.
- I'm ○○○, manager of the F&B Department of the K Hotel in Seoul.
- I'm an manager for the K Hotel.

3) 친구를 소개할 때

- Mr. White, I'd like to introduce Mr. Park.
- Mr. Green, allow me to introduce Mr. Kang.
- Mr. Baker, this is Mr. Kim.
- May I introduce Mrs. Kim to you?
- Mr. Parker, this is Mr. Romsos.

4) 상사, 직원을 소개할 때

- Mr. Baker, may I introduce Mr. Park, out department manager.
- Mr. Baker, allow me to introduce Mr. Park our manager.
- Mr. Baker, I'd like you to meet Mr. Lee, out new bartender.

(5) 감사

1) 감사의 표현

- Thank you (very much, indeed.).
- I appreciate it very much.
- I don't know how to thank you enough.
- You've been a great help.
- How can I ever thank you?
- You've been a big help.

2) 감사 표현에 대한 답변

- You're welcome.
- Don't mention it.
- Not at all.
- It was my pleasure.
- It's very nice of you to say so.
- I'm only too glad to be able to help you.
- Thanks just the same.

(6) 칭찬

- You did a fine job.
- That's beautiful! (wonderful, great)

- That's very nice of you.
- I am very proud of you.
- You are the right man for the job.
- You've got a point. 맞는 말입니다. (잘 지적하셨어요)
- You look young for your age.
- He's a gentleman in every sense of the word. (그는 어느 모로 보나 신사입니다.)
- You look fit. (건강해 보이시는군요.)
- How do you keep in shape? (어쩜 그렇게 날씬하세요?)
- You're all dressed up.
- It really looks good on you.
- You must be very popular.
- You must be a man of ability.

(7) 사과

1) 사과할 때

- Sorry. / I'm very (or so) sorry.
- Sorry, are you all right?
- Forgive me for being late.

2) 사과에 답할 때

- That's all right. / That's O.K.
- It doesn't matter.
- I don't mind at all.
- Never mind.
- No problem.

(8) 부탁, 허가, 승낙에 대한 표현

1) 부탁할 때

- Would you do me a favor?
- May I ask a favor of you?
- Could you spare me a minute, please?
- I'll thank you to quit smoking.

2) 허가를 구할 때

- Do you mind if I smoke?
- Would you mind if I opened the window?
- May I use the telephone?
- If you don't mind, come and join us.

3) 승낙할 때

- Sure. / Sure! No problem.
- OK. / All right. / Why not?
- Yes, I'd be happy to.
- No, not at all.
- No, go ahead.

4) 거절할 때

- No, thank you.
- No, I don't think I can make it.
- I'm sorry. I can't right now.
- I'd rather not.
- I'd rather you didn't.
- I'm afraid I can't make it right away.
- Well, maybe another time.

(9) 격려의 말

- Come on, you can do that.
- I'm so proud of you.
- I bet you can make it.
- Sure, I'm sure.
- Don't mind. (Don't worry).
- Well, never mind.
- You have nothing to worry about.
- Think nothing of it.
- Cheer up!
- Good luck!

- Everything will be fine.

(10) 감정을 나타낼 때

1) 기쁠 때

- I'm pleased (or delighted) to hear that.
- Very glad to hear it.
- Sure, with my pleasure.
- Yes, I'd love to.
- That would be nice!

2) 슬플 때

- I'm feeling rather sad.
- I'm not in a good mood.
- I'm depressed.
- I feel really down.

3) 놀랄 때

- What a surprise!
- That's amazing!
- (That's) incredible!
- Are you serious?
- That's great! / Fantastic! / How exciting! / Sounds great!

4) 동정할 때

- That's too bad.
- That's unfortunate.
- I'm sorry to hear that.
- What a pity!
- Don't be depressed(or discouraged).
- Don't lose heart.

5) 근심할 때

- What's the matter with you?
- Is something wrong (with you)?
- What's wrong?

- Are you all right?
- Don't worry about it

기출문제

Q. "당신은 무엇을 찾고 있습니까?"의 올바른 표현은?

① What are you look for?
② What do you look for?
③ What are you looking for?
④ What is looking for you?

답 ③

Chapter 02 음료 영업장 전문용어 구사

01 와인(Wine)

명칭	내용
식전 와인(Aperitif Wine)	Dry sherry(스페인)
테이블 와인(Table Wine)	Red wine, White wine, Rose wine
디저트 와인(Dessert Wine)	Port wine(포르투갈), Cream sherry wine(스페인), Sauternes(프랑스), Barsac(프랑스)
스파클링 와인(Sparkling Wine)	Champagne(프랑스), Cremant(프랑스), Sekt(독일), Spumante(이탈리아), Cava(스페인)
포도 품종(Grape Variety)	• Red : Cabernet Sauvignon, Merlot, Pinot Noir, Syash(Shiraz), Gamay, Malbec, Sangiovese, Tempranillo • White : Chardonnay, Sauvignon Blanc, Semillon, Riesling, Gewurztraminer, Chenin Blanc
Sommelier, Wine steward, Wine master	와인 전문가
Corkscrew	와인 병뚜껑을 따는 기구
Decanting	와인의 불순물을 거르고 향과 맛을 더해주기 위해 담아 서브하는 기구
Vintage	포도의 수확 연도
Claret	보르도 지방에서 나오는 가벼운 스타일의 레드 와인
Hock	독일산 백포도주
Phylloxera	포도나무뿌리를 공격하고 토양 속에 사는 작은 기생충
Aroma&Bouquet	와인의 포도향과 숙성향
Terroir	포도가 자라는 데 영향을 주는 지리적·기후적인 요소, 포도재배법 등을 모두 포괄하는 단어
Clos	담장이 있는 포도원
Magnum	포도주 등을 담는 1.5L 병
Jeroboam	스파클링 와인, 샴페인일 경우에는 3L 크기이며 보르도와 부르고뉴에서 생산되는 일반 와인일 경우에는 4.5L를 담을 수 있는 크기
Pannier	와인병을 뉘어 놓을 수 있는 바구니로 와인을 따를 때 앙금이 생기지 않도록 하기 위한 도구

명칭	내용
French Paradox	프랑스인들이 미국인과 영국인 못지않게 고지방 식이를 하고도 허혈성 심장병에 덜 걸리는 현상을 의미
Wine cellar	포도주 저장실
Corkage charge	외부로부터 반입된 음료를 서브하고 그에 대한 서비스 대가를 받는 요금
Body	맛에서 와인의 무게감, 와인의 스타일을 결정해주는 요소
House Wine	가볍게 마시는 대중적인 와인
Polyphenol, Tannin	포도껍질과 씨에 함유된 와인의 특정성분으로 심혈관계 질환에 도움
Negociant	와인 제조업자
Chateau	개인이나 단체가 소유하고 있는 포도밭에서 생산된 포도주에만 샤토라는 명칭과 포도밭의 이름 및 소유자 이름 등을 상표에 표기할 수 있음

02 맥주(Beer) - 대표적 이름들

1) 미국 : Miller, Budweiser, Coors, Rolling Rock

2) 독일 : Warsteiner, Henninger Bier, Beck's

3) 영국 : Guinness Stout, Bass, Pale Ale, Young's

4) 체코 : Pilsner, Urquel

5) 네덜란드 : Heineken, Bavaria, Breda, Grolsch, Amstel, Oranjeboom

6) 덴마크 : Carlsberg, Tuborg, Faxe, Green Bacchus, Scandia

7) 노르웨이 : Frydenlund, Ski

8) 프랑스 : Pelfore, Kronenbourg, Jenlain

9) 중국 : Tsingtao, Yanjing, Jintaiyang, Shidao

10) 일본 : Kirin, Asahi, Sapporo

03 증류주(Distilled Liquor)

1) **Rum** : Bacardi, Myers's, Havana Club, Captain Morgan, Pampero, Zacapa

2) **Gin** : Beefeater, Gordon, Tanqueray, Bombay Sappire, Hendrick's Gin, Gilbey's

3) **Vodka** : Stolichnaya, Moskovskaya, Smirnoff, SKY, Finlandia, Absolute, Ciroc, Grey Goose

4) **Tequila** : Jose Cuervo, Sauza, Pepe Lopez, Two Fingers, Mariachi, Patron

5) Whisky

① **Scotch Whisky**: Johnnie Walker, Chivas Regal, Royal Salute, Ballantine's, J&B

② **American Whisky**: Jim Beam, Wild Turkey, Old Crow, I. W. Harper, Jack Daniel's

③ **Irish Whisky**: John Jameson, Old Bushmills

④ **Canadian Whisky**: Crown Royal, Canadian Club, Seagram's V. O, Black Belvet

⑤ **Malt Whisky**: Macallan, The Glenlivet, Glenfiddich

6) Brandy: 등급 V.O , V.S.O., V.S.O.P.X.O, EXTRA

① **Cognac**: Martell, Hennessy, Courvoisier, Remy Martin, Camus

② **Armagnac**: Chabot, Malliac, Janneau, Marquis de Vibrac

③ **기타**: Calvados, Grappa, Aquavit

04 혼성주(Compounded Liquor)

Anisette, Benedictine, Campari, Chartreuse, Cynar, Galliano, Jagermeister, Sambuca, Curacao, Kahlua, Amaretto, Drambuie, Irish Mist, Advocaat, Angostura Bitters

05 칵테일(Cocktail)

1) **Rum**: Bacardi, Daiquiri, Cuba Libre, Mai Tai, Pina Colada, Blue Hawaiian, Mojito

2) **Gin**: Gimlet, Gibson, Negroni, Dry Martini, Singapore Sling, Orange Blossom, Paradise, Tom Collins, Pink Lady

3) **Vodka**: Kiss of fire, Cosmopolitan, Emerald Martini, Apple Mary Screwdriver, Moscow Mule, Bloody Mary, Harvey Wallbanger, Long Island Iced tea, Black Russian

4) **Tequila**: Tequila Sunrise, Margarita

5) **Whisky**: God Father, New York, Rusty Nail, Rob Roy, Manhattan, Old Fashion, Whisky Sour, Irish Coffee

6) **Brandy**: Stinger, Sidecar, Brandy Alexander, Olympic, Honeymoon, Brandy Sour, Brandy Eggnog

7) **Liqueur**: Golden Cadillac, B-52, Grasshopper, Malibu Bay Breeze, Midori Sour, Bailey's Milk, Spumoni, Sloe Gin Fizz, Angel's Kiss

06 칵테일 만드는 기법에 의한 분류

1) **Build** : Black Russian, Screwdriver, Rusty Nail, God Father

2) **Stir** : Martini, Gibson, Manhattan, Rob Roy

3) **Shake** : Pink Lady, Margarita

4) **Blend** : Mai Tai, Blue Hawaiian, Pina Colada

07 기타

1) **Complimentary** : 호텔의 홍보나 판매촉진 등 특별한 접대목적으로 고객에게 일부 무료로 제공하는 것

2) **Happy Hour** : 고객이 붐비지 않는 시간대에 가격을 할인하거나 무료로 일부 음료 및 스낵을 제공하는 서비스

기출문제

Q. (　　　) 안에 알맞은 것은?

> (　　　) is a spirits made by distilling wines or fermented mash of fruit.

① Liqueur　　　　　　　　② Bitter
③ Brandy　　　　　　　　④ Champagne

답 ③

MEMO

PART 08
식음료 영업 준비

Chapter 01 테이블 세팅

01 세팅물품

세팅물품은 고객이 식사할 때 필요한 모든 종류의 기물 및 비품을 말한다.

(1) 은기물류

은기물류는 은으로 만들었거나 도금한 기물을 말하며 순은제와 은도금이 있다. 가격이 고가이고 보관 및 관리가 어렵기 때문에 호텔에서는 은도금을 많이 사용하고 있다. 은기물류에는 고객이 식사할 때 사용하는 나이프(knife)와 포크(fork), 스푼(spoon) 등이 있다.

1) 스푼의 종류

① 데미타스 스푼(demitasse spoon) : 커피의 종류인 에스프레소 서비스에 사용한다.
② 티스푼(tea spoon) : 에스프레소를 제외한 모든 커피 서비스에 사용한다.
③ 맑은 수프 스푼(soup spoon) : 콩소메(consomme) 종류의 수프 서비스에 사용한다.
④ 수프 스푼(soup spoon) : 포타주(potage) 종류의 수프 서비스에 사용한다.
⑤ 디저트 스푼(dessert spoon) : 디저트 서비스에 사용한다.
⑥ 서빙 스푼(serving spoon) : 양식에서는 플래터(platter) 서비스, 중국식 서비스나 뷔페 서비스에 사용한다.
⑦ 국자(ladle) : 수프 테린(soup tureen)의 러시안 서비스(russian service), 뷔페 서비스에 사용한다.

• 스푼
왼쪽부터 국자, 서빙 스푼, 디저트 스푼, 수프 스푼, 맑은 수프 스푼, 티 스푼, 데미타스 스푼

2) 포크의 종류

① **패스트리 포크**(pastry fork) : 파이, 쿠키 등의 서비스에 사용한다.

② **디저트 포크**(dessert fork) : 디저트, 과일 서비스에 사용한다.

③ **피시 포크**(fish fork) : 생선요리 서비스에 사용한다.

④ **애피타이저 포크**(appetizer fork) : 전채요리 서비스에 사용한다.

⑤ **메인 포크**(main fork) : 메인요리 서비스에 사용한다.

• 포크
왼쪽부터 메인 포크, 애피타이저 포크, 피시 포크, 디저트 포크, 패스트리 포크

3) 나이프의 종류

① **버터나이프 또는 버터 스프레더**(butter knife 혹은 butter spreader) : 빵 서비스에 사용한다.

② **디저트 나이프**(dessert knife) : 디저트 서비스에 사용한다.

③ **피시 나이프**(fish knife) : 생선요리 서비스에 사용한다.

④ **애피타이저 나이프**(appetizer knife) : 전채요리 서비스에 사용한다.

⑤ **메인 나이프**(main knife) : 메인요리 서비스에 사용한다.

• 나이프
왼쪽부터 메인 나이프, 애피타이저 나이프, 피시 나이프, 디저트 나이프, 버터 나이프

(2) 글라스류(glass ware)

글라스류는 손님에게 제공되는 모든 음료를 서비스할 때 사용되는 것을 말한다. 글라스류는 그 어떤 기물류보다 파손될 위험이 높으므로 안전상 각별히 조심해서 취급해야 한다.

(3) 도자기류

도자기류는 취급과 운반 시에 파손되지 않도록 상당한 주의를 요하며 금이 가거나 깨졌거나 오점이 없는가를 확인한 후, 결함이 있는 도자기들은 폐품 처리해야 한다. 또한 식기와 식기끼리 부딪치지 않도록 항상 조심해서 다루어야 하며 운반 시 한꺼번에 많은 양을 취급하지 않도록 해야 한다.

02 메뉴에 따른 테이블 세팅

(1) 은기물류(silver ware)를 확인한다.

1) 당일에 사용될 수량만큼 은기물류의 개수를 파악하고 준비한다.
2) 당일 사용될 수량만큼 은기물류를 청결하게 닦은 후 각 보관 장소에 적정량이 배치되었거나 보관되었는지 확인한다.
3) 테이블 세팅에 사용할 은기물류에 얼룩진 것이 없도록 확인한다.
4) 은기물류를 확인한 후 취급할 때는 손자국이 남지 않도록 확인하고 준비한다.

(2) 글라스류(glassware)를 확인한다.

1) 당일에 사용될 수량만큼 글라스의 개수를 파악하고 준비한다.
2) 당일 사용될 수량만큼 글라스류를 청결하게 닦은 후 각 보관 장소에 적정량이 배치되었거나 보관되었는지 확인한다.
3) 테이블 세팅에 사용할 글라스류에 얼룩진 것, 이가 빠진 것, 깨진 것이 없도록 확인한다.
4) 글라스류를 확인한 후 취급할 때는 손자국이 남지 않도록 확인하고 준비한다.

(3) 도자기류(chinaware)를 확인한다.

1) 당일에 사용될 수량만큼 도자기류의 개수를 파악하고 준비한다.
2) 당일 사용될 수량만큼 도자기류를 청결하게 닦은 후 각 보관 장소에 적정량이 배치되었거나 보관되었는지 확인한다.
3) 테이블 세팅에 사용할 도자기류에 얼룩진 것이나 깨진 것이 없도록 확인한다.
4) 도자기류를 확인한 후 취급할 때는 손자국이 남지 않도록 확인하고 준비한다.

(4) 테이블과 의자

테이블과 의자는 고객이 식음료 영업장에서 편안하고 즐거운 시간을 보낼 때 매우 중요한 고객비품들로서, 고객들이 식사를 하거나 대화를 할 때 이용하는 가구를 말한다.

1) 테이블과 의자의 관리

① 사용과 관리 요령

가. 테이블의 수평을 유지하고 흔들리지 않도록 한다.

나. 두 개 이상의 테이블을 연결했을 때 이음새의 높이가 같도록 한다.

다. 테이블과 의자의 흔들림을 확인하고 문제가 있을 경우 시설부에 의뢰하여 수리하거나 교체한다.

라. 테이블이나 의자의 다리에 먼지나 불순물 또는 이물질을 제거한다.

마. 테이블이나 의자에 녹이 슬지 않았는지 혹은 페인트가 벗겨지지 않았는지를 확인한다.

(5) 린넨(linen)

린넨이란 아마(亞麻) 실로 짠 직물을 일컫지만 호텔 식음료 영업장에서는 면류나 화학직류로 만든 타월, 냅킨, 시트담요, 유니폼, 커튼 등을 말한다. 식음료 영업장의 원활한 영업을 위해서는 일반적으로 3~4회전의 수량이 필요하다.

1) **테이블 클로스**(table cloth) : 테이블의 청결함을 강조하기 위하여 보편적으로 면직류 또는 마직류로 만든 흰색 클로스(white cloth)가 주종을 이루고 있으나 최근에는 식음료 영업장의 분위기에 맞추어 여러 가지 색깔에 무늬를 넣어 만든 린넨류를 사용하는 경우가 많아졌으며, 테이블 클로스를 이중으로 사용하여 더욱 고급스러워 보이게 하고 있다.

2) **언더 클로스**(under cloth) : 테이블 클로스의 수명연장과 식기나 기물을 놓을 때 소음을 최소화하기 위해 테이블 클로스 밑에 깔아서 촉감을 부드럽게 한다.

3) **미팅 클로스**(meeting cloth) : 회의(meeting) 및 리셉션(reception) 등에 널리 사용되며 무늬가 없는 색상으로 촉감이 부드러운 천(felt, silk)이 주종을 이루고 있다.

4) **워시 클로스**(wash cloth) : 기물이나 집기류 등을 닦을 때 사용하며 색상이나 모양을 달리하여 사용하기 편리하고 구분하기 쉽게 만든 면직류이다.

5) **글라스 타월**(glass towel) : 글라스류를 닦을 때 사용하는 타월로 사용하기 편리하고 구분하기 쉽게 만든 면직류이다.

(6) 냅킨(napkin)

테이블에서 제일 마지막으로 세팅되는 냅킨은 식사 중에는 입이나 손을 닦기도 하고, 음식이 흘려 옷에 묻는 것을 방지하기 위해 무릎 위에 올려놓고 사용하기도 한다. 또한 해당 식음료 영업장의 분위기와 조화를 이룰 수 있는 색깔과 모양으로 세팅하여야 하며 항상 깨끗하고 위생적으로 관리하여야 한다.

1) 냅킨은 접는 모양이나 재질에 따라 시각적으로 식음료 영업장의 분위기를 달리 보이게 할 수 있다.
2) 고객에게 항상 새로운 모습을 보여주기 위하여 다양한 모양으로 냅킨을 접어서 테이블 세팅에 변화를 주도록 한다.
3) 냅킨은 반드시 가장 위생적으로 취급해야 한다.
4) 냅킨을 접을 때는 구김과 손이 많이 가지 않도록 간단하고 실용적인 방법을 선택하여 다양하게 접도록 한다.
5) **냅킨(napkin) 접는 방법** : 냅킨의 치수는 50×50cm의 정도가 이상적이다.

03 집기 취급 방법

집기 기물이란 은기물류와 도자기류, 글라스류를 모두 포함하는 것으로 고객에게 제공되는 모든 집기와 비품을 말한다.

(1) 은기물류(silver ware)의 취급방법

1) 고객이 사용한 기물은 지정된 개수통에 모으며 부딪쳐서 찌그러지거나 흠이 생길 우려가 많으므로 절대 던져 넣지 않는다.
2) 은기물 종류와 스테인리스스틸 종류는 반드시 따로 구분하여 모아 기물의 손상을 방지하며 모인 기물은 세척기에서 뜨거운 물로 세척액을 사용하여 충분히 씻어낸다. 세척 후에는 기물을 종류별로 가지런히 모으고 뜨거운 물을 용기에 따로 준비한다.
3) 종류별로 분류된 기물을 왼손에 쥐고 용기에 든 뜨거운 물에 담갔다가 글라스 타월(glass towel) 또는 핸드 타월(hand towel)로 기물의 손잡이를 감싸 쥐고 오른손으로 음식이 닿는 부분부터 손잡이 쪽의 순서로 물기가 완전히 제거되도록 신속한 동작으로 깨끗이 닦는다.
4) 나이프(knife)를 닦을 때는 칼날이 바깥쪽으로 향하도록 닦아야 하며 타월(towel)이 칼날에 스쳐 찢어지지 않도록 주의해야 한다.
5) 여러 종류의 기물을 한꺼번에 닦을 때는 반드시 나이프부터 닦는 것이 바람직하며(다른 기물부터 닦을 시에 나이프에 손을 다칠 수 있음.) 변색된 기물은 광택제로 깨끗하게 윤을 내어 사용한다.
6) 잘 닦인 기물은 종류별로 가지런히 모아서 기물함 또는 정해진 장소에 깔끔하게 정리해서 보관한다.
7) 깨끗하게 준비된 기물로 테이블 세팅을 할 때는 음식이 닿는 윗부분을 손으로 잡거나 만져서는 절대 안 되고 반드시 손잡이 부분을 타월로 잡아 가능한 한 손자국이 나지 않도록 취급하며, 운반할 때는 소음이 나지 않도록 트레이(tray)를 사용한다.

(2) 도자기류(china ware) 취급법

1) 고객에게 제공되는 도자기류에 금이 갔는지, 깨졌는지, 이가 빠졌는지, 오물이 남아 있는지, 항상 확인하며 부딪치지 않도록 조심하고 한꺼번에 많은 양을 운반하지 않는다.

2) 접시를 운반하는 방법도 여러 가지지만 접시의 테두리(rim) 안쪽으로 손가락이 절대 들어가지 않도록 잡아야 한다.

3) 접시를 들고 운반할 때는 몸 바깥쪽으로 나가지 않도록 몸 안쪽으로 접시를 밀착하여 들어야 하고 접시를 들고 있는 팔을 흔들면서 걷거나 전후좌우 경계를 소홀히 해서는 안 된다. 접시와 접시끼리 부딪치지 않도록 항상 조심해서 다루어야 하며 안전사고에 항상 유의한다.

(3) 글라스류(glass ware) 취급법

1) 글라스를 쥘 때는 반드시 밑부분을 잡아야 하고 손잡이가 달린 글라스는 손잡이 부분(stem)을 잡아야 하며 글라스 윗부분을 잡아서는 안 된다.

2) 글라스를 운반할 때는 라운드 트레이(round tray)를 사용한다.

3) 라운드 트레이로 운반할 때는 글라스가 미끄러지지 않도록 트레이에 매트(mat)를 깔고 중심을 잡으며 전후좌우 경계를 소홀히 해서는 안 된다.

4) 한꺼번에 많은 양의 글라스를 운반할 때는 글라스 랙(glass rack)을 사용하도록 하며 반드시 용도에 맞는 글라스 랙을 사용해야 한다.

5) 글라스 랙을 사용하여 세척 기계에서 글라스를 세척한다.

6) 용기에 뜨거운 물을 따로 준비하여 세척된 글라스를 한 개씩 들고 수증기에 쏘인 후, 글라스 타월 또는 핸드 타월로 깨끗이 닦는다.

7) 세척하기 전에 금이 가거나 깨어진 것이 있는지 확인한 후 닦도록 한다.

8) 닦는 순서는 윗부분부터 안팎을 닦은 후 손잡이 부분과 밑바닥을 차례대로 물기가 없도록 깨끗하게 닦는다.

9) 수증기를 쏘여도 얼룩이나 물 자국 등이 닦이지 않을 때는 다시 뜨거운 물에 담갔다가 닦는다.

10) 닦은 후에는 먼지 또는 얼룩이나 물자국 등이 깨끗하게 닦였는지 철저히 점검해야 한다.

Chapter 02 스테이션 준비

스테이션(station)이란 식음료 업장의 영업에 필요한 준비물(기물, 소모품, 메뉴 등)을 비치하여 접객 서비스를 원활하고 신속하게 할 수 있도록 식음료 영업장의 적절한 장소에 고정시켜 놓은 것이다. 직원들만 사용하는 비품함을 말하며 필요에 따라 이동식으로 꾸며진 사이드 테이블(side table)도 활용한다.

01 서비스 스테이션

1) 사전 준비물을 잘 갖추어 놓은 테이블을 서비스 스테이션(service station)이라고 한다.
2) 고객의 테이블로부터 약간 떨어진 곳에 위치하며 직원들의 업무를 보다 편리하고 효율적으로 하게 해준다. 서비스 스테이션에는 은기물류, 글라스류, 도자기류 등 고객에게 직접 서비스되는 기물을 용도에 따라 정리하여 관리한다.
3) 서비스 스테이션은 고객에게 사용되는 기물이나 테이블을 정리할 때도 편리하게 이용된다. 고객 서비스를 보조하는데 필요한 기물들은 서비스 스테이션(service station)에 정리하여 보관하게 된다. 영업에 필요한 모든 준비물은 영업장 내부의 적절한 장소에 비치하여 고객 서비스를 신속하고 원활하게 할 수 있도록 한다.

02 비품과 소모품

식음료 영업장의 비품은 식음료 영업장의 종류에 따라 각양각색이나 주로 양식당의 비품류가 다양하므로 양식당을 중심으로 다음과 같이 접객 서비스에 사용되는 비품류를 살펴본다. 소모품은 한번 사용하면 닳아 없어지거나 못 쓰게 되는 사무용품, 청소용품, 포장용지 등의 물품을 말한다.

(1) 서비스 스테이션(service station)

식음료 영업에 필요한 모든 준비물을 접객 서비스를 신속하게 할 수 있도록 식음료 영업장 내부의 적절한 장소에 고정시켜 직원들만 사용하는 비품 보관함이다. 필요에 따라 이동식으로 꾸며진 사이드 테이블(side table)도 활용한다.

(2) 서비스 왜건(service wagon)

고객의 요리를 운반 또는 서비스할 때 사용하는 이동 운반차이며 식음료 영업 전에 암타월(arm towel), 서빙 기어(serving gear), 트레이(tray)를 충분히 준비해 둔다.

(3) 플람베 카트(flambee cart)

고객 앞에서 직원이 직접 조리하여 요리를 서비스할 수 있는 알코올(고체연료) 또는 조리 시설을 갖춘 카트이다. 식음료 영업 전에 알코올 또는 가스와 서빙 기어의 양을 충분히 확보하고, 조리 시 필요한 기구들과 각종 양념과 소스 등을 고정 비치해 두어야 한다.

(4) 프라임 립 카트(prime rib cart)

고기류를 고객의 테이블 앞에서 직접 카빙(Carving)하여 서비스할 때 사용되는 이동식 카트이다. 영업이 끝날 때까지 준비된 요리와 소스가 식지 않도록 전기 또는 알코올을 이용하여 적정한 온도 유지에 신경을 써야 한다.

(5) 바 트롤리(bar trolley)

각종 주류의 진열과 조주에 필요한 얼음, 글라스, 부재료, 바 기물 등을 준비하여 고객에게 주문을 받으면 즉석에서 조주하여 서비스할 수 있도록 꾸며진 이동식 수레이다.

(6) 트레이(tray)

트레이는 접객 서비스 시에 요리나 식기 등을 안전하게 운반하기 위하여 사용되는 도구이며 용도에 따라 크고 작은 형태로 나뉜다. 일반적으로 은제류(silver), 스테인리스 스틸(stainless steel), 플라스틱(plastic) 제품이 많으며 둥근형(round), 타원형(oval), 사각형(square), 직사각형(rectangular) 등이 있다.

Chapter 03 음료 재료 준비

01 재고관리

　재고관리는 적정량의 식재료를 보유함으로써 연속적인 생산을 촉진시키고 식재료의 유통량이나 가격의 변동에서 오는 불확실성에 대비하는 활동이다.

(1) 재고관리의 중요성
1) 물품 부족으로 인한 생산계획에 차질을 없도록 한다.
2) 최소의 가격으로 좋은 질의 필요한 물품을 구매하도록 한다.
3) 도난과 부주의 및 부패에 의한 손실을 최소화하도록 한다.
4) 생산 부문에서의 필요량과 일치하는 정도에서 최소한으로 투자가 이루어지도록 한다.

02 물품 폐기 처리

　분리 배출 직원은 분리 배출 방법을 정확히 알고 쓰레기를 처리할 수 있어야 한다.
1) 음식물 쓰레기 중 모난 것이나 동물의 뼈 등은 따로 분리해야 한다.
2) 레몬, 오렌지, 자몽 등의 껍질은 음식물 쓰레기가 아닌 쓰레기로 처리한다.
3) 커피 찌꺼기 또한 따로 모아 분리 처리한다.
4) 깨진 유리나 도자기 등은 파손보관함(breakage) 통에 따로 분리한다.
5) 모든 쓰레기통은 청결하게 관리한다.
6) 식음료 영업장 내의 모든 직원들은 자원절약과 재활용 촉진을 위해 일반 쓰레기와 재활용 쓰레기로 분리하여 배출할 수 있도록 한다.
7) 재활용 분리배출 시에는 캔이나 유리병의 뚜껑은 제거 후에 내용물을 버리고 깨끗이 씻은 뒤 분리한다.

03 식자재 유통기한

1) 식자재 유통기한의 관리는 적정한 장소와 보관 기간을 지켜 식재료를 보관함으로써 최상의 품질을 유지하고 부패에 의한 손실과 도난을 방지하려는 활동이다.
2) 유통기한이 존재하는 식자재를 다루는 식음료 영업장에서의 식자재 신선도 유지는 매우 중요한 일이다. 항상 식음료 영업장의 직원들은 식자재의 맛이 상하거나 변하는 것을 체크해야 한다. 또한 모든 식자재는 유통기한이 반드시 표기되어 있어야 한다.

(1) 식자재 보관

1) 유제품류는 0~10℃의 저장 조건을 유지하며 반드시 냉장 보관한다.
2) 우유는 개봉 후 가급적 빨리 섭취하며 꼭 냉장 보관한다.
3) 우유는 냄새를 흡수하는 성질이 있어서 냄새를 유발하는 식품과는 가급적 같이 보관하지 않는다.
4) 로스팅 과정을 거친 원두커피는 그 직후부터 산화가 시작되고 맛과 향이 차츰 감소한다.
5) 원두커피를 장시간 보관할 때는 밀봉상태로 냉동 보관한다.

(2) 유통기한 표기법

1) 제품의 제조일로부터 소비자에게 판매가 허용되는 기한을 말한다.
2) 유통기한은 설탕, 소금, 주류 등 일부를 제외하고는 유통기한을 표시하도록 의무화하고 있다.
3) 유통기한은 식품회사가 자율적으로 정한다.
4) 기한이 경과한 제품은 유통 및 판매를 금지하도록 관리한다.

04 선입선출의 방법(first in first out)

선입선출(FIFO)이란 식재료 보관 중에 실 사용자가 직접 손님의 요청에 의해 저장창고에 있는 식재료를 인출하여 나가는 것과 관련된 업무이다. 또한 재고자산 원가 배분 방법 중의 하나이다. 선입선출은 물량의 실제 흐름과 관계없이 먼저 구입한 상품이 먼저 사용되거나 판매되는 것으로 가정하여 월 말 재고액을 결정하므로 월 말 재고액은 가장 최근의 매입가로 구성된다.

이런 가정은 장기간 보관될 때 품질이 떨어지거나 진부화(陳腐化) 되는 재고자산의 경우에 물량의 흐름과 원가의 흐름을 일치시키기 위한 의도로 많이 사용되고 있다. 따라서 음식의 품질은 물론 고객의 안전과 위생에도 절대적인 영향을 미칠 만큼 중요할 뿐만 아니라 저장창고에서 손실될 수도 있는 식자재를 효율적으로 관리함으로써 원가 관리에도 많은 도움을 주는 방법이다.

Chapter 04 영업장 점검

01 식음료 영업장의 청소 상태 점검

(1) 청결 상태 점검

1) 식음료를 다루는 모든 영업장에서는 청결 상태를 철저히 관리해야 한다.
2) 식음료 영업장 실내와 시설물의 청결 상태를 확인해야 하며 확인할 때는 청결 상태 점검표에 따라 식음료 영업장의 청소 상태를 점검한다.
3) 점검표란 모든 식음료 영업장의 준비 상태를 점검하기 위하여 작성하는 양식을 말한다.
4) 점검표에는 장비명, 점검방법, 점검항목, 특이사항 등을 기록한다.
5) 점검표는 문제가 있는 설비가 생길 경우에 문제점을 확인하고 파악하여 시설부에 의뢰하거나 수리하고 교체하기 위해서 작성하는 것이다.

(2) 영업 시작 전 청소 상태 점검

1) 매일 영업을 시작하기 전에 테이블과 의자의 상태 및 청결을 체크하고 바닥 청소를 확인한다.
2) 와인 셀러를 점검하며 냉장고를 정리하고 점검한다.
3) 서비스 스테이션에 고객에게 제공되는 비품과 소모품이 정확하게 정리되어 있는지 점검하고 확인한다.
4) 커피 머신과 워머기를 청소하고 점검한다.

02 조명기구

1) 조명이란 일조로 충분한 밝기를 얻기 어려울 때 인공적 장치를 설치하여 밝게 해주는 것으로서 광원에서 나오는 빛의 밝기를 조절하여 광원을 고정하고 보호하는 역할도 한다. 대표적인 조명기구로는 등잔이나 횃불 같은 전통 조명기구와 백열등, 형광등, 할로겐과 같은 현대 조명기구가 있다.
2) 식음료 영업장에서는 조명기구들의 다양한 명암을 통해 고급스럽고 안락한 분위기를 연출하므로, 불이 나간 조명기구들이 없는지 항상 확인한다. 교체가 필요하거나 보수가 필요할 때에는 시설팀(engineering dept.)에 의뢰하여 교체한다.
3) 조명은 식음료 영업장의 분위기를 좌우하기 때문에 매우 중요하게 여겨야 하며, 식음료 영업장의 성격과 분위기에 맞춰서 명암을 조절할 수 있도록 관리해야 한다.
4) 조명은 평범해 보일 수 있는 공간을 특별한 느낌으로 만들어 부드럽고 아늑하게 느껴져야 하며, 한결 같으며 균일하게 분포되어야 한다. 조명도는 식음료 영업장의 직원들이 근무하는데 적절해야 하며 고객들이 메뉴를 보는 데도 적당해야 한다.

03 고정 설치물

고정 설치물이란 많은 범위를 포함하는데, 식음료 영업장의 시설물은 식음료 영업장에 설치된 음향장치, 냉장고, 액자, 장식품 등의 고정 설치물을 의미한다. 식음료 영업장의 영업 시작 전에 시설물 수리에 항상 신경 쓰고 주의를 기울여야 한다. 또한 고객들에게 제공되는 모든 시설물들이 원활히 작동됨을 인지시켜 고객들이 안전하고 편리하게 이용할 수 있게 해야 한다.

그러기 위해서는 각종 시설물에 대한 주기적인 점검이 필요하며 시설물의 설치 현황을 확실히 파악하여 운영하고, 예방과 점검을 강화하며 유지나 보수 등을 해야 한다. 시설물의 점검표에 따라서 업장의 제빙기, 커피머신, 냉장고, 컴퓨터 시스템 등 모든 고정 설치물의 작동 상태 이상 여부를 확인한다.

(1) 컴퓨터 시스템

1) 컴퓨터 시스템은 식음료 주문에 대한 정확하고 신속하며 원활한 서비스를 위한 것이다.
2) 영수증 처리가 가능하게 컴퓨터 시스템을 작동한다.
3) 컴퓨터 시스템 주변에 자신의 소지품을 비롯해서 불필요한 물품은 전부 치우도록 한다.
4) 컴퓨터 시스템은 혼잡하지 않은 곳에 위치하도록 한다.

(2) 커피머신

1) 고객에게 제공되는 커피와 다양한 차를 뜨겁게 제공하기 위한 기구이다.
2) 커피머신 주위를 깨끗이 청소하고 기계가 잘 작동하는지 점검하고 확인한다.
3) 커피머신을 작동시키고 고객에게 서비스하기에 적절한 온도(60~70℃)에 맞춰 놓는다.
4) 커피머신은 하루에 한 번씩 청소하고 전용세제를 이용해 세척한다.
5) 커피머신은 고객의 동선이나 직원들의 서비스 동선에 방해되지 않는 곳에 위치해야 한다.

(3) 냉장고

1) 냉장고와 냉동고는 벽과의 거리를 항상 5~10cm로 유지한다.
2) 냉장고의 냉장온도는 적정온도인 2~3℃를 유지한다.
3) 냉동고의 냉동온도는 적정온도인 -15~ -18℃를 유지한다.
4) 냉장고와 냉동고 안의 성에 등을 제거하여 청결하고 깨끗하게 유지한다.
5) 식자재가 제대로 보관되어 있는지 냉장고를 점검하고 확인한다.
6) 음료가 최적의 상태를 유지하고 있는지 냉장고를 점검하고 확인한다.

(4) 아이스머신

1) 아이스머신을 점검하여 청결하며 제대로 작동하고 있는지 확인한다.
2) 얼음의 상태가 고객에게 서비스하기에 적절한지 점검하고 확인한다.

(5) 소화기

1) 소화기의 작동과 사용법을 숙지한다.
2) 소화기가 제대로 작동되는지 점검하고 확인한다.
3) 소화기의 유효기간을 확인한다.
4) 소화기를 소방법에 따라 정해진 곳에 비치한다.

04 테이블 및 의자

고객들의 즐거운 식사를 위해서는 청결하게 정돈된 테이블과 깨끗한 의자가 다른 주변환경보다도 중요한 역할을 한다. 테이블을 꾸미기 위해서는 테이블과 의자들의 파손 상태나 철저한 청소 상태를 점검해야 한다. 테이블과 의자는 고객이 불편을 느끼지 않도록 배치하며 흔들리지 않게 바르게 놓는 것이 중요하다. 그날의 예약 상황에 따라서 테이블의 위치와 수량 그리고 의자의 수량과 배치에 따라 달라질 수 있다. 식음료 영업장의 테이블 및 의자의 상태를 점검하는 것은 고객에게 편안하고 안락한 이미지를 부여함과 동시에 전체적인 조화와 균형을 보여주며 식사의 편의를 제공하기 위한 최소한의 기본 준비 작업이다.

(1) 테이블과 의자 관리의 중요성

식음료 영업장의 테이블과 의자는 식음료 영업장이 연출하기를 바라는 분위기를 창출하는 데 도움을 줄 수 있다. 그러므로 고객들의 기대와 영업장의 이미지 그리고 질적 수준을 염두에 두고 테이블과 의자를 배치하여야 한다. 가장 중요한 것은 고객들이 편안하게 느낄 수 있도록 테이블과 의자를 배치하고 조화시키는 것이다. 따라서 테이블에 기대거나 팔꿈치를 대는 여유 공간과 테이블과 의자 사이의 균형과 공간의 정도는 매우 중요하다.

(2) 테이블과 의자의 관리

테이블과 의자는 각양각색의 디자인으로 목재, 철재, 유리제품, 플라스틱 등으로 만들어져 사용되고 있다. 테이블과 의자의 선택은 경영관리자의 안목이나 회사의 정책 및 영업장의 구조에 따라 선택될 수 있으나 경제적 가치의 높고 낮음을 막론하고 그것을 관리하는 직원들이 관리나 활용 또는 사용을 정확하고 주의 깊게 하지 않으면 효용 가치는 떨어질 것이다.

1) 사용과 관리 요령

① 테이블의 수평을 유지하고 흔들리지 않도록 한다.

② 두 개 이상의 테이블을 연결했을 때 이음새의 높이가 같도록 한다.

③ 테이블과 의자의 흔들림을 확인하고 문제가 있으면 시설부에 의뢰하여 수리하거나 교체한다.

④ 테이블이나 의자의 다리에 생긴 먼지나 오점을 제거한다.

⑤ 테이블이나 의자가 녹슬지 않았는지 확인한다.

MEMO

PART 09
와인장비/ 비품 관리

Chapter 01 와인글라스 유지·관리

01 와인글라스의 특징

와인글라스는 일반적인 물이나 음료를 마시는 모양의 글라스와는 다르다. 와인의 종류에 따라서 세부적인 글라스의 크기나 모양이 각기 다르기는 하나 일반적으로 와인의 향이 글라스 안에 잘 모이고, 그 안에서 향이 충분히 움직일 수 있도록 몸통 부분은 볼륨감을 가지고 있다.

또한, 사람의 체온이 가능한 한 전달되지 않도록 손잡이 부분인 스템(stem)이 길게 되어 있다. 와인글라스는 일반적으로 림(Rim), 몸통(bowl), 손잡이(stem), 받침(base)으로 구성되어 있다. 이러한 특별한 구조로 이루어진 와인글라스는 대부분이 유리로 만들어져 있으며, 와인의 맛과 향을 집중적으로 즐기기 위하여 고급 글라스의 경우 매우 얇게 되어 있으므로 그 관리 면에 있어서 매우 신경 써야 한다.

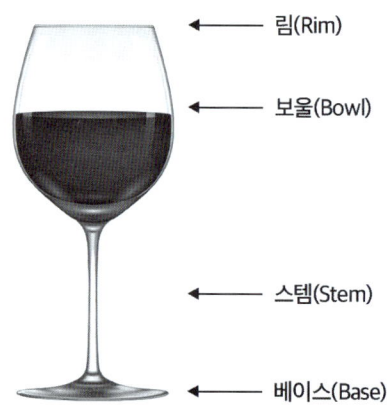

02 와인글라스의 파손, 오염

와인글라스는 특별한 경우를 제외하고는 대부분이 유리로 되어 있다. 따라서 글라스가 깨지는 등의 파손 위험이 매우 크고, 사용한 와인글라스 세척 및 건조를 위생적으로 하지 않을 경우 와인글라스 외부나 내부에 와인의 흔적이나 향이 남을 수 있다.

(1) 와인글라스의 파손 원인

와인글라스의 파손의 원인은 주로 주의하지 않고 건배를 강하게 하는 경우, 차가운 화이트 와인이나 샴페인을 마시고 난 직후 뜨거운 물로 세척할 경우, 서비스 맨이 글라스를 동시에 여러 개를 이동하면서 부딪치는 경우, 세척한 글라스의 물기를 제거하기 위해 천을 이용하여 과도하게 힘을 줘서 닦는 경우 등이다. 특히 입에 직접적으로 닿게 되는 와인글라스의 입구 부분은 꼼꼼하게 체크하여 조금의 파손이라도 있으면 즉시 폐기처분해야 한다. 만약 그냥 사용할 경우 입 주위에 상처를 입을 수 있기 때문이다.

(2) 와인글라스의 오염 판별

와인글라스의 오염은 외관상으로 보이는 오염과 냄새로 느껴지는 오염이 있을 수 있다. 와인글라스의 오염 원인은 주로 와인글라스 세척 시 미세척된 경우, 깨끗하지 않은 린넨을 사용하여 세척된 글라스의 물기를 제거한 경우, 깨끗하게 크리닝된 글라스를 보관하는 보관 장소의 특정 냄새가 있는 경우가 있을 수 있다. 따라서, 와인글라스는 사용하기 전에 반드시 밝은 햇빛에 비추어서 글라스의 내·외부에 자국이 남아 있는지, 가볍게 코로 와인 글라스 내부의 냄새를 맡아서 특정 냄새가 남아 있는지를 확인하고 사용하여야 한다.

(3) 와인글라스의 특징 확인 및 파손, 오염 판별하기

1) 와인글라스의 종류별 특징을 확인한다.
2) 와인글라스의 내·외부를 전체적으로 꼼꼼히 살펴보면서 깨지거나 금이 간 부분이 있는지 여부를 확인한다.
3) 와인글라스의 내·외부를 전체적으로 꼼꼼히 살펴보면서 이물질이 묻어 있거나 흔적이 남아 있는지 여부를 확인한다.
4) 와인글라스의 냄새를 직접 코로 맡아보면서 특정 이물질의 냄새가 나는지 여부를 확인한다.

보르도 부르고뉴 화이트 로제 스파클링

03 와인글라스의 청결 상태

와인은 다른 음료에 비하여 색, 향, 맛이라는 세 가지의 매력을 지닌 음료이다. 와인을 테이스팅 하는 방법 역시 위의 세 가지 사항을 순서대로 진행하게 된다. 따라서 와인글라스는 이러한 부분을 정확하게 눈으로 보고, 코로 맡고, 입으로 느낄 수 있도록 매우 깨끗하고 청결한 상태를 유지해야 한다.

와인글라스를 씻을 때 세제를 사용하지 않고 가급적 뜨거운 물로 씻는 것이 좋다. 잔에 세제 성분이 남아 있게 되면 와인의 맛에 좋지 않은 영향을 주기 때문이다. 씻은 와인 잔은 깨끗한 린넨을 사용해 부드럽게 닦는데, 한 손으로 와인 잔의 볼 부분을 잡고 다른 한 손으로 조심스럽게 와인 잔 안쪽을 닦은 후 거꾸로 세워 자연 건조하는 것이 좋다.

04 와인글라스의 종류 및 특징

와인글라스는 기본적으로는 화이트, 레드, 스파클링 와인글라스로 나눌 수 있다. 하지만, 포도 품종, 생산 지역, 생산 국가, 빈티지(포도 수확 연도), 스타일에 따라서 와인의 맛, 향, 색, 바디감이 다르기 때문에 세부적으로 와인글라스는 그 종류가 다시 분류된다. 와인의 종류에 따라 느껴지는 산미, 탄닌, 과일 향 등 각각의 요소들은 와인글라스를 통해 입안에서 고유한 맛을 살려준다. 따라서 와인글라스의 모양과 사이즈는 최적의 와인 맛을 끌어내도록 와인의 성격과 종류에 따라 디자인된다.

샴페인과 같은 발포성 와인글라스는 길쭉한 튤립 모양을 하고 있어 와인의 탄산 기포가 오래 보존될 수 있도록 돕는다. 좋은 샴페인의 경우에는 조그만 기포들이 길쭉한 잔 속에서 계속해서 올라오는 것을 볼 수 있다. 만약에 샴페인을 넓은 글라스에 따르게 되면 샴페인의 기포는 금방 사라지게 되어 맛을 잃어버린다. 부르고뉴(bourgogne) 지역의 와인을 포함한 레드 와인글라스는 일반적으로 화이트 와인글라스보다 크기 마련인데 이는 와인의 향기를 풍성하게 느끼기 위해서이다. 여기에서 잔의 크기 정도가 보르도나 부르고뉴와 같은 지역, 혹은 포도 품종의 특성에 따라 좀 더 세분화되어 달라지기도 한다. 또한 화이트 와인글라스는 레드 와인글라스보다 좀 더 사이즈가 작다. 이는 와인을 마실 때 혀에서 느끼는 맛에 더 중점을 두기 때문이다.

(1) 레드 와인글라스

1) 보르도 글라스

대개 레드 와인글라스는 화이트 와인글라스보다 좀 더 크며, 와인의 향기를 더욱 풍성하게 느낄 수 있도록 해준다. 보르도 레드 와인글라스는 전형적인 튤립 모양으로, 프랑스 보르도 스타일의 와인처럼 탄닌이 강한 와인을 위해 고안되었는데, 탄닌의 텁텁함을 줄이고 과일 향과 조화를 이룰 수 있도록 글라스의 경사각이 완만하다. 와인이 혀끝부터 안쪽으로 넓게 퍼질 수 있도록 입구 경사각이 작으며 볼은 넓다. 또한 와인이 숨을 쉴 수 있는 공간을 확보해 줌으로써 다양한 부케와 풍부한 아로마를 느낄 수 있게 해준다.

보르도 글라스

보르도 그랑크뤼 글라스

*출처 : http://grandvin.co.kr

2) 보르도 그랑크뤼 글라스

보르도 그랑크뤼용 글라스는 일반적인 보르도용 레드 와인글라스보다 볼륨감이 조금 더 크다. 이러한 특징상 생산한지 얼마 안 된 영한 와인은 물론 보다 숙성된 까베르네 쏘비뇽, 메를로, 까베르네프랑과 같이 탄닌 성분이 충분한 보르도 지방의 주요 레드 품종 등의 와인의 탄닌, 산도 등의 완벽한 조화를 이끌어 낼 수 있게 해준다.

3) 부르고뉴 글라스

부르고뉴 레드 와인 잔은 보르도 와인 잔보다 약간 짧고 뚱뚱하다. 특히 보울 부분이 더 볼록하고 잔 입구로 갈수록 점점 좁아진다. 보울이 넓으면 공기와 접촉하는 와인의 면적이 넓어지므로 와인의 향을 더욱 풍부하게 맡을 수 있다. 프랑스 부르고뉴의 정상급 와인이나 이탈리아의 바롤로, 바르바 레스코 등을 이 잔에 담았을 때 와인의 풍미가 최대한 발산된다. 특히 부르고뉴의 주요 포도 품종인 피노 누아는 까베르네 쏘비뇽에 비해 탄닌이 적으나 신맛이 강하므로 와인 잔의 볼이 커야 하고, 좀 더 오랜 시간 향을 담기 위하여 글라스의 경사각이 크다. 값이 싼 와인은 향의 수준이 낮으므로 이런 잔에 따라 마시면 향이 부족하게 느껴져 더 싸구려 와인처럼 느껴지기 십상이다.

부르고뉴 글라스

*출처 : http://grandvin.co.kr

(2) 화이트 와인글라스

화이트 와인은 기본적으로 탄닌 성분이 없기 때문에 볼의 크기가 작아도 된다. 화이트 와인 잔은 레드 와인글라스보다 작으며, 차게 마시는 화이트 와인의 특성 때문에 온도가 올라가지 않도록 용량을 작게 만든다. 또한 레드 와인글라스보다 덜 오목하며, 화이트 와인의 상큼한 맛을 더 잘 느낄 수 있도록 와인이 혀 앞부분에 닿도록 디자인되어 있다.

1) 샤블리 글라스

프랑스 샤블리 지역에서 생산되는 유일한 포도 품종 샤르도네 와인을 가장 적절하게 즐길 수 있도록 고안된 글라스이다. 화이트 와인은 기본적으로 탄닌의 성분이 없거나 극히 미미하기 때문에 대체로 볼의 크기가 작다. 양조 과정에서 발생한 2차 향을 모을 수 있도록 고안된 이 글라스는 쏘비뇽 블랑 글라스에 비해 볼의 크기가 크며 이는 다른 화이트 품종에 비해 압도적으로 과일 향이 풍부한 샤르도네를 즐기기에 적합하다.

2) 루아르 글라스

쏘비뇽 블랑처럼 신선한 산도가 특징인 와인을 위해 글라스는 볼의 크기가 작고 아름다운 계란형의 모양을 하고 있다. 글라스의 입구가 좁아 와인을 마실 때 고개가 뒤로 젖혀지게 되어 빠른 속도로 와인이 입 속 깊숙이 들어가기 때문에 신맛을 느끼는 혀의 양쪽 부위를 덜 자극함으로써 전체적인 밸런스를 이끌어 낸다. 즉 신맛이 강한 첫인상으로 다가와 와인에 내재된 또 다른 복합적인 풍미를 느끼지 못하게 하는 것을 막는다.

샤블리 글라스

루아르 글라스

*출처 : http://grandvin.co.kr

(3) 로제 와인글라스

적포도를 가지고 화이트 와인 방식처럼 만드는 와인이 로제 와인이다. 포도껍질과 주스와의 짧은 접촉을 통해 과일의 신선한 향이 매우 후레시하게 살아 있는 스타일의 와인이다. 이러한 로제 와인의 살아 있는 듯한 과일의 아로마와 신선함을 혀끝에서부터 느낄 수 있도록 글라스의 모양이 만들어진 로제 와인글라스이다.

(4) 스파클링 와인글라스

스파클링 와인잔은 길쭉한 튤립(또는 플루트, flute) 모양으로, 와인의 탄산가스가 오래 보존될 수 있고 거품이 올라오는 것을 잘 관찰할 수 있다. 좋은 스파클링 와인일수록 조그만 기포들이 길쭉한 와인잔 속에서 끊임없이 솟아오르는 것을 볼 수 있다. 고급 샴페인의 경우 끊임없이 발생하는 작은 기포와 병 속에서 일어나는 2차 발효에서 생긴 독특한 향이 특징인데, 이러한 기포와 향을 잘 간직하기 위해 샴페인 글라스는 튤립 모양이나 계란형으로 길어야 하며, 입구는 좁고 잔의 높이가 높아 샴페인의 고운 기포를 감상하며 즐길 수 있게 디자인되어 있다.

로제 와인글라스

스파클링 와인글라스

*출처 : http://grandvin.co.kr

(5) 주정 강화 와인글라스

1) 포트 와인&디저트 와인글라스

　주정 강화 와인과 디저트 와인의 경우 일반적인 레드, 화이트 와인과 달리 소량을 마시는 와인이며, 높은 알코올과 높은 당도, 높은 산도는 물론 진한 풍미를 자랑하는 와인이다. 이러한 와인의 진한 풍미의 향을 집중해서 맡고 마실 수 있게끔 작은 사이즈로 디자인되어 있다.

포트 와인&디저트 와인글라스

*출처 : http://grandvin.co.kr

Chapter 02 와인비품 유지·관리

01 디캔터(decanter)

디캔터는 주로 유리나 크리스털로 만들어지는데 그 용도는 와인을 디캔팅 하는 것이다. 디캔팅이란 와인의 특성에 따라서 와인병 내부에 생긴 와인 찌꺼기들을 걸러내기 위한 것도 있지만, 공기와의 접촉을 통해 맛이나 향을 보다 부드럽게 끌어올리는 목적으로도 이루어지게 된다. 요즘은 매우 다양한 모양과 크기의 디캔터가 판매되고 있다.

(1) 디캔터의 파손, 오염

디캔터는 특별한 경우를 제외하고는 대부분이 유리로 되어 있다. 따라서 디캔터가 깨지는 등의 파손의 위험이 매우 크고, 사용한 디캔터 세척 및 건조를 위생적으로 하지 않을 경우 디캔터 외부나 내부에 와인의 흔적이나 향이 남을 수 있다.

디캔터 파손의 원인은 주로 와인병과 디캔터를 주의하지 않고 디캔팅을 실시하는 동안 와인병 입구와 디캔터 입구가 부딪혀서 파손되는 경우, 디캔터를 손으로 세척할 때 손에서 미끄러져서 깨지는 경우, 자동 세척기에 다른 글라스나 기물들과 함께 넣고 세척을 하는 동안 서로 부딪혀서 깨지거나 금이 가는 경우 등이다.

디캔터의 오염은 외관상으로 보이는 오염과 디캔터 내부의 냄새로 느껴지는 오염이 있다. 디캔터 오염의 원인은 주로 디캔터가 제대로 세척되지 않은 경우, 깨끗하지 않은 린넨을 사용하여 세척된 디캔터의 물기를 제거한 경우, 깨끗하게 크리닝된 디캔터를 보관하는 보관 장소의 특정 냄새가 있는 경우가 있을 수 있다. 따라서, 디캔터는 사용하기 전에 반드시 밝은 햇빛에 비추어서 글라스의 내·외부에 자국이 남아 있는지, 가볍게 코로 디캔터 내부의 냄새를 맡아서 특정 냄새가 남아 있는지 여부를 확인하고 사용하여야 한다.

(2) 디캔터의 청결 상태

디캔터는 와인 중에서도 특히 레드와인을 디캔팅 하는 데 주로 사용된다. 결국 와인을 담아서 글라스에 따라서 마시게 되므로, 디캔터가 청결하지 못할 경우에 그 안에 부어서 채운 와인 역시 변질되거나 오염된다. 따라서 디캔터의 청결은 와인글라스의 청결만큼이나 매우 중요하다.

디캔터를 씻을 때 세제를 사용하지 않고 가급적 뜨거운 물로 씻는 것이 좋다. 디캔터에 세제 성분이 남아 있으면 와인의 맛에 좋지 않은 영향을 주기 때문이다. 씻은 디캔터는 거꾸로 세워서 물기를 어느 정도 빼주고 나서 깨끗한 린넨을 사용해 부드럽게 닦는데, 디캔터 전용 솔이나 린넨을 사용하여 디캔터 안의 구석구석을 닦아주고 거꾸로 세워 자연 건조하는 것이 좋다.

(3) 디캔터의 종류 및 특징

디캔터는 일반적인 스타일은 있으나 최근에는 매우 다양한 스타일의 디캔터가 생산되고 있다. 와인의 포도품종, 와인의 숙성 등과 관련하여 그에 가장 적합한 디캔터가 있다.

1) 디캔터 종류: 와인의 포도품종, 와인의 숙성 등과 관련하여 그에 가장 적합한 디캔터가 있다.

① 까베르네(cabernet) 디캔터

까베르네 디캔터는 디캔터의 몸통 부분이 어느 정도 넓어지고 전체적인 높이가 약간 높은 유형이다. 이러한 디캔터의 경우에는 와인이 흘러들어가는 거리가 길기 때문에 와인의 거친 느낌을 보다 부드럽게 순화시키기에도 용이하고, 오래 숙성된 까베르네 쏘비뇽과 같은 비교적 탄닌이 거친 품종의 와인을 디캔팅하기에 매우 적합한 스타일이다.

까베르네 디캔터

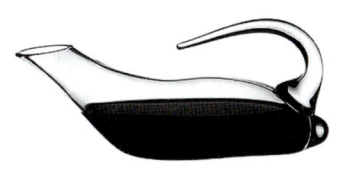
덕 디캔터

*출처 : http://grandvin.co.kr

② 덕(duck) 디캔터

덕 디캔터는 바닥에 닿는 부분이 넓어서 안정감을 주며, 와인이 공기와 접하는 부분을 대각선 방향으로 만들어서 와인의 아로마와 부케를 유지하는 데 큰 도움이 된다. 숙성이 잘 된 와인에 매우 적합하다.

③ 울트라(ultra) 디캔터

긴 목과 커다란 바디를 지닌 울트라 디캔터는 와인이 공기에 최대한 노출되도록 디자인되었으며, 이는 와인이 생산된 지 얼마 되지 않은 영한 와인이나 전반적으로 강한 성향을 가진 와인의 맛과 향을 증진시키는 데에 매우 효과적인 디캔터이다.

울트라 디캔터

02 와인 관련 비품

(1) 와인 오프너, 와인 쿨러 등 비품의 파손, 오염 판별

와인 오프너와 와인 쿨러를 포함한 다양한 와인 관련 비품들은 금속, 스테인레스, 유리, 플라스틱, 직물, 고무 등 다양한 재질로 되어 있다. 따라서 사용 후에는 각각의 특성에 맞게 세척이나 관리를 철저히 해야 한다.

1) **와인 오프너**: 와인 오프너의 경우에는 코르크스크루 부분이 흔들리거나, 휘거나 하는 경우 와인을 바르게 오픈하는게 불가능하다. 와인병의 캡슐을 벗기는 나이프 부분도 정기적으로 날을 관리해야 한다.

2) **와인 쿨러**: 와인 쿨러의 경우 대부분이 스테인레스 재질을 사용하게 된다. 사용하기 전에 반드시 와인 쿨러 외부로 물이 새는 부분이 있는지 확인해야 한다.

3) **와인 스토퍼**: 와인 스토퍼의 경우 사용 전 찢어진 곳이나 구멍난 곳은 없는지 확인해야 한다.

4) **와인 직물 쿨러**: 와인 직물 쿨러의 경우 냉매제가 들어있으므로 차갑게 냉각하기 전에 냉매제가 새는 곳은 없는지 확인 후 사용해야 한다.

5) **글라스 클리너**: 글라스 클리너와 디캔터 클리너는 유리나 크리스털 재질의 세척용으로 사용하므로 사용 전 이물질이나 글라스나 디캔터 내부에 스크래치가 생길 수 있는 이물질 등이 묻어 있는지 여부를 확인 후 사용해야 한다.

(2) 와인 오프너, 와인 쿨러 등 비품의 청결 상태

와인글라스와 디캔터를 비롯한 와인병의 청결상태와 마찬가지로 매우 중요하다. 와인을 오픈하기 위해서 가장 먼저 와인병 입구의 캡슐을 제거하고 와인 코르크를 제거하기 위해서 필수적인 와인 오프너는 소믈리에가 고객 앞에서 와인 서비스를 하기 위해 가장 먼저 사용하는 장비이다. 따라서 수시로 와인 오프너에 묻어 있는 이물질을 깨끗하게 손질하여야 한다.

와인 쿨러 역시 화이트 와인, 로제 와인, 스파클링 와인 등을 시원하게 얼음과 함께 담가 두는 용도이므로 내·외부에 이물질이나 얼룩 등이 있는 상태로 고객에게 서비스하지 않도록 항상 청결 상태를 확인해야 한다. 이 외에 와인 서비스 및 와인 저장을 보다 효과적으로 할 수 있도록 도와주는 다양한 와인 비품의 청결 상태도 수시로 확인하여야 한다.

(3) 와인 오프너, 와인 쿨러 등 비품의 종류 및 특징

1) 비품의 종류

① **와인 오프너(wine opener)**: 와인 오프너는 소믈리에가 고객에게 와인을 서비스 할 때 가장 필수적인 와인 장비이다. 최근에는 건전지를 활용한 전동식이나 반자동식 같은 다양한 스타일의 와인 오프너가 출시되었으나, 여전히 소믈리에 오프너로 가장 많이 쓰이는 것은 위의 사진과 같은 와인 오프너이다. 이중 레버와 호일 커팅용 나이프, 스크류 부분이 기본적으로 구성되어 있는 형태를 말한다.

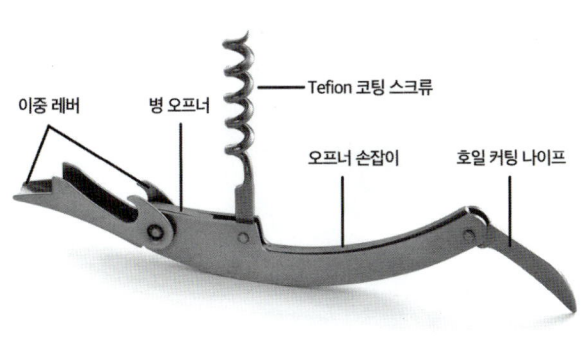

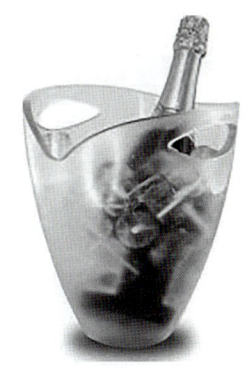

와인 오프너   와인 쿨러

*출처 : http://grandvin.co.kr

② **와인 쿨러**(wine cooler) : 와인 쿨러는 화이트 와인, 로제 와인, 스파클링 와인 등과 같이 차갑게 고객에게 서비스하는 와인을 얼음물을 이용하여 담가 두는 용기를 말한다. 이러한 쿨러를 이용하여 일정 시간 동안 와인의 온도를 지속적으로 시원하게 유지할 수 있다.

③ **와인 푸어러**(wine pourer) : 와인 푸어러는 와인 입구에 끼워서 사용하는 것으로서 와인을 따르고 나서 와인이 바닥에 떨어지거나 와인병에 흘러내리는 것을 방지해 주는 용도로서 유용한 비품이다.

④ **와인 스토퍼**(wine stopper) : 와인 스토퍼는 오픈된 와인을 일정 기간 동안 외부 공기를 막아줌으로써 와인의 향과 맛을 유지시키는 데 도움을 주는 데, 와인병 내부의 공기를 빼내는 와인 세이버와 함께 사용할 경우 더욱 효과적이다.

와인 푸어러   와인 스토퍼

*출처 : http://grandvin.co.kr

⑤ **와인 세이버**(wine saver) : 와인 세이버는 오픈된 와인병 내부의 공기를 외부로 빼내는 기구로서 오픈된 와인병에 와인 스토퍼를 끼우고 나서 와인 세이버를 이용하여 펌프질을 여러 차례 함으로써 와인병 내부의 공기를 진공 상태에 가깝게 만든다.

⑥ **와인 직물 쿨러**(wine cooler) : 와인 직물 쿨러는 냉장고에 넣어 두었다가 시원해지면 와인병을 감싸 주어서 일정 시간 동안 와인을 시원하게 유지시킨다.

와인 세이버   와인 직물 쿨러

*출처 : http://grandvin.co.kr

⑦ **호일 커터**(foil cutter) : 호일 커터는 와인병의 입구에 있는 캡슐을 보다 손쉽게 제거할 수 있는 기구로서 일반적인 와인 오픈에 필요한 와인스크류와 함께 사용한다.

⑧ **코르크 리트리버**(cork retriever) : 코르크 리트리버는 와인 코르크가 병 안쪽으로 들어갔을 때 코르크를 빼낼 수 있는 기구이다. 기구를 와인병 안쪽으로 넣은 후 코르크를 감싸서 와인병 바깥 쪽으로 조심히 뽑아내면 된다.

호일 커터   코르크 리트리버

*출처 : http://grandvin.co.kr

⑨ **보틀 클리너**(bottle cleaner) : 보틀 클리너는 주로 손으로 닦기 힘든 디캔터의 안쪽 내부의 먼지, 와인 찌꺼기, 침전물, 얼룩 등을 닦기 위해 사용한다. 디캔터에 절반 정도의 물을 따른 후 보틀 클리너를 조심히 넣은 후 약 2분 정도 디캔터를 원을 그리듯 구슬을 돌려주는 방식으로 사용하면 된다. 사용 후 세척, 건조 후 반영구적으로 사용한다.

⑩ **디캔터 드라이어**(decanter dryer) : 디캔터 드라이어는 디캔터를 닦을 때 효과적으로 물기 등을 흡수하기 쉬운 재질로 되어 있다. 또한 유연한 브러시는 여러 가지 모양으로 구부려 사용할 수 있으며, 디캔터 하단에 있는 불순물이나 물자국뿐 아니라 구석진 곳도 손쉽고 깨끗하게 닦을 수 있다.

보틀 클리너

디캔터 드라이어

*출처 : http://grandvin.co.kr, http://www.ordin.co.kr

⑪ **디캔터 클리너**(decanter cleaner) : 디캔터 클리너는 와인을 담았던 디캔터 내부의 와인 찌꺼기를 세척할 때 사용하면 매우 효과적인 비품으로서 드라이어와 마찬가지로 매우 유연하여 구석구석을 세척하기가 매우 용이하다.

⑫ **글라스 클리너**(glass cleaner) : 글라스의 내·외부에 스크레치를 내지 않으면서도 글라스 안쪽까지 깨끗하게 닦을 수 있는 브러시가 달려 있는 비품이다.

디캔터 클리너

글라스 클리너

*출처 : http://grandvin.co.kr, http://www.ordin.co.kr

MEMO

PART 10

기타 주장관리

Chapter 01 기타 주장관리

01 주장의 개요

(1) 바(bar)의 유래

바(bar)의 어원은 프랑스어의 '바리에르(Bariere)'에서 유래된 것으로 고객과 바텐더 사이에 가로질러진 널판을 바라고 하던 개념이 오늘날 술을 파는 식당을 총칭하는 의미로 사용되고 있다.

(2) 바텐더란?

'Bar + tender'의 합성어로 'bar를 부드럽게 만드는 사람'으로서, 바(bar)에 각종 음료를 만들어 고객에게 제공하는 직원이다.

02 바(bar) 조직의 직무

(1) 지배인(Manager)

1) 바(bar)의 책임자로서 영업의 모든 책임을 가진다.
2) 식음료에 대한 풍부한 지식을 바탕으로 직원들의 교육훈련을 담당한다.
3) 바(bar)를 방문하는 고객의 영접과 안내에 대해 관리 감독한다.
4) 식음료의 저장관리와 재고관리를 감독한다.
5) 영업일지 및 각종 영업보고서를 관리한다.
6) 정기적으로 영업상황을 분석한다.
7) 기타 바(bar)의 책임자로서 영업장을 대표하며, 각종 영업상 문제점을 해결한다.

(2) 부지배인(Ass't Manager)

1) 바(bar)의 부책임자로서 지배인을 보좌하며, 지배인의 부재 시 업무를 대행한다.
2) 직원들의 근무 스케줄을 관리하며 직원들의 교육훈련을 담당한다.
3) 각종 영업보고서를 작성하여 지배인에게 보고한다.
4) 직원들의 위생 상태와 영업장의 청결 상태를 항상 관리 감독한다.

(3) 헤드 바텐더(Head Bartender. Captain)

1) 필요시 바(bar)의 부지배인을 보좌하며, 영업 준비와 점검을 담당한다.

2) 고객과 서비스 접점에 있는 책임자로서 정확한 주문과 서비스를 담당한다.

3) 음료의 재고파악과 입출사항을 관리한다.

4) 고객이 떠난 테이블을 재정비하도록 지시한다.

(4) 와인책임자(Sommelier)

1) 와인의 재고파악과 주문, 입고, 진열을 담당한다.

2) 고객에게 와인을 추천하고 주문받은 와인을 서비스한다.

3) 바텐더의 업무가 바쁠 경우 지체 없이 도와준다.

(5) 바텐더(Bartender)

1) 바(bar) 실내 청결을 위해 청소와 정리정돈을 담당한다.

2) 각종 장비와 기계들의 작동상태 점검을 담당한다.

3) 영업시작 전 모든 준비를 완료되었는지 점검하는 것을 담당한다.

4) 음료에 대한 지식과 정확하게 표준 레시피를 숙지하고 있는지 점검한다.

5) 영업외 주류나 부재료가 사용되는지 확인한다.

(6) 바 헬퍼(Bar Helper)

1) 영업시작 전 칵테일 재료 및 부재료를 준비한다.

2) 영업장의 환경미화와 비품의 위생관리를 담당한다.

3) 바텐더의 업무를 보조한다.

(7) 웨이터, 웨이트리스(Waiter, Waitress)

1) 담당 테이블 정리와 각종 기물의 정리정돈을 담당한다.

2) 주문받은 음료의 서비스를 담당한다.

3) 고객의 주문사항을 즉시 실행할 수 있도록 항시 대기한다.

4) 각종 기물 취급방법 및 상품지식을 숙지한다.

5) 고객이 이용한 테이블의 청소와 정리정돈을 담당한다.

03 주장의 종류

1) **클래식 바**(Classic Bar) : 바의 분위기를 연출하는 대표적인 음악으로 Classic은 '고전'이라는 뜻이다. 클래식 음악이 많이 흘러나오는 조용하고 편안한 영업장으로 유명한 칵테일도 많이 만들고 제공되지만 일반적으로 병 판매를 위주로 한다.

2) **재즈 바**(Jazz Bar) : 재즈 및 피아노 연주가 가능하며 재즈 연주를 라이브로 들려주어 음악 감상을 할 수 있고 무대 앞 좁은 공간에서 춤추고 즐길 수 있게 꾸며진 곳도 있다.

3) **웨스턴 바**(Western Bar) : 서구적인 바 스타일로 미국 서부 개척 시대의 카우보이나 개척자들의 분위기를 연출한 바이다. 원목으로 만들어진 바와 나무 의자로 구성된 바가 많다.

4) **플레어 바**(Flair Bar) : Flair는 '재주', '재능' 등 '제6의 감각'이란 뜻으로 흥겨운 분위기가 연출되는 Bar다. 음악 소리가 크고 칵테일을 만들 때 병을 돌리고, 치고, 끼우는 등의 화려한 기술과 이벤트가 연출되는 곳으로 고객과 즐길 수 있는 Bar다.

5) **스포츠 바**(Sport Bar) : 당구장이 있어 포켓볼도 치고, 다트 및 스포츠 경기를 관람하면서 술을 마실 수 있는 공간이다.

6) **비어 바**(Beer Bar) : 수입맥주가 수백 종류 이상 비치되어 있어서 다양한 맥주를 즐길 수 있는 Bar를 말한다.

7) **와인 바**(Wine Bar) : 간단한 안주류와 함께 와인 자체를 즐기는 곳이다. 다양한 잔 와인으로 판매되는 하우스 와인(House Wine)도 가격대에 종류별로 마실 수 있는 특징이 있어 분위기가 고급스럽다. 와인 전문가, 즉 소믈리에(Sommelier)가 항상 상주해있다.

8) **오픈**(Open Bar) : 파티나 행사에서 술이나 음료를 무료로 제공하는 바, 고객들이 마시는 대로 음료를 제공하며 계산은 주최 측이 총괄적으로 지불하게 된다.

9) **댄스바**(Dance Bar) : 춤을 출 수 있거나 공연 예술을 즐길 수 있는 분위기 속에 술이나 음료가 판매되는 바

10) **캐시바**(Cash Bar) : 결혼식이나 파티 등 행사장에서 손님에게 돈을 받고 술이나 음료를 제공하며, 연회장 내의 임시적으로 설치하는 바

11) **라운지바**(Lounge Bar) : 만남의 장소 등 잠시 쉬어 갈 수 있도록 편안하고 아늑한 분위기를 연출하며 음료를 판매하는 업장으로 로비에 위치하면 로비 라운지(Lobby Lounge), 최상층에 위치하면, 스카이 라운지(Sky Lounge)라고 한다.

12) **펍**(Pub) : 생맥주(Draft Beer)를 메인으로 각종 식음료를 저렴하게 판매하는 영국식 선술집이다.

04 주장의 시설

1) **프론트 바**(Front Bar) : 고객을 직접 상대하면서 고객에게 칵테일 만드는 모습을 보여주고 대화도 하면서 음료가 판매되는 장소를 말한다. 전문 바텐더가 일하는 공간이다. 프론트 바 높이는 120cm 정도가 좋고 넓이는 40cm가 좋다.

2) **서비스 바**(Service Bar) : 테이블에 앉은 고객이나 웨이터, 웨이트리스가 주문받은 음료를 만들고 제공하는 공간이다. 이곳의 바텐더는 프론트 바로 가기 위해 음료 만드는 과정을 익히고 준비하는 곳이기도 하다.

3) **백 바**(Back Bar) : Bar의 뒤쪽 부분을 말한다. 이곳은 바텐더들이 서비스할 때 필요한 다양한 도구 및 판매되는 주류가 구비되어 있는 공간으로 대부분 진열장이 많고 Bar 안쪽에는 냉장고, 제빙기, 세면시설 등이 비치되어 있다.

4) **제빙기**: 얼음을 만드는 장비로 칵테일 Bar에서는 얼음의 사용량이 많으므로 바텐더의 동선에서 가까운 곳에 비치하는 것이 좋다. 기계가 작동되면서 모터가 돌아가는 소음이 크고 열이 발생한다. 그래서 Bar의 정면에 설치하지는 않고 한쪽 구석이나 뒤쪽에 많이 비치한다. 제빙기 안의 얼음은 아이스 스쿱을 이용해 담아야 하며 사용하지 않을 때는 제빙기 위쪽이나 옆에 놔둬야 한다.

5) **비어 쿨러(Beer Cooler)**: 맥주 등을 냉장시키는 냉장고로 Bar 안쪽에, 뒤쪽 등 바텐더들이 수시로 꺼내고 넣기 편리한 곳에 자리를 잡아야 한다. 냉장고 온도는 3.5~5℃로 유지하며, 항상 냉장고 온도 체크를 하고 성애를 제거해 적절한 온도를 유지하고 맥주를 저장할 때는 냉장고 안에 있는 맥주는 모두 꺼내고 새로 들어온 맥주를 먼저 넣은 다음 기존에 있었던 맥주를 앞쪽에 놓아야 선입선출(FIFO)이 잘 된다.

기출문제

Q. 주장의 시설에 대한 설명으로 잘못된 것은?
① 주장은 크게 프런트 바(front bar), 백 바(back bar), 언더 바(under bar)로 구분된다.
② 프런트 바(front bar)는 바텐더와 고객이 마주보고 서브하고 서빙을 받는 바를 말한다.
③ 백 바(back bar)는 칵테일용으로 쓰이는 술의 저장 및 전시를 위한 공간이다.
④ 언더 바(under bar)는 바텐더 허리 아래의 공간으로 휴지통이나 빈병 등을 둔다.

답 ④

Q. 다음 중 주장 종사원(Waiter/Waitress)의 주요 임무는?
① 고객이 사용한 기물과 빈 잔을 세척한다.
② 칵테일의 부재료를 준비한다.
③ 창고에서 주장(Bar)에서 필요한 물품을 보급한다.
④ 고객에게 주문을 받고 주문 받은 음료를 제공한다.

답 ④

Q. 주장 캡틴에 관한 설명 중 틀린 것은?
① 영업을 지휘 통제한다.
② 서비스 준비사항과 구성인원을 점검한다.
③ 지배인을 보좌하고 업장 내의 관리 업무를 수행한다.
④ 고객으로부터 직접 주문을 받고 서비스 등을 지시한다.

답 ④

MEMO

PART 11
기출문제

Chapter 01 2012년 1회 필기 기출

01 다음 중 연속식 증류(Patent Still Whisky)법으로 증류하는 위스키는?

① Irish Whiskey ② Blended Whisky
③ Malt Whisky ④ Grain Whisky

📁 **Tip**
곡물을 원료로 만드는 Grain Whisky는 연속식 증류법으로 만든다.

02 바텐더가 Bar에서 Glass를 사용할 때 가장 먼저 체크하여야 할 사항은?

① Glass의 가장자리 파손 여부
② Glass의 청결 여부
③ Glass의 재고 여부
④ Glass의 온도 여부

📁 **Tip**
잔에 파손이 되어 있다면 고객이 다칠 수 있다.
가장 먼저 입술이 닿는 림을 확인하고 다른 부위를 확인해야한다.

03 민속주 도량형「되」에 대한 설명으로 틀린 것은?

① 곡식이나 액체, 가루 등의 분량을 재는 것이다.
② 보통 정육면체 또는 직육면체로써 나무와 쇠로 만든다.
③ 분량(1되)을 부피의 기준으로 하여 2분의 1을 1홉(合)이라고 한다.
④ 1되는 약 1.8리터 정도이다.

📁 **Tip**
1되 = 1.8L = 10홉/1홉 = 180ml

04 칵테일 제조 방법 중 셰이킹(Shaking)이란?

① 재료를 셰이커(Shaker)에 넣고 흔들어서 혼합하는 과정을 말한다.
② 칵테일 제조가 끝난 후에 장식하는 것을 말한다.
③ 칵테일 제조가 끝난 후에 따르는 것을 말한다.
④ 칵테일에 대한 향과 맛을 배합

📁 **Tip**
대표적인 칵테일 제조방법은 셰이킹(Shaking), 스터(Stir), 빌드(Build), 플로팅(Floating) 등이 있다.

05 아로마(Aroma)에 대한 설명 중 틀린 것은?

① 포도의 품종에 따라 맡을 수 있는 와인의 첫 번째 냄새 또는 향기이다.
② 와인의 발효과정이나 숙성과정 중에 형성되는 여러 가지 복잡 다양한 향기를 말한다.
③ 원료 자체에서 우러나오는 향기이다.
④ 같은 포도품종이라도 토양의 성분, 기후, 재배조건에 따라 차이가 있다.

📁 **Tip**
②번은 부케(Bouquet)에 대한 설명

06 샴페인 포도 품종이 아닌 것은?

① 삐노 느와르(Pinot Noir)
② 삐노 뮈니에(Pinot Meunier)
③ 샤르도네(Chardonnay)
④ 쎄미뇽(Semillon)

📁 **Tip**
샴페인 포도 품종: Chardonnay, Pinot Noir, Pinot Meunier

07 「Dry Martini」를 만드는 방법은?

① Mix   ② Stir
③ Shake   ④ Float

> **Tip**
> Stir 기법 칵테일 : Martini, Gibson, Manhattan, Rob Roy 등

08 칵테일에 대한 설명으로 틀린 것은?

① 식욕을 증진시키는 윤활유 역할
② 감미를 포함시켜 아주 달게 만들어 마시기 쉬워야 한다.
③ 식욕 증진과 동시에 마음을 자극하여 분위기를 만들어 내야 한다.
④ 제조 시 재료의 넣는 순서에 유의해야 한다.

> **Tip**
> 달게 만든 칵테일은 후식주로, 드라이하고 산미가 있는 칵테일은 식전주로 추천된다.

09 Floating의 방법으로 글라스에 직접 제공하여야 할 칵테일은?

① Highball   ② Gin Fizz
③ Pousse café   ④ Flip

> **Tip**
> 플로팅 기법 칵테일 : Pousse cafe, B-52 등

10 계량 단위에 대한 설명 중 옳은 것은?

① 1 Dash는 1/30 Ounce이며, 0.9㎖
② 1 Teaspoon은 1/8 Ounce로 3.7㎖
③ 1c㎗은 1/10㎖이다.
④ 1ℓ는 32 온스이며 960㎖이다.

> **Tip**
> 1Dash=1 / 32oz=0.9ml / 1cl=10ml / 1L=1,000ml

11 약주, 탁주 제조에 사용되는 발효제가 아닌 것은?

① 누룩   ② 입국
③ 조효소제   ④ 유산균

> **Tip**
> 발효제로 사용되는 것은 누룩, 입국, 조효소제가 있다.

12 위스키(Whisky)를 만드는 과정이 맞게 배열된 것은?

① Mashing - Fermentation - Distillation - Aging
② Fermentation - Mashing - Distillation - Aging
③ Aging - Fermentation - Distillation - Mashing
④ Distillation - Fermentation - Mashing - Aging

> **Tip**
> 위스키 제조과정 : 당화(mashing) - 발효(fermentation) - 증류(distillation) - 저장/숙성(aging) - 병입(bottling)

13 오드 비(Eau-de-Vie)와 관련 있는 것은?

① Tequila   ② Grappa
③ Gin   ④ Brandy

> **Tip**
> 오드비 : 생명의 물이라는 의미로 과일로 만든 증류주를 뜻한다. 처음에는 포도로 만든 증류주를 의미 했다.

14 칵테일 조주 시 술이나 부재료, 주스의 용량을 재는 기구로 스테인리스제가 많이 쓰이며, 삼각형 30㎖와 45㎖의 컵이 등을 맞대고 있는 기구는?

① 스트레이너　　② 믹싱글라스
③ 지거　　　　　④ 스퀴저

> **Tip**
> - 스트레이너(Strainer) : 얼음을 걸러내는 도구
> - 믹싱글라스(Mixing Glass) : 스터 기법에 필요한 재료를 섞는 도구
> - 스퀴져(Squeezer) : 레몬, 라임 등 과즙을 짜는 도구

15 칵테일을 만들 때 흔들거나 섞지 않고 글라스에 직접 얼음과 재료를 넣어 Bar Spoon이나 머들러로 휘저어 만드는 방법으로 적합한 칵테일은?

① 스크류 드라이버　　② 스팅어
③ 마가리타　　　　　④ 싱가폴 슬링

> **Tip**
> 빌드(Build) 기법 칵테일 : Black Russian, Screw Driver, Rusty Nail 등

16 다음 중 양조주가 아닌 것은?

① 맥주(Beer)　　② 와인(Wine)
③ 브랜디(Brandy)　　④ 폴케(Pulque)

> **Tip**
> - 맥주 : 곡물 발효주
> - 와인 : 포도 발효주
> - 브랜디 : 포도 증류주
> - 폴케 : 용설란 발효주

17 다음 중 뜨거운 칵테일은?

① Irish Coffee　　② Pink Lady
③ Pina Colada　　④ Manhattan

> **Tip**
> Irish Coffee : 아이리시 위스키와 크림 등이 들어가는 뜨거운 커피 칵테일이다.

18 발포성 와인의 이름이 아닌 것은?

① 스페인 - 까바(Cava)
② 독일 - 젝트(Sekt)
③ 이탈리아 - 스푸만테(Spumante)
④ 포르투갈 - 도세(Doce)

> **Tip**
> 도세(Doce) : 단맛이 많은

19 음료류의 식품유형에 대한 설명으로 틀린 것은?

① 무향탄산음료 : 먹는 물에 식품 또는 식품첨가물(착향료 제외) 등을 가한 후 탄산가스를 주입한 것을 말한다.
② 착향탄산음료 : 탄산음료에 식품첨가물(착향료)을 주입한 것을 말한다.
③ 과실음료 : 농축과실즙(또는 과실 분), 과실주스 등을 원료로 하여 가공한 것(과실즙 10% 이상)을 말한다.
④ 유산균 음료 : 유가공품 또는 식물성 원료를 효모로 발효시켜 가공(살균을 포함)한 것을 말한다.

> **Tip**
> 유산균 음료 : 우유나 탈지유에 유산균을 섞어 유산 발효를 시켜 만든, 독특한 풍미와 새콤한 맛이 나는 음료

20 포도품종에 대한 설명으로 틀린 것은?

① Syrah : 최근 호주의 대표품종으로 자리 잡고 있으며, 호주에서는 Shiraz 라고 부른다.
② Gamay : 주로 레드 와인으로 사용되며 과일향이 풍부한 와인이 된다.
③ Merlot : 보르도, 캘리포니아, 칠레 등에서 재배되며, 부드러운 맛이 난다.
④ Pinot Noir : 보졸레에서 이 품종으로 정상급 레드와인을 만들고 있으며, 보졸레 누보에 사용된다.

📁 **Tip**
프랑스 부르고뉴 지역에서 생산되는 레드와인 품종이다.

21 샴페인의 발명자는?

① Bordeaux　　② Champagne
③ St. Emilion　　④ Dom Perignon

📁 **Tip**
프랑스의 샹파뉴(Champagne)지역에서 생산된 스파클링 와인(Sparkling Wine)으로 돔페리뇽에 의해 개발되었다.

22 맥주용 보리의 조건이 아닌 것은?

① 껍질이 얇아야 한다.
② 담황색을 띄고 윤기가 있어야 한다.
③ 전분 함유량이 적어야 한다.
④ 수분 함유량이 13% 이하로 잘 건조되어야 한다.

📁 **Tip**
맥주용 보리는 전분 함유량이 높고, 단백질이 적어야 한다.

23 제조 방법에 따른 술의 분류로 옳은 것은?

① 발효주, 증류주, 추출주
② 양조주, 증류주, 혼성주
③ 발효주, 칵테일, 에센스 주
④ 양조주, 칵테일, 여과주

📁 **Tip**
발효주(양조주), 증류주, 혼성주로 구분한다.

24 장식으로 양파(Cocktail Onion)가 필요한 것은?

① 마티니(Martini)　　② 깁슨(Gibson)
③ 좀비(Zombie)　　④ 다이퀴리

📁 **Tip**
깁슨(양파), 마티니(올리브)

25 Table Wine으로 적합하지 않은 것은?

① White Wine　　② Red Wine
③ Rose Wine　　④ Cream Sherry

📁 **Tip**
Cream Sherry는 식후주이다.

26 비알코올성 음료의 분류방법에 해당되지 않는 것은?

① 청량음료　　② 영양음료
③ 발포성음료　　④ 기호음료

📁 **Tip**
비알코올성 음료는 청량음료, 영양음료, 기호음료로 구분한다.

27 비알코올성 음료에 대한 설명으로 틀린 것은?

① Decaffeinated Coffee는 Caffein을 제거한 커피이다.
② 아라비카종은 에티오피아가 원산지인 향이 우수한 커피이다.
③ 에스프레소 커피는 고압의 수증기로 추출한 커피이다.
④ Cocoa는 카카오 열매의 과육을 말려 가공한 것이다.

Tip
카카오는 카카오 콩을 가공한다.

28 다음과 같은 재료를 사용하여 만드는 칵테일은?

> Liquor + Lemon Juice + Sugar + Soda Water

① Collins
② Martini
③ Flip
④ Rickey

Tip
- **Martini** : Gin + Dry Vermouth
- **Flip** : Win or Spirit + Egg yolk(노른자) + Syrup or Sugar
- **Rickey** : Spirit + Lime + Soda Water

29 「단맛」이라는 의미의 프랑스어는?

① Trocken
② Blanc
③ Cru
④ Doux

Tip
Trocken = Dry(독일어) / Blanc = White(프랑스)
Cru = 포도원, 포도주(프랑스)

30 다음 중 나머지 셋과 성격이 다른 것은?

| A. Cherry Brandy | B. Peach Brandy |
| C. Hennessy Brandy | D. Apricot Brandy |

① A
② B
③ C
④ D

Tip
A, B, D는 혼성주 / C는 브랜디

31 주로 일품요리를 제공하며 매출을 증대시키고, 고객의 기호와 편의를 도모하기 위해 그날의 특별요리를 제공하는 레스토랑은?

① 다이닝 룸
② 그릴
③ 카페테리아
④ 델리카트슨

Tip
- **다이닝 룸**(Dining Room) : 호텔의 식당에서 운영방침을 정해놓고 아침을 제외한 점심과 저녁으로 나누어 정해진 시간에 식사를 제공하는 식당
- **카페테리아**(cafeteria) : 손님이 스스로 음식을 받아 가는 간이 식당
- **델리카트슨**(delicatessen) : 고급 식료품 가게

32 다음 중 용량이 가장 작은 글라스는?

① Old Fashioned Glass
② Highball Glass
③ Cocktail Glass
④ Shot Glass

Tip
Shot Glass는 약 1oz(30ml)

33 빈(Bin)의 의미하는 것은?

① 프랑스산 포도주
② 주류저장소에 술병을 넣어 놓는 장소
③ 칵테일 조주 시 가장 기본이 되는 주재료
④ 글라스를 세척하여 담아 놓는 기구

📁 **Tip**
빈(Bin) : 와인 숙성고 또는 숙성통

34 바텐더가 지켜야 할 사항이 아닌 것은?

① 항상 고객의 입장에서 근무하여 고객을 공평하게 대할 것
② 업장에 손님이 없을 시에도 서비스 자세를 바르게 유지할 것
③ 고객의 취향에 맞추어 서비스 할 것
④ 고객끼리의 대화를 할 경우 적극적으로 대화에 참여 할 것

📁 **Tip**
불필요한 대화의 참여는 지양해야 한다.

35 음료를 서빙 할 때에 일반적으로 사용하는 비품이 아닌 것은?

① Napkin ② Coaster
③ Serving Tray ④ Bar Spoon

📁 **Tip**
바스푼(Bar Spoon)은 음료 조주시 사용한다.

36 조주 방법 중 「Stirring」에 대한 설명으로 옳은 것은?

① 칵테일을 차게 만들기 위해 믹싱 글라스에 얼음을 넣고 바 스푼으로 휘저어 만드는 것
② Shaking으로는 얻을 수 없는 설탕을 첨가한 차가운 칵테일을 만드는 방법
③ 칵테일을 완성시킨 후 향기를 가미 시킨 것
④ 글라스에 직접 재료를 넣어 만드는 방법

📁 **Tip**
- 셰이킹(Shaking) : 셰이커에 재료와 얼음넣고 흔들어 만드는 방법
- 빌드(Build) : 잔에 재료와 얼음을 직접 넣고 섞어 만드는 방법

37 「Squeezer」에 대한 설명으로 옳은 것은?

① Bar에서 사용하는 Measure-Cup의 일종이다.
② Mixing Glass를 대용할 때 쓴다.
③ Strainer가 없을 때 흔히 사용한다.
④ 과일즙을 낼 때 사용한다.

📁 **Tip**
레몬, 라임 등 과즙을 짤 때 사용하는 도구

38 다음 중 믹싱 글라스(Mixing Glass)를 이용하여 만든 칵테일만으로 짝지어진 것은?

① Pink Lady	② Gibson
③ Stinger	④ Manhattan
⑤ Bacardi	⑥ Dry Martini

① ①, ②, ⑤ ② ①, ④, ⑤
③ ②, ④, ⑥ ④ ①, ③, ⑥

📁 **Tip**
- Stir 기법 : Martini, Gibson, Manhattan
- Shaking 기법 : Pink Lady, Bacadi
- Build 기법 : Stinger

39 칵테일 레시피(Recipe)를 보고 알 수 없는 것은?

① 칵테일의 색깔
② 칵테일의 분량
③ 칵테일의 성분
④ 칵테일의 판매량

📁 **Tip**
칵테일 레시피를 통해 판매량을 알 수는 없다.

40 「Measure Cup」에 대한 설명 중 틀린 것은?

① 각종 주류의 용량을 측정한다.
② 윗부분은 1oz(30㎖)이다.
③ 아랫부분은 1.5oz(45㎖)이다.
④ 병마개를 감쌀 때 쓰일 수 있다.

📁 **Tip**
지거(Jigger)에 대한 설명으로 병마개를 감쌀 수는 없다.

41 재고 관리상 쓰이는 「F.I.F.O」란 용어의 뜻은?

① 정기 구입
② 선입 선출
③ 임의 불출
④ 후입 선출

📁 **Tip**
F.I.F.O = First In First Out

42 맥주의 보관·유통 시 주의할 사항이 아닌 것은?

① 심한 진동을 가하지 않는다.
② 너무 차게 하지 않는다.
③ 햇볕에 노출시키지 않는다.
④ 장기 보관 시 맥주와 공기가 접촉되게 한다.

📁 **Tip**
- 맥주는 발효주로 산소에 민감하다.
- 최대한 산소 접촉을 차단해야 한다.

43 구매된 주류에 대한 저장관리의 원칙에 해당하지 않는 것은?

① 적정 온도유지의 원칙
② 품목별 분류저장의 원칙
③ 고가위주의 저장원칙
④ 선입선출의 원칙

📁 **Tip**
주류는 가격보다는 선입선출 원칙으로 보관/관리 되어야 한다.

44 프론트 바(Front Bar)에 대한 설명으로 옳은 것은?

① 주문과 서브가 이루어지는 고객들의 이용 장소로서 일반적으로 폭 40cm, 높이 120cm가 표준이다.
② 술과 전을 전시하는 기능을 갖고 있다.
③ 술을 저장하는 창고이다.
④ 주문과 서브가 이루어지는 고객들의 이용 장소로서 일반적으로 폭 80cm, 높이 150cm가 표준이다.

📁 **Tip**
프론트바 : 고객을 직접 상대하며 칵테일을 조주하는 공간이다.

45 와인과 음식과의 조화가 제대로 이루어지지 않은 것은?

① 식전 - Dry Sherry Wine
② 식후 - Port Wine
③ 생선 - Sweet Wine
④ 육류 - Red Wine

Tip
생선과는 화이트와인(White Wine)이 어울린다.

46 계란, 설탕 등의 부재료가 사용되는 칵테일을 혼합할 때 사용하는 기구는?

① Shaker
② Mixing Glass
③ Strainer
④ Muddler

Tip
계란, 설탕 등 잘 섞이지 않은 재료는 셰이킹 기법으로 재료를 혼합한다.

47 「Bock Beer」에 대한 설명으로 옳은 것은?

① 알코올 도수가 높은 흑맥주
② 알코올 도수가 낮은 담색 맥주
③ 이탈리아산 고급 흑맥주
④ 제조 12시간 내의 생맥주

Tip
저온발효(하면발효) 맥주로 독일에서 만드는 흑맥주이다.

48 다음 중 백포도주의 보관온도로 가장 적합한 것은?

① 14~18℃
② 12~16℃
③ 8~10℃
④ 5~6℃

Tip
화이트와인 7~10℃ / 레드와인(Young) 12~14℃ / 숙성 와인 15~19℃

49 애플 마티니(Apple Martini) 칵테일 원가비율을 20%에 맞추어 판매하고자 할 때, 재료비가 1,500원이라면 판매가는?

① 7,500원
② 8,500원
③ 9,000원
④ 10,000원

Tip
판매가 = 재료원가 / 평균원가율
1,500원 / 0.2(20%) = 7,500원

50 와인(Wine)을 오픈(Open)할 때 사용하는 기물로 적당한 것은?

① Corkscrew
② White Napkin
③ Ice Tongs
④ Wine Basket

Tip
와인 코르크를 제거하는 도구는 코르크 스크류(Corkscrew)이다.

51. As a rule, the dry wine is served ( ).

① in the meat course
② in the fish course
③ before dinner
④ after dinner

Tip
드라이 와인은 식전주(before dinner)로 좋다.

52. Which of the following is not correct in the blank?

As a barman, you would suggest guest to have one more drink. Say : (   )

① The same again, sir?
② One for the road?
③ I have another waiting on ice for you.
④ Cheers, sir!

Tip
바텐더가 고객에서 추가 주문을 물어보는 질문으로 옳지 않은 것은? : Cheers. Sir 는 건배할 때 하는 말

53. 아래는 무엇에 대한 설명인가?

A fortified yellow or brown wine of Spanish origin with a distinctive nutty flavor.

① Sherry
② Rum
③ Vodka
④ Blood Mary

Tip
스페인의 주정강화 와인을 찾는 문제이다.

54. 다음은 어떤 술에 대한 설명인가?

It was created over 300years ago by a Dutch chemist named Dr, Franciscus Sylvius.

① Gin
② Rum
③ Vodka
④ Tequila

Tip
Dr. Franciscus Sylvius 가 만든 증류주는 진(Gin)이다.

55. Which of the following is made from grape?

① Calvados
② Rum
③ Gin
④ Brandy

Tip
포도(grape)로 만든 술은? :
Calvados(사과) / Rum(사탕수수) / Gin(주니퍼베리 침출)

56. 「실례했습니다」의 표현과 거리가 먼 것은?

① I'm Sorry to have disturbed you.
② I'm Sorry to have troubled you.
③ I hope I didn't disturb you.
④ I'm sorry I didn't interrupt you

Tip
④ 당신을 방해하지 않겠습니다.

57 「Bring us (　　) round of beer.」에서 (　　)에 알맞은 것은?

① each
② another
③ every
④ all

📁 **Tip**
해석 : 맥주 한잔 더 가져다 주세요.
다른(another)

58 「우리 호텔을 떠나십니까?」의 표현은?

① Do you start our hotel?
② Are you leave our hotel?
③ Are you leaving our hotel?
④ Do you go our hotel?

📁 **Tip**
leave(떠나다), 여기서는 현재진행형(Be + -ing)형태로 사용

59 Which one is the most famous herb liqueur?

① Baileys Irish cream
② Benedictine D.O.M
③ Cream de cacao
④ Aquavit

📁 **Tip**
가장 유명한 허브 리큐르를 찾은 문제로, 스카치 위스키와 꿀, 허브로 만든 리큐르인 Benedictine D.O.M이 정답이다.

60 다른 보기들과 의미가 다른 것은?

A. May I take your order?
B. Are you ready to order?
C. What would you like Sir?
D. How would you like, Sir?

① A
② B
③ C
④ D

📁 **Tip**
• A,B,C는 주문 준비가 되었는지 묻는 말이다.
• D. 주문한 것에 대한 선호도 혹은 방식을 묻는 말이다.
　예) 고기굽기 등

정답

01	④	02	①	03	③	04	①	05	②
06	④	07	②	08	②	09	③	10	②
11	④	12	①	13	④	14	③	15	①
16	③	17	①	18	④	19	④	20	④
21	④	22	③	23	②	24	②	25	④
26	③	27	④	28	①	29	④	30	③
31	②	32	④	33	②	34	④	35	④
36	①	37	④	38	③	39	④	40	④
41	②	42	④	43	③	44	①	45	③
46	①	47	①	48	③	49	①	50	①
51	③	52	④	53	①	54	①	55	④
56	④	57	②	58	③	59	②	60	④

2012년 2회 필기 기출

01 보졸레 누보 양조 과정의 특징이 아닌 것은?

① 기계 수확을 한다.
② 열매를 분리하지 않고 송이채 밀폐된 탱크에 집어넣는다.
③ 발효 중 CO_2의 영향을 받아 산도가 낮은 와인이 만들어진다.
④ 오랜 숙성 기간 없이 출하한다.

> **Tip**
> - 프랑스 부르고뉴의 보졸레(Beaujolais) 지방에서 가메이(Gamey) 품종으로 생산된 누보 와인. 누보 와인은 그 해에 수확한 포도로 만들어 가장 처음 생산해서 마시는 햇 와인을 의미.
> - 보졸레 지방의 포도는 항상 손으로 수확한다.

02 텀블러 글라스에 Dry Gin 1oz, Lime Juice 1/2oz, 그리고 Soda Water로 채우고 레몬슬라이스로 장식하여 제공되는 칵테일은?

① Gin Fizz   ② Gimlet
③ Gin Rickey   ④ Gibson

> **Tip**
> 진(Gin)+라임(Lime)+탄산수(Soda Water)가 들어가고 빌드(Build)기법으로 만들어진 칵테일은 진 리키(Gin Rickey)이다.

03 다음 중 양조주에 해당하는 것은?

① 청주(淸酒)   ② 럼주(Rum)
③ 소주(Soju)   ④ 리큐르(Liqueur)

> **Tip**
> - 양조주(발효주) : 막걸리, 맥주, 와인, 청주 등
> - 증류주 : 진, 럼, 보드카, 위스키, 브랜디, 데킬라 등
> - 혼성주 : 리큐르 등

04 Irish Whiskey에 대한 설명으로 틀린 것은?

① 깊고 진한 맛과 향을 지닌 몰트위스키도 포함된다.
② 피트 훈연을 하지 않아 향이 깨끗하고 맛이 부드럽다.
③ 스카치위스키와 제조과정이 동일하다.
④ John Jameson, Old Bushmills가 대표적이다.

> **Tip**
> - Irish Whiskey : 단식증류 3회
> - Scotch Whisky : 단식증류 2회

05 다음 칵테일 중 Mixing Glass를 사용하지 않는 것은?

① Martini   ② Gin Fizz
③ Gibson   ④ Rob Roy

> **Tip**
> - Stir 기법 : Martini, Gibson, Rob Roy
> - Gin Fizz : Shaking+Build 기법

06 다음 중 Rum의 원산지는?
① 러시아　② 카리브해 서인도제도
③ 북미지역　④ 아프리카지역

Tip
럼(Rum)은 카리브해 서인도제도에서 생산된다. 바베이도스, 쿠바, 푸에르토리코, 자메이카 등에서 생산된다.

07 화이트 포도 품종인 샤르도네만을 사용하여 만드는 샴페인은?
① Blanc de Noirs　② Blanc de Blanc
③ Asti Spumante　④ Beaujolais

Tip
블랑(Blanc)은 프랑스어로 흰색을 의미하고, 샤르도네만 사용한 샴페인은 블랑 드 블랑이라고 한다.

08 다음 중 칵테일 조주에 필요한 기구로 가장 거리가 먼 것은?
① Jigger　② Shaker
③ Ice Equipment　④ Straw

Tip
빨대(Straw)는 칵테일 조주시 필요하지 않다.

09 다음 중 연결이 틀린 것은?
① 1Quart - 32oz　② 1Quart - 944㎖
③ 1Quart - 1/4Gallon　④ 1Quart - 25Pony

Tip
1Quart = 1/4Gallon = 2Pint = 32oz = 960ml

10 Sparkling Wine과 관련이 없는 것은?
① Champagne　② Sekt
③ Cremant　④ Armagnac

Tip
Armagnac : 프랑스 아르마냑 지방의 브랜디
Champagne, Cremant(프랑스 스파클링 와인)
Sekt(독일 스파클링 와인)

11 와인의 등급을 「AOC, VDQS, Vins De Pay, Vins De Table」로 구분하는 나라는?
① 이탈리아　② 스페인
③ 독일　④ 프랑스

Tip
- 이탈리아 : DOCG, DOC, IGT, VDT
- 독일 : QMP, QBA, Landwein, Tafelwein

12 음료에 대한 설명이 잘못된 것은?
① 콜린스 믹스(Collins Mixer)는 레몬주스와 설탕을 주원료로 만든 착향 탄산음료이다.
② 토닉워터(Tonic Water)는 키니네(Quinine)를 함유하고 있다.
③ 코코아(Cocoa)는 코코넛(Coconut) 열매를 가공하여 가루로 만든 것이다.
④ 콜라(Coke)는 콜라닌과 카페인을 함유하고 있다.

Tip
코코아는 카카오콩을 가공한 것

13. 다음 중 가장 많은 재료를 넣어 셰이킹 하는 칵테일은?

① Manhattan
② Apple Martini
③ Gibson
④ Pink Lady

Tip
- Manhattan : 아메리칸 위스키 1.5oz + 스위트 베르뭇 0.75oz + 앙고스투라 비터스 1dash
- Apple Martini : 보드카 1oz + 애플푸커 1oz + 라임주스 0.5oz
- Gibson : 드라이진 1.5oz + 드라이베르뭇 3/4oz
- Pink Lady : 드라이진 1oz + 우유 1oz + 그라나딘 시럽 1t + 계란흰자 1개

14. 다음에서 말하는 물을 의미하는 것은?

> 우리나라 고유의 술은 곡물과 누룩도 좋아야 하지만 특히 물이 좋아야 한다. 옛부터 만물이 잠든 자정에 모든 오물이 다 가라앉은 맑고 깨끗한 물을 길어 술을 담갔다고 한다.

① 우물물
② 광천수
③ 암반수
④ 정화수

Tip
모든 오물이 가라 앉은 깨끗한 물은 정화수를 의미한다.

15. 샴페인의 「Extra Dry」라는 문구는 잔여 당분의 함량을 가리키는 표현이다. 이 문구를 삽입하고자 할 때 병에 함유된 잔여 당분의 정도는?

① 0~6g/ℓ
② 6~12g/ℓ
③ 12~20g/ℓ
④ 20~50g/ℓ

Tip
- 브뤼(Brut) : Very Dry 당분함유량 15g/L 이하 0~1%
- 엑스트라 섹(Extra Sec) : Dry 당분함유량 12~20g/L 1~2%
- 섹(Sec) : Medium Dry 당분함유량 17~35g/L 36%
- 드미 섹(Demi Sec) : Sweet 당분함유량 33~50g/L 5~10%
- 듀(Doux) : Very Sweet 50g/L 이하 10~15%

16. 다음 중 꼬냑(Cognac)의 증류가 끝나도록 규정된 때는?

① 12월 31일
② 2월 1일
③ 3월 31일
④ 5월 1일

Tip
꼬냑은 법으로 3월 31일 이내에 증류가 끝나야한다.

17. 80 proof는 알코올 도수(%)로 얼마인가?

① 10%
② 20%
③ 30%
④ 40%

Tip
Proof 단위/2 = 알코올 도수(%)

18. 혼성주의 제조 방법이 아닌 것은?

① 양조법(Fermentation)
② 증류법(Distillation)
③ 침출법(Infusion)
④ 에센스 추출법(Essence)

Tip
양조법은 발효주(양조주)를 생산하는 방식이다.

19. 조주기법(Cocktail Technique)에 관한 사항에 해당하지 않는 것은?

① Stirring
② Distilling
③ Straining
④ Chilling

Tip
증류(Distilling)은 증류주를 만드는 방법이다.

20 포트와인 양조 시 전통적으로 포도의 색과 탄닌을 빨리 추출하기 위해 포도를 넣고 발로 밟는 화강암 통은?

① 라가르(Lagar)
② 마세라시옹(Maceration)
③ 찹탈리제이션(Chaptalisation)
④ 캐스크(Cask)

> **Tip**
> 라그르(Lagar)는 포트와인을 생산할 때 포도를 넣어 발효시키는 통으로 화강암, 콘크리트, 스테인리스 등으로 만들어진다.
> - **마세라시옹**(=침용) : 포도껍질, 씨, 즙을 함께 넣고 맛, 향, 색을 추출하는 과정
> - **탈리제이션**(=보당) : 발효중간에 당분을 추가하는 과정으로 당도를 높이기 위한 것이 아닌, 알코올 도수를 높이기 위한 과정이다.
> - **캐스트** : 오크통

21 와인생산지역 중 나머지 셋과 기후가 다른 지역은?

㉠ 지중해 지역
㉡ 캘리포니아 지역
㉢ 남아프리카공화국 남서부 지역
㉣ 아르헨티나 멘도자(Mendoza) 지역

① ㉠
② ㉡
③ ㉢
④ ㉣

> **Tip**
> - 아르헨티나 멘도자는 습한 여름과 건조한 겨울이다.
> - 지중해, 캘리포니아, 남아공은 고온건조한 여름, 온난다습한 겨울이다.

22 다음 중 Red Wine용 포도 품종은?

① Cabernet Sauvignon
② Chardonnay
③ Pinot Blanc
④ Sauvignon Blanc

> **Tip**
> 레드와인 품종 : 카베르네 소비뇽, 메를로, 피노 누아, 쉬라즈 등이 있다.

23 프로스팅(Frosting)기법이 사용되지 않는 칵테일은?

① Margarita
② Kiss of Fire
③ Harvey Wallbanger
④ Irish Coffee

> **Tip**
> Margarita(Salt) / Kiss of Fire, Irish Coffee(Sugar)

24 Sidecar 칵테일을 만들 때 재료로 적당하지 않은 것은?

① Tequila
② Brandy
③ White Curacao
④ Lemon Juice

> **Tip**
> 사이드카 재료 : 브랜디, 화이트 큐라소(트리플섹 or 코앵트로), 레몬 주스

25 지봉유설에 전해오는 것으로 이것을 마시면 불로장생한다 하여 장수주로 유명하며, 주로 찹쌀과 구기자, 고유약초로 만들어진 우리나라 고유의 술은?

① 두견주
② 백세주
③ 문배주
④ 이강주

> **Tip**
> 장수를 기원하는 술은 백세주이다.

26 다음 중 Sugar Frost로 만드는 칵테일은?

① Rob Roy
② Kiss of Fire
③ Margarita
④ Angel's Tip

> **Tip**
> - Kiss of Fire, 설탕
> - Margarita, 소금

27 칵테일 조주 시 셰이킹(Shaking) 기법을 사용하는 재료로 가장 거리가 먼 것은?

① 우유나 크림
② 꿀이나 설탕시럽
③ 증류주와 소다수
④ 증류주와 계란

> **Tip**
> 소다수처럼 탄산이 있는 재료는 셰이킹 재료로 부적절하다.

28 다음 중에서 이탈리아 와인 키안티 클라시코(Chianti Classico)와 관계가 가장 먼 것은?

① Gallo Nero
② Piasco
③ Raffia
④ Barbaresco

> **Tip**
> Barbaresco는 이탈리아 북서부 피에몬테 지역의 장기숙성이 가능한 레드와인이다.
> - **키안티 클라시코** : 이탈리아 키안티 지역 내에서 DOCG 등급을 받은 생산지이다. 로고는 수탉을 사용한다.
> - **Gallo Nero** : 검은 수탉, 로고로 사용됨
> - **Piasco**(Fiasco) : 호리병 형태의 짚으로 감싼 와인병
> - **Raffia** : 와인병을 감싸는 짚으로 야자수 잎으로 만들어진다.

29 혼성주 특유의 향과 맛을 이루는 재료가 아닌 것은?

① 과일
② 꽃
③ 천연향료
④ 곡물

> **Tip**
> 곡물은 혼성주의 향과 맛을 이루는 재료로 사용되지 않는다.

30 혼성주(Compounded Liquor) 종류에 대한 설명이 틀린 것은?

① 아드보가트(Advocaat)는 브랜디에 계란노른자와 설탕을 혼합하여 만들었다.
② 드람브이(Drambuie)는 「사람을 만족시키는 음료」라는 뜻을 가지고 있다.
③ 아르마냑(Armagnac)은 체리향을 혼합하여 만든 술이다.
④ 깔루아(Khalua)는 증류주에 커피를 혼합하여 만든 술이다.

> **Tip**
> 아르마냑은 프랑스 아르마냑 지방의 포도 브랜디

31 칵테일 글라스의 부위명칭으로 틀린 것은?

① ㉠ - Rim
② ㉡ - Face
③ ㉢ - Body
④ ㉣ - Bottom

> **Tip**
> ③ Stem이라고 부른다.

32 보조 웨이터의 설명으로 틀린 것은?
① Assistant Waiter라고도 한다.
② 직무는 캡틴이나 웨이터의 지시에 따른다.
③ 기물의 철거 및 교체, 테이블 정리·정돈을 한다.
④ 재고조사(Inventory)를 담당한다.

> **Tip**
> 재고조사는 헤드바텐더가 보통 진행한다.

33 다음 중 숙성기간이 가장 긴 브랜디의 표기는?
① 3 Star
② V·S·O·P
③ V·S·O
④ X·O

> **Tip**
> 3 star : 5년 / V.S.O : 15~25년 / V.S.O.P : 25~30년 / X.O : 45년 이상

34 Liqueur Glass의 다른 명칭은?
① Shot Glass
② Cordial Glass
③ Sour Glass
④ Goblet

> **Tip**
> Liqueur Glass 또는 Cordial Glass라고 부른다.

35 주장 경영에 있어서 프라임 코스트(Prime Cost)는?
① 감가상각과 이자율
② 식음료 재료비와 인건비
③ 임대비 등의 부동산 관련 비용
④ 초과근무수당

> **Tip**
> 프라임 코스트는 주원가로 식음료재료비와 인건비를 합한 비용이다.

36 바(Bar)의 종류에 의한 분류에 해당하지 않는 것은?
① Jazz Bar
② Back Bar
③ Western Bar
④ Wine Bar

> **Tip**
> 백바는 주장 시설로, BAR의 뒷 부분을 말한다.

37 다음 중 Aperitif의 특징이 아닌 것은?
① 식욕촉진용으로 사용되는 음료이다.
② 라틴어 Aperire(Open)에서 유래되었다.
③ 약초계를 많이 사용하기 때문에 씁쓸한 향을 지니고 있다.
④ 당분이 많이 함유된 단맛이 있는 술이다.

> **Tip**
> Aperitif는 식전주로 단맛이 적은 특징을 갖고 있다.

38 셰이커(Shaker)를 이용하여 만든 칵테일을 짝 지은 것으로 올바른 것은?

① Pink Lady	② Olympic
③ Stinger	④ Seabreeze
⑤ Bacardi	⑥ Kir

① ①, ②, ⑤
② ①, ④, ⑤
③ ②, ④, ⑥
④ ①, ②, ⑥

📁 **Tip**
- Stinger, 셰이킹(Shaking)
- Seebreeze, 빌드기법(Build)
- Kir, 빌드기법(Build)

39 다음 중 Angel's Kiss를 만들 때 사용하는 것은?

① Shaker
② Mixing Glass
③ Blender
④ Bar Spoon

📁 **Tip**
Angel's Kiss 제조법은 빌드기법으로 Bar Spoon을 이용

40 Port Wine을 가장 옳게 표현한 것은?

① 항구에서 막노동을 하는 선원들이 즐겨 찾던 적포도주
② 적포도주의 총칭
③ 스페인에서 생산되는 식탁용 드라이(Dry) 포도주
④ 포르투갈에서 생산되는 감미(Sweet) 포도주

📁 **Tip**
포르투갈 주정강화와인으로 단맛이 강해 식후주로 마신다.

41 생맥주의 취급의 기본원칙 중 틀린 것은?

① 적정온도준수
② 후입선출
③ 적정압력유지
④ 청결유지

📁 **Tip**
생맥주는 선입선출(F.I.F.O)으로 관리된다.

42 「Corkage Charge」의 의미는?

① 고객이 다른 곳에서 구입한 주류를 바(Bar)에 가져 와서 마실 때 부과되는 요금
② 고객이 술을 보관할 때 지불하는 보관 요금
③ 고객이 Battle 주문 시 따라 나오는 Soft Drink의 요금
④ 적극적인 고객 유치를 위한 판촉비용

📁 **Tip**
보통 매장에서 팔지 않은 술을 가지고와 마실 경우 콜키지 차지 비용을 내고 마실 수 있다.

43 주류의 용량을 측정하기 위한 기구는?

① Jigger Glass
② Mixing Glass
③ Straw
④ Decanter

📁 **Tip**
지거는 용량을 계량하는 도구로 보통 30ml, 45ml를 계량할 수 있게 되어 있다.

44 잔(Glass) 가장자리에 소금, 설탕을 묻힐 때 빠르고 간편하게 사용 할 수 있는 칵테일 기구는?

① 글라스 리머(Glass Rimmer)
② 디켄터(Decanter)
③ 푸어러(Pourer)
④ 코스터(Coaster)

> **Tip**
> 칵테일 잔 가장자리에 소금 또는 설탕을 묻히는 기법을 리밍(Rimming)이라고 하며 글라스 리머를 사용하면 편하다.

45 글라스(Glass)의 위생적인 취급방법으로 옳지 못한 것은?

① Glass는 불쾌한 냄새나 기름기가 없고 환기가 잘 되는 곳에 보관해야 한다.
② Glass는 비눗물에 닦고 뜨거운 물과 맑은 물에 헹궈 그대로 사용하면 된다.
③ Glass를 차갑게 할 때는 냄새가 전혀 없는 냉장고에서 Frosting 시킨다.
④ 얼음으로 Frosting 시킬 때는 냄새가 없는 얼음인지를 반드시 확인해야 한다.

> **Tip**
> 비눗물을 사용하면 잔 안에 향이 남을 수 있어 중성세제를 사용한다.

46 칵테일에서 사용되는 청량음료로 Quinine, Lemon 등 여러 가지 향료 식물로 만든 것은?

① Soda Water
② Ginger Ale
③ Collins Mixer
④ Tonic Water

> **Tip**
> 토닉워터에는 퀴닌(Quinine)을 첨가한다.

47 와인의 적정온도 유지의 원칙으로 옳지 않은 것은?

① 보관 장소는 햇빛이 들지 않고 서늘하며, 습기가 없는 곳이 좋다.
② 연중 급격한 온도변화가 없는 곳이어야 한다.
③ 와인에 전해지는 충격이나 진동이 없는 곳이 좋다.
④ 코르크가 젖어 있도록 병을 눕혀서 보관해야 한다.

> **Tip**
> 와인은 적절한 습도가 유지되어야 한다.(60%~80%)

48 칵테일에 관련된 각 용어의 설명이 틀린 것은?

① Cocktail Pick - 장식에 사용하는 핀
② Peel - 과일 껍질
③ Decanter - 신맛이라는 뜻
④ Fix - 약간 달고, 맛이 강한 칵테일의 종류

> **Tip**
> Decanter는 와인을 디캔팅할 때 사용하는 투명한 유리나 크리스털 용기이다.

49 마티니(Martini)를 만들 때 사용하는 칵테일 기구로 적합하지 않은 것은?

① 믹싱글라스(Mixing Glass)
② 바 스트레이너(Bar Strainer)
③ 바 스푼(Bar Spoon)
④ 셰이커(Shaker)

> **Tip**
> 마티니는 스터기법(Stir)기법으로 셰이커가 사용되지 않는다.

50 Dry Martini의 레시피가 「Gin 2 oz, Dry Vermouth 1/4 oz, Olive 1개」이며 판매가가 10,000원이다. 재료별 가격이 다음과 같을 때 원가율은?

- Dry Gin 20,000원/병(25 oz)
- Olive 100원/개당
- Dry Vermouth 10,000원/병(25 oz)

① 10% ② 12%
③ 15% ④ 18%

📂 **Tip**
- 진 2oz 재료비 : 20,000/25 × 2 = 1,600원
- 베르뭇 1/4oz 재료비 : 10,000/25/4 = 100원
- 올리브 : 100원
- 총 재료비 : 1,600 + 100 + 100 = 1,800
- 원가율 : 총 재료비/판매가 × 100 = 18%

51 Which is not one of four famous Whiskies in the world?

① Canadian Whisky ② Scotch Whisky
③ American Whisky ④ Japanese Whisky

📂 **Tip**
세계 4대 위스키는 스코틀랜드, 아일랜드, 미국, 캐나다 위스키이고 일본 위스키는 5번째에 포함된다.

52 다음 (   )에 들어갈 알맞은 것은?

What is an air conditioner?
An air conditioner is (   ) controls the temperature in a room.

① this ② what
③ which ④ something

📂 **Tip**
관계대명사 what으로 사용된다.

53 다음 중 의미가 다른 하나는?

① It's my treat this time.
② I'll pick up the tab.
③ Let's go Dutch.
④ It's on me.

📂 **Tip**
①, ②, ④은 내가 지불하겠다는 의미 / ③ 따로 지불하자

54 What is a Sommelier?

① Bartender ② Wine Steward
③ Pub Owner ④ Waiter

📂 **Tip**
소믈리에는 와인전문가이다.

55 다음 (   ) 안에 들어갈 단어로 알맞은 것은?

It is also a part of your job to make polite and friendly small talk with customers to (   ) them feel at home.

① doing ② takes
③ gives ④ make

📂 **Tip**
Make them feel at home, 그들이 집에 있는 것처럼 편안함을 느낄 수 있게

56 다음 (   )에 들어갈 단어로 알맞은 것은?

(   ) goes well with dessert.

① Ice Wine ② Red Wine
③ Vermouth ④ Dry Sherry

> **Tip**
> Ice Wine 은 달콤해서 디저트 와인으로 유명하다.

57 다음 (   )에 들어갈 단어로 알맞은 것은?

( ) is the conversion of sugar contained in the mash or must into ethyl alcohol.

① distillation ② fermentation
③ infusion   ④ decanting

> **Tip**
> 당이 알코올로 변환되는 과정은 발효(fermentation)이다.

58 다음 (   )에 들어갈 단어로 알맞은 것은?

G1: This is the bar I told you about.
G2: Hmm... looks (   ) a very nice one.
W: What kind of drink would you like?
G1: Let's see, Scotch (   ) the rocks, a double.

① be, over   ② liking, off
③ like, on   ④ alike, off

> **Tip**
> • Look like, ~할 것 같다.
> • On the Rocks, 위스키를 얼음 잔에 넣어 마시는 방식

59 Which of the following is not distilled liquor?

① Vodka   ② Gin
③ Calvados ④ Pulque

> **Tip**
> 증류주가 아닌 것은? :
> 풀케(Pulque)는 용설란(Agave)를 발효한 발효주이다.

60 아래의 Guest(G)와 Receptionist(R)의 대화에서 (   ) 안에 들어갈 단어로 알맞은 것은?

G: Is there a swimming pool in this hotel?
R: Yes, there is. It is (A) the 4th floor.
G: What time does it open in the morning?
R: It opens (B) morning at 6 A.M.

① A : at, B : each
② A : on, B : every
③ A : to, B : at
④ A : by, B : in

> **Tip**
> On, ~위에 / every, 매일

정답

01	①	02	③	03	①	04	③	05	②
06	②	07	②	08	④	09	④	10	④
11	④	12	③	13	④	14	④	15	③
16	③	17	④	18	①	19	②	20	①
21	④	22	①	23	③	24	①	25	②
26	②	27	③	28	④	29	④	30	③
31	③	32	④	33	④	34	②	35	②
36	②	37	④	38	①	39	④	40	④
41	②	42	①	43	①	44	①	45	②
46	④	47	①	48	③	49	④	50	④
51	④	52	②	53	③	54	②	55	④
56	①	57	②	58	③	59	④	60	②

2012년 3회 필기 기출

01 곡류를 원료로 만드는 술의 제조시 당화과정에 필요한 것은?

① Ethyl Alcohol   ② CO$_2$
③ Yeast   ④ Diastase

> **Tip**
> 전분을 당으로 분해하기 위해서는 전분당화효소인 다이아스타제가 필요하다.

02 데킬라에 오렌지 주스를 배합한 후 붉은색 시럽을 뿌려서 모양이 마치 일출의 장관을 연출케 하는 환희의 칵테일은?

① Stinger   ② Tequila Sunrise
③ Screw Driver   ④ Pink Lady

> **Tip**
> 데킬라 선라이즈 = 데킬라 + 오렌지주스 + 그라나딘 시럽 / 빌드기법

03 과일이나 곡류를 발효시킨 주정을 기초로 증류한 스피릿(Spirits)에 감미를 더하고 천연향미를 첨가한 것은?

① 양조주(Fermented Liquor)
② 증류주(Distilled Liquor)
③ 혼성주(Liqueur)
④ 아쿠아비트(Akvavit)

> **Tip**
> 혼성주는 증류주에 당분과 향, 맛을 첨가한 술이다.

04 커피의 맛과 향을 결정하는 중요한 가공요소가 아닌 것은?

① Roasting   ② Blending
③ Grinding   ④ Weathering

> **Tip**
> 커피의 맛과 향을 결정요소는 로스팅, 블렌딩, 그라인딩이다.

05 보드카(Vodka)에 대한 설명 중 틀린 것은?

① 슬라브 민족의 국민주라고 할 수 있을 정도로 애음되는 술이다.
② 사탕수수를 주원료로 사용한다.
③ 무색(Colorless), 무미(Tasteless), 무취(Odorless)이다.
④ 자작나무 활성탄과 모래를 통과 시켜 여과한 술이다.

> **Tip**
> 사탕수수가 주원료인 증류주는 럼이다.

06 다음 중 용량이 가장 큰 계량 단위는?

① 1 Teaspoon   ② 1 Pint
③ 1 Split   ④ 1 Dash

> **Tip**
> 1Pint(8oz) > 1 Split(6oz) > 1Teaspoon(1/8oz) > 1Dash(1/32oz)

07 칵테일 장식에 사용되는 올리브(Olive)에 대한 설명으로 틀린 것은?

① 칵테일용과 식용이 있다.
② 마티니의 맛을 한껏 더해 준다.
③ 스터프트 올리브(Stuffed Olive)는 칵테일용이다.
④ 롭 로이 칵테일에 장식되며 절여서 사용한다.

> **Tip**
> 롭 로이의 장식은 레드 체리이다.

08 다음 중 혼성주의 제조방법이 아닌 것은?

① 샤르마법(Charmat Process)
② 증류법(Distilled Process)
③ 침출법(Infusion Process)
④ 배합법(Essence Process)

> **Tip**
> 샤르마법은 스파클링 와인을 대량생산하는 방법으로 커다란 탱크에서 발효한 뒤 나중에 압력을 가해 병입하는 방법이다.

09 프랑스에서 가장 오래된 혼성주 중의 하나로 호박색을 띠고 '최대 최선의 신에게'라는 뜻을 가지고 있는 것은?

① 압생트(Absente)
② 아쿠아비트(Akvavit)
③ 캄파리(Campari)
④ 베네딕틴 디오엠(Benedictine D.O.M)

> **Tip**
> Deo Optimo Maximo, 최대 최선의 신에게

10 흑맥주가 아닌 것은?

① Stout Beer
② Munchener Beer
③ Kolsch Beer
④ Porter Beer

> **Tip**
> Kolsch Beer는 독일 쾰른지방의 맥주이다.

11 다음 중 그레나딘(Grenadine)이 필요한 칵테일은?

① 위스키 사워(Sour)
② 바카디(Bacardi)
③ 카루소(Caruso)
④ 마가리타(Margarta)

> **Tip**
> 바카디 = 럼 + 라임주스 + 그라나딘 시럽

12 스파클링 와인에 해당되지 않는 것은?

① Champagne
② Cremant
③ Vin doux naturel
④ Spumante

> **Tip**
> • Champagne : 프랑스 샹파뉴 지방 스파클링 와인
> • Cremant : 프랑스 샹파뉴 지방 이외의 지역 스파클링 와인
> • Spumante : 이탈리아 스파클링 와인
> • Vin doux naturel : 프랑스 알코올 강화와인

13 수분과 이산화탄소로만 구성되어 식욕을 돋우는 효과가 있는 음료는?

① Mineral Water
② Soda Water
③ Plain Water
④ Cider

> **Tip**
> 탄산수(Soda Water) = 물 + 이산화탄소

14 정찬코스에서 hors-d'oeuvre 또는 Soup 대신에 마시는 우아하고 자양분이 많은 칵테일은?

① after dinner Cocktail
② Before dinner Cocktail
③ Club Cocktail
④ Night cap Cocktail

📁 **Tip**
- hors-d'oeuvre : 프랑스어로 전채요리를 의미한다. (=애피타이저)
- Club Cocktail은 정찬 코스에 오르되브르나 스프 대신 나오는 자극성이 강한 칵테일이다.

15 다음 중 뜨거운 칵테일은?

① 아이리쉬 커피
② 싱가폴 슬링
③ 핑크레이디
④ 피나 콜라다

📁 **Tip**
아이리쉬 커피는 뜨거운 커피가 들어간 칵테일이다.

16 알코올성 음료 중 성질이 다른 하나는?

① Kahlua
② Tia Maria
③ Vodka
④ Anisette

📁 **Tip**
- 깔루아, 티아마리아, 압생트 = 혼성주
- 보드카 = 증류주

17 에일(Ale)이란 음료는?

① 와인의 일종이다.
② 증류주의 일종이다.
③ 맥주의 일종이다.
④ 혼성주의 일종이다.

📁 **Tip**
맥주의 종류로 15~24도에서 발효시킨 바디감 있고 과일향이 나는 맥주이다.

18 다음 중 오드비(Eau de vie)가 아닌 것은?

① Kirsch
② Apricots
③ Framboise
④ Amaretto

📁 **Tip**
오드비는 생명수라는 의미로 Brandy, Marc, Grape 등을 의미한다.
- 키르슈(체리 브랜디), 애프리콧(살구 브랜디), 프람부아즈(라즈베리 브랜디)
- 아마레또(아몬드 향 혼성주)

19 보르도(Bordeaux)지역에서 재배되는 레드와인용 품종이 아닌 것은?

① 메를로(Merlot)
② 뮈스까델(Muscadelle)
③ 까베르네 쇼비뇽(Cabernet Sauvignon)
④ 까베르네 프랑(Cabernet Franc)

📁 **Tip**
뮈스까델은 보르도와 도르도뉴 지방의 청포도 품종이다.

20 맨하탄(Manhattan) 칵테일을 담아 제공하는 글라스로 가장 적합한 것은?

① 샴페인 글라스(Champagne glass)
② 칵테일 글라스(Cocktail glass)
③ 하이볼 글라스(Highball glass)
④ 온더락 글라스(On the rock glass)

> **Tip**
> 맨하탄은 숏 드링크로 칵테일 글라스를 사용한다.

21 포트와인(Port Wine)이란?

① 포르투갈산 강화주
② 포도주의 총칭
③ 캘리포니아산 적포도주
④ 호주산 적포도주

> **Tip**
> 포트와인은 포루투갈에서 만든 주정강화 와인으로 단맛이 강해 식후주로 사용된다.

22 세계 4대 위스키에 속하지 않는 것은?

① Scotch Whisky   ② American Whiskey
③ Canadian Whisky ④ Japanese Whisky

> **Tip**
> 세계 4대 위스키 : 스카치, 아이리쉬, 아메리칸, 캐나디안

23 칵테일 도량용어로 1 Finger에 가장 가까운 양은?

① 30㎖ 정도의 양   ② 1병(Bottle)만큼의 양
③ 1 대시(Dash)의 양 ④ 1컵(Cup)의 양

> **Tip**
> 1Finger = 1oz = 1Jigger = 30ml

24 진(Gin)에 다음 어느 것을 혼합해야 Gin Rickey가 되는가?

① 소다수(Soda Water) ② 진저엘(Ginger Ale)
③ 콜라(Cola)   ④ 사이다(Cider)

> **Tip**
> 진리키=진+라임+소다수

25 Gibson에 대한 설명으로 틀린 것은?

① 알코올 도수는 약 36도에 해당한다.
② 베이스는 Gin이다.
③ 칵테일 어니언(Onion)으로 장식한다.
④ 기법은 Shaking이다.

> **Tip**
> 깁슨 칵테일은 스터기법(Stir)으로 만든다.

26 우리나라 민속주에 대한 설명으로 틀린 것은?

① 탁주류, 약주류, 소수류 등 다양한 민속주가 생산된다.
② 쌀 등 곡물을 주원료로 사용하는 민속주가 많다.
③ 삼국시대부터 증류주가 제조되었다.
④ 발효제로는 누룩만을 사용하여 제조하고 있다.

Tip
우리나라에 증류주가 들어온 시기는 고려시대로 추정하고 있고 아라비아어로 아락(Arag)으로 불렸다.

27 와인의 용량 중 1.5L 사이즈는?

① 발따자르(Balthazer) ② 드미(Demi)
③ 매그넘(Magnum) ④ 제로보암(Jeroboam)

Tip
- 발따자르 : 12L, 주로 샴페인을 담음
- 드미 : '절반의'라는 의미
- 매그넘 : 1.5L / 제로보암 : 3L

28 커피의 3대 원종이 아닌 것은?

① 로부스타종 ② 아라비카종
③ 인디카종 ④ 리베리카종

Tip
커피 3대 원종은 로부스타, 아라비카, 리베리카 이다.

29 다음 중 Bourbon Whiskey는?

① Jim Beam ② Ballantine's
③ Old Bushmills ④ Cutty Sark

Tip
짐빔(버번), 발렌타인(스카치),
올드 부쉬밀(아이리쉬), 커티삭(스카치)

30 잔 주위에 설탕이나 소금 등을 묻혀서 만드는 방법은?

① Shakinf ② Building
③ Floating ④ Frosting

Tip
프로스팅(Frosting) 또는 리밍(Rimming)이라고 한다.

31 원가를 변동비와 고정비로 구분할 때 변동비에 해당하는 것은?

① 임차료 ② 직접재료비
③ 재산세 ④ 보험료

Tip
변동비 : 매출 증감에 따라 바뀌는 비용으로 재료비, 인건비, 소득세 등이 있다.

32. 발포성 와인의 서비스 방법으로 틀린 것은?

① 병을 45°로 기울인 후 세게 흔들어 거품이 충분히 나오도록 한 후 철사 열 개를 푼다.
② 와인쿨러에 물과 얼음을 넣고 발포성 와인병을 넣어 차갑게 한 다음 서브한다.
③ 서브 후 서비스 냅킨으로 병목을 닦아 술이 테이블 위로 떨어지는 것을 방지한다.
④ 거품이 너무 나오지 않게 잔의 내측 벽으로 흘리면서 잔을 채운다.

📁 **Tip**
발포성 와인은 흔들지 않고 서비스한다.

33. 믹싱 글라스(Mixing Glass)에서 만든 칵테일을 글라스에 따를 때 얼음을 걸러주는 역할을 하는 기구는?

① Ice Pick ② Ice Tong
③ Strainer ④ Squeezer

📁 **Tip**
얼음을 걸러주는 기구는 스트레이너(Strainer)이다.

34. 테이블의 분위기를 돋보이게 하거나 고객의 편의를 위해 중앙에 놓는 집기들의 배열을 무엇이라 하는가?

① Service Wagon ② Show Plate
③ B&B Plate ④ Center Piece

📁 **Tip**
센터피스(center Piece)에 대한 설명이다.

35. 바텐더(Bartender)의 수칙이 아닌 것은?

① Recipe에 의한 재료와 양을 사용한다.
② 영업 중 Bar에서 재고조사를 한다.
③ 고객과의 대화에 지장이 없도록 교양을 넓힌다.
④ 고객 한 사람마다 신경을 써서 주문에 응한다.

📁 **Tip**
재고 조사는 영업전 또는 영업이 끝난 후 실시한다.

36. Standard Recipe를 지켜야 하는 이유로 틀린 것은?

① 동일한 맛을 낼 수 있다.
② 객관성을 유지 할 수 있다.
③ 원가정책의 기초로 삼을 수 있다.
④ 다양한 맛을 낼 수 있다.

📁 **Tip**
표준 레시피를 사용하는 이유는 일정한 맛을 내기 위해서이다.

37. 레몬이나 과일 등의 가니쉬를 으깰 때 쓰는 목재로 된 기구는?

① 칵테일 픽(Cocktail Pick)
② 푸어러(Pourer)
③ 아이스 페일(Ice Pail)
④ 우드 머들러(Wood Muddler)

📁 **Tip**
우드 머들러는 라임, 레몬 등을 으깰 때 사용하는 도구이다.

38 음료가 든 잔을 서비스 할 때 틀린 사항은?

① Tray를 사용한다.　② Stem을 잡는다.
③ Rim을 잡는다.　④ Coaster를 잡는다.

> **Tip**
> Rim은 고객의 입이 닿는 부분으로 손으로 잡아서는 안 된다.

39 바에서 사용하는 House Brand의 의미는?

① 널리 알려진 술의 종류
② 지정 주문이 아닐 때 쓰는 술의 종류
③ 상품(上品)에 해당하는 술의 종류
④ 조리용으로 사용하는 술의 종류

> **Tip**
> BAR에서 기본으로 사용되는 술의 종류이다.

40 바텐더가 지켜야 할 바(Bar)에서의 예의로 가장 올바른 것은?

① 정중하게 손님을 환대하며 고객이 기분이 좋도록 Lip Service를 한다.
② 자주 오시는 손님에게는 오랜 시간 이야기 한다.
③ Second Order를 하도록 적극적으로 강요한다.
④ 고가의 품목을 적극 추천하여 손님의 입장보다 매출에 많은 신경을 쓴다.

> **Tip**
> 바텐더는 손님의 취향과 예산 맞는 적절한 추천을 해야 한다.

41 와인 서빙에 필요치 않은 것은?

① Decanter　② Cock Screw
③ Stir rod　④ Pincers

> **Tip**
> - Stir Rod, 음료를 섞어주는 도구
> - Pincers, 와인 목부분을 잡아주는 도구

42 다음은 무엇에 대한 설명인가?

> 일정 기간 동안 어떤 물품에 대한 정상적인 수요를 충족시키는데 필요한 재고량

① 기준재고량(Par Stock)
② 일일재고량
③ 월말재고량
④ 주단위 재고량

> **Tip**
> Par Stock, 최저 필수 보유 재고량

43 바(Bar) 집기 비품에 속하지 않는 것은?

① Nut Meg　② Spindle Mixer
③ Paring Knife　④ Ice Pail

> **Tip**
> Nut Meg(넛맥) 인도네시아가 원산지인 향신료로 육두구라고 부른다.

44 다음 중 Decanter와 가장 관계 있는 것은?

① Red Wine
② White Wine
③ Champagne
④ Sherry Wine

> **Tip**
> 디캔팅은 레드와인을 산소와 접촉시켜 향과 맛을 이끌어 내는 작업이다.

45 맥주의 관리방법으로 옳은 것은?

① 습도가 높은 곳에 보관한다.
② 장시간 보관·숙성시켜서 먹는 것이 좋다.
③ 냉장 보관할 필요는 없다.
④ 직사광선을 피해 그늘지고 어두운 곳에 보관하여야 한다.

> **Tip**
> 맥주는 직사광선을 피해 보관하고 선입선출 되어야한다.

46 와인의 이상적인 저장고가 갖추어야 할 조건이 아닌 것은?

① 8℃에서 14℃ 정도의 온도를 항상 유지해야 한다.
② 습도는 70~75% 정도를 항상 유지해야 한다.
③ 흔들림이 없어야 한다.
④ 통풍이 좋고 빛이 들어와야 한다.

> **Tip**
> 와인은 직사광선을 피해야한다.

47 프론트 바(Front Bar)에 대한 설명으로 옳은 것은?

① 주문과 서브가 이루어지는 고객들의 이용 장소로서 일반적으로 폭 40cm, 높이 120cm가 표준이다.
② 술과 잔을 전시하는 기능을 갖고 있다.
③ 술을 저장하는 창고이다.
④ 주문과 서브가 이루어지는 고객들의 이용 장소로서 일반적으로 폭 80cm, 높이 150cm가 표준이다.

> **Tip**
> 프론트 바 : 고객 앞에 있는 바로 바텐더와 고객이 마주보고 서비스가 이루어지는 공간이다. 높이 110~120cm, 폭 40~50cm가 적당하다.

48 프라페(Frappe)를 만들기 위해 준비하는 얼음은?

① Cube Ice
② Big Ice
③ Cracked Ice
④ Crushed Ice

> **Tip**
> 프라페는 크러쉬드 아이스가 사용된다.

49 Rob Roy 조주시 사용하는 기물은?

① 셰이커(Shaker)
② 믹싱글라스(Mixing Glass)
③ 전기 블렌더(Blender)
④ 주스믹서(Juice Mixer)

> **Tip**
> 롭로이는 스터기법으로 믹싱글라스, 스트레이너, 바스푼이 사용된다.

50 선입선출의 의미로 맞는 것은?

① First in, First on
② First in, First off
③ First in, First out
④ First inside, First on

> **Tip**
> 선입선출(F.I.F.O)

51 What is the meaning of a walk-in guest?

① A guest with no reservation.
② Guest on charged instead of reservation guest.
③ By walk-in guest.
④ Guest that checks in through the front desk.

> **Tip**
> 워크인 손님은 예약없이 실시간으로 방문하는 손님이다.

52 다음 밑줄 친 단어의 의미는?

> A: This beer is <u>flat.</u> I don't like warm beer.
> B: I'll haver them replace it with a cold one.

① 시원함
② 맛이 좋은
③ 김이 빠진
④ 너무 독한

> **Tip**
> Flat, 평평한 납작한 뜻을 갖고 있고, 맥주와 함께 쓰이면 "김이 빠진"으로 사용된다.

53 다음에서 설명하는 것은?

> A drinking mug, usually made of earthenware used for serving beer.

① Stein
② Coaster
③ Decanter
④ Muddler

> **Tip**
> 스테인(Stein)은 도자기로 만든 전통 맥주잔이다.

54 다음에서 설명하는 것은?

> It is a denomination that controls the grape quality, cultivation, unit, density, crop, production.

① V.D.Q.S
② Vin de Pays
③ Vin de Table
④ A.O.C

> **Tip**
> A.O.C(아펠라시옹)은 와인의 품질을 관리하는 체계입니다.

55 다음 (   ) 안에 가장 알맞은 것은?

> Our hotel's bar has a (   ) from 6 to 9 in every Monday.

① Bargain sales
② Expensive price
③ Happy hour
④ Business time

> **Tip**
> 해피아워는 지정된 일정시간동안 할인된 가격으로 음식 또는 음료를 제공하는 것이다.

56 Which is not Scotch Whisky?

① Bourbon
② Ballantine
③ Cutty Sark
④ V.A.T 69

> **Tip**
> 스카치 위스키가 아닌 것은 버번위스키(미국)이다.

57 "우리는 새 블랜더를 가지고 있다."를 가장 잘 표현한 것은?

① We has been a new blender.
② We has a new blender.
③ We had a new blender.
④ We have a new blender.

> **Tip**
> • I, You, We는 have를 사용한다.
> • He, She, It은 has를 사용한다.

58 다음 (   ) 안에 알맞은 것은?

(   ) must have juniper berry flavor and can be made either by distillation or re-distillation.

① Whisky
② Rum
③ Tequila
④ Gin

> **Tip**
> 주니퍼 베리 향이 첨가된 증류주는 진(gin)이다.

59 다음 (   ) 안에 적합한 단어는?

A : What would you like to drink?
B : I'd like a (   ).

① Bread
② Sauce
③ Pizza
④ Beer

> **Tip**
> 어떤 음료를 마시겠습니까?
> 보기 중 마시는 것은 맥주(Beer)이다.

60 What is the difference between Cognac and Brandy?

① material
② region
③ manufacturing company
④ nation

> **Tip**
> 브랜디 중 프랑스 코냑지방(Region)에서 만든 브랜디를 코냑이라고 부른다.

정답

01	④	02	②	03	③	04	④	05	②
06	②	07	④	08	①	09	④	10	③
11	②	12	③	13	②	14	③	15	①
16	③	17	③	18	④	19	②	20	②
21	①	22	④	23	①	24	①	25	④
26	③	27	③	28	③	29	①	30	④
31	②	32	①	33	③	34	④	35	②
36	④	37	④	38	④	39	②	40	①
41	③	42	①	43	①	44	①	45	④
46	④	47	①	48	④	49	②	50	④
51	①	52	③	53	①	54	④	55	③
56	①	57	④	58	④	59	④	60	②

2012년 4회 필기 기출

01 곡물(grain)을 원료로 만든 무색 투명한 증류주에 두송자(juniper berry)의 향을 착향시킨 술은?

① tequila   ② rum
③ vodka   ④ gin

📁 **Tip**
주니퍼베리 향을 첨가한 증류주는 진(Gin)이다.

02 다음 보기에 대한 설명으로 옳은 것은?

> ① 만자닐라(Manzanilla)
> ② 몬틸라(Montilla)
> ③ 올로로쏘(Oloroso)
> ④ 아몬틸라도(Amontillado)

① 이탈리아산 포도주   ② 스페인산 백포도주
③ 프랑스산 샴페인   ④ 독일산 포도주

📁 **Tip**
스페인산 화이트와인은 품질에 따라
- **휘노**(Fino) : young 셰리와인, 상급와인
- **만자닐라**(Manzanilla) : 드라이한 와인, 휘노와 동급
- **올로로쏘**(Oloroso) : 진하고 바디감이 있는 와인으로 단맛이 나고 부드러워 디저트와인으로 마신다.
- **아몬틸라도**(Amontillado) : 휘노를 묵힌 것 2급품
- **몬틸라도**(Montillado) : 휘노와 아몬틸라노의 중간급

03 만들어진 칵테일에 손의 체온이 전달되지 않도록 할 때 사용되는 글라스(glass)로 가장 적합한 것은?

① stemmed glass   ② old fashioned glass
③ highball glass   ④ collins glass

📁 **Tip**
Stemmed glass(스템 잔)은 사람의 체온이 전달 되지 않게 긴 목을 갖고 있다.

04 우리나라의 증류식 소주에 해당되지 않은 것은?

① 안동소주   ② 제주 한주
③ 경기 문배주   ④ 금산 삼송주

📁 **Tip**
금산 삼송주는 인삼과 솔잎 등이 들어간 발효주이다.

05 깁슨(Gibson) 칵테일에 알맞은 장식은?

① 올리브(Olive)
② 민트(Mint)
③ 체리(Cherry)
④ 칵테일 어니언(Cocktail onion)

📁 **Tip**
깁슨에는 작은 양파가 들어간다.

06 다음 중 와인의 품질을 결정하는 요소로 가장 거리가 먼 것은?

① 환경요소(terroir, 테루와르)
② 양조기술
③ 포도품종
④ 부케(bouquet)

> **Tip**
> 부케, 와인의 발효나 숙성과정에서 생성된 여러가지 향

07 일반적으로 단식증류기(Pot still)로 증류하는 것은?

① Kentucky Straight Bourbon whiskey
② Grain whisky
③ Dark rum
④ Aquavit

> **Tip**
> • 단식증류 : 다크럼(Dark Rum), 몰트 위스키(Malt Whisky)
> • 연속증류 : 그레인 위스키(Grain Whisky), 보드카(Vodka) 등

08 상면발효 맥주로 옳은 것은?

① bock beer   ② budweiser beer
③ porter beer   ④ asahi beer

> **Tip**
> • 상면발효 맥주 : Stout, Ale, Porter, Lambics
> • 하면발효 맥주 : Lager, Bock, Plisner

09 Malt Whisky를 바르게 설명한 것은?

① 대량의 양조주를 연속식으로 증류해서 만든 위스키
② 단식 증류기를 사용하여 2회의 증류과정을 거쳐 만든 위스키
③ 피트탄(peat, 이탄)으로 건조한 맥아의 당액을 발효해서 증류한 피트향과 통의 향이 배인 독특한 맛의 위스키
④ 옥수수를 원료로 대맥의 맥아를 사용하여 당화시켜 개량 솥으로 증류한 고농도 알코올의 위스키

> **Tip**
> 맥아(발아 보리)를 당화, 발효, 증류(단식증류), 숙성과정을 거쳐 만든 위스키로 피트로 보리가 건조되기도 한다. 보기중 ③번이 없다면 ②번도 정답이 될 수도 있다. ④번 보기는 버번에 대한 설명이다.

10 다음 중 연결이 옳은 것은?

① absinthe - 노르망디 지방의 프랑스산 사과 브랜디
② campari - 주정에 향쑥을 넣어 만드는 프랑스산 리큐르
③ calvados - 이탈리아 밀라노에서 생산되는 와인
④ chartreuse - 승원(수도원)이란 뜻을 가진 리큐르

> **Tip**
> ① 칼바도스(Calvados)에 대한 설명이다.
> ② 압생트(absinthe)에 대한 설명이다.
> ④ 샤르트뢰즈(Chartreuse)는 리큐르의 여왕이라고 불리우며 수도원에서 만든 다양한 허브가 들어간 리큐르이다.

11 Scotch whisk에 꿀(Honey)을 넣어 만든 혼성주는?

① Cherry Heering   ② Cointreau
③ Galliano   ④ Drambuie

12. 커피(Coffee)의 제조방법 중 틀린 것은?

① 드립식(drip filter)
② 퍼콜레이터식(percolator)
③ 에스프레소식(espresso)
④ 디켄터식(decanter)

📂 **Tip**
디캔팅은 레드와인을 산소와 접촉시켜 향과 맛을 이끌어 내는 방식이다.

13. 다음 중 프랑스의 발포성 와인으로 옳은 것은?

① Vin Mousseux ② Sekt
③ Spumante   ④ Perlwein

📂 **Tip**
Vin Mousseux(프랑스), Sekt(독일), Spumante(이탈리아), Kava(스페인), Perlwein은 독일의 약 발포성 와인이다.

14. "생명의 물"이라고 지칭되었던 유래가 없는 술은?

① 위스키 ② 브랜디
③ 보드카 ④ 진

📂 **Tip**
진(gin)은 약용으로 사용된 증류주이다.

15. 소금을 Cocktail Glass 가장자리에 찍어서 (Riming) 만드는 칵테일은?

① Singapore Sling ② Side Car
③ Margarita   ④ Snowball

📂 **Tip**
마가리타는 소금 리밍을 하는 칵테일이다.

16. 보드카가 기주로 쓰이지 않는 칵테일은?

① 맨해탄   ② 스크루드라이브
③ 키스 오브 파이어 ④ 치치

📂 **Tip**
맨하탄은 버번위스키가 기주로 사용된다.

17. 1 quart는 몇 ounce인가?

① 1   ② 16
③ 32   ④ 38.4

📂 **Tip**
1Quart = 1/4Gallon = 32oz

18. Long Drink에 대한 설명으로 틀린 것은?

① 주로 텀블러 글라스, 하이볼 글라스 등으로 제공한다.
② 탐 콜린스, 진피즈 등이 속한다.
③ 일반적으로 한 종류 이상의 술에 청량음료를 섞는다.
④ 무알콜 음료의 총칭이다.

📂 **Tip**
무알콜 음료는 목테일(mocktail)이라고 부른다.

19. Gin&Tonic에 알맞은 glass와 장식은?

① Collins Glass - Pineapple Slice
② Cocktail Glass - Olive
③ Cocktail Glass - Orange Slice
④ Highball Glass - Lemon Slice

📂 **Tip**
진토닉은 레몬슬라이스가 가니쉬로 들어간다.

20 주류의 주정도수가 높은 것부터 낮은 순서대로 나열된 것으로 옳은 것은?

① Vermouth > Brandy > Fortified Wine > Kahlua
② Fortified Wine > Vermouth > Brandy > Beer
③ Fortified Wine > Brandy > Beer > Kahlua
④ Brandy > Galliano > Fortified Wine > Beer

📁 **Tip**
브랜디(증류주40도이상) > 갈리아노(리큐르30도 이상) > 주정강화 와인(10도 후반) > 맥주(10도 이하)

21 칵테일 제조에 사용되는 얼음(Ice)종류의 설명이 틀린 것은?

① 쉐이브드 아이스(Shaved Ice) : 곱게 빻은 가루 얼음
② 큐브드 아이스(Cubed Ice) : 정육면체의 조각얼음 또는 육각형 얼음
③ 크렉드 아이스(Cracked Ice) : 큰 얼음을 아이스 픽(Ice Pick)으로 깨서 만든 각얼음
④ 럼프 아이스(lump Ice) : 각얼음을 분쇄하여 만든 작은 콩알 얼음

📁 **Tip**
럼프 아이스는 표면이 거친 동그란 얼음이다.

22 스카치 위스키(Scotch Whisky)와 가장 거리가 먼 것은?

① Malt
② Peat
③ Used Sherry Cask
④ Used Limousin Oak Cask

📁 **Tip**
Used Limousin Oak Cask은 코냑을 숙성할 때 사용하는 오크통이다.

23 제조방법상 발효 방법이 다른 차(Tea)는?

① 한국의 작설차
② 인도의 다즐링(Darjeeling)
③ 중국의 기문차
④ 스리랑카의 우바(Uva)

📁 **Tip**
작설차는 찻잎의 크기와 모양으로 분류한 것. 세계 3대 홍차는 우바, 다즐링, 기문차이다.

24 브랜디에 대한 설명으로 가장 거리가 먼 것은?

① 포도 또는 과실을 발효하여 증류한 술이다.
② 코냑 브랜디에 처음으로 별표의 기호를 도입한 것은 1865년 헤네시(Hennessy)사에 의해서이다.
③ Brandy는 저장기간을 부호로 표시하며 그 부호가 나타내는 저장기간은 법적으로 정해져 있다.
④ 브랜디의 증류는 와인을 2~3회 단식 증류기(Pot still)로 증류한다.

📁 **Tip**
• 브랜디는 회사마다 고유 표기법을 사용하거나, 코냑 표기법을 사용하는 경우가 많다.
• 코냑은 V.S / V.S.O / V.S.OP / X.O 등으로 표기한다.

25 맥주의 원료 중 홉(hop)의 역할이 아닌 것은?

① 맥주 특유의 상큼한 쓴맛과 향을 낸다.
② 알코올의 농도를 증가시킨다.
③ 맥아즙의 단백질을 제거한다.
④ 잡균을 제거하여 보존성을 증가시킨다.

📁 **Tip**
홉은 알코올 도수와 무관하다.

26. 부르고뉴 지역의 주요 포도품종은?

① 가메이와 메를로
② 샤르도네와 피노 누아
③ 리슬링과 산지오베제
④ 진판델과 까베르네 소비용

📁 **Tip**
부르고뉴 지역은 샤르노네와 피노누아가 주요품종이다.

27. 위스키의 제조과정을 순서대로 나열한 것으로 가장 적합한 것은?

① 맥아 - 당화 - 발효 - 증류 - 숙성
② 맥아 - 당화 - 증류 - 저장 - 후숙
③ 맥아 - 발효 - 증류 - 당화 - 브랜딩
④ 맥아 - 증류 - 저장 - 숙성 - 발효

📁 **Tip**
몰팅(맥아) - 매싱(당화) - 발효 - 증류 - 숙성 - 병입

28. 혼성주의 특성과 가장 거리가 먼 것은?

① 증류주 혹은 양조주에 초근목피, 향료, 과즙, 당분을 첨가하여 만든 술
② 리큐르(Liqueur)라고 불리어지는 술
③ 주로 식후주로 즐겨 마시며 화려한 색채와 특이한 향을 지닌 술
④ 곡류와 과실 등을 원료로 발효한 술

📁 **Tip**
④ 발효주(양조주)에 대한 설명이다.

29. 독일의 와인에 대한 설명 중 틀린 것은?

① 라인(Rhein)과 모젤(Msel) 지역이 대표적이다.
② 리슬링(Riesling) 품종의 백포도주가 유명하다.
③ 와인의 등급을 포도 수확 시의 당분함량에 따라 결정한다.
④ 1935년 원산지 호칭 통제법을 제정하여 오늘날까지 시행하고 있다.

📁 **Tip**
독일은 포도 당분함향에 따라 등급을 주고, EU규격에 따라 2009년에 개정된 이력이 있다.

30. 셰이킹(Shaking)기법에 대한 설명으로 틀린 것은?

① 셰이커(Shaker)에 얼음을 충분히 넣어 빠른 시간 안에 잘 섞이고 차게 한다.
② 셰이커(Shaker)에 재료를 넣고 순서대로 Cap을 Strainer에 씌운 다음 Body에 덮는다.
③ 잘 섞이지 않는 재료들을 셰이커(Shaker)에 넣어 세차게 흔들어 섞는 조주기법 이다.
④ 계란, 우유, 크림, 당분이 많은 리큐르 등으로 칵테일을 만들 때 많이 사용된다.

📁 **Tip**
② 셰이커 조립 순서는 바디에 스트레이너를 조립 후, 캡을 스트레이너에 씌운다. 바디 - 스트레이너 - 캡

31. 음료를 서빙 할 때에 일반적으로 사용하는 비품이 아닌 것은?

① bar spoon   ② coaster
③ serving tray   ④ napkin

📁 **Tip**
바스푼은 칵테일 조주시 사용되는 도구이다.

32 바(Bar)에 대한 설명 중 틀린 것은?

① 불어의 Bariere에서 왔다.
② 술을 판매하는 식당을 총칭하는 의미로도 사용된다.
③ 종업원만의 휴식공간이다.
④ 손님과 바맨 사이에 가로 질러진 널판을 의미한다.

📂 **Tip**
BAR는 주류를 전문적으로 파는 공간이다.

33 에스프레소 추출 시 너무 진한 크레마(Dark Crema)가 추출되었을 때 그 원인이 아닌 것은?

① 물의 온도가 95℃보다 높은 경우
② 펌프압력이 기준압력보다 낮은 경우
③ 포터필터의 구멍이 너무 큰 경우
④ 물 공급이 제대로 안 되는 경우

📂 **Tip**
③ 구멍이 큰 경우 크레마가 잘 생성되지 않는다.

34 와인의 보관법 중 틀린 것은?

① 진동이 없는 곳에 보관한다.
② 직사광선을 피하여 보관한다.
③ 와인을 눕혀서 보관한다.
④ 습기가 없는 곳에 보관한다.

📂 **Tip**
습기가 없을 경우 마개가 건조해져 공기유입이 많아 와인이 빨리 산화되기 때문에 적당한 습도(약 75%)가 필요하다.

35 Wood Muddler의 일반적인 용도는?

① 스파이스나 향료를 으깰 때 사용한다.
② 레몬을 스퀴즈 할 때 사용한다.
③ 음료를 서빙할 때 사용한다.
④ 브랜디를 띄울 때 사용한다.

📂 **Tip**
우드 머들러는 재료를 으깰 때 사용하는 기구이다.

36 기물의 설치에 대한 내용으로 옳지 않는 것은?

① 바의 수도시설은 Mixing Station 바로 후면에 설치한다.
② 배수구는 바텐더의 바로 앞에, 바의 높이는 고객이 작업을 볼 수 있게 설치한다.
③ 얼음제빙기는 Back Side에 설치하는 것이 가장 적절하다.
④ 냉각기는 표면에 병따개 부착된 건성형으로 Station 근처에 설치한다.

📂 **Tip**
제빙기는 바텐더가 자주 사용하므로 바텐더와 가까운 BAR 안쪽에 보통 설치 된다.

37 바람직한 바텐더(Bartender) 직무가 아닌 것은?

① 바(Bar) 내에 필요한 물품 재고를 항상 파악한다.
② 일일 판매할 주류가 적당한지 확인한다.
③ 바(Bar)의 환경 및 기물 등의 청결을 유지·관리한다.
④ 칵테일 조주 시 지거(Jigger)를 사용하지 않는다.

📂 **Tip**
칵테일 조주시 지거를 사용해 정확한 용량을 계량하고, 일정한 맛의 칵테일을 제공해야한다.

38 포도주(Wine)를 서비스 하는 방법 중 옳지 않는 것은?

① 포도주병을 운반하거나 따를 때에는 병 내의 포도주가 흔들리지 않도록 한다.
② 와인병을 개봉했을 때 첫 잔은 주문자 혹은 주빈이 시음을 할 수 있도록 한다.
③ 보졸레 누보와 같은 포도주는 디켄터를 사용하여 일정시간 숙성시킨 후 서비스 한다.
④ 포도주는 손님의 오른쪽에서 따르며 마지막에 보틀을 돌려 흐르지 않도록 한다.

📂 **Tip**
보졸레 누보는 디캔딩을 하지 않는다.

39 저장관리 방법 중 FIFO란?

① 선입선출 ② 선입후출
③ 후입선출 ④ 임의불출

📂 **Tip**
FIFO = First In, First Out

40 주장의 종류로 가장 거리가 먼 것은?

① Cocktail Bar ② Members Club Bar
③ Pup Bar ④ Snack Car

📂 **Tip**
Snack Car는 이동식 차량이다.

41 칵테일을 만드는 기법 중 "Stirring"에서 사용하는 도구와 거리가 먼 것은?

① Mixing Glass ② Bar Spoon
③ Strainer ④ Shaker

📂 **Tip**
셰이커(Shaker)는 셰이킹 기법에 사용된다.

42 브랜디 글라스(Brandy Glass)에 대한 설명 중 틀린 것은?

① 튤립형의 글라스이다.
② 향이 잔 속에서 휘감기는 특징이 있다.
③ 글라스를 예열하여 따뜻한 상태로 사용한다.
④ 브랜디는 글라스에 가득 채워 따른다.

📂 **Tip**
위스키, 브랜디 등의 증류주는 잔에 가장 볼록한 부분까지 채워 따른다.

43 바텐더가 음료를 관리하기 위해서 반드시 필요한 것이 아닌 것은?

① Inventory ② FIFO
③ 유통기한 ④ 매출

📂 **Tip**
매출은 매니저 등의 관리자가 관리한다.

44 구매명세서(Standard Purchase Specification)를 사용부서에서 작성할 때 필요사항이 아닌 것은?

① 요구되는 품질요건　② 품목의 규격
③ 무게 또는 수량　　④ 거래처의 상호

📁 **Tip**
거래처 상호가 아닌 품명이 필요하다.

45 음료가 저장고에 적정재고 수준 이상으로 과도할 경우 나타나는 현상이 아닌 것은?

① 필요 이상의 유지 관리비가 요구된다.
② 기회 이익이 상실된다.
③ 판매 기회가 상실된다.
④ 과다한 자본이 재고에 묶이게 된다.

📁 **Tip**
재고가 충분하므로 판매 기회가 상실되지는 않는다.

46 Pilsner Glass에 대한 설명으로 옳은 것은?

① 브랜디를 마실 때 사용한다.
② 맥주를 따르면 기포가 올라와 거품이 유지된다.
③ 와인향을 즐기는데 가장 적합하다.
④ 옆면이 둥글게 되어 있어 발레리나를 연상하게 하는 모양이다.

📁 **Tip**
필스너 글라스는 필스너 맥주를 따르기 위한 전용잔이다.

47 주장 종사원(waiter)의 직무에 해당하는 것은?

① 바(bar) 내부의 청결을 유지한다.
② 고객으로부터 주문을 받고 봉사한다.
③ 보급품과 기물주류 등을 창고로부터 보급 받는다.
④ 조주에 필요한 얼음을 준비한다.

📁 **Tip**
종사원은 홀에서 고객 관리 및 주문을 전담한다.

48 Key Box 나 Bottle Member제도에 대한 설명으로 옳은 것은?

① 음료의 판매회전이 촉진된다.
② 고정고객을 확보하기는 어렵다.
③ 후불이기 때문에 회수가 불분명하여 자금운영이 원활하지 못하다.
④ 주문시간이 많이 걸린다.

📁 **Tip**
BAR에서 구매한 바틀을 보관해주는 제도로, 흔히 킵(keep)이라고도 부른다.

49 고객이 호텔의 음료상품을 이용하지 않고 음료를 가지고 오는 경우, 서비스하고 여기에 필요한 글라스, 얼음, 레몬 등을 제공하여 받는 대가를 무엇이라 하는가?

① Rental charge
② V.A.T(value added tax)
③ Corkage charge
④ Service caarge

📁 **Tip**
콜키지 차지는 매장이 없는 주류를 마시고 지불하는 비용이다.

50 다음은 무엇에 대한 설명인가?

매매계약 조건을 정당하게 이행하였음을 밝히는 것으로 판매자가 구매자에게 보내는 서류를 말한다.

① 송장(Invoice)
② 출고전표
③ 인벤토리 시트(Inventory Sheet)
④ 빈 카드(Bin Card)

📁 **Tip**
송장(Invoice) = 거래상품명세서

51 다음 (　　) 안에 들어갈 단어로 가장 적합한 것은?

I'd like a stinger please, make it very (　　), but not to strong, please.

① hot
② cold
③ sour
④ dry

📁 **Tip**
칵테일 주문시 요청사항을 말하고 있다.
스팅어 칵테일 1잔 주세요,
매우 차갑고(Cold), 너무 강하지(Strong) 않게 부탁합니다.

52 다음 (　　) 안에 가장 적합한 것은?

W: Good evening, Mr. Carr.
　　How are you this evening?
G: Fine, and you. Mr. Kim?
W: very well, thank you.
　　What would you like to try tonight?
G: (　　　　　)
W: A whisky, no ice, no water. Am I correct?
G: Fantastic!

① Just one for my health, please.
② One for the road.
③ I'll stick to my usual.
④ Another one Please.

📁 **Tip**
W: 오늘 저녁엔 어떤 걸로 마시겠습니까?
G: I'll stick to my usual.(나는 평소대로 마실게요)

53 "This milk has gone bad."의 의미는?

① 이 우유는 상했다.
② 이 우유는 맛이 없다.
③ 이 우유는 신선하다.
④ 우유는 건강에 나쁘다.

📁 **Tip**
Go bad(나빠지다, 상했다)

54 "당신은 무엇을 찾고 있습니까?"의 올바른 표현은?

① What are you look for?
② What do you look for?
③ What are you looking for?
④ What is looking for you?

📁 **Tip**
Be looking for(~을 찾다)

55 Which is the VODKA based cocktail in the following?

① Paradise Cocktail   ② Milion Dollars
③ Stinger   ④ Kiss of Fire

> **Tip**
> 보드카를 기주로 사용하는 칵테일은 키스오브파이어이다.

56 What is the juice of the wine grapes called?

① mustard   ② must
③ grapeshot   ④ grape sugar

> **Tip**
> Must(머스트)는 포도를 으깬 후 와인이 되기 전까지의 상태를 말한다.

57 Which one is the cocktail containing Bourbon, Lemon, and Sugar?

① Whisper of kiss   ② Whiskey sour
③ Western rose   ④ Washington

> **Tip**
> 위스키 사워=버번위스키+레몬+설탕+탄산수

58 Which one is the spirit made from Agave?

① Tequila   ② Rum
③ Vodka   ④ Gin

> **Tip**
> 아가베(용설란)으로 만든 증류주는 데킬라이다.

59 Which one is the cocktail to serve not to mix?

① B&B   ② Black russian
③ Bull Shot   ④ Pink lady

> **Tip**
> B&B 칵테일은 섞지 않고 제공되기도 한다.

60 「First come first served」의 의미는?

① 선착순   ② 시음회
③ 선불제   ④ 연장자순

> **Tip**
> 먼저 온 순서대로 제공되는 것은 선착순을 의미한다.

정답

01	④	02	②	03	①	04	④	05	④
06	④	07	③	08	③	09	③	10	④
11	④	12	④	13	①	14	④	15	③
16	①	17	③	18	④	19	④	20	④
21	④	22	④	23	①	24	④	25	②
26	②	27	①	28	④	29	④	30	②
31	①	32	③	33	③	34	④	35	①
36	③	37	④	38	③	39	①	40	④
41	④	42	④	43	④	44	④	45	③
46	②	47	②	48	①	49	③	50	①
51	②	52	③	53	①	54	③	55	④
56	②	57	②	58	①	59	①	60	①

2013년 1회 필기 기출

01 혼성주(Componded Liquor)에 대한 설명 중 틀린 것은?

① 칵테일 제조나 식후주로 사용된다.
② 발효주에 초근목피의 침출물을 혼합하여 만든다.
③ 색채, 향기, 감미, 알코올의 조화가 잘 된 술이다.
④ 혼성주는 고대 그리스 시대에 약용으로 사용되었다.

> **Tip**
> 혼성주는 과일이나 곡류를 발효시킨 주정을 기본으로 한 증류주에 과일, 약초, 꽃 등 초근목피를 침출하여 당분을 가한 술이다.

02 커피의 향미를 평가하는 순서로 가장 적합한 것은?

① 미각(맛) → 후각(향기) → 촉각(입안의 느낌)
② 색 → 촉각(입안의 느낌) → 미각(맛)
③ 촉각(입안의 느낌) → 미각(맛) → 후각(향기)
④ 후각(향기) → 미각(맛) → 촉각(입안의 느낌)

03 다음 중 혼성주에 해당되는 것은?

① Beer   ② Drambuie
③ Olmeca   ④ Grave

04 블렌디드(Blended) 위스키가 아닌 것은?

① Chivas Regal 18년
② Glenfiddich 15년
③ Royal Salute 21년
④ Dimple 12년

> **Tip**
> 블렌디드 위스키는 그레인 위스키와 몰트 위스키가 혼합된 위스키이다. 대표적으로 시바스리갈, 로얄살루트, 딤플, 조니워커, 발렌타인 등이 있다. 글렌피딕은 대표적인 싱글몰트 위스키이다.

05 증류주(Distilled Liquor)에 포함되지 않는 것은?

① 위스키(Whisky)   ② 맥주(Beer)
③ 브랜디(Brandy)   ④ 럼(Rum)

> **Tip**
> • 증류주 : 위스키, 브랜디, 럼, 진, 보드카, 데킬라 등
> • 양조주(발효주) : 와인, 맥주, 청주 등

06 리큐르(liqueur)가 아닌 것은?

① Benedictine   ② Anisette
③ Augier   ④ Absinthe

> **Tip**
> 오지에(Augier)는 가장 오래된 코냑 브랜드이다.

07 브랜디(Brandy)와 코냑(Cognac)에 대한 설명으로 옳은 것은?

① 브랜디와 코냑은 재료의 성질에 차이가 있다.
② 코냑은 프랑스의 코냑지방에서 만들었다.
③ 코냑은 브랜디를 보관 연도별로 구분한 것이다.
④ 브랜디와 코냑은 내용물의 알코올 함량에 차이가 크다.

📂 **Tip**
코냑은 프랑스 코냑지방에서 만든 브랜디이다.

08 American Whiskey가 아닌 것은?

① Jim Beam   ② Wild Turkey
③ Jameson   ④ Jack Daniel

📂 **Tip**
Jameson은 아이리쉬 위스키이다.

09 우리나라의 고유한 술 중 증류주에 속하는 것은?

① 경주법주   ② 동동주
③ 문배주   ④ 백세주

10 다음 중 그 종류가 다른 하나는?

① Vienna coffee   ② Cappuccino coffee
③ Espresso coffee   ④ Irish coffee

📂 **Tip**
Irish Coffee는 알코올이 함유된 칵테일이다.

11 독일의 리슬링(Riesling)와인에 대한 설명으로 틀린 것은?

① 독일의 대표적 와인이다.
② 살구향, 사과향 등의 과실향이 주로 난다.
③ 대부분 무감미 와인(Dry Wine)이다.
④ 다른 나라 와인에 비해 비교적 알코올 도수가 낮다.

📂 **Tip**
리슬링은 화이트와인 품종으로 독일 라인가우, 모젤 지방 그리고 프랑스 알자스 지역이 주요 생산지이다. 꽃향과 풀향, 과일향이 풍부하고 산도과 당분의 밸런스가 좋아 초보자가 마시기에 좋다. 늦은 수확의 리슬링은 스위트한 고급 디저트와인을 만든다.

12 와인을 막고 있는 코르크가 곰팡이에 오염되어 와인의 맛이 변하는 것으로 와인에서 종이 박스 향취, 곰팡이 냄새 등이 나는 것을 의미하는 현상은?

① 네고시앙(negociant)
② 부쇼네(bouchonne)
③ 귀부병(noble rot)
④ 부케(bouquet)

📂 **Tip**
- **네고시앙** : 와인상이나 중간 제조업자로 포도 생산업자에게 와인을 구입하여 숙성, 블렌딩한 후 병입하여 판매한다.
- **부쇼네** : 불량 코르크로 인한 변질된 와인, 곰팡이 냄새가 나는 와인이다. 프랑스어로 병마개 부숑(Bouchon)에서 파생된 단어이다.
- **귀부병** : 수확시기가 늦어진 포도로 습한 날씨와 건조한 날씨가 교차하면서 포도의 미세한 곰팡이가 자라면서 포도의 수분을 증발시켜 당분이 높은 포도가 된다.
- **부케** : 프랑스어로 다발 또는 묶음이라는 의미로 발효와 숙성을 통해 생선된 복합적인 향을 의미한다.

13 브랜디의 제조공정에서 증류한 브랜디를 열탕소독 한 White Oak Barrel에 담기 전에 무엇을 채워 유해한 색소나 이물질을 제거하는가?

① Beer
② Gin
③ Red Wine
④ White Wine

> **Tip**
> 화이트 와인을 채워 유해한 색소와 이물질을 제거한다.

14 탄산음료의 CO_2에 대한 설명으로 틀린 것은?

① 미생물의 발육을 억제한다.
② 향기의 변화를 예방한다.
③ 단맛과 부드러운 맛을 부여한다.
④ 청량감과 시원한 느낌을 준다.

> **Tip**
> 이산화탄소는 탄산음료의 맛에 영향을 주지 않는다.

15 차의 분류가 옳게 연결된 것은?

① 발효차 – 얼그레이
② 불발효차 – 보이차
③ 반발효차 – 녹차
④ 후발효차 - 자스민

> **Tip**
> - **불발효차**: 녹차
> - **반발효차**: 오룡차, 자스민, 우롱차
> - **발효차**: 홍차(다즐링, 기문차, 우바), 블랙티
> - **후발효차**: 흑차, 보이차, 육보차, 황차

16 세리의 숙성 중 솔레라(solera) 시스템에 대한 설명으로 옳은 것은?

① 소량씩의 반자동 블렌딩 방식이다.
② 영(young)한 와인보다 숙성된 와인을 채워주는 방식이다.
③ 빈티지 세리를 만들 때 사용한다.
④ 주정을 채워 주는 방식이다.

17 다음 중 상면발효 맥주에 해당하는 것은?

① Lager Beer
② Porter Beer
③ Pilsner Beer
④ Dortmunder Beer

> **Tip**
> - **상면발효 맥주**: 스타우트, 에일, 포터, 램빅
> - **하면발효 맥주**: 라거, 드래프트 비어, 뮌헨, 도르트문트

18 럼(Rum)의 주원료는?

① 대맥(Rye)과 보리(Barley)
② 사탕수수(sugar cane)와 당밀(molasses)
③ 꿀(Honey)
④ 쌀(Rice)과 옥수수(Corn)

> **Tip**
> 럼은 사탕수수와 당밀로 만들어진다.

19 리큐르(Liqueur)의 제조법과 가장 거리가 먼 것은?

① 블렌딩법(Blending)
② 침출법(Infusion)
③ 증류법(Distillation)
④ 에센스법(Essence process)

> **Tip**
> 리큐르 제조방법은 증류법, 배합법, 침출법, 여과법이 있다.

20 다음에서 설명하는 프랑스의 기후는?

- 연평균 기온 11~25.5℃ 사이의 온화한 기후로 걸프 스트림이라는 바닷바람의 영향을 받는다.
- 보르도, 코냑, 알마냑 지방 등에 영향을 준다.

① 대서양 기후　　② 내륙성 기후
③ 지중해성 기후　④ 대륙성 기후

> **Tip**
> 보르도, 코냑, 알마냑 지방은 멕시코 만류와 대서양의 영향으로 온난한 기후를 띠고 있다.

21 와인 양조 시 1%의 알콜을 만들기 위해 약 몇 그램의 당분이 필요한가?

① 1g/L　　② 10g/L
③ 16.5g/L　④ 20.5g/L

> **Tip**
> 와인 1L당 16.5g의 당분은 1%의 알코올을 만든다.

22 와인 테이스팅의 표현으로 가장 부적합한 것은?

① Moldy(몰디) - 곰팡이가 낀 과일이나 나무 냄새
② Raisiny(레이즈니) - 건포도나 과숙한 포도 냄새
③ Woody(우디) - 마른 풀이나 꽃 냄새
④ Corky(코르키) - 곰팡이 낀 코르크 냄새

> **Tip**
> Woody(우디)는 나무 냄새다.

23 저온 살균되어 저장 가능한 맥주는?

① Draught Beer　　② Unpasteurized Beer
③ Draft Beer　　　④ Lager Beer

> **Tip**
> Lager는 독일의 라게른(Lagern, 저장하다)에서 유래한 말로 저온살균맥주로 장기간 저장할 수 있다.

24 토닉 워터(tonic water)에 대한 설명으로 틀린 것은?

① 무색투명한 음료이다.
② Gin과 혼합하여 즐겨 마신다.
③ 식욕증진과 원기를 회복시키는 강장제 음료이다.
④ 주로 구연산, 감미료, 커피 향을 첨가하여 만든다.

> **Tip**
> 토닉워터에는 퀴닌이 들어간다.

25 다음에서 설명하는 것은?

- 북유럽 스칸디나비아 지방의 특산주로 어원은 '생명의 물'이라는 라틴어에서 온 말이다.
- 제조과정은 먼저 감자를 익혀서 으깬 감자와 맥아를 당화, 발효시켜 증류시킨다.
- 연속증류기로 95%의 고농도 알코올을 얻은 다음 물로 희석하고 회양초 씨나, 박하, 오렌지 껍질 등 여러 가지 종류의 허브로 향기를 착향시킨 술이다.

① 보드카(Vodka)　　② 럼(Rum)
③ 아쿠아비트(Aquavit)　④ 브랜디(Brandy)

> **Tip**
> 아쿠아비트는 북유럽 스칸디나비아 지방의 특산주이다.

26 다음의 설명에 해당하는 혼성주를 옳게 연결한 것은?

① 멕시코산 커피를 주원료로 하여 Cocoa, Vanilla 향을 첨가해서 만든 혼성주이다.
② 야생오얏을 진에 첨가해서 만든 빨간색의 혼성주이다.
③ 이탈리아의 국민주로 제조법은 각종 식물의 뿌리, 씨, 향초, 껍질 등 70여 가지의 재료로 만들어지며 제조 기간은 45일이 걸리다.

① ①: 샤르뜨뢰즈(Chartreuse), ②: 시나(Cynar), ③: 캄파리(Campari)
② ①: 파샤(Pasha), ②: 슬로우 진(Sloe Gin), ③: 캄파리(Campari)
③ ①: 깔루아(Kahlua), ②: 시나(Cynar), ③: 캄파리(Campari)
④ ①: 깔루아(Kahlua), ②: 슬로우 진(Sloe Gin), ③: 캄파리(Campari)

📁 Tip
오얏(Sloe)은 자두의 일종이다.

27 생강을 주원료로 만든 탄산음료는?

① Soda Water
② Tonic Water
③ Perrier Water
④ Ginger Ale

📁 Tip
소다수에 생강(Ginger)향을 착향한 음료는 진저에일이다.

28 민속주 중 모주(母酒)에 대한 설명으로 틀린 것은?

① 조선 광해군 때 인목대비의 어머니가 빚었던 술이라고 알려져 있다.
② 증류해서 만든 제주도의 대표적인 민속주이다.
③ 막걸리에 한약재를 넣고 끓인 해장술이다.
④ 계피가루를 넣어 먹는다.

📁 Tip
모주는 발효주를 기본으로 만들어진다.

29 와인을 분류하는 방법의 연결이 틀린 것은?

① 스파클링 와인 - 알코올 유무
② 드라이 와인 - 맛
③ 아페리티프 와인 - 식사용도
④ 로제 와인 - 색깔

📁 Tip
스파클링 와인은 탄산의 유무에 따라 구분된다.

30 감미 와인(Sweet Wine)을 만드는 방법이 아닌 것은?

① 귀부포도(Noble rot Grape)를 사용하는 방법
② 발효 도중 알코올을 강화하는 방법
③ 발효 시 설탕을 첨가하는 방법(Chaptalization)
④ 햇빛에 말린 포도를 사용하는 방법

📁 Tip
발효시 설탕을 넣는 것은 알코올 도수를 높이기 위해 첨가한다.

31 뜨거운 물 또는 차가운 물에 설탕과 술을 넣어서 만든 칵테일은?

① toddy   ② punch
③ sour   ④ sling

> **Tip**
> 토디(Toddy) = 증류주 + 설탕 + 뜨거운물

32 믹싱글라스(Mixing Glass)에서 제조된 칵테일을 잔에 따를 때 사용하는 기물은?

① Measure Cup   ② Bottle Holder
③ strainer   ④ Ice Bucket

> **Tip**
> 스터(Stir)기법에서 얼음을 걸러주는 도구는 스트레이너(Strainer)이다.

33 Portable Bar에 포함되지 않는 것은?

① Room Service Bar   ② Banquet Bar
③ Catering Bar   ④ Western Bar

> **Tip**
> Portable Bar는 바퀴가 달려 편하게 이동가능한 Bar이다. 룸 서비스, 방켓 바, 캐터링 바가 있다.

34 와인은 병에 침전물이 가라앉았을 때 이 침전물이 글라스에 같이 따라지는 것을 방지하기 위해 사용하는 도구는?

① 와인 바스켓   ② 와인 디켄터
③ 와인 버켓   ④ 코르크스크류

> **Tip**
> 디켄터는 산소와 접촉으로 향과 맛을 이끌어내는 역할과 침전물을 걸러주는 역할을 한다.

35 다음 중 바텐더의 직무가 아닌 것은?

① 글라스류 및 칵테일용 기물을 세척 정돈한다.
② 바텐더는 여러 가지 종류의 와인에 대하여 충분한 지식을 가지고 서비스를 한다.
③ 고객이 바 카운터에 있을 때는 바텐더는 항상 서 있어야 한다.
④ 호텔 내외에서 거행되는 파티도 돕는다.

36 생맥주(Draft Beer) 취급요령 중 틀린 것은?

① 2~3℃의 온도를 유지할 수 있는 저장시설을 갖추어야한다.
② 술통 속의 압력은 12~14pound로 일정하게 유지해야한다.
③ 신선도를 유지하기 위해 입고 순서와 관계없이 좋은 상태의 것을 먼저 사용한다.
④ 글라스에 서비스할 때 3~4℃정도의 온도가 유지되어야 한다.

> **Tip**
> 생맥주는 선입선출(FIFO)로 관리되어야 한다.

37 바 카운터의 요건으로 가장 거리가 먼 것은?

① 카운터의 높이는 1~1.5m 정도가 적당하며 너무 높아서는 안 된다.
② 카운터는 넓을수록 좋다.
③ 작업대(Working board)는 카운터 뒤에 수평으로 부착시켜야 한다.
④ 카운터 표면은 잘 닦여지는 재료로 되어 있어야 한다.

> **Tip**
> 바 카운터 넓이는 40~50cm 정도가 적당하다.

38 싱가폴 슬링(Singapore Sling) 칵테일의 재료로 적합하지 않은 것은?

① 드라이 진(Dry Gin)
② 체리브랜디(Cherry-Flavored Brandy)
③ 레몬쥬스(Lemon Juice)
④ 토닉워터(Tonic Water)

📂 Tip
싱가폴 슬링 = 드라이진 1.5oz + 레몬주스 0.5oz + 설탕 1t 넣고 쉐이킹 후 탄산수로 채워준다. 마지막으로 체리브랜디를 플로팅한다.

39 주장(Bar)에서 기물의 취급방법으로 틀린 것은?

① 금이 간 접시나 글라스는 규정에 따라 폐기한다.
② 은기물은 은기물 전용 세척액에 오래 담가두어야 한다.
③ 크리스털 글라스는 가능한 손으로 세척한다.
④ 식기는 같은 종류별로 보관하며 너무 많이 쌓아두지 않는다.

📂 Tip
은기물은 전용 세척액에 오래 담구지 않고, 뜨거운 물로 세척해야한다.

40 저장관리원칙과 가장 거리가 먼 것은?

① 저장위치 표시 ② 분류저장
③ 품질보전 ④ 매상증진

📂 Tip
저장관리원칙과 매상증진은 별개이다.

41 와인의 빈티지(Vintage)가 의미하는 것은?

① 포도주의 판매 유효 연도
② 포도의 수확 년도
③ 포도의 품종
④ 포도주의 도수

📂 Tip
빈티지는 포도를 수확한 년도이다. 빈티지에 따라 포도 품질이 달라 그해 생산된 와인품질에도 영향을 미친다.

42 스파클링 와인(Sparkling Wine) 서비스 방법으로 틀린 것은?

① 병을 천천히 돌리면서 천천히 코르크가 빠지게 한다.
② 반드시 '뻥' 하는 소리가 나게 신경 써서 개봉한다.
③ 상표가 보이게 하여 테이블에 놓여있는 글라스에 천천히 넘치지 않게 따른다.
④ 오랫동안 거품을 간직 할 수 있는 풀루트(Flute)형 잔에 따른다.

📂 Tip
스파클링와인 개봉시 최대한 조용하게 개봉한다.

43 주장(Bar)에서 주문받는 방법으로 옳지 않은 것은?

① 가능한 빨리 주문을 받는다.
② 분위기나 계절에 어울리는 음료를 추천한다.
③ 추가 주문은 잔이 비었을 때에 받는다.
④ 시간이 걸리더라도 구체적이고 명확하게 주문받는다.

📂 Tip
추가 주문은 잔이 다 비워지기 전에 받는다.

44 칵테일글라스를 잡는 부위로 옳은 것은?

① Rim ② Stem
③ Body ④ Bottom

> **Tip**
> 스템(Stem) 부분을 잡아 손의 체온이 잔에 되지 않게 한다.

45 쿨러(cooler)의 종류에 해당되지 않는 것은?

① Jigger cooler ② Cup cooler
③ Beer cooler ④ Wine cooler

> **Tip**
> 지거 음료의 용량을 계량하는 도구이다.

46 다음 중 소믈리에(Sommelier)의 역할로 틀린 것은?

① 손님의 취향과 음식과의 조화, 예산 등에 따라 와인을 추천한다.
② 주문한 와인은 먼저 여성에게 우선적으로 와인 병의 상표를 보여주며 주문한 와인임을 확인시켜 준다.
③ 시음 후 여성부터 차례로 와인을 따르고 마지막에 그 날의 호스트에게 와인을 따라준다.
④ 코르크 마개를 열고 주빈에게 코르크 마개를 보여주면서 시큼하고 이상한 냄새가 나지 않는지, 코르크가 잘 젖어있는지를 확인시킨다.

> **Tip**
> 주문한 와인은 먼저 호스트에게 확인시켜 준다.

47 다음 시럽 중 나머지 셋과 특징이 다른 것은?

① grenadine syrup ② can sugar syrup
③ simple syrup ④ plain syrup

> **Tip**
> 그라나딘 시럽은 석류를 당밀에 넣은 시럽이다. 캔 슈가 시럽, 심플시럽, 플레인 시럽은 물과 설탕으로 만든 시럽이다.

48 맨하탄 칵테일(Manhattan Cocktail)의 가니시(Garnish)로 옳은 것은?

① Cocktail Olive ② Pearl Onion
③ Lemon ④ Cherry

> **Tip**
> 맨하탄에는 체리가 들어간다.
> 마티니(올리드), 깁슨(양파)

49 바(Bar) 작업대와 가터레일(Gutter Rail)의 시설 위치로 옳은 것은?

① Bartender 정면에 시설되게 하고 높이는 술 붓는 것을 고객이 볼 수 있는 위치
② Bartender 후면에 시설되게 하고 높이는 술 붓는 것을 고객이 볼 수 없는 위치
③ Bartender 우측에 시설되게 하고 높이는 술 붓는 것을 고객이 볼 수 있는 위치
④ Bartender 좌측에 시설되게 하고 높이는 술 붓는 것을 고객이 볼 수 없는 위치

> **Tip**
> 작업대와 가터레일은 고객과 바텐더 사이(바텐더 정면)에 위치하게 설치하고 고객이 조주과정을 볼 수 있는 높이로 만든다.

50 와인의 마개로 사용되는 코르크 마개의 특성으로 가장 거리가 먼 것은?

① 온도변화에 민감하다.
② 코르크 참나무의 외피로 만든다.
③ 신축성이 뛰어나다.
④ 밀폐성이 있다.

📁 **Tip**
- 와인 코르크는 온도에 민감하지 않는다.
- 팽창된 상태를 유지해 산소 유입을 차단해야 한다.

51 What is an alternative form of "I beg your pardon?"?

① Excuse me
② Wait for me
③ I'd like to know
④ Let me see

📁 **Tip**
I beg your pardon(실례합니다.)

52 다음 중 change가 나머지 셋과 다른 의미로 쓰인 것은?

① Do you have Change for a dollar?
② Keep the change.
③ I need some change for the bus.
④ Let's try a new restaurant for a change.

📁 **Tip**
①~③은 잔돈, 거스름돈의 의미 / ④ 변화

53 다음 (   ) 안에 적합한 것은?

> Are you interested in (   )?

① make cocktail
② made cocktail
③ making cocktail
④ a making cocktail

📁 **Tip**
Interested in +명사, 동명사-ing(~에 관심이 있다)

54 Which is the most famous orange flavored cognac liqueur?

① Grand Marnier
② Drambuie
③ Cherry Heering
④ Galliano

📁 **Tip**
코냑 베이스에 오렌지향 리큐르는 그랑마니에르이다.

55 Which of the following is not fermented liquor?

① Aquavit
② Wine
③ Sake
④ Toddy

📁 **Tip**
발효주가 아닌 것은 아쿠아비테(Aquavit, 증류주)이다.

56 Which is the correct one as a base of bloody Mary in the following?

① Gin
② Rum
③ Vodka
④ Tequila

> **Tip**
> 블러드메리 칵테일의 기주는 보드카(Vodka)이다.

57 ( ) 안에 알맞은 것은?

( ) is a spirits made by distilling wines or fermented mash of fruit.

① Liqueur
② Bitter
③ Brandy
④ Champagne

> **Tip**
> 과일이나 포도를 발효한 후 증류한 증류주는?
> 브랜디이다.

58 ( ) 안에 적합한 것은?

A Bartender must ( ) his helpers, waiters and waitress. He must also ( ) various kinds of records, such as stock control, inventory, daily sales report, purchasing report and so on.

① take, manage
② supervise, handle
③ respect, deal
④ manage, careful

> **Tip**
> Supervise(감독하다), handle(다루다, 취급하다, 대우하다)

59 다음 ( ) 안에 적합한 것은?

A bartender should be ( ) with the English names of all stores of liquors and mixed drinks.

① familiar
② warm
③ use
④ accustom

> **Tip**
> Be familiar with ~에 익숙해지다. 잘 알다.

60 Which country does Campari come from?

① Scotland
② America
③ Fran
④ Italy

> **Tip**
> 캄파리는 이탈리아를 대표하는 식전주이다.

정답

01	②	02	④	03	②	04	②	05	②
06	③	07	②	08	③	09	③	10	④
11	③	12	②	13	④	14	③	15	①
16	①	17	②	18	②	19	①	20	①
21	③	22	③	23	④	24	④	25	③
26	④	27	④	28	②	29	①	30	③
31	①	32	③	33	④	34	②	35	③
36	③	37	②	38	④	39	④	40	④
41	②	42	②	43	②	44	②	45	①
46	②	47	①	48	④	49	①	50	①
51	①	52	④	53	③	54	①	55	①
56	③	57	③	58	②	59	①	60	④

Chapter 06 2013년 2회 필기 기출

01 잭 다니엘(Jack Daniel)과 버번위스키(Bourbon Whiskey)의 차이점은?

① 옥수수 사용 여부
② 단풍나무 숯을 이용한 여과 과정의 유무
③ 내부를 불로 그을린 오크통에서 숙성시키는지의 여부
④ 미국에서 생산되는지의 여부

📂 **Tip**
테네시 위스키인 잭 다니엘은 링컨 카운티 프로세스라는 사탕단풍나무 숯을 이용한 여과과정을 진행해 부드러운 위스키를 만든다.

02 하이볼 글라스에 위스키(40도) 1온스와 맥주(4도) 7온스를 혼합하면 알코올 도수는?

① 약 6.5도　　② 약 7.5도
③ 약 8.5도　　④ 약 9.5도

📂 **Tip**
알코올 도수 = (재료의 알코올도수 × 재료의 양) + (재료의 알코올 도수 × 재료의 양) + ⋯
음료의 총량 = (40 × 30) + (4 × 210)/(30 + 210) = 8.5%

03 다음에서 설명하고 있는 것은?

> 키니네, 레몬, 라임 등 여러 가지 향료 식물 원료로 만들며, 열대지방 사람들의 식욕증진과 원기를 회복시키는 강장제 음료이다.

① Cola　　② Soda Water
③ Ginger Ale　　④ Tonic Water

📂 **Tip**
- 토닉워터 : 영국에서 개발한 투명한 음료로 레몬, 오렌지, 라임, 키니네 껍질 등의 엑기스에 당분을 가미해 만든 음료로 열대지방 사람들의 식욕증진과 원기를 회복시키는 강장제 음료이고, 말라리아 특효약으로 알려져 있다.
- 콜라 : 콜라 나무 열매에서 추출한 원액에 당분과 카라멜 색소 등을 혼합해 탄산수를 주입한 것으로 카페인 함량이 높다.
- 소다워터 : 물에 이산화탄소를 첨가한 것으로 영양가는 없지만 청량하고 위장을 자극하여 식욕을 돋운다.
- 진저에일 : 생강향이 나는 알코올이 없는 청량음료다.

04 다음 주류 중 주재료로 곡식(Grain)을 사용할 수 없는 것은?

① Whisky　　② Gin
③ Rum　　④ Vodka

📂 **Tip**
럼은 사탕수수로 즙 또는 당밀로 만들어진다.

05 다음 중 아이리쉬 위스키(Irish Whisky)는?

① John Jameson　　② Old Forester
③ Old Parr　　④ Imperial

📂 **Tip**
- Old Forester(미국, 버번위스키)
- Old Parr, Imperial(스카치 위스키)

06 스카치위스키를 기주로 하여 만들어진 리큐르는?

① 샤르트뢰즈 ② 드람뷰이
③ 쿠앵트로   ④ 베네딕틴

📁 **Tip**
- **드람뷰이** : 몰트 위스키에 꿀, 허브 등을 첨가하여 만든 리큐르이다.
- **샤르트뢰즈** : 프랑스어로 '수도원'이라는 뜻으로 리큐르의 여왕으로 불린다. 포도주에 레몬껍질, 박하초, 체네가초 등 130여 가지 재료를 침지하여 증류한 리큐르이다.
- **쿠앵트로** : 오렌지 껍질 추출물로 만들어지는 고급 화이트 큐라소 리큐르이다.
- **베네딕틴 DOM** : 코냑에 안젤리카와 주니퍼베리, 박하, 레몬 껍질 등 약 27종의 약초, 허브를 사용한 리큐르다. DOM은 데오 옵티모 멕시모(Deo Optimo Maxcimo)로 '최대 최선의 신에게'라는 뜻이다.

07 커피에 대한 설명으로 가장 거리가 먼 것은?

① 아라비카종의 원산지는 에티오피아이다.
② 초기에는 약용으로 사용되기도 했다.
③ 발효와 숙성과정을 거쳐 만들어진다.
④ 카페인이 중추신경을 자극하여 피로감을 없애준다.

📁 **Tip**
커피는 기본적으로 발효/숙성을 거치지 않는다.

08 맥주(beer) 양조용 보리로 가장 거리가 먼 것은?

① 껍질이 얇고, 담황색을 하고 윤택이 있는 것
② 알맹이가 고르고 95% 이상의 발아율이 있는 것
③ 수분 함유량은 10% 내외로 잘 건조된 것
④ 단백질이 많은 것

📁 **Tip**
단백질이 많으면 탁하고 맛이 좋지 않다.

09 술과 체이서(Chaser)의 연결이 어울리지 않는 것은?

① 위스키 - 광천수   ② 진 - 토닉워터
③ 보드카 - 시드르   ④ 럼 - 오렌지 주스

📁 **Tip**
체이서는 독한 술을 마신 뒤 입가심으로 마시는 물이나 음료이다. 보드카를 마신 뒤 오렌지 주스나 토닉워터가 잘 어울린다. 시드르(Cider)는 유럽에서 사과를 발효시켜 만든 과실주로 1~6%의 알코올을 가지고 있다.

10 다음 중 호크 와인(Hock Wine)이란?

① 독일 라인산 화이트 와인
② 프랑스 버건디산 화이트 와인
③ 스페인 호크하임엘산 레드 와인
④ 이탈리아 피에몬테산 레드 와인

📁 **Tip**
독일의 라인와인(Rhine Wine)을 영어로 지칭하는 말이다.

11 버번위스키(Bourbon Whiskey)는 Corn 재료를 약 몇 % 이상 사용하는가?

① Corn 0.1%   ② Corn 12%
③ Corn 20%   ④ Corn 51%

📁 **Tip**
- 버번위스키는 옥수수가 51% 이상이다.
- 콘위스키는 옥수수가 80% 이상이다.

12 Ginger Ale에 대한 설명 중 틀린 것은?

① 생강의 향을 함유한 소다수이다.
② 알코올 성분이 포함된 영양음료이다.
③ 식욕증진이나 소화제로 효과가 있다.
④ Gin이나 Brandy와 조주하여 마시기도 한다.

📁 **Tip**
진저에일은 무알코올 음료이다.

13 스카치위스키(Scotch Whisky)의 유명상표와 거리가 먼 것은?

① 발렌타인(Ballantine's)
② 커티 샥(Cutty Sark)
③ 올드 파(Old Parr)
④ 크라운 로얄(Crown Royal)

📁 **Tip**
크라운 로얄은 캐나디언 위스키이다.

14 포도 품종의 그린 수확(Green Harvest)에 대한 설명으로 옳은 것은?

① 수확량을 제한하기 위한 수확
② 청포도 품종 수확
③ 완숙한 최고의 포도 수확
④ 포도원의 잡초 제거

📁 **Tip**
Green Havest : 불필요한 녹색 포도를 미리 제거해 남은 포도의 품질을 향상시키기 위해 하는 작업

15 Tequia에 대한 설명으로 틀린 것은?

① Agave tequiliana 종으로 만든다.
② Tequila는 멕시코 전 지역에서 생산된다.
③ Reposado는 1년 이하 숙성시킨 것이다.
④ Anejo는 1년 이상 숙성시킨 것이다.

📁 **Tip**
테킬라는 멕시코 테킬라 마을을 중심으로 지정된 5개 지역에서만 생산된다. 그 외의 지역에서는 메즈칼이라고 한다.

16 다음 중 증류주에 속하는 것은?

① Beer   ② Sweet Vermouth
③ Dry Sherry   ④ Cognac

📁 **Tip**
Cognac(꼬냑) : 브랜디 중 프랑스 코냑지방에서 생산되는 브랜디로 포도로 만든 증류주이다.

17 Malt Whisky 제조순서를 올바르게 나열한 것은?

> 1. 보리(2조 보리) 2. 침맥 3. 건조(피트) 4. 분쇄
> 5. 당화 6. 발효 7. 증류(단식증류) 8. 숙성 9. 병입

① 1-2-3-4-5-6-7-8-9
② 1-3-2-4-5-6-7-8-9
③ 1-3-2-4-6-5-7-8-9
④ 1-2-3-4-6-5-7-8-9

📁 **Tip**
보리 - 침맥 - 건조 - 분쇄 - 당화 - 발효 - 증류 - 숙성 - 병입
보리~분쇄단계를 몰팅이라고도 부른다.

18. 시대별 전통주의 연결로 틀린 것은?

① 한산소곡주 - 백제시대
② 두견주 - 고려시대
③ 칠선주 - 신라시대
④ 백세주 - 조선시대

> **Tip**
> 칠선주는 조선 정조 때 만들어진 전통주이다.

19. 다음 중 싱글 몰트 위스키로 옳은 것은?

① Johnnie Walker
② Ballantine
③ Glenfiddich
④ Bell's Special

> **Tip**
> 현재 세계판매 1위 싱글몰트 위스키는 글렌피딕이다. 나머지 3종은 블렌디드 위스키이다.

20. 음료에 함유된 성분이 잘못 연결된 것은?

① Tonic Water - Quinine(Kinine)
② Kahlua - Chocolate
③ Ginger Ale - Ginger Flavor
④ Collins Mixer - Lemon Juice

> **Tip**
> 깔루아는 멕시코산 커피와 코코아, 바닐라향을 첨가한 리큐르다.

21. 풀케(pulque)를 증류해서 만든 술은?

① Rum
② Vodka
③ Tequila
④ Aquavit

> **Tip**
> 용설란(아가베)를 발효한 술은 풀케이고 풀케를 증류하면 테킬라가 된다.

22. 다음에서 설명되는 약용주는?

> 충남 서북부 해안지방의 전통 민속주로 고려 개국공신 복지겸이 백약이 무효인 병을 앓고 있을 때 백일기도 끝에 터득한 비법에 따라 찹쌀, 아미산의 진달래, 안샘물로 빚은 술을 마심으로 병을 고쳤다는 신비의 전설과 함께 전해 내려온다.

① 두견주
② 송순주
③ 문배주
④ 백세주

> **Tip**
> - **두견주**: 진달래꽃(두견화)을 첨가한 양조주
> - **송순주**: 곡주를 빚을 때 송순과 소주를 넣어 발효시키는 전통주
> - **문배주**: 밀, 좁쌀, 수수를 누룩과 함께 발효해 증류한 술로 문배나무 과실향이 난다고하여 문배주가 된 증류주
> - **백세주**: 찹쌀로 만든 발효주로 인삼과 허브로 맛을 냈다. 술을 마시면 백세까지 살 수 있다고 하여 이름이 붙여졌다.

23. 다음 품목 중 청량음료에 속하는 것은?

① 탄산수(Sparkling Water)
② 생맥주(Draft Beer)
③ 톰 칼린스(Tom Collins)
④ 진 피즈(Gin Fizz)

> **Tip**
> **청량음료**: 탄산수, 토닉워터, 진저에일, 콜라, 물 등

24 음료류와 주류에 대한 설명으로 틀린 것은?

① 맥주에서는 메탄올이 전혀 검출 되어서는 안 된다.
② 탄산음료는 탄산가스 압이 0.5kg/㎠인 것을 말한다.
③ 탁주는 전분질 원료와 국을 주원료로 하여 술덧을 혼탁하게 제성한 것을 말한다.
④ 과일, 채소류 음료에는 보존료로 안식향산을 사용할 수 있다.

Tip
모든 에탄올에는 극소량의 메탄올이 함유되어 있다. 법적으로 약 0.1% 이하로 함유되어 있어야 주류로 허가가 난다.

25 Red Wine의 품종이 아닌 것은?

① Malbec
② Cabernet Saubignon
③ Riesling
④ Cabernet franc

Tip
리슬링은 독일의 대표 화이트와인 품종이다.

26 진(Gin)의 설명으로 틀린 것은?

① 진의 원산지는 네덜란드다.
② 진은 프란시크루스 실비우스에 의해 만들어졌다.
③ 진의 원료는 과일에다 jniper berry를 혼합하여 만들었다.
④ 소나무 향이 나는 것이 특징이다.

Tip
진은 곡물을 당화, 발효한 뒤 연속증류기로 증류한 주정에 주니퍼베리, 고수 씨앗, 안젤리카 뿌리 등의 향료 식물을 침출한 증류주이다.

27 다음 중 각국 와인의 설명이 잘못된 것은?

① 모든 와인생산 국가는 의무적으로 와인의 등급을 표기해야 한다.
② 프랑스는 와인의 Terroir를 강조한다.
③ 스페인과 포르투갈에서는 강화와인도 생산한다.
④ 독일은 기후의 영향으로 White wine의 생산량이 Red wine보다 많다.

Tip
모든 와인생산 국가가 등급을 표기하지는 않는다.
주정강화와인 : 셰리(스페인), 포트(포르투갈)

28 다음 리큐르(Liqueur) 중 그 용도가 다른 하나는?

① 드람뷰이(Drambuie)
② 갈리아노(Gllaiano)
③ 시나(Cynar)
④ 코앵트로(Cointreau)

Tip
시나는 포도주에 아티초크를 섞은 리큐르로 식전주로 마신다.

29 다음 Whisky의 설명 중 틀린 것은?

① 어원은 aqua vitae가 변한 말로 생명의 물이란 뜻이다.
② 등급은 V·O, V·S·O·P, X·O 등으로 나누어 진다.
③ Canadian Whisky에는 Canadian Club, Seagram's V·O, Crown Royal 등이 있다.
④ 증류 방법은 Pot Still과 Patent Sill이다.

Tip
V·O, V·S·O·P, X·O 등으로 등급을 나누는 것은 브랜디이다.

30 다음 중 셰리를 숙성하기에 가장 적합한 곳은?

① 솔레라(Solera) ② 보데가(Bodega)
③ 꺄브(Cave) ④ 프로(Flor)

📁 **Tip**
- **솔레라 시스템**: 셰리 와인을 숙성시키는 방식으로 오래된 와인에 새로운 와인을 블렌딩해 일정한 맛과 품질을 유지하는 방법이다.
- **보데가**: 스페인의 와인 저장 창고
- **카브**: 프랑스어로 지하실, 지하실 저장 포도주
- **프로**: 정점에 달하기 전의 전성기

31 조주를 하는 목적과 거리가 가장 먼 것은?

① 술과 술을 섞어서 두 가지 향의 배합으로 색다른 맛을 얻을 수 있다.
② 술과 소프트드링크 혼합으로 좀 더 부드럽게 마실 수 있다.
③ 술과 기타 부재료를 가미하여 좀 더 독특한 맛과 향을 창출해 낼 수 있다.
④ 원가를 줄여서 이익을 극대화 할 수 있다.

📁 **Tip**
조주 재료에 따라 원가는 변동된다.

32 다음 중 휘젓기(Stirring) 기법으로 만드는 칵테일이 아닌 것은?

① Manhattan ② Martini
③ Gibson ④ Gimlet

📁 **Tip**
김렛은 셰이킹 기법으로 만든다.

33 바(Bar)에서 사용하는 Wine Decanter의 용도는?

① 테이블용 얼음 용기
② 포도주를 제공하는 유리병
③ 펀치를 만들 때 사용하는 화채 그릇
④ 포도주병 하나를 눕혀 놓을 수 있는 바구니

📁 **Tip**
와인 디캔터는 침전물이 있는 와인을 서브할 때 침전물을 제거하거나 숙성이 덜 된 와인을 서브할 때 공기와 접촉시켜 맛을 부드럽게 하기 위해 와인을 옮겨 담는 유리병이다.

34 주장(Bar)을 의미하는 것이 아닌 것은?

① 주류를 중심으로 한 음료 판매가 가능한 일정시설을 갖추어 판매하는 공간
② 고객과 바텐더 사이에 놓인 널판을 의미
③ 주문과 서브가 이루어지는 고객들의 이용 장소
④ 조리 가능한 시설을 갖추어 음료와 식사를 제공하는 장소

📁 **Tip**
④는 식당(Restaurant)에 대한 설명이다.

35 위생적인 주류 취급방법 중 틀린 것은?

① 먼지가 많은 양주는 깨끗이 닦아 Setting한다.
② 백포도주의 적정냉각온도는 실온이다.
③ 사용한 주류는 항상 뚜껑을 닫아 둔다.
④ 창고에 보관할 때는 Bin Card를 작성한다.

📁 **Tip**
화이트 와인의 적정온도는 7~10도이다.

36 바텐더가 지켜야 할 규칙사항으로 가장 적합한 것은?

① 고객이 바 카운터에 있으면 앉아서 대기해야 한다.
② 고객이 권하는 술은 고마움을 표시하고 받아 마신다.
③ 매출을 위해서 고객에게 고가의 술을 강요한다.
④ 근무 중에는 금주와 금연을 원칙으로 한다.

> **Tip**
> 담배 냄새가 칵테일 또는 위스키 향에 영향을 미칠 수 있기 때문에 근무 중엔 금연을 해야한다.

37 표준 레시피(Standard Recipes)를 설정하는 목적에 대한 설명 중 틀린 것은?

① 품질과 맛의 계속적인 유지
② 특정인에 대한 의존도를 높임
③ 표준 조주법 이용으로 노무비 절감에 기여
④ 원가계산을 위한 기초 제공

> **Tip**
> 표준 레시피가 설정 되어있다면 누구나 동일한 품질을 유지할 수 있다.

38 Onion 장식을 하는 칵테일은?

① Margarita
② Martini
③ Rob roy
④ Gibson

> **Tip**
> • 마가리타 : 소금 리밍
> • 마티니 : 올리브
> • 롭로이 : 체리

39 Strainer의 설명으로 가장 적합한 것은?

① Mixing Glass와 함께 Stir기법에 사용한다.
② 재료를 저을 때 사용한다.
③ 혼합하기 힘든 재료를 섞을 때 사용한다.
④ 재료의 용량을 측정할 때 사용한다.

> **Tip**
> 스트레이너는 얼음을 걸러주는 도구로 스터기법에 믹싱 글라스와 함께 사용된다.

40 칵테일의 기본 5대 요소와 거리가 가장 먼 것은?

① Decoration(장식)
② Method(방법)
③ Glass(잔)
④ Flavor(향)

> **Tip**
> 칵테일의 5대 요소 : 잔, 맛, 향, 색, 장식

41 다음 중 High ball glass를 사용하는 칵테일은?

① 마가리타(Margarita)
② 키르 로열(Kir Royal)
③ 씨 브리즈(Sea breeze)
④ 블루 하와이(Blue Hawaii)

> **Tip**
> • 마가리타 : 마가리타 글래스 또는 칵테일 글래스
> • 키르 로열 : 샴페인 글래스
> • 씨 브리즈 : 하이볼 글래스
> • 블루 하와이 : 그랑드 글래스

42 (A), (B), (C)에 들어갈 말을 순서대로 나열한 것은?

(A)는 프랑스어의 (B)에서 유래된 말로 고객과 바텐더 사이에 가로질러진 널판을 (C)라고 하던 개념이 현재에 와서는 술을 파는 식당을 총칭하는 의미로 사용되고 있다.

① Flair, Bariere, Bar
② Bar, Bariere, Bar
③ Bar, Bariere, Bartender
④ Flair, Bariere, Bartender

43 칵테일 주조 시 각종 주류와 부재료를 재는 표준용량 계량기는?

① Hand shaker
② Mixing Glass
③ Squeezer
④ Jigger

📂 **Tip**
칵테일 조주시 사용되는 계량 도구는 지거(Jigger)이다.

44 연회용 메뉴 계획 시 에피타이저 코스 주류로 알맞은 것은?

① cordials
② port wine
③ dry sherry
④ cream sherry

📂 **Tip**
- **코디얼** : 주정에 당분과 향이 첨가된 리큐르로 디저트에 어울린다.
- **포트와인** : 포르투갈 강화와인으로 달콤한 맛이 강해 식후주로 어울린다.
- **크림 쉐리** : 스페인 강화와인으로 달콤해 디저트로 어울린다.

45 바(bar)에서 하는 일과 가장 거리가 먼 것은?

① Store에서 음료를 수령한다.
② Appetizer를 만든다.
③ Bar Stool을 정리한다.
④ 음료 Cost 관리를 한다.

📂 **Tip**
애피타이저는 주방에서 하는 일이다.

46 주장의 캡틴(Bar Captain)에 대한 설명으로 틀린 것은?

① 영업을 지휘·통제한다.
② 서비스 준비사항과 구성인원을 점검한다.
③ 지배인을 보좌하고 업장 내의 관리업무를 수행한다.
④ 고객으로부터 직접 주문을 받고 서비스 등을 지시한다.

📂 **Tip**
① 지배인(매니저)의 업무이다.

47 주장관리에서 핵심적인 원가의 3요소는?

① 재료비, 인건비, 주장경비
② 세금, 봉사료, 인건비
③ 인건비, 주세, 재료비
④ 재료비, 세금, 주장경비

📂 **Tip**
원가 3요소 : 재료비, 인건비, 주장경비

48 식사 중 여러 가지 와인을 서빙시 적합한 방법이 아닌 것은?

① 화이트 와인은 레드 와인보다 먼저 서비스한다.
② 드라이 와인을 스위트 와인보다 먼저 서비스한다.
③ 마시기 가벼운 와인을 맛이 중후한 와인보다 먼저 서비스한다.
④ 숙성기간이 오래된 와인을 숙성기간이 짧은 와인보다 먼저 서비스한다.

📁 **Tip**
영(young)와인에서 올드(Old)와인으로 서비스한다.

49 주장의 영업 허가가 되는 근거 법률은?

① 외식업법　　　② 음식업법
③ 식품위생법　　④ 주세법

📁 **Tip**
주장 영업 허가는 식품위생법에 근거한다.

50 글라스 세척 시 알맞은 세제와 세척순서로 짝지어진 것은?

① 산성세제 - 더운물 - 찬물
② 중성세제 - 찬물 - 더운물
③ 산성세제 - 찬물 - 더운물
④ 중성세제 - 더운물 - 찬물

51 Which is the liquor made by the rind of grape in Italy?

① Marc　　　　② Grappa
③ Ouzo　　　　④ Pisco

📁 **Tip**
그라파 : 포도 찌거기로 만든 이탈리아 증류주이다.

52 다음에서 설명하는 혼성주로 옳은 것은?

> The elixir of "perfect love" is a sweet, perfumed liqueur with hints of flowers, spices, and fruit, and a mauve color that apparently had great appeal to women in the nineteenth century.

① triple sec　　　② Peter heering
③ parfait Amour　④ Southern comfort

📁 **Tip**
파르페 아모르(parfait Amour), 영원한 사랑이라는 뜻의 보라색 리큐르이다.

53 다음 (　　　) 안에 알맞은 단어와 아래의 상황 후 Jenny가 Kate에게 할 말의 연결로 가장 적합한 것은?

> Jenny comes back with a magnum and glasses carried by a barman. She sets the glasses while the barman opens the bottle. There is a loud "(　　)" and the cork hits kate who jumps up with a cry. The champagne spills all over the carpet.

① peep - Good luck to you.
② ouch - I am sorry to hear that.
③ tut - How awful!
④ pop - I am very sorry. I do hope you are not hurt.

> **Tip**
> Pop, 샴페인을 오픈하는 소리를 표현한 것. 코르크가 날아가면서 kate를 맞췄고, 샴페인은 카펫에 흘러버린 상황 다음으로는 사과와 안부를 물어봐야 한다.

54 Table wine에 대한 설명으로 틀린 것은?

① It is a wine term which is used in two different meanings in different countries : to signify a wine style and as a quality level with on wine classification.
② In the United Stated, it is primarily used as a designation of a wine style, and refers to "ordinary wine", which is neither fortified nor sparkling.
③ In the EU wine regulations, it is used for the higher of two overall quality.
④ It is fairly cheap wine that is drunk with meals.

> **Tip**
> 테이블 와인(Table Wine) : 식사중에 곁들여 마시는 보통의 와인

55 다음 B에 가장 적합한 대답은?

> A : What do you do for living?
> B : _____

① I'm writing a letter to my mother.
② I can't decide.
③ I work for a bank.
④ Yes, thank you.

> **Tip**
> 당신은 무슨 직업을 가지고 사나요? :
> ③ 나는 은행에서 일하고 있습니다.

56 다음 (   ) 안에 알맞은 것은?

> (   ) is distilled spirits from the fermented juice of sugarcane or other sugarcane by-products.

① whisky   ② vodka
③ gin   ④ rum

> **Tip**
> 설탕 또는 당밀로 만들어지는 증류주는 럼(rum)이다.

57 Which is the best term used for the preparing of daily products?

① Bar Purchaser   ② Par Stock
③ Inventory   ④ Order Slip

> **Tip**
> 파스톡(Par Stock) : 적정 재고량

58 다음 (   ) 안에 가장 적합한 것은?

> May I have (   ) coffee, please?

① some   ② many
③ to   ④ only

> **Tip**
> 정중한 요청의 표현으로 May I have some ~사용된다.

59 다음은 무엇을 만들기 위한 과정인가?

> 1. First, take the cocktail shaker and half fill it with broken ice, then add one ounce of lime juice.
> 2. After that put in one and a half ounce of rum and one tea spoon of powdered sugar.
> 3. Then shake it well and pass it through a strainer into a cocktail glass.

① Bacardi
② Cuba Libre
③ Blue Hawaiian
④ Daiquiri

📂 **Tip**
셰이킹 기법으로 라임, 럼, 설탕이 들어간 칵테일은 다이커리(Daiquiri)이다.

60 Which is correct to serve wine?

① When pouring, make sure to touch the bottle to the glass.
② Before the host has acknowledged and approved his selection, open the bottle.
③ All white, roses, and sparkling wines are chilled. Red wine is served at room temperature.
④ The bottle of wine doesn't need to be presented to the host for verifying the bottle he or she ordered.

📂 **Tip**
와인을 올바르게 서브하는 방법은? :
③ 화이트, 로제, 스파클링 와인은 차갑게, 레드와인은 상온에서 서브한다.

정답

01	②	02	③	03	④	04	③	05	①
06	②	07	③	08	④	09	③	10	①
11	④	12	②	13	④	14	①	15	②
16	④	17	①	18	③	19	③	20	②
21	③	22	①	23	①	24	①	25	③
26	③	27	①	28	③	29	②	30	②
31	④	32	④	33	②	34	④	35	②
36	④	37	②	38	④	39	①	40	②
41	③	42	②	43	④	44	③	45	②
46	①	47	①	48	④	49	③	50	④
51	②	52	③	53	④	54	③	55	③
56	④	57	②	58	①	59	④	60	③

2013년 3회 필기 기출

01 다음 중 양조주에 대한 설명이 옳지 않은 것은?

① 맥주, 와인 등이 이에 속한다.
② 증류주와 혼성주의 제조원료가 되기도 한다.
③ 보존기간이 비교적 짧고 유통기간이 있는 것이 많다.
④ 발효주라고도 하며 알코올발효는 효모에 의해서만 이루어진다.

> **Tip**
> 알코올 발효는 효모, 곰팡이 등 미생물에 의해 일어난다.

02 양조주의 설명으로 맞지 않는 것은?

① 주로 과일이나 곡물을 발효하여 만든 술이다.
② 단발효주, 복발효주 2가지 방법이 있다.
③ 양조주의 알코올 함유량은 대략 25% 이상이다.
④ 발효하는 과정에서 당분이 효모에 의해 물, 에틸알코올, 이산화탄소가 발생한다.

> **Tip**
> 양조주(발효주)는 20% 이하의 알코올 도수를 갖는다.

03 다음 중 증류주가 아닌 것은?

① 보드카(vodka) ② 샴페인(champagne)
③ 진(gin)   ④ 럼(rum)

> **Tip**
> 샴페인은 포도로 만든 발효주로 탄산이 있는 와인

04 단식 증류법(pot still)의 장점이 아닌 것은?

① 대량생산이 가능하다.
② 원료의 맛을 잘 살릴 수 있다.
③ 좋은 향을 잘 살릴 수 있다.
④ 시설비가 적게 든다.

> **Tip**
> - **단식증류** : 시설비가 적게 들고 원료의 맛을 잘 살려 좋은 향의 위스키를 생산할 수 있지만 대량생산은 어렵다.
> - **연속증류** : 시설비가 비싸지만 대량생산이 가능하다. 그러나 원료의 맛과 향이 약하다.

05 음료에 관한 설명으로 틀린 것은?

① 음료는 크게 알콜성 음료와 비알콜성 음료로 구분된다.
② 알콜성 음료는 양조주, 증류주, 혼성주로 분류된다.
③ 커피는 영양음료로 분류된다.
④ 발효주에는 탁주, 와인, 청주, 맥주 등이 있다.

> **Tip**
> - **영양음료** : 우유류, 주스류
> - **기호음료** : 커피류, 차류

06 탄산음료에서 탄산가스의 역할이 아닌 것은?

① 당분 분해   ② 미생물의 발효 저지
③ 향기의 변화 보호 ④ 청량감 부여

> **Tip**
> 당분 분해는 효모, 미생물에 의해 이루어진다.

07 다음 중 과실음료가 아닌 것은?

① 토마토 주스　　② 천연과즙주스
③ 희석과즙음료　　④ 과립과즙음료

> **Tip**
> 토마토는 채소로 분류된다.

08 호남의 명주로서 부드럽게 취하고 뒤끝이 깨끗하여 우리의 고유한 전통술로 정평이 나있고, 쌀로 빚은 30도의 소주에 배, 생강, 울금 등 한약재를 넣어 숙성시킨 약주에 해당하는 민속주는?

① 이강주　　② 춘향주
③ 국화주　　④ 복분자주

> **Tip**
> 이강주는 조선 3대 명주(이강주, 죽력고, 감홍로)중 하나이다.

09 다음 민속주 중 약주가 아닌 것은?

① 한산 소곡주　　② 경주 교동 법주
③ 아산 연엽주　　④ 진도 홍주

> **Tip**
> 진도 홍주는 쌀과 보리를 이용해 만든 증류주로 증류 시 지초를 통과하게 만들어 향과 붉은색을 띤 증류주다.

10 다음 중 의미가 다른 것은?

① 섹(Sec)　　② 두(Doux)
③ 둘체(Dulce)　　④ 스위트(Sweet)

> **Tip**
> - Sec(프랑스) : 단맛이 거의 없는 포도주
> - Doux(프랑스) : 아주 단 샴페인
> - Dulce(스페인) : 달콤한 포도주

11 독일의 스파클링 와인(Sparkling wine)은?

① 젝트　　② 로트바인
③ 로제바인　　④ 바이스바인

> **Tip**
> 독일(젝트), 프랑스(샴페인, 크레망, 뱅 무쉐),
> 이탈리아(스푸만테), 스페인(카바)

12 독일의 QmP 와인등급 6단계에 속하지 않는 것은?

① 라트바인　　② 카비네트
③ 슈페트레제　　④ 아우스레제

> **Tip**
> 라트바인은 테이블 와인이다.

13 다음 중 이탈리아 와인 등급 표시로 맞는 것은?

① A.O.C　　② D.O
③ D.O.C.G　　④ QbA

> **Tip**
> - D.O.C.G : 이탈리아에서 최상급 와인을 의미
> - A.O.C : 프랑스 와인 등급
> - QbA : 독일 와인 등급
> - D.O : 스페인 와인 등급

14 Sherry wine의 원산지는?

① Bordeaux 지방   ② Xeres 지방
③ Rhine 지방   ④ Hockheim 지방

> **Tip**
> 스페인 남부 헤레스(Xeres)지방의 식전와인이다.

15 다음 중 White wine 품종은?

① Sangiovese   ② Nebbiolo
③ Barbera   ④ Muscadelle

> **Tip**
> - 화이트 와인 품종 : 샤르도네, 소비뇽블랑, 세미용, 리슬링, 무스카델
> - 무스카델(Muscadelle) : 보르도 토착 화이트와인 품종

16 빈티지(Vintage)란 무엇을 뜻하는가?

① 포도주의 이름   ② 포도주의 수확년도
③ 포도주의 원산지명   ④ 포도의 품종

17 브랜디의 설명으로 틀린 것은?

① 브랜딩하여 제조한다.
② 향미가 좋아 식전주로 주로 마신다.
③ 유명산지는 꼬냑과 아르마냑이다.
④ 과실을 주원료로 사용하는 모든 증류주에 이 명칭을 사용한다.

> **Tip**
> ② 향을 즐기고 소화를 위해 식후주로 보통 즐긴다.

18 가장 오랫동안 숙성한 브랜디(Brandy)는?

① V.O   ② V.S.O.P
③ X.O   ④ EXTRA

> **Tip**
> 1865년 헤네시 등급
> - V.O : 15년
> - V.S.O.P : 25~30년
> - X.O : 45년 이상
> - EXTRA : 70년 이상

19 프리미엄 테킬라의 원료는?

① 아가베 아메리카나
② 아가베 아즐 데킬라나
③ 아가베 시럽
④ 아가베 아트로비렌스

> **Tip**
> 프리미엄 데킬라는 블루아가베 혹은 아가베 아즐 데킬라나(agave azul, Agave tequilana)로 만들어진다.

20 다음 중 버번위스키(bourbon whiskey)는?

① Ballantine's   ② I. W. Harper's
③ Lord Calvert   ④ Old Bushmills

> **Tip**
> Ballantine's (스코틀랜드), Lord Calvert(캐나다), Old Bushmills(아일랜드)

21 슬로우 진(sloe gin)의 설명 중 옳은 것은?

① 증류주의 일종이며, 진(gin)의 종류이다.
② 보드카(vodka)에 그레나딘 시럽을 첨가한 것이다.
③ 아주 천천히 분위기 있게 먹는 칵테일이다.
④ 오얏나무 열매 성분을 진(gin)에 첨가한 것이다.

> **Tip**
> 슬로 진은 진의 종류가 아니라 야생자두를 진에 첨가하고 당분을 가미한 리큐르이다.

22 저먼 진(German gin)이라고 일컬어지는 Spirits는?

① 아쿠아비트(Aquavit)
② 스타인헤거(Steinhager)
③ 키르슈(Kirsch)
④ 후람보아즈(Framboise)

📁 Tip
- **아쿠아비트**(Aquavit) : 북유럽 스칸디나비아 지역의 감자로 증류주
- **키르슈**(Kirsch) : 체리로 만든 브랜디
- **후람보아즈**(Framboise) : 라즈베리 리큐르

23 에소프레소의 커피추출이 빨리 되는 원인이 아닌 것은?

① 약한 탬핑 강도
② 너무 많은 커피 사용
③ 높은 펌프 압력
④ 너무 굵은 분쇄입자

📁 Tip
커피양이 많으면 추출이 느려진다.

24 콘 위스키(corn whiskey)란?

① 50% 이상 옥수수가 포함된 것
② 옥수수 50%, 호밀 50% 섞인 것
③ 80% 이상 옥수수가 포함된 것
④ 40% 이상 옥수수가 포함된 것

📁 Tip
- 콘위스키는 옥수수 80% 이상
- 버번위스키는 옥수수 51% 이상

25 Straight Whisky에 대한 설명으로 틀린 것은?

① 스코틀랜드에서 생산되는 위스키이다.
② 버번위스키, 콘 위스키 등이 이에 속한다.
③ 원료곡물 중 한 가지를 51% 이상 사용해야 한다.
④ 오크통에서 2년 이상 숙성시켜야 한다.

📁 Tip
Straight whisky는 미국 위스키에 적용되는 분류이다.

26 Aquavit에 대한 설명으로 틀린 것은?

① 감자를 맥아로 당화시켜 발효하여 만든다.
② 알코올 농도는 40~45%이다.
③ 엷은 노란색을 띄는 것을 taffel이라고 한다.
④ 북유럽에서 만드는 증류주이다.

📁 Tip
Taffel은 덴마크 감자칩을 의미한다.

27 생강을 주원료로 만든 것은?

① 진저엘
② 토닉워터
③ 소다수
④ 칼린스 믹서

📁 Tip
생강향 탄산음료는 진저엘이다.

28 다음 중 리큐르(Liqueur)는 어느 것인가?

① 버건디(Burgundy)
② 드라이 쉐리(Dry sherry)
③ 코앵뜨로(Cointreau)
④ 베르무트(Vermouth)

> **Tip**
> - **버건디** : 프랑스 부르고뉴 지방 와인
> - **드라이 쉐리** : 스페인 주정 강화와인
> - **베르무트** : 와인에 향쑥, 용담, 키니네 등을 추출한 가향 와인
> - **코앵뜨로** : 프랑스에서 오렌지 껍질로 만든 리큐르

29 다음 중 하면발효맥주에 해당 되는 것은?

① Stout Beer ② Porter Beer
③ Pilsner Beer ④ Ale Beer

> **Tip**
> - **하면발효맥주** : 라거, 드래프트 비어, 필스너
> - **상면발효맥주** : 스타우트, 에일, 포터, 램빅

30 다음 중 알코올성 커피는?

① 카페 로얄(Cafe Royale)
② 비엔나 커피(Vienna Coffee)
③ 데미타세 커피(Demi-Tasse Coffee)
④ 카페오레(Cafe au Lait)

> **Tip**
> 알코올성 커피 : 카페 로얄, 아이리쉬 커피

31 주장(bar) 경영에서 의미하는 "happy hour"를 올바르게 설명한 것은?

① 가격할인 판매시간
② 연말연시 축하 이벤트 시간
③ 주말의 특별행사 시간
④ 단골고객 사은 행사

> **Tip**
> 손님이 없는 시간대에 주류 등을 할인해서 판매하는 시간

32 다음 중 주장 관리의 의의에 해당되지 않는 것은?

① 원가관리 ② 매상관리
③ 재고관리 ④ 예약관리

> **Tip**
> 예약관리는 주장과 별도로 관리된다.

33 주장(bar)의 핵심점검표 사항 중 영업에 관련한 법규상의 문제와 관계가 가장 먼 것은?

① 소방 및 방화사항 ② 예산집행에 관한 사항
③ 면허 및 허가사항 ④ 위생 점검 필요사항

> **Tip**
> 예산 집행은 법규와 무관한다.

34 주장의 시설에 대한 설명으로 잘못된 것은?

① 주장은 크게 프런트 바(front bar), 백 바(back bar), 언더 바(under bar)로 구분된다.
② 프런트 바(front bar)는 바텐더와 고객이 마주보고 서브하고 서빙을 받는 바를 말한다.
③ 백 바(back bar)는 칵테일용으로 쓰이는 술의 저장 및 전시를 위한 공간이다.
④ 언더 바(under bar)는 바텐더 허리 아래의 공간으로 휴지통이나 빈병 등을 둔다.

> **Tip**
> 언더바에는 냉장고나 주류, 음료들을 둔다.

35 구매관리와 관련된 원칙에 대한 설명으로 옳은 것은?

① 나중에 반입된 저장품부터 소비한다.
② 한꺼번에 많이 구매한다.
③ 공급업자와의 유대관계를 고려하여 검수 과정은 생략한다.
④ 저장창고의 크기, 호텔의 재무상태, 음료의 회전을 고려하여 구매한다.

> **Tip**
> ① 선입선출이 되어야 한다.
> ② 필요한 만큼 구매해야 한다.
> ③ 검수 과정은 꼼꼼하게 진행되어야 한다.

36 영업을 폐점하고 남은 물량을 품목별로 재고 조사하는 것을 무엇이라 하는가?

① daily issue
② inventory management
③ par stock
④ FIFO

> **Tip**
> 재고관리 : 제조, 공급망, 판매 등 인벤토리의 모든 것을 포함해서 관리한다.

37 호텔에서 호텔홍보, 판매촉진 등 특별한 접대 목적으로 일부를 무료로 제공하는 것은?

① Complaint
② Complimentary Service
③ F/O Cashier
④ Out of Order

> **Tip**
> Complimentary(무료의)

38 다음 중 주장 종사원(waiter/waitress)의 주요 임무는?

① 고객이 사용한 기물과 빈 잔을 세척한다.
② 칵테일의 부재료를 준비한다.
③ 창고에서 주장(bar)에서 필요한 물품을 보급한다.
④ 고객에게 주문을 받고 주문받은 음료를 제공한다.

> **Tip**
> 종사원의 주요 업무는 고객에게 주문을 받고 음료를 제공한다.

39 Bar 종사원의 올바른 태도가 아닌 것은?

① 영업장 내에서 동료들과 좋은 인간관계를 유지하다.
② 항상 예의 바르고 분명한 언어와 태도로 고객을 대한다.
③ 고객과 정치성이 강한 대화를 주로 나눈다.
④ 손님에게 지나친 주문을 요구하지 않는다.

> **Tip**
> BAR에서는 정치적, 지역적, 종교적 대화를 하지 않는다.

40 바텐더(bartender)의 직무에 관한 설명으로 가장 거리가 먼 것은?

① 바 카운터 내의 청결, 정리정돈 등을 수시로 해야 한다.
② 파 스탁(par stock)에 준한 보급수령을 해야 한다.
③ 각종 기계 및 기구의 작동상태를 점검해야 한다.
④ 조주는 바텐더 자신의 기준이나 아이디어에 따라 제조해야 한다.

> **Tip**
> ④ 표준 레시피에 따라 일정한 맛과 품질을 유지해야 한다.

41 바텐더의 영업 개시 전 준비사항이 아닌 것은?

① 모든 부재료를 점검한다.
② White wine을 상온에 보관하고 판매한다.
③ Juice 종류는 다양한지 확인한다.
④ 칵테일 냅킨과 코스터를 준비한다.

> **Tip**
> 화이트와인은 7~10도로 보관하고 서브한다.

42 다음 중 셰이커(shaker)를 사용하여야 하는 칵테일은?

① 브랜디 알렉산더(Brandy Alexander)
② 드라이 마티니(Dry Martini)
③ 올드 패션드(Old fashioned)
④ 크렘 드 민트 프라페(Creme de menthe frappe)

> **Tip**
> • 드라이 마티니(스터)
> • 올드 패션드(빌드)
> • 크렘 드 민트 프라페(빌드)

43 칵테일을 컵에 따를 때 얼음이 들어가지 않도록 걸러주는 기구는?

① Shaker   ② strainer
③ stick   ④ blender

> **Tip**
> 얼음을 걸러주는 역할을 하는 기구는 스트레이너(Strainer)이다.

44 Hot drinks cocktail이 아닌 것은?

① God Father   ② Irish Coffee
③ Jamaica Coffee   ④ Tom and Jerry

> **Tip**
> • 갓파더는 스카치위스키와 아마레또가 들어가는 차가운 칵테일이다. / 빌드 기법으로 만들어진다.

45 위스키가 기주로 쓰이지 않는 칵테일은?

① 뉴욕(New York)
② 로브 로이(Rob Roy)
③ 맨하탄(Manhattan)
④ 블랙러시안(Black Russian)

> **Tip**
> 블랙러시안 = 보드카 1oz + 깔루아 0.5oz

46 다음 중 mixing glass의 설명으로 옳은 것은?

① 칵테일 조주 시에 사용되는 글라스의 총칭이다.
② Stir 기법에 사용하는 기물이다.
③ 믹서기에 부착된 혼합용기를 말한다.
④ 칵테일 혼합되는 과일을 으깰 때 사용한다.

> **Tip**
> 스터기법에 사용되는 전용 잔으로 바스푼, 스트레이너와 함께 사용된다.

47 1 Jigger에 대한 설명 중 틀린 것은?

① 1 Jigger는 45mL이다.
② 1 Jigger는 1.5 once이다.
③ 1 Jigger는 1 gallon 이다.
④ 1 Jigger는 칵테일 제조 시 많이 사용된다.

📁 **Tip**
1Jigger = 1.5oz = 45ml / 1Gallon = 128oz

48 주스류(juice)의 보관 방법으로 가장 적절한 것은?

① 캔 주스는 냉동실에 보관한다.
② 한번 오픈한 주스는 상온에 보관한다.
③ 열기가 많고 햇볕이 드는 곳에 보관한다.
④ 캔 주스는 오픈한 후 유리그릇, 플라스틱 용기에 담아서 냉장 보관한다.

📁 **Tip**
캔주스는 냉장보관, 개봉한 주스는 최대한 빨리 음용하거나 냉장보관, 음료 보관시 직사광선을 피한다.

49 음료저장관리 방법 중 FIFO의 원칙을 적용하기에 가장 적합한 술은?

① 위스키   ② 맥주
③ 브랜디   ④ 진

📁 **Tip**
선입선출이 필요한 주류는 발효주(양조주)로 보기 중 맥주가 있다.

50 음료 저장 방법에 관한 설명 중 옳지 않은 것은?

① 포도주병은 눕혀서 코르크 마개가 항상 젖어 있도록 저장한다.
② 살균된 맥주는 출고 후 약 3개월 정도는 실온에서 저장할 수 있다.
③ 적포도주는 미리 냉장고에 저장하여 충분히 냉각시킨 후 바로 제공한다.
④ 양조주는 선입선출법에 의해 저장, 관리한다.

📁 **Tip**
레드와인은 차가울수록 타닌성분의 쓴맛이 강해지므로 차갑게 마시지 않고 약 15도 또는 상온에서 마신다.

51 Which one is made with ginger and sugar?

① Tonic water   ② Ginger ale
③ Sprite   ④ Collins mix

📁 **Tip**
생강과 설탕이 들어간 음료는 진저에일이다.

52 Which one is the cocktail containing Creme de Cassis and white wine?

① Kir   ② Kir royal
③ Kir imperial   ④ King Alfonso

📁 **Tip**
키르(Kir) = 화이트와인 + 크렘 드 카시스(빌드 기법)

53 다음의 ( ) 안에 들어갈 적합한 것은?

( ) whisky is a whisky which is distilled and produced ant just one particular distillery.
( )s are made entirely from one type of malted grain, traditionally barley, which is cultivated in the region of the distillery.

① grain
② blended
③ single malt
④ bourbon

Tip
한 증류소에서만 생산되고, 한 종류의 맥아(발아시킨 보리)로만 만들어진 위스키는 싱글몰트 위스키이다.

54 다음은 커피와 관련한 어떤 과정을 설명한 것인가?

The heating process that releases all the potential flavors locked in green beans.

① Cupping
② Roasting
③ Grinding
④ Brewing

Tip
생두에 열을가해 향을 만들어내는 과정은 로스팅이다.

55 다음 빈칸에 들어갈 적합한 말로 바르게 짝지어진 것은?

W: Would you like a dessert?
G: Yes, please. Could you tell us what you have (a).
W: Certainly. (a) we have fruit salad, chocolate gateau, and lemon pie.
G: The gateau looks nice but what is (b)?
W: (b) there is fresh fruit, cheesecake, and profiteroies.
G: I think I'll have them, please, with chocolate sauce.

① (a): on it, (b): under
② (a): on the top, (b): underneath
③ (a): over, (b): below
④ (a): on the top, (b): under

Tip
디저트를 주문하는 상황에서 위(on the top), 아래(underearth)를 의미하는 단어가 사용된다.

56 ( ) 안에 알맞은 리큐르는?

( ) is called the queen of liqueur. This is one of the French traditional liqueur and is made from several years aging after distilling of various herbs added to spirit.

① Chartreuse
② Benedictine
③ Kummel
④ Cointreau

Tip
리큐르의 여왕으로 불리우고, 프랑스에서 만들어진 리큐르는 샤르트뢰즈 이다.

57 다음에서 설명하는 것은?

It is a liqueur made by orange peel originated from Venezuela.

① Drambuie ② Jagermeister
③ Benedictine ④ Curacao

Tip
베네수엘라서 오렌지 껍질로 만들어진 리큐르는 '큐라소(Curacao)이다.'

58 다음의 (　) 안의 들어갈 적합한 것은?

A : Do you haver a new job?
B : Yes, I (　) for a wine bar now.

① do ② take
③ can ④ work

Tip
Work(일하다)

59 다음 밑줄 친 단어와 바꾸어 쓸 수 있는 것은?

A : Would you <u>like</u> some more drinks?
B : No, thanks. I've had enough.

① care in ② care for
③ care to ④ care of

Tip
Care for ~(~를 좋아하다)

60 밑줄 친 곳에 들어갈 가장 알맞은 말은?

A : May I take your order?
B : Yes, please.
A : _____
B : I'd like to have Bulgogi.

① Do you have a table for three?
② Pass me the salt, please.
③ What would you like to have?
④ How do yo like your steak?

Tip
A : 주문하시겠습니까?
B : 네
A : 어떤걸로 드시겠어요?
B : 불고기로 하겠습니다.

정답

01	④	02	③	03	②	04	①	05	③
06	①	07	①	08	①	09	④	10	①
11	①	12	①	13	③	14	②	15	④
16	②	17	②	18	④	19	②	20	②
21	④	22	②	23	②	24	③	25	①
26	③	27	①	28	③	29	③	30	①
31	①	32	④	33	②	34	④	35	④
36	②	37	②	38	④	39	③	40	④
41	②	42	①	43	②	44	①	45	④
46	②	47	③	48	④	49	②	50	③
51	②	52	①	53	③	54	②	55	④
56	①	57	④	58	④	59	②	60	③

2013년 4회 필기 기출

01 Gin에 대한 설명으로 틀린 것은?

① 저장, 숙성을 하지 않는다.
② 생명의 물이라는 뜻이다.
③ 무색, 투명하고 산뜻한 맛이다.
④ 알코올 농도는 40~50% 정도이다.

📁 **Tip**
생명의 물 : 위스키, 브랜디, 보드카 등이 있다.

02 일반적인 병맥주(Lager Beer)를 만드는 방법은?

① 고온발효   ② 상온발효
③ 하면발효   ④ 상면발효

📁 **Tip**
- 하면발효맥주 : 라거, 드래프트 비어, 필스너
  - 복 : 독일의 라거계열 맥주
- 상면발효맥주 : 에일, 스타우트, 포터, 램빅

03 다음 중 Irish Whiskey는?

① Johnnie Walker Blue   ② John Jameson
③ Wild Turkey   ④ Crown Royal

📁 **Tip**
조니워커(Scotch), 제임슨(Irish), 와일드 터키(American), 크라운 로얄(Canadian)

04 다음 중 블렌디드(Blended) 위스키가 아닌 것은?

① Johnnie Walker Blue   ② Cutty Sark
③ Macallan 18   ④ Ballentine's 30

📁 **Tip**
맥캘란18은 싱글몰트 위스키이다.

05 샴페인에 관한 설명 중 틀린 것은?

① 샴페인은 포말성(Sparkling) 와인의 일종이다.
② 샴페인 원료는 피노 노아, 피노 뫼니에, 샤르도네이다.
③ 동 페리뇽(Dom perignon)에 의해 만들어졌다.
④ 샴페인 산지인 샹파뉴 지방은 이탈리아 북부에 위치하고 있다.

📁 **Tip**
샹파뉴 지방은 프랑스 북부에 위치해 있다.

06 부르고뉴(Bourgogne) 지방과 함께 대표적인 포도주 산지로서 Medoc, Graves 등이 유명한 지방은?

① Pilsner   ② Bordeaux
③ Staut   ④ Mousseux

📁 **Tip**
보드로, 프랑스 항구도시로 브르고뉴와 함께 대표적인 와인생산지이다.

07 작은 포도알, 깊은 적갈색, 두꺼운 껍질, 많은 씨앗이 특징이며 씨앗은 타닌함량을 풍부하게 하고, 두꺼운 껍질은 색깔을 깊이 있게 나타낸다. 블랙커런트, 체리, 자두 향을 지니고 있으며, 대표적인 생산지역은 프랑스 보르도 지방인 포도 품종은?

① 메를로(Merlot)
② 삐노 느와르(Pinot Noir)
③ 까베르네 쇼비뇽(Cabernet Sauvignon)
④ 샤르도네(Chardonnay)

> **Tip**
> - 메를로 : 프랑스 보르도 레드와인 품종
> - 피노 누와 : 프랑스 부르고뉴 레드와인 품종
> - 샤르도네 : 프랑스 부르고뉴 화이트와인 품종

08 혼성주의 제조방법 중 시간이 가장 많이 소요되는 방법은?

① 증류법(Distillation process)
② 침출법(Infusion process)
③ 추출법(Percolation process)
④ 배합법(Essence process)

> **Tip**
> **침출법** : 약초, 향료, 과일 등을 주정에 담아 침출, 여과하는 방법으로 열을 가하지 않아 콜드방식(Cold Method)라고 한다. 열을 가하지 않기 때문에 시간이 가장 오래 소요된다.

09 오렌지향이 가미된 혼성주가 아닌 것은?

① Triple Sec
② Tequila
③ Grand Marnier
④ Cointreau

> **Tip**
> 데킬라는 아가베(용설란)으로 만든 증류주이다.

10 혼성주의 설명으로 틀린 것은?

① 증류주에 초근목피의 침출물로 향미를 더한다.
② 프랑스에서는 꼬디알이라 부른다.
③ 제조방법으로 침출법, 증류법, 에센스법이 있다.
④ 중세 연금술사들에 의해 발견되었다.

> **Tip**
> 영국에서 알코올이 포함되지 않은 과일, 꽃시럽을 코디얼이라고 부른다.

11 북유럽 스칸디나비아 지방의 특산주로 감자와 맥아를 부재료로 사용하여 증류 후에 회향초 씨(Caraway Seed) 등 여러 가지 허브로 향기를 착향시킨 술은?

① 보드카(Vodka)
② 진(Gin)
③ 데킬라(Tequla)
④ 아쿠아비트(Aquavit)

12 우리나라 전통주가 아닌 것은?

① 이강주
② 과하주
③ 죽엽청주
④ 송순주

> **Tip**
> 죽엽청주는 중국 8대 명주로 다양한 약재를 섞은 소흥주의 일종이다.

13 Vodka에 속하는 것은?

① Bacardi
② Stolichnaya
③ Blanton's
④ Beefeater

> **Tip**
> ① 바카디(럼), ③ 블랑통(버번위스키), ④ 비피터(진)

14 다음 중 리큐르(Liqueur)와 관계가 없는 것은?

① Cordials ② Arnaud de Villeneuve
③ Benedicictine ④ Dom Perignon

📁 **Tip**
④ 돔페리뇽은 샴페인이다.

15 차를 만드는 방법에 따른 분류와 대표적인 차의 연결이 틀린 것은?

① 불발효차 - 보성녹차 ② 반발효차 - 오룡차
③ 발효차 - 다즐링차 ④ 후발효차 - 쟈스민차

📁 **Tip**
후발효차 - 보이차 / 반발효차 - 쟈스민차

16 다음 단발효법으로 만들어진 것은?

① 맥주 ② 청주
③ 포도주 ④ 탁주

📁 **Tip**
단발효법은 과실류가 원료이고 복발효는 곡물류이다.

17 지방의 특산 전통주가 잘못 연결된 것은?

① 금산 - 인삼주 ② 홍천 - 옥선주
③ 안동 - 송화주 ④ 전주 - 오곡주

📁 **Tip**
전주 - 이강주

18 탄산음료의 종류가 아닌 것은?

① 진저엘 ② 카린스 믹스
③ 토닉워터 ④ 리까르

📁 **Tip**
리카르(Ricard) 아니스향의 리큐르

19 핸드 드립 커피의 특성이 아닌 것은?

① 비교적 조리 시간이 오래 걸린다.
② 대체로 메뉴가 제한된다.
③ 블렌딩한 커피만을 사용한다.
④ 추출자에 따라 커피맛이 영향을 받는다.

📁 **Tip**
핸드드립 커피 원두는 생산국가, 농장 등 세분화해 사용된다.

20 차나무의 분포 지역분포지역을 가장 잘 표시한 것은?

① 남위 20°~북위 40° 사이의 지역
② 남위 23°~북위 43° 사이의 지역
③ 남위 26°~북위 46° 사이의 지역
④ 남위 25°~북위 50° 사이의 지역

21 다음 중 리큐르(Liqueur)의 종류에 속하지 않는 것은?

① Creme de Cacao ② Curacao
③ Negroni ④ Dubonnet

📁 **Tip**
네그로니 : 진, 캄파리, 스위트 베르뭇으로 만든 칵테일

22 커피 로스팅의 정도에 따라 약한 순서에서 강한 순서대로 나열한 것으로 옳은 것은?

① American Roasting → German Roasting → French Roasting → Italian Roasting
② German Roasting → Italian Roasting → American Roasting → French Roasting
③ Italian Roasting → German Roasting → American Roasting → French Roasting
④ French Roasting → American Roasting → Italian Roasting → German Roasting

23 좋은 맥주용 보리의 조건으로 알맞은 것은?

① 껍질이 두껍고 윤택이 있는 것
② 알맹이가 고르고 발아가 잘 안 되는 것
③ 수분 함유량이 높은 것
④ 전분 함유량이 많은 것

> **Tip**
> 맥주용 보리 조건
> - 껍질이 얇은 것
> - 담황색을 띠고 윤택이 있는 것
> - 알맹이가 고르고 발아율이 95% 이상인 것
> - 수분 함유량이 13% 이하로 잘 건조된 것
> - 전분 함유량은 많고 단백질은 적은 것

24 몰트위스키의 제조과정에 대한 설명으로 틀린 것은?

① 정선 - 불량한 보리를 제거한다.
② 침맥 - 보리를 깨끗이 씻고 물을 주어 발아를 준비한다.
③ 제근 - 맥아의 뿌리를 제거시킨다.
④ 당화 - 효모를 가해 발효시킨다.

> **Tip**
> 당화(매싱): 전분상태의 맥아가루에 뜨거운 물을 넣어 당으로 분해시키는 과정

25 증류주가 사용되지 않은 칵테일은?

① Manhattan   ② Rusty Nail
③ Irish Coffe   ④ Grasshopper

> **Tip**
> 그래스호퍼: 크렘드 민트 그린 + 크렘드 카카오 화이트 + 우유

26 꿀로 만든 리큐르(Liqueur)는?

① Creme de Menthe   ② Curacao
③ Galliano   ④ Drambuie

> **Tip**
> 드람뷔이는 스카키위스키에 꿀과 허브향을 이용한 리큐르이다.

27 다음 중 레드와인용 포도 품종이 아닌 것은?

① 리슬링(Riesling)
② 메를로(Merlot)
③ 삐노 누아(Pinot Noir)
④ 카베르네 쇼비뇽(Cabernet Sauvignon)

> **Tip**
> 화이트와인 품종: 샤르도네, 소비뇽블랑, 세미용, 리슬링

28 다음 중 상면발효맥주가 아닌 것은?

① 에일   ② 복
③ 스타우트   ④ 포터

> **Tip**
> - 하면발효맥주: 라거, 드래프트 비어, 필스터
>   - 복: 독일의 라거계열 맥주
> - 상면발효맥주: 에일, 스타우트, 포터, 램빅

29 증류주가 아닌 것은?

① 풀케   ② 진
③ 데킬라   ④ 아쿠아비트

> **Tip**
> 풀케는 용설란(아가베)으로 만든 양조주(발효주)이다.

30 음료의 역사에 대한 설명으로 틀린 것은?

① 기원전 6000년경 바빌로니아 사람들은 레몬과즙을 마셨다.
② 스페인 발렌시아 부근의 동굴에서는 탄산가스를 발견해 마시는 벽화가 있다.
③ 바빌로니아 사람들은 밀빵이 물에 젖어 발효된 맥주를 발견해 음료로 즐겼다.
④ 중앙아시아 지역에서는 야생의 포도가 쌓여 자연 발효된 포도주를 음료로 즐겼다.

> **Tip**
> 발렌시아 부근 동굴에는 봉밀을 채취하는 벽화가 있다.

31 다음 중 올바른 음주방법과 가장 거리가 먼 것은?

① 술 마시기 전에 음식을 먹어서 공복을 피한다.
② 본인의 적정 음주량을 초과하지 않는다.
③ 먼저 알코올 도수가 높은 술부터 낮은 술로 마신다.
④ 술을 마실 때 가능한 천천히 그리고 조금씩 마신다.

> **Tip**
> 도수가 낮은 술에서 높은 술 순서로 마신다.

32 조주 시 필요한 쉐이커(Shaker)의 3대 구성요소의 명칭이 아닌 것은?

① 믹싱(Mixing)   ② 보디(Body)
③ 스트레이너(Stainer)   ④ 캡(Cap)

> **Tip**
> 코블러 셰이커의 구성요소 : 보디, 스트레이너, 캡

33 개봉한 뒤 다 마시지 못한 와인의 보관방법으로 옳지 않은 것은?

① vacuum pump로 병 속의 공기를 빼낸다.
② 코르크로 막아 즉시 냉장고에 넣는다.
③ 마개가 없는 디캔터에 넣어 상온에 둔다.
④ 병속에 불활성 기체를 넣어 산소의 침입을 막는다.

> **Tip**
> 개봉한 와인은 밀봉 후 냉장보관해야 한다.

34 주로 추운 계절에 추위를 녹이기 위하여 외출이나 등산 후에 따뜻하게 마시는 칵테일로 가장 거리가 먼 것은?

① Irish Coffee   ② Tropical Cocktail
③ Rum Grog   ④ Vin Chaud

> **Tip**
> ②는 차가운 칵테일이다.

35 행사장에 임시로 설치해 간단한 주류와 음료를 판매하는 곳의 명칭은?

① Open Bar   ② Dance Bar
③ Cash Bar   ④ Lounge Bar

36 Red Wine Decanting에 사용되지 않는 것은?

① Wine Cradle   ② Candle
③ Cloth Napkin   ④ Snifter

> **Tip**
> • Wine Cradle(와인 거치대)
> • Snifter(넓은 형태의 브랜디잔)

37 주류의 Inventory Sheet에 표기되지 않는 것은?

① 상품명   ② 전기 이월량
③ 규격(또는 용량)   ④ 구입가격

> **Tip**
> 구입가격은 재고조사표(Inventory Sheet)에 포함되지 않는다.

38 생맥주를 중심으로 각종 식음료를 비교적 저렴하게 판매하는 영국식 선술집은?

① Saloon   ② Pub
③ Lounge Bar   ④ Banquet

39 Stem Glass인 것은?

① Collins Grass
② Old Fashioned Grass
③ Straight up Grass
④ Sherry Grass

40 바(Bar)의 업무 효율향상을 위한 시설물 설치 방법으로 옳지 않는 것은?

① 얼음 제빙기는 가능한 바(Bar) 내에 설치한다.
② 바의 수도 시설은 믹싱 스테이션(Mixing Station)바로 후면에 설치한다.
③ 각 얼음은 아이스 텅(Ice Tongs)에다 채워놓고 바(Bar) 작업대 옆에 보관한다.
④ 냉각기(Cooling Cabinet)는 주방 밖에 설치한다.

> **Tip**
> 아이스 텅(Ice Tongs)은 얼음집게이다.

41 식재료 원가율 계산 방법으로 옳은 것은?

① 기초재고 + 당기매입 - 기말재고
② (식재료 원가/총매출액) × 100
③ 비용 + (순이익/수익)
④ (식재료 원가/월매출액) × 30

42 바(Bar)의 기구가 아닌 것은?

① 믹싱 쉐이커(Mixing Shaker)
② 레몬 스퀴저(Lemon Squeezer)
③ 바 스트레이너(Bar Strainer)
④ 스테이플러(Stapler)

43 칵테일을 만드는 기법으로 적당하지 않은 것은?

① 띄우기(floating)
② 휘젓기(stirring)
③ 흔들기(shaking)
④ 거르기(filtering)

> **Tip**
> 칵테일 기법: 흔들기, 휘젓기, 띄우기, 직접넣기(Building) 등이 있다.

44 구매관리 업무와 가장 거리가 먼 것은?

① 납기관리
② 우량 납품업체 선정
③ 시장조사
④ 음료상품 판매촉진 기획

> **Tip**
> 음료상품 판매촉진 기획은 마케팅 업무이다.

45 다음 식품위생법상의 식품접객업의 내용으로 틀린 것은?

① 휴게음식점 영업은 주로 빵과 떡 그리고 과자와 아이스크림류 등 과자점 영업을 포함한다.
② 일반음식점 영업은 음식류만 조리 판매가 허용되는 영업을 말한다.
③ 단란주점 영업은 유흥종사자는 둘 수 없으나 모든 주류의 판매 허용과 손님이 노래를 부르는 행위가 허용되는 영업이다.
④ 유흥주점 영업은 유흥종사자를 두거나 손님이 노래를 부르거나 춤을 추는 행위가 허용되는 영업입니다.

> **Tip**
> 휴게음식점은 주류를 판매할 수 없으나 일반음식점은 주류를 판매할 수 있다.

46 물로 커피를 추출할 때 사용하는 도구가 아닌 것은?

① Coffee Urn
② Siphon
③ Dripper
④ French Press

> **Tip**
> Coffee Urn: 커피를 보관하고 제공하는 용기

47 cork screw의 사용 용도는?

① 잔 받침대
② 와인 보관용 그릇
③ 와인의 병마개용
④ 와인의 병마개 오픈용

48 식재료가 소량이면서 고가인 경우나 희귀한 아이템의 경우에 검수하는 방법으로 옳은 것은?

① 발췌 검수법
② 전수 검수법
③ 송장 검수법
④ 서명 검수법

> **Tip**
> 식재료가 소량, 고가인 경우에는 전수 검수법을 사용해 모든 재료 상태를 확인한다.

49 주장 경영 원가의 3요소로 가장 적합한 것은?

① 재료비, 노무비, 기타경비
② 재료비, 인건비, 세금
③ 재료비, 종사원 급여, 권리금
④ 재료비, 노무비, 월세와 관리비

> **Tip**
> 주장 경영 원가 3요소: 재료비, 노무비, 기타경비

50 바텐더의 자세로 가장 바람직하지 못한 것은?

① 영업 전 후 Inventory 정리를 한다.
② 유통기한을 수시로 체크한다.
③ 손님과의 대화를 위해 뉴스, 신문 등을 자주 본다.
④ 고가의 상품을 판매를 위해 손님에게 추천한다.

📂 Tip
④ 손님의 취향과 예산에 맞는 상품을 추천한다.

51 "How often do you drink?"의 대답으로 적합하지 않은 것은?

① Every day
② About three time a month
③ once a week
④ After work

📂 Tip
Often(자주)
Q : 얼마나 자주 마시나요?
A : 횟수에 대한 대답

52 "All tables are booked tonight"과 의미가 같은 것은?

① All books are on the table.
② There are a lot of table here.
③ All tables are very dirty tonight.
④ There aren't any available tables tonight.

📂 Tip
오늘 저녁 모든 테이블이 예약이 되어 있습니다.

53 Please select the cocktail-based wine in the following.

① Mai-Tai
② Mah-jong
③ Salty-Dog
④ Sangria

📂 Tip
와인을 기주로하는 칵테일은 상그리아다.

54 Which one is the best harmony with gin?

① sprite
② ginger ale
③ cola
④ tonic water

📂 Tip
진(gin)과 가장 잘어울리는 조합은 토닉워터(Tonic Water) 이다. 진&토닉

55 Which cocktail name means "Freedom"?

① God mother
② Cuba libre
③ God father
④ French kiss

📂 Tip
Cuba Libre : 스페인 식민지였던 쿠바의 독립운동 당시 생겨난 표어 "Viva Cuba Libre(자유 쿠바 만세)"에서 유래된 칵테일이다.

56 "그걸로 주세요."라는 표현으로 가장 적합한 것은?

① I'll have this one.
② Give me one more.
③ That's please.
④ I already had one.

> **Tip**
> ① 그걸로 주세요. / ② 하나 더 주세요.
> ③ 그렇게 해주세요. / ④ 나는 이미 하나 가지고 있어요.

> **Tip**
> 아침과 점심 사이, 늦은 아침에 먹는 식사는 브런치이다.

57 다음에서 설명하는 bitters는?

> It is made from a Trinidadian sector recipe.

① peyshaud's bitters
② Abbott's aged bitters
③ Orange bitters
④ Angostura bitters

> **Tip**
> 트리니다드 토바고 및 베네수엘라 원주민의 비법 레시피로 만들어진 비터를 앙고스트라 비터스이다.

60 (   ) 안에 가장 알맞은 것은?

> W: What would you like to drink, sir?
> G: Scotch (   ) the rocks, please.

① in
② with
③ on
④ put

> **Tip**
> On the rocks, 위스키에 얼음을 넣어 마시는 방식

58 아래의 대화에서 (   ) 안에 알맞은 단어로 짝지어진 것은?

> A: Let's go (   ) a drink after work, will you?
> B: I don't (   ) like a drink today.

① for, feel
② to, have
③ in, know
④ of, give

> **Tip**
> A: 퇴근하고 술 한잔하러 갈래?
> B: 오늘은 술 마시고 싶지 않아요.

59 (   )에 들어갈 단어로 옳은 것은?

> (   ) is a late morning meal between breakfast and lunch.

① Buffet
② Brunch
③ American breakfast
④ Continental breakfast

정답

01	②	02	③	03	②	04	③	05	④
06	②	07	③	08	②	09	②	10	②
11	④	12	③	13	②	14	④	15	④
16	③	17	④	18	④	19	③	20	②
21	③	22	①	23	④	24	④	25	④
26	④	27	①	28	②	29	①	30	②
31	③	32	①	33	③	34	②	35	④
36	④	37	④	38	②	39	④	40	④
41	②	42	④	43	④	44	④	45	②
46	①	47	④	48	②	49	①	50	④
51	④	52	④	53	④	54	④	55	②
56	①	57	④	58	①	59	②	60	③

Chapter 09 2014년 1회 필기 기출

01 고구려의 술로 전해지며, 여름날 황혼 무렵에 찐 차좁쌀로 담가서 그 다음날 닭이 우는 새벽녘에 먹을 수 있도록 빚었던 술은?

① 교동법주　　② 청명주
③ 소곡주　　　④ 계명주

📂 **Tip**
계명주 : "저녁에 빚으면 다음날 새벽닭이 울 때까지는 술이 익는다"라고 해서 붙여진 이름이다.

02 다음 술 종류 중 코디얼(cordial)에 해당하는 것은?

① 베네딕틴(Benedictine)
② 고든스 런던 드라이 진(Gordons london dry gin)
③ 커티 샥(Cutty sark)
④ 올드 그랜드 대드(Old grand dad)

📂 **Tip**
베네딕틴 DOM은 프랑스 리큐르로 안젤리카, 주니퍼베리, 시나몬, 레몬껍질, 벌꿀 등 약 27종의 약초를 사용하여 만든다.
- 고든스 런던 드라이 진 = 진(Gin)
- 커티 샥 = 스카치 위스키
- 올드 그랜드 대드 = 버번 위스키

03 독일와인의 분류 중 가장 고급와인의 등급표시는?

① Q.b.A　　　② Tafelwein
③ Landwein　 ④ Q.m.P

📂 **Tip**
- Q.m.P(최상급) / Q.b.A(우수와인)
- Deutscher Landwein(타펠 와인보다 숙성한 포도로 만든 와인)
- Deutscher Tafelwein(독일 Tafelwein 지역에서 허가된 포도로 만든 테이블 와인)

04 하면 발효 맥주가 아닌 것은?

① Lager beer　　② Porter beer
③ Pilsen beer　 ④ Munchen beer

📂 **Tip**
- **상면발효맥주** : 에일, 스타우트, 포터, 램빅
- **하면발효맥주** : 라거, 드래프트 비어, 필스터, 뮌헨

05 조선시대의 술에 대한 설명으로 틀린 것은?

① 중국과 일본에서 술이 수입되었다.
② 술 빚는 과정에 있어 여러 번 걸쳐 덧술을 하였다.
③ 고려시대에 비하여 소주의 선호도가 높았다.
④ 소주를 기본으로 한 약용약주, 혼양주의 제조가 증가했다.

📂 **Tip**
우리나라는 삼국시대 이전부터 술을 마셨으며, 고려시대에 "계림유사"에는 수자, 조선시대 문헌에는 <수울>, <수을>로 기록되어 있다.

06 프랑스 보르도(Bordeaux) 지방의 와인이 아닌 것은?

① 보졸레(Beaujolais), 론(Rhone)
② 메독(Medoc), 그라브(Grave)
③ 포므롤(Pomerol), 소테른(Sauternes)
④ 생떼밀리옹(Saint-Emilion), 바르삭(Barsac)

📁 Tip
- 보졸레는 브루고뉴 지방 남쪽에 자리 잡고 있다.
- 론은 프랑스 동쪽, 보르도 지방의 오른쪽에 위치해 있다.

07 스카치 위스키가 아닌 것은?

① Crown Royal ② White Horse
③ Johnnie Walker ④ VAT 69

📁 Tip
크라운 로얄은 캐나디안 위스키이다.

08 맥주의 효과와 가장 거리가 먼 것은?

① 향균 작용
② 이뇨 억제 작용
③ 식욕 증진 및 소화 촉진 작용
④ 신경 진정 및 수면 촉진 작용

📁 Tip
맥주의 알코올 성분이 항이뇨호르몬 분비를 억제합니다.

09 오렌지 과피, 회향초 등을 주원료로 만들며 알코올 농도가 24% 정도가 되는 붉은색의 혼성주는?

① Beer ② Drambuie
③ Campari ④ Cognac

📁 Tip
캄파리 : 이탈리아 식전주로 붉은색에 쓴맛이 강한 리큐르이다.

10 커피를 주원료로 만든 리큐르는?

① Grand Marnier ② Benedictine
③ Kahlua ④ Sloe Gin

📁 Tip
- 깔루아 : 멕시코산 커피를 주원료로 코코아, 바닐라 향을 첨가한 리큐르다.
- 그랑 마니에르 : 3~4년 숙성된 코냑에 오렌지 향을 첨가한 고급 큐라소이다.
- 베네딕틴 DOM : 프랑스에서 안젤리카, 박하, 주니퍼 베리, 벌꿀 등 약 27종의 약초를 이용해 만든 리큐르이다.
- 슬로 진 : 야생자두를 진에 첨가해 만든 붉은색 리큐르이다.

11 소다수에 대한 설명 중 틀린 것은?

① 인공적으로 이산화탄소를 첨가한다.
② 약간의 신맛과 단맛이 나며 청량감이 있다.
③ 식욕을 돋우는 효과가 있다.
④ 성분은 수분과 이산화탄소로 칼로리는 없다.

📁 Tip
소다수는 물에 이산화탄소를 첨가한 것으로, 무(無)맛이다.

12. 와인에 관한 용어 설명 중 틀린 것은?

① 탄닌(tannin) - 포도의 껍질, 씨와 줄기, 오크통에서 우러나오는 성분
② 아로마(aroma) - 포도의 품종에 따라 맡을 수 있는 와인의 첫 번째 냄새 또는 향기
③ 부케(bouquet) - 와인의 발효과정이나 숙성과정 중에 형성되는 복잡하고 다양한 향기
④ 빈티지(vintage) - 포도주 제조년도

Tip
빈티지 : 포도 수확연도

13. 다음 중 혼성주가 아닌 것은?

① Apricot brandy ② Amaretto
③ Rusty nail ④ Anisette

Tip
러스티 네일 : 스카치위스키에 드람뷰이를 섞은 칵테일

14. 다음 중 코냑이 아닌 것은?

① Courvoisier ② Camus
③ Mouton Cadet ④ Remy Martin

Tip
무똥카데는 보르도 와인이다.

15. 맥주의 재료인 호프(hop)의 설명으로 옳지 않은 것은?

① 자웅이주 식물로서 수꽃인 솔방울 모양의 열매를 사용한다.
② 맥주의 쓴맛과 향을 낸다.
③ 단백질을 침전·제거하여 맥주를 맑고 투명하게 한다.
④ 거품의 지속성 및 항균성을 부여한다.

Tip
Hop : 뽕나무과, 삼나무과 식물로 암수가 서로 다른 다년생 넝쿨식물로 양조용으로 수정되지 않은 암꽃을 사용한다.

16. 음료에 대한 설명이 잘못된 것은?

① 진저엘(Ginger ale)은 착향 탄산음료이다.
② 토닉워터(Tonic Water)는 착향 탄산음료이다.
③ 세계 3대 기호음료는 커피, 코코아, 차(Tea)이다.
④ 유럽에서 Cider(또는 Cidre)는 착향 탄산음료이다.

Tip
사이다 또는 시드르는 사과를 발효시켜 만든 사과주이다. 알코올 도수는 1~6% 정도다.

17. 위스키(Whisky)와 브랜디(Brandy)에 대한 설명이 틀린 것은?

① 위스키는 곡물을 발효시켜 증류한 술이다.
② 캐나디안 위스키(Canadian Whisky)는 캐나다 산 위스키의 총칭이다.
③ 브랜디는 과실을 발효·증류해서 만든다.
④ 코냑(Cognac)은 위스키의 대표적인 술이다.

Tip
코냑은 프랑스 코냑지방에서 만든 브랜디이다.

18. 레몬주스, 슈가시럽, 소다수를 혼합한 것으로 대용할 수 있는 것은?

① 진저엘 ② 토닉워터
③ 칼린스 믹스 ④ 사이다

> **Tip**
> 칼린스 믹스 : 레몬, 설탕이 주원료로 액상과당, 탄산, 구연산 등이 첨가되어 있다.

19. 커피의 품종이 아닌 것은?

① 아라비카(Arabica) ② 로부스타(Robusta)
③ 리베리카(Riberica) ④ 우바(Uva)

> **Tip**
> 우바는 세계 3대 홍차 중 하나이다.
> **세계 3대 홍차** : 인도 다즐링, 중국 기문차, 스리랑카 우바

20. 다음 광천수 중 탄산수가 아닌 것은?

① 셀처 워터(Seltzer Water)
② 에비앙 워터(Evian Water)
③ 초정약수
④ 페리에 워터(Perrier Water)

> **Tip**
> 에비앙 워터는 탄산이 없다.

21. 이탈리아 와인 중 지명이 아닌 것은?

① 키안티 ② 바르바레스코
③ 바롤로 ④ 바르베라

> **Tip**
> 바르베라는 이탈리아에서 산죠베제, 몬테풀치아노에 이어 3번째로 많이 재배되는 품종이다.

22. 와인에 국화과의 아티초크(Artichoke)와 약초의 엑기스를 배합한 이태리산 리큐르는?

① Absinthe ② Dubonnet
③ Amer picon ④ Cynar

> **Tip**
> 아티쵸크가 첨가된 리큐르는 치나(Cynar)이다.

23. 다음 중 식전주(Aperitif)로 가장 적합하지 않은 것은?

① Campari ② Dubonnet
③ Cinzano ④ Side car

> **Tip**
> 사이드카는 브랜디 베이스 칵테일이다.

24. 브랜디의 제조순서로 옳은 것은?

① 양조작업 - 저장 - 혼합 - 증류 - 숙성 - 병입
② 양조작업 - 증류 - 저장 - 혼합 - 숙성 - 병입
③ 양조작업 - 숙성 - 저장 - 혼합 - 증류 - 병입
④ 양조작업 - 증류 - 숙성 - 저장 - 혼합 - 병입

25 다음 중 Bitter가 아닌 것은?

① Angostura   ② Campari
③ Galliano   ④ Amer Picon

Tip
갈리아노는 아니스, 바닐라 등 40종류 이상의 약초, 향초를 이용해 만든 리큐르로 이탈리아 밀라노 지방에서 생산된다. 길쭉한 병이 특징이다.

26 Tequila에 대한 설명으로 틀린 것은?

① Tequila 지역을 중심으로 지정된 지역에서만 생산된다.
② Tequila를 주원료로 만든 혼성주는 Mezcal이다.
③ Tequila는 한 품종의 Agave만 사용된다.
④ Tequila는 발효 시 옥수수당이나 설탕을 첨가할 수도 있다.

Tip
블루아가베를 이용해 테킬라 마을에서 만든 증류주를 테킬라라고 한다. 기타 다른 품종의 아가베로 다른 지역에서 만든 증류주는 메즈칼이라고 한다.

27 증류주에 대한 설명으로 옳은 것은?

① 과실이나 곡류 등을 발효시킨 후 열을 가하여 분리한 것이다.
② 과실의 향료를 혼합하여 향기와 감미를 첨가한 것이다.
③ 주로 맥주, 와인, 양주 등을 말한다.
④ 탄산성 음료는 증류주에 속한다.

Tip
① 증류과정을 설명한 것으로, 증류주에 대한 설명이다.
② 리큐르에 대한 설명이다.
③ 발효주(양조주)이 대한 설명이다.
④ 탄산성 음료는 비알코올성 음료이다.

28 리큐르의 제조법이 아닌 것은?

① 증류법   ② 에센스법
③ 믹싱법   ④ 침출법

Tip
리큐르 제조법 : 증류법, 배합법(에센스법), 침출법, 여과법 등이 있다.

29 와인 제조 시 이산화황(SO_2)을 사용하는 이유가 아닌 것은?

① 항산화제 역할   ② 부패균 생성 방지
③ 갈변 방지   ④ 효모 분리

Tip
이산화황은 항미생물제, 항산화제, 보존제로 사용된다.

30 진(Gin)의 상표로 틀린 것은?

① Bombay Sapphire   ② Gordon's
③ Smirnoff   ④ Beefeater

Tip
스미노프는 보드카 브랜드이다.

31 연회용 메뉴 계획 시 에피타이저 코스에 술을 권유하려 할 때 다음 중 가장 적합한 것은?

① 리큐르(liqueur)
② 크림 쉐리(cream sherry)
③ 드라이 쉐리(dry sherry)
④ 포트 와인(port wine)

Tip
단맛이 없는 드라이 쉐리가 에피타이저로 적합하다.

32 주장(bar) 영업종료 후 재고조사표를 작성하는 사람은?

① 식음료 매니저 ② 바 매니저
③ 바 보조 ④ 바텐더

33 화이트와인 서비스과정에서 필요한 기물과 가장 거리가 먼 것은?

① Wine cooler ② Wine stand
③ Wine basket ④ Wine opener

> **Tip**
> 와인 바스켓은 와인을 보관하는 바구니로, 와인을 칠링하는 기능이 없기에 화이트와인을 서비스 과정에 불필요하다.

34 일과 업무 시작 전에 바(bar)에서 판매 가능한 양만큼 준비해 두는 각종의 재료를 무엇이라고 하는가?

① Bar Stock ② Par Stock
③ Pre-Product ④ Ordering Product

> **Tip**
> 파스톡(적정 재고량)

35 흔들기(Shaking)에 대한 설명 중 틀린 것은?

① 잘 섞이지 않고 비중이 다른 음료를 조주할 때 적합하다.
② 롱 드링크(long drink) 조주에 주로 사용한다.
③ 애플마티니를 조주할 때 이용되는 기법이다.
④ 쉐이커를 이용한다.

> **Tip**
> 주로 숏 드링크(Short Drink) 조주에 사용한다.

36 칵테일글라스(Cocktail Glass)의 3대 명칭이 아닌 것은?

① 베이스(Base) ② 스템(Stem)
③ 보울(Bowl) ④ 캡(Cap)

> **Tip**
> 칵테일 클라스 3대 명칭 : 보울, 스템, 베이스

37 싱가포르 슬링(Singapore Sling) 칵테일의 장식으로 알맞은 것은?

① 시즌과일(season fruits)
② 올리브(olive)
③ 필 어니언(peel onion)
④ 계피(cinnamon)

> **Tip**
> 마티니(올리브), 깁슨(어니언), 핫토디(계피)

38 네그로니(Negroni) 칵테일의 조주 시 재료로 가장 적합한 것은?

① Rum 3/4oz, Sweet Vermouth 3/4oz, Campari 3/4oz, Twist of lemon peel
② Dry Gin 3/4oz, Sweet Vermouth 3/4oz, Campari 3/4oz, Twist of lemon peel
③ Dry Gin 3/4oz, Dry Vermouth 3/4oz, Grenadine Syrup 3/4oz, Twist of lemon peel
④ Tequila 3/4oz, Sweet Vermouth 3/4oz, Campari 3/4oz, Twist of lemon peel

> **Tip**
> 네그로니 : 기법(빌드) / 재료(진, 캄파리, 스위트 베르뭇) / 가니쉬(레몬 필)

39 브랜디 글라스(Brandy Glass)에 대한 설명으로 틀린 것은?

① 코냑 등을 마실 때 사용하는 튤립형의 글라스이다.
② 향을 잘 느낄 수 있도록 만들어졌다.
③ 기둥이 긴 것으로 윗부분이 넓다.
④ 스니프터(snifter)라고도 하며 밑이 넓고 위는 좁다.

📂 Tip
브랜디 글라스는 스템이 짧다.

40 Cocktail Shaker에 넣어 조주하는 것이 부적합한 재료는?

① 럼(Rum)   ② 소다수(Soda Water)
③ 우유(Milk)   ④ 달걀흰자

📂 Tip
셰이킹 기법에 탄산이 있는 재료는 터질 수 있기 때문에 부적절하다.

41 다음 음료 중 냉장 보관이 필요 없는 것은?

① White Wine   ② Dry Sherry
③ Beer   ④ Brandy

📂 Tip
브랜디는 와인을 증류한 고도수의 술이기 때문에 냉장보관할 필요가 없다. 주로 양조주(발효주)를 냉장보관한다.

42 칵테일 조주 시 사용되는 다음 방법 중 가장 위생적인 방법은?

① 손으로 얼음을 Glass에 담는다.
② Glass 윗부분(Rine)을 손으로 잡아 움직인다.
③ Garnish는 깨끗한 손으로 Glass에 Setting 한다.
④ 유효기간이 지난 칵테일 부재료를 사용한다.

📂 Tip
① 얼음은 집게를 이용해 담는다.
② 잔의 림부분은 손으로 만지지 않는다.
④ 유효기간이 지난 부재료는 폐기하고, 선입선출을 기본으로 한다.

43 주장요원의 업무규칙에 부합하지 않는 것은?

① 조주는 규정된 레시피에 의해 만들어져야 한다.
② 요금의 영수 관계를 명확히 하여야 한다.
③ 음료의 필요재고보다 두 배 이상의 재고를 보유하여야 한다.
④ 고객의 음료 보관 시 명확한 표기와 보관을 책임진다.

📂 Tip
③ 적정 재고 이상으로 보유시, 재고관리가 어렵고 소진 전에 유효기간이 지나 폐가할 가능성이 있다.

44 와인을 주재료(wine base)로 한 칵테일이 아닌 것은?

① 키어(Kir)
② 블루 하와이(Blue hawaii)
③ 스프리처(Sprizer)
④ 미모사(Mimosa)

📂 Tip
블루 하와이는 럼이 베이스인 칵테일이다.

45 물품검수 시 주문내용과 차이가 발견될 때 반품하기 위하여 작성하는 서류는?

① 송장(invoice)
② 견적서(price quotation sheet)
③ 크레디트 메모(Credit memorandum)
④ 검수보고서(receiving sheet)

> **Tip**
> 그레딧 메모 : 판매자가 구매자에게 발행하는 문서로 고객이 지불해야 할 금액이나 공급자에게 지불해야 할 금액의 감소를 나타내는 문서이다.

46 고객에게 음료를 제공할 때 반드시 필요치 않은 비품은?

① Cocktail Napkin ② Can Opener
③ Muddler ④ Coaster

> **Tip**
> 고객에게 음료를 제공할 때 캔은 개봉해서 제공되기 때문에, 캔 오프너가 별도로 필요하지 않다.

47 칵테일 부재료 중 spice류에 해당되지 않는 것은?

① Grenadine syrup ② Mint
③ Nutmeg ④ Cinnamon

> **Tip**
> Spice(향신료)가 아닌 것은 그라나딘 시럽이다.

48 Wine 저장에 관한 내용 중 적절하지 않은 것은?

① White Wine은 냉장고에 보관하되 그 품목에 맞는 온도를 유지해 준다.
② Red Wine은 상온 Cellar에 보관하되 그 품목에 맞는 적정온도를 유지해 준다.
③ Wine을 보관하면서 정기적으로 이동 보관한다.
④ Wine 보관 장소는 햇볕이 잘 들지 않고 통풍이 잘 되는 곳에 보관하는 것이 좋다.

> **Tip**
> 와인 보관시 불필요한 이동을 하지 않는 것이 좋다.

49 주장원가의 3요소로 가장 적합한 것은?

① 인건비, 재료비, 주장경비
② 인건비, 재료비, 세금봉사료
③ 인건비, 재료비, 주세
④ 인건비, 재료비, 세금

50 Muddler에 대한 설명으로 옳은 것은?

① 설탕이나 장식과일 등을 으깨거나 혼합할 때 사용한다.
② 칵테일 장식에 체리나 올리브 등을 찔러 장식할 때 사용한다.
③ 규모가 큰 얼음덩어리를 잘게 부술 때 사용한다.
④ 술의 용량을 측정할 때 사용한다.

> **Tip**
> ② 칵테일 픽(Cocktail Pick), ③ 아이스 픽(Ice Pick), ④ 지거(Jigger)

51 Which one is made with vodka and coffee liqueur?

① Black russian ② Rusty nail
③ Cacao fizz ④ Kiss of fire

> **Tip**
> 보드카와 칼루아가 들어간 칵테일은 블랙러시안이다.

52 Which of the following doesn't belong to the regions of France where wine is produced?

① Bordeaux ② Burgundy
③ Champagne ④ Rheingau

Tip
다음 중 와인이 생산되는 프랑스 지역에 속하지 않은 곳은?:
라인가우(Rheingau)는 독일의 와인산지이다.

53 Which is the correct one as a base of Port Sangaree in the following?

① Rum ② Vodka
③ Gin ④ Wine

Tip
포트 상그리아의 기주로 올바른 것은?:
상그리아의 재료는 와인이다.

54 "a glossary of basic wine terms"의 연결로 틀린 것은?

① Balance : the portion of the wine's odor derived from the grape variety and fermentation.
② Nose : the total odor of wine composed of aroma, bouquet, and other factors.
③ Body : the weight or fullness of wine on palate.
④ Dry : a tasting term to denote the absence of sweetness in wine.

Tip
기본 와인 용어로 올바지 않은 것은?
① **아로마**(Aroma) : 포도품종, 원산지에 따른 향,
   부케(Bouquet) : 발효, 숙성에서 생성되는 향

55 다음에서 설명하는 것은?

> When making a cocktail, this is the main ingredient into which other things are added.

① base ② glass
③ straw ④ decoration

Tip
칵테일 조주시, 메인재료가 되는 것은 기주(Base)이다.

56 다음에서 설명하는 것은?

> An anise-flavored, high-proof liqueur now banned due to the alleged toxic effects of wormwood, which reputedly turned the brains of heavy users to much.

① Curacao ② Absinthe
③ Calvados ④ Benedictine

Tip
아니스 향에 높은 도수를 갖는 리큐르는 압생트이다.

57 다음에서 설명하는 것은?

> A honeydew melon flavored liqueur from the Japanese house of Suntory.

① Midori ② Cointreau
③ Grand Marnier ④ Apricot Brandy

Tip
미도리는 일본어로 '초록'이라는 의미로 멜론향의 리큐르이다.

58 다음 (   )에 알맞은 단어는?

Dry gin merely signifies that the gin lacks (   ).

① sweetness
② sourness
③ bitterness
④ hotness

📁 **Tip**

드라이 진은 단지 진에 (단맛)이 부족하다는 뜻이다.

59 다음 (   ) 안에 들어갈 알맞은 것은?

(   ) is a Caribbean coconut-flavored rum originally from Barbados.

① Malibu
② Sambuca
③ Maraschino
④ Southern Comfort

📁 **Tip**

캐리비안의 코코넛 럼은 말리부이다.

60 다음 (   ) 안에 들어갈 알맞은 것은?

This is our first visit to Korea and before we (   ) our dinner, we want to (   ) some domestic drinks here.

① have, try
② having, trying
③ serve, served
④ serving, be served

📁 **Tip**

Before는 미래에 일어날 일을 나타낼 때도 종속절에 현재시제를 사용한다.
→ Have의 현재 시제는 have / Want to + 동사원형

정답

01	④	02	①	03	④	04	②	05	①
06	①	07	①	08	②	09	③	10	③
11	②	12	④	13	③	14	③	15	①
16	④	17	④	18	③	19	④	20	②
21	④	22	④	23	④	24	②	25	③
26	②	27	①	28	③	29	④	30	③
31	③	32	④	33	③	34	②	35	②
36	④	37	①	38	①	39	③	40	②
41	④	42	③	43	③	44	②	45	③
46	②	47	①	48	③	49	①	50	①
51	①	52	④	53	④	54	①	55	①
56	②	57	①	58	①	59	①	60	①

2014년 2회 필기 기출

01 진(Gin)이 제일 처음 만들어진 나라는?
① 프랑스   ② 네덜란드
③ 영국   ④ 덴마크

> **Tip**
> 진은 네덜란드 박사 실비우스에 의해 제조되었다고 알려져 있다.

02 다음 중 식전주로 가장 적합한 것은?
① 맥주(Beer)   ② 드람뷔이(Drambuie)
③ 캄파리(Campari)   ④ 꼬냑(Cognac)

> **Tip**
> 캄파리는 붉은색의 씁쓸한 이탈리아 대표 식전주 리큐르이다.

03 다음 중 Fortified Wine이 아닌 것은?
① Sherry Wine   ② Vermouth
③ Port Wine   ④ Blush Wine

> **Tip**
> Blush Wine은 캘리포니아의 핑크색 와인을 말한다.

04 화이트와인용 포도품종이 아닌 것은?
① 샤르도네   ② 시라
③ 소비뇽 블랑 ④ 피노 블랑

> **Tip**
> 시라/쉬라즈는 프랑스 론지방 또는 호주에서 사용되는 레드와인 품종이다.

05 혼성주의 특징으로 옳은 것은?
① 사람들의 식욕부진이나 원기 회복을 위해 제조되었다.
② 과일 중에 함유되어 있는 당분이나 전분을 발효시켰다.
③ 과일이나 향료, 약초 등 초근목피의 침전물로 향미를 더하여 만든 것으로, 현재는 식후주로 많이 애음된다.
④ 저온 살균하여 영양분을 섭취할 수 있다.

> **Tip**
> 보통 증류주에 당분과 향미를 첨가해 만들어진다.

06 아쿠아비트(Aquavit)에 대한 설명 중 틀린 것은?
① 감자를 당화시켜 연속 증류법으로 증류한다.
② 혼성주의 한 종류로 식후주에 적합하다.
③ 맥주와 곁들여 마시기도 한다.
④ 진(Gin)의 제조 방법과 비슷하다.

> **Tip**
> 북유럽의 특산주로 아쿠아비트는 "생명수"라는 뜻이다. 알코올도수 45%로 감자가 주재료로 보드카와 비슷한 증류주이다.

07 스팅거(Stinger)를 제공하는 유리잔(Glass)의 종류는?

① 하이볼(High ball) 글라스
② 칵테일(Cocktail) 글라스
③ 올드 패션드(Old Fashioned) 글라스
④ 사워(Sour) 글라스

📁 **Tip**
브랜드(코냑)을 기주로 일반적으로 셰이킹으로 만들어지는 숏 칵테일이다. 숏 칵테일은 보통 칵테일 글라스를 사용한다.

08 주정 강화로 제조된 시칠리아산 와인은?

① Champagne   ② Grappa
③ Marsala   ④ Absente

📁 **Tip**
마르살라는 이탈리아 시칠리아 섬의 항구 도시이자 지역 주정강화 와인 이름이다.

09 Scotch whisky에 대한 설명으로 옳지 않은 것은?

① Malt whisky는 대부분 Pot still을 사용하여 증류한다.
② Blended whisky는 Malt whisky와 Grain whisky를 혼합한 것이다.
③ 주원료인 보리는 이탄(Peat)의 연기로 건조시킨다.
④ Malt whisky는 원료의 향이 소실되지 않도록 반드시 1회만 증류한다.

📁 **Tip**
몰트 위스키는 최소 2회 증류를 거쳐 만들어 진다.

10 커피의 품종에서 주로 인스턴트커피의 원료로 사용되고 있는 것은?

① 로부스타   ② 아라비카
③ 리베리카   ④ 레귤러

📁 **Tip**
커피 3대원종은 아라비카, 로부스타, 리베리카로 인스턴트커피 원료로는 로부스타가 주로 사용된다.

11 Whisky 1 Ounce(알코올 도수 40%), Cola 4 oz(녹는 얼음의 양은 계산하지 않음)를 재료로 만든 Whisky Coke의 알코올 도수는?

① 6%   ② 8%
③ 10%   ④ 12%

📁 **Tip**
(40%×30ml) / (30ml+120ml) = 8%

12 증류하면 변질될 수 있는 과일이나 약초, 향료에 증류주를 가해 향미성을 용해시키는 방법으로 열을 가하지 않는 리큐르 제조법으로 가장 적합한 것은?

① 증류법   ② 침출법
③ 여과법   ④ 에센스법

📁 **Tip**
열을 가하지 않은 리큐르 제조법은 침출법이 적당하다.

13 와인 병 바닥의 요철 모양으로 오목하게 들어간 부분은?

① 펀트(Punt)   ② 발란스(Balance)
③ 포트(Port)   ④ 노블 롯(Noble Rot)

📁 **Tip**
와인 병 바닥의 오목한 부분은 펀트(punt)이다.

14
이탈리아 리큐르로 살구씨를 물과 함께 증류하여 향초 성분과 혼합하고 시럽을 첨가해서 만든 리큐르는?

① Cherry Brandy
② Curacao
③ Amaretto
④ Tia Maria

Tip
Tia Maria(티아 마리아) : 이탈리아산 커피 리큐르

15
포도즙을 내고 남은 찌꺼기에 약초 등을 배합하여 증류해 만든 이태리 술은?

① 삼부카
② 버머스
③ 그라빠
④ 캄파리

Tip
포도 찌거기를 이용해 만든 이탈리아 증류주는 그라파이다.

16
조선시대에 유입된 외래주가 아닌 것은?

① 천축주
② 섬라주
③ 금화주
④ 두견주

Tip
두견주는 고려시대 만들어진 술로 진달래로 빚은 전통주다.

17
고려 때에 등장한 술로 병자호란이던 어느 해 이완 장군이 병사들의 사기를 돋우기 위해 약용과 가향의 성분을 고루 갖춘 이 술을 마시게 한 것에서 유래된 것으로 알려졌으며, 차보다 얼큰하고 짙게 우러난 호박색이 부드럽고 연 냄새가 은은한 전통제주로 감칠맛이 일품인 전통주는?

① 문배주
② 이강주
③ 송순주
④ 연엽주

Tip
연 냄새가 나는 전통주는 연엽주이다.

18
테킬라에 대한 설명으로 맞게 연결된 것은?

> 최초의 원산지는 (㉠)로서 이 나라의 특산주이다. 원료는 백합과의 (㉡)인데 이 식물에는 (㉢)이라는 전분과 비슷한 물질이 함유되어 있다.

① ㉠ : 멕시코, ㉡ : 풀케(Pulque), ㉢ : 루플린
② ㉠ : 멕시코, ㉡ : 아가베(Agave), ㉢ : 이눌린
③ ㉠ : 스페인, ㉡ : 아가베(Agave), ㉢ : 루플린
④ ㉠ : 스페인, ㉡ : 풀케(Pulque), ㉢ : 이눌린

Tip
데킬라는 멕시코에서 아카베로 만든 증류주로, 이눌린 성분이 들어 있다.

19
차(Tea)에 대한 설명으로 가장 거리가 먼 것은?

① 녹차는 차 잎을 찌거나 덖어서 만든다.
② 녹차는 끓는 물로 신속히 우려낸다.
③ 홍차는 레몬과 잘 어울린다.
④ 홍차에 우유를 넣을 때는 뜨겁게 하여 넣는다.

Tip
발효차는 고온(95~100도)에서 우리고, 약발효차는 중온(80~95도)에서 우린다.

20
이탈리아 I.G.T 등급은 프랑스의 어느 등급에 해당되는가?

① V.D.Q.S
② Vin de Pays
③ Vin de Table
④ A.O.C

Tip
I.G.T는 이탈리아 지방와인으로 프랑스(Vin de Pays), 독일(Deutscher Landwein) 등급이다.

21. 진저엘의 설명 중 틀린 것은?

① 맥주에 혼합하여 마시기도 한다.
② 생강향이 함유된 청량음료이다.
③ 진저엘의 엘은 알코올을 뜻한다.
④ 진저엘은 알코올분이 있는 혼성주이다.

> **Tip**
> 진저엘은 무알코올인 청량음료이다.

22. 곡류와 감자 등을 원료로 하여 당화시킨 후 발효하고 증류한다. 증류액을 희석하여 자작나무 숯으로 만든 활성탄에 여과하여 정제하기 때문에 무색, 무취에 가까운 특성을 가진 증류주는?

① Gin
② Vodka
③ Rum
④ Tequila

> **Tip**
> 주요 키워드
> - **진**(Gin) : 주니퍼베리
> - **보드카**(Vodka) : 감자, 활성탕 여과, 무색, 무미, 무취
> - **럼**(Rum) : 사탕수수, 당밀
> - **데킬라**(Tequila) : 용설란, 아가베

23. 차와 코코아에 대한 설명으로 틀린 것은?

① 차는 보통 홍차, 녹차, 청차 등으로 분류된다.
② 차의 등급은 잎의 크기나 위치 등에 크게 좌우된다.
③ 코코아는 카카오 기름을 제거하여 만든다.
④ 코코아는 사이폰(syphon)을 사용하여 만든다.

> **Tip**
> 사이폰은 진공여과방식으로 커피를 추출하는 도구이다.

24. 그랑드 샹빠뉴 지역의 와인 증류원액을 50% 이상 함유한 코냑을 일컫는 말은?

① 샹빠뉴 블랑
② 쁘띠뜨 샹빠뉴
③ 핀 샹빠뉴
④ 샹빠뉴 아르덴

> **Tip**
> 핀(fine) 샹빠뉴는 프랑스 그랑드 샹빠뉴와 쁘띠드 샹빠뉴 지역에서 생산되는 코냑 원액이 블렌딩 된다.

25. 단식증류기의 일반적인 특징이 아닌 것은?

① 원료 고유의 향을 잘 얻을 수 있다.
② 고급 증류주의 제조에 이용한다.
③ 적은 양을 빠른 시간에 증류하여 시간이 적게 걸린다.
④ 증류 시 알코올 도수를 80도 이하로 낮게 증류한다.

> **Tip**
> 단식증류는 대량생산이 불가능하고 시간이 오래 걸린다.

26. 다음 중 과즙을 이용하여 만든 양조주가 아닌 것은?

① Toddy
② Cider
③ Perry
④ Mead

> **Tip**
> Mead는 꿀로만든 술이다.

27 상면발효 맥주 중 벨기에서 전통적인 발효법을 이용해 만드는 맥주로, 발효시키기 전에 뜨거운 맥즙을 공기 중에 직접 노출시켜 자연에 존재하는 야생효모와 미생물이 자연스럽게 맥즙에 섞여 발효하게 만든 맥주는?

① 스타우트(Stout) ② 도르트문트(Dortmund)
③ 에일(Ale) ④ 람빅(Lambics)

> **Tip**
> 벨기에서 만든 자연발효식 맥주는 람빅이다.

28 각국을 대표하는 맥주를 바르게 연결한 것은?

① 미국 - 밀러, 버드와이저
② 독일 - 하이네켄, 뢰벤브로이
③ 영국 - 칼스버그, 기네스
④ 체코 - 필스너, 벡스

> **Tip**
> 하이네켄(네덜란드), 칼스버그(덴마크), 벡스(독일)

29 조주 상 사용되는 표준계량의 표시 중에서 틀린 것은?

① 1 티스푼(tea spoon) = 1/8 온스
② 1 스플릿(split) = 6 온스
③ 1 파인트(pint) = 10 온스
④ 1 포니(pony) = 1 온스

> **Tip**
> 1Pint = 16온스

30 다음 중 홍차가 아닌 것은?

① 잉글리시 블랙퍼스트(English breakfast)
② 로브스타(Robusta)
③ 다즐링(Dazeeling)
④ 우바(Uva)

> **Tip**
> 로브스타는 커피 원두 품종이다.

31 칵테일의 종류 중 마가리타(Margarita)의 주원료로 쓰이는 술의 이름은?

① 위스키(Whisky) ② 럼(Rum)
③ 테킬라(Tequila) ④ 브랜디(Brandy)

> **Tip**
> 마가리타 = 테킬라 + 트리플섹 + 라임

32 1 온스(oz)는 몇 mL인가?

① 10.5 mL ② 20.5 mL
③ 29.5 mL ④ 40.5 mL

> **Tip**
> 1oz = 29.5ml (또는 30ml)

33 바카디 칵테일(Bacardi Cocktail)용 글라스는?

① 올드 패션드(Old Fashioned)용 글라스
② 스템 칵테일(Stemmed Cocktail) 글라스
③ 필스너(Pilsner) 글라스
④ 고블렛(Goblet) 글라스

> **Tip**
> 바카디는 럼을 기주로하는 숏 칵테일로 스템 칵테일 글라스가 적당하다.

34 다음 주류 중 알콜 도수가 가장 약한 것은?
① 진(Gin)　② 위스키(Whisky)
③ 브랜디(Brandy)　④ 슬로우진(Sloe Gin)

> **Tip**
> 진, 위스키, 브랜디는 증류주로 40%이고 슬로우 진은 리큐르로 21~30%정도다.

35 다음에서 주장관리 원칙과 가장 거리가 먼 것은?
① 매출의 극대화　② 청결유지
③ 분위기 연출　④ 완벽한 영업 준비

36 메뉴 구성 시 산지, 빈티지, 가격 등이 포함되어야 하는 주류와 가장 거리가 먼 것은?
① 와인　② 칵테일
③ 위스키　④ 브랜디

> **Tip**
> 칵테일은 여러 술과 재료가 혼합된다.

37 조주보조원이라 일컬으며 칵테일 재료의 준비와 청결 유지를 위한 청소담당 및 업장 보조를 하는 사람은?
① 바 헬퍼(Bar helper)
② 바텐더(Bartender)
③ 헤드 바텐더(Head Bartender)
④ 바 매니져(Bar Manager)

38 코스터(Coaster)란?
① 바용 양념세트　② 잔 밑받침
③ 주류 재고 계량기　④ 술의 원가표

39 칵테일 기구에 해당되지 않는 것은?
① Butter Bowl　② Muddler
③ Strainer　④ Bar Spoon

> **Tip**
> 버터 볼은 칵테일 조주시 사용되지 않는다.

40 와인병을 눕혀서 보관하는 이유로 가장 적합한 것은?
① 숙성이 잘되게 하기 위해서
② 침전물을 분리하기 위해서
③ 맛과 멋을 내기 위해서
④ 색과 향이 변질되는 것을 방지하기 위해서

> **Tip**
> 코르크를 촉촉하게 유지해 산소의 침투를 막아 색과 향이 변질되는 것을 막아준다.

41 얼음을 다루는 기구에 대한 설명으로 틀린 것은?
① Ice Pick - 얼음을 깰 때 사용하는 기구
② Ice Scooper - 얼음을 떠내는 기구
③ Ice Crusher - 얼음을 가는 기구
④ Ice Tong - 얼음을 보관하는 기구

> **Tip**
> Ice Tong : 얼음 집게

42 핑크 레이디, 밀리언 달러, 마티니, B-52의 조주 기법을 순서대로 나열한 것은?

① shaking, stirring, building, float&layer
② shaking, shaking, float&layer, building
③ shaking, shaking, stirring, float&layer
④ shaking, float&layer, stirring, building

43 선입선출(FIFO)의 원래 의미로 맞는 것은?

① First-in, First-on
② First-in, First-off
③ First-in, First-out
④ First-inside, First-on

44 Honeymoon 칵테일에 필요한 재료는?

① Apple Brandy   ② Dry Gin
③ Old Tom Gin   ④ Vodka

> **Tip**
> 허니문 = 애플브랜디(칼바도스) + 베네딕틴 D.O.M + 트리플섹 + 레몬주스

45 바 매니져(Bar Manager)의 주 업무가 아닌 것은?

① 영업 및 서비스에 관한 지휘 통제권을 갖는다.
② 직원의 근무 시간표를 작성한다.
③ 직원들의 교육 훈련을 담당한다.
④ 인벤토리(Inventory)를 세부적으로 관리한다.

> **Tip**
> 인벤토리 관리는 바텐더가 한다.

46 주로 tropical cocktail을 조주할 때 사용하며 "두들겨 으깬다."라는 의미를 가지고 있는 얼음은?

① shaved ice   ② crushed ice
③ cubed ice   ④ cracked ice

47 칵테일을 제조할 때 계란, 설탕, 크림(cream) 등의 재료가 들어가는 칵테일을 혼합할 때 사용하는 기구는?

① Shaker   ② Mixing Glass
③ Jigger   ④ Strainer

> **Tip**
> 계란, 설탕, 크림 등의 재료는 잘 섞이지 않기 때문에 흔들어(Shaking)서 재료를 섞는다.

48 Champagne 서브 방법으로 옳은 것은?

① 병을 미리 흔들어서 거품이 많이 나도록 한다.
② 0~4℃ 정도의 냉장온도로 서브한다.
③ 쿨러에 얼음과 함께 담아서 운반한다.
④ 가능한 코르크를 열 때 소리가 크게 나도록 한다.

> **Tip**
> 샴페인은 탄산이 있어 흔들지 않고, 약 8~10도로 서브한다. 개봉시 최대한 소리가 안나게 한다.

49 칵테일 용어 중 트위스트(Twist)란?

① 칵테일 내용물이 춤을 추듯 움직임
② 과육을 제거하고 껍질만 짜서 넣음
③ 주류 용량을 잴 때 사용하는 기물
④ 칵테일의 2온스 단위

> **Tip**
> 트위스트 또는 필(Peel)이라고도 한다.

50 칵테일 재료 중 석류를 사용해 만든 시럽(Syrup)은?

① 플레인 시럽(Plain Syrup)
② 검 시럽(Gum Syrup)
③ 그레나딘 시럽(Grenadine Syrup)
④ 메이플 시럽(Maple Syrup)

> **Tip**
> 그레나딘 = 석류

51 "What will you have to drink?"의 의미로 가장 적합한 것은?

① 식사는 무엇으로 하시겠습니까?
② 디저트는 무엇으로 하시겠습니까?
③ 그 외에 무엇을 드시겠습니까?
④ 술은 무엇으로 하시겠습니까?

> **Tip**
> 술은 무엇으로 하시겠습니까?

52 What is the name of famous Liqueur on Scotch basis?

① Drambuie   ② Cointreau
③ Grand marnier ④ Curacao

> **Tip**
> 코앵트로, 그랑마니에르, 큐라소는 오렌지 향 리큐르다.

53 What is the meaning of the following explanation?

> When making a cocktail, this is the main ingredient into which other things are added.

① base   ② glass
③ straw   ④ decoration

> **Tip**
> 칵테일 조주시 메인재료가 되는 것은? :
> 기주(base)라고 한다.

54 "Would you care for dessert?"의 올바른 대답은?

① Vanilla ice-cream, please.
② Ice-water, please.
③ Scotch on the rocks.
④ Cocktail, please.

> **Tip**
> Q : 디저트 먹을래?
> A : 바닐라 아이스크림 주세요.

55 Which one is made of dry gin and dry vermouth?

① Martini   ② Manhattan
③ Paradise   ④ Gimlet

> **Tip**
> 마티니 = 진 + 드라이 베르뭇

56 다음 중 의미가 다른 하나는?
① Cheers!   ② Give up!
③ Bottoms up!   ④ Here's to us!

📁 **Tip**
①, ③, ④ 건배사 / ② 포기하다.

57 Which of the following is a liqueur made by Irish whisky and Irish cream?
① Benedictine   ② Galliano
③ Creme de Cacao   ④ Baileys

📁 **Tip**
아일랜드 위스키와 크림으로 만든 리큐르는 베일리스이다.

58 Which of the following is not scotch whisky?
① Cutty Sark   ② White Horse
③ John Jameson   ④ Royal Salute

📁 **Tip**
제임슨은 아이리쉬 위스키이다.

59 Which is the syrup made by pomegranate?
① Maple syrup   ② Strawberry syrup
③ Grenadine syrup   ④ Almond syrup

📁 **Tip**
석류로 만든 시럽은 그라나딘 시럽이다.

60 다음 문장 중 나머지 셋과 의미가 다른 하나는?
① What would you like to have?
② Would you like to order now?
③ Are you ready to order?
④ Did you order him out?

📁 **Tip**
①, ②, ③ 지금 주문하시겠습니까?(order = 주문하다)
④ 당신이 그에게 나가라고 명령했나요?(order = 명령하다)

정답

01	②	02	③	03	④	04	②	05	③
06	②	07	②	08	③	09	④	10	①
11	②	12	②	13	①	14	③	15	③
16	④	17	④	18	②	19	②	20	②
21	④	22	②	23	④	24	②	25	③
26	④	27	④	28	①	29	④	30	②
31	③	32	③	33	②	34	④	35	①
36	②	37	①	38	③	39	①	40	④
41	④	42	③	43	③	44	①	45	④
46	②	47	①	48	③	49	②	50	④
51	④	52	①	53	①	54	①	55	①
56	②	57	④	58	③	59	③	60	④

Chapter 11 2014년 3회 필기 기출

01 쇼트 드링크(short drink)란?

① 만드는 시간이 짧은 음료
② 증류주와 청량음료를 믹스한 음료
③ 시간적인 개념으로 짧은 시간에 마시는 칵테일 음료
④ 증류주와 맥주를 믹스한 음료

📁 **Tip**
숏 드링크는 보통 양이 적고 도수가 높은 칵테일로 짧은 시간에 마시는 칵테일이다.

02 Stinger를 조주할 때 사용되는 술은?

① Brandy
② Creme de menthe Green
③ Cacao
④ Sloe Gin

📁 **Tip**
Stinger는 브랜디와 크렘 드 민트(화이트)를 셰이킹한 칵테일이다.

03 칵테일 명칭이 아닌 것은?

① Gimlet   ② Kiss of Fire
③ Tequila Sunrise ④ Drambuie

📁 **Tip**
드람뷰이는 몰트 위스키에 꿀, 허브 등을 첨가한 리큐르다.

04 맥주(Beer)에서 특이한 쓴맛과 향기로 보존성을 증가시키고 또한 맥아즙의 단백질을 제거하는 역할을 하는 원료는?

① 효모(yeast)   ② 홉(hop)
③ 알코올(alcohol)   ④ 과당(fructose)

05 다음 중 우리나라의 전통주가 아닌 것은?

① 소흥주   ② 소곡주
③ 문배주   ④ 경주법주

📁 **Tip**
소흥주는 쌀, 좁쌀을 이용해 만든 중국 발효주이다.

06 다음 중 미국을 대표하는 리큐르(liqueur)?

① 슬로우 진(Sloe Gin)
② 리카르드(Ricard)
③ 사우던 컴포트(southern confort)
④ 크림 데 카카오(Creme de cacao)

📁 **Tip**
미국 대표 리큐르로 복숭아 향이 나는 리큐르이다.

07 다음 중 오렌지향의 리큐르가 아닌 것은?

① 그랑 마니에르(Grand Marnier)
② 트리플 섹(Triple Sec)
③ 코엥뜨로(Cointreau)
④ 뮤셰(Mousseux)

Tip
뮤셰는 프랑스어로 거품이 있는 또는 거품같이 부드럽다는 뜻으로 뱅 뮤셰(Vin Mousseux)는 샹파뉴 지방 이외에서 생산되는 발포성 와인이다.

08 다음 증류주 중에서 곡류의 전분을 원료로 하지 않는 것은?

① 진(Gin)   ② 럼(Rum)
③ 보드카(Vodka) ④ 위스키(Whisky)

Tip
럼은 사탕수수 즙 또는 당밀로 만들어진다.

09 스페인 와인의 대표적 토착품종으로 숙성이 충분히 이루어지지 않을 때는 짙은 향과 풍미가 다소 거칠게 느껴질 수 있지만 오랜 숙성을 통해 부드러움이 갖추어져 매혹적인 스타일이 만들어지는 것은?

① Gamay   ② Pinot Noir
③ Tempranillo ④ Cabernet Sauvignon

Tip
템프라니요는 스페인 리오하 지역 레드와인 품종이다.

10 화이트와인 품종이 아닌 것은?

① 샤르도네(Chardonnay)
② 말벡(Malbec)
③ 리슬링(Riesling)
④ 뮈스까(Muscat)

Tip
말벡은 레드와인 품종이다.

11 데킬라의 구분이 아닌 것은?

① 블랑코   ② 그라파
③ 레포사도 ④ 아네호

Tip
그라파는 포도 찌꺼기를 증류한 이탈리아 증류주이다.

12 Terroir의 의미를 가장 잘 설명한 것은?

① 포도재배에 있어서 영향을 미치는 자연적인 환경요소
② 영양분이 풍부한 땅
③ 와인을 저장할 때 영향을 미치는 온도, 습도, 시간의 변화
④ 물이 빠지는 토양

13 다음 중 와인의 정화(fining)에 사용되지 않는 것은?

① 규조토   ② 계란의 흰자
③ 카제인   ④ 아황산용액

Tip
아황산용액은 산화방지제로 사용된다.

14 와인의 숙성 시 사용되는 오크통에 관한 설명으로 가장 거리가 먼 것은?

① 오크 캐스크(cask)가 작은 것일수록 와인에 뚜렷한 영향을 준다.
② 보르도 타입 오크통의 표준 용량은 225리터이다.
③ 캐스크가 오래될수록 와인에 영향을 많이 주게 된다.
④ 캐스트에 숙성시킬 경우에 정기적으로 랙킹(racking)을 한다.

> **Tip**
> 캐스크가 오래 될수록 와인에 미치는 영향이 줄어든다.

15 칵테일을 만드는 기본기술 중 글라스에서 직접 만들어 손님에게 제공하는 경우가 있다. 다음 칵테일 중 이에 해당되는 것은?

① Bacardi ② Calvados
③ Honeymoon ④ Gin Rickey

> **Tip**
> 빌드(Build)기법으로 만드는 칵테일은 진리키이다.

16 롱드링크 칵테일이나 비알콜성 펀치 칵테일을 만들 때 사용하는 것으로 레몬과 설탕이 주원료인 청량음료(soft drink)는?

① Soda Water ② Ginger Ale
③ Tonic Water ④ Collins Mix

> **Tip**
> 콜린스 믹스 : 레몬, 설탕, 구연산 등이 첨가된 청량음료이다.

17 다음 민속주 중 증류식 소주가 아닌 것은?

① 문배주 ② 삼해주
③ 옥로주 ④ 안동소주

> **Tip**
> 삼해주는 세번에 걸쳐 빚은 발효주다.

18 커피 리큐르가 아닌 것은?

① 카모라(Kamora) ② 티아 마리아(Tia Maria)
③ 퀴멜(Kummel) ④ 칼루아(Kahlua)

> **Tip**
> 퀴멜은 회양풀(Caraway Seeds)로 만든 독일의 투명한 리큐르다.

19 다음 칵테일 중 직접 넣기(Building)기법으로 만드는 칵테일로 적합한 것은?

① Bacardi ② Kiss of Fire
③ Honeymoon ④ Kir

> **Tip**
> • 쉐이킹 : 바카디, 키스 오브 파이어, 허니문
> • 빌드 : 키르

20 칠레에서 주로 재배되는 포도품종이 아닌 것은?

① 말백(Malbec)
② 진판델(Zinfandel)
③ 메를로(Merlot)
④ 까베르네 쇼비뇽(Cabernet Sauvignon)

> **Tip**
> 진판델은 미국 캘리포니아에서 재배된다.

21 코냑은 무엇으로 만든 술인가?
① 보리 ② 옥수수
③ 포도 ④ 감자

Tip
코냑은 포도로 만든 브랜디로, 프랑스 코냑지방에서 생산된다.

22 Draft Beer의 특징으로 가장 잘 설명한 것은?
① 맥주 효모가 살아 있어 맥주의 고유한 맛을 유지한다.
② 병맥주 보다 오래 저장할 수 있다.
③ 살균처리를 하여 생맥주 맛이 더 좋다.
④ 효모를 미세한 필터로 여과하여 생맥주 맛이 더 좋다.

Tip
드래프트 맥주는 효모가 살아 있어, 보관시 유의해야하며 빨리 소진하는 것이 좋다.

23 다음 중 몰트위스키가 아닌 것은?
① A'bunadh ② Macallan
③ Crown royal ④ Glenlivet

Tip
크라운로얄은 캐나디안 위스키이다.

24 Gin Fizz의 특징이 아닌 것은?
① 하이볼 글라스를 사용한다.
② 기법으로 Shaking과 Building을 병행한다.
③ 레몬의 신맛과 설탕의 단맛이 난다.
④ 칵테일 어니언(onion)으로 장식한다.

Tip
- 진피즈는 레몬 슬라이스 또는 레몬필 장식을 한다.
- 칵테일 어니언은 깁슨의 장식으로 사용된다.

25 음료의 살균에 이용되지 않는 방법은?
① 저온 장시간 살균법(LTLT)
② 자외선 살균법
③ 고온 단시간 살균법(HTST)
④ 초고온 살균법(UHT)

Tip
자외선 살균법(UV)는 건어물, 농산물 등에 사용된다.

26 다음 중 롱 드링크(Long drink)에 해당하는 것은?
① 마티니(Martini) ② 진피즈(Gin Fizz)
③ 맨하탄(Manhattan) ④ 스팅어(Stinger)

Tip
진피즈 = 진 + 레몬주스 + 설탕 + 탄산수

27 다음 중 원료가 다른 술은?
① 트리플 섹 ② 마라스퀸
③ 코엥뜨로 ④ 블루 큐라소

Tip
- **오렌지** : 트리플 섹, 코엥뜨로, 블루 큐라소
- **체리** : 마라스퀸

28 다음 중 양조주가 아닌 것은?
① Silvowitz ② Cider
③ Porter ④ Cava

Tip
Silvowitz는 살구(Blue Plum)으로 만든 루마니아와 세르비아의 Plum Brandy이다.

29 커피의 3대 원종이 아닌 것은?

① 아라비카종　② 로부스타종
③ 리베리카종　④ 수마트라종

> **Tip**
> 커피 3대 원종 : 아라비카, 로부스타, 리베리카

30 1 대시(dash)는 몇 mL인가?

① 0.9mL　② 5mL
③ 7mL　④ 10mL

> **Tip**
> 1dash = 0.9ml

31 빈(bin)이 의미하는 것으로 가장 적합한 것은?

① 프랑스산 적포도주
② 주류 저장소에 술병을 넣어 놓는 장소
③ 칵테일 조주 시 가장 기본이 되는 주재료
④ 글라스를 세척하여 담아 놓는 기구

> **Tip**
> 빈(Bin)은 와인 저장고이다. 보통 Bin + 숫자로 표기된다.

32 백포도주를 서비스 할 때 함께 제공하여야 할 기물로 가장 적합한 것은?

① bar spoon　② wine cooler
③ strainer　④ tongs

> **Tip**
> 화이트와인은 서브온도(10~14도)를 낮게 유지하기 위해 와인쿨러와 함께 제공된다.

33 음료서비스 시 수분흡수를 위해 잔 밑에 놓는 것은?

① coaster　② pourer
③ stopper　④ jigger

> **Tip**
> 코스터(Coaster) : 잔받침

34 Floating의 방법으로 글라스에 직접 제공하여야 할 칵테일은?

① Highball　② Gin fizz
③ Pousse cafe　④ Flip

> **Tip**
> 플로팅 기법 : 푸스카페, B-52 등이 있다.

35 다음 중 네그로니(Negroni) 칵테일의 재료가 아닌 것은?

① Dry Gin　② Campari
③ Sweet Vermouth　④ Flip

> **Tip**
> • 재료 : 진 + 캄파리 + 스위트베르뭇
> • 기법 : 빌드, 장식 : 레몬 필

36 칵테일의 기법 중 stirring을 필요로 하는 경우와 가장 관계가 먼 것은?

① 섞는 술의 비중의 차이가 큰 경우
② Shaking 하면 만들어진 칵테일이 탁해질 것 같은 경우
③ Shaking 하는 것 보다 독특한 맛을 얻고자 할 경우
④ Cocktail의 맛과 향이 없어질 우려가 있을 경우

> **Tip**
> 섞는 술의 비중 차이가 큰 경우 쉐이킹기법을 한다.

37 레드와인의 서비스로 틀린 것은?
① 적정한 온도로 보관하여 서비스한다.
② 잔에 가득 차도록 조심해서 서서히 따른다.
③ 와인 병이 와인 잔에 닿지 않도록 따른다.
④ 와인 병 입구를 종이냅킨이나 크로스냅킨을 이용하여 닦는다.

> **Tip**
> 와인은 잔에 가장 볼록한 부분(약 1/3부분)까지 따른다. 그래야 향이 잘 퍼질 수 있다.

38 Cognac의 등급 표시가 아닌 것은?
① V.S.O.P ② Napoleon
③ Blended ④ Vieux

> **Tip**
> 블렌디드(Blended)는 섞다라는 의미로, 위스키 종류 구분에 사용된다.

39 주장 원가의 3요소는?
① 인건비, 재료비, 주장경비
② 재료비, 주장경비, 세금
③ 인건비, 봉사료, 주장경비
④ 주장경비, 세금, 봉사료

40 다음 중 용량에 있어 다른 단위와 차이가 가장 큰 것은?
① 1 Pony ② 1 Jigger
③ 1 Shot ④ 1 Ounce

> **Tip**
> 1oz = 1Pony = 1Shot = 30ml / 1Jigger = 1.5oz = 45ml

41 Standerd recipe를 지켜야 하는 이유로 가장 거리가 먼 것은?
① 다양한 맛을 낼 수 있다.
② 객관성을 유지할 수 있다.
③ 원가책정의 기초로 삼을 수 있다.
④ 동일한 제조 방법으로 숙련할 수 있다.

> **Tip**
> 표준 레시피를 사용하는 이유는 일정한 맛을 유지하기 위해서이다.

42 포도주를 관리하고 추천하는 직업이나 그 일을 하는 사람을 뜻하며 와인마스타(wine master)라고도 불리는 사람은?
① 쉐프(chef)
② 소믈리에(sommelier)
③ 바리스타(barista)
④ 믹솔로지스트(mixologist)

43 Long drink가 아닌 것은?
① Pina colada ② Manhattan
③ Singapore Sling ④ Rum Punch

> **Tip**
> 맨하탄은 버번위스키가 기주인 숏 드링크 칵테일이다.
> • 맨하탄 = 버번위스키 + 스위트베르뭇 + 앙고스투라 비터스
> • 기법 : 스터 / 장식 : 체리

44 Fizz류의 칵테일 조주 시 일반적으로 사용되는 것은?

① shaker
② mixing glass
③ pitcher
④ stirring rod

> **Tip**
> 피즈류 칵테일은 셰이킹과 빌드기법이 사용된다.

45 탄산음료나 샴페인을 사용하고 남은 일부를 보관 시 사용되는 기물은?

① 스토퍼
② 포우러
③ 코르크
④ 코스터

> **Tip**
> 탄산을 유지시키면서 보관할 수 있는 기물은 스토퍼이다.

46 주장(bar)에서 유리잔(glass)을 취급·관리하는 방법으로 틀린 것은?

① cocktail glass는 스템(stem)의 아래쪽을 잡는다.
② Wine glass는 무늬를 조각한 크리스털 잔을 사용하는 것이 좋다.
③ Brandy snifter는 잔의 받침(foot)과 볼(bowl)사이 손가락을 넣어 감싸 잡는다.
④ 냉장고에서 차게 해 둔 잔(glass)이라도 사용 전 반드시 파손과 청결상태를 확인한다.

> **Tip**
> 와인잔은 표면이 깨끗한 잔을 사용해야 색깔이나 점성을 확인하기 좋다.

47 Brandy Base Cocktail이 아닌 것은?

① Gibson
② B&B
③ Sidecar
④ Stinger

> **Tip**
> 깁슨은 진(Gin)이 기주인 칵테일이다.

48 store room에서 쓰이는 bin card의 용도는?

① 품목별 불출입 재고 기록
② 품목별 상품특성 및 용도기록
③ 품목별 수입가와 판매가 기록
④ 품목별 생산지와 빈티지 기록

49 June bug 칵테일의 재료가 아닌 것은?

① vodka
② coconut flavored Rum
③ blue curacao
④ sweet&sour Mix

> **Tip**
> • 준벅 = 미도리(멜론리큐르) + 말리부(코코넛럼) + 바나나리큐르 + 파인애플주스 + 스윗앤사워믹스
> • 장식 : 파인애플&체리
> • 문제 정답은 ①, ③ 2개이다.

50 칵테일의 분류 중 맛에 따른 분류에 속하지 않는 것은?

① 스위트 칵테일(Sweet Cocktail)
② 샤워 칵테일(Sour Cocktail)
③ 드라이 칵테일(Dry Cocktail)
④ 아페리티프 칵테일(Aperitif Cocktail)

> **Tip**
> ①, ②, ③은 맛에 따른 분류
> ④은 상황에 따른 분류로 식전주에 해당한다.

51 "How would you like your steak?"의 대답으로 가장 적합한 것은?

① Yes, I like it
② I like my steak.
③ Medium rare, please.
④ Filet mignon, please.

📁 **Tip**
Q : 스테이크는 어떻게 드시겠서요?(굽기)
A : 미디움 레어로 주세요.

52 Which is not the name of sherry?

① Fino
② Olorso
③ Tio pepe
④ Tawny port

📁 **Tip**
Q : 셰리와인(스페인)이 아닌 것은?
A : ④ 토니 포트와인은 포르투갈 주정강화 와인이다.

53 Where is the place not to produce wine in France?

① Bordeaux
② Bourgonne
③ Alsace
④ Mosel

📁 **Tip**
Q : 프랑스에서 와인을 생산하지 않은 곳은 어디인가요?
A : Mosel은 독일의 와인생산지이다.

54 "Scotch on the rock, please."의 의미로 가장 적합한 것은?

① 스카치위스키를 마시다.
② 바위 위에 위스키
③ 스카치 온더락 주세요.
④ 얼음에 위스키를 붓는다.

📁 **Tip**
Q : 스카치 위스키 온더락으로 주세요.

55 다음의 ( )에 들어갈 알맞은 것은?

Why do you treat me like that?
As you treat me, ( ) will I treat you.

① as
② so
③ like
④ and

📁 **Tip**
• as~ ,so~ : A가 그러하듯이 B도 그러하다.
• 네가 나를 대하는 대로 나도 너를 대할 것이다.

56 Which is the best answer for the blank?

A dry martini served with an ( ).

① red cherry
② pearl onion
③ lemon slice
④ olive

📁 **Tip**
드라이 마티니는 (올리브)와 함께 서브된다.

57 다음 질문에 대한 대답으로 가장 적절한 것은?

How often do you go to the bar?

① For a long time.
② When I am free.
③ Quite often. OK.
④ From yesterday.

📁 **Tip**
Q : 얼마나 자주 바에 가나요?
A : 횟수, Quite often(꽤 자주)

58 아래는 어떤 용어에 대한 설명인가?

> A small space or room in some restaurants where food items or food-related equipments are kept.

① Pantry
② Cloakroom
③ Reception Desk
④ Hospitality room

📁 **Tip**
팬트리: 식료품 저장실

59 Which is the best answer for the blank?

> Most highballs, Old fashioned, and on-the-rocks drinks call for (   ).

① shaved ice
② crushed ice
③ cubed ice
④ lumped ice

📁 **Tip**
대부분 하이볼, 올드패션드, 온더락에는 큐브얼음이 필요합니다. / Call for ~을 필요로 하다.

60 다음 (   ) 안에 들어갈 단어로 알맞은 것은?

> (   ) is a generic cordial invented in Italy and made from apricot pits and herbs, yielding a pleasant almond flavor.

① Anisette
② Amaretto
③ Advocast
④ Amontillado

📁 **Tip**
살구씨, 아몬드, 허브 등으로 만든 이탈리아 대표 리큐르는 아마레토이다.

정답

01	③	02	①	03	④	04	②	05	①
06	③	07	④	08	②	09	③	10	②
11	②	12	①	13	④	14	③	15	④
16	④	17	②	18	③	19	④	20	②
21	③	22	①	23	③	24	④	25	②
26	②	27	②	28	①	29	④	30	①
31	②	32	②	33	①	34	③	35	④
36	①	37	②	38	③	39	①	40	②
41	①	42	②	43	②	44	①	45	①
46	②	47	①	48	①	49	③	50	④
51	③	52	④	53	④	54	③	55	②
56	④	57	③	58	①	59	③	60	②

2014년 4회 필기 기출

01 녹차의 대표적인 성분 중 15% 내외로 함유되어 있는 가용성 성분은?

① 카페인 ② 비타민
③ 카테킨 ④ 사포닌

📁 **Tip**
카테킨은 10~18%가 함유되어있다.

02 다음 중 증류주가 아닌 것은?

① 소주 ② 청주
③ 위스키 ④ 진

📁 **Tip**
청주는 쌀, 누룩, 물을 원료로 만든 양조주이다.

03 다음 중 싱글 몰트 위스키가 아닌 것은?

① 글렌모렌지(Glenmorangie)
② 더 글렌리벳(The Glenlivet)
③ 글렌피딕(Glenfiddich)
④ 씨그램 브이오(Seagram's V.O)

📁 **Tip**
씨그램 브이오는 캐나디안 위스키이다.

04 다음 중 나머지 셋과 성격이 다른 것은?

A. Cherry brandy   B. Peach brandy
C. Hennessy brandy   D. Apricot brandy

① A ② B
③ C ④ D

📁 **Tip**
헤네시는 포도로 만든 프랑스 코냑지방 브랜디이다. 나머지는 포도 이외의 과일로 만든 브랜디이다.

05 효모의 생육조건이 아닌 것은?

① 적정 영양소 ② 적정 온도
③ 적정 pH ④ 적정 알코올

📁 **Tip**
효모+당→알코올+이산화탄소

06 헤네시(Henney)사에서 브랜디 등급을 처음 사용한 때는?

① 1763 ② 1765
③ 1863 ④ 1865

07 다음 중 음료에 대한 설명이 틀린 것은?

① 에비앙생수는 프랑스의 천연광천수이다.
② 페리에생수는 프랑스의 탄산수이다.
③ 비시생수는 프랑스 비시의 탄산수이다.
④ 셀쳐생수는 프랑스의 천연광천수이다.

📁 **Tip**
셀쳐생수는 탄산수이다.

08 산지별로 분류한 세계 4대 위스키가 아닌 것은?

① American whiskey ② Japanese whisky
③ Scotch whisky ④ Canadian whisky

📁 **Tip**
4대 위스키 : Scotch, Irish, American, Canadian

09 다음에서 설명하는 전통주는?

- 원료는 쌀이며 혼성주에 속한다.
- 약주에 소주를 섞어 빚는다.
- 무더운 여름을 탈 없이 날 수 있는 술이라는 뜻에서 그 이름이 유래되었다.

① 과하주 ② 백세주
③ 두견주 ④ 문배주

📁 **Tip**
과하주 : 약주 또는 청주에 소주를 섞어 도수를 높여 여름에도 상하지 않고 마실 수 있게 만든 전통주이다.

10 각 나라별 와인등급 중 가장 높은 등급이 아닌 것은?

① 프랑스 V.D.Q.S ② 이탈리아 D.O.C.G
③ 독일 Q.m.p ④ 스페인 D.O.C

📁 **Tip**
V.D.Q.S는 프랑스 등급 중 2번째 등급이다. AOC가 프랑스 최고급 와인 등급이다.

11 Fermented Liquor에 속하는 술은?

① Chartreuse ② Gin
③ Campari ④ Wine

📁 **Tip**
Fermented Liquor(양조주, 발효주)는 와인이다. 샤르트뢰즈, 캄파리(혼성주), 진(증류주)

12 탄산수에 키니네, 레몬, 라임 등의 농축액과 당분을 넣어 만든 강장제 음료는?

① 진저 비어(Ginger Beer)
② 진저엘(Ginger ale)
③ 칼린스 믹스(Collins Mix)
④ 토닉 워터(Tonic water)

📁 **Tip**
키니네가 함유된 음료는 토닉워터이다.

13 탄산음료의 종류가 아닌 것은?

① Tonic water ② Soda water
③ Collins mixer ④ Evian water

📁 **Tip**
에비앙은 탄산이 없는 생수이다.

14. 증류주 1quart의 용량과 가장 거리가 먼 것은?

① 750mL
② 1000mL
③ 32oz
④ 4 cup

> **Tip**
> 1Quart = 32oz = 960ml / 4Cup = 32oz

15. 증류주에 대한 설명으로 틀린 것은?

① Gin은 곡물을 발효, 증류한 주정에 두송나무 열매를 첨가한 것이다.
② Tequila는 멕시코 원주민들이 즐겨 마시는 풀케(Pulque)를 증류한 것이다.
③ Vodka는 슬라브 민족의 국민주로 캐비어를 곁들여 마시기도 한다.
④ Rum의 주원료는 서인도제도에서 생산되는 자몽(Grapefruit)이다.

> **Tip**
> 럼의 주원료는 사탕수수 또는 당밀이다.

16. 양조주의 종류에 속하지 않은 것은?

① Amaretto
② Lager beer
③ Beaujolais Nouveau
④ Ice wine

> **Tip**
> 아마레또는 이탈리아에서 살구씨로 만든 아몬드향 리큐르이다.

17. 이태리 와인의 주요 생상지가 아닌 것은?

① 토스카나(Toscana)
② 리오하(Rioja)
③ 베네토(Veneto)
④ 피에몬테(Piemonte)

> **Tip**
> 리오하는 스페인 와인생산지이다.

18. 양조주의 제조방법으로 틀린 것은?

① 원료는 곡류나 과실류이다.
② 전분은 당화과정이 필요하다.
③ 효모가 작용하여 알코올을 만든다.
④ 원료가 반드시 당분을 함유할 필요는 없다.

> **Tip**
> 효모가 당분을 분해시켜 에너지를 얻고 이산화탄소와 알코올을 생성한다.

19. 다스카치산 위스키에 히스꽃에서 딴 봉밀과 그 밖에 허브를 넣어 만든 감미 짙은 리큐르로 러스티 네일을 만들 때 사용되는 리큐르는?

① Cointreau
② Galliano
③ Chartreuse
④ Drambuie

> **Tip**
> 스카치 위스키에 꿀과 허브가 첨가된 리큐르는 드람뷔이이다. 러스티 네일 = 스카치 위스키 + 드람뷔이

20. 칼바도스에 대한 설명으로 옳은 것은?

① 스페인의 와인
② 프랑스의 사과브랜디
③ 북유럽의 아쿠아비트
④ 멕시코의 테킬라

> **Tip**
> 칼바도스는 프랑스 노르망디 지역의 사과브랜디이다.

21 증류주에 관한 설명 중 틀린 것은?

① 단식 증류기와 연속식 증류기를 사용한다.
② 높은 알코올 농도를 얻기 위해 과실이나 곡물을 이용하여 만든 양조주를 증류해서 만든다.
③ 양조주를 가열하면서 알코올을 기화시켜 이를 다시 냉각시킨 후 높은 알코올을 얻은 것이다.
④ 연속 증류기를 사용하면 시설비가 저렴하고 맛과 향의 파괴가 적다.

📁 Tip
연속식 증류기는 시설비가 비싸고, 생산비가 저렴하다.

22 비중이 서로 다른 술을 섞이지 않고 띄워서 여러 가지 색상을 음미 할 수 있는 칵테일은?

① 프라페(Frappe)
② 슬링(Sling)
③ 피즈(Fizz)
④ 푸스카페(Pousse Cafe)

📁 Tip
플로팅 기법 : 푸스카페, B-52 등

23 다음 중 종자류 계열이 아닌 혼성주는?

① 티아 마리아
② 아마레토
③ 쇼콜라 스위스
④ 갈리아노

📁 Tip
갈리아노 : 허브류 리큐르

24 감자를 주원료로 해서 만드는 북유럽의 스칸디나비아 술로 유명 한 것은?

① Aquavit
② Calvados
③ Eau de vie
④ Grappa

25 다음 중 맥주의 종류가 아닌 것은?

① Ale
② Porter
③ Hock
④ Bock

📁 Tip
Hock은 독일 라인 지방의 화이트 와인이다.

26 Draft beer 란 무엇인가?

① 효모가 살균되어 저장이 가능한 맥주
② 효모가 살균되지 않아 장기 저장이 불가능한 맥주
③ 제조과정에서 특별히 만든 흑맥주
④ 저장이 가능한 병이나 캔맥주

27 아로마(Aroma)에 대한 설명 중 틀린 것은?

① 포도의 품종에 따라 맡을 수 있는 와인의 첫 번째 냄새 또는 향기이다.
② 와인의 발효과정이나 숙성과정 중에 형성되는 여러 가지 복잡 다양한 향기를 말한다.
③ 원료 자체에서 우러나오는 향기이다.
④ 같은 포도품종이라도 토양의 성분, 기후, 재배조건에 따라 차이가 있다.

📁 Tip
②는 부케에 대한 설명이다.

28 아라비카종 커피의 특징으로 옳은 것은?

① 병충해에 강하고 관리가 쉽다.
② 생두의 모양이 납작한 타원형이다.
③ 아프리카 콩고가 원산지이다.
④ 표고 600m 이하에서도 잘 자란다.

> **Tip**
> 아라키바: 원산지(에티오피아), 해발 800ml 이상, 성장이 느리고 산미가 있다.

29 안동소주에 대한 설명으로 틀린 것은?

① 제조 시 소주를 내릴 때 소주고리를 사용한다.
② 곡식을 물에 불린 후 시루에 쪄 고두밥을 만들고 누룩을 섞어 발효시켜 빚는다.
③ 경상북도 무형문화재로 지정되어 있다.
④ 희석식 소주로써 알코올 농도는 20도이다.

> **Tip**
> 안동소주는 증류식 소주로 40도 이상이다.

30 까베르네 소비뇽에 관한 설명 중 틀린 것은?

① 레드 와인 제조에 가장 대표적인 포도 품종이다.
② 프랑스 남부 지방, 호주, 칠레, 미국, 남아프리카에서 재배한다.
③ 부르고뉴 지방의 대표적인 적포도 품종이다.
④ 포도송이가 작고 둥글고 포도 알은 많으며 껍질은 두껍다.

> **Tip**
> 까베르네 소비뇽은 보르도 지방의 대표 적포도 품종이다. 부르고뉴 지방 대표품종은 피노누아(Pinot Noir), 가메(Gamay), 샤르도네(Chardonnay)가 있다.

31 식음료 부분의 직무에 대한 내용으로 틀린 것은?

① Assistant bar manager는 지배인의 부재 시 업무를 대행하여 행정 및 고객관리의 업무를 수행한다.
② Bar captain은 접객 서비스의 책임자로서 head waiter 또는 super visor라고 불리기도 한다.
③ Bus boy는 각종 기물과 얼음, 비 알코올성 음료를 준비 하는 책임이 있다.
④ Banquet manager는 접객원으로부터 그날의 영업 실적을 보고 받고 고객의 식음료비 계산서를 받아 수납 정리한다.

> **Tip**
> Banquet maenagr : 호텔의 크고 작은 연회를 전담하는 매니저이다. / Bus boy = 웨이터

32 Old fashioned의 일반적인 장식용 재료는?

① Slice of lemon
② Wedge of pineapple and cherry
③ Lemon peel twist
④ Slice of orange and cherry

33 다음 중 칵테일 조주 시 용량이 가장 적은 계량 단위는?

① Table spoon ② Pony
③ Jigger ④ Dash

> **Tip**
> • 1Table spoon = 3/8oz
> • 1Pony = 1oz
> • 1Jigger = 1.5oz
> • 1Dash = 1/32oz

34 Grasshopper 칵테일의 조주기법은?

① Float&layer ② shaking
③ stirring   ④ building

> **Tip**
> 그래스호퍼 = 크렘 드 민트(그린) + 크렘 드 카카오(화이트) + 우유

35 맥주의 저장과 출고에 관한 사항 중 틀린 것은?

① 선입선출의 원칙을 지킨다.
② 맥주는 별도의 유통기한이 없으므로 장기간 보관이 가능하다.
③ 생맥주는 미살균 상태이므로 온도를 2~3℃로 유지하여야 한다.
④ 생맥주통 속의 압력은 항상 일정하게 유지되어야 한다.

> **Tip**
> 맥주는 발효주(양조주)로 유통기한이 있다.

36 쉐이커(shaker)를 이용하여 만든 칵테일을 짝지은 것으로 옳은 것은?

㉠ Pink Lady	㉡ Olympic
㉢ Stinger	㉣ Seabreeze
㉤ Bacardi	㉥ Kir

① ㉠, ㉡, ㉢   ② ㉠, ㉣, ㉤
③ ㉡, ㉣, ㉥   ④ ㉠, ㉢, ㉥

> **Tip**
> • 셰이킹: 핑크레이디, 올림픽, 스팅어, 바카디
> • 빌드: 시브리즈, 키르

37 다음 중 After dinner cocktail로 가장 적합한 것은?

① Campari Soda ② Dry Martini
③ Negroni   ④ Pousse Café

> **Tip**
> 석류시럽과 크렘 드 민트, 브랜디를 이용해 플로팅 기법으로 만든 푸스카페는 달콤해 식후 디저트 칵테일로 적합니다.

38 조주 기구 중 3단으로 구성되어있는 스탠다드 쉐이커(Standard shaker)의 구성으로 틀린 것은?

① 스퀴저(Squeezer) ② 바디(Body)
③ 캡(Cap)   ④ 스트레이너(Strainer)

> **Tip**
> 코블러 셰이커 구조 : 바디 + 스트레이너 + 캡

39 Wine serving 방법으로 가장 거리가 먼 것은?

① 코르크의 냄새를 맡아 이상 유무를 확인 후 손님에게 확인하도록 접시 위에 얹어서 보여준다.
② 은은한 향을 음미하도록 와인을 따른 후 한두 방울이 테이블에 떨어지도록 한다.
③ 서비스 적정온도를 유지하고, 상표를 고객에게 확인시킨다.
④ 와인을 따른 후 병 입구에 맺힌 와인이 흘러내리지 않도록 병목을 돌려서 자연스럽게 들어 올린다.

> **Tip**
> ② 와인을 테이블에 떨어지지 않도록 주의한다.

40 주로 일품요리를 제공하며 매출을 증대시키고, 고객의 기호와 편의를 도모하기 위해 그 날의 특별요리를 제공하는 레스토랑은?

① 다이닝룸(dining room)
② 그릴(grill)
③ 카페테리아(cafeteria)
④ 델리카트슨(delicatessen)

> **Tip**
> - 다이닝 룸(Dining Room) : 호텔의 식당에서 운영방침을 정해놓고 아침을 제외한 점심과 저녁으로 나누어 정해진 시간에 식사를 제공하는 식당
> - 카페테리아(cafeteria) : 손님이 스스로 음식을 받아 가는 간이 식당
> - 델리카트슨(delicatessen) : 고급 식료품 가게

41 서비스 종사원이 사용하는 타월로 arm towel 혹은 hand towel이라고도 하는 것은?

① table cloth
② under cloth
③ napkin
④ service towel

42 술병 입구에 부착하여 술을 따르고 술의 커팅(Cutting)을 용이하게 하고 손실을 없애기 위해 사용하는 기구는?

① Squeezer
② Strainer
③ Pourer
④ Jigger

43 일반적으로 구매 청구서 양식에 포함되는 내용으로 틀린 것은?

① 필요한 아이템 명과 필요한 수량
② 주문한 아이템이 입고되어야 하는 날짜
③ 구매를 요구하는 부서
④ 구분 계산서의 기준

44 다음과 같은 재료로 만들어지는 드링크(Drink)의 종류는?

> Any liquor + soft drink + ice

① Martini
② Manhattan
③ Sour Cocktail
④ Highball

> **Tip**
> 하이볼 = 증류주 또는 기타 + 탄산수 또는 기타음료 + 얼음

45 정찬코스에서 Hors d' oeuvre 또는 soup 대신에 마시는 우아하고 자양분이 많은 칵테일은?

① After dinner cocktail
② Before dinner cocktail
③ Club cocktail
④ Night cap cocktail

> **Tip**
> Hors d' oeuvre : 스프가 나오기전 식욕을 돋우기 위해 나오는 간단한 요리

46 바에서 사용하는 House brand의 의미는?

① 널리 알려진 술의 종류
② 지정 주문이 아닐 때 쓰는 술의 종류
③ 상품(上品)에 해당하는 술의 종류
④ 조리용으로 사용하는 술의 종류

> **Tip**
> BAR에서 기본으로 사용되는 술의 종류이다.

47 Appetizer course에 가장 적합한 술은?

① Sherry wine
② Vodka
③ Canadian whisky
④ Brandy

> **Tip**
> 스페인 주정강화 와인인 셰리와인은 드라이한 맛으로 식전주로 적합하다.

48 올드 패션(Old fashioned)이나 온더락스(On the rocks)를 마실 때 사용되는 글라스(Glass)의 용량으로 가장 적합한 것은?

① 1~2 온스
② 3~4 온스
③ 4~6 온스
④ 6~8 온스

📁 **Tip**
1oz = 30ml / 6~8oz = 180~240ml

49 잔(Glass) 가장자리에 소금, 설탕을 묻힐 때 빠르고 간편하게 사용 할 수 있는 칵테일 기구는?

① 글라스 리머(Glass rimmer)
② 디켄터(Decanter)
③ 푸어러(Pourer)
④ 코스터(Coaster)

📁 **Tip**
칵테일 잔 가장자리에 소금 또는 설탕을 묻히는 기법을 리밍(Rimming)이라고 하며 글라스 리머를 사용하면 편하다.

50 파인애플 주스가 사용되지 않는 칵테일은?

① Mai-Tai
② Pina Colada
③ Paradise
④ Blue Hawaiian

📁 **Tip**
파라다이스 = 진 + 애프리콧 브랜디 + 오렌지주스
기법 : 셰이킹

51 Which one is the classical French liqueur of aperitifs?

① Dubonnet
② Sherry
③ Mosell
④ Campari

📁 **Tip**
전통 프랑스 식전주는 프랑스산 와인에 키니네를 첨가한 듀보네(Dobonnet)이다.

52 Which of the following is correct in the blank?

> W : Good evening, gentleman. Are you ready to order?
> G1 : Sure, A double whisky on the rocks for me.
> G2 : _____
> W : Two whiskies with ice, yes, sir.
> G1 : Then I'll have the shellfish cocktail.
> G2 : And I'll have the curried prawns. Not too hot, are they?
> W : No, sir. Quite mild, really.

① The same again?
② Make that two.
③ One for the road.
④ Another round of the same.

📁 **Tip**
W : 안녕하세요, 주문하시겠습니까?
G1 : 네. 위스키 온더락 더블로 주세요.
G2 : 같은 걸로 2개 주세요.

53 다음 ( ) 안에 들어갈 가장 적당한 표현은?

> If you ( ) him, he will help you.

① asked
② will ask
③ ask
④ be ask

📁 **Tip**
If+주어+현재형 동사, 주어+will+동사 원형
미래 가능성 있는 조건과 그에 따른 결과

54 다음 물음에 가장 적합한 것은?

> What kind of bourbon whisky do you have?

① Ballentine's
② J&B
③ Jim Beam
④ Cutty Sark

📁 **Tip**
Q : 어떤 버번위스키 가지고 있어요?
버번위스키 : 짐빔

55 다음 밑줄 친 내용의 뜻으로 적합한 것은?

> You must make a reservation <u>in advance</u>.

① 미리
② 나중에
③ 원래
④ 당장

📁 **Tip**
당신은 예약을 미리 해야 한다.

56 What is the liqueur made by Scotch whisky, honey, herb?

① Grand Manier
② Sambuca
③ Drambuie
④ Amaretto

📁 **Tip**
스카치 위스키, 꿀, 허브로 만든 리큐르는 무엇인가요?

57 다음 질문의 대답으로 가장 적절한 것은?

> A : Who's your favorite singer?
> B : _____

① I like jazz the best.
② I guess I'd have to say Elton John.
③ I don't really like to sing.
④ I like opera music.

📁 **Tip**
Q : 당신이 좋아하는 가수는 누구인가요?

58 'Can you charge what I've just had to my room number 310?' 의 뜻은?

① 내방 310호로 주문한 것을 배달해 줄 수 있습니까?
② 내방 310호로 거스름돈을 가져다 줄 수 있습니까?
③ 내방 310호로 담당자를 보내 주시겠습니까?
④ 내방 310호로 방금 마신 것의 비용을 달아놓아 주시겠습니까?

📁 **Tip**
Charge ~청구하다.

59 When do you usually serve cognac?

① Before the meal ② After meal
③ During the meal ④ With the soup

📁 **Tip**
Q : 당신은 코냑을 보통 언제 제공하나요?
코냑은 식후주(After meal)로 마신다.

60 Choose the best answer for the blank.

| What is the 'sommelier' means? (　　　) |

① head waiter ② head bartender
③ wine waiter ④ chef

📁 **Tip**
소믈리에의 뜻은?

정답

01	③	02	②	03	④	04	③	05	④
06	④	07	④	08	②	09	①	10	①
11	④	12	④	13	④	14	①	15	④
16	①	17	②	18	④	19	④	20	②
21	④	22	④	23	④	24	①	25	③
26	②	27	②	28	②	29	④	30	③
31	④	32	④	33	④	34	②	35	②
36	①	37	④	38	①	39	②	40	②
41	④	42	③	43	④	44	④	45	③
46	②	47	①	48	④	49	①	50	③
51	①	52	②	53	③	54	③	55	①
56	③	57	②	58	④	59	②	60	③

Chapter 13 2015년 1회 필기 기출

01 Agave의 수액을 발효한 후 증류하여 만든 술은?

① Tequila ② Aquavit
③ Grappa   ④ Rum

📁 **Tip**
멕시코에서 용설란(Agave)를 발효한 술은 풀케이고, 이것을 증류하면 데킬라가 된다.

02 우리나라 주세법상 탁주와 약주의 알코올도수 표기 시 허용 오차는?

① ±0.1%   ② ±0.5%
③ ±1.0%   ④ ±1.5%

03 세계 3대 홍차에 해당되지 않는 것은?

① 아삼(Assam)   ② 우바(Uva)
③ 기문(Keemun)   ④ 다즐링(Darjeeling)

📁 **Tip**
세계 3대 홍차 : 인도 다즐링, 중국 기문차, 스리랑카 우바

04 다음 중 프랑스의 주요 와인 산지가 아닌 곳은?

① 보르도(Bordeaux) ② 토스카나(Toscana)
③ 루아르(Loire)   ④ 론(Rhone)

📁 **Tip**
토스카나는 이탈리아 와인 산지

05 오렌지를 주원료로 만든 술이 아닌 것은?

① Triple Sec   ② Tequila
③ Cointreau   ④ Grand Marnier

📁 **Tip**
테킬라는 아가베(용설란)을 이용한 증류주

06 동일 회사에서 생산된 코냑(Cognac) 중 숙성 년도가 가장 오래된 것은?

① V.S.O.P   ② Napoleon
③ Extra Old   ④ 3 star

📁 **Tip**
3 Star(5년) – V.S.O.P(10년 이상) – Napoleon(15년 이상) – Extra Old(40년 이상)

07 음료에 대한 설명이 틀린 것은?

① 칼린스믹서(Collins mixer)는 레몬주스와 설탕을 주원료로 만든 착향 탄산음료이다.
② 토닉워터(Tonic water)는 키니네(quinine)를 함유하고 있다.
③ 코코아(cocoa)는 코코넛(coconut)열매를 가공하여 가루로 만든 것이다.
④ 콜라(coke)는 콜라닌과 카페인을 함유하고 있다.

📁 **Tip**
코코아는 카카오 콩의 기름을 제거하고 분쇄한 것이다.

08 네덜란드 맥주가 아닌 것은?
① 그롤쉬 ② 하이네켄
③ 암스텔 ④ 디벨스

> **Tip**
> 디벨스는 독일 맥주다.

09 스카치 위스키(Scotch Whisky)가 아닌 것은?
① 시바스 리갈(Chivas Regal)
② 글렌피딕(Glenfiddich)
③ 존 제임슨(John Jameson)
④ 커티 샥(Cutty Sark)

> **Tip**
> 존 제임슨은 아이리쉬(Irish) 위스키이다.

10 모카(Mocha)와 관련한 설명 중 틀린 것은?
① 예멘의 항구 이름
② 에티오피아와 예멘에서 생산되는 커피
③ 초콜릿이 들어간 음료에 붙이는 이름
④ 자메이카산 블루마운틴 커피

> **Tip**
> 자메이카 블루마운틴은 자메이카 동쪽 블루마운틴 지역에서 생산되는 커피로 커피의 황제라고 불린다.

11 4월 20일(곡우) 이전에 수확하여 제조한 차로 찻잎이 작으며 연하고 맛이 부드러우며 감칠맛과 향이 뛰어난 한국의 녹차는?
① 작설차 ② 우전차
③ 곡우차 ④ 입하차

> **Tip**
> 우전차 : 24절기 중 6번째인 곡우 5일전 이른 봄에 딴 찻잎을 덖어 만든 차로써, 가장 처음 딴 찻잎으로 만들었다고 하여 첫물차라고도 부른다.

12 다음 중 양조주가 아닌 것은?
① 맥주(beer) ② 와인(wine)
③ 브랜디(brandy) ④ 풀케(pulque)

> **Tip**
> 브랜디는 와인을 증류한 증류주이다.

13 Scotch whisky에 꿀(Honey)을 넣어 만든 혼성주는?
① Cherry Heering ② Cointreau
③ Galliano ④ Drambuie

> **Tip**
> 스카치위스키에 꿀, 허브를 첨가한 리큐르는 드람뷔이다.

14 발포성 포도주와 관계가 없는 것은?
① 뱅 무스(Vin Mousseux)
② 베르무트(Vermouth)
③ 동 페리뇽(Dom Perignon)
④ 샴페인(Champagne)

> **Tip**
> 베르무트는 와인에 향쑥 등의 향을 첨가한 가향와인으로 식전주로 마시거나 칵테일 재료로 사용된다.

15 맥주용 보리의 조건이 아닌 것은?
① 껍질이 얇아야 한다.
② 담황색을 띄고 윤택이 있어야 한다.
③ 전분 함유량이 적어야 한다.
④ 수분 함유량 13% 이하로 잘 건조되어야 한다.

📁 **Tip**
단백질 함량은 적고 전분 함량이 많아야 한다.

16 버번위스키 1pint의 용량으로 맨해튼 칵테일 몇 잔을 만들어 낼 수 있는가?
① 약 5잔   ② 약 10잔
③ 약 15잔   ④ 약 20잔

📁 **Tip**
1Pint=16oz=480ml. 맨해튼은 1.5oz의 버번위스키가 필요하다. 16/1.5=10.6(약 10잔)

17 Still wine을 바르게 설명한 것은?
① 발포성 와인   ② 식사 전 와인
③ 비발포성 와인   ④ 식사 후 와인

📁 **Tip**
- 스틸와인은 비발포성 와인이다.
- 탄산이 있는 와인은 스파클링 와인이다.

18 발효방법에 따른 차의 분류가 잘못 연결된 것은?
① 비발효차 - 녹차   ② 반발효차 - 우롱차
③ 발효차 - 말차   ④ 후발효차 - 흑차

📁 **Tip**
말차는 녹차의 종류이다.

19 전통주와 관련한 설명으로 옳지 않은 것은?
① 모주 - 막걸리에 한약재를 넣고 끓인 술
② 감주 - 누룩으로 빚은 술의 일종으로 술과 식혜의 중간
③ 죽력고 - 청죽을 쪼개어 불에 구워 스며 나오는 진액인 죽력과 물을 소주에 넣고 중탕한 술
④ 합주 - 물대신 좋은 술로 빚어 감미를 더한 주도가 낮은 술

📁 **Tip**
합주는 찹쌀과 누룩으로 빚은 술이다. 여름에 마시는 막걸리로 꿀이나 설탕을 첨가해 마신다.

20 다음 중 Cognac지방의 Brandy가 아닌 것은?
① Remy Martin   ② Hennessy
③ Chabot   ④ Hine

📁 **Tip**
샤보(Chabot)는 프랑스 아르마냑 지방의 브랜디로 반연속식 증류기로 1회 증류후 숙성한 브랜디다.

21 독일와인에 대한 설명 중 틀린 것은?
① 아이스바인(Eiswein)은 대표적인 레드와인이다.
② Prädikatswein 등급은 포도의 수확상태에 따라서 여섯 등급으로 나눈다.
③ 레드와인보다 화이트와인의 제조가 월등히 많다.
④ 아우스레제(Auslese)는 완전히 익은 포도를 선별해서 만든다.

📁 **Tip**
아이스바인은 얼린 포도로 만든 디저트용 와인이다.

22 양조주의 설명으로 옳은 것은?

① 단식증류기를 사용한다.
② 알코올 함량이 높고 저장기간이 길다.
③ 전분이나 과당을 발효시켜 제조한다.
④ 주정에 초근목피를 첨가하여 만든다.

> **Tip**
> ①, ②는 증류주. ④는 혼성주(리큐르)에 대한 설명이다.

23 다음 중 지역명과 대표적인 포도 품종의 연결이 맞는 것은?

① 샴페인 - 세미용
② 부르고뉴(White) - 쇼비뇽 블랑
③ 보르도(Red) - 피노 누아
④ 샤또뇌프 뒤 빠쁘 - 그르나슈

> **Tip**
> - **샴페인** : 샤르도네, 피노 누아, 피노 뫼니에
> - **부르고뉴** : 피노 누아
> - **보르도** : 까베르네 쇼비뇽

24 혼성주 특유의 향과 맛을 이루는 주재료로 가장 거리가 먼 것은?

① 과일   ② 꽃
③ 천연향료   ④ 곡물

> **Tip**
> 혼성주(리큐르)는 초목근피로 만들어진다.

25 오렌지 껍질을 주원료로 만든 혼성주는?

① Anisette   ② Campari
③ Triple Sec   ④ Underberg

> **Tip**
> - **Absinthe** : 주정에 향쑥을 넣어 만드는 프랑스산 리큐르
> - **Campari** : 아마로의 일종으로 이탈리에서 만든 붉은색 리큐르
> - **Underberg** : 소화제 역할도 하는 리큐르로 독일에서 생산되는 비터스이다.

26 술 자체의 맛을 의미하는 것으로 '단맛'이라는 의미의 프랑스어는?

① Trocken   ② Blanc
③ Cru   ④ Doux

> **Tip**
> Trocken = Dry(독일어) / Blanc = White(프랑스)
> Cru = 포도원, 포도주(프랑스)

27 증류주에 대한 설명으로 옳은 것은?

① 과실이나 곡류 등을 발효시킨 후 열을 가하여 알코올을 분리해서 만든다.
② 과실의 향료를 혼합하여 향기와 감미를 첨가한다.
③ 종류로는 맥주, 와인, 약주 등이 있다.
④ 탄산성 음료를 의미한다.

> **Tip**
> ① 증류과정을 설명한 것으로, 증류주에 대한 설명이다.
> ② 리큐르에 대한 설명이다.
> ③ 발효주(양조주)이 대한 설명이다.
> ④ 탄산성 음료는 비알코올성 음료이다.

28 다음 중 발명자가 알려져 있는 것은?

① Vodka
② Calvados
③ Gin
④ Irish Whisky

Tip
진은 네덜란드 대학교수인 프란시큐스 드 라보에가 만들었다.

29 프랑스 수도원에서 약초로 만든 리큐르로 '리큐르의 여왕'이라 불리는 것은?

① 압생트(Absinthe)
② 베네딕틴 디오엠(Benedictine D.O.M)
③ 두보네(Dubonnet)
④ 샤르트뢰즈(Chartreuse)

Tip
- **압생트** : 주정에 향쑥을 넣어 만드는 프랑스산 리큐르
- **베네딕틴 DOM** : 네딕틴 : 브랜디를 베이스로 안젤리카, 쑥 등 약 27종의 약초, 향초를 첨가한 프랑스 리큐르
- **두보네** : 레드와인에 허브와 향신료를 첨가한 프랑스 리큐르

30 문배주에 대한 설명으로 틀린 것은?

① 술의 향기가 문배나무의 과실에서 풍기는 향기와 같다하여 붙여진 이름이다.
② 원료는 밀, 좁쌀, 수수를 이용하여 만든 발효주이다.
③ 평안도 지방에서 전수되었다.
④ 누룩의 주원료는 밀이다.

Tip
문배주는 증류주이다.

31 다음 중 비터(Bitters)의 설명으로 옳은 것은?

① 쓴맛이 강한 혼성주로 칵테일에는 소량을 첨가하여 향료 또는 고미제로 사용
② 야생체리로 착색한 무색의 투명한 술
③ 박하냄새가 나는 녹색의 색소
④ 초콜릿 맛이 나는 시럽

Tip
유럽에서 약용으로 사용하는 술로, 고농축 칵테일 비터스와 바로 음용이 가능한 아페리티프 비터스가 있다.

32 고객이 바에서 진 베이스의 칵테일을 주문할 경우 Call Brand의 의미는?

① 고객이 직접 요청하는 특정브랜드
② 바텐더가 추천하는 특정브랜드
③ 업장에서 가장 인기 있는 특정브랜드
④ 해당 칵테일에 가장 많이 사용되는 특정브랜드

Tip
- **Call Brand** : 고객이 직접 요청하는 특정 브랜드
- **House Brand** : 지정 주문이 아닐 때 사용되는 브랜드

33 칵테일 글라스의 부위명칭으로 틀린 것은?

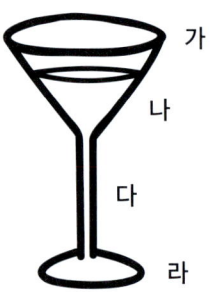

① 가 - rim
② 나 - face
③ 다 - body
④ 라 - bottom

Tip
다 - Stem

34 Key Box나 Bottle Member제도에 대한 설명으로 옳은 것은?

① 음료의 판매회원이 촉진된다.
② 고정고객을 확보하기는 어렵다.
③ 후불이기 때문에 회수가 불분명하여 자금운영이 원활하지 못하다.
④ 주문시간이 많이 걸린다.

Tip
BAR에서 구매한 바틀을 보관해 주는 제도로, 흔히 킵(keep)이라고도 부른다.

35 주로 생맥주를 제공할 때 사용하며 손잡이가 달린 글라스는?

① Mug Glass
② Highball Glass
③ Collins Glass
④ Goblet

36 다음 중 브랜디를 베이스로 한 칵테일은?

① Honeymoon
② New York
③ Old Fashioned
④ Rusty Nail

Tip
- 허니문 : 브랜디
- 뉴욕 : 버번위스키
- 올드패션드 : 버번위스키
- 러스티네일 : 스카치위스키

37 Mise en place 의 의미는?

① 영업제반의 준비사항
② 주류의 수량관리
③ 적정 재고량
④ 대기 자세

Tip
미장 플러스(Mise en place) : 영업에 필요한 식재료 등 전반적인 것들을 사전에 준비하는 것

38 Under Cloth에 대한 설명으로 옳은 것은?

① 흰색을 사용하는 것이 원칙이다.
② 식탁의 마지막 장식이라 할 수 있다.
③ 식탁 위의 소음을 줄여준다.
④ 서비스 플레이트나 식탁 위에 놓는다.

Tip
언더 클로스 : 테이블 클로스 아래에 까는 클로스로 테이블에 푹신함을 주고 식기의 소음과 수분을 흡수한다.

39 업장에서 장기간 보관 시 세워서 보관하지 않고 뉘어서 보관해야하는 것은?

① 포트와인
② 브랜디
③ 그라파
④ 아이스와인

Tip
알코올 도수가 높은 포트와인, 브랜디, 그라파는 세워 보관하지만 아이스와인은 알코올 도수가 낮아 코르크의 건조를 막기 위해 뉘어서 보관한다.

40 소금을 Cocktail Glass 가장자리에 찍어서 (Rimming) 만드는 칵테일은?

① Singapore Sling
② Side Car
③ Margarita
④ Snowball

Tip
마가리타 = 데킬라 + 트리플섹 + 라임, 소금 리밍

41 보드카가 기주로 쓰이지 않는 칵테일은?

① 맨해튼
② 스크루드라이브
③ 키스 오브 파이어
④ 치치

Tip
맨해튼은 버번위스키가 기주이다.

42 Gin Fizz를 서브할 때 사용하는 글라스로 적합한 것은?

① Cocktail Glass ② Champagne Glass
③ Liqueur Glass ④ Highball Glass

📁 **Tip**
진피즈는 탄산이 있는 롱드링크 스타일 칵테일로 하이볼 글라스를 사용한다.

43 칵테일의 부재료 중 씨 부분을 사용하는 것은?

① Cinnamon ② Nutmeg
③ Celery ④ Mint

📁 **Tip**
넛맥 혹은 육두구라고 부르는 인도네시아가 원산지인 향신료이다.

44 다음 중 기구에 대한 설명이 잘못된 것은?

① 스토퍼(Stopper) : 남은 음료를 보관하기 위한 병마개
② 코르크 스크루(Cork Screw) : 와인 병마개를 딸 때 사용
③ 아이스 텅(Ice Tongs) : 톱니 모양으로 얼음 집는데 사용
④ 머들러(Muddler) : 얼음을 깨는 송곳

📁 **Tip**
머들러는 과일 등을 으깰 때 사용하는 막대이다.

45 얼음을 거르는 기구는?

① Jigger ② Cork Screw
③ Pourer ④ Strainer

📁 **Tip**
- Jigger : 음료를 계량하는 도구
- Cork Screw : 와인 오프너
- Pourer : 음료를 흘리지 않고 따를 때 사용하는 도구

46 Pilsner Glass에 대한 설명으로 옳은 것은?

① 브랜디를 마실 때 사용한다.
② 맥주를 따르면 기포가 올라와 거품이 유지된다.
③ 와인의 향을 즐기는데 가장 적합하다.
④ 옆면이 둥글게 되어 있어 발레리나를 연상하게 하는 모양이다.

📁 **Tip**
필스너 글라스는 필스너 맥주를 따르기 위한 전용잔이다.

47 마신 알코올량(mL)을 나타내는 공식은?

① 알코올량(mL)×0.8
② 술의 농도(%)×마시는 양(mL)÷100
③ 술의 농도(%)−마시는 양(mL)
④ 술의 농도(%)÷마시는 양(mL)

48 프라페(Frappe)를 만들기 위해 준비하는 얼음은?

① Cube Ice ② Big Ice
③ Crashed Ice ④ Crushed Ice

49 고객이 호텔의 음료상품을 이용하지 않고 음료를 가지고 오는 경우, 서비스하고 여기에 필요한 글라스, 얼음, 레몬 등을 제공하여 받는 대가를 무엇이라 하는가?

① Rental charge
② V.A.T(value added tax)
③ Corkage charge
④ Service charge

📁 **Tip**
콜키지 차지는 매장이 없는 주류를 마시고 지불하는 비용이다.

50 다음 중 칵테일 계량단위 범주에 해당되지 않는 것은?

① oz
② tsp
③ jigger
④ ton

> **Tip**
> 1ton = 1,000kg로 무게 단위이다.

51 What is the meaning of a walk-in guest?

① A guest with no reservation.
② Guest on charged instead of reservation guest.
③ By walk-in guest.
④ Guest that checks in through the front desk.

> **Tip**
> 워크인 게스트 : 예약없이 방문하는 일반 손님

52 다음은 레스토랑에서 종업원과 고객과의 대화이다. ( )에 가장 알맞은 것은?

G : Waitress, may I have our check, please?
W : ( )
G : No, I want it as one bill.

① Do you want separate checks?
② Don't mention it.
③ You are wanted on the phone.
④ Yes, I can.

> **Tip**
> G : 종업원님, 계산서 좀 주실 수 있나요?
> W : 계산서를 따로 따로 받으시겠습니까?

53 Which is the best wine with a beefsteak course at dinner?

① Red wine
② Dry sherry
③ Blush wine
④ White wine

> **Tip**
> Q : 저녁식사 때 비프스테이크 코스와 가장 잘 어울리는 와인은 무엇인가요?
> • 스테이크와 잘 어울리는 와인은 레드와인이다.

54 Which one is the cocktail containing beer and tomato juice?

① Red boy
② Bloody mary
③ Red eye
④ Tomcollins

> **Tip**
> 레드아이 = 맥주 + 토마토주스

55 Which of the following represents drinks like coffee and tea?

① Nutrition drinks
② Refreshing drinks
③ Preference drinks
④ Non-Carbonated drinks

> **Tip**
> 다음 중 커피, 차와 같은 음료를 나타내는 것은 무엇입니까? : 기호음료(Preference drinks)

56 Which one does not belong to aperitif?

① Sherry
② Campari
③ Kir
④ Brandy

> **Tip**
> 브랜디는 알코올도수가 높고 소화를 촉진을 도와주기 때문에 식후주로 좋다.

57. 호텔에서 check-in 또는 check-out시 customer가 할 수 있는 말로 적합하지 않은 것은?

① Would you fill out this registration form?
② I have a reservation for tonight.
③ I'd like to check out today.
④ Can you hold my luggage until 4 pm?

📁 **Tip**
① 이 등록 양식을 작성해 주시겠습니까?
종업원이 할 수 있는 말이다.

58. Which one is the cocktail name containing Dry Gin, Dry vermouth and orange juice?

① Gimlet
② Golden Cadillac
③ Bronx
④ Bacardi Cocktail

📁 **Tip**
드라이진, 드라이베르뭇, 오렌지주스가 들어간 칵테일은 브롱스이다.

59. 다음 (　　) 안에 들어갈 단어로 가장 적합한 것은?

> Please (　　) yourself to the coffee before it gets cold.

① drink
② help
③ like
④ does

📁 **Tip**
식기전에 커피를 마음껏 드세요.
Help yourself 마음껏 드세요.

60. What is the name of this cocktail?

> 「Vodka 30ml&orange Juice 90ml build」
> Pour vodka and orange juice into a chilled Highball glass with several ice cubes, and stir.

① Blue Hawaii
② Bloody Mary
③ Screwdriver
④ Manhattan

📁 **Tip**
보드카와 오렌주스가 들어간 칵테일은 스크류드라이버 이다.

정답

01	①	02	③	03	①	04	②	05	②
06	③	07	③	08	④	09	③	10	④
11	②	12	③	13	④	14	②	15	③
16	②	17	③	18	③	19	④	20	③
21	①	22	③	23	④	24	④	25	③
26	④	27	①	28	③	29	④	30	②
31	①	32	①	33	③	34	①	35	①
36	①	37	①	38	①	39	①	40	①
41	①	42	④	43	①	44	④	45	④
46	②	47	②	48	④	49	④	50	④
51	①	52	①	53	①	54	③	55	③
56	④	57	①	58	③	59	②	60	③

2015년 2회 필기 기출

01 매년 보졸레 누보의 출시일은?

① 11월 1째 주 목요일　② 11월 3째 주 목요일
③ 11월 1째 주 금요일　④ 11월 3째 주 금요일

> **Tip**
> 보졸레의 햇포도주를 의미하고 1951년 프랑스 법령으로 규정, 1985년부터 11월 3째주 목요일 0시로 결정되었다.

02 위스키의 제조과정을 순서대로 나열한 것으로 가장 적합한 것은?

① 맥아 - 당화 - 발효 - 증류 - 숙성
② 맥아 - 당화 - 증류 - 저장 - 후숙
③ 맥아 - 발효 - 증류 - 당화 - 블렌딩
④ 맥아 - 증류 - 저장 - 숙성 - 발효

03 샴페인의 발명자는?

① Bordeaux　② Champagne
③ St. Emilion　④ Dom Perignon

> **Tip**
> 프랑스의 샹파뉴(Champagne)지역에서 생산된 스파클링 와인(Sparkling Wine)으로 돔페리뇽에 의해 개발되었다.

04 포도주에 아티초크를 배합한 리큐르로 약간 진한 커피색을 띠는 것은?

① Chartreuse　② Cynar
③ Dubonnet　④ Campari

> **Tip**
> 시나는 포도주에 아티초크를 섞은 리큐르로 식전주로 마신다.

05 각 나라별 발포성 와인(Sparkling Wine)의 명칭이 잘못 연결된 것은?

① 프랑스 - Cremant
② 스페인 - Vin Mousseux
③ 독일 - Sekt
④ 이탈리아 - Spumante

> **Tip**
> 스페인 - Cava
> Vin Mousseux는 프랑스 상파뉴 지방 이외에서 생산되는 발포성 와인이다.

06 혼성주(COmpounded Liquor)에 대한 설명 중 틀린 것은?

① 칵테일 제조나 식후주로 사용된다.
② 발효주에 초근목피의 침출물을 혼합하여 만든다.
③ 색채, 향기, 감미, 알코올의 조화가 잘 된 술이다.
④ 혼성주는 고대 그리스 시대에 약용으로 사용되었다.

> **Tip**
> 혼성주는 주로 알코올 도수가 높은 증류주에 약초, 향초 등과 당분을 혼합해 만든다.

07 주류의 주정 도수가 높은 것부터 낮은 순서대로 나열된 것으로 옳은 것은?

① Vermouth > Brandy > Fortified Wine > Kahlua
② Fortified Wine > Vermouth > Brandy > Beer
③ Fortified Wine > Brandy > Beer > Kahlua
④ Brandy > Sloe Gin > Fortified Wine > Beer

📁 **Tip**
브랜디(40%) > 슬로진(30~35%) > 포티드와인(18~20%) > 맥주(4%)

08 프랑스의 와인제조에 대한 설명 줄 틀린 것은?

① 프로방스에서는 주로 로제 와인을 많이 생산한다.
② 포도당이 에틸알코올과 탄산가스로 변한다.
③ 포도 발효 상태에서 브랜디를 첨가한다.
④ 포도 껍질에 있는 천연 효모의 작용으로 발효가 된다.

📁 **Tip**
포루투갈과 스페인에서 강화와인을 만들기 위해 브랜디를 첨가한다.

09 살균방법에 의한 우유의 분류가 아닌 것은?

① 초저온살균우유
② 저온살균우유
③ 고온살균우유
④ 초고온살균우유

📁 **Tip**
- **저온살균우유** : 62~65도/30분
- **고온살균우유** : 72~75도/15초
- **초고온살균우유** : 135~150도/2초

10 에스프레소에 우유거품을 올린 것으로 다양한 모양의 디자인이 가능해 인기를 끌고 있는 커피는?

① 카푸치노   ② 카페라테
③ 콘파냐   ④ 카페모카

📁 **Tip**
- **카푸치노** : 에스프레소+우유 조금+우유거품 많음
- **카페라떼** : 에스프레소+우유많음+우유거품 조금
- **콘파냐** : 에스프레소+크림
- **카페모카** : 에스프레소+초콜렛+우유

11 곡물로 만들어 농번기에 주로 먹었던 막걸리는 어느 분류에 속하는가?

① 혼성주   ② 증류주
③ 양조주   ④ 화주

📁 **Tip**
막걸리는 쌀로 빚은 발효주(양조주)이다.

12 다음 중 혼성주에 속하는 것은?

① 글렌피딕   ② 코냑
③ 버드와이즈   ④ 캄파리

📁 **Tip**
- **글렌피딕** : 스코틀랜드 몰트위스키
- **코냑** : 프랑스 코냑지방 브랜디
- **버드와이저** : 미국 라거맥주
- **캄파리** : 이탈리아 식전주로 마시는 리큐르(혼성주)

13 코냑(Cognac) 생산 회사가 아닌 것은?

① 마르텔   ② 헤네시
③ 까뮈   ④ 화이트 홀스

📁 **Tip**
화이트 홀스는 위스키 회사이다.

14 맥주 제조에 필요한 중요한 원료가 아닌 것은?

① 맥아   ② 포도당
③ 물   ④ 효모

📁 **Tip**
맥아(전분)가 분해되어 당성분을 만들기 때문에 포도당이 필요하지 않다.

15 상면 발효 맥주가 아닌 것은?

① 에일맥주(Ale Beer)
② 포터맥주(Porter Beer)
③ 스타우트 맥주(Stout Beer)
④ 필스너 맥주(Pilsner Beer)

📁 **Tip**
- **상면발효맥주** : 에일, 포터, 스타우드, 램빅
- **하면발효맥주** : 라거, 드래프트비어, 필스너

16 차의 분류가 옳게 연결된 것은?

① 발효차 - 얼그레이   ② 불발효차 - 보이차
③ 반발효차 - 녹차   ④ 후발효차 - 자스민

📁 **Tip**
- **얼그레이** : 영국 홍차, 발효차
- **보이차** : 중국 후발효차
- **녹차** : 불발효차
- **자스민** : 반발효차

17 와인의 등급제도가 없는 나라는?

① 스위스   ② 영국
③ 헝가리   ④ 남아프리카공화국

18 독일 와인 라벨 용어는?

① 로사토   ② 트로컨
③ 로쏘   ④ 비노

📁 **Tip**
- **트로컨**(Trocken) : 독일의 '단맛이 없는'이라는 의미
- **로사토**(Rosato) : 이탈리아어 로제(Rose)의 뜻
- **로쏘**(Rosso) : 이탈리아어 붉은(Red)의 뜻
- **비노**(Vino) : 이탈리아어 와인(Wiine)의 뜻

19 보드카(Vodka)에 대한 설명 중 틀린 것은?

① 슬라브 민족의 국민주라고 할 수 있을 정도로 애음되는 술이다.
② 사탕수수를 주원료로 사용한다.
③ 무색(colorless), 무미(tasteless), 무취(odorless)이다.
④ 자작나무의 활성탄과 모래를 통과시켜 여과한 술이다.

📁 **Tip**
사탕수수를 주원료료 만드는 증류주는 럼(Rum)이다.

20 다음의 설명에 해당하는 혼성주를 옳게 연결한 것은?

> ㉠ 멕시코산 커피를 주원료로 하여 Cocoa, Vanila 향을 첨가해서 만든 혼성주이다.
> ㉡ 야생 오얏을 진에 첨가해서 만든 빨간색의 혼성주이다.
> ㉢ 이탈리아의 국민주로 제조법은 각종 식물의 뿌리, 씨, 향초, 껍질 등 70여 가지의 재료로 만들어지며 제조 기간은 45일이 걸린다.

① ㉠ : 샤르트뢰즈(Chartreuse), ㉡ : 시나(Cynar), ㉢ : 캄파리(Campari)
② ㉠ : 파샤(Pasha), ㉡ : 슬로우 진(Sloe Gin), ㉢ : 캄파리(Campari)
③ ㉠ : 칼루아(Kahlua), ㉡ : 시나(Cynar), ㉢ : 캄파리(Campari)
④ ㉠ : 칼루아(Kahlua), ㉡ : 슬로우 진(Sloe Gin), ㉢ : 캄파리(Campari)

21 증류주가 아닌 것은?

① Light Rum ② Malt Whisky
③ Brandy   ④ Bitters

Tip
비터스 : 유럽에서 약용으로 사용되던 술로, 칵테일에 사용되는 농축 비터스와 바로 음용이 가능한 아페리티프 비터스(캄파리 등)가 있다.

22 다음 중 양조주에 해당하는 것은?

① 청주(淸酒)   ② 럼주(Rum)
③ 소주(Soju)   ④ 리큐르(Liqueur)

Tip
청주는 쌀로 빚은 술을 맑게 거른 술이다.

23 커피의 3대 원종이 아닌 것은?

① 피베리   ② 아라비카
③ 리베리카 ④ 로부스타

Tip
피베리 : 커피 생두 중 생두가 단 하나밖에 없는 커피열매이다.

24 비알콜성 음료(non-alcoholic beverage)의 설명으로 옳은 것은?

① 양조주, 증류주, 혼성주로 구분된다.
② 맥주, 위스키, 리큐르(liqueur)로 구분된다.
③ 소프트드링크, 맥주, 브랜디로 구분한다.
④ 청량음료, 영양음료, 기호음료로 구분한다.

25 스코틀랜드의 위스키 생산지 중에서 가장 많은 증류소가 있는 지역은?

① 하이랜드(Highland)   ② 스페이사이드(Speyside)
③ 로우랜드(Lowland)   ④ 아일레이(Islay)

Tip
스페이사이드 지역은 하일랜드 북쪽으로 4개의 강이 흐르고 비옥한 토양으로 가장 많은 증류소가 있다.

26 곡류를 발효 증류 시킨 후 주니퍼베리, 고수풀, 안젤리카 등의 향료식물을 넣어 만든 증류주는?

① VODKA   ② RUM
③ GIN   ④ TEQUILA

Tip
주니퍼베리를 사용한 증류주는 진(gin)이다.

27 증류주에 대한 설명으로 가장 거리가 먼 것은?

① 대부분 알코올 도수가 20도 이상이다.
② 알코올 도수가 높아 잘 부패되지 않는다.
③ 장기 보관 시 변질되므로 대부분 유통기간이 있다.
④ 갈색의 증류주는 대부분 오크통에서 숙성시킨다.

Tip
미생물은 20% 이상의 알코올 도수에서 사멸하기 때문에 고도수의 증류주는 유통기한이 없다.

28 다음 중 소주의 설명 중 틀린 것은?

① 제조법에 따라 증류식 소주, 희석식 소주로 나뉜다.
② 우리나라에 소주가 들어온 연대는 조선시대이다.
③ 주원료로는 쌀, 찹쌀, 보리 등이다.
④ 삼해주는 조선 중엽 소주의 대명사로 알려질 만큼 성행했던 소주이다.

> 📁 **Tip**
> 우리나라는 삼국시대 이전부터 술을 마셨으며, 고려시대에 "계림유사"에는 수자, 조선시대 문헌에는 <수울>, <수을>로 기옥되어 있다.

29 영국에서 발명한 무색투명한 음료로서 키니네가 함유된 청량음료는?

① cider ② cola
③ tonic water ④ soda water

> 📁 **Tip**
> 키니네 혹은 퀴닌이 함유된 청량음료는 토닉워터이다.

30 다음 중 식전주로 알맞지 않은 것은?

① 셰리 와인 ② 샴페인
③ 캄파리 ④ 깔루아

> 📁 **Tip**
> 멕시코산 커피를 주원료로 만든 리큐르인 깔루아는 단맛으로 식후주에 적합니다.

31 다음 중 Tumbler Glass는 어느 것인가?

① Champagne Glass ② Cocktail Glass
③ Highball Glass ④ Brandy Glass

> 📁 **Tip**
> 텀블러 글래스는 손잡이가 없는 원통형 잔으로 하이볼 글래스가 있다.

32 다음 와인 종류 중 냉각하여 제공하지 않는 것은?

① 클라렛(Claret) ② 호크(Hock)
③ 샴페인(Champagne) ④ 로제(Rose)

> 📁 **Tip**
> 클라렛 : 프랑스 보르도산 레드와인으로 실온에서 제공

33 칵테일을 만들 때, 흔들거나 섞지 않고 글라스에 직접 얼음과 재료를 넣어 바 스푼이나 머들러로 휘저어 만드는 칵테일은?

① 스크류 드라이버(screw driver)
② 스팅어(stinger)
③ 마가리타(magarita)
④ 싱가포르 슬링(singapore sling)

> 📁 **Tip**
> 빌드 기법 : 스크류 드라이버, 블랙러시안, 러스티 네일 등

34 Wine Master의 의미로 가장 적합한 것은?

① 와인의 제조 및 저장관리를 책임지는 사람
② 포도나무를 가꾸고 재배하는 사람
③ 와인을 판매 및 관리하는 사람
④ 와인을 구매하는 사람

35 칵테일에 사용하는 얼음으로 적합하지 않은 것은?

① 컬러 얼음(Color Ice) ② 가루 얼음(Shaved Ice)
③ 기계 얼음(Cube Ice) ④ 작은 얼음(Cracked Ice)

> 📁 **Tip**
> 색이 있는 얼음을 사용할 경우 칵테일 본연의 색과 질감을 방해한다.

36 조주용 기물 종류 중 푸어러(Pourer)의 설명으로 옳은 것은?

① 쓰고 남은 청량음료를 밀폐시키는 병마개
② 칵테일을 마시기 쉽게 하기 위한 빨대
③ 술병입구에 끼워 쏟아지는 양을 일정하게 만드는 기구
④ 물을 담아놓고 쓰는 손잡이가 달린 물병

> **Tip**
> ① 스토퍼(stopper), ② 스트로우(straw),
> ④ 워터저그(water jug)

37 다음 중 가장 많은 재료를 넣어 만드는 칵테일은?

① Manhattan   ② Apple Martini
③ Gibson   ④ Long Island Iced Tea

> **Tip**
> - 롱아일랜드아이스티 : 보드카, 럼, 진, 데킬라, 트리플 섹, 스윗앤사워믹스, 콜라
> - 맨하탄 : 버번위스키, 스위트 베르뭇, 앙고스투라 비터스
> - 애플마티니 : 보드카, 애플쿠커, 라임주스
> - 깁슨 : 드라이 진, 드라이 베르뭇

38 다음 중 Gin Base에 속하는 칵테일은?

① Stinger   ② Old-fashioned
③ Dry Martini ④ Side car

> **Tip**
> 드라이 마티니 : 진 2oz + 드라이 베르뭇 1/3oz

39 와인의 Tasting 방법으로 가장 옳은 것은?

① 와인을 오픈한 후 공기와 접촉되는 시간을 최소화하여 바로 따른 후 마신다.
② 와인에 얼음을 넣어 냉각시킨 후 마신다.
③ 와인 잔을 흔든 뒤 아로마나 부케의 향을 맡는다.
④ 검은 종이를 테이블에 깔아 투명도 및 색을 확인한다.

> **Tip**
> ① 레드와인은 디캔팅을 통해 산소화 접촉을 충분히 한 후 마신다.
> ② 화이트 와인은 칠링바스켓에 와인을 넣어 차갑게 한 후 마신다.
> ④ 흰색 종이를 사용한다.

40 맥주 보관 방법 중 가장 적합한 것은?

① 냉장고에 5~10℃ 정도에 보관한다.
② 맥주 냉장 보관시 0℃ 이하로 보관한다.
③ 장시간 보관하여도 무방하다.
④ 맥주는 햇볕이 있는 곳에 보관해도 좋다.

> **Tip**
> ② 맥주는 도수가 낮아 0도 이하로 보관시 언다.
> ③ 맥주는 발효주로 장기간 보관이 어렵다.
> ④ 맥주는 직사광선을 피해 보관한다.

41 주장(Bar)관리의 의의로 가장 적합한 것은?

① 칵테일을 연구, 발전시키는 일이다.
② 음료(Beverage)를 많이 판매하는 데 목적이 있다.
③ 음료(Beverage) 재고조사 및 원가 관리의 우선함과 영업 이익을 추구하는 데 목적이 있다.
④ 주장 내에서 Bottles 서비스만 한다.

42 Old Fashioned Glass를 가장 잘 설명한 것은?

① 옛날부터 사용한 Cocktail Glass이다.
② 일명 On the Rocks Glass 라고도 하고 스템(Stem)이 없는 Glass이다.
③ Juice를 Cocktail하여 마시는 Long Neck Glass이다.
④ 일명 Cognac Glass 라고 하고 튤립형의 스템(Stem)이 있는 Glass이다.

43 와인의 적정온도 유지의 원칙으로 옳지 않은 것은?

① 보관 장소는 햇빛이 들지 않고 서늘하며, 습기가 없는 곳이 좋다.
② 연중 급격한 변화가 없는 곳이어야 한다.
③ 와인에 전해지는 충격이나 진동이 없는 곳이 좋다.
④ 코르크가 젖어 있도록 병을 눕혀서 보관해야 한다.

Tip
① 와인은 적절한 습도에서 보관되어야 한다.

44 연회(Banquet)석상에서 각 고객들이 마신(소비한)만큼 계산을 별도로 하는 바(Bar)를 무엇이라고 하는가?

① Banquet Bar　② Host Bar
③ No-Host Bar　④ Paid Bar

45 Saucer형 샴페인 글라스에 제공되며 Menthe(Green) 1oz, Cacao(White) 1oz, Light Milk(우유) 1oz를 셰이킹 하여 만드는 칵테일은?

① Gin Fizz　② Gimlet
③ Grasshopper　④ Gibson

Tip
그래스호퍼 = 크렘드민트(그린) + 크렘드카카오(화이트) + 우유 / 셰이킹기법

46 바 스푼(Bar Spoon)의 용도가 아닌 것은?

① 칵테일 조주 시 글래스 내용물을 섞을 때 사용한다.
② 얼음을 잘게 부술 때 사용한다.
③ 프로팅칵테일(Floating Cocktail)을 만들 때 사용한다.
④ 믹싱글라스를 이용하여 칵테일을 만들 때 휘젓는 용도로 사용한다.

Tip
얼음을 부술 때는 아이스픽(Ice pick)을 사용한다.

47 다음은 무엇에 대한 설명인가?

> 음료와 식료에 대한 원가관리의 기초가 되는 것으로서 단순히 필요한 물품만을 구입하는 업무만을 의미하는 것이 아니라, 바 경영을 계획, 통제, 관리하는 경영활동의 중요한 부분이다.

① 검수　② 구매
③ 저장　④ 출고

48 플레인 시럽과 관련이 있는 것은?

① lemon　② butter
③ cinnamon　④ sugar

Tip
플레인 시럽은 물과 설탕으로 만든 시럽이다.

49 볶은 커피의 보관 시 알맞은 습도는?

① 3.5% 이하 ② 5~7%
③ 10~12% ④ 13% 이상

> **Tip**
> 로스팅한 커피는 습기를 잘 흡수하기 때문에 낮은 습도에서 보관해야 한다.

50 조주기법(Cocktail Technique)에 관한 사항에 해당되지 않는 것은?

① Stirring ② Distilling
③ Straining ④ Chilling

> **Tip**
> Distilling은 증류로 술을 제조할 때 사용되는 방법이다.

51 다음 질문의 대답으로 적합한 것은?

> Are the same kinds of glasses used for all wines?

① Yes, they are.
② No, they don't.
③ Yes, they do.
④ No, they are not.

> **Tip**
> Q : 모든 와인에 사용하는 잔 종류는 똑같은가요?
> A : 아니오, 그렇지 않습니다.
>   주어(the same kinds of glasses) 복수 → 대명사 they
>   Be 동사 의문문이므로 be 동사 부정문으로 대답

52 Which drink is prepared with Gin?

① Tom collins ② Rob Roy
③ B&B ④ Black Russian

> **Tip**
> 진으로 만든 음료는 무엇인가요? :
> 진으로 만든 칵테일은 톰콜린스이다.

53 다음의 밑줄에 들어갈 알맞은 것은?

> This bar _____ by a bar helper every morning.

① cleans ② is cleaned
③ is cleaning ④ be cleaned

> **Tip**
> 이 바는 바 헬퍼에 의해 매일 아침 청소됩니다.
> • "is cleaned"은 현재 수동태 표현으로 적절함.
> • "This bar"가 행위의 대상(청소되는 것)이므로 수동태 필요.
> • 현재 시제("every morning")와 일치하도록 "is cleaned" 사용.

54 다음 대화 중 밑줄 친 부분에 들어갈 B의 질문으로 적합하지 않은 것은?

> G1 : I'll have a Sunset Strip. What about you, Sally?
> G2 : I don't drink at all. Do you serve soft drinks?
> B : Certainly, Madam.
>   _____?
> G2 : It sounds exciting. I'll have that.

① How about a Virgin Colada?
② What about a Shirley Temple?
③ How about a Black Russian?
④ What about a Lemonade?

> **Tip**
> G2 : 저는 전혀 술을 안 마셔요, 소프트 드링크를 제공하나요?
> B : 물론입니다. 부인 + (술이 아닌 추천이 와야한다.)
> ③은 블랙러시안(보드카+깔루아)을 추천하고 있다.

55 What is the Liqueur on apricot pits base?

① Benedictine ② Chartreuse
③ Kahlua ④ Amaretto

> **Tip**
> 살구씨로 만든 아몬드향 이탈리아 리큐르는 아마레또(Amaretto)이다.

56 다음의 밑줄에 들어간 단어로 알맞은 것은?

> Which one do you like better whisky _____ brandy?

① as ② but
③ and ④ or

> **Tip**
> Q : 위스키와 브랜디 중 어느 것을 더 좋아하나요?
> • "Which one do you like better, whisky or brandy?"는 두 가지 중 선호하는 것을 묻는 문장.
> • "or"는 선택을 나타내며, 비교급 "better"와 함께 사용됨.

57 Which of the following is not compounded Liquor?

① Cutty Sark ② Curacao
③ Advocaat ④ Amaretto

> **Tip**
> Compounded Liquor(혼성주)가 아닌 것은 스카치 위스키인 커티샥이다.

58 다음 중 brand가 의미하는 것은?

> What brand do you want?

① 브랜디 ② 상표
③ 칵테일의 일종 ④ 심심한 맛

> **Tip**
> Q : 어떤 브랜드를 원하나요?
> 여기서는 상표를 의미한다.

59 Which one is wine that can be served before meal?

① Table wine ② Dessert wine
③ Aperitif wine ④ Port wine

> **Tip**
> Q : 식전주로 마실 수 있는 와인은 무엇이 있나요?
> 식전주로 마시는 와인은 Aperitif wine이다.

60 다음에서 설명하는 혼성주는?

> The great proprietary liqueur of Scotland made of scotch and heather honey.

① Anisette ② Sambuca
③ Drambuie ④ Peter Heering

> **Tip**
> 스카치 위스키와 꿀로 만들어진 리큐르는 드람뷔이다.

정답

01	②	02	①	03	④	04	②	05	②
06	②	07	④	08	③	09	①	10	①
11	③	12	④	13	④	14	②	15	④
16	①	17	④	18	②	19	②	20	④
21	④	22	①	23	①	24	④	25	②
26	③	27	③	28	③	29	③	30	④
31	③	32	③	33	③	34	③	35	①
36	③	37	③	38	③	39	③	40	①
41	③	42	②	43	①	44	①	45	③
46	②	47	②	48	④	49	①	50	②
51	④	52	①	53	②	54	③	55	④
56	④	57	①	58	②	59	③	60	③

2015년 3회 필기 기출

01 음료에 대한 설명 중 틀린 것은?

① 소다수는 물에 이산화탄소를 가미한 것이다.
② 칼린스믹스는 소다수에 생강향을 혼합한 것이다.
③ 사이다는 소다수에 구연산, 주석산, 레몬즙 등을 혼합한 것이다.
④ 토닉워터는 소다수에 레몬, 키니네 껍질 등의 농축액을 혼합한 것이다.

📁 **Tip**
소다수에 생강향을 혼합한 음료는 진저에일이다.

02 우유가 사용되지 않는 커피는?

① 카푸치노(Cappuccino)
② 에스프레소(Espresso)
③ 카페 마키아토(Cafe Macchiato)
④ 카페 라떼(Cafe Latte)

📁 **Tip**
에스프레소는 고압, 고온으로 추출한 커피이다.

03 아티초크를 원료로 사용한 혼성주는?

① 운더베르그(Underberg)
② 시나(Cynar)
③ 아마르 피콘(Amer Picon)
④ 샤브라(Sabra)

📁 **Tip**
시나는 아티초크, 허브 등이 들어간 쓴맛이 있는 이탈리아 식전주다.

04 당밀에 풍미를 가한 석류 시럽(Syrup)은?

① Raspberry syrup
② Grenadine syrup
③ Blackberry syrup
④ Maple syrup

05 럼(Rum)의 분류 중 틀린 것은?

① Light Rum
② Soft Rum
③ Heavy Rum
④ Medium Rum

📁 **Tip**
럼의 숙성정도에 따라 Light(White) - Medium - Heavy로 분류된다.

06 Dry wine의 당분이 거의 남아 있지 않은 상태가 되는 주된 이유는?

① 발효 중에 생성되는 호박산, 젖산 등의 산성분 때문
② 포도 속의 천연 포도당을 거의 완전히 발효시키기 때문
③ 페노릭 성분의 함량이 많기 때문
④ 설탕을 넣는 가당 공정을 거치지 않기 때문

📁 **Tip**
효모가 당을 이용해 알코올과 이산화탄소를 만든다(발효).

07 다음 중 양조주가 아닌 것은?

① 그라파
② 샴페인
③ 막걸리
④ 하이네켄

📁 **Tip**
그라파는 와인을 만들고 난 후 남은 포도 찌꺼기로 만든 이탈리아 증류주다.

08 다음 중 Gin rickey에 포함되는 재료는?

① 소다수(soda water)　② 진저엘(ginger ale)
③ 콜라(cola)　　　　　④ 사이다(cider)

> **Tip**
> 진리키 = 진 + 라임 + 소다수

09 위스키(whisky)를 만드는 과정이 옳게 배열된 것은?

① mashing - fermentation - distillation - aging
② fermentation - mashing - distillation - aging
③ aging - fermentation - distillation - mashing
④ distillation - fermentation - mashing - aging

> **Tip**
> 당화(Mashing) - 발효(Fermentation) - 증류(Distillation) - 숙성(Aging)

10 Grain Whisky에 대한 설명으로 옳은 것은?

① Silent Spirit라고도 불린다.
② 발아시킨 보리를 원료로 해서 만든다.
③ 향이 강하다.
④ Andrew Usher에 의해 개발되었다.

> **Tip**
> 그레인 위스키는 연속식 증류법으로 제조되어 풍미가 순하고 부드러워 사일런트 스피릿이라고 불린다.

11 비알코올성 음료에 대한 설명으로 틀린 것은?

① Decaffeinated coffee는 caffeine을 제거한 커피이다.
② 아라비카종은 이디오피아가 원산지인 향미가 우수한 커피이다.
③ 에스프레소 커피는 고압의 수증기로 추출한 커피이다.
④ Cocoa는 카카오 열매의 과육을 말려 가공한 것이다.

> **Tip**
> 카카오는 카카오 콩을 가공한다.

12 소주에 관한 설명으로 가장 거리가 먼 것은?

① 양조주로 분류된다.
② 증류식과 희석식이 있다.
③ 고려시대에 중국으로부터 전래되었다.
④ 원료로는 백미, 잡곡류, 당밀, 사탕수수, 고구마, 파티오카 등이 쓰인다.

> **Tip**
> 소주는 증류식 소주와 희석식 소주로 분류된다.

13 로제와인(rose wine)에 대한 설명으로 틀린 것은?

① 대체로 붉은 포도로 만든다.
② 제조 시 포도껍질은 같이 넣고 발효시킨다.
③ 오래 숙성시키지 않고 마시는 것이 좋다.
④ 일반적으로 상온(17~18℃) 정도로 해서 마신다.

> **Tip**
> 로제와인은 화이트와인과 비슷한 6~8도 정도에서 마시는 게 좋다.

14. Red Bordeaux wine의 service 온도로 가장 적합한 것은?

① 3~5℃
② 6~7℃
③ 7~11℃
④ 16~18℃

Tip
레드와인은 타닌성분 때문에 낮은 온도에서는 쓴맛이 강해지기 때문에 상온(16~18도)에서 서브된다.

15. Gin에 대한 설명으로 틀린 것은?

① 진의 원료는 대맥, 호밀, 옥수수 등 곡물을 주원료로 한다.
② 무색·투명한 증류주 이다.
③ 활성탄 여과법으로 맛을 낸다.
④ Juniper berry를 사용하여 착향시킨다.

Tip
활성탄으로 여과하는 증류주는 보드카이다.

16. 다음 중 주재료가 나머지 셋과 다른 것은?

① Grand Marnier
② Drambuie
③ Triple Sec
④ Cointreau

Tip
드람뷰이는 꿀과 허브 등으로 만든 리큐르이다. 그랑마니에르, 트리플 섹, 코앵트로는 오렌지 껍질 추출물로 만든 오렌지 큐라소 리큐르이다.

17. 곡류를 원료로 만드는 술의 제조 시 당화과정에 필요한 것은?

① ethyl alcohol
② CO_2
③ yeast
④ diastase

Tip
전분당화효소인 다이아스타제(Diastase)로 당화시키고 효모인 이스트(Yeast)와 작용으로 알코올과 이산화탄소를 만든다.

18. 와인의 품질을 결정하는 요소가 아닌 것은?

① 환경요소(Terroir)
② 양조기술
③ 포도품종
④ 제조국의 소득수준

Tip
제조국의 소득수준은 와인품질과 무관하다.

19. 까브(cave)의 의미는?

① 화이트
② 지하 저장고
③ 포도원
④ 오래된 포도나무

Tip
화이트(Blan), 지하 저장고(cave)

20. 다음 중 버번 위스키가 아닌 것은?

① Jim Beam
② Jack Daniel
③ Wild Turkey
④ John Jameson

Tip
존 제임슨은 아이리쉬(Irish) 위스키이다.

21 쌀, 보리, 조, 수수, 콩 등 5가지 곡식을 물에 불린 후 시루에 쪄 고두밥을 만들고, 누룩을 섞고 발효시켜 전술을 빚는 것은?

① 백세주
② 과하주
③ 안동소주
④ 연엽주

📁 **Tip**
경상북도무형문화재 제12호로 안동지방 명가에서 증류식 소주이다.

22 위스키의 종류 중 증류방법에 의한 분류는?

① malt whisky
② grain whisky
③ blended whisky
④ patent whisky

📁 **Tip**
- 증류방법에 따른 분류 : Patent Whisky
- 원료 및 제조방법에 따른 분류 : Malt, Grain, Blended

23 음료류의 식품유형에 대한 설명으로 틀린 것은?

① 무향탄산음료 : 먹는 물에 식품 또는 식품첨가물(착향료 제외) 등을 가한 후 탄산가스를 주입한 것을 말한다.
② 착향탄산음료 : 탄산음료에 식품첨가물(착향료)을 주입한 것을 말한다.
③ 과실음료 : 농축과실즙(또는 과실분), 과실주스 등을 원료로 하여 가공한 것(과실즙 10% 이상)을 말한다.
④ 유산균음료 : 유가공품 또는 식물성 원료를 효모로 발효시켜 가공(살균을 포함)한 것을 말한다.

📁 **Tip**
유산균 음료 : 우유나 탈지유에 유산균을 섞어 유산 발효를 시켜 만든, 독특한 풍미와 새콤한 맛이 나는 음료

24 나라별 와인을 지칭하는 용어가 바르게 연결된 것은?

① 독일 - Wine
② 미국 - Vin
③ 이태리 - Vino
④ 프랑스 - Wein

📁 **Tip**
독일(Wein, 바인), 미국(Wine, 와인), 프랑스(Vin, 뱅)

25 차에 들어있는 성분 중 타닌(Tannic acid)의 4대 약리작용이 아닌 것은?

① 해독작용
② 살균작용
③ 이뇨작용
④ 소염작용

📁 **Tip**
타닌 4대 약리작용 : 해독작용, 살균작용, 소염작용, 항산화작용

26 우리나라 민속주에 대한 설명으로 틀린 것은?

① 탁주류, 약주류, 소주류 등 다양한 민속주가 생산된다.
② 쌀 등 곡물을 주원료로 사용하는 민속주가 많다.
③ 삼국시대부터 증류주가 제조되었다.
④ 발효제로는 누룩만을 사용하여 제조하고 있다.

📁 **Tip**
고려시대부터 증류주가 제조되었다.

27 일반적으로 dessert wine으로 적합하지 않은 것은?

① Beerenauslese ② Barolo
③ Sauternes ④ Ice Wine

> **Tip**
> 바롤로(Barolo)는 이탈리아 피에몬테 지방의 레드와인으로 최고급 DOCG와인이다. 맛이 드라이해 디저트 와인으로 적합하지 않다.

28 다음의 제조 방법에 해당되는 것은?

> 삼각형, 받침대 모양의 틀에 와인을 꽂고 약 4개월 동안 침전물을 병입구로 모은 후, 순간냉동으로 병목을 얼려서 코르크 마개를 열면 순간적으로 자체 압력에 의해 응고되었던 침전물이 병 밖으로 빠져 나온다. 침전물의 방출로 인한 양적 손실은 도자쥬(dosage)로 채워진다.

① 레드 와인(Red wine)
② 로제 와인(Rose wine)
③ 샴페인(Champagne)
④ 화이트 와인(White wine)

> **Tip**
> - 샴페인 제조과정 : 수확 - 압착 - 1차발효 - 블렌딩 - 2차 발효 및 숙성 - 르미아쥬 - 데고르주망 - 도자쥬 - 병입
> - 도자쥬 : 일정량의 와인과 당분으로 부족해진 양을 채운다.

29 혼성주에 대한 설명으로 틀린 것은?

① 중세의 연금술사들이 증류주를 만드는 기법을 터득하는 과정에서 우연히 탄생되었다.
② 증류주에 당분과 과즙, 꽃, 약초 등 초근목피의 침출물로 향미를 더했다.
③ 프랑스에서는 알코올 30% 이상, 당분 30% 이상을 함유하고 향신료가 첨가된 술을 리큐르라 정의한다.
④ 코디알(Cordial)이라고도 부른다.

> **Tip**
> 프랑스에서는 알코올 도수 15% 이상, 당분 20% 이상을 함유하고 향신료가 첨가된 술을 리큐르라고 정의한다.

30 다음 중 보르도(Bordeaux) 지역에 속하며, 고급 와인이 많이 생산되는 곳은?

① 콜마(Colmar) ② 샤블리(Chablis)
③ 보졸레(Beaujolais) ④ 포므롤(Pomerol)

> **Tip**
> - 콜마 : 미국 일리노아주 지역
> - 샤블리, 보졸레 : 프랑스 부르고뉴 지방

31 싱가폴 슬링(Singapore Sling) 칵테일의 재료로 가장 거리가 먼 것은?

① 드라이 진(Dry Gin)
② 체리 브랜디(Cherry-Flavored Brandy)
③ 레몬쥬스(Lemon Juice)
④ 토닉워터(Tonic Water)

> **Tip**
> 싱가폴 슬링 = 드라이진 + 레몬주스 + 설탕 + 탄산수 + 체리 브랜디

32 다음 중 High ball glass를 사용하는 칵테일은?

① 마가리타(Margarita)
② 키르 로열(Kir Royal)
③ 씨 브리즈(Sea Breeze)
④ 블루 하와이(Blue Hawaii)

> **Tip**
> 하이볼 글라스는 롱 드링크 스타일 칵테일이 주로 사용된다. / 씨 브리즈 = 보드카 + 크랜베리주스 + 자몽주스

33 Bartender가 영업 전 반드시 해야 할 준비 사항이 아닌 것은?

① 칵테일용 과일 장식 준비
② 냉장고 온도 체크
③ 모객 영업
④ 얼음준비

34 Key Box나 Bottle Member제도에 대한 설명으로 옳은 것은?

① 음료의 판매회전이 촉진된다.
② 고정고객을 확보하기는 어렵다.
③ 후불이기 때문에 회수가 불분명하여 자금운영이 원활하지 못하다.
④ 주문시간이 많이 걸린다.

> **Tip**
> BAR에서 구매한 바틀을 보관해주는 제도로, 흔히 킵(keep)이라고도 부른다.

35 잔 주위에 설탕이나 소금 등을 묻혀서 만드는 방법은?

① Shaking   ② Building
③ Floating   ④ frosting

> **Tip**
> 프로스팅(frosting) 또는 리밍(rimming)이라고 한다.

36 Angostura Bitter가 1 dash정도로 혼합되는 것은?

① Daiquiri   ② Grasshopper
③ Pink Lady   ④ Manhattan

> **Tip**
> 맨하탄 = 버번위스키 + 스위트 베르뭇 + 앙고스투라비터스

37 재고 관리상 쓰이는 용어인 F.I.F.O의 뜻은?

① 정기 구입   ② 선입 선출
③ 임의 불출   ④ 후입 선출

> **Tip**
> 선입선출 : 먼저 들어온 것을 먼저 사용한다.

38 서브 시 칵테일 글라스를 잡는 부위로 가장 적합한 것은?

① Rim   ② Stem
③ Body   ④ Bottom

> **Tip**
> 스템(Stem) 부분을 잡아 손의 체온이 잔에 되지 않게 한다.

39 와인의 보관방법으로 적합하지 않은 것은?

① 진동이 없는 곳에 보관한다.
② 직사광선을 피하여 보관한다.
③ 와인을 눕혀서 보관한다.
④ 습기가 없는 곳에 보관한다.

> **Tip**
> 건조한 곳은 코르크가 말라 와인이 변질될 수 있으므로 적당한 습도가 있는 곳에 보관한다.

40 레몬의 껍질을 가늘고 길게 나선형으로 장식하는 것과 관계있는 것은?

① Slice   ② Wedge
③ Horse's Neck   ④ Peel

> **Tip**
> 브랜디를 기주로한 칵테일로 루스벨트 대통령이 좋아한 칵테일이다. 레몬 껍질을 돌려가며 나선형으로 깎아 장식한다.

41 다음 중 고객에게 서브되는 온도가 18℃ 정도되는 것이 가장 적정한 것은?

① Whiskey   ② White Wine
③ Red Wine   ④ Champagne

> **Tip**
> • 레드와인 : 15~19도
> • 화이트 와인 : 8~12도

42 와인 서빙에 필요치 않은 것은?

① Decanter   ② Cork screw
③ Stir rod   ④ Pincers

> **Tip**
> • Stir Rod, 음료를 섞어주는 도구
> • Pincers, 와인 목부분을 잡아주는 도구

43 Corkage Charge의 의미는?

① 적극적인 고객 유치를 위한 판촉비용
② 고객이 Bottle 주문 시 따라 나오는 Soft Drink의 요금
③ 고객이 다른 곳에서 구입한 주류를 바(Bar)에 가져와서 마실 때 부과되는 요금
④ 고객이 술을 보관할 때 지불하는 보관 요금

> **Tip**
> 보통 매장에서 팔지 않은 술을 가지고와 마실 경우 콜키지 차지 비용을 내고 마실 수 있다.

44 칵테일 기법 중 믹싱 글라스에 얼음과 술을 넣고 바 스푼으로 잘 저어서 잔에 따르는 방법은?

① 직접넣기(Building)   ② 휘젓기(Stirring)
③ 흔들기(Shaking)   ④ 띄우기(Float&Layer)

> **Tip**
> 휘젓기(Stirring)기법 칵테일은 마티니, 깁슨, 맨하탄 등이 있다.

45 다음 중 칵테일 장식용(Garnish)으로 보통 사용되지 않는 것은?

① Olive
② Onion
③ Raspberry Syrup
④ Cherry

> **Tip**
> 라즈베리 시럽은 장식으로 사용되지 않는다.

46 칵테일의 기본 5대 요소와 가장 거리가 먼 것은?

① Decoration(장식)
② Method(방법)
③ Glass(잔)
④ Flavor(향)

> **Tip**
> 칵테일 5대 요소 : 잔, 맛, 향, 색, 장식

47 다음 중 소믈리에(Sommelier)의 역할로 틀린 것은?

① 손님의 취향과 음식과의 조화, 예산 등에 따라 와인을 추천한다.
② 주문한 와인은 먼저 여성에게 우선적으로 와인 병의 상표를 보여 주며 주문한 와인임을 확인시켜 준다.
③ 시음 후 여성부터 차례로 와인을 따르고 마지막에 그 날의 호스트에게 와인을 따라준다.
④ 코르크 마개를 열고 주빈에게 코르크 마개를 보여주면서 시큼하고 이상한 냄새가 나지 않는지, 코르크가 잘 젖어있는지를 확인시킨다.

> **Tip**
> 주문한 와인은 먼저 호스트에게 확인시켜 준다.

48 다음 중 그레나딘(grenadine)이 필요한 칵테일은?

① 위스키 사워(Whisky Sour)
② 바카디(Bacardi)
③ 카루소(Caruso)
④ 마가리타(Margarita)

> **Tip**
> 바카디 = 라이트럼 + 라임 + 그라나딘 시럽

49 맥주를 취급, 관리, 보관하는 방법으로 틀린 것은?

① 장기간 보관하여 숙성시킨다.
② 심한 온도 변화를 주지 않는다.
③ 그늘진 곳에 보관한다.
④ 맥주가 얼지 않도록 한다.

> **Tip**
> 맥주는 선입선출(FIFO)로 관리한다.

50 칵테일 제조에 사용되는 얼음(Ice)종류의 설명이 틀린 것은?

① 쉐이브드 아이스(Shaved Ice) : 곱게 빻은 가루 얼음
② 크랙드 아이스(Cracked Ice) : 큰 얼음을 아이스 픽(Ice Pick)으로 깨어서 만든 각얼음
③ 큐브드 아이스(Cubed Ice) : 정육면체의 조각 얼음 또는 육각형 얼음
④ 럼프 아이스(Lump Ice) : 각얼음을 분쇄하여 만든 작은 콩알얼음

> **Tip**
> 럼프 아이스 : 큐브 아이스 모퉁이를 깎아낸 표면이 거친 동그란 얼음

51 「먼저 하세요..」라고 양보할 때 쓰는 영어 표현은?

① Before you, please. ② Follow me, please.
③ After you! ④ Let's go.

Tip
"After you"는 누군가에게 먼저 하라고 양보할 때 자주 쓰이는 표현이다.

52 아래의 설명에 해당하는 것은?

> This complex, aromatic concoction containing some 56 herbs, roots, and fruits has been popular in germany since its introduction in 1878.

① Kummel ② Sloe Gin
③ Maraschino ④ Jagermeister

Tip
예거마이스터 : 독일에서 만들어진 리큐르로 56가지 허브, 뿌리, 과일 등이 들어간다.

53 Which is not scotch whisky?

① Bourbon ② Ballantine
③ Cutty sark ④ V.A.T.69

Tip
Q : 스카치 위스키가 아닌 것은?
버번 위스키는 미국위스키이다.

54 다음의 (   ) 안에 적당한 단어는?

> I'll have a Scotch (㉠) the rocks and a Bloody Mary (㉡) my life.

① ㉠ : on, ㉡ : for ② ㉠ : in, ㉡ : to
③ ㉠ : for, ㉡ : at ④ ㉠ : of, ㉡ : in

Tip
On the rocks, 잔에 큰 얼음과 함께 위스키를 음용하는 방법 / For ~위해

55 다음 중 밑줄 친 change가 나머지 셋과 다른 의미로 쓰인 것은?

① Do you have change for a dollar?
② Keep the change.
③ I need some change for the bus.
④ Let's try a new restaurant for a change.

Tip
①~③은 잔돈, 거스름돈의 의미 / ④ 바꾸다 의미

56 Which one is made with vodka, lime juice, triple sec and cranberry juice?

① Kamikaze ② Godmother
③ Seabreeze ④ Cosmopolitan

Tip
보드카, 라임주스, 트리플 섹, 크랜베리 주스로 만든 칵테일은?

57 다음에서 설명하는 것은?

> A kind of drink made of gin, brandy and so on sweetened with fruit juices, especially lime.

① Ade
② Squash
③ Sling
④ Julep

Tip
슬링 : 피즈보다 용량이 많고 리큐르를 첨가해 만든 칵테일이다. 기주로 진, 브랜디 등이 사용되고 리큐르에 라임과 같은 과일주스가 들어간다.

58 "이것으로 주세요." 또는 "이것으로 할게요." 라는 의미의 표현으로 가장 적합한 것은?

① I'll have this one.
② Give me one more.
③ I would like to drink something.
④ I already had one.

59 다음의 (   )에 들어갈 알맞은 말은?

> I am afraid you have the (   ) number.
> (전화 잘못 거셨습니다.)

① correct
② wrong
③ missed
④ busy

Tip
Wrong number 잘못 걸린 전화

60 다음 중 Ice bucket에 해당되는 것은?

① Ice pail
② Ice tong
③ Ice pick
④ Ice pack

Tip
- Ice bucket = ice pail
- Ice tong = 집게
- Ice pick = 얼음을 부수는 도구

정답

01	②	02	②	03	②	04	②	05	②
06	②	07	①	08	①	09	①	10	①
11	④	12	①	13	④	14	④	15	③
16	②	17	④	18	④	19	②	20	④
21	③	22	④	23	④	24	③	25	③
26	③	27	②	28	③	29	③	30	④
31	④	32	③	33	③	34	①	35	④
36	④	37	②	38	②	39	④	40	④
41	③	42	③	43	③	44	②	45	③
46	②	47	②	48	②	49	①	50	④
51	③	52	④	53	①	54	①	55	④
56	④	57	③	58	①	59	②	60	①

2015년 4회 필기 기출

01 멕시코에서 처음 생산된 증류주는?

① 럼(Rum) ② 진(Gin)
③ 아쿠아비트(Aquavit) ④ 테킬라(Tequila)

> **Tip**
> 아가베(용설란)으로 만든 멕시코 대표 증류주는 테킬라이다.

02 맨해튼(Manhattan), 올드패션(Old fashion) 칵테일에 쓰이며 뛰어난 풍미와 향기가 있는 고미제로서 널리 사용되는 것은?

① 클로버(Clove)
② 시나몬(Cinnamon)
③ 앙코스트라 비터(Angostura Bitter)
④ 오렌지 비터(Orange Bitter)

> **Tip**
> **앙고스투라 비터스**: 트리니다드 토바고 및 베네수엘라 원주민의 비법 레시피로 만들어진 것으로, 주정에 용담뿌리 및 다양한 추출물이 들어간다.

03 제조방법상 발효 방법이 다른 차(Tea)는?

① 한국의 작설차
② 인도의 다즐링(Darjeeling)
③ 중국의 기문차
④ 스리랑카의 우바(Uva)

> **Tip**
> • **작설차**: 녹차(비발효차)
> • **발효차**(3대 홍차): 인도 다즐링, 중국의 기문차, 스리랑카 우바

04 다음 중 셰리를 숙성하기에 가장 적합한 곳은?

① 솔레라(Solera) ② 보데가(Bodega)
③ 꺄브(Cave) ④ 플로(Flor)

> **Tip**
> • **솔레라 시스템**: 셰리 와인을 숙성시키는 방식으로 오래된 와인에 새로운 와인을 블렌딩해 일정한 맛과 품질을 유지하는 방법이다.
> • **보데가**: 스페인의 와인 저장 창고
> • **카브**: 프랑스어로 지하실, 지하실 저장 포도주
> • **프로**: 정점에 달하기 전의 전성기

05 레드와인용 품종이 아닌 것은?

① 시라(Syrah) ② 네비올로(Nebbiolo)
③ 그르나슈(Grenache) ④ 세미용(Semillion)

> **Tip**
> 세미용은 샤르도네, 슈냉블랑, 리슬링, 소비뇽 블랑과 함께 대표적인 화이트와인 품종이다.

06 스카치위스키의 법적정의로서 틀린 것은?

① 위스키의 숙성기간은 최소 3년 이상이어야 한다.
② 물외에 색을 내기 위한 어떤 물질도 첨가할 수 없다.
③ 병입 후 알코올 도수가 최소 40도 이상이어야 한다.
④ 증류된 원액을 숙성시켜야 하는 오크통은 700리터가 넘지 않아야 한다.

> **Tip**
> 숙성정도에 따라 달라지는 색상을 일정하게 유지하기 위해 물과 캐러멜 색소를 소량 첨가할 수 있다.

07 샴페인 제조 시 블렌딩 방법이 아닌 것은?

① 여러 포도 품종
② 다른 포도밭 포도
③ 다른 수확 연도의 와인
④ 10% 이내의 샴페인 외 다른 지역 포도

Tip
프랑스 샹파뉴 지역에서 생산되는 스파클링 와인이 샴페인이기 때문에 다른 지역의 포도로 만든 스파클링의 와인이 블렌딩 되면 안된다.

08 재배하기가 무척 까다롭지만 궁합이 맞는 토양을 만나면 훌륭한 와인을 만들어 내기도 하며 Romancee-Conti를 만드는데 사용된 프랑스 부르고뉴 지방의 대표적인 품종으로 옳은 것은?

① Cabernet Sauvignon ② Pinot Noir
③ Sangiovese   ④ Syrah

Tip
로마네 콩티는 주로 피노누아를 사용한다. 피노누아는 껍질이 얇고, 체리향, 산딸기향, 흙향을 갖고 있다.

09 소주의 원료로 틀린 것은?

① 쌀   ② 보리
③ 밀   ④ 맥아

Tip
맥아(Malt)는 싹틔운 보리로 맥주와 몰트 위스키의 주원료이다.

10 보드카(Vodka) 생산 회사가 아닌 것은?

① 스톨리치나야(Stolichnaya)
② 비피터(Beefeater)
③ 핀란디아(Finlandia)
④ 스미노프(Smirnoff)

Tip
비피터는 진(Gin)회사이다.

11 다음 중 무색, 무미, 무취의 탄산음료는?

① 칼린스 믹스(Colins Mix)
② 콜라(Cola)
③ 소다수(Soda Water)
④ 에비앙(Evian Water)

Tip
소다수는 별도 첨가물 없이, 이산화탄소만 주입한 물로 무색, 무미, 무취이다.

12 Bourbon whisky "80 proof"는 우리나라의 알코올 도수로 몇 도인가?

① 20도   ② 30도
③ 40도   ④ 50도

Tip
알코올도수 = Proof / 2

13 두송자를 첨가하여 풍미를 나게 하는 술은?

① Gin   ② Rum
③ Vodka   ④ Tequila

Tip
두송자(주니퍼베리)를 침출한 증류주는 진(Gin)이다.

14 클라렛(Claret)이란?

① 독일산의 유명한 백포도주(White Wine)
② 프랑스 보르도 지방의 적포도주(Red Wine)
③ 스페인 헤레스 지방의 포트와인(Pot Wine)
④ 이탈리아산 스위트 버무스(Sweet Vermouth)

📁 **Tip**
클라렛 : 프랑스 보르도산 레드와인으로 실온에서 제공

15 제조 시 향초류(Herb)가 사용되지 않는 술은?

① Absinthe   ② Creme de Cacao
③ Benedictine D.O.M ④ Chartreuse

📁 **Tip**
크렘 드 카카오는 코코아 열매에 카라다몬(Caradamon), 시나몬, 바닐라 등을 사용해 만든 리큐르이다.

16 우리나라의 증류식 소주에 해당되지 않는 것은?

① 안동 소주   ② 제주 한주
③ 경기 문배주 ④ 금산 삼송주

📁 **Tip**
삼송주는 멥쌀, 인삼, 쑥, 인삼누룩으로 만든 16도의 발효주(양조주)이다.

17 적포도를 착즙해 주스만 발효시켜 만드는 와인은?

① Blanc de Blanc   ② Blush Wine
③ Port Wine   ④ Red Vermouth

📁 **Tip**
블러시 와인은 캘리포니아의 분홍색 와인이다. 적포도를 착즙해 주스만 발효시켜 만든다.

18 커피의 맛과 향을 결정하는 중요 가공 요소가 아닌 것은?

① roasting   ② blending
③ grinding   ④ weathering

📁 **Tip**
Weathering : 원치 않는 환경적 요인으로 생두가 변화하는 과정으로 품질저하 우려가 있다.

19 다음 중 Afrer Drink로 가장 거리가 먼 것은?

① Rusty Nail   ② Cream Sherry
③ Campari   ④ Alexander

📁 **Tip**
식후주는 보통 달콤한 칵테일이나 술로 캄파리는 씁쓸한 허브 리큐르로 이탈리아 대표 식전주다.

20 다음 중 비알콜성 음료의 분류가 아닌 것은?

① 기호 음료   ② 청량 음료
③ 영양 음료   ④ 유성 음료

📁 **Tip**
- 비알콜성 음료 분류 : 청량음료, 기호음료, 영양음료
- 영양음료 : 유성음료(우유 등), 주스음료(오렌지 주스 등)

21. 스카치위스키를 기주로 하여 만들어진 리큐르는?

① 샤트루즈 ② 드람뷰이
③ 코앵뜨로 ④ 베네딕틴

Tip
스카치 위스키에 꿀과 허브를 첨가해 만든 리큐르는 드람뷰이다.

22. 다음 중 영양음료는?

① 토마토 주스 ② 카푸치노
③ 녹차 ④ 광천수

Tip
- **영양음료** : 주스류, 우유류
- **기호음료** : 커피(카푸치노), 차(녹차)
- **청량음료** : 탄산음료, 무탄산음료(광천수)

23. 다음 리큐르(Liqueur) 중 그 용도가 다른 하나는?

① 드람뷰이(Drambuie) ② 갈리아노(Galliano)
③ 시나(Cynar) ④ 코앵트로(Cointreau)

Tip
시나는 아티초크, 허브 등이 들어간 쓴맛이 있는 이탈리아 식전주다.

24. 나라별 와인산지가 바르게 연결된 것은?

① 미국 - 루아르 ② 프랑스 - 모젤
③ 이탈리아 - 키안티 ④ 독일 - 나파벨리

Tip
루아르(프랑스), 모젤(독일), 나파벨리(미국)

25. 스카치위스키(Scotch Whisky)와 가장 거리가 먼 것은?

① Malt
② Peat
③ Used sherry Cask
④ Used Limousin Oak Cask

Tip
코냑은 리무진 참나무 오크통에서 최소 3년 이상 숙성시킨다.

26. 다음에서 설명되는 약용주는?

> 충남 서북부 해안지방의 전통 민속주로 고려 개국공신 복지겸이 백약이 무효인 병을 앓고 있을 때 백일기도 끝에 터득한 비법에 따라 찹쌀, 아미산의 진달래, 안샘물로 빚은 술을 마심으로 질병을 고쳤다는 신비의 전설과 함께 전해져 내려온다.

① 두견주 ② 송순주
③ 문배주 ④ 백세주

Tip
- **두견주** : 진달래꽃(두견화)을 첨가한 양조주
- **송순주** : 곡주를 빚을 때 송순과 소주를 넣어 발효시키는 전통주
- **문배주** : 밀, 좁쌀, 수수를 누룩과 함께 발효해 증류한 술로 문배나무 과실향이 난다고하여 문배주가 된 증류주
- **백세주** : 찹쌀로 만든 발효주로 인삼과 허브로 맛을 냈다. 술을 마시면 백세까지 살 수 있다고 하여 이름이 붙여졌다.

27 커피(Coffee)의 제조방법 중 틀린 것은?

① 드립식(drip filter)
② 퍼콜레이터식(percolator)
③ 에스프레소식(espresso)
④ 디켄터식(decanter)

📁 **Tip**
디켄터는 침전물을 걸러 내거나 산소와 접촉을 시켜 향을 풍부하게 하기 위해 옮겨담는 작업을 디캔팅이라고 한다.

28 감미 와인(Sweet Wine)을 만드는 방법이 아닌 것은?

① 귀부포도(Noble rot Grape)를 사용하는 방법
② 발효 도중 알코올을 강화하는 방법
③ 발효 시 설탕을 첨가하는 방법
④ 햇빛에 말린 포도를 사용하는 방법

📁 **Tip**
발효 시 설탕을 첨가하는 것은 알코올 도수를 높게 하기 위한 방법이다.

29 맥주를 따를 때 글라스 위쪽에 생성된 거품의 작용과 가장 거리가 먼 것은?

① 탄산가스의 발산을 막아준다.
② 산화작용을 억제시킨다.
③ 맥주의 신선도를 유지시킨다.
④ 맥주 용량을 줄일 수 있다.

📁 **Tip**
맥주 거품은 맥아에 들어있는 단백질이 계면활성제 역할을 하여 발효과정에서 생긴 이산화탄소를 붙잡아 둔다.

30 독일맥주가 아닌 것은?

① 뢰벤브로이
② 벡스
③ 밀러
④ 크롬바허

📁 **Tip**
밀러는 미국맥주이다.

31 다음 중 바 기물과 가장 거리가 먼 것은?

① ice cube maker
② muddler
③ beer cooler
④ deep freezer

📁 **Tip**
딥 프리저는 초저온 냉장고로 급속 냉동을 위한 냉동고다.

32 프로스팅(Frosting)기법을 사용하지 않는 칵테일은?

① Margarita
② Kiss of Fire
③ Harvey Wallbanger
④ Irish Coffee

📁 **Tip**
마가리타(소금), 키스오브파이어, 아이리쉬 커피(설탕)

33 다음의 설명에 해당하는 바의 유형으로 가장 적합한 것은?

- 국내에서는 위스키 바라고 부른다. 맥주보다는 위스키나 코냑과 같은 하드 리큐르 판매를 위주로 하기 때문이다.
- 칵테일도 마티니, 맨해튼, 올드 패션드 등 전통적인 레시피에 좀 더 무게를 두고 있다.
- 우리나라에서는 피아노 한 대를 라이브 음악으로 연주하는 형태를 선호한다.

① 재즈 바 ② 클래식 바
③ 시가 바 ④ 비어 바

34 다음 중 셰이커(shaker)를 사용하여야 하는 칵테일은?

① 브랜디 알렉산더(Brandy Alexander)
② 드라이 마티니(Dry Martini)
③ 올드 패션드(Old fashioned)
④ 크렘 드 민트 프라페(Creme de menthe frappe)

📁 **Tip**
① 셰이킹, ② 스터, ③ 빌드

35 다음 칵테일 중 Mixing Glass를 사용하지 않는 것은?

① Martini ② Gin Fizz
③ Manhattan ④ Rob Roy

📁 **Tip**
믹싱 글라스를 사용하는 기법은 스터기법이다.
- **스터** : 마티니, 맨하탄, 롭로이
- **셰이킹+빌드** : 진피즈

36 조주보조원이라 일컬으며 칵테일 재료의 준비와 청결유지를 위한 청소담당 및 업장 보조를 하는 사람을 의미하는 것은?

① 바 헬퍼(Bar helper)
② 바텐더(Bartender)
③ 헤드 바텐더(Head Bartender)
④ 바 매니저(Bar Manager)

37 테이블의 분위기를 돋보이게 하거나 고객의 편의를 위해 중앙에 놓는 집기들의 배열을 무엇이라 하는가?

① Service Wagon ② Show plate
③ B&B plate ④ Center piece

📁 **Tip**
센터피스(center Piece)에 대한 설명이다.

38 Whisky나 Vermouth 등을 On the Rocks로 제공할 때 준비하는 글라스는?

① Highball Glass ② Old Fashioned Glass
③ Cocktail Glass ④ Liqueur Glass

📁 **Tip**
올드 패션드 글라스 혹은 온더락 글라스는 입구가 넓고 얼음을 넣어 마실 수 있는 잔이다.

39 Moscow Mule 칵테일을 만드는 데 필요한 재료가 아닌 것은?

① Rum ② Vodka
③ Lime Juice ④ Ginger ale

📁 **Tip**
모스코 뮬 = 보드카 + 라임 + 진저에일
기법 : 빌드기법

40 다음 중 Sugar Frost로 만드는 칵테일은?

① Rob Roy ② Kiss of Fire
③ Margarita ④ Angel's Tip

> **Tip**
> • 키스오브파이어 : 설탕
> • 마가리타 : 소금

41 칵테일 기구인 지거(Jigger)를 잘못 설명한 것은?

① 일명 Measure Cup이라고 한다.
② 지거는 크고 작은 두 개의 삼각형 컵이 양쪽으로 붙어 있다.
③ 작은 쪽 컵은 1oz이다.
④ 큰 쪽의 컵은 대부분 2oz이다.

> **Tip**
> 술의 용량을 계량하는 도구로, 작은 쪽은 1oz(30ml), 큰 쪽은 1.5oz(45ml)가 많다.

42 Sidecar 칵테일을 만들 때 재료로 적당하지 않은 것은?

① 테킬라 ② 브랜디
③ 화이트 큐라소 ④ 레몬주스

> **Tip**
> 사이드카 = 브랜디 + 화이트큐라소(트리플섹, 코앵트로) + 레몬주스 / **기법** : 셰이킹

43 주장에서 사용하는 기물이 아닌 것은?

① Champagne Cooler ② Soup Spoon
③ Lemon Squeezer ④ Decanter

> **Tip**
> 스프 스푼(Soup Spoon)은 주방, 홀에서 사용한다.

44 레스토랑에서 사용하는 용어인 "abbreviation"의 의미는?

① 헤드웨이터가 몇 명의 웨이터들에게 담당구역을 배정하여 고객에 대한 서비스를 제공하는 제도
② 주방에서 음식을 미리 접시에 담아 제공하는 서비스
③ 레스토랑에서 고객이 찾고자 하는 고객을 대신 찾아주는 서비스
④ 원활한 서비스를 위해 사용하는 직원 간에 미리 약속된 메뉴의 약어

> **Tip**
> Abbreviation : 약어, 줄임말

45 얼음의 명칭 중 단위랑 부피가 가장 큰 것은?

① Cracked Ice ② Cubed Ice
③ Lumped Ice ④ Crushed Ice

> **Tip**
> Lumped > Cracked > Cubed > Crushed

46 믹싱 글라스(Mixing Glass)의 설명 중 옳은 것은?

① 칵테일 조주 시 음료 혼합물을 섞을 수 있는 기물이다.
② 셰이커의 또 다른 명칭이다.
③ 칵테일에 혼합되어지는 과일이나 약초를 머들링(Muddling) 하기 위한 기물이다.
④ 보스턴 쉐이커를 구성하는 기물로서 주로 안전한 플라스틱 재질을 사용한다.

> **Tip**
> 믹싱 글라스는 스터기법에 사용되는 기물로 재료를 섞을 때 사용된다.

47 조주 서비스에서 Chaser의 의미는?

① 음료를 체온보다 높여 약 62~67도로 해서 서빙하는 것
② 따로 조주하지 않고 생으로 마시는 것
③ 서로 다른 두 가지 술을 반씩 따라 담는 것
④ 독한 술이나 칵테일을 내놓을 때 다른 글라스에 물 등을 담아 내놓는 것

Tip
체이서는 독한 술을 마신 뒤 입가심으로 마시는 물이나 음료이다. 보드카를 마신 뒤 오렌지 주스나 토닉워터가 잘 어울린다.

48 Standard Recipe란?

① 표준 판매가
② 표준 제조표
③ 표준 조직표
④ 표준 구매가

Tip
표준 제조표(레시피)는 일정한 맛을 유지하고, 원가를 책정하기 위해 필요하다.

49 Liqueur Glass의 다른 명칭은?

① Shot Glass
② Cordial Glass
③ Sour Glass
④ Goblet

Tip
리큐르 글라스 또는 코디얼 글라스라고 부른다.

50 블러디 메리(Bloody Mary)에 주로 사용되어지는 주스는?

① 토마토 주스
② 오렌지 주스
③ 파인애플 주스
④ 라임 주스

Tip
블러디메리는 보드카와 토마토 주스 등으로 만드는 칵테일이다.

51 다음 내용 중 옳은 것은?

① Cognac is produced only in the Cognac region of France.
② All brandy is Cognac.
③ Not all Cognac is brandy.
④ All French brandy is Cognac.

Tip
① 코냑은 프랑스 코냑지방에서만 생산된다.
② 모든 브랜디는 코냑이다.
③ 코냑만 브랜디가 아니다.
④ 모든 프랑스 브랜디는 코냑이다.

52 다음 ( ) 안에 공통적으로 적합한 단어는?

( ), which looks like fine sea spray, is the Holy Grail of espresso, the beautifully tangible sign that everything has gone right.
( ) is a golden foam made up of oil and colloids, which floats atop the surface of a perfectly brewed cup of espresso.

① Crema
② Cupping
③ Cappuccino
④ Caffe Latte

Tip
크레마 : 에스프레소 커피를 추출할 때 커피의 지방 성분과 수용성 성분이 혼합되면서 만들어지는 거품이다.

53 Please, select the cocktail based on gin in the following.

① Side car   ② Zoom cocktail
③ Between the sheets   ④ Million Dollar

📁 **Tip**
진으로 만든 칵테일을 고르시오.
사이드카(브랜디), 좀비(럼), 비트윈더시트(브랜디)

54 다음의 (　　) 안에 들어갈 적합한 것은?

(　　), whisky is a whisky which is distilled and produced at just one particular distillery. (　　)s are made entirely from one type of malted grain, traditionally barley, which is cultivated in the region of the distillery.

① grain   ② blended
③ single malt   ④ bourbon

📁 **Tip**
한 증류소에서만 생산되고, 한 종류의 맥아(발아시킨 보리)로만 만들어진 위스키는 싱글몰트 위스키이다.

55 다음의 문장에서 밑줄 친 postponed와 가장 가까운 뜻은?

The meeting was <u>postponed</u> until tomorrow morning.

① cancelled   ② finished
③ put off   ④ taken off

📁 **Tip**
Postpone : 지연되다.
같은 의미로 put off 가 있다.

56 (　　) 안에 알맞은 리큐르는?

(　　) is called the queen of liqueur. This is one of the French traditional liqueur and is made from several years aging after distilling of various herbs added to spirit.

① Chartreuse   ② Benedictine
③ Kummel   ④ Cointreau

📁 **Tip**
리큐르의 여왕으로 불리우고, 프랑스에서 만들어진 리큐르는 샤르트뢰즈 이다.

57 다음에서 설명하는 것은?

What is used to present the check, return the change or the credit card, and remind the customer to leave the tip.

① Serving trays   ② Bill trays
③ Corkscrews   ④ Can openers

📁 **Tip**
• "Bill trays"=레스토랑, 바, 카페 등에서 계산서를 담아 손님에게 제공하는 작은 쟁반
• 계산 후 손님이 돈/카드/팁을 올려놓을 수 있도록 사용됨

58 What does 'black coffee' mean?

① Rich in coffee
② Strong coffee
③ Coffee without cream and sugar
④ Clear strong coffee

📁 **Tip**
Q : 블랙커피는 무엇인가?
A : 크림이나 설탕이 들어가지 않은 커피

59 'I feel like throwing up.'의 의미는?

① 토할 것 같다.
② 기분이 너무 좋다.
③ 공을 던지고 싶다.
④ 술을 더 마시고 싶다.

> **Tip**
> Throw up 토하다

60 손님에게 사용할 때 가장 공손한 표현이 되도록 다음의 (　　) 안에 들어갈 알맞은 표현은?

| (　　　　) to have a drink? |

① Would you like　② Won't you like
③ Will you like　④ Do you like

> **Tip**
> "Would you like to have a drink?" = "한 잔 하시겠어요?"(정중한 표현) 술을 권할 때 가장 흔히 쓰이는 영어 표현 중 하나이다.

정답

01	④	02	③	03	①	04	②	05	④
06	②	07	④	08	②	09	④	10	②
11	③	12	③	13	①	14	②	15	②
16	④	17	②	18	④	19	③	20	④
21	②	22	①	23	③	24	③	25	④
26	①	27	④	28	③	29	④	30	③
31	④	32	③	33	②	34	①	35	②
36	①	37	④	38	②	39	①	40	②
41	④	42	①	43	②	44	④	45	③
46	①	47	④	48	②	49	②	50	①
51	①	52	①	53	④	54	③	55	③
56	①	57	②	58	③	59	①	60	①

Chapter 17 2016년 1회 필기 기출

01 커피의 3대 원종이 아닌 것은?
① 로부스타종 ② 아라비카종
③ 인디카종   ④ 리베리카종

📁 **Tip**
커피 3대 원종 : 로부스타, 아라비카, 리베리카

02 이태리가 자랑하는 3대 리큐르(liqueur) 중 하나로 살구씨를 기본으로 여러 가지 재료를 넣어 만든 아몬드 향의 리큐르로 옳은 것은?
① 아드보카트(Advocaat)
② 베네딕틴(Benedictine)
③ 아마레또(Amaretto)
④ 그랑 마니에르(Grand Marnier)

📁 **Tip**
- 아드보카트 : 브랜디에 달걀노른자, 설탕, 바닐라향을 착향시킨 네덜란드 리큐르
- 베네딕틴 : 브랜디를 베이스로 안젤리카, 쑥 등 약 27종의 약초, 향초를 첨가한 프랑스 리큐르
- 그랑 마니에르 : 코냑에 오렌지 껍질 추출물을 넣은 최고급 프랑스 오렌지 큐라소

03 Malt Whisky를 바르게 설명한 것은?
① 대량의 양조주를 연속식으로 증류해서 만든 위스키
② 단식 증류기를 사용하여 2회의 증류과정을 거쳐 만든 위스키
③ 피트탄(peat, 석탄)으로 건조한 맥아의 당액을 발효해서 증류한 피트향과 통의 향이 배인 독특한 맛의 위스키
④ 옥수수를 원료로 대맥의 맥아를 사용하여 당화시켜 개량솥으로 증류한 고농도 알코올의 위스키

📁 **Tip**
① 몰트위스키는 단식 증류방식으로 만든다.
② 단식 증류로 2~3회 증류한다.
④ 옥수수가 메인 재료인 위스키는 버번위스키이다.

04 Ginger ale에 대한 설명 중 틀린 것은?
① 생강의 향을 함유한 소다수이다.
② 알코올 성분이 포함된 영양음료이다.
③ 식욕증진이나 소화제로 효과가 있다.
④ Gin이나 Brandy와 조주하여 마시기도 한다.

📁 **Tip**
진저에일은 무알코올 음료이다.

05 우유의 살균방법에 대한 설명으로 가장 거리가 먼 것은?
① 저온 살균법 : 50℃에서 30분 살균
② 고온 단시간 살균법 : 72℃에서 15초 살균
③ 초고온 살균법 : 135~150℃에서 0.5~5초 살균
④ 멸균법 : 150℃에서 2.5~3초 동안 가열 처리

📁 **Tip**
우유 살균법
- **저온살균법**(LTLT) : 62~65도/30분 가열
- **고온단시간살균법**(HTST) : 72~75도/15~20초 가열
- **고온장시간살균법**(HTLT) : 95~120도/30~60분 가열
- **초고온순간살균법**(UHT) : 130~150도/2초 가열

06 다음 중에서 이탈리아 와인 키안티 클라시코(Chianti classico)와 가장 거리가 먼 것은?

① Gallo nero ② Piasco
③ Raffia ④ Barbaresco

> **Tip**
> Barbaresco 이탈리아 피에몬테 지방 와인

07 옥수수를 51% 이상 사용하고 연속식 증류기로 알코올 농도 40% 이상 80% 미만으로 증류하는 위스키는?

① Scotch Whisky ② Bourbon Whiskey
③ Irish Whiskey ④ Canadian Whisky

> **Tip**
> - 버번 위스키 : 미국을 대표하는 위스키로 옥수수 51% 이상 사용하고 연속식 증류로 만들어진다.
> - 콘 위스키 : 미국 위스키로 옥수수 80% 이상 사용된다.

08 사과로 만들어진 양조주는?

① Camus Napoleon ② Cider
③ Kirschwasser ④ Anisette

> **Tip**
> 시드르(Cider)는 유럽에서 사과를 발효시켜 만든 과실주로 1~6%의 알코올을 가지고 있다.

09 스트레이트 업(Straight Up)의 의미로 가장 적합한 것은?

① 술이나 재료의 비중을 이용하여 섞이지 않게 마시는 것
② 얼음을 넣지 않은 상태로 마시는 것
③ 얼음만 넣고 그 위에 술을 따른 상태로 마시는 것
④ 글라스 위에 장식하여 마시는 것

> **Tip**
> - 스트레이트 업(Straight Up) : 얼음을 넣지 않고 마시는 것
> - 온더락스(On the Rocks) : 얼음을 넣어 차게 마시는 것

10 약초, 향초류의 혼성주는?

① 트리플 섹 ② 크림 드 카시스
③ 깔루아 ④ 쿰멜

> **Tip**
> 쿰멜(Kummel)은 회향풀로 만든 무색투명한 향초 리큐르로 소화불량에 효과가 있다.

11 헤네시의 등급 규격으로 틀린 것은?

① EXTRA : 15~25년 ② V.O : 15년
③ X.O : 45년 이상 ④ V.S.O.P : 20~30년

> **Tip**
> Extra : 75년 이상

12 다음은 어떤 포도품종에 관하여 설명한 것인가?

> 작은 포도알, 깊은 적갈색, 두꺼운 껍질, 많은 씨앗이 특징이며 씨앗은 타닌함량을 풍부하게 하고, 두꺼운 껍질은 색깔을 깊이 있게 나타낸다. 블랙커런트, 체리, 자두 향을 지니고 있으며, 대표적인 생산지역은 프랑스 보르도 지방이다.

① 메를로(Merlot)
② 삐노 느와르(Pinot Noir)
③ 까베르네 쇼비뇽(Cabernet Sauvignon)
④ 샤르도네(Chardonnay)

> **Tip**
> - 메를로 : 프랑스 보르도 레드와인 품종
> - 피노 누와 : 프랑스 부르고뉴 레드와인 품종
> - 샤르도네 : 프랑스 부르고뉴 화이트와인 품종

13 담색 또는 무색으로 칵테일의 기본주로 사용되는 Rum은?

① Heavy Rum
② Medium Rum
③ Light Rum
④ Jamaica Rum

> **Tip**
> 럼의 숙성정도에 따라 Light(White) - Medium - Heavy로 분류된다.

14 전통 민속주의 양조기구 및 기물이 아닌 것은?

① 오크통
② 누룩고리
③ 채반
④ 술자루

> **Tip**
> 오크통은 위스키, 브랜디 등을 숙성하는 나무통으로 유럽, 미국 등에서 사용된다.

15 세계의 유명한 광천수 중 프랑스 지역의 제품이 아닌 것은?

① 비시 생수(Vichy Water)
② 에비앙 생수(Evian Water)
③ 셀처 생수(Seltzer Water)
④ 페리에 생수(Perrier Water)

> **Tip**
> 셀처 생수는 독일의 천연 광천수이다.

16 Irish Whiskey에 대한 설명으로 틀린 것은?

① 깊고 진한 맛과 향을 지닌 몰트 위스키도 포함된다.
② 피트훈연을 하지 않아 향이 깨끗하고 맛이 부드럽다.
③ 스카치 위스키와 제조과정이 동일하다.
④ John Jameson, Old Bushmills가 대표적이다.

> **Tip**
> Irish Whisky는 단식증류로 3회 증류한다.

17 세계 4대 위스키(Whisky)가 아닌 것은?

① 스카치(Scotch)
② 아이리쉬(Irish)
③ 아메리칸(American)
④ 스패니쉬(Spanish)

> **Tip**
> 세계 4대 위스키 : 스카치, 아이리쉬, 아메리칸, 캐나디언

18 다음 중 연속식 증류주에 해당하는 것은?

① Pot still Whisky
② Malt Whisky
③ Cognac
④ Patent still Whisky

> **Tip**
> - 연속식 증류기 : Patent Still
> - 단식 증류기 : Pot Still

19 Benedictine의 설명 중 틀린 것은?

① B-52 칵테일을 조주할 때 사용한다.
② 병에 적힌 D.O.M은 '최선 최대의 신에게'라는 뜻이다.
③ 프랑스 수도원 제품이며 품질이 우수하다.
④ 허니문(Honeymoon)칵테일을 조주할 때 사용한다.

> **Tip**
> B-52 : 깔루아, 베일리스 아이리쉬 크림, 그랑마니에르

20 다음 중 이탈리아 와인 등급 표시로 맞는 것은?

① A.O.P.
② D.O.
③ D.O.C.G
④ QbA

> **Tip**
> - D.O.C.G : 이탈리아에서 최상급 와인을 의미
> - A.O.C : 프랑스 와인 등급
> - QbA : 독일 와인 등급
> - D.O : 스페인 와인 등급

21. 소주가 한반도에 전해진 시기는 언제인가?
① 통일신라 ② 고려
③ 조선초기 ④ 조선중기

📁 **Tip**
13세기 고려시대 몽골 침략 당시 증류법이 도입되었다.

22. 프랑스와인의 원산지 통제 증명법으로 가장 엄격한 기준은?
① DOC ② AOC
③ VDQS ④ QMP

📁 **Tip**
- D.O.C.G : 이탈리아에서 최상급 와인을 의미
- A.O.C : 프랑스 와인 등급
- QbA : 독일 와인 등급
- D.O : 스페인 와인 등급

23. 솔레라 시스템을 사용하여 만드는 스페인의 대표적인 주정강화 와인은?
① 포트 와인 ② 쉐리 와인
③ 보졸레 와인 ④ 보르도 와인

📁 **Tip**
주정강화와인 : 쉐리와인(스페인), 포트와인(포르투갈)

24. 리큐르(liqueur) 중 베일리스가 생산되는 곳은?
① 스코틀랜드 ② 아일랜드
③ 잉글랜드 ④ 뉴질랜드

📁 **Tip**
베일리스는 아이리쉬 위스키와 크림으로 만들어진 리큐르로 베일리스 아이리쉬 크림이라고 부른다.

25. 다음 중 스타일이 다른 맛의 와인이 만들어지는 것은?
① late harvest ② noble rot
③ ice wine ④ vin mousseux

📁 **Tip**
vin mousseux은 프랑스 발포성 와인이고 나머지 3종은 단맛이 있는 스위트 와인이다.

26. 스파클링 와인에 해당 되지 않는 것은?
① Champagne ② Cremant
③ Vin doux naturel ④ Spumante

📁 **Tip**
Vin doux naturel는 프랑스 주정강화 와인으로 내츄럴 스위트 와인이라고한다.

27. 주류와 그에 대한 설명으로 옳은 것은?
① absinthe - 노르망디 지방의 프랑스산 사과 브랜디
② campari - 주정에 향쑥을 넣어 만드는 프랑스산 리큐르
③ calvados - 이탈리아 밀라노에서 생산되는 와인
④ chartreuse - 승원(수도원)이라는 뜻을 가진 리큐르

📁 **Tip**
① 칼바도스(Calvados)에 대한 설명이다.
② 압생트(absinthe)에 대한 설명이다.
④ 샤르트뢰즈(Chartreuse)는 리큐르의 여왕이라고 불리우며 수도원에서 만든 다양한 허브가 들어간 리큐르이다.

28 브랜디의 제조공정에서 증류한 브랜디를 열탕 소독한 White oak Barrel에 담기 전에 무엇을 채워 유해한 색소나 이물질을 제거 하는가?

① Beer
② Gin
③ Red Wine
④ White Wine

> **Tip**
> 화이트 와인을 채워 유해한 색소와 이물질을 제거한다.

29 양조주의 제조방법 중 포도주, 사과주 등 주로 과실주를 만드는 방법으로 만들어진 것은?

① 복발효주
② 단발효주
③ 연속발효주
④ 병행발효주

> **Tip**
> • 단발효주 : 과실류
> • 복발효주 : 곡물류

30 다음 중 알코올성 커피는?

① 카페 로얄(Cafe Royale)
② 비엔나 커피(Vienna Coffee)
③ 데미타세 커피(Demi-Tasse Coffee)
④ 카페오레(Cafe au Lait)

> **Tip**
> 알코올성 커피 : 카페로얄, 아이리쉬 커피 등

31 영업 형태에 따라 분류한 bar의 종류 중 일반적으로 활기차고 즐거우며 조금은 어둡지만 따뜻하고 조용한 분위기와 가장 거리가 먼 것은?

① Western bar
② Classic bar
③ Modern bar
④ Room bar

32 소프트 드링크(soft drink) 디캔터(decanter)의 올바른 사용법은?

① 각종 청량음료(soft drink)를 별도로 담아 나간다.
② 술과 같이 혼합하여 나간다.
③ 얼음과 같이 넣어 나간다.
④ 술과 얼음을 같이 넣어 나간다.

> **Tip**
> 술과 곁들일 수 있는 청량음료는 별도의 디캔터에 담아 서브한다.

33 우리나라에서 개별소비세가 부과되지 않는 영업장은?

① 단란주점
② 요정
③ 카바레
④ 나이트클럽

> **Tip**
> • 개별소비세는 특정물품 또는 특정 장소에서 영업시 부과하는 세금으로 유흥주점, 외국인 전용 유흥음식점, 룸살롱, 요정, 나이트클럽 등이 있다.
> • 단란주점은 유흥종사자를 두지 않기에 개별소비세가 적용되지 않는다.

34 칵테일 글라스의 3대 명칭이 아닌 것은?

① bowl
② cap
③ stem
④ base

> **Tip**
> 칵테일 글라스 3대 명칭 : 볼, 스템, 베이스

35 칵테일 서비스 진행 절차로 가장 적합한 것은?

① 아이스 페일을 이용해서 고객의 요구대로 글라스에 얼음을 넣는다.
② 먼저 커팅보드 위에 장식물과 함께 글라스를 놓는다.
③ 칵테일용 냅킨을 고객의 글라스 오른쪽에 놓고 젓는 막대를 그 위에 놓는다.
④ 병술을 사용할 때는 스토퍼를 이용해서 조심스럽게 따른다.

36 오크통에서 증류주를 보관할 때의 설명으로 틀린 것은?

① 원액의 개성을 결정해 준다.
② 천사의 몫(Angel's share) 현상이 나타난다.
③ 색상이 호박색으로 변한다.
④ 변화 없이 증류한 상태 그대로 보관된다.

📁 **Tip**
오크통에서 화학적 변화를 통해 복잡한 향과 맛이 만들어지고 이것을 부케(Bouquet)라고 한다.

37 Blending 기법에 사용하는 얼음으로 가장 적당한 것은?

① lumped ice   ② crushed ice
③ cubed ice   ④ shaved ice

📁 **Tip**
블렌딩기법에 사용되는 얼음은 크러쉬드 아이스이다.

38 비터류(bitters)가 사용되지 않는 칵테일은?

① Manhattan   ② Cosmopolitan
③ Old Fashioned   ④ Negroni

📁 **Tip**
코스모폴리탄 = 보드카 + 트리플섹 + 크랜베리주스 + 라임주스 / 네그로니 재료중 캄파리를 비터류로 본다.

39 Bock beer에 대한 설명으로 옳은 것은?

① 알코올 도수가 높은 흑맥주
② 알코올 도수가 낮은 담색 맥주
③ 이탈리아산 고급 흑맥주
④ 제조 12시간 이내의 생맥주

📁 **Tip**
저온발효(하면발효) 맥주로 독일에서 만드는 흑맥주이다.

40 탄산음료나 샴페인을 사용하고 남은 일부를 보관할 때 사용하는 기구로 가장 적합한 것은?

① 코스터   ② 스토퍼
③ 폴러   ④ 코르크

📁 **Tip**
탄산을 유지시키면서 보관할 수 있는 기물은 스토퍼이다.

41 맥주의 보관에 대한 내용으로 옳지 않은 것은?

① 장기 보관할수록 맛이 좋아진다.
② 맥주가 얼지 않도록 보관한다.
③ 직사광선을 피한다.
④ 적정온도(4 ~ 10℃)에 보관한다.

> **Tip**
> 맥주는 발효주(양조주)로 선입선출로 관리하고, 유통기한 내에 소비해야 한다.

42 칼바도스(Calvados)는 보관온도 상 다음 품목 중 어떤 것과 같이 두어도 좋은가?

① 백포도중   ② 샴페인
③ 생맥주   ④ 코냑

> **Tip**
> 칼바도스는 사과 브랜디로 포도 브랜디인 코냑과 같이 실온 보관한다.

43 칵테일 Kir Royal의 레시피(receipe)로 옳은 것은?

① Champagne + Cacao
② Champagne + Kahlua
③ Wine + Cointreau
④ Champagne + Creme de Cassis

> **Tip**
> - 키르로얄 = 샴페인 + 크렘드 카시스
> - 키르 = 화이트와인 + 크렘드 카시스

44 바텐더가 bar에서 glass를 사용할 때 가장 먼저 체크하여야 할 사항은?

① glass의 가장자리 파손 여부
② glass의 청결 여부
③ glass의 재고 여부
④ glass의 온도 여부

> **Tip**
> 잔에 파손이 되어 있다면 고객이 다칠 수 있다. 가장 먼저 입술이 닿는 림을 확인하고 다른 부위를 확인해야 한다.

45 Red cherry가 사용되지 않는 칵테일은?

① Manhattan   ② Old Fashioned
③ Mai-Tai   ④ Moscow Mule

> **Tip**
> 모스코뮬은 조주기능사 레시피에서 레몬 슬라이스 장식을 한다.

46 고객이 위스키 스트레이트를 주문하고, 얼음과 함께 콜라나 소다수, 물 등을 원하는 경우 이를 제공하는 글라스는?

① wine decanter   ② cocktail decanter
③ Collins glass   ④ cocktail glass

> **Tip**
> 체이서 혹은 믹서로 청량음료를 제공할 때 칵테일 디캔터에 제공한다.

47 스카치 750 mL 1병의 원가가 100,000원이고 평균원가율을 20%로 책정했다면 스카치 1잔의 판매가격은?

① 10,000원   ② 15,000원
③ 20,000원   ④ 25,000원

> **Tip**
> 원가 = 판매가격 × 원가율
> 위스키 1잔은 1oz(30ml)로 총 25잔(750/30 = 25)이다.
> 1잔의 원가는 100,000/25 = 4,000원
> 판매가격 × 20/100(20%) = 4,000원이므로 판매가격은
> 4,000 × (100/20) = 20,000원이다.

48 일반적인 칵테일의 특징으로 가장 거리가 먼 것은?

① 부드러운 맛
② 분위기의 증진
③ 색, 맛, 향의 조화
④ 항산화, 소화증진 효소 함유

49 휘젓기(stirring) 기법을 할 때 사용하는 칵테일 기구로 가장 적합한 것은?

① hand shaker   ② mixing glass
③ squeezer   ④ jigger

> **Tip**
> 스터 기법에 믹싱글라스, 바스푼, 스트레이너가 사용된다.

50 용량 표시가 옳은 것은?

① 1 tea spoon = 1/32 oz
② 1 pony = 1/2 oz
③ 1 pint = 1/2 quart
④ 1 table spoon = 1/32 oz

> **Tip**
> 1tea spoon = 1/8oz
> 1Table spoon = 3/8oz
> • 1Pony = 1oz
> • 1Jigger = 1.5oz
> • 1Dash = 1/32oz
> 1pint = 1/2quart = 1/8gallon = 16oz

51 "당신은 손님들에게 친절해야 한다."의 표현으로 가장 적합한 것은?

① You should be kind to guest.
② You should kind guest.
③ You'll should be to kind to guest.
④ You should do kind guest.

> **Tip**
> Should + 동사원형, ~해야한다.

52 Three factors govern the appreciation of wine. Which of the following does not belong to them?

① Color   ② Aroma
③ Taste   ④ Touch

> **Tip**
> 와인 평가를 좌우하는 3가지 요소가 아닌 것은?
> **3요소** : 색, 향, 맛

53 '한잔 더 주세요.'의 가장 정확한 영어 표현은?

① I'd like other drink.
② I'd like to have another drink.
③ I want one more wine.
④ I'd like to have the other drink.

54 Which of the following is the right beverage in the blank?

> B : Here you are. Drink it while it's hot.
> G : Um… nice. What pretty drink are you mixing there?
> B : Well, it's for the lady in that corner.
>   It is a "_____", and it is made from several liqueurs.
> G : Looks like a rainbow. How do you do that?
> B : well, you pour it in carefully. Each liquid has a different weight, so they sit on the top of each other without mixing.

① Pousse cafe
② Cassis Frappe
③ June Bug
④ Rum Shrub

📁 **Tip**
힌트 : rainbow(무지개), 비중 차이를 이용해 섞이지 않게 플로팅한 칵테일은 푸스카페이다.

55 바텐더가 손님에게 처음 주문을 받을 때 사용할 수 있는 표현으로 가장 적합한 것은?

① What do you recommend?
② Would you care for a drink?
③ What would you like with that?
④ Do you have a reservation?

📁 **Tip**
Would you care for a drink?
한잔 하시겠습니까?

56 Which one is the right answer in the blank?

> B : Good evening, sir. What would you like?
> G : What kind of ( ) have you got?
> B : We've got our own brand, sir. Or I can give you an rye, a bourbon or a malt.
> G : I'll have a malt. A double, please.
> B : Certainly, sir. Would you like any water or ice with it?
> G : No water, thank you, That spoils it. I'll have just one lump of ice.
> B : one lump, sir. Certainly.

① Wine
② Gin
③ Whiskey
④ Rum

📁 **Tip**
힌트 : 라이, 버번, 몰트 / 위스키 종류가 나온다.

57 'Are you free this evening?'의 의미로 가장 적합한 것은?

① 이것은 무료입니까?
② 오늘밤에 시간 있으십니까?
③ 오늘밤에 만나시겠습니까?
④ 오늘밤에 개점합니까?

📁 **Tip**
Free : 무료, 한가한, 자유 등
이 문장에서는 한가한의 뜻으로 시간의 뜻으로 사용된다.

58 (   ) 안에 들어갈 알맞은 것은?

I don't know what happened at the meeting because I wasn't able to (   ).

① decline　　　② apply
③ depart　　　 ④ attend

> **Tip**
> 회의에 (참석)하지 못해서 무슨 일이 있었는지 모르겠습니다.
> Decline 감소하다. / Apply 적용하다.
> Depart 출발하다. / Attend 참석하다.

59 Which one is not made from grapes?

① Cognac　　　② Calvados
③ Armagnac　　④ Grappa

> **Tip**
> 칼바도스는 사과로 만든 브랜디이다.

60 다음 (   ) 안에 알맞은 것은?

(   ) must have juniper berry flavor and can be made either by distillation or re-distillation.

① Whisky　　　② Rum
③ Tequila　　　④ Gin

> **Tip**
> 주니퍼베리향이 있고 증류 또는 재증류로 만드는 것은 진(Gin)이다.

정답

01	③	02	③	03	③	04	②	05	①
06	④	07	②	08	②	09	②	10	④
11	①	12	③	13	③	14	①	15	③
16	③	17	④	18	④	19	①	20	③
21	②	22	②	23	②	24	②	25	④
26	③	27	④	28	②	29	②	30	①
31	①	32	①	33	①	34	②	35	②
36	④	37	②	38	②	39	①	40	②
41	①	42	④	43	④	44	①	45	④
46	②	47	③	48	④	49	②	50	③
51	①	52	④	53	②	54	①	55	②
56	③	57	②	58	④	59	②	60	④

Chapter 18 2016년 2회 필기 기출

01 혼성주에 해당하는 것은?
① Armagnac ② Corn Whisky
③ Cointreau ④ Jamaican Rum

> **Tip**
> 혼성주(리큐르) : 코앵트로, 프랑스 오렌지껍질 리큐르

02 각 국가별 부르는 적포도주로 틀린 것은?
① 프랑스 - Vin Rouge ② 이태리 - Vino Rosso
③ 스페인 - Vino Rosado ④ 독일 - Rotwein

> **Tip**
> Vino Rosado, 이태리 로제와인

03 Sparkling Wine이 아닌 것은?
① Asti Spumante ② Sekt
③ Vin mousseux ④ Troken

> **Tip**
> Troken은 단맛이 없는 와인이라는 뜻이다.

04 포도 품종의 그린 수확(Green Harvest)에 대한 설명으로 옳은 것은?
① 수확량을 제한하기 위한 수확
② 청포도 품종 수확
③ 완숙한 최고의 포도 수확
④ 포도원의 잡초제거

> **Tip**
> Green Havest : 불필요한 녹색 포도를 미리 제거해 남은 포도의 품질을 향상시키기 위해 하는 작업

05 보르도 지역의 와인이 아닌 것은?
① 샤블리 ② 메독
③ 마고 ④ 그라브

> **Tip**
> 샤블리, 부르고뉴 화이트 와인

06 프랑스에서 생산되는 칼바도스(Calvados)는 어느 종류에 속하는가?
① Brandy ② Gin
③ Wine ④ Whisky

> **Tip**
> 칼바도스는 사과로 만든 브랜디이다.

07 원료인 포도주에 브랜디나 당분을 섞고 향료나 약초를 넣어 향미를 내어 만들며 이탈리아산이 유명한 것은?
① Manzanilla ② Vermouth
③ Stout ④ Hock

> **Tip**
> 베르무트(Vermouth) 가향와인으로, 주정강화 와인에 여러 향을 우려서 만든 리큐르다.

08 다음 중 Aperitif Wine으로 가장 적합한 것은?

① Dry Sherry Wine ② White Wine
③ Red Wine ④ Port Wine

Tip
식전와인으로는 드라이한 드라이 셰리와인이 적합하다.

09 혼성주의 종류에 대한 설명이 틀린 것은?

① 아드보카트(Advocaat)는 브랜디에 계란노른자와 설탕을 혼합하여 만들었다.
② 드람브이(Drambuie)는 "사람을 만족시키는 음료"라는 뜻을 가지고 있다.
③ 아르마냑(Armagnac)은 체리향을 혼합하여 만든 술이다.
④ 깔루아(Kahlua)는 증류주에 커피를 혼합하여 만든 술이다.

Tip
아르마냑은 프랑스 아르마냑 지방에서 만드는 브랜디이다.

10 혼성주 제조방법인 침출법에 대한 설명으로 틀린 것은?

① 맛과 향이 알코올에 쉽게 용해되는 원료일 때 사용한다.
② 과실 및 향료를 기주에 담가 맛과 향이 우러나게 하는 방법이다.
③ 원료를 넣고 밀봉한 후 수개월에서 수년간 장기 숙성시킨다.
④ 맛과 향이 추출되면 여과한 후 블렌딩하여 병입한다.

Tip
침출법 : 주정에 과실, 초근목피를 담가 그 성분이나 향미를 우려내는 방법으로, 콜드 방식(Cold Method)이라고 한다. 맛과 향이 천천히 우러나오는 재료는 밀봉 후 장기간 보관하기도 한다.

11 보졸레 누보 양조과정의 특징이 아닌 것은?

① 기계수확을 한다.
② 열매를 분리하지 않고 송이채 밀폐된 탱크에 집어넣는다.
③ 발효 중 CO_2의 영향을 받아 산도가 낮은 와인이 만들어진다.
④ 오랜 숙성 기간 없이 출하한다.

Tip
프랑스 부르고뉴의 보졸레(Beaujolais) 지방에서 가메이(Gamey) 품종으로 생산된 누보 와인. 누보 와인은 그 해에 수확한 포도로 만들어 가장 처음 생산해서 마시는 햇 와인을 의미. 보졸레 지방의 포도는 항상 손으로 수확한다.

12 맥주의 원료로 알맞지 않은 것은?

① 물 ② 피트
③ 보리 ④ 호프

Tip
피트(peat)는 이탄으로 몰트 위스키를 제조하는 데 사용된다. 보리 건조시 연료로 사용

13 원산지가 프랑스인 술은?

① Absinthe ② Curacao
③ Kahlua ④ Drambuie

Tip
압생트(프랑스), 큐라소(네덜란드), 깔루아(멕시코), 드람뷰이(스코틀랜드)

14. 상면발효 맥주로 옳은 것은?

① Bock Beer　　② Budweiser Beer
③ Porter Beer　　④ Asahi Beer

📁 **Tip**
- **상면발효맥주**: 에일, 포터, 스타우트, 램빅
- **하면발효맥주**: 라거, 드래프트비어, 필스너, 아사히

15. Hop에 대한 설명 중 틀린 것은?

① 자웅이주의 숙근 식물로서 수정이 안 된 암꽃을 사용한다.
② 맥주의 쓴 맛과 향을 부여한다.
③ 거품의 지속성과 항균성을 부여한다.
④ 맥아즙 속의 당분을 분해하여 알코올과 탄산가스를 만드는 작용을 한다.

📁 **Tip**
알코올과 탄산을 만드는 것은 효모(Yeast)이다.

16. 다음에서 설명하는 것은?

> - 북유럽 스칸디나비아 지방의 특산주로 어원은 생명의 물이라는 라틴어에서 온 말이다.
> - 제조과정은 먼저 감자를 익혀서 으깬 감자와 맥아를 당화, 발효시켜 증류시킨다.
> - 연속증류기로 95%의 고농도 알코올을 얻은 다음 물로 희석하고 회향초 씨나 박하, 오렌지 껍질 등 여러 가지 종류의 허브로 향기를 착향시킨 술이다.

① Vodka　　② Rum
③ Aquavit　　④ Brandy

17. 프랑스에서 사과를 원료로 만든 증류주인 Apple Brandy는?

① Cognac　　② Calvados
③ Armagnac　　④ Camus

📁 **Tip**
칼바도스는 프랑스 노르망디 지역의 사과 브랜디이다.

18. 다음 중 과실음료가 아닌 것은?

① 토마토주스　　② 천연과즙주스
③ 희석과즙음료　　④ 과립과즙음료

📁 **Tip**
토마토는 과일과 채소 두 가지 특징을 가지고 있지만 채소로 분류된다.

19. 우리나라 전통주 중에서 약주가 아닌 것은?

① 두견주　　② 한산 소국주
③ 칠선주　　④ 문배주

📁 **Tip**
문배주는 증류식 소주이다.

20. 다음 중 스카치 위스키(Scotch Whisky)가 아닌 것은?

① Crown Royal　　② White Horse
③ Johnnie Walker　　④ Chivas Regal

📁 **Tip**
크라운 로얄은 캐나디언 위스키이다.

21 차를 만드는 방법에 따른 분류와 대표적인 차의 연결이 틀린 것은?

① 불발효차 - 보성녹차 ② 반발효차 - 오룡차
③ 발효차 - 다즐링차 ④ 후발효차 - 쟈스민차

> **Tip**
> 쟈스민차는 반발효차이다.

22 소다수에 대한 설명으로 틀린 것은?

① 인공적으로 이산화탄소를 첨가한다.
② 약간의 신맛과 단맛이 나며 청량감이 있다.
③ 식욕을 돋우는 효과가 있다.
④ 성분은 수분과 이산화탄소로 칼로리는 없다.

> **Tip**
> 소다수는 물에 이산화탄소를 첨가한 것으로, 무(無)맛이다.

23 다음에서 설명되는 우리나라 고유의 술은?

> 엄격한 법도에 의해 술을 담근다는 전통주로 신라시대부터 전해오는 유상곡수(流觴曲水)라 하여 주로 상류계급에서 즐기던 것으로 중국 남방술인 사오싱주보다 빛깔은 조금 희고 그 순수한 맛이 가히 일품이다.

① 두견주 ② 인삼주
③ 감홍로주 ④ 경주교동법주

> **Tip**
> 경주 최씨 집안의 가양주로 빚는 시기와 방법이 딱 정해져 법주라는 이름이 되었다.

24 레몬쥬스, 슈가시럽, 소다수를 혼합한 것으로 대용할 수 있는 것은?

① 진저엘 ② 토닉워터
③ 칼린스 믹스 ④ 사이다

> **Tip**
> **칼린스 믹스**: 레몬, 설탕이 주원료로 액상과당, 탄산, 구연산 등이 첨가되어 있다.

25 다음 중 테킬라(Tequila)가 아닌 것은?

① Cuervo ② El Toro
③ Sambuca ④ Sauza

> **Tip**
> 삼부카는 인진쑥 등으로 만든 리큐르이다.

26 다음 중 아메리칸 위스키(American Whisky)가 아닌 것은?

① Jim Beam ② Wild Whisky
③ John Jameson ④ Jack Daniel

> **Tip**
> 존 제임슨은 아이리쉬 위스키이다.

27 다음 중 그 종류가 다른 하나는?

① Vienna Coffee ② Cappuccino Coffee
③ Espresso Coffee ④ Irish Coffee

> **Tip**
> Irish Coffee는 알코올을 함유하고 있다.

28 스카치 위스키의 5가지 법적 분류에 해당하지 않는 것은?

① 싱글 몰트 스카치 위스키
② 블렌디드 스카치 위스키
③ 블렌디드 그레인 스카치 위스키
④ 라이 위스키

> **Tip**
> 스카치 위스키 5가지 분류 : 싱글몰트, 블렌디드 몰트, 싱글 그레인, 블렌디드 그레인, 블렌디드
> • 라이위스키는 미국 위스키이다.

29 다음 중 증류주에 속하는 것은?

① Vermouth   ② Champagne
③ Sherry Wine   ④ Light Rum

> **Tip**
> 럼(Rum)은 사탕수수 또는 당밀을 발효, 증류한 증류주이다.

30 음료의 역사에 대한 설명으로 틀린 것은?

① 기원전 6000년 경 바빌로니아 사람들은 레몬과즙을 마셨다.
② 스페인 발렌시아 부근의 동굴에서는 탄산가스를 발견해 마시는 벽화가 있었다.
③ 바빌로니아 사람들은 밀빵이 물에 젖어 발효된 맥주를 발견해 음료로 즐겼다.
④ 중앙아시아 지역에서는 야생의 포도가 쌓여 자연 발효된 포도주를 음료로 즐겼다.

> **Tip**
> 스페인 발렌시아 부근 동굴에서는 봉밀을 채취한 벽화가 발견되었다.

31 주장(Bar)에서 주문받는 방법으로 가장 거리가 먼 것은?

① 손님의 연령이나 성별을 고려한 음료를 추천하는 것은 좋은 방법이다.
② 추가 주문은 고객이 한잔을 다 마시고 나면 최대한 빠른 시간에 여쭤 본다.
③ 위스키와 같은 알코올 도수가 높은 술을 주문받을 때에는 안주류도 함께 여쭤본다.
④ 2명 이상의 외국인 고객의 경우 반드시 영수증을 하나로 할지, 개인별로 따로 할지 여쭤본다.

> **Tip**
> 추가 주문은 잔이 다 비워지기 전에 받는다.

32 샴페인 1병을 주문한 고객에게 샴페인을 따라주는 방법으로 옳지 않은 것은?

① 샴페인은 글라스에 서브할 때 2번에 나눠서 따른다.
② 샴페인의 기포를 눈으로 충분히 즐길 수 있게 따른다.
③ 샴페인은 글라스의 최대 절반 정도까지만 따른다.
④ 샴페인을 따를 때에는 최대한 거품이 나지 않게 조심해서 따른다.

> **Tip**
> 샴페인을 따를 때는 풍성한 거품이 나도록 따라야한다.

33 에스프레소 추출 시 너무 진한 크레마(Dark Crema)가 추출되었을 때 그 원인이 아닌 것은?

① 물의 온도가 95℃ 보다 높은 경우
② 펌프압력이 기준 압력보다 낮은 경우
③ 포터필터의 구멍이 너무 큰 경우
④ 물 공급이 제대로 안 되는 경우

> **Tip**
> 포터필터 구멍이 큰 경우 크레마 추출이 약하고 연한 에스프레소가 추출된다.

34 칵테일을 만드는 데 필요한 기물이 아닌 것은?
① Cork Screw ② Mixing Glass
③ Shaker ④ Bar Spoon

> **Tip**
> Cork Screw는 와인오프너로 와인을 서브하는 데 사용된다.

35 다음 중 주장 종사원(Waiter/Waitness)의 주요 임무는?
① 고객이 사용한 기물과 빈 잔을 세척한다.
② 칵테일의 부재료를 준비한다.
③ 창고에서 주장(Bar)에서 필요한 물품을 보급한다.
④ 고객에게 주문을 받고 주문받은 음료를 제공한다.

> **Tip**
> 주장 종사원의 주요 업무는 고객의 주문을 받고 음료를 제공한다.

36 바람직한 바텐더(Bartender) 직무가 아닌 것은?
① 바(Bar) 내에 필요한 물품 재고를 항상 파악한다.
② 일일 판매할 주류가 적당한지 확인한다.
③ 바(Bar)의 환경 및 기물 등의 청결을 유지, 관리한다.
④ 칵테일 조주 시 지거(Jigger)를 사용하지 않는다.

> **Tip**
> 칵테일 조주시 지거를 사용해 정확한 용량을 계량하고, 일정한 맛의 칵테일을 제공해야한다.

37 Glass 관리방법 중 틀린 것은?
① 알맞은 Rack에 담아서 세척기를 이용하여 세척한다.
② 닦기 전에 금이 가거나 깨진 것이 없는 지 먼저 확인한다.
③ Glass의 Steam부분을 시작으로 돌려서 닦는다.
④ 물에 레몬이나 에스프레소 1잔을 넣으면 Glass의 잡냄새가 제거된다.

> **Tip**
> 잔은 모양에 따라 적절한 방법으로 닦는다.

38 Extra Dry Martini는 Dry Vermouth를 어느 정도 넣어야 하는가?
① 1/4 oz ② 1/3 oz
③ 1 oz ④ 2 oz

> **Tip**
> 드라이 마니티 = 진 2oz + 드라이베르뭇 1/4oz

39 Gibson에 대한 설명으로 틀린 것은?
① 알코올 도수는 약 36도에 해당된다.
② 베이스는 Gin이다.
③ 칵테일 어니언(Onion)으로 장식한다.
④ 기법은 Shaking이다.

> **Tip**
> 깁슨은 스터(Stir) 기법으로 만든다.

40 칵테일 상품의 특성과 가장 거리가 먼 것은?

① 대량 생산이 가능하다.
② 인적 의존도가 높다.
③ 유통 과정이 없다.
④ 반품과 재고가 없다.

📁 **Tip**
칵테일은 바텐더가 하나하나 조주해야 하므로 대량생산이 어렵다.

41 바의 한 달 전체 매출액이 1000만원이고 종사원에게 지불된 모든 급료가 300만원이라면 이 바의 인건비율은?

① 10%   ② 20%
③ 30%   ④ 40%

📁 **Tip**
인건비율 = 300(급료) / 1000(매출액) × 100 = 30%

42 내열성이 강한 유리잔에 제공되는 칵테일은?

① Grasshopper   ② Tequila Sunrise
③ New York   ④ Irish Coffee

📁 **Tip**
뜨거운 칵테일 : 아이리쉬 커피

43 다음 중에서 Cherry로 장식하지 않는 칵테일은?

① Angel's Kiss   ② Manhattan
③ Rob Roy   ④ Martini

📁 **Tip**
마티니는 올리브로 장식한다.

44 칵테일에 사용되는 Garnish에 대한 설명으로 가장 적절한 것은?

① 과일만 사용이 가능하다.
② 꽃이 화려하고 향기가 많이 나는 것이 좋다.
③ 꽃가루가 많은 꽃은 더욱 운치가 있어서 잘 어울린다.
④ 과일이나 허브향이 나는 잎이나 줄기가 적합하다.

📁 **Tip**
칵테일 장식으로 다양한 재료가 사용되고, 꽃향이 너무 진하거나 꽃가루가 있다면 칵테일 맛과 향에 안좋은 영향을 줄 수 있다.

45 다음 중 가장 영양분이 많은 칵테일은?

① Brandy Eggnog   ② Gibson
③ Bacardi   ④ Olympic

📁 **Tip**
브랜디 에그녹은 달걀과 우유가 들어가 영양분이 높다.

46 다음 중 1oz 당 칼로리가 가장 높은 것은?(단, 각 주류의 도수는 일반적인 경우를 따른다.)

① Red Wine
② Champagne
③ Liqueur
④ White Wine

> **Tip**
> 리큐르는 당분이 가미되어 칼로리가 높다.

47 네그로니(Negroni) 칵테일의 조주 시 재료로 가장 적합한 것은?

① Rum 3/4oz, Sweet Vermouth 3/4oz, Campari 3/4oz, Twist of Lemon Peel
② Dry Gin 3/4oz, Sweet Vermouth 3/4oz, Campari 3/4oz, Twist of Lemon Peel
③ Dry Gin 3/4oz, Dry Vermouth 3/4oz, Campari 3/4oz, Twist of Lemon Peel
④ Tequila 3/4oz, Sweet Vermouth 3/4oz, Campari 3/4oz, Twist of Lemon Peel

> **Tip**
> 네그로니 = 드라이진 + 스위트 베르뭇 + 캄파리
> 기법 : 빌드

48 다음 중 장식이 필요 없는 칵테일은?

① 김렛(Gimlet)
② 시브리즈(Seabreeze)
③ 올드 패션(Old Fashioned)
④ 싱가폴 슬링(Singapore Sling)

> **Tip**
> 김렛 = 진 + 라임 + 설탕

49 칵테일 레시피(Recipe)를 보고 알 수 없는 것은?

① 칵테일의 색깔
② 칵테일의 판매량
③ 칵테일의 분량
④ 칵테일의 성분

> **Tip**
> 칵테일 레시피를 통해 판매량은 알 수 없다.

50 Gibson을 조주할 때 Garnish는 무엇으로 하는가?

① Olive
② Cherry
③ Onion
④ Lime

> **Tip**
> 깁슨 칵테일 가니쉬는 양파이다.
> 마티니(올리브), 맨하탄(체리)

51 "우리 호텔을 떠나십니까?"의 표현으로 옳은 것은?

① Do you start our hotel?
② Are you leave to our hotel?
③ Are you leaving our hotel?
④ Do you go our hotel?

> **Tip**
> 현재 진행형 (Present Continuous) 사용
> 동사 "leave"(떠나다)를 **현재 진행형(are leaving)**으로 사용하고 있음.
> 현재 진행형은 "지금 이 순간 일어나고 있는 행동" 또는 "가까운 미래에 예정된 행동"을 표현할 때 사용

52 다음 ( ) 안에 가장 적합한 것은?

> W: Good evening Mr. Carr
>   How are you this evening?
> G: Fine, And you Mr. Kim
> W: Very well, Thank you.
>   What would you like to try tonight?
> G: (   )
> W: A whisky, No ice, No water. Am I correct?
> G: Fantastic!

① Just one For my health, please.
② One for the road.
③ I'll stick to my usual.
④ Another one please.

📁 **Tip**
W: 오늘 밤 무엇을 시도해 보겠어요?
G: I'll stick to my usual. (나는 평소대로 마시겠습니다.)

53 다음 ( ) 안에 알맞은 단어와 아래의 상황 후 Jenny가 Kate에게 할 말의 연결로 가장 적합한 것은?

> Jenny comes back with a magnum and glasses carried by a barman. She sets the glasses while he barman opens the bottle. There is a loud "( )" and the cork hits Kate who jumps up with a cry. The champagne spills all over the carpet.

① Peep - Good luck to you.
② Ouch - I am sorry to hear that.
③ Tut - How awful!
④ Pop - I am very sorry. I do hope you are not hurt.

📁 **Tip**
Pop, 샴페인을 오픈하는 소리를 표현한 것. 코르크가 날아가면서 kate를 맞췄고, 샴페인은 카펫에 흘러버린 상황 다음으로는 사과와 안부를 물어봐야 한다.

54 다음 밑줄에 들어갈 가장 적합한 것은?

> I'm sorry to have _____ you waiting.

① Kept   ② Made
③ Put   ④ Had

📁 **Tip**
"I'm sorry to have+p.p." 구조
"I'm sorry to have+과거분사(p.p.)"는 과거에 일어난 일에 대한 사과를 표현하는 문형입니다.
여기서 "kept"(keep의 과거분사)가 사용되었음.
"keep someone waiting" = "누군가를 기다리게 하다"

55 Which one is not aperitif cocktail?

① Dry Martini   ② Kir
③ Campari Orange   ④ Grasshopper

📁 **Tip**
그래스호퍼는 크림트 민트(그린), 크렘드 카카오(화이트), 우유가 들어간 칵테일로 달콤한 식후 칵테일이다.

56 다음 ( ) 안에 알맞은 것은?

> (   ) is distilled spirits from the fermented juice of sugarcane or other sugarcane by-products.

① Whisky   ② Vodka
③ Gin   ④ Rum

📁 **Tip**
사탕수수 즙 또는 당밀로 만든 증류주는 럼이다.

57. There are basic direction of wine service. Select the one which is not belong to them in the following?

① Filling four-fifth of red wine into the glass.
② Serving the red wine with room temperature.
③ Serving the white wine with condition of 8~12℃.
④ Showing the guest the label of wine before service.

📂 **Tip**
Q : 와인 서비스의 기본 지시(방향)이 있습니다. 다음에서 해당되지 않는 것을 선택하세요.
① 잔에 레드와인을 4/5 정도 채운다.
 • 와인은 잔에 가장 볼록한 부분까지 채운다. (약 1/3)

58. Which one is not distilled beverage in the following?

① Gin   ② Calvados
③ Tequila   ④ Cointreau

📂 **Tip**
Q : 다음 중 증류주가 아닌 것은?
④ 코앵트로는 리큐르(혼성주)이다.

59. 다음 문장에서 의미하는 것은?

> This is produced in Italy and made with apricot and almond.

① Amaretto   ② Absinthe
③ Anisette   ④ Angelica

📂 **Tip**
살구씨로 만드는 아몬드향 이탈리아 리큐르는 아마레또다.

60. 다음 밑줄 친 곳에 가장 적합한 것은?

> A : Good evening, Sir.
> B : Could you show me the wine list?
> A : Here you are, Sir. This week is the promotion week of _____.
> B : O.K. I'll try it.

① Stout   ② Calvados
③ Glenfiddich   ④ Beaujolais Nouveau

📂 **Tip**
B : 와인리스트를 보여줄 수 있나요?
보기 중 와인은 ④ 보졸레 누보 이다.

정답

01	③	02	③	03	④	04	①	05	①
06	①	07	②	08	①	09	③	10	①
11	①	12	②	13	①	14	③	15	④
16	③	17	②	18	①	19	④	20	①
21	④	22	②	23	④	24	③	25	③
26	③	27	④	28	④	29	④	30	②
31	②	32	④	33	③	34	①	35	④
36	④	37	③	38	①	39	④	40	①
41	④	42	④	43	④	44	④	45	①
46	③	47	②	48	①	49	②	50	③
51	③	52	③	53	④	54	①	55	④
56	④	57	①	58	④	59	①	60	④

Chapter 19 2016년 3회 필기 기출

01 레드와인용 포도 품종이 아닌 것은?
① 리슬링(Riesling)
② 메를로(Merlot)
③ 피노누아(Pinot Noir)
④ 카베르네 소비뇽(Cabernet Sauvignon)

📁 **Tip**
리슬링은 독일 화이트와인 품종이다.

02 과일이나 곡류를 발효시켜 증류한 스피릿(Spirits)에 감미와 천연 추출물 등을 첨가한 것은?
① 양조주(Fermented Liquor)
② 증류주(Distilled Liquor)
③ 혼성주(Liqueur)
④ 아쿠아비트(Aquavit)

📁 **Tip**
혼성주(리큐르) : 증류주 혹은 양조주에 초근목피, 향료, 과즙, 당분을 첨가하여 만든 술

03 이탈리아 와인에 대한 설명으로 틀린 것은?
① 거의 전 지역에서 와인이 생산된다.
② 지명도가 높은 와인산지로는 피에몬테, 토스카나, 베네토 등이 있다.
③ 이탈리아 와인 등급체계는 5등급이다.
④ 네비올로, 산지오베제, 바르베라, 돌체토 포도 품종은 레드와인용으로 사용된다.

📁 **Tip**
이탈리아 와인등급 DOCG - DOC - IGT - VDT 4등급

04 다음 보기들과 가장 관련되는 것은?

| 만사니아(Manzanilla) |
| 몬티야(Montilla) |
| 올로로쏘(Oloroso) |
| 아몬티야도(Amontillado) |

① 이탈리아산 포도주
② 스페인산 백포도주
③ 프랑스산 샴페인
④ 독일산 포도주

📁 **Tip**
보기는 스페인산 주정강화 와인인 셰리와인 종류이다.

05 맥주의 제조과정 중 발효가 끝난 후 숙성시킬 때의 온도로 가장 적합한 것은?
① -1~3℃
② 8~10℃
③ 12~14℃
④ 16~20℃

06 밀(Wheat)을 주원료로 만든 맥주는?
① 산미구엘(San Miguel)
② 호가든(Hoegaarden)
③ 람빅(Lambic)
④ 포스터스(Foster's)

📁 **Tip**
산미구엘(보리, 옥수수), 람빅(보리), 포스터스(보리)

07 리큐르(Liqueur)의 여왕이라고 불리며 프랑스의 수도원의 이름을 가지고 있는 것은?
① 드람부이(Drambuie)
② 샤르트뢰즈(Chartreuse)
③ 베네딕틴(Benedictine)
④ 체리브랜디(Cherry Brandy)

> **Tip**
> 리큐르의 여왕으로 불리우고, 프랑스에서 만들어진 리큐르는 샤르트뢰즈 이다.

08 맥주 제조 시 호프(Hop)를 사용하는 가장 주된 이유는?

① 잡냄새 제거
② 단백질 등 질소화합물 제거
③ 맥주색깔의 강화
④ 맥즙의 살균

> **Tip**
> 맥주(Beer)에서 특이한 쓴맛과 향기로 보존성을 증가시키고 또한 맥아즙의 단백질을 제거하는 역할을 하는 원료

09 다음 중 호크 와인(Hock Wine)이란?

① 독일 라인산 화이트 와인
② 프랑스 버건디산 화이트 와인
③ 스페인 호크하임엘산 레드 와인
④ 이탈리아 피에몬테산 레드 와인

> **Tip**
> Hock은 독일 라인 지방의 화이트 와인이다.

10 다음 중 Bitter가 아닌 것은?

① Angostura   ② Campari
③ Galliano   ④ Amer Picon

> **Tip**
> 갈리아노는 아니스, 바닐라 등 약 40가지 약초, 향초로 만든 이탈리아 리큐르다.

11 발포성 와인의 이름이 잘못 연결된 것은?

① 스페인 - 카바(Cava)
② 독일 - 젝트(Sekt)
③ 이탈리아 - 스푸만테(Spumante)
④ 포르투갈 - 도세(Doce)

> **Tip**
> 도세는 단맛이 있는 포루투갈 와인이다.

12 식후 주(After Dinner Drink)로 가장 적합한 것은?

① 코냑(Cognac)
② 드라이 셰리 와인(Dry Sherry Wine)
③ 드라이 진(Dry Gin)
④ 베르무트(Vermouth)

> **Tip**
> 코냑은 주로 식후주로 마신다.

13 리큐르 중 D.O.M. 글자가 표기되어 있는 것은?

① Sloe Gin   ② Kahlua
③ Kummel   ④ Benedictine

> **Tip**
> **베네딕틴** : 프랑스에서 가장 오래된 혼성주 중의 하나로 호박색을 띠고 D.O.M '최대 최선의 신에게'라는 뜻을 가지고 있는 리큐르다.

14 슬로우 진(Sloe Gin)의 설명 중 옳은 것은?

① 증류주의 일종이며, 진(Gin)의 종류이다.
② 보드카(Vodka)에 그레나딘 시럽을 첨가한 것이다.
③ 아주 천천히 분위기 있게 먹는 칵테일이다.
④ 진(Gin)에 야생자두(Sloe Berry)의 성분을 첨가한 것이다.

📁 **Tip**
슬로 진은 진의 종류가 아니라 야생자두를 진에 첨가하고 당분을 가미한 리큐르이다.

15 콘 위스키(Corn Whiskey)란?

① 원료의 50% 이상 옥수수를 사용한 것
② 원료에 옥수수 50%, 호밀 50%가 섞인 것
③ 원료의 80% 이상 옥수수를 사용한 것
④ 원료의 40% 이상 옥수수를 사용한 것

📁 **Tip**
- 콘 위스키 : 옥수수 80% 이상
- 버번 위스키 : 옥수수 51% 이상

16 일반적으로 단식 증류기(Pot Still)로 증류하는 것은?

① Kentucky Straight Bourbon Whiskey
② Grain Whisky
③ Dark Rum
④ Aquavit

📁 **Tip**
단식증류기로 증류하는 것은 다크럼(헤비럼), 몰트 위스키가 있다.

17 알코올성 음료를 의미하는 용어가 아닌 것은?

① Hard Drink   ② Liquor
③ Ginger Ale   ④ Spirits

📁 **Tip**
진저에일 : 생강향이 나는 알코올이 없는 청량음료다.

18 비알코올성 음료의 분류방법에 해당되지 않는 것은?

① 청량음료   ② 영양음료
③ 발포성음료   ④ 기호음료

📁 **Tip**
비알코올성 음료 : 청량음료(물, 탄산수), 영양음료(주스, 우유), 기호음료(커피, 차)

19 다음 중 럼에 대한 설명이 아닌 것은?

① 럼의 주재료는 사탕수수이다.
② 럼은 서인도제도를 통치하는 유럽의 식민정책 중 삼각무역에 사용되었다.
③ 럼은 사탕을 첨가하여 만든 리큐르이다.
④ 럼의 향, 맛에 따라 라이트 럼, 미디엄 럼, 헤비 럼으로 분류된다.

📁 **Tip**
럼은 사탕수수 또는 당밀로 만든 증류주이다.

20 탄산음료 중 뒷맛이 쌉쌀한 맛이 남는 음료는?

① 칼린스 믹서   ② 토닉 워터
③ 진저엘   ④ 콜라

> **Tip**
> - **토닉워터** : 영국에서 개발한 투명한 음료로 레몬, 오렌지, 라임, 키니네 껍질 등의 엑기스에 당분을 가미해 만든 음료로 열대지방 사람들의 식용증진과 원기를 회복시키는 강장제 음료이고, 말라리아 특효약으로 알려져 있다.
> - **콜라** : 콜라 나무 열매에서 추출한 원액에 당분과 카라멜색소 등을 혼합해 탄산수를 주입한것으로 카페인 함량이 높다.
> - **소다워터** : 물에 이산화탄소를 첨가한 것으로 영양가는 없지만 청량하고 위장을 자극하여 식욕을 돋운다.
> - **진저에일** : 생강향이 나는 알코올이 없는 청량음료다.

21. 다음 중 생산지가 옳게 연결된 것은?

① 비시수 - 오스트리아　② 셀처수 - 독일
③ 에비앙수 - 그리스　④ 페리에수 - 이탈리아

> **Tip**
> 프랑스 탄산수(비시수, 페리에수), 프랑스 천연 광천수(에비앙)

22. 우리나라 전통주에 대한 설명으로 틀린 것은?

① 증류주 제조기술은 고려시대 때 몽고에 의해 전래되었다.
② 탁주는 쌀 등 곡식을 주로 이용하였다.
③ 탁주, 약주, 소주의 순서로 개발되었다.
④ 청주는 쌀의 향을 얻기 위해 현미를 주로 사용한다.

> **Tip**
> 청주 같은 술을 빚을 때는 겨층을 벗겨낸(도정) 쌀을 사용한다.

23. 보드카의 설명으로 옳지 않은 것은?

① 슬라브 민족의 국민주로 애음되고 있다.
② 보드카는 러시아에서만 생산된다.
③ 보드카의 원료는 주로 보리, 밀, 호밀, 옥수수, 감자 등이 사용된다.
④ 보드카에 향을 입힌 보드카를 플레이버 보드카라 칭한다.

> **Tip**
> 보드카는 여러나라에서 생산중이고, 폴란드와 러시아는 보드카로 유명하다. 프랑스에는 포도로 만든 시락이라는 보드카가 있다.

24. Whisky의 재료가 아닌 것은?

① 맥아　② 보리
③ 호밀　④ 감자

> **Tip**
> 위스키는 보리, 옥수수, 밀 등 곡물로 만들어진다.

25. 에스프레소의 커피추출이 빨리 되는 원인이 아닌 것은?

① 너무 굵은 분쇄입자　② 약한 탬핑 강도
③ 너무 많은 커피 사용　④ 높은 펌프 압력

> **Tip**
> 너무 많은 커피를 사용하면, 커피 추출이 느려진다.

26 브랜디에 대한 설명으로 가장 거리가 먼 것은?

① 포도 또는 과실을 발효하여 증류한 술이다.
② 코냑 브랜디에 처음으로 별표의 기호를 도입한 것은 1865년 헤네시(Hennessy)사에 의해서이다.
③ Brandy는 저장기간을 부호로 표시하며 그 부호가 나타내는 저장기간은 법적으로 정해져 있다.
④ 브랜디의 증류는 와인을 2~3회 단식 증류기(Pot Still)로 증류한다.

📂 **Tip**
브랜디의 숙성년도는 브랜드마다 다르다.

27 위스키의 원료에 따른 분류가 아닌 것은?

① 몰트 위스키　　② 그레인 위스키
③ 포트스틸 위스키　④ 블렌디드 위스키

📂 **Tip**
포트스틸 위스키는 제조방법에 따른 분류이다.

28 국가지정 중요무형문화재로 지정받은 전통주가 아닌 것은?

① 충남 면천두견주　② 진도 홍주
③ 서울 문배주　　　④ 경주 교동법주

📂 **Tip**
진도 홍주 : 전남 진도 특산품으로 전통 소주에 지초와 기타 약재로 맛을낸 전통주이다. 중요무형문화재로 지정되지는 않았다.

29 커피로스팅의 정도에 따라 약한 순서에서 강한 순서대로 나열한 것으로 옳은 것은?

① American Roasting → German Roasting → French Roasting → Italian Roasting
② German Roasting → Italian Roasting → American Roasting → French Roasting
③ Italian Roasting → German Roasting → American Roasting → French Roasting
④ French Roasting → American Roasting → Italian Roasting → German Roasting

30 혼합물을 구성하는 각 물질의 비등점의 차이를 이용하여 만드는 술을 무엇이라 하는가?

① 발효주　　② 발아주
③ 증류주　　④ 양조주

📂 **Tip**
증류주는 물과 에탄올의 비등점(끓는점)차이를 이용해 만들어지는 술이다.
- **비등점** : 물(100도), 에탄올(78.3도)
- 약 80도 정도로 가열하여 에탄올만 뽑아낸다.

31 구매부서의 기능이 아닌 것은?

① 검수　　② 저장
③ 불출　　④ 판매

📂 **Tip**
구매부서에서 판매를 하지 않는다.

32 Pousse Cafe를 만드는 재료 중 가장 나중에 따르는 것은?

① Brandy
② Grenadine
③ Creme de Menthe(Green)
④ Creme de Cassis

> 📁 **Tip**
> 푸스카페, 플로팅 기법
> **재료** : 그라나딘시럽 → 크렘드민트(그린) → 브랜디

33 Manhattan 조주 시 사용하는 기물은?

① 셰이커(Shaker)
② 믹싱 글라스(Mixing Glass)
③ 전기 블렌더(Blender)
④ 주스 믹서(Juice Mixer)

> 📁 **Tip**
> 맨하탄은 스터기법으로 만들어진다.
> **필요한 기물** : 믹싱글라스, 스트레이너, 바스푼

34 바텐더의 칵테일용 가니쉬 재료 손질에 관한 설명 중 가장 거리가 먼 것은?

① 레몬 슬라이스는 미리 손질하여 밀폐용기에 넣어서 준비한다.
② 오렌지 슬라이스는 미리 손질하여 밀폐용기에 넣어서 준비한다.
③ 레몬 껍질은 미리 손질하여 밀폐용기에 넣어서 준비한다.
④ 딸기는 미리 꼭지를 제거한 후 깨끗하게 세척하여 밀폐용기에 넣어서 준비한다.

> 📁 **Tip**
> 딸기를 세척할 때는 꼭지를 떼지 않고 세척한 후 제거한다.

35 Gin&Tonic에 알맞은 Glass와 장식은?

① Collins Glass - Pineapple Slice
② Cocktail Glass - Olive
③ Cordial Glass - Orange Slice
④ Highball Glass - Lemon Slice

> 📁 **Tip**
> 진토닉에는 탄산이 있는 음료가 들어간다. 탄산을 유지하기 위해 하이볼 글라스를 사용하는 것이 좋다.

36 Classic Bar의 특징과 가장 거리가 먼 것은?

① 서비스의 중점을 정중함과 편안함에 둔다.
② 소규모 라이브 음악을 제공한다.
③ 고객에게 화려한 바텐딩 기술을 선보인다.
④ 칵테일 조주 시 정확한 용량과 방법으로 제공한다.

> 📁 **Tip**
> 화려한 바텐딩 기술을 선보이는 BAR는 플레어BAR이다.

37 위스키가 기주로 쓰이지 않는 칵테일은?

① 뉴욕(New York)
② 로브 로이(Rob Roy)
③ 블랙 러시안(Black Russian)
④ 맨하탄(Manhattan)

> 📁 **Tip**
> 블랙 러시안은 보드카와 깔루아로 만든다.

38 셰이킹(Shaking) 기법에 대한 설명으로 틀린 것은?

① 셰이커에 얼음을 충분히 넣어 빠른 시간 안에 잘 섞이고 차게 한다.
② 셰이커에 재료를 순서대로 Cap을 Strainer에 씌운 다음 Body에 덮는다.
③ 잘 섞이지 않는 재료들을 셰이커에 넣어 세차게 흔들어 섞는 조주기법이다.
④ 계란, 우유, 크림, 당분이 많은 리큐르 등으로 칵테일을 만들 때 많이 사용된다.

Tip
② 셰이커 조립 순서는 바디에 스트레이너를 조립 후, 캡을 스트레이너에 씌운다. 바디 - 스트레이너 - 캡

39 주장의 종류로 가장 거리가 먼 것은?

① Cocktail Bar
② Members Club Bar
③ Snack Bar
④ Pub Bar

Tip
Snack Bar(스낵바)는 스탠드 형식의 간이 식당이다.

40 다음 중 달걀이 들어가는 칵테일은?

① Millionaire
② Black Russian
③ Brandy Alexander
④ Daiquiri

Tip
Millionaire : 버번위스키, 그랑마니에르, 압생트, 그라나딘 시럽, 계란흰자, 레몬주스 / 셰이킹

41 다음 중 휘젓기(Stirring) 기법으로 만드는 칵테일이 아닌 것은?

① Manhattan
② Martini
③ Gibson
④ Gimlet

Tip
김렛은 쉐이킹 기법으로 만든다.

42 다음 칵테일 중 Floating 기법으로 만들지 않는 것은?

① B&B
② Pousse Cafe
③ B-52
④ Black Russian

Tip
블랙 러시안은 빌드기법으로 만든다.

43 와인에 대한 Corkage의 설명으로 가장 거리가 먼 것은?

① 업장의 와인이 아닌 개인이 따로 가져온 와인을 마시고자 할 때 적용된다.
② 와인을 마시기 위해 이용되는 글라스, 직원 서비스 등에 대한 요금이 포함된다.
③ 주로 업소가 보유하고 있지 않은 와인을 시음할 때 많이 작용된다.
④ 코르크로 밀봉되어 있는 와인을 서비스하는 경우에 적용되며, 스크류캡을 사용한 와인은 부과되지 않는다.

Tip
코르크 형태와 무관하게 적용된다.

44 주장(Bar)에서 기물의 취급방법으로 적합하지 않은 것은?

① 금이 간 접시나 글라스는 규정에 따라 폐기한다.
② 은기물은 은기물 전용 세척액에 오래 담가두어야 한다.
③ 크리스탈 글라스는 가능한 손으로 세척한다.
④ 식기는 같은 종류별로 보관하며 너무 많이 쌓아두지 않는다.

📁 **Tip**
은기물은 전용 세척액에 오래 담구지 않고, 뜨거운 물로 세척해야한다.

45 다음 중 소믈리에(Sommelier)의 주요 임무는?

① 기물세척(Utensil Cleaning)
② 주류저장(Store Keeper)
③ 와인판매(Wine Steward)
④ 칵테일조주(Cocktail Mixing)

📁 **Tip**
소믈리에는 와인전문가이다.

46 바의 매출액 구성요소 산정방법 중 옳은 것은?

① 매출액 = 고객수 ÷ 객단가
② 고객수 = 고정고객 × 일반고객
③ 객단가 = 매출액 ÷ 고객수
④ 판매가 = 기준단가 × (재료비/100)

47 바(Bar) 기물이 아닌 것은?

① Bar Spoon   ② Shaker
③ Chaser   ④ Jigger

📁 **Tip**
체이서(chase)는 독한 술을 마신 뒤 입가심으로 마시는 물이나 음료이다.

48 글라스 세척 시 알맞은 세제와 세척순서로 짝지어진 것은?

① 산성세제, 더운물 - 찬물
② 중성세제, 찬물 - 더운물
③ 산성세제, 찬물 - 더운물
④ 중성세제, 더운물 - 찬물

49 Rum 베이스 칵테일이 아닌 것은?

① Daiquiri   ② Cuba Libre
③ Mai Tai   ④ Stinger

📁 **Tip**
Stinger는 브랜디와 크렘 드 민트(화이트)를 셰이킹한 칵테일이다.

50 다음 중 보드카(Vodka)를 주재료로 사용하지 않는 칵테일은?

① Cosmopolitan   ② Kiss of Fire
③ Apple Martini   ④ Margarita

📁 **Tip**
마가리타(margarita) : 데킬라 + 트리플섹 + 라임

51 "5월 5일에는 이미 예약이 다 되어 있습니다."의 표현은?

① We look forward to seeing you on May 5th.
② We are fully booked on May 5th.
③ We are available on May 5th.
④ I will check availability on May 5th.

📁 **Tip**
Book 예약하다.

52 다음 문장 중 틀린 것은?

① Are you in a hurry?
② May I help With you your baggage.
③ Will you pay in cash or with a credit card?
④ What is the most famous in Seoul?

📁 **Tip**
전치사 "With"의 오용
"help"는 기본적으로 "help someone (do something)" 형태로 사용됩니다. 즉, "help with"는 가능하지만, "help with you"는 어색한 표현입니다.
올바른 표현은 "help you with your baggage"입니다.

53 아래 문장의 의미는?

> The line is busy, so I can't put you through.

① 통화 중이므로 바꿔 드릴 수 없습니다.
② 고장이므로 바꿔 드릴 수 없습니다.
③ 외출 중이므로 바꿔 드릴 수 없습니다.
④ 아무도 없으므로 바꿔 드릴 수 없습니다.

📁 **Tip**
"The line is busy"
"line"→전화선, 통화 회선
"is busy"→통화 중이다.
"전화가 통화 중입니다."
"so I can't put you through"
"put someone through"→(전화를) 연결해 주다.
"I can't put you through"→전화를 연결해 드릴 수 없습니다.
올바른 해석: "전화가 통화 중이라 연결해 드릴 수 없습니다."

54 Which one is the spirit made from agave?

① Tequila   ② Rum
③ Vodka   ④ Gin

📁 **Tip**
아가베(용설란)으로 만든 증류주는 어떤 것인가? :
데킬라(아가베), 럼(사탕수수or당밀), 보드카(감자 등), 진(주니퍼베리 침출)

55 "a glossary of basic wine terms"의 연결로 틀린 것은?

① Balance : the portion of the wine's odor derived from the grape variety and fermentation.
② Nose : the total odor of wine composed of aroma, bouquet, and other factors.
③ Body : the weight or fullness of wine on palate.
④ Dry : a tasting term to denote the absence of sweetness in wine.

📁 **Tip**
기본 와인 용어로 올바지 않은 것은?
① **아로마**(Aroma) : 포도품종, 원산지에 따른 향,
   부케(Bouquet) : 발효, 숙성에서 생성되는 향

56 다음 ( )에 들어갈 단어로 가장 적합한 것은?

( ) goes well with dessert.

① Ice Wine
② Red Wine
③ Vermouth
④ Dry Sherry

Tip
디저트류와 잘 어울리는 와인은 아이스와인이다.

57 Which is not an appropriate instrument for stirring method of how to make cocktail?

① Mixing Glass
② Bar Spoon
③ Shaker
④ Strainer

Tip
칵테일을 만드는 방법 중 스터(휘젓기)기법에 적당하지 않는 기구는? : ③ 셰이커는 셰이킹 기법에 사용된다.

58 다음 중 의미가 다른 하나는?

① It's my treat this time.
② I'll pick up the tab.
③ Let's go Dutch.
④ It's on me.

Tip
①, ②, ④은 내가 지불하겠다는 의미 / ③ 따로 지불하자

59 다음 괄호 안에 가장 적합한 것은?

A bartender must ( ) his helpers, waiters or waitress. He must also ( ) various kinds of records, such as stock control, inventory, daily sales report, purchasing report and so on.

① take, manage
② supervise, handle
③ respect, deal
④ manage, careful

Tip
Supervise 감독하다, handle 다루다, 처리하다

60 Dry Gin, Egg White, and Grenadine are the main ingredients of ( ).

① Bloody Mary
② Eggnog
③ Tom and Jerry
④ Pink Lady

Tip
진, 계란흰자, 석류시럽이 들어가는 칵테일은 핑크레이디이다.

정답

01	①	02	③	03	③	04	②	05	①
06	②	07	②	08	②	09	①	10	③
11	④	12	①	13	④	14	④	15	③
16	③	17	③	18	③	19	③	20	②
21	②	22	④	23	②	24	④	25	③
26	③	27	③	28	②	29	①	30	③
31	④	32	①	33	②	34	④	35	④
36	③	37	③	38	②	39	③	40	①
41	④	42	④	43	④	44	②	45	③
46	③	47	③	48	④	49	④	50	④
51	②	52	②	53	①	54	①	55	①
56	①	57	③	58	③	59	②	60	④

Chapter 20 2017년 1회 필기 기출

01 비알코올성 음료에 대한 설명으로 틀린 것은?
① 디카페인 커피(Coffee)는 카페인(Caffein)을 제거한 커피이다.
② 에스프레소 커피는 고압의 수증기로 추출한 커피이다.
③ 아라비카종은 이디오피아가 원산지이다.
④ 코코아(Cocoa)는 카카오 열매의 과육을 말려 가공한다.

> **Tip**
> 코코아는 카카오나무 열매(카카오콩)로 만든다.

02 칵테일 조주 시 술이나 부재료, 주스의 용량을 재는 기구로 스테인리스제가 많이 쓰이며, 삼각형 30mL와 45mL의 컵이 등을 맞대고 있는 기구는?
① 스트레이너
② 믹싱 글라스
③ 지거
④ 스퀴저

> **Tip**
> 지거(Jigger) : 계량컵으로 30mL와 45mL가 기본이며 가장 많이 사용된다.

03 꿀로 만든 리큐르(Liqueur)는?
① Creme de Menthe
② Curacao
③ Galliano
④ Drambuie

> **Tip**
> Drambuie(드람뷰이) : 몰트 위스키에 꿀, 허브 등을 첨가하여 만든 리큐르로

04 주로 추운 계절에 추위를 녹이기 위하여 외출이나 동산 후에 따뜻하게 마시는 칵테일로 가장 거리가 먼 것은?
① Irish Coffee
② Tropical Cocktail
③ Rum Grog
④ Vin Chaud

> **Tip**
> ② Tropical Cocktail(트로피컬 칵테일) : 파파야, 망고, 두리안 등 열대과일이 들어간 칵테일로 차갑게 해서 프로즌 스타일(Frozen Style)로 제공한다.
> ① Irish Coffee(아이리시 커피) : 아이리시 위스키에 뜨거운 커피가 들어간 칵테일이다.
> ③ Rum Grog(럼 그로그) : 럼에 차가운 물 또는 따뜻한 물을 섞어서 마시는 칵테일이다.
> ④ Vin Chaud(뱅쇼) : 레드 와인에 계피, 오렌지, 레몬 등 각종 과일을 넣어 따뜻하게 데워 마시는 와인

05 구매관리 업무와 가장 거리가 먼 것은?
① 납기관리
② 시장조사
③ 우량 납품업체 선정
④ 음료상품 판매촉진 기획

> **Tip**
> 음료상품 판매촉진 기획은 마케팅 및 기획 업무이다.

06 탄산음료에서 피~하고 나오는 소리에서 유래된 명칭으로 맞는 것은?
① 플립(Flip)
② 진저(Ginger)
③ 피즈(Fizz)
④ 사워(Sour)

> 📁 **Tip**
> 피즈(Fizz)는 탄산수를 개봉할 때 나는 소리와 비슷하다고 하여 붙여진 이름이다.

07 약주, 탁주 제조에 사용되는 발효제가 아닌 것은?

① 누룩 ② 입국
③ 조효소제 ④ 유산균

> 📁 **Tip**
> • 유산균(젖산균) : 당류를 분해하여 젖산을 만드는 균
> • 발효제 : 알코올을 만드는 효소를 지닌 곰팡이를 곡류에 번식시켜 만든 발효제로 누룩, 입국, 조효소제 등이다.

08 아이리쉬 위스키(Irish Whiskey)에 대한 설명으로 틀린 것은?

① John Jameson, Old Bushmills가 있다.
② 스카치 위스키와 제조과정이 같다.
③ 피트처리를 하지 않아 깨끗하고 부드럽다.
④ 깊고 진한 맛과 향을 지닌 몰트 위스키도 포함한다.

> 📁 **Tip**
> 스카치 위스키는 피트처리를 하는 경우가 많고, 아이리쉬 위스키는 피트처리를 하지 않는다.

09 보드카(Vodka)에 대한 설명 중 틀린 것은?

① 슬라브 민족의 국민주라고 할 수 있을 정도로 애음되는 술이다.
② 사탕수수를 주원료로 사용한다.
③ 무색(Colorless), 무미(Tasteless), 무취(Odorless)이다.
④ 자작나무 활성탄과 모래를 통과시켜 여과한 술이다.

> 📁 **Tip**
> 사탕수수를 주원료로 사용하는 술은 럼(Rum)이다. 보드카는 주로 감자(50% 이상), 고구마, 보리, 호밀, 옥수수 등에 보리를 발아시켜 만든 맥아(Malted Barley)를 가하여 당화, 발효시켜 증류한 증류주이다.

10 바텐더가 지켜야 할 바(Bar)에서의 예의로 가장 올바른 것은?

① 정중하게 손님을 대하며 고객이 기분이 좋도록 Lip Service를 한다.
② 자주 오시는 손님에게는 오랜 시간 이야기한다.
③ Second Order를 하도록 적극적으로 강요한다.
④ 고가의 품목을 적극 추천하여 손님의 입장보다 매출에 많은 신경을 쓴다.

> 📁 **Tip**
> 바텐더는 손님의 취향과 예산 맞는 적절한 추천을 해야 한다.

11 칵테일 기구에 해당되지 않는 것은?

① Butter Bowl ② Muddler
③ Strainer ④ Bar Spoon

> 📁 **Tip**
> 버터 볼은 칵테일 조주시 사용되지 않는다.

12 혼성주의 제조방법이 아닌 것은?

① 양조법(Fermentation)
② 증류법(Distillation)
③ 침출법(Infusion)
④ 에센스 추출법(Essence)

> 📁 **Tip**
> 양조법은 발효주(양조주)를 생산하는 방식이다.

13 필스너 글라스에 대한 설명으로 옳은 것은?

① 브랜디를 마실 때 사용한다.
② 맥주를 따르면 기포가 올라와 거품이 유지된다.
③ 와인향을 즐기는데 가장 적합하다.
④ 옆면이 둥글게 되어 있다.

Tip
필스너 글라스는 체코의 필슨이라는 회사에서 만든 맥주 잔이다.

14 보르도(Bordeaux) 지역에서 재배되는 레드 와인용 포도 품종이 아닌 것은?

① 메를로(Merlot)
② 뮈스카델(Muscadelle)
③ 카베르네 소비뇽(Cabernet Sauvignon)
④ 카베르네 프랑(Cabernet Franc)

Tip
- **뮈스카델**(Muscadelle) : 보르도와 도르도뉴 지방에서 재배되며, 카베르네 소비뇽과 세미용의 블렌딩용으로 사용되는 청포도 품종이다.
- **메를로**(Merlot) : 보르도와 프랑스의 남쪽 지방, 캘리포니아, 칠레 등에서 재배되고 있으며 생떼밀리옹과 포므롤 지방의 주품종이다.
- **카베르네 소비뇽**(Cabernet Sauvignon) : 레드 와인의 포도 품종으로 가장 많이 알려졌다. 프랑스 보르도 지방을 비롯해 전 세계에 가장 많이 재배되는 적포도 품종이다.
- **카베르네 프랑**(Cabernet Franc) : 카베르네 소비뇽과 함께 레드 와인의 대표 품종으로 프랑스 보르도지방, 루와르에서 재배된다. 생떼밀리옹과 포므롤에서는 부세(Bouche)라는 이름으로 재배되고 있다.

15 와인의 용량 중 1.5L 사이즈는?

① 발타자르(Balthazar)
② 드미(Demi)
③ 매그넘(Magnum)
④ 제로보암(Jeroboam)

Tip
- **매그넘**(Magnum) : 1.5L
- **발타자르**(Balthazar) : 12L(=12,000mL)로 주로 샴페인을 담는다.
- **드미**(Demi) : '절반의'라는 뜻
- **제로보암**(Jeroboam) : 750mL 일반 와인 4병으로 3L 용량이다. 보르도에서는 Double Magnum이라고 한다.

16 음료를 서빙할 때에 일반적으로 사용하는 비품이 아닌 것은?

① Bar Spoon
② Coaster
③ Serving Tray
④ Napkin

Tip
바스푼(Bar Spoon)은 음료를 조주할 때 사용되는 도구이다.

17 리큐르(Liqueur)가 아닌 것은?

① Benedictine
② Anisette
③ Augier
④ Absinthe

Tip
Augier(오지에) : 가장 오래된 코냑 브랜드로 1643년 Pierre Augier(피에르 오지에)가 만들었다.

18 우리나라의 고유한 술 중 증류주에 속하는 것은?

① 경주법주
② 동동주
③ 문배주
④ 백세주

> **Tip**
> ③ **문배주**: 고려 왕건 시대부터 제조되어 내려온 평양 일대의 증류식 소주로 술의 향기가 문배나무의 과실에서 풍기는 향기와 같다 하여 붙여진 이름이다.
> ① **경주법주**: 경상북도 경주 지방의 향토술로 양조주이다.
> ② **동동주**: 고려시대부터 빚어졌던 술이다. 발효과정에서 고두밥알이 동동 떠오르는 현상을 두고 '밥알이 동동 떠 있다'고 해서 동동주라고 부른다.
> ④ **백세주**: 찹쌀로 만든 발효주이며 이 술을 마시면 백세까지도 살 수 있다 하여 붙여진 이름이다.

19 차의 분류가 옳게 연결된 것은?

① 발효차 - 얼그레이
② 불발효차 - 보이차
③ 반발효차 - 녹차
④ 후발효차 - 재스민

> **Tip**
> - **불발효차**: 녹차
> - **반발효차**: 오룡차, 자스민, 우롱차
> - **발효차**: 홍차(다즐링, 기문차, 우바), 블랙티
> - **후발효차**: 흑차, 보이차, 육보차, 황차

20 와인의 빈티지(Vintage)가 의미하는 것은?

① 포도주의 판매 유효 연도
② 포도의 수확 연도
③ 포도의 품종
④ 포도주의 도수

> **Tip**
> 빈티지(Vintage)는 포도 수확된 해를 말한다.

21 바텐더(Bartender)의 수칙이 아닌 것은?

① Recipe에 의한 재료와 양을 사용한다.
② 영업 중 Bar에서 재고조사를 한다.
③ 고객과의 대화에 지장이 없도록 교양을 넓힌다.
④ 고객 한 사람마다 신경을 써서 주문에 응한다.

> **Tip**
> 재고조사(Inventory)는 영업 전 또는 영업이 끝난 후에 실시해야 한다.

22 Sweet Wine을 만드는 방법이 아닌 것은?

① 햇빛에 말린 포도를 사용
② 발효 시 설탕을 첨가
③ 발효 도중 알코올을 첨가
④ 귀부포도(Noble Rot Grape)를 사용

> **Tip**
> 발효 시 설탕을 첨가하는 것은 와인의 알코올 함량을 올려준다.

23 다음 중 호크 와인(Hock Wine)은?

① 독일 라인산 화이트 와인
② 프랑스 버건디산 화이트 와인
③ 스페인 호크하임엘산 레드 와인
④ 이탈리아 피에몬테산 레드 와인

> **Tip**
> 독일의 라인와인(Rhine Wine)을 영어로 지칭하는 말이다.

24 칵테일의 5대 요소가 아닌 것은?

① 향(Flavor) ② 잔(Glass)
③ 기법(Method) ④ 장식(Decoration)

📁 Tip
칵테일의 5대 요소는 맛, 향, 색, 장식, 잔이다.

25 주장종사원(Waiter)의 직무에 해당하는 것은?

① 바(Bar) 내부의 청결을 유지한다.
② 고객으로부터 주문을 받고 봉사한다.
③ 보급품과 기물주류 등을 창고로부터 보급 받는다.
④ 조주에 필요한 얼음을 준비한다.

📁 Tip
바(Bar)의 시설 및 장비, 조주에 대한 준비는 바텐더의 업무이다.

26 한달 매출이 2,000만 원인 매장의 직원의 월급이 300만 원일 때 인건비율은?

① 10% ② 15%
③ 20% ④ 30%

📁 Tip
인건비율=인건비(직원월급)/한달매출×100

27 스카치 위스키(Scotch Whisky)의 유명상표와 거리가 먼 것은?

① 발렌타인(Ballantine's)
② 커티 샥(Cutty Sark)
③ 올드 파(Old Parr)
④ 크라운 로얄(Crown Royal)

📁 Tip
크라운 로얄은 캐나디안 위스키(Canadian Whisky)이다.

28 Tequila에 대한 설명으로 틀린 것은?

① Agave Tequilana 종으로 만든다.
② Tequila는 멕시코 전지역에서 생산된다.
③ Reposado는 1년 이하 숙성시킨 것이다.
④ Anejo는 1년 이상 숙성시킨 것이다.

📁 Tip
멕시코 화산지대인 하리스코(Jalisco)주의 테킬라 마을을 중심으로 5개 지역에서만 생산된다.

29 다음에서 설명되는 약용주는?

> 충남 서북부 해안지방의 전통 민속주로 고려 개국공신 복지겸이 백약이 무효인 병을 앓고 있을 때 백일기도 끝에 터득한 비법에 따라 찹쌀, 아미산의 진달래, 안샘물로 빚은 술을 마시고 병을 고쳤다는 신비의 전설과 함께 전해 내려 온다.

① 두견주 ② 송순주
③ 문배주 ④ 백세주

> **Tip**
> ① **두견주** : 진달래꽃(두견화)을 첨가한 양조주
> ② **송순주** : 곡주를 빚는 과정에서 송순과 소주를 넣어 발효시키는 혼양주법으로 만든 전통명주
> ③ **문배주** : 밀, 좁쌀, 수수를 누룩과 함께 발효, 증류한 증류주
> ④ **백세주** : 찹쌀로 만든 한국의 발효주

30 다음 중 가장 많은 재료가 들어가는 칵테일은?

① 맨하탄(Manhattan)
② 애플 마티니(Apple Martini)
③ 깁슨(Gibson)
④ 롱아일랜드 아이스티(Long Island Iced Tea)

> **Tip**
> - 맨하탄 = 버번위스키 + 스위트 베르뭇 + 앙고스투라비터스 / 체리
> - 애플 마티니 = 보드카 + 애플푸커 + 라임주스 / 사과슬라이스
> - 깁슨 = 진 + 드라이베르뭇 / 양파
> - 롱아일랜드 아이스티 = 진 + 럼 + 데킬라 + 보드카 + 트리플섹 + 스윗앤사워믹스 + 콜라 / 웨지 레몬

31 각 나라별 와인등급 중 가장 높은 등급이 아닌 것은?

① 프랑스 - VDQS
② 이탈리아 - DOCG
③ 독일 - QmP
④ 스페인 - DOC

> **Tip**
> VDQS는 프랑스 와인의 4단계 등급에서 두 번째 등급으로 비교적 고급와인이다.

32 다음 중 증류주가 아닌 것은?

① 소주
② 청주
③ 위스키
④ 진

> **Tip**
> 청주는 쌀, 누룩, 물을 원료로 하여 빚은 맑은 술로 양조주에 속한다.

33 파인애플 주스가 사용되지 않는 칵테일은?

① Mai-Tai
② Pina Colada
③ Paradise
④ Blue Hawaiian

> **Tip**
> **파라다이스**(Paradise) : Dry Gin 1oz + Apricot Brandy 1/2 oz + Orange Juice 1oz

34 스카치 위스키(Scotch Whisky)가 아닌 것은?

① 시바스 리갈(Chivas Regal)
② 글렌피딕(Glenfiddich)
③ 존 제임슨(John Jameson)
④ 커티 삭(Cutty Sark)

> **Tip**
> 존 제임슨(John Jameson)은 아이리시 위스키(Irish Whiskey)이다.

35 다음 중 휘젓기(Stirring) 기법으로 만드는 칵테일이 아닌 것은?

① Manhattan
② Martini
③ Gibson
④ Gimlet

> **Tip**
> Gimlet은 Shaking 기법으로 만든다.

36 푸어러(Pourer)의 설명으로 옳은 것은?

① 물을 담아놓고 쓰는 손잡이가 달린 물병
② 술병 입구에 끼워 따르는 양을 일정하게 만드는 기구
③ 칵테일을 마시기 쉽게 하기 위한 빨대
④ 쓰고 남은 탄산음료를 밀폐시키는 마개

📂 **Tip**
① 워터저그(Water Jug), ③ 스트로우(Straw),
④ 스토퍼(Stopper)

37 음료의 살균에 이용되지 않는 방법은?

① 저온장시간살균법(LTLT)
② 자외선살균법
③ 고온단시간살균법(HTST)
④ 초고온살균법(UHT)

📂 **Tip**
① 저온장시간살균법(LTLT) : 62~65℃에서 30분
③ 고온단시간살균법(HTST) : 72~75℃에서 15~20초간
④ 초고온살균법(UHT) : 130~150℃에서 2초

38 다음 중 롱 드링크(Long Drink)에 해당하는 것은?

① 마티니(Martini)
② 진 피즈(Gin Fizz)
③ 맨해튼(Manhattan)
④ 스팅어(Stinger)

📂 **Tip**
롱 드링크 음료는 6oz(180mL) 이상의 글라스에 제공된다.

39 다음은 술의 양조방법에 대한 설명이다. ( ) 안에 들어갈 단어로 적절한 것은?

> 술을 만들기 위해 필요한 재료는 (ㄱ)와(과) (ㄴ)이다. 곡류에 있는 전분을 (ㄱ)(으)로 전환시킨 이후에 (ㄴ)를(을) 작용시켜 알코올, 이산화탄소 그리고 물을 만든다.

	ㄱ	ㄴ
①	효소	미생물
②	미생물	전분
③	당분	효모
④	효소	당분

📂 **Tip**
ㄱ. 전분과 당화효소가 만나면 당분으로 분해가 된다.
ㄴ. 효모는 당과 반응해 알코올고하 이산화탄소를 발생시킨다.

40 다음 중 와인 당분이 가장 적게 든 것은?

① Sec
② Brut
③ Demi Sec
④ Doux

📂 **Tip**
• 섹(Sec) : 17~32g/L
• 브뤼(Brut) : 0~12g/L
• 드미 섹(Demi Sec) : 32~50g/L
• 두(Doux) : 50g 이상/L

41 다음 중 이탈리아 와인 등급 표시로 맞는 것은?

① AOC
② DO
③ DOCG
④ QbA

> **Tip**
> - DOCG : 이탈리아 정부에서 그의 품질을 보증한다는 뜻으로 최상급 와인을 의미
> ① AOC(원산지 통제 명칭 포도주) : 프랑스
> ④ QDA : 독일

42 다음 중 주장 종사원(Waiter/Waitress)의 주요 임무는?

① 고객이 사용한 기물과 빈 잔을 세척한다.
② 칵테일의 부재료를 준비한다.
③ 창고에서 주장(Bar)에서 필요한 물품을 공급한다.
④ 고객에게 주문을 받고 주문받은 음료를 제공한다.

> **Tip**
> 종사원의 주요 업무는 고객에게 주문을 받고 음료를 제공한다.

43 "같은 음료로 드릴까요?"의 표현은?

① May I bring the same drink for you?
② Do you need another drink?
③ Do you want to try another one?
④ What would you like to drink?

> **Tip**
> 같은 음료(Same drink)

44 곡류를 발효 증류시킨 후 주니퍼베리, 고수풀, 안젤리카 등의 향료식물을 넣어 만든 증류주는?

① VODKA　　② RUM
③ GIN　　　 ④ TEQUILA

> **Tip**
> 주니퍼베리(노간주열매)와 기타 향료식물을 넣어 만든 증류주는 진(Gin)이다.

45 표준 레시피(Standard Recipe)를 지켜야 하는 이유가 아닌 것은?

① 다양한 맛을 낼 수 있다.
② 객관성을 유지할 수 있다.
③ 원가책정의 기초로 삼을 수 있다.
④ 동일한 제조 방법으로 숙련할 수 있다.

> **Tip**
> 동일한 맛을 유지하기 위해서는 표준 레시피를 지켜야 한다.

46 Tequila에 대한 설명으로 틀린 것은?

① Tequila 지역을 중심으로 지정된 지역에서만 생산된다.
② Tequila를 주원료로 만든 혼성주는 Mezcal이다.
③ Tequila는 한 품종의 Agave만 사용된다.
④ Tequila는 발효 시 옥수수당이나 설탕을 첨가할 수도 있다.

> **Tip**
> - 아가베(Agave)를 발효해서 풀케(Pulque)를 만들고 풀케를 증류하여 메즈칼(Mezcal)을 만든다.
> - 블루 아가베(Blue Agave)를 원료로 테킬라 마을에서 생산된 증류주를 테킬라라고 한다.

47 Scotch Whisky에 대한 설명으로 옳지 않은 것은?

① Malt Whisky는 대부분 Pot Still을 사용하여 증류한다.
② Blended Whisky는 Malt Whisky와 Grain Whisky를 혼합한 것이다.
③ 주원료인 보리는 이탄(Peat)의 연기로 건조시킨다.
④ Malt Whisky는 원료의 향이 손실되지 않도록 반드시 1회만 증류한다.

📁 **Tip**
Malt Whisky는 단신증류기로 2회 증류한다.

48 다음에서 설명하는 전통주는?

> 고려 때에 등장한 술로 병자호란이던 어느 해 이완장군이 병사들의 사기를 돋우기 위해 약용과 가향의 성분을 고루 갖춘 이 술을 마시게 한 것에서 유래된 것으로 알려졌으며, 차보다 얼큰하고 짙게 우러난 호박색이 부드럽고 연 냄새가 은은한 전통제주로 감칠맛이 일품이다.

① 문배주　　② 이강주
③ 송순주　　④ 연엽주

📁 **Tip**
연 냄새가 나는 전통주는 연엽주이다.

49 바(Bar)에서 물에 들어 있는 기물은?

① 셰이커, 스트레이너
② 지거, 바 스푼
③ 셰이커, 바 스푼
④ 지거, 셰이커

📁 **Tip**
지거와 바 스푼을 물에 담궈두면 남아있는 잔여물 및 잔향이 제거되어 다음 작업을 빠르게 진행할 수 있다.

50 "Would you care for dessert?"의 올바른 대답은?

① Vanilla Ice-cream, please.
② Ice-water, please.
③ Scotch on the rocks.
④ Cocktail, please.

📁 **Tip**
디저트 드시겠습니까?

51 바 스푼(Bar Spoon)의 용도가 아닌 것은?

① 칵테일 조주 시 글래스 내용물을 섞을 때 사용한다.
② 얼음을 잘게 부술 때 사용한다.
③ 플로팅 칵테일을 만들 때 사용한다.
④ 믹싱글라스를 이용하여 칵테일을 만들 때 휘젓는 용도로 사용한다.

📁 **Tip**
얼음을 잘게 부술 때는 아이스 픽(Ice Pick)을 사용한다.

52 다음 중 와인의 특징 및 품질을 결정하는 요소가 아닌 것은?

① Terroir　　② Water
③ Grape　　④ Skill

📁 **Tip**
와인은 물이 한 방울도 들어가지 않는다.

53 다음 중 혼성주에 해당되는 것은?

① Beer   ② Grappa
③ Tequila   ④ Campari

> **Tip**
> 캄파리는 이탈리아의 혼성주이다.

54 다음 중 블렌디드(Blended) 위스키가 아닌 것은?

① J&B   ② Ballantines
③ Old Parr   ④ Singleton

> **Tip**
> 싱글톤은 싱글 몰트 위스키이다.

55 시대별 전통주의 연결로 틀린 것은?

① 한산 소곡주 - 백제시대
② 두견주 - 고려시대
③ 칠선주 - 신라시대
④ 백세주 - 조선시대

> **Tip**
> 칠선주는 조선 정조 때 인주 지역에서 빚기 시작한 명주로 인삼, 구기자, 산수유, 사삼, 당귀, 갈근, 감초까지 약재를 혼합한 데서 유래되었다.

56 칵테일 기구인 지거(Jigger)를 잘못 설명한 것은?

① 일명 Measure Cup이라고 한다.
② 지거는 크고 작은 두 개의 삼각형 컵이 양쪽으로 붙어 있다.
③ 작은 쪽 컵은 1oz이다.
④ 큰 쪽의 컵은 대부분 2oz이다.

> **Tip**
> 큰 쪽은 대부분 1.5oz이다.

57 조주 서비스에서 Chaser의 의미는?

① 음료를 체온보다 높여 약 62~67°C로 해서 서빙하는 것
② 따로 조주하지 않고 생으로 마시는 것
③ 서로 다른 두 가지 술을 반씩 따라 담는 것
④ 독한 술이나 칵테일을 내놓을 때 다른 글라스에 물 등을 담아 내놓는 것

> **Tip**
> 체이서(Chaser)는 독한 술을 마시고 난 뒤 입가심으로 마시는 술 또는 물, 청량음료 등을 말한다.

58 옥수수를 51% 이상 사용하고 연속식 증류기로 알코올 농도 40% 이상 80% 미만으로 증류하는 위스키는?

① Scotch Whisky
② Bourbon Whiskey
③ Irish Whiskey
④ Canadian Whisky

> **Tip**
> • 옥수수 51% 이상 들어가는 미국 위스키는 버번위스키이다.
> • 콘 위스키는 옥수수 80% 이상이다.

59 다음 ( ) 안에 알맞은 것은?

> ( ) is distilled spirits from the fermented juice of sugarcane or molasses.

① Brandy ② Vodka
③ Gin   ④ Rum

📁 **Tip**
럼(Rum)은 사탕수수 또는 당밀로 만든다.

60 Which is not an aperitif?

① Brandy   ② Sherry
③ Campari ④ Kir

📁 **Tip**
브랜디는 식후주이다.

정답

01	④	02	③	03	④	04	②	05	④
06	③	07	④	08	②	09	②	10	①
11	①	12	①	13	②	14	②	15	③
16	①	17	③	18	③	19	①	20	②
21	②	22	②	23	①	24	③	25	②
26	②	27	④	28	②	29	①	30	④
31	①	32	②	33	③	34	③	35	④
36	②	37	②	38	②	39	③	40	②
41	③	42	④	43	①	44	③	45	①
46	②	47	④	48	④	49	②	50	①
51	②	52	②	53	④	54	④	55	③
56	④	57	④	58	②	59	④	60	①

2017년 2회 필기 기출

01 프로스팅(Frosting) 기법이 사용되지 않는 칵테일은?

① Margarita
② Kiss of Fire
③ Harvey Wallbanger
④ Irish Coffee

> **Tip**
> - Frosting(프로스팅) : 글라스의 림(Rim, 가장자리)에 소금이나 설탕을 묻히는 방법으로, 테두리가 마치 눈이 내린 것 같다 하여 스노 스타일(Snow Style)이라고도 한다.
> - Margarita(마가리타) : Salt
> - Kiss of Fire(키스 오브 파이어) : Sugar
> - Irish Coffee(아이리시 커피) : Sugar

02 음료 성분을 잘못 짝지은 것은?

① Kahlua - Chocolate
② Drambuie - Honey
③ Cynar - Wine
④ Curacao - Orange

> **Tip**
> 깔루아는 커피 리큐르이다.

03 글라스(Glass)의 위생적인 취급방법으로 옳지 못한 것은?

① Glass는 불쾌한 냄새나 기름기가 없고 환기가 잘되는 곳에 보관해야 한다.
② Glass는 비눗물에 닦고 뜨거운 물과 맑은 물에 헹궈 그대로 사용하면 된다.
③ Glass를 차갑게 할 때는 냄새가 전혀없는 냉장고에서 Frosting시킨다.
④ 얼음으로 Frosting시킬 때는 냄새가 없는 얼음인지를 반드시 확인해야 한다.

> **Tip**
> 비눗물을 사용하면 글라스 안에 향기가 남을 수 있어 중성세제를 사용하는 것이 좋고, 중간 정도의 물로 닦고 차가운 물로 헹군다.

04 테킬라에 오렌지 주스를 배합한 후 붉은색 시럽을 뿌려서 모양이 마치 일출의 장관을 연출케 하는 환희의 칵테일은?

① Stinger
② Tequila Sunrise
③ Screw Driver
④ Pink Lady

> **Tip**
> Tequila Sunrise(테킬라 선라이즈) : Tequila 1·1/2 oz + Fill Orange Juice + Grenadine Syrup 1/2 oz

05 맨해튼(Manhattan) 칵테일을 담아 제공하는 글라스로 가장 적합한 것은?

① 샴페인 글라스(Champagne Glass)
② 칵테일 글라스(Cocktail Glass)
③ 하이볼 글라스(Highball Glass)
④ 온더락 글라스(On The Rock Glass)

📂 **Tip**
맨해튼 = 버번위스키 + 스위트 베르뭇 + 앙고스투라 비터스
장식 : 체리 / 기법 : 스터(Stir) / 잔 : 칵테일 글라스

06 식품위해요소중점관리기준이라 불리는 위생관리 시스템은?

① HACCP   ② HACPC
③ HAPPC   ④ HACPP

📂 **Tip**
HACCP(Hazard Analysis and Critical Control Points)
식품 및 축산물의 원료관리 및 제조·가공·조리·유통의 모든 과정에서 위해한 물질이 식품 및 축산물에 섞이거나 오염되는 것을 방지하기 위하여 각 과정의 위생적 위해요소를 확인·평가하여 중점적으로 관리하는 과학적인 선진식품 관리제도

07 맥주용 보리의 조건이 아닌 것은?

① 껍질이 얇아야 한다.
② 담황색을 띠고 윤기가 있어야 한다.
③ 전분 함유량이 적어야 한다.
④ 수분 함유량이 13% 이하로 잘 건조되어야 한다.

📂 **Tip**
전분 함유량이 많아야 전분당화효소인 다이아스타제(Diastase)가 당화를 많이 시키고, 효모가 알코올과 탄산가스를 만든다.

08 다음 중 용량이 가장 작은 글라스는?

① Old Fashioned Glass
② Highball Glass
③ Cocktail Glass
④ Shot Glass

📂 **Tip**
- Shot Glass : 1~2oz
- Old Fashioned Glass : 6~10oz
- Highball Glass : 6~10oz
- Cocktail Glass : 3~4.5oz

09 다음 중 양조주에 해당하는 것은?

① 청주   ② 럼(Rum)
③ 소주(Soju) ④ 리큐르(Liqueur)

📂 **Tip**
럼은 사탕수수 또는 당밀로 만든 증류주이다.

10 음료에 대한 설명이 잘못된 것은?

① 콜린스 믹서(Collins Mixer)는 레몬주스와 설탕을 주 원료로 만든 착향 탄산음료이다.
② 토닉워터(Tonic Water)는 키니네(Quinine)를 함유하고 있다.
③ 코코아(Cocoa)는 코코넛(Coconut) 열매를 가공하여 가루로 만든 것이다.
④ 콜라(Coke)는 콜라닌과 카페인을 함유하고 있다.

📂 **Tip**
Cocoa(코코아)는 카카오콩(Cacao Bean)의 가공품이다. 카카오콩의 지방을 제거하고 분쇄한 것으로 물에 잘 녹는다.

11 뜨거운 물 또는 차가운 물에 설탕과 술을 넣어서 만든 칵테일은?

① Toddy ② Punch
③ Sour   ④ Sling

> **Tip**
> 토디(Toddy) = 증류주 + 설탕 + 뜨거운물

12 Which is the correct one as a base of Bloody Mary in the following?

① Gin   ② Rum
③ Vodka ④ Tequila

> **Tip**
> 블러디 메리의 베이스는 보드카이다.

13 다음 중 아이리시 위스키(Irish Whiskey)는?

① John Jameson ② Old Forester
③ Old Parr   ④ Imperial

> **Tip**
> 아이리시 위스키(Irish Whiskey)는 존 제임슨(John Jameson)과 올드 부시밀(Old Bushmills)이 있다. 올드 포레스터(Old Forrester)는 버번 위스키, 올드(Old Parr)와 임페리얼(Imperial)은 스카치 위스키이다.

14 진저에일의 설명 중 틀린 것은?

① 맥주에 혼합하여 마시기도 한다.
② 생강향이 함유된 청량음료이다.
③ 진저에일의 에일은 알코올을 뜻한다.
④ 진저에일은 알코올분이 있는 혼성주이다.

> **Tip**
> 진저에일은 생강향의 음료에 탄산을 주입한 알코올이 없는 음료다.

15 다음 중 이탈리아 와인 등급 표시로 맞는 것은?

① AOC   ② DO
③ DOCG ④ QbA

> **Tip**
> ③ DOCG : 이탈리아
> ① AOC(원산지 통제 명칭 포도주) : 프랑스
> ④ QbA : 독일

16 혼성주의 특성과 가장 거리가 먼 것은?

① 증류주 혹은 양조주에 초근목피, 향료, 과즙, 당분을 첨가하여 만든 술
② 리큐르(Liqueur)라고 불리는 술
③ 주로 식후주로 즐겨 마시며 화려한 색채와 특이한 향을 지닌 술
④ 곡류와 과실 등을 원료로 발효한 술

> **Tip**
> ④는 발효주(양조주)의 설명이다.

17 주장의 종류로 가장 거리가 먼 것은?

① Cocktail Bar ② Members Club Bar
③ Pub Bar ④ Snack Bar

📁 **Tip**
Snack Bar(스낵바)는 스탠드 형식의 간이 식당이다.

18 칵테일을 만드는 기법 중 "Stirring"에서 사용하는 도구와 거리가 먼 것은?

① Mixing Glass ② Bar Spoon
③ Strainer ④ Shaker

📁 **Tip**
셰이커(Shaker)는 셰이킹 기법에 사용된다.

19 다음 중 증류주가 아닌 것은?

① Benedictine ② Rum
③ Augier ④ Tequila

📁 **Tip**
① Benedictine : 프랑스의 오래된 약초, 향초 리큐르
② Rum : 서인도제도의 사탕수수로 만든 증류주
③ Augier : 가장 오래된 코냑 브랜드로 1643년 Pierre Augier(피에르 오지에)가 만듦
④ Tequila : 멕시코의 아가베(Agave)로 만든 증류주

20 다음의 설명에 해당하는 혼성주를 옳게 연결한 것은?

> ㄱ. 멕시코산 커피를 주원료로 하여 Cocoa, Vanilla 향을 첨가해서 만든 혼성주이다.
> ㄴ. 야생 오얏을 진에 첨가해서 만든 빨간색의 혼성주이다.
> ㄷ. 이탈리아의 국민주로 제조법은 각종 식물의 뿌리, 씨, 향초, 껍질 등 70여 가지의 재료로 만들어지며 제조 기간은 45일이 걸린다.

① ㄱ. 샤르트뢰즈(Chartreuse)
   ㄴ. 시나(Cymar)
   ㄷ. 캄파리(Campari)
② ㄱ. 파샤(Pasha)
   ㄴ. 슬로 진(Sloe Gin)
   ㄷ. 캄파리(Campari)
③ ㄱ. 칼루아(Kahlua)
   ㄴ. 시나(Cymar)
   ㄷ. 캄파리(Campari)
④ ㄱ. 칼루아(Kahlua)
   ㄴ. 슬로 진(Sloe Gin)
   ㄷ. 캄파리(Campari)

21 보르도(Bordeaux) 지역에서 재배되는 레드 와인용 포도 품종이 아닌 것은?

① 메를로(Merlot)
② 뮈스카델(Muscadelle)
③ 카베르네 소비뇽(Cabernet Sauvignon)
④ 카베르네 프랑(Cabernet Franc)

> **Tip**
> - **뮈스카델(Muscadelle)** : 카베르네 소비뇽과 세미용의 블렌딩용으로 사용되는 청포도 품종이다.
> ① **메를로(Merlot)** : 보르도와 프랑스의 남쪽 지방, 캘리포니아, 칠레 등에서 재배되고 있으며 생떼밀리옹과 포므롤 지방의 주품종이다.
> ③ **카베르네 소비뇽(Cabernet Sauvignon)** : 레드 와인의 포도 품종으로 가장 많이 알려져 있다. 프랑스 보르도 지방을 비롯해 전 세계에서 가장 많이 재배되는 적포도 품종이다.
> ④ **카베르네 프랑(Cabernet Franc)** : 카베르네 소비뇽과 함께 레드 와인의 대표 품종으로 프랑스 보르도 지방, 루와르에서 재배된다. 생떼밀리옹과 포드롤에서는 부셰(Bouche)라는 이름으로 재배되고 있다.

22 칵테일 도량 용어로 1Finger에 가장 가까운 양은?

① 30mL 정도의 양
② 1병(Bottle)만큼의 양
③ 1대시(Dash)의 양
④ 1컵(Cup)의 양

> **Tip**
> 1 Finger = 1 oz = 1 pony = 29.5mL = 30mL

23 발포성 와인의 서비스 방법으로 틀린 것은?

① 병을 45°로 기울인 후 세게 흔들어 거품이 충분히 나도록 한 후 철사 열개를 푼다.
② 와인쿨러에 물과 얼음을 넣고 발포성 와인병을 넣어 차갑게 한 다음 서브한다.
③ 서브 후 서비스 냅킨으로 병목을 닦아 술이 테이블 위로 떨어지는 것을 방지한다.
④ 거품이 너무 나오지 않게 잔의 내측 벽으로 흘리면서 잔을 채운다.

> **Tip**
> 발포성 와인은 흔들지 않고 서비스한다.

24 스카치 위스키의 5가지 법적 분류에 해당하지 않는 것은?

① 싱글 몰트 스카치 위스키
② 블렌디드 스카치 위스키
③ 블렌디드 그레인 스카치 위스키
④ 라이 위스키

> **Tip**
> Rye Whiskey는 51% 이상의 호밀을 원료로 만든 증류주

25 소금을 Cocktail Glass 가장자리에 찍어서(Rimming) 만드는 칵테일은?

① Singapore Sling
② Sidecar
③ Margarita
④ Snowball

> **Tip**
> 마가리타는 소금 리밍을 하는 칵테일이다.

26 다음 중 증류주가 아닌 것은?

① 보드카(Vodka)
② 샴페인(Champagne)
③ 진(Gin)
④ 럼(Rum)

> **Tip**
> 샴페인(Champagne)은 프랑스 샹파뉴 지방의 탄산가스가 함유된 발포성 와인을 말한다.

27 주장(Bar)에서 유리잔(Glass)을 취급, 관리하는 방법으로 틀린 것은?

① Cocktail Glass는 스템(Stem)의 아래쪽을 잡는다.
② Wine Glass는 무늬를 조각한 크리스털 잔을 사용하는 것이 좋다.
③ Brandy Snifter는 잔의 받침(Foot)과 볼(Bowl) 사이에 손가락을 넣어 감싸 잡는다.
④ 냉장고에서 차게 해 둔 잔(Glass)이라도 사용 전 반드시 파손과 청결상태를 확인한다.

📁 **Tip**
와인잔은 와인의 색과 숙성의 정도를 잘 파악하고 느낄 수 있도록 투명한 글라스를 사용하는 것이 좋다.

28 주장의 시설에 대한 설명으로 잘못된 것은?

① 주장은 크게 프론트 바(Front Bar), 백바(Back Bar), 언더바(Under Bar)로 구분된다.
② 프린트 바(Front Bar)는 바텐더와 고객이 마주보고 서브하고 서빙을 받는 바를 말한다.
③ 백바(Back Bar)는 칵테일용으로 쓰이는 술의 저장 및 전시를 위한 공간이다.
④ 언더바(Under Bar)는 바텐더 허리 아래의 공간으로 휴지통이나 빈병 등을 둔다.

📁 **Tip**
언더바(Under Bar)는 바텐더가 칵테일을 조주하기 위한 공간으로 높이는 80~90cm 정도가 좋다.

29 오렌지향이 가미된 혼성주가 아닌 것은?

① Triple Sec   ② Tequila
③ Grand Marnier ④ Cointreau

📁 **Tip**
Tequila(테킬라) : 용설란(Agave)을 발효하여 증류한 멕시코산 증류주이다.

30 우리나라의 전통주가 아닌 것은?

① 이강주   ② 과하주
③ 죽엽청주   ④ 송순주

📁 **Tip**
죽엽청주 : 중국에서 생산되는 약미주로 다양한 약재를 섞어 특유의 맛을 내는 소흥주의 일종이다. 중국 8대 명주 중 하나이다.

31 우리나라의 증류식 소주에 해당되지 않는 것은?

① 안동 소주   ② 제주 한주
③ 경기 문배주 ④ 금산 삼송주

📁 **Tip**
금산 삼송주는 충남 금산의 약주로 멥쌀과 인삼, 솔잎으로 만든다.

32 상면발효 맥주가 아닌 것은?

① 에일 맥주(Ale Beer)
② 포터 맥주(Porter Beer)
③ 스타우트 맥주(Stout Beer)
④ 필스너 맥주(Pilsner Beer)

📁 **Tip**
- 필스너는 하면발효 맥주로 라거 계열을 대표하는 체코 맥주이다.
- 상면발효 맥주는 아일랜드의 스타우트(Stout), 영국의 에일(Ale), 포터(Porter), 벨기에의 램빅(Lambics) 등이 있다.

33 주장(Bar)에서 기물의 취급방법으로 틀린 것은?

① 금이 간 접시나 글라스는 규정에 따라 폐기한다.
② 은기물은 은기물 전용 세척액에 오래 담가 두어야 한다.
③ 크리스털 글라스는 가능한 손으로 세척한다.
④ 식기는 같은 종류별로 보관하며 너무 많이 쌓아두지 않는다.

> **Tip**
> 은기물 전용 세척액에는 유기산 등의 성분이 있으므로 세척액에 담갔다가 빼서 바로 헹구면 광이 번쩍번쩍하지만 피부에 닿으면 안 좋기 때문에 주의해야 한다.

34 Vodka에 속하는 것은?

① Bacardi   ② Stolichnaya
③ Blanton's ④ Beefeater

> **Tip**
> 보드카에는 스톨리츠나야(Stolichnaya), 고든(Gordon's), 스미노프(Smirnoff), 핀란디아(Finlandia), 앱솔루트(Absolute) 등이 있다.

35 바(Bar) 기구가 아닌 것은?

① 믹싱 셰이커(Mixing Shaker)
② 레몬스퀴저(Lemon Squeezer)
③ 바 스트레이너(Bar Strainer)
④ 스테이플러(Stapler)

> **Tip**
> **스테이플러** : 여러 장의 종이에 철심을 박아 묶어 주는 도구

36 Which one is made with vodka and coffee liqueur?

① Black Russian   ② Rusty Nail
③ Cacao Fizz   ④ Kiss of Fire

> **Tip**
> Black Russian(블랙러시안)은 보드카 1oz와 커피 리큐르인 깔루아 1/2oz가 들어간다.

37 진(Gin)이 가장 처음 만들어진 나라는?

① 프랑스   ② 네덜란드
③ 영국   ④ 덴마크

> **Tip**
> 진은 네덜란드 박사 실비우스에 의해 제조되었다고 알려져 있다.

38 단식증류기의 일반적인 특징이 아닌 것은?

① 원료 고유의 향을 잘 얻을 수 있다.
② 고급 증류주의 제조에 이용한다.
③ 적은 양을 빠른 시간에 증류하여 시간이 적게 걸린다.
④ 증류 시 알코올 도수를 80도 이하로 낮게 증류한다.

> **Tip**
> 단식증류기 재증류 시 매우 번거롭고 이로 인해 대량생산이 불가능하며 시간이 많이 걸린다.

39 차(Tea)에 대한 설명으로 가장 거리가 먼 것은?

① 녹차는 찻잎을 찌거나 덖어서 만든다.
② 녹차는 끓는 물로 신속히 우려낸다.
③ 홍차는 레몬과 잘 어울린다.
④ 홍차에 우유를 넣을 때는 뜨겁게 하여 넣는다.

> **Tip**
> 발효차의 경우 고온(95~100℃)에서 우려내고 약발효차나 부드러운 차는 중온(80~95℃)에서 우려내야 고유의 맛과 향을 느낄 수 있다. 또한 맛있는 차를 우려내기 위해서는 차의 양, 물의 온도, 우리는 시간이 잘 맞아야 한다.

40 차와 코코아에 대한 설명으로 틀린 것은?

① 차는 보통 홍차, 녹차, 청차 등으로 분류된다.
② 차의 등급은 잎의 크기나 위치 등에 크게 좌우된다.
③ 코코아는 카카오 기름을 제거하여 만든다.
④ 코코아는 사이폰(Syphon)을 사용하여 만든다.

> **Tip**
> 사이펀 진공여과 방식으로 커피를 추출하는 도구이다.

41 칵테일의 종류 중 마가리타(Margarita)의 주원료로 쓰이는 술의 이름은?

① 위스키(Whisky)　② 럼(Rum)
③ 테킬라(Tequila)　④ 브랜디(Brandy)

> **Tip**
> 마가리타 : 테킬라 45mL + 트리플섹 15mL + 라임주스 15mL + 소금리밍

42 조주상 사용되는 표준계량의 표시 중에서 틀린 것은?

① 1티스푼(Tea Spoon) = 1/8온스
② 1스플리트(Split) = 6온스
③ 1파인트(Pint) = 10온스
④ 1포니(Pony) = 1온스

> **Tip**
> 1파인트(Pint) = 16온스

43 "What will you have to drink?"의 의미로 가장 적합한 것은?

① 디저트는 무엇으로 하시겠습니까?
② 그 외에 무엇을 드시겠습니까?
③ 술은 무엇으로 하시겠습니까?
④ 식사는 무엇으로 하시겠습니까?

> **Tip**
> Drink : 마시다

44 다음 중 의미가 다른 하나는?

① Cheers!　② Give Up!
③ Here's to us!　④ Bottoms Up!

> **Tip**
> • Give up : 포기하다.
> ①, ③, ④는 '건배'

45 다음 중 네그로니(Negroni) 칵테일의 재료가 아닌 것은?

① Dry Gin ② Campari
③ Sweet Vermouth ④ Rum

> **Tip**
> • 재료 : 진+캄파리+스위트베르뭇, 기법 : 빌드
> • 장식 : 레몬 필

46 Floating의 방법으로 글라스에 직접 제공하여야 할 칵테일은?

① Highball ② Gin Fizz
③ Pousse Cafe ④ Flip

> **Tip**
> 플로팅 기법 칵테일 : Pousse café, B-52 등

47 양조주의 설명으로 옳은 것은?

① 단식증류기를 사용한다.
② 알코올 함량이 높고 저장기간이 길다.
③ 전분이나 과당을 발효시켜 제조한다.
④ 주정에 초근목피를 첨가하여 만든다.

> **Tip**
> ①, ②는 증류주 / ④는 혼성주(리큐르)에 대한 설명이다.

48 고객이 호텔의 음료상품을 이용하지 않고 음료를 가지고 오는 경우, 서비스하고 여기에 필요한 글라스, 얼음, 레몬 등을 제공하여 받는 대가를 무엇이라 하는가?

① Rental Charge
② VAT(Value Added Tax)
③ Corkage Charge
④ Service Charge

> **Tip**
> 콜키지 차지는 매장이 없는 주류를 마시고 지불하는 비용이다.

49 보드카(Vodka)에 대한 설명 중 틀린 것은?

① 슬라브 민족의 국민주라고 할 수 있을 정도로 애음되는 술이다.
② 사탕수수를 주원료로 사용한다.
③ 무색(Colorless), 무미(Tasteless), 무취(Odorless)이다.
④ 자작나무의 활성탄과 모래를 통과시켜 여과한 술이다.

> **Tip**
> 사탕수수를 주원료로 하는 술은 럼(Rum)이다.

50 다음 중 기구에 대한 설명이 잘못된 것은?

① 스토퍼(Stopper) - 남은 음료를 보관하기 위한 병마개
② 코르크 스크루(Cork Screw) - 와인 병마개를 딸 때 사용
③ 아이스텅(Ice Tongs) - 톱니 모양으로 얼음 집는 데 사용
④ 머들러(Muddler) - 얼음을 깨는 송곳

> **Tip**
> 머들러는 과일 등을 으깰 때 사용하는 막대이다.

51 'I feel like throwing up'의 의미는?

① 토할 것 같다.
② 기분이 너무 좋다.
③ 술을 더 마시고 싶다.
④ 공을 던지고 싶다.

> **Tip**
> Throw up 토하다

52 다음 중에서 Cherry로 장식하지 않는 칵테일은?

① Angel's Kiss ② Manhattan
③ Rob Roy ④ Martini

> **Tip**
> Martini는 Green Olive로 장식

53 다음 중 테킬라(Tequila)가 아닌 것은?

① Cuervo ② El Toro
③ Sambuca ④ Sauza

> **Tip**
> Sambuca는 혼성주이다.

54 Which is not Scotch Whisky?

① Bourbon ② Ballantine
③ Cutty Sark ④ V.A.T 69

> **Tip**
> Bourbon(버번)은 American Whiskey(아메리칸 위스키)이다.

55 다음 내용 중 옳은 것은?

① Cognac is produced only in the Cognac region of France.
② All brandy is Cognac.
③ Not all Cognac is brandy.
④ All French brandy is Cognac.

> **Tip**
> 코냑은 프랑스 코냑 지역에서만 생산된다.

56 리큐르 중 DOM 글자가 표시되어 있는 것은?

① Sloe Gin ② Kahlua
③ Kummel ④ Benedictine

> **Tip**
> DOM : Deo Optimo Maximo의 약어로 '최고의 신에게 바치는 술'이란 뜻이다.

57 Please, select the cocktail based on Tequila in the following.

① Cosmopolitan ② Kiss of Fire
③ Apple Martini ④ Margarita

> **Tip**
> 다음 중 테킬라가 기본이 되는 칵테일을 고르시오.

58 다음 중 Ice Bucket에 해당되는 것은?

① Ice Pail
② Ice Tong
③ Ice Pick
④ Ice Pack

📁 **Tip**
아이스버킷(Ice Bucket)은 얼음을 넣는 통으로 아이스 페일(Ice Pail)을 말한다.

59 다음의 ( )에 들어갈 알맞은 말은?

> I am afraid you have the ( ) number.
> 전화 잘못 거셨습니다.

① correct
② wrong
③ missed
④ busy

📁 **Tip**
Correct(정확한), wrong(틀린, 잘못된), missed(놓친, 손실된), busy(바쁜)

60 다음 밑줄 친 곳에 들어갈 단어로 알맞은 것은?

> Which one do you like better whisky _____ brandy?

① as
② but
③ and
④ or

📁 **Tip**
위스키 또는 브랜디 중 어느 것을 더 좋아합니까?

정답

01	③	02	①	03	②	04	②	05	②
06	①	07	③	08	④	09	①	10	③
11	①	12	③	13	①	14	④	15	③
16	④	17	④	18	④	19	①	20	④
21	②	22	①	23	①	24	④	25	③
26	②	27	②	28	④	29	②	30	③
31	④	32	④	33	②	34	②	35	④
36	①	37	②	38	③	39	②	40	④
41	③	42	④	43	③	44	②	45	④
46	③	47	③	48	③	49	②	50	④
51	①	52	④	53	③	54	①	55	①
56	④	57	④	58	①	59	②	60	④

Chapter 22 2018년 1회 필기 기출

01 발포성 와인의 이름이 잘못 연결된 것은?
① 포르투갈 - 도세(Doce)
② 이탈리아 - 스푸만테(Spumante)
③ 독일 - 젝트(Sekt)
④ 스페인 - 까바(Cava)

Tip
포르투갈의 발포성 와인은 에스푸만테(Espumante)이다. 도세(Doce)는 포르투갈어로 단맛을 의미한다.

02 〈단맛〉의 뜻을 가진 프랑스어는?
① Trocken ② Blanc
③ Cru ④ Doux

Tip
- Trocken : 달지 않은 Dry(독일)
- Blanc : 화이트(프랑스)
- Cru : 포도주, 포도원(프랑스)

03 다음 중 럼(Rum)의 원산지는?
① 러시아 ② 카리브해 서인도제도
③ 북미 ④ 아프리카

Tip
럼은 쿠바, 자메이카, 도미니카, 베네수엘라, 푸에르토리코 등 카리브해 서인도제도에서 생산된다.

04 이탈리아 와인 키안티 클라시코(Chianti Classico)와 관계가 가장 먼 것은?
① Barbaresco ② Raffia
③ Piasco ④ Gallo nero

Tip
- Barbaresco : 이탈리아 레드와인의 이름이다.
- Raffia : 와인병의 아랫부분을 싸고 있는 짚
- Piasco : 라피아로 감싼 호리병 모양의 키안티 와인병
- Gallo nero : 이탈리아어로 검은 수탉으로 키안티 클라시코에 붙는 마크이다.

05 커피의 맛과 향을 결정하는 주요 가공 요소가 아닌 것은?
① Roasting ② Blending
③ Grinding ④ Weathering

Tip
로스팅, 블렌딩, 그라인딩은 커피의 맛과 향을 결정한다.

06 다음 중 Red Wine용 포도 품종은?
① Cabernet Sauvignon ② Chardonnay
③ Pinot Blanc ④ Sauvignon Blanc

Tip
Chardonnay(샤르도네), Pinot Blanc(피노블랑), Sauvignon Blanc(소비뇽 블랑)은 청포도 품종으로 화이트 와인(White Wine)을 만들 때 사용한다.

07 다음 중 과일주스가 아닌 것은?

① 포도주스 ② 자몽주스
③ 오렌지 주스 ④ 토마토 주스

📂 **Tip**
토마토는 채소로 분류된다.

08 다음 중 혼성주의 제조방법이 아닌 것은?

① 샤르마법(Charmat Process)
② 증류법(Distillation Process)
③ 침출법(Infusion Process)
④ 배합법(Essence Process)

📂 **Tip**
① **샤르마법** : 스파클링 와인의 대량 생산방법으로 커다란 탱크에서 발효시킨 뒤 나중에 압력을 가해 병입한다. 샴페인보다 거품이 크고 가격은 저렴하다.
② **증류법** : 방향성 물질인 식물의 초근목피 등을 알코올에 담아서 증류하는 방법이다.
③ **침출법** : 과일이나 약초, 향료를 증류주에 넣고 향미성분을 용해시키는 방법이다.
④ **배합법** : 주정에 천연 또는 합성향료를 넣고 배합하는 방법이다.

09 Manhattan 칵테일을 담아 제공하는 글라스로 가장 적합한 것은?

① Champagne Glass
② Cocktail Glass
③ Highball Glass
④ On The Rock Glass

📂 **Tip**
맨해튼 = 버번위스키 + 스위트 베르뭇 + 앙고스투라 비터스 / **장식** : 체리 / **기법** : 스터(Stir) / **잔** : 칵테일 글라스

10 커피의 3대 원종이 아닌 것은?

① 로부스타종 ② 인디카종
③ 아라비카종 ④ 리베리카종

📂 **Tip**
커피의 3대 원종
- **아라비카종** : 대표적인 커피 품종으로, 카페인 함량이 적고 향미가 우수하며 신맛이 좋은 것으로 알려져 있다.
- **로브스타종** : 병충해에 강해 어떤 토양에서도 재배가 가능하다. 카페인 함량이 높고 강한 쓴맛과 독특한 향을 지니고 있다.
- **리베리카종** : 녹병이 크게 번질 때 아라비카의 대체종으로 관심을 끌었던 품종이다. 풍미가 아라비카보다 못하고 수확량도 적어 서아프리카의 라이베리아와 동남아시아 지역에서 소량 생산되며 현지에서 많이 소비된다.

11 〈생명의 물〉이라고 지칭되었던 유래가 없는 술은?

① 위스키 ② 브랜디
③ 보드카 ④ 진

📂 **Tip**
생명의 물(Uisge beatha)가 어원인 증류주는 위스키, 브랜디, 보드카이다.

12 맥주의 원료인 홉(Hop)의 역할이 아닌 것은?

① 맥주 특유의 쓴맛과 향을 낸다.
② 알코올 농도를 증가시킨다.
③ 맥아즙의 단백질을 제거한다.
④ 잡균을 제거하여 보존성을 증가시킨다.

📂 **Tip**
홉은 알코올 도수와 무관하다.

13 다음 중 Decanter와 가장 관계있는 것은?

① Red Wine
② White Wine
③ Champagne
④ Sherry Wine

Tip
Decanter(디캔터)는 침전물이 있는 와인을 서브할 때 침전물을 제거하거나 숙성이 덜 된 거친 와인을 서브할 때 공기와 접촉시켜 맛을 부드럽게 하기 위해 와인을 옮겨 담는 용기를 말한다. 폴리페놀 성분 등 와인 속에 들어 있는 주석산염의 결정체로 침전물이 생기는 것은 레드 와인이다.

14 Which is not Scotch Whisky?

① Bourbon
② Ballantine
③ Cutty Sark
④ V.A.T 69

Tip
Bourbon(비번)은 American Whiskey(아메리칸 위스키)이다.

15 Malt Whisky를 바르게 설명한 것은?

① 대량의 양조주를 연속식으로 증류해서 만든 위스키
② 단식증류기를 사용하여 2회의 증류과정을 거쳐 만든 위스키
③ 피트탄(Peat, 석탄)으로 건조한 맥아의 당액을 발효해서 증류한 피트향과 통의 향이 배인 독특한 맛의 위스키
④ 옥수수를 원료로 대맥의 맥아를 사용하여 당화시켜 개량솥으로 증류한 고농도 알코올의 위스키

Tip
맥아(싹틔운 보리)를 원료로 단식증류기로 2회 증류한 뒤 오크통에 숙성한 위스키를 몰트 위스키(Malt Whisky)라고 한다.

16 위스키의 제조과정을 순서대로 나열한 것으로 가장 적합한 것은?

① 맥아 - 당화 - 발효 - 증류 - 숙성
② 맥아 - 당화 - 증류 - 저장 - 후숙
③ 맥아 - 발효 - 증류 - 당화 - 블렌딩
④ 맥아 - 증류 - 저장 - 숙성 - 발효

Tip
위스키의 4대 과정 : 당화(Mashing) → 발효(Fermentation) → 증류(Distillation) → 숙성(Aging)

17 주장의 종류로 가장 거리가 먼 것은?

① Cocktail Bar
② Members Club Bar
③ Pub Bar
④ Snack Car

Tip
Snack Car는 이동식 차량이다.

18 음료를 서빙할 때에 일반적으로 사용하는 비품이 아닌 것은?

① Bar Spoon
② Coaster
③ Serving Tray
④ Napkin

Tip
바스푼(Bar Spoon)은 음료 조주시 사용한다.

19 맥주를 만드는 과정이 아닌 것은?

① 당화
② 증류
③ 숙성
④ 발효

Tip
맥주는 양조주이기에 증류과정이 없다.

20 우리나라의 고유한 술 중 증류주에 속하는 것은?

① 경주법주 ② 동동주
③ 문배주   ④ 백세주

📁 **Tip**
③ **문배주**: 고려 왕건 시대부터 제조되어 내려온 평양 일대의 증류식 소주로 술의 향기가 문배나무의 과실에서 풍기는 향기와 같다 하여 붙여진 이름이다.
① **경주법주**: 경상북도 경주 지방의 향토술로 양조주이다.
② **동동주**: 고려 시대부터 빚어졌던 술이다. 발효과정에서 고두밥알이 동동 떠오르는 현상을 두고 '밥알이 동동 떠 있다'고 해서 동동주라고 부른다.
④ **백세주**: 찹쌀로 만든 발효주이며 이 술을 마시면 백세까지도 살 수 있다 하여 붙여진 이름이다.

21 주장(Bar)에서 기물의 취급방법으로 틀린 것은?

① 금이 간 접시나 글라스는 규정에 따라 폐기한다.
② 은기물은 은기물 전용 세척액에 오래 담가두어야 한다.
③ 크리스털 글라스는 가능한 손으로 세척한다.
④ 식기는 같은 종류별로 보관하며 너무 많이 쌓아두지 않는다.

📁 **Tip**
은기물 전용 세척액은 유기산 등의 성분이 있으므로 세척액에 담갔다가 빼서 바로 헹구면 광이 번쩍번쩍하지만 피부에 닿으면 안 좋기 때문에 주의해야 한다.

22 다음 중 밑줄 친 change가 나머지 셋과 다른 의미로 쓰인 것은?

① Do you have change for a dollar?
② Keep the change.
③ I need some change for the bus.
④ Let's try a new restaurant for a change.

📁 **Tip**
④ 변화를 위해서 새로운 식당을 시도해 봅시다. (뜻 : 변화)
① 1달러 바꿀 잔돈 있으세요? (뜻 : 잔돈)
② 잔돈은 그냥 가지세요. (뜻 : 잔돈)
③ 버스를 타기 위해서 잔돈이 좀 필요합니다. (뜻 : 잔돈)

23 일과 업무 시작 전에 바(Bar)에서 판매 가능한 양만큼 준비해 두는 각종의 재료를 무엇이라고 하는가?

① Bar Stock   ② Par Stock
③ Pre-product   ④ Ordering Product

📁 **Tip**
파스톡(Par Stock) : 저장되어 있는 적정 재고량을 말한다.

24 생강을 주원료로 만든 것은?

① 진저에일   ② 소다수
③ 토닉워터   ④ 콜린스 믹서

📁 **Tip**
소다수에 생강(Ginger)향을 착향한 음료는 진저에일이다.

25 다음 중 하면발효 맥주에 해당되는 것은?

① Stout Beer   ② Porter Beer
③ Pilsner Beer ④ Ale Beer

📁 **Tip**
상면발효 맥주는 스타우트(Stout), 에일(Ale), 포터(Porter)와 벨기에 램빅(Lambics) 맥주가 있다.

26 칵테일을 컵에 따를 때 얼음에 들어가지 않도록 걸러주는 기구는?

① Shaker ② Strainer
③ Stick ④ Blender

📁 **Tip**
얼음을 걸러주는 역할을 하는 기구는 스트레이너(Strainer)이다.

27 다음 중 셰이커(Shaker)를 사용하여야 하는 칵테일은?

① 브랜디 알렉산더(Brandy Alexander)
② 드라이 마티니(Dry Martini)
③ 올드 패션드(Old Fashioned)
④ 크렘 드 망뜨 프라페(Creme de Menthe Frappe)

📁 **Tip**
- 브랜디 알렉산더, 셰이킹
- 드라이 마티니, 스터
- 올드 패션드, 빌드
- 크렘 드 망뜨 프라페, 빌드

28 주장의 시설에 대한 설명으로 잘못된 것은?

① 주장은 크게 프런트 바(Front Bar), 백 바(Back Bar), 언더바(Under Bar)로 구분된다.
② 프런트 바(Front Bar)는 바텐더와 고객이 마주보고 서브하고 서빙을 받는 바를 말한다.
③ 백바(Back Bar)는 칵테일용으로 쓰이는 술의 저장 및 전시를 위한 공간이다.
④ 언더바(Under Bar)는 바텐더 허리 아래의 공간으로 휴지통이나 빈병 등을 둔다.

📁 **Tip**
언더바(Under Bar)는 바텐더가 칵테일을 조주하기 위한 공간으로 높이는 80~90cm 정도가 좋다.

29 다음은 어떤 포도 품종에 관하여 설명한 것인가?

> 작은 포도알, 깊은 적갈색, 두꺼운 껍질, 많은 씨앗이 특징이며 씨앗은 타닌 함량을 풍부하게 하고, 두꺼운 껍질은 색깔을 깊이 있게 나타낸다. 블랙커런트, 체리, 자두향을 지니고 있으며, 대표적인 생산지역은 프랑스 보르도 지방이다.

① 메를로(Merlot)
② 피노누아(Pinot Noir)
③ 카베르네 소비뇽(Cabernet Sauvignon)
④ 샤르도네(Chardonnay)

📁 **Tip**
① **메를로**(Merlot) : 카베르네 소비뇽(Cabernet Sauvignon)과 함께 프랑스 보르도 지방을 대표하는 적포도 품종이다. 카베르네 소비뇽에 비해 타닌맛이 적어 부드럽고 달콤한 편이다.
② **피노누아**(Pinot Noir) : 프랑스 부르고뉴 적포도 품종으로 최고급 레드 와인을 만든다. 과일향이 풍부하고 수년간의 숙성 후에는 야생고기향을 낸다. 타닌이 적어 부드럽고 마시기 좋다.
④ **샤르도네**(Chardonnay) : 프랑스 부르고뉴 지방의 대표적인 청포도 품종으로, 섬세하고 마른 과일향, 열대과일향이 풍부한 양질의 와인을 만들어 주며 재배지의 토양에 따라 오래 보관할 수 있다.

30 대한제국 시절 고종이 커피를 마시며 음악을 듣거나 외교사절단을 맞이하기 위해 덕수궁 안에 만든 로마네스크 양식으로 지어진 곳의 이름은?

① 정관헌 ② 덕홍전
③ 석어당 ④ 즉조당

📁 **Tip**
덕수궁은 근대에 지은 황궁으로 다른 서양식 건물들과 달리 한국 전통 가옥의 일부 요소가 혼합된 형태이다. 현존하는 덕수궁 내 양관 중 가장 오래되었다.

31 생맥주를 중심으로 각종 식음료를 비교적 저렴하게 판매하는 영국식 선술집은?

① Lounge Bar ② Banquet
③ Pub ④ Saloon

> **Tip**
> ③ Pub(펍): 술, 맥주를 비롯한 여러 음료와 음식도 파는 영국의 대중적인 선술집, 바
> ① Lounge Bar(라운지 바): 만남의 장소 등 잠시 쉬어갈 수 있도록 편안하고 아늑한 분위기의 바
> ② Banquet(방켓): 각종 행사, 이벤트, 컨벤션 등을 유치하여 식음료를 판매하거나 연회장 자체를 대여하여 영업을 하는 업장
> ④ Salon(살롱): 라운지 바, 과거 미국 서부, 캐나다의 술집

32 "이것으로 주세요." 또는 "이것으로 할게요."라는 의미의 표현으로 가장 적합한 것은?

① I'll have this one.
② Give me one more.
③ I would like to drink something.
④ I already had one.

> **Tip**
> ② Give me one more.(하나 더 주세요.)
> ③ I would like to drink something.(무언가 마시고 싶습니다.)
> ④ I already had one.(이미 하나 가지고 있었습니다.)

33 다음 술 종류 중 코디얼(Cordial)에 해당하는 것은?

① 베네딕틴(Benedictine)
② 고든스 런던 드라이 진(Gordon's London Dry Gin)
③ 커티 샥(Cutty Sark)
④ 올드 그랜드 대드(Old Grand Dad)

> **Tip**
> ② 고든스 런던 드라이 진(Gordon's London Dry Gin): 드라이 진
> ③ 커티 샥(Cutty sark): 스카치 위스키
> ④ 올드 그랜드 대드(Old Grand Dad): 버번 위스키

34 와인에 국화과의 아티초크(Artichoke)와 약초의 엑기스를 배합한 이탈리아산 리큐르는?

① Absinthe ② Dubonnet
③ Amer Picon ④ Cynar

> **Tip**
> ① 압생트(Absinthe): 프랑스어로 '고통, 고난, 쓴 쑥'의 뜻이다. 향쑥, 살구씨, 회향, 아니스, 안젤리카 등 향료나 향초를 원료로 만들어진 리큐르이다.
> ② 듀보네(Dubonnet): 프랑스산으로 레드 와인에 키니네를 원료로 첨가하여 만든 강화주이다.
> ③ 아메르 피콘(Amer Picon): Amer는 '쓴맛'이란 뜻이며 오렌지 껍질을 가미한 프랑스산 아페리티프(Aperitif, 식전주)이다.

35 화이트 와인 서비스 과정에서 필요한 기물과 가장 거리가 먼 것은?

① Wine Cooler ② Wine Stand
③ Wine Basket ④ Wine Opener

> **Tip**
> 와인 크래들(Wine Cradle)은 와인을 뉘어 놓은 손잡이가 달린 바구니를 말하며, 레드 와인을 서브할 때 사용한다. 와인 바스켓(Wine Basket), 패니어(Pannier)라고도 한다.

36 1온스(oz)는 몇 mL인가?

① 10.5mL ② 20.5mL
③ 29.5mL ④ 40.5mL

> **Tip**
> 미국에서는 1/16pint(29.573mL)이다.

37 살균방법에 따른 우유 종류가 아닌 것은?

① 초저온살균우유 ② 고온살균우유
③ 초고온살균우유 ④ 저온살균우유

> **Tip**
> 우유 살균법
> - **저온살균법**(LTLT) : 62~65℃에서 30분간 가열하는 방법
> - **고온단시간살균법**(HTST) : 72~75℃에서 15~20초간 가열하는 방법
> - **고온장시간살균법**(HTLT) : 95~120℃에서 30~60분간 가열하는 방법
> - **초고온순간살균법**(UHT) : 130~150℃에서 2초간 가열하는 방법

38 얼음의 명칭 중 단위당 부피가 가장 큰 것은?

① Cracked Ice ② Cubed Ice
③ Lumped Ice ④ Crushed Ice

> **Tip**
> Lumped Ice > Cracked ice > Cubed ice > Crushed ice

39 비중이 서로 다른 술을 섞이지 않고 띄워서 여러 가지 색상을 음미할 수 있는 칵테일은?

① 프라페(Frappe) ② 슬링(Sling)
③ 피즈(Fizz) ④ 푸스카페(Pousse Cafe)

> **Tip**
> **플로팅 기법** : 푸스카페, B-52 등

40 시원한 바닷바람이라는 뜻을 가진 붉은색을 띠는 칵테일은?

① Sea Breeze ② Blue Hawaii
③ Margarita ④ Kir Royal

> **Tip**
> 시 브리즈 = 보드카 + 크랜베리 주스 + 자몽주스
> **장식** : 웨지 레몬 / **기법** : 빌드 / **잔** : 하이볼 글라스

41 프랑스 수도원에서 약초로 만든 리큐르로 '리큐르의 여왕'이라 불리는 것은?

① 압생트(Absinthe)
② 베네딕틴 디오엠(Benedictine DOM)
③ 듀보네(Dubonnet)
④ 샤르트뢰즈(Chartreuse)

> **Tip**
> **샤르트뢰즈**(Chartreuse) : 프랑스어로 '수도원, 승원'이란 뜻이며 리큐르의 여왕이라 불린다. 레몬 껍질, 박하초, 제네가초 등 130여 가지의 재료를 포도주에 침지하여 증류해서 만들어졌으며 수도승들의 활력증진을 위하여 애용되었다.

42 마신 알코올양(mL)을 나타내는 공식은?

① 알코올양(mL) X 0.8
② 술의 농도(%) X 마시는 양(mL) ÷100
③ 술의 농도(%) - 마시는 양(L)
④ 술의 농도(%) ÷ 마시는 양(L)

43 다음 중 혼성주에 속하는 것은?

① 글렌피딕 ② 코냑
③ 버드와이저 ④ 캄파리

> 📁 **Tip**
> ① 글렌피딕(Glenfiddich) : 스코틀랜드의 몰트 위스키
> ② 코냑 : 프랑스의 코냑 지방 브랜디
> ③ 버드와이저(Budweiser) : 미국 라거(Lager) 맥주

> 📁 **Tip**
> 나는 스카치에 얼음을 넣어서, 그리고 아내를 위해서는 블러디 메리를 주세요.
> • 위스키를 얼음잔에 먹는 방식 : On the rockes
> • ~위해서 : for

44 다음 중 보르도(Bordeaux) 지역에 속하며, 고급 와인이 많이 생산되는 곳은?

① 콜마(Colmar) ② 샤블리(Chablis)
③ 보졸레(Beaujolais) ④ 포므롤(Pomerol)

> 📁 **Tip**
> • 콜마 : 미국 일리노이주 맥도너카운티에 있는 지명
> • 샤블리, 보졸레 : 프랑스 부르고뉴 지방

47 오크통에서 증류주를 보관할 때의 설명으로 틀린 것은?

① 원액의 개성을 결정해 준다.
② 천사의 몫(Angel's Share) 현상이 나타난다.
③ 색상이 호박색으로 변한다.
④ 변화 없이 증류한 상태 그대로 보관된다.

> 📁 **Tip**
> 오크통에서 복잡하고 다양한 맛과 향이 만들어진다. 이를 부케(Bouquet)라고 한다.

45 다음 중 양조주의 설명으로 틀린 것은?

① 알코올 도수가 낮고 맛과 향이 살아 있어 맛있다.
② 장기보관이 가능하다.
③ 선입선출(FIFO)에 주의해야 한다.
④ 각 지역마다 나라마다 다양한 종류가 있다.

> 📁 **Tip**
> 양조주는 알코올 도수가 낮아 장기보관이 힘들다.

48 소다수에 대한 설명으로 틀린 것은?

① 인공적으로 이산화탄소를 첨가한다.
② 약간의 신맛과 단맛이 나며 청량감이 있다.
③ 식욕을 돋우는 효과가 있다.
④ 성분은 수분과 이산화탄소로 칼로리는 없다.

> 📁 **Tip**
> 소다수는 물에 이산화탄소를 첨가한 것으로, 무(無)맛이다.

46 다음의 (　) 안에 적당한 단어는?

I'll have a Scotch (ㄱ) the rocks and a Bloody Mary (ㄴ) my wife.

	ㄱ	ㄴ
①	on	for
②	in	to
③	for	at
④	of	in

49 다음 중 보드카(Vodka)를 주재료로 사용하지 않는 칵테일은?

① Cosmopolitan ② Kiss of Fire
③ Apple Martini ④ Margarita

> 📁 **Tip**
> Margarita : Tequila가 주재료로 사용된다.

50 Which one is the spirit made from Agave?
① Tequila ② Rum
③ Vodka ④ Gin

📁 **Tip**
아가베(용설란)으로 만든 증류주는 어떤 것인가? :
데킬라(아가베), 럼(사탕수수or당밀), 보드카(감자 등), 진(주니퍼베리 침출)

51 맥주를 저렴하게 판매하는 영국식 선술집은?
① Club ② Western Bar
③ Pub ④ Lounge Bar

52 다음 빈칸에 들어갈 단어 중 틀린 것은?

> Which whisky would you prefer?
> I'll have a _____ please.

① Ballantine ② Cutty sark
③ J&B ④ Stout

📁 **Tip**
위스키는 무엇으로 하시겠습니까?
Stout는 상면발효 맥주이다.

53 〈먼저 하세요.〉라고 양보할 때 쓰는 영어 표현은?
① Follow me, please. ② Let's go.
③ Before you, please. ④ After you!

📁 **Tip**
"After you"는 누군가에게 먼저 하라고 양보할 때 자주 쓰이는 표현이다.

54 What are the drinks that go well with Scotch whisky?
① Soda Water ② Juice
③ Ginger Ale ④ Coffee

📁 **Tip**
스카치 위스키와 잘 어울리는 음료는? : 소다워터는 스카치 위스키의 맛과 향을 잘 살려주면서 알코올 도수를 낮추는 효과가 있어 위스키 하이볼로 음용된다.

55 What are the drinks that go well with Bourbon whiskey?
① Soda Water ② Milk
③ Coke ④ Juice

📁 **Tip**
버번 위스키와 잘 어울리는 음료는? : 버번 위스키의 단맛과 콜라의 캐러멜이 조화를 잘 이룬다. 버번 콕(Bourbon Coke)으로 음용된다.

56 What are the ingredients of makgeolli?
① Malt ② Cherry
③ Grape ④ Rice

📁 **Tip**
막걸리의 재료는 무엇인가? : 쌀(Rice)

57 What is not the area of Scotch whisky?

① Highland
② Tennessee
③ Lowland
④ Speyside

> **Tip**
> 스카치 위스키의 산지가 아닌 것은? : Tennessee는 미국의 지역이다.

58 What is the oldest cognac grade?

① Three Star
② Extra
③ VO
④ VSOP

> **Tip**
> 코냑의 숙성 연도가 가장 오래된 등급은 무엇인가?
> - Three Star : 5년
> - VO : 15년
> - VSOP : 25년 이상
> - Extra : 70년 이상

59 Which of the following is not fermented liquor?

① Aquavit
② Wine
③ Sake
④ Toddy

> **Tip**
> 발효주가 아닌 것은 아쿠아비트이다.(증류주)

60 오드비(Eau-de-vie)와 관련 있는 것은?

① Tequila
② Grappa
③ Vodka
④ Brandy

> **Tip**
> 오드비는 브랜디를 의미한다.

정답

01	①	02	④	03	②	04	①	05	④
06	①	07	④	08	①	09	②	10	②
11	④	12	②	13	①	14	①	15	③
16	①	17	④	18	①	19	②	20	③
21	②	22	④	23	②	24	①	25	③
26	②	27	①	28	④	29	③	30	①
31	③	32	①	33	①	34	④	35	③
36	③	37	①	38	③	39	④	40	①
41	④	42	②	43	④	44	④	45	②
46	①	47	④	48	②	49	④	50	①
51	③	52	④	53	④	54	①	55	③
56	④	57	②	58	②	59	①	60	④

2018년 2회 필기 기출

01 커피의 3대 원종 중 아라비카종의 원산지는?
① 에티오피아 ② 콩고
③ 리베리아 ④ 브라질

Tip
아라비카(에티오피아), 로부스타(콩고), 리베리카(리베리아)

02 Under Cloth에 대한 설명으로 옳은 것은?
① 흰색을 사용하는 것이 원칙이다.
② 식탁의 마지막 장식이라 할 수 있다.
③ 식탁 위의 소음을 줄여준다.
④ 서비스 플레이트나 식탁 위에 놓는다.

Tip
언더 클로스는 그릇 놓는 소리를 막기 위해 깐다.

03 다음 중 발효방법이 다른 것은 무엇인가?
① 다즐링차 ② 기문차
③ 우바차 ④ 우롱차

Tip
우롱차는 반발효차이다.

04 우유살균법으로 적당하지 않은 것은 무엇인가?
① 저온살균법 ② 자외선살균법
③ 고온단시간살균법 ④ 초고온순간살균법

Tip
자외선살균법은 주방용품을 살균할 때 많이 사용한다.

05 다음 중 알코올 도수가 가장 높은 것은?
① 80 proof의 버번 위스키
② 42.3%의 보드카
③ 180 proof의 주정이 희석된 소주
④ 30%의 소주를 넣어서 만든 담금 술

Tip
80 proof는 40%, 180 proof는 90%이다.
소주는 약 16~20도, 30%의 소주를 넣은 담금주는 30% 이하이다.

06 다음 중 장기보관(1년 이상)이 어려운 것은?
① Whisky ② Wine
③ Beer ④ Liqueur

Tip
맥주는 유효기간이 1년 미만이다.

07 다음 중 병행복발효법으로 만들어진 것은?

① 소주 ② 맥주
③ 와인 ④ 막걸리

> **Tip**
> • **단발효주** : 과실류 / 와인(포도), 사이다(사과) 등
> • **단행 복발효주** : 맥주(보리)
> • **병행 복발효주** : 황주(쌀, 수수), 막걸리(쌀, 밀, 옥수수)

08 다음 중 발효방법이 다른 것은 무엇인가?

① Stout Beer ② Porter Beer
③ Draft Beer ④ Lambics Beer

> **Tip**
> 생맥주(Draft Beer)는 하면발효 맥주이다.

09 와인의 분류 중 맛에 따른 분류에 해당하지 않는 것은?

① Sparkling Wine ② Sweet Wine
③ Dry Wine ④ Medium Dry Wine

> **Tip**
> Sparkling Wine은 탄산가스 유무

10 포도 품종 중 껍질이 두껍고 색깔이 진해 탄닌의 함량이 풍부해 장기 숙성이 가능한 것은 무엇인가?

① Merlot ② Cabernet Sauvignon
③ Semillon ④ Sauvignon Blanc

> **Tip**
> ① Merlot은 껍질이 얇고 타닌 성분이 적다.
> ③, ④ Semillon, Sauvignon Blanc은 화이트 와인 포도 품종이다.

11 평양의 명주로 고려시대에 원나라로부터 유입된 증류주로 단맛은 용안육과 감초에서, 향과 색은 지초나 홍국, 계피, 진피, 정향 등의 약재를 주머니에 넣어서 우려내어 만든 약용주는 무엇인가?

① 문배주 ② 감홍로
③ 진도홍주 ④ 안동소주

> **Tip**
> 감홍로는 맛이 달고 붉은 빛깔을 띤다. 감홍로는 곡주를 소줏고리로 증류한 소주에 벌꿀을 넣어 단맛을 내고, 지초(芝草)를 넣어 착색시키는 방법으로 빚는다.

12 혼성주의 설명 중 가장 거리가 먼 것은?

① 맛, 향, 색, 당분이 잘 어우러진 술이다.
② 혼성주는 고대 그리스 시대에 약용으로 사용되었다.
③ 주로 식후주로 즐겨 마신다.
④ 곡류와 과실 등을 원료로 발효한 술이다.

> **Tip**
> ④는 발효주(양조주)의 설명이다.

13 혼성주의 제조법 중 증류주에 과일이나 약초, 향료 등의 향미성분을 용해시키는 방법으로 열을 가하지 않으므로 콜드방식이라고 불리는 제조법은 무엇인가?

① Infusion Process
② Distillation Process
③ Essence Process
④ Percolation Process

📁 Tip

- **침출법**(Infusion process) : 약초, 향료, 과일 등을 주정에 담아 침출, 여과하는 방법으로 열을 가하지 않아 콜드방식(Cold Method)라고 한다. 열을 가하지 않기 때문에 시간이 가장 오래 소요된다.
- **증류법**(Distillation process) : 주정에 재료를 우려낸 다음 증류하여 설탕 등을 넣어 단맛을 내고 향료를 넣는다.
- **배합법**(Essence process) : 원료의 진액을 추출해 주정을 첨가하거나, 주정에 천연 또는 합성향료를 가하여 만드는 방법
- **추출법/여과법**(Percolation process) : 커피 만드는 방법과 비슷하게 허브, 약초 등을 기화된 증류주가 통과할 수 있도록 위치하고 향을 얻은 증류주를 액화해 당분을 가미한다.

14 '최고 최대의 신에게 바치는 술'이라는 의미를 담고 있는 호박색 리큐르는 무엇인가?

① 압생트   ② 아니세트
③ 베네딕틴   ④ 갈리아노

📁 Tip

베네딕틴 DOM은 프랑스 리큐르로 안젤리카, 주니퍼베리, 시나몬, 레몬껍질, 벌꿀 등 약 27종의 약초를 사용하여 만든다.

15 이탈리아의 국민주로 붉은색의 쓴맛이 강한 리큐르로 식물의 뿌리, 씨, 향초, 껍질 등 70여 가지의 재료로 만들어져 식전주로 애음되는 것은 무엇인가?

① Cynar   ② Dubonnet
③ Campari   ④ Galliano

📁 Tip

캄파리는 붉은색의 쓸쓸한 이탈리아 대표 식전주 리큐르이다.

16 다음 중 재료가 틀린 것은?

① Crème de Cafe   ② Kahlua
③ Tia Maria   ④ Amaretto

📁 Tip

- 아마레토는 살구씨로 만든 리큐르이다.
- 나머지는 커피를 이용한 리큐르이다.

17 다음 중 오렌지향이 가미된 혼성주가 아닌 것은?

① Triple Sec   ② Curacao
③ Cointreau   ④ Sloe Gin

📁 Tip

슬로 진은 진의 종류가 아니라 야생자두를 진에 첨가하고 당분을 가미한 리큐르이다.

18 스코틀랜드산의 유명한 리큐르로 몰트 위스키에 꿀, 허브를 첨가하여 만든 암갈색의 리큐르는 무엇인가?

① Bailey's ② Bitters
③ Drambuie ④ Malibu

📁 **Tip**
드람뷰이는 몰트 위스키에 꿀, 허브 등을 첨가한 리큐르다.

19 다음 위스키 중에서 제조과정의 원료가 다른 것은 무엇인가?

① Jim beam ② Jack Daniel's
③ Wild Turkey ④ Old Parr

📁 **Tip**
짐빔, 잭 다니엘, 와일드 터키는 아메리칸 버번 위스키로 옥수수가 51% 이상 함유되고 올드 파는 스카치 위스키로 보리의 함량이 높다.

20 칵테일 원가비율을 20%에 맞추어 판매하고자 할 때, 재료비가 2,000원이라면 판매가는 얼마인가?

① 10,000 ② 8,000
③ 6,000 ④ 5,000

📁 **Tip**
판매가 X 원가율/100 = 재료비

21 주장의 영업 허가가 되는 근거 법률은?

① 외식업법 ② 음식업법
③ 식품위생법 ④ 주세법

📁 **Tip**
주장 영업 허가는 식품위생법에 근거한다.

22 Which of the following is not Aperitif Cocktail?

① Bourbon Coke ② Vermouth on The Rock
③ Dry Martini ④ Campari Soda

📁 **Tip**
버번콕은 단맛이 많아 식전주로 어울리지 않는다.

23 다음 중 코냑의 브랜드가 아닌 것은?

① Hennessey ② Remy Martin
③ Chabot ④ Camus

📁 **Tip**
Chabot는 아르마냑이다.

24 포도 찌꺼기를 발효시켜 증류한 이탈리아 브랜디의 일종으로 숙성하지 않아 무색인 술은?

① Jim beam ② Otard
③ Aquavit ④ Grappa

📁 **Tip**
짐빔은 버번 위스키, 오타르는 코냑, 아쿠아비트는 스칸디나비아 지방의 특산주이다.

25 진(Gin)의 설명으로 틀린 것은?

① 진의 원산지는 네덜란드다.
② 진의 원료는 Juniper Berry를 혼합하여 만들어졌다.
③ 진은 양조주이다.
④ 대표적인 칵테일은 Dry Martini가 있다.

Tip
진은 증류주이다.

26 What is not Characteristic of Vodka?

① Colorless   ② Tasteless
③ Odorless   ④ Alcohol-Free

Tip
보드카는 무색, 무미, 무취이다.

27 What is the main ingredient of rum?

① Honey   ② Corn
③ Molasses   ④ Rye

Tip
럼의 재료는 사탕수수에서 나온 당밀(Molasses)이다.

28 다음 중 럼 베이스 칵테일이 아닌 것은?

① Cuba Libre   ② Daiquiri
③ Pina Colada   ④ Cosmopolitan

Tip
코스모폴리탄은 보드카 베이스 칵테일이다.

29 What is the spirit made from agave?

① Tequila   ② Rum
③ Bourbon Whiskey   ④ Vodka

Tip
- 테킬라 : 용설란(Agave)
- 럼 : 사탕수수
- 버번위스키 : 옥수수 51% 이상
- 보드카 : 감자 등

30 Which of the following is the lowest number of alcohol?

① Vodka   ② Wine
③ Triple Sec   ④ Tequila

Tip
와인은 양조주로 약 14% 정도의 알코올 도수를 가지고 있다.

31 보통 레드 와인 위주로 진행되는 작업으로 침전물을 걸러 따르는 작업을 무엇이라 하는가?

① Decanting   ② Re-corking
③ Vatting   ④ Blending

Tip
디켄터에 침전물을 걸러 내거나 산소와 접촉을 시켜 향을 풍부하게 하기 위해 옮겨담는 작업을 디캔팅이라고 한다.

32 와인의 보관방법으로 옳지 않은 것은?

① 온도 차이가 크지 않고 서늘하며 습하고 진동이 없는 장소가 좋다.
② 레드 와인은 약 12~16℃에 보관한다.
③ 화이트 와인은 냉장보관이 좋다.
④ 와인은 마실 때 온도의 영향을 받지 않는다.

📁 **Tip**
레드 와인 16~18도 / 화이트 와인 7~10도

33 불량 코르크로 인해 변질된 와인, 곰팡이 냄새가 나는 와인을 무엇이라 하는가?

① 부쇼네(Bouchonne)
② 영 와인(Young Wine)
③ 그린 와인(Green Wine)
④ 올드 와인(Old Wine)

📁 **Tip**
부쇼네 : 불량 코르크로 인한 변질된 와인, 곰팡이 냄새가 나는 와인이다. 프랑스어로 병마개 부숑(Bouchon)에서 파생된 단어이다.

34 다음 중 당분 함량이 가장 높은 와인은 무엇인가?

① 카비네트(Kabinett)
② 슈패트레제(Spatlese)
③ 아우스레제(Auslese)
④ 아이스바인(Eiswein)

📁 **Tip**
④ 아이스바인은 얼린 포도로 만든 디저트용 와인으로 당분 함량이 높다.
① 카비네트는 보통 수확기에 만든 와인이다.
② 슈패트레제는 수확기보다 늦게 딴 포도로 만든 와인이다.
③ 아우스레제는 잘 익은 포도송이를 선별하여 만든 와인이다.

35 다음 전통주 중 분류가 다른 하나는?

① 이화주   ② 문배주
③ 두견주   ④ 계명주

📁 **Tip**
문배주는 증류주이고, 나머지는 양조주이다.

36 다음 중 증류방법이 나머지와 다른 하나는?

① 몰트 위스키(Malt Whisky)
② 코냑(Cognac)
③ 다크럼(Dark Rum)
④ 그레인 위스키(Grain Whisky)

📁 **Tip**
그레인 위스키는 연속증류기로 생산한다.

37 다음 중 위스키의 4대 제조과정이 아닌 것은?

① 당화(Mashing)
② 발효(Fermentation)
③ 증류(Distillation)
④ 블렌딩(Blending)

📁 **Tip**
당화 - 발효 - 증류 - 숙성
블렌딩은 성질이 다른 원액을 섞는 작업으로 모든 위스키가 이 작업을 거치는 것은 아니다.

38 다음 위스키의 분류 중 산지가 다른 것은 무엇인가?

① Wild Turkey
② Ballantines
③ Macallan
④ Johnnie Walker

📂 **Tip**
와일드 터키는 아메리칸 위스키, 발렌타인, 맥캘란, 조니 워커는 스카치 위스키이다.

39 칵테일을 만드는 기법으로 적당하지 않은 것은?

① Building
② Filtering
③ Stiring
④ Floating

📂 **Tip**
여과(Filtering)는 칵테일 기법으로 사용되지 않는다.
- 빌드(building) : 잔에 재료와 얼음을 직접 넣고 섞어 만드는 방법
- 휘젓기(Stirring) : 믹싱 글라스에 재료와 얼음을 넣고 섞은 후 잔에 음료만 따라내는 방법
- 플로팅(Floating) : 액체의 비중차이로 층을 나누는 방법
- 셰이킹(Shaking) : 셰이커에 재료와 얼음넣고 흔들어 만드는 방법

40 다음 중 칵테일 만드는 기법이 다른 것은?

① Manhattan
② Martini
③ Gibson
④ Gimlet

📂 **Tip**
- Manhattan, Martini, Gibson : 스터(Stir)
- Gimlet : 셰이킹(Shaking)

41 글라스의 분류 중 용도에 따른 분류가 아닌 것은?

① Cylindrical Glass
② Highball Glass
③ Stemmed Glass
④ Mug

📂 **Tip**
하이볼은 Long Drink를 마실 때 사용하며 흔히 텀블러라고 하며, Cylindeical Glass의 분류이다.

42 레드 와인을 제공할 때 많이 사용하며 숙성이 덜 된 와인을 공기와 접촉하면서 향을 깨우고 침전물 등을 제거할 때 사용하는 용기를 무엇이라 하는가?

① Wine Decanter
② Squeezer
③ Jigger
④ Strainer

📂 **Tip**
디켄터에 침전물을 걸러 내거나 산소와 접촉을 시켜 향을 풍부하게 하기 위해 옮겨담는 작업을 디캔팅이라고 한다.

43 다음에서 설명하는 도구는 무엇인가?

- 레몬이나 오렌지, 라임 등의 과즙을 짜는 기구이다.
- 유리도 있지만 대부분 스테인리스 재질이다.

① 셰이커(Shaker)
② 스퀴저(Squeezer)
③ 스트레이너(Strainer)
④ 블렌더(Blender)

📂 **Tip**
- 스퀴져(Squeezer) : 레몬, 라임 등 과즙을 짜는 도구
- 셰이커(Shaker) : 재료와 얼음을 넣고 흔드는 도구
- 스트레이너(Strainer) : 얼음을 걸러내는 도구
- 블렌더(Blender) : 재료와 얼음 등을 넣고 갈아내는 기계

44 병 입구에 끼우는 도구로 병에서 음료가 한꺼번에 쏟아지는 것을 방지하기 위해 작은 구멍이 나 있는 형태의 도구는 무엇인가?

① Pourer ② Muddler
③ Cork Screw ④ Rimmer

📁 **Tip**
- Muddler(머들러): 라임, 민트 등을 으깰 때 사용하는 도구
- Cork Screw(코르크 스크류): 와인 오프너
- Rimmer(리머): 잔 가장자리에 설탕, 소금 등을 잔에 묻힐 때 사용하는 도구

45 '잘 냉각된'이란 뜻으로 얼음을 넣어 차게 한 음료수를 말하며, 가루 얼음을 넣고 만들어진 칵테일을 무엇이라 하는가?

① Fizz ② Sling
③ Frappe ④ Toddy

📁 **Tip**
- Fizz(피즈): 진 등의 증류주에 레몬주스, 설탕 시럽, 소다수를 혼합하는 칵테일
- Sling(슬링): 피즈와 비슷하나 용량이 더 많고 리큐르를 첨가해 맛을 더한 칵테일
- Toddy(토디): 하이볼 글라스에 설탕을 넣고 위스키나 럼 등의 증류주를 넣은 다음, 뜨거운 물로 채우는 칵테일

46 소주가 전해진 시기는?

① 삼국시대 ② 통일신라
③ 고려시대 ④ 조선시대

📁 **Tip**
소주는 고려시대 몽골군을 통해 증류법이 소개되고 만들어졌다.

47 호텔에서 홍보, 판매 촉진 등 특별한 접대 목적으로 일부를 무료로 제공하는 것은?

① Complaint ② Complimentary Service
③ Out of Order ④ Claim

📁 **Tip**
Complimentary(무료의)

48 Bar 종사원의 올바른 태도가 아닌 것은?

① Bar 카운터 내의 청결, 정리정돈 등을 수시로 해야 한다.
② 항상 예의 바르고 분명한 언어와 공손한 태도로 대한다.
③ 고객과 스포츠에 대한 의견을 나누면서 열정적으로 자신의 견해를 주장한다.
④ 손님에게 지나친 강매를 하지 않는다.

📁 **Tip**
Bar 종사원은 고객과 스포츠, 종교, 정치성이 강한 대화는 하지 않는다.

49 주장에서 House Brand의 의미는?

① 지정 주문이 아닐 때 기본으로 쓰는 술의 종류
② 주장의 대표 고가 브랜드
③ 고객이 좋아하는 브랜드
④ 조리용으로 사용하는 술의 브랜드

📁 **Tip**
BAR에서 기본으로 사용되는 술의 종류이다.

50 〈I feel like throwing up〉의 의미는?

① 토할 것 같다
② 기분이 좋다
③ 공을 던지고 싶다
④ 술을 더 마시고 싶다

📁 **Tip**
Throw up 토하다

51 Which of the following units has the largest capacity?

① 1 pint
② 1 tea spoon
③ 1 split
④ 1 dash

📁 **Tip**
다음 중 용량이 가장 큰 단위는?
- 1 pint = 16 oz
- 1 teaspoon = 1/8 oz
- 1 split = 6oz
- 1 dash = 1/32 oz

52 "5월 5일에는 이미 예약이 다 되어 있습니다."의 표현은?

① I will check availability on May 5th.
② We are fully booked on May 5th.
③ We are available on May 5th.
④ We look forward to seeing you on May 5th.

53 Scotch Whisky에 꿀을 넣어 만든 리큐르는?

① Cointreau
② Cherry Brandy
③ Drambuie
④ Galliano

📁 **Tip**
- 드람뷰이 : 몰트 위스키에 꿀, 허브 등을 첨가하여 만든 리큐르이다.
- 쿠앵트로 : 오렌지 껍질 추출물로 만들어지는 고급 화이트 큐라소 리큐르이다.
- 갈리아노 : 갈리아노는 아니스, 바닐라 등 40종류 이상의 약초, 향초를 이용해 만든 리큐르로 이탈리아 밀라노 지방에서 생산된다. 길쭉한 병이 특징이다.

54 1quart는 몇 oz인가?

① 1 oz
② 16 oz
③ 32 oz
④ 38 oz

📁 **Tip**
- 1Quart = 32oz = 960ml
- 4Cup = 32oz

55 What is not called water of life?

① Whisky
② Brandy
③ Vodka
④ Gin

📁 **Tip**
Q : 생명의 물이라고 불리지 않은 것은?

56 What kind of bars do not apply?

① Jazz Bar
② Back Bar
③ Western Bar
④ Wine Bar

📁 **Tip**
Q : BAR 종류가 아닌 것은?

57 What is a sommelier?

① Bartender ② Owner
③ Waiter ④ Wine Steward

Tip
Q : 소믈리에는 무엇인가?

58 Which is the liquor made by the rind of grapes in Italy?

① Marc ② Grappa
③ Calvados ④ Cognac

Tip
다음 중 이탈리아의 포도 껍질로 만든 술은 무엇인가? :
그라파는 이탈리아 증류주로 포도주를 만들고 난 후의 포도 찌꺼기를 압착하고 증류한 것이다.

59 What is not American whiskey?

① Jim Beam ② Wild Turkey
③ Jameson ④ Jack Daniel's

Tip
아메리칸 위스키가 아닌 것은? :
제임슨은 아이리시 위스키이다.

60 다음 (   ) 안에 가장 적합한 것은?

| May I have (   ) coffee, Please? |

① some ② many
③ to ④ only

Tip
커피 좀 주실 수 있나요?
"some"은 **셀 수 없는 명사(uncountable noun)**와 함께 쓰여 일정량을 요청할 때 사용됩니다.

정답

01	①	02	③	03	④	04	②	05	③
06	③	07	④	08	③	09	①	10	②
11	②	12	④	13	①	14	③	15	③
16	④	17	④	18	③	19	④	20	①
21	③	22	①	23	③	24	④	25	③
26	④	27	③	28	④	29	①	30	②
31	①	32	④	33	①	34	④	35	②
36	④	37	④	38	①	39	②	40	④
41	②	42	①	43	②	44	①	45	③
46	③	47	②	48	③	49	①	50	①
51	①	52	②	53	③	54	③	55	④
56	②	57	④	58	②	59	③	60	①

Chapter 24 2019년 1회 필기 기출

01 샴페인 발명자는?

① Dom Perignon   ② St, Emilion
③ Champagne   ④ Bordeaux

📁 **Tip**
프랑스의 샹파뉴(Champagne)지역에서 생산된 스파클링 와인(Sparkling Wine)으로 돔페리뇽에 의해 개발되었다.

02 칵테일 레시피를 보고 알 수 없는 것은?

① 색깔   ② 분량
③ 성분   ④ 판매량

📁 **Tip**
칵테일 레시피를 통해 판매량은 알 수 없다.

03 다음 중 그레나딘 시럽(Grenadine Syrup)이 들어가는 칵테일은?

① 마가리타(Margarita)
② 바카디(Bacardi)
③ 위스키 사워(Whisky Sour)
④ 카루소(Caruso)

📁 **Tip**
바카디는 바카디 럼, 라임 주스, 그레나딘 시럽으로 만든다.

04 글라스 세척 시 알맞은 세제와 세척순서로 짝지은 것은?

① 산성세제 - 더운물 - 찬물
② 중성세제 - 찬물 - 더운물
③ 산성세제 - 찬물 - 더운물
④ 중성세제 - 더운물 - 찬물

05 나머지 셋과 성격이 다른 것은?

> ㄱ. Cherry Brandy   ㄴ. Peach Brandy
> ㄷ. Hennessy Brandy   ㄹ. Apricot Brandy

① ㄱ   ② ㄴ
③ ㄷ   ④ ㄹ

📁 **Tip**
Hennessy Brandy는 브랜디(증류주)이고, 나머지는 리큐르(혼성주)이다.

06 음료의 역사에 대한 설명으로 옳지 않은 것은?

① 음료는 모든 생명체에게 생존을 위한 절대적인 요소이다.
② BC 6000년경 바빌로니아에서 레몬과즙을 마셨다는 기록이 전해진다.
③ 스페인 발렌시아(Valencia) 부근 동굴 속에서 발견된 약 1만년 전의 것으로 추측되는 암벽조각에서 봉밀을 채취하는 그림이 발견되었다.
④ 인류 최초의 알코올성 음료는 증류주이다.

📁 **Tip**
증류주는 중세시대 이후에 만들어졌다.

07 다음 중 술의 제조과정에서 필수적으로 필요한 것은?

① 지방 ② 단백질
③ 탄수화물(포도당, 당류) ④ 비타민

> **Tip**
> 효모에 의해 당이 알코올과 탄산가스로 분해된다.

08 음료에 대한 설명으로 틀린 것은?

① 음료의 분류 중 대표적인 것은 물이다.
② 음료는 알코올성 음료와 비알코올성 음료로 분류한다.
③ 양조주의 대표 음료는 맥주와 와인이 있다.
④ 기호음료에는 커피, 코코아, 차가 있다.

> **Tip**
> ① 음료는 알코올성 음료와 비알코올성 음료로 분류된다.

09 아라비카 커피의 원산지이며 아프리카 최대의 커피 생산국인 나라는?

① 소말리아 ② 에티오피아
③ 케냐 ④ 탄자니아

> **Tip**
> 커피의 원산지는 아프리카의 에티오피아다.

10 커피 재배 조건에 대한 설명으로 틀린 것은?

① 수확이 이루어지는 시점에서는 건조한 기후가 필요하다.
② 개화 전까지 충분한 수분이 공급되어야 한다.
③ 원활한 광합성 작용을 위해 강렬한 햇볕이 많이 필요하다.
④ 배수가 잘되는 지역이 좋다.

> **Tip**
> 커피나무는 햇볕과 열에 약하다.

11 와인의 등급을 「AOC, VDQS, Vins de Pay, Vins de Table」로 구분하는 나라는?

① 이탈리아 ② 스페인
③ 독일 ④ 프랑스

> **Tip**
> ① **이탈리아** : DOCG, DOC, IGT, VDT
> ② **스페인** : 프랑스의 AOC와 비슷한 DO 제도를 도입, 실시
> ③ **독일** : QMP, QBA, Landwein, Tafelwein

12 음료의 식품유형에 대한 설명으로 틀린 것은?

① 과실음료 : 농축과실즙, 과일주스 등을 원료로 가공한 것으로 과일즙 10% 이상인 것
② 무향탄산음료 : 먹는 물에 식품 또는 식품첨가물(착향료 제외) 등을 가한 후 탄산가스를 주입한 것
③ 착향탄산음료 : 탄산음료에 식품첨가물(착향료)을 주입한 것
④ 유산균음료 : 유가공품 또는 식물성 원료를 효모로 발효시켜 가공한 것

> **Tip**
> • **유산균음료** : 유가공품 또는 식물성 원료를 유산균으로 발효시켜 가공(살균을 포함한다)한 것을 말한다.
> • **효모음료** : 유가공품 또는 식물성 원료를 효모로 발효시켜 가공(살균을 포함한다)한 것을 말한다.
> • **기타발효음료** : 유가공품 또는 식물성 원료를 미생물 등으로 발효시켜 가공(살균을 포함한다)한 것을 말한다.

13. 오팔 색깔의 리큐르로 제조 및 판매금지령이 내려졌던 리큐르는?

① 깔루아(Kahlua) ② 압생트(Absinthe)
③ 드람부이(Drambuie) ④ 캄파리(Campari)

> **Tip**
> 압생트 : 주정에 향쑥을 넣어 만드는 프랑스산 리큐르

14. 플루트(Flute)형 샴페인 글라스로 만드는 칵테일은?

① 금산 ② 블랙 러시안
③ 고창 ④ 브랜디 알렉산더

> **Tip**
> 브랜디 알렉산더(칵테일 글라스) / 금산(칵테일 글라스) / 블랙 러시안(올드패션드 글라스) / 고창(플루트형 샴페인 글라스)

15. 우리나라 전통주 칵테일이 아닌 것은?

① 힐링 ② 풋사랑
③ 고창 ④ 애프리코트

> **Tip**
> 애프리콧 : 애프리콧 브랜디 + 드라이진 + 레몬주스 + 오렌지주스

16. 민속주 중 가장 오래된 술로 누룩을 적게 쓰며 일명 앉은뱅이술이라고 불리는 술은?

① 계명주 ② 소곡주
③ 과하주 ④ 삼해주

> **Tip**
> 한산 소곡주는 충남 무형문화재로 지정되었다.

17. 다음 중 단식증류기의 특징이 아닌 것은?

① 시설비가 저렴하다.
② 맛과 향의 파괴가 적어 품질이 좋다.
③ 재증류의 번거로움으로 인해 대량생산이 불가능하다.
④ 보드카, 럼 등이 대표상품이다.

> **Tip**
> 보드카, 럼, 그레인 위스키 등은 연속증류기를 사용한다.

18. 다음 중 스페이사이드의 대표적인 몰트 위스키가 아닌 것은?

① 발렌타인(Ballantines)
② 더 글렌리벳(The Glenlivet)
③ 글렌피딕(Glenfiddich)
④ 더 맥캘란(The Macallan)

> **Tip**
> 발렌타인은 블렌디드 위스키이다.

19. 다음 중 코냑에 대한 설명으로 틀린 것은?

① 프랑스 보르도 북쪽에 위치해 있다.
② 구리로 만든 전통적인 증류기를 사용하여 2~3번 증류한다.
③ 술통은 새것보다 오래된 것이 더 좋다.
④ 모든 증류작업은 12월 31일까지 마친다.

> **Tip**
> 꼬냑의 모든 증류작업은 3월 31일까지 마친다.

20 다음 중 럼에 대한 설명으로 틀린 것은?

① 럼의 원산지는 카리브해 연안의 서인도 제도이다.
② 원료는 사탕수수와 당밀이며 당밀 자체가 당분이므로 당화과정이 필요 없다.
③ 대표적인 브랜드는 앱솔루트(Absolute), 스미노프(Smirnoff), 핀란디아(Finlandia)가 있다.
④ 대표적인 칵테일로 쿠바리브레(Cuba Libre), 다이키리(Daiquiri), 피나콜라다(Pina Colada) 등이 있다.

> **Tip**
> 앱솔루트, 스미노프, 핀란디아는 보드카의 종류이다.

21 휘젓기 기법을 할 때 사용하는 기물은 무엇인가?

① Jigger
② Shaker
③ Blender
④ Mixing Glass

> **Tip**
> 휘젓기 기법(Stir)에는 믹싱글라스, 스트레이너 등이 필요하다.

22 식재료가 소량이면서 고가인 경우, 희귀한 재료의 경우 검수하는 방법은?

① 발췌 검수법
② 전수 검수법
③ 송장 검수법
④ 서명 검수법

> **Tip**
> 식재료가 소량, 고가인 경우에는 전수 검수법을 사용해 모든 재료 상태를 확인한다.

23 합리적인 식품 위생관리의 장점에 해당하지 않는 것은?

① 식품위생 관리를 통하여 많은 식중독 사고를 막을 수 있다.
② 사전 점검으로 인한 부패, 변색 등 식품 폐기 및 손실은 감안해야 한다.
③ 품질 개선 및 신뢰도 향상에 기여한다.
④ 식품 관련 법적 규제로부터 자유로워질 수 있으며 이로 인한 피해를 예방할 수 있다.

> **Tip**
> 저장기간 연장 및 품질 개선으로 판매 손실을 최소화할 수 있다.

24 다음 영업장의 위생관리에 대한 설명 중 잘못된 것은?

① 세척 시 사용하는 세제는 용도에 따라 3가지 종류로 나뉜다. 그중 음식점에서 사용 가능한 세척제는 2종 세척제이다.
② 영업장의 칼, 도마는 화학소독해야만 한다.
③ 생채소나 과일은 염소용액으로 소독한 다음 반드시 세척 후 사용한다.
④ 행주는 사용 후 반드시 열탕소독(5분 이상) 또는 염소 소독한 뒤 건조한다.

> **Tip**
> 칼, 도마 등은 화학소독, 자외선 소독 등으로 관리한다.

25. 다음은 영업장 안전관리를 위한 소방 장비의 안전 상태점검에 관한 내용이다. 잘못된 것은?

① 소화기는 습기가 적고 건조하며 서늘한 곳에 설치한다.
② 소화기는 문 가까운 곳에 비치하고 물이 닿는 곳, 30℃ 이상 더운 곳에 놓아서는 안 된다.
③ 축압식 소화기는 계기가 붙어 있는데 빨간선을 표시하면 정상 위치이다.
④ 소화기 사용 시 바람을 등지고 서서 호스가 불을 향하게 한다.

📁 Tip
축압기 소화기에 부착된 압력 게이지가 녹색을 가리키는지 수시로 점검해야 합니다.

26. 다음에서 설명하는 글라스는 무엇인가?

> 흔히 텀블러(Tumbler)라고 부른다. 용량은 6~10oz가 있으며 청량음료 등을 제공할 때 많이 사용된다. 또한 스크루 드라이버 등 Long Drink를 마실 때 주로 사용하는 글라스이다.

① Highball glass
② Champagne glass
③ Brandy glass
④ Sour glass

📁 Tip
- 샴페인 글라스 : 샴페인을 제공하는 잔으로 잔의 용량은 3~4oz 정도이다.
- 브랜디 글라스 : 브랜디를 제공하는 잔으로, 짧은 스템과 넓은 바디를 갖고 있는 잔이다.
- 사워 글라스 : 가늘고 긴 잔으로 플루트형 샴페인 글라스와 모양이 비슷하나, 글라스와 스템의 길이가 약간 짧다. 용량은 4oz 정도이다.

27. 다음 중 와인 디캔터(Decanter)의 용도가 아닌 것은?

① 와인 칵테일을 제공할 때 사용된다.
② 레드 와인에 많이 사용한다.
③ 숙성이 덜 된 와인의 맛과 향을 깨우기 위해 사용한다.
④ 레드 와인의 침전물 등 이물질을 제거하기 위해 사용한다.

📁 Tip
와인 디캔터는 침절물이 있는 와인을 서브할 때 침전물을 제거하거나 숙성이 덜 된 와인을 서브할 때 공기와 접촉시켜 맛을 부드럽게 하기 위해 와인을 옮겨 담는 유리병이다.

28. 다음 중 칵테일 만들 때 가장 많이 사용하는 얼음은?

① Block of Ice
② Lump of Ice
③ Cubed Ice
④ Shaved Ice

📁 Tip
칵테일 조주시 셰이킹, 스터 등에 가장 자주 사용되는 얼음은 큐브 아이스이다.

29. 다음 중 드라이 칵테일(Dry Cocktail)이 아닌 것은?

① 캄파리 소다(Campari Soda)
② 드라이 마티니(Dry Martini)
③ 준벅(June Bug)
④ 베르무트 온더락(Vermouth On The Rocks)

📁 Tip
준벅은 멜론 리큐르와 바나나, 말리부, 파인주스, 스위트 앤 사워믹스가 들어간 달콤한 칵테일이다.

30 다음 중 레몬주스가 들어가지 않는 칵테일은?

① 진 피즈(Gin Fizz)
② 블랙 러시안(Black Russian)
③ 브랜디 사워(Brandy Sour)
④ 톰 콜린스(Tom Collins)

> **Tip**
> 블랙러시안은 보드카와 커피리큐르가 들어간 칵테일이다.

31 다음에서 설명하고 있는 민속주는 무엇인가?

> 평양의 명주로 고려시대에 원나라로부터 유입된 증류주이다. 단맛을 내는 용안육과 감초를 사용하고 향과 색은 지초나 홍국, 계피, 진피, 정향 등의 약재를 주머니에 넣어 우려낸다.

① 감홍로   ② 안동소주
③ 문배주   ④ 진도홍주

> **Tip**
> 감홍로는 맛이 달고 붉은 빛깔을 띈다. 감홍로는 곡주를 소줏고리로 증류한 소주에 벌꿀을 넣어 단맛을 내고, 지초(芝草)를 넣어 착색시키는 방법으로 빚는다.

32 다음에서 설명하고 있는 혼성주는 무엇인가?

> • 이탈리아의 국민주로 붉은색의 쓴맛이 강한 혼성주이다.
> • 각종 식물의 뿌리, 씨, 향초, 껍질 등 70여 가지의 재료로 만들어진다.
> • 식전주로 애음되고 소다수와 오렌지 주스와 잘 어울린다.

① 압생트   ② 캄파리
③ 갈리아노 ④ 트리플 섹

> **Tip**
> 캄파리는 붉은색의 씁쓸한 이탈리아 대표 식전주 리큐르이다.

33 다음 중 커피의 향미가 첨가된 혼성주가 아닌 것은?

① Crème de Cafe   ② Amaretto
③ Kahlua   ④ Tia Maria

> **Tip**
> 아마레토는 살구의 씨가 첨가된 혼성주이다.

34 다음 중 보관 및 신선도 관리에 유의해야 할 혼성주는 무엇인가?

① Drambuie
② Grand Marnier
③ Bailey's Irish Cream
④ Benedictine

> **Tip**
> 베일리스 아이리쉬 크림은 알코올 도수가 17%로 낮아서 냉장 보관한다.

35 칵테일의 설명 중 틀린 것은?

① 두 가지 이상의 음료가 혼합된 Mixed Drink이다.
② 술에 술이 섞여도 되고 무알코올 음료와 무알코올 음료가 섞여도 된다.
③ 칵테일은 대부분 알코올 도수가 낮아 부담 없이 마실 수 있다.
④ 맛, 향, 색의 조화가 일품이다.

> **Tip**
> 숏드링크 칵테일은 알코올 도수가 높다. 예로 드라이 마티니, 러스티네일, 맨해튼 등이 있다.

36 와인의 보관방법으로 적합하지 않은 것은?

① 진동이 없는 곳에 보관한다.
② 직사광선을 피하여 보관한다.
③ 와인병을 눕혀서 보관한다.
④ 습기가 없는 곳에 보관한다.

> **Tip**
> 와인은 건조하면 코르크가 수축하기 때문에 적당한 습도(약 75%)에서 보관하여야 한다.

37 다음 중 구매자가 계약조건 또는 상품 표시 내용과 일치하지 않는 사항에 대하여 손해배상의 청구나 이의를 제기하는 것을 무엇이라 하는가?

① Complimentary
② Complain
③ Claim
④ Service

> **Tip**
> • 컴플리멘터리(Complimentary) : 홍보나 판매촉진을 위해 무료로 제공하는 서비스
> • 컴플레인(Complain) : 고객이 불평, 불만을 제기하는 것

38 식품위생법에 따라 영업자 및 그 종업원이 영업 시작 전 또는 영업에 종사하기 전에 미리 받아야 하는 것은 무엇인가?

① 영업신고서
② 근무계획서
③ 근무스케줄
④ 건강진단서

> **Tip**
> 흔히 보건증이라고 부르는 서류로 요식업 종사자라면 반드시 받아야한다. 장티푸스 등 전염성 질병을 확인하기 위한 서류이다.

39 다음 중 서비스의 특성이 아닌 것은?

① 장기성
② 무형성
③ 비분리성
④ 소멸성

> **Tip**
> 판매되지 않은 서비스는 사라진다.

40 다음 중 서비스 품질의 중요성에 해당하지 않는 것은?

① 고객의 기대심리는 점차 커지고 있다.
② 시장매출이 정체되어 신규시장의 획득보다는 경쟁사와 시장점유의 품질경쟁이 생긴다.
③ 서비스 품질 향상으로 시장점유율을 높일 수 있다.
④ 서비스 품질은 아주 객관적이다.

> **Tip**
> 서비스 품질은 아주 주관적이다.

41 다음 중 생강을 주원료로 만든 것은?

① 진저에일
② 토닉워터
③ 소다수
④ 콜린스 믹서

> **Tip**
> **진저에일** : 생강향이 나는 알코올이 없는 청량음료다.

42 다음 중 알코올성 커피는?

① 카페 로얄(Cafe Royale)
② 비엔나 커피(Vienna Coffee)
③ 데미타스 커피(Demitasse Coffee)
④ 카페오레(Cafe Au Lait)

> **Tip**
> 카페 로얄(Cafe Royale)은 나폴레옹이 즐겨 마셨다는 브랜디가 들어간 커피이다.

43 다음에서 설명하는 민속주는?

> 호남의 명주로서 부드럽게 취하고 뒤끝이 깨끗하여 우리의 고유한 전통술로 정평이 나 있고 쌀로 빚은 30도의 소주에 배, 생강, 울금 등 한약재를 넣어 숙성시킨 약주이다.

① 복분자주　② 국화주
③ 춘향주　④ 이강주

> **Tip**
> 이강주는 평양 감홍로, 정읍 죽력고와 함께 조선의 3대 명주로 꼽힌다.

44 다음 중 스파클링 와인이 아닌 것은?

① 젝트(Sekt)　② 스푸만테(Spumante)
③ 카바(Cava)　④ 아이스바인(Ice Wine)

> **Tip**
> 아이스바인은 독일에서 추운 날씨에 포도를 얼려 만든 와인으로 디저트 와인이다.
> **스파클링 와인**: 젝트(독일), 스푸만테(이탈리아), 카바(스페인)

45 호텔에서 호텔홍보, 판매촉진 등 특별한 접대 목적으로 일부를 무료로 제공하는 것은?

① Out of Order　② F/O Cashier
③ Complaint　④ Complimentary

> **Tip**
> Complimentary(무료의)

46 다음 중 1지거(Jigger)에 대한 설명으로 틀린 것은?

① 1 Jigger는 45mL이다.
② 1 Jigger는 1.5oz이다.
③ 1 Jigger는 1갤런(Gallon)이다.
④ 1 Jigger는 칵테일 조주 시 많이 사용된다.

> **Tip**
> 1 갤런(Gallon) 128oz = 3,840mL

47 영업이 끝나고 남은 물량을 품목별로 재고 조사하는 것을 무엇이라 하는가?

① Daily Issue
② Par Stock
③ Inventory Management
④ FIFO

> **Tip**
> ① Daily Issue : 그날의 쟁점 및 특이사항
> ② Par Stock : 적정 재고량
> ④ FIFO : 선입선출

48 주스류(Juice)의 보관방법으로 가장 적절한 것은?

① 캔 주스는 냉동실에 보관한다.
② 한번 오픈한 주스는 상온에 보관한다.
③ 열기가 많고 햇볕이 드는 곳에 보관한다.
④ 캔 주스는 오픈한 후 유리그릇, 플라스틱 용기에 담아서 냉장 보관한다.

> **Tip**
> 주스류는 상온이나 따뜻한 곳에 두면 변질 위험이 높다.

49 다음 중 단발효법으로 만들어진 것은?

① 맥주
② 청주
③ 와인
④ 막걸리

> **Tip**
> 단발효주는 과일 속의 과즙을 효모가 발효시켜 만들어진 술을 말한다.
> - **단발효주**: 와인
> - **복발효주**: 맥주, 청주, 막걸리

50 다음 중 1온스(oz)는 몇 mL인가?

① 10.5mL
② 0.5mL
③ 29.5mL
④ 40.5mL

> **Tip**
> 1oz = 29.5ml(또는 30ml)

51 다음 중 의미가 다른 하나는?

① It's my treat this time.
② I'll pick up the tab.
③ Let's go dutch.
④ It's on me.

> **Tip**
> ③ 각자 계산합시다.
> ①, ②, ④ 이번에는 제가 사겠습니다.

52 다음 ( ) 안에 들어갈 단어로 알맞은 것은?

( ) goes well with dessert.

① Ice wine
② Red wine
③ Vermouth
④ Dry sherry

> **Tip**
> 아이스 와인은 디저트와 잘 어울린다.

53 Which of the following is not Distilled liquor?

① Vodka
② Gin
③ Calvados
④ Pulque

> **Tip**
> 다음 중 증류주가 아닌 것은? :
> 풀케는 멕시코의 양조주이다.

54 다음 ( ) 안에 가장 알맞은 것은?

Our hotel's bar has a ( ) from 6 to 9 every Monday.

① bargain sales
② expensive price
③ happy hour
④ business time

> **Tip**
> 우리 호텔의 바는 매주 월요일 6시부터 9시까지 해피아워 시간이다.

55 다음에서 설명하는 것은?

A drinking mug, usually made of earthenware used for serving beer.

① Stein
② Coaster
③ Decanter
④ Muddler

> **Tip**
> 일반적으로 맥주를 제공하는 데 사용되며 질그릇으로 만들어 마시는 머그잔은? :
> 스타인(Stein)은 질그릇으로 만든 큰 맥주잔을 말한다.

56 "당신은 무엇을 찾고 있습니까?"의 올바른 표현은?

① What are you look for?
② What do you look for?
③ What are you looking for?
④ What is looking for you?

> **Tip**
> Be looking for(~을 찾다)

57 Which one is the spirit made from Agave?

① Tequila ② Rum
③ Vodka ④ Gin

> **Tip**
> 다음 중 어느 것이 용설란으로 만든 증류주입니까?

58 「First come first served」의 의미는?

① 선착순 ② 시음회
③ 선불제 ④ 연장자순

> **Tip**
> 먼저 온 순서대로 제공되는 것은 선착순을 의미한다.

59 다음 (　　) 안에 적합한 것은?

> Are you interested in (　　　)?

① make cocktail
② made cocktail
③ making cocktail
④ a making cocktail

> **Tip**
> 당신은 칵테일 만드는 데에 관심 있으세요?

60 Which of the following is not distilled liquor?

① Vodka ② Gin
③ Calvados ④ Pulque

> **Tip**
> 풀케(Pulque)는 용설란(Agave)을 발효한 양조주이다.

정답

01	①	02	④	03	②	04	④	05	③
06	④	07	③	08	①	09	②	10	③
11	④	12	④	13	②	14	③	15	④
16	②	17	④	18	①	19	④	20	③
21	④	22	②	23	②	24	②	25	③
26	①	27	①	28	③	29	③	30	②
31	①	32	②	33	②	34	③	35	③
36	①	37	③	38	④	39	①	40	④
41	①	42	③	43	④	44	③	45	④
46	③	47	③	48	③	49	③	50	③
51	③	52	①	53	④	54	③	55	①
56	③	57	①	58	①	59	③	60	④

2019년 2회 필기 기출

01 비알코올성 음료에 대한 설명으로 틀린 것은?

① 디카페인 커피(Coffee)는 카페인(Caffein)을 제거한 커피이다.
② 에스프레소 커피는 고압의 수증기로 추출한 커피이다.
③ 아라비카종은 이디오피아가 원산지이다.
④ 코코아(Cocoa)는 카카오 열매의 과육을 말려 가공한다.

📁 **Tip**
코코아는 카카오나무 열매(카카오콩)로 만든다.

02 리큐르(Liqueur)의 여왕이라고 불리며 프랑스 수도원의 이름을 가지고 있는 것은?

① 드람뷰이(Drambuie)
② 베네딕틴(Benedictine)
③ 체리브랜디(Cherry Brandy)
④ 샤르트뢰즈(Chartreuse)

📁 **Tip**
샤르트뢰즈(Chartreuse) : 프랑스어로 '수도원, 승원'이란 뜻이며 리큐르의 여왕이라 불린다. 레몬 껍질, 박하초 등 130여 가지나 되는 약초를 포도주에 침지하여 증류해서 만들어졌다.

03 피나콜라다 칵테일에 들어가는 재료가 아닌 것은?

① Orange Juice
② Pineapple Juice
③ Pina Colada Mix
④ Rum

📁 **Tip**
피나콜라다는 파인애플 언덕이라는 뜻으로 럼과 피나콜라다 믹스, 파인애플주스를 크러시드 아이스와 함께 블렌딩기법으로 만들며 파인애플과 체리로 장식한다.

04 다음 중 호크 와인(Hock Wine)은?

① 독일 라인산 화이트 와인
② 프랑스 버건디산 화이트 와인
③ 스페인 호크하임엘산 레드 와인
④ 이탈리아 피에몬테산 레드 와인

📁 **Tip**
독일의 라인와인(Rhine Wine)을 영어로 지칭하는 말이다.

05 칵테일의 5대 요소가 아닌 것은?

① 향(Flavor)
② 잔(Glass)
③ 기법(Method)
④ 장식(Decoration)

📁 **Tip**
칵테일의 5대 요소는 맛, 향, 색, 장식, 잔이다.

06 다음 중 사과를 발효시켜 만든 음료는?

① Cidre
② Soda Water
③ Ginger Ale
④ Tonic Water

📁 **Tip**
사이다 또는 시드르는 사과를 발효시켜 만든 사과주이다. 알코올 도수는 1~6% 정도다.

07 다음 중 당분을 분해하여 알코올과 탄산가스를 만드는 작용을 하는 원료는 무엇인가?

① Water
② Hop
③ Seed
④ Yeast

📂 **Tip**
효모(Yeast)는 미생물로 발효시 당을 먹고 알코올과 이산화탄소를 만든다.

08 셰리 와인 숙성 중 솔레라(Solera) 시스템에 대한 설명으로 옳은 것은?

① 소량씩의 반자동 블렌딩 방식이다.
② 영한 와인보다 숙성된 와인을 채워주는 방식이다.
③ 빈티지 셰리와인을 만들 때 사용한다.
④ 주정을 채워 주는 방식이다.

📂 **Tip**
오래된 와인에 새로운 와인을 첨가함으로써 일정한 품질의 와인을 생산하는 방식

09 Standard Recipe란?

① 표준 판매가
② 표준 제조표
③ 표준 조직표
④ 표준 구매가

📂 **Tip**
표준 제조표(레시피)는 일정한 맛을 유지하고, 원가를 책정하기 위해 필요하다.

10 맥주의 보관에 대한 내용으로 옳지 않은 것은?

① 장기 보관할수록 맛이 좋아진다.
② 맥주가 얼지 않도록 보관한다.
③ 직사광선을 피한다.
④ 적정온도(4~10도)에 보관한다.

📂 **Tip**
맥주는 유통기한이 있고, 선입선출(F.I.F.O)로 관리해야 한다.

11 혼성주(Compounded Liquor) 종류에 대한 설명으로 틀린 것은?

① 아드보카트(Advocaat)는 브랜디에 달걀노른자와 설탕을 혼합하여 만들었다.
② 드람뷰이(Drambuie)는 사람을 만족시키는 음료라는 뜻을 가지고 있다.
③ 아르마냑(Armagnac)은 체리향을 혼합하여 만든 술이다.
④ 칼루아(Kahlua)는 증류주에 커피를 혼합하여 만든 술이다.

📂 **Tip**
아르마냑은 프랑스의 코냑과 함께 유명한 브랜디를 생산하는 지역이다.

12 다음 중 Aperitif의 특징이 아닌 것은?

① 식욕촉진용으로 많이 사용된다.
② 당분이 많이 함유된 단맛이 있는 술이다.
③ 라틴어 Aperire(Open)에서 유래되었다.
④ 약초계를 많이 사용하기 때문에 씁쓸한 향을 지니고 있다.

📂 **Tip**
아페리티프(Aperitit)는 식전 음료로 단맛이 없는 드라이한 음료가 좋다.

13 다음 중 생맥주의 취급 기본원칙으로 옳지 않은 것은?

① 청결 유지　　② 적정 온도 준수
③ 후입선출　　④ 적정 압력 유지

📁 **Tip**
생맥주는 신선도가 중요하므로 선입선출을 철저히 준수해야 한다.

14 다음 중 Dry Martini를 만들 때 사용하는 칵테일 기구로 적합하지 않은 것은?

① Mixing Glass　　② Bar Strainer
③ Bar Spoon　　④ Shaker

📁 **Tip**
드라이 마티니 : 스터 기법(Stirring)

15 다음 중 잭 다니엘(Jack Daniel)과 버번 위스키(Bourbon Whiskey)의 차이점은?

① 옥수수 사용 여부
② 단풍나무 숯을 이용한 여과과정의 유무
③ 내부를 불로 그을린 오크통에서 숙성시키는지의 여부
④ 미국에서 생산되는지의 여부

📁 **Tip**
잭 다니엘은 테네시 위스키로 사탕단풍나무 숯으로 여과과정(링컨 카운티 프로세스)을 거쳐 매우 부드러운 위스키가 만들어진다는 특징이 있다.

16 다음 중 아이리시 위스키(Irish Whiskey)는?

① John Jameson　　② Old Forester
③ Old Parr　　④ Imperial

📁 **Tip**
- 아이리시 위스키 : 존 제임슨(John Jameson), 올드 부시밀(Old Bushmills)
- 버번 위스키 : 올드 포레스터
- 스카치 위스키 : 올드 파, 임페리얼

17 버번 위스키(Bourbon Whiskey)는 Corn 재료를 약 몇 % 이상 사용하는가?

① Corn 0.1%　　② Corn 12%
③ Corn 20%　　④ Corn 51%

📁 **Tip**
버번위스키 옥수수 51% 이상 / 콘위스키 옥수수 80% 이상

18 포도 품종의 그린 수확(Green Harvest)에 대한 설명으로 옳은 것은?

① 수확량을 제한하기 위한 수확
② 청포도 품종 수학
③ 완숙한 최고의 포도 수확
④ 포도원의 잡초 제거

📁 **Tip**
Green Harvest : 포도의 품질을 위해 일부 포도송이를 솎아내는 작업

19 다음 민속주 중 약주가 아닌 것은?

① 한산 소곡주　　② 경주 교동법주
③ 아산 연엽주　　④ 진도홍주

> 📁 **Tip**
> 진도 홍주는 증류주이다.

20 맥주의 효능과 가장 거리가 먼 것은?

① 항균작용
② 이뇨 억제 작용
③ 식욕 증진 및 소화 촉진 작용
④ 신경 진정 및 수면 촉진 작용

> 📁 **Tip**
> 맥주는 이뇨 촉진 작용을 한다.

21 브랜디와 코냑에 대한 설명으로 옳은 것은?

① 브랜디와 코냑은 생산지역에 따라 분류된다.
② 브랜디와 코냑은 내용물의 알코올 함량에 차이가 있다.
③ 브랜디와 코냑은 재료의 성질에 차이가 있다.
④ 브랜디와 코냑은 연도별로 구분한 것이다.

> 📁 **Tip**
> 코냑은 코냑 지방에서 만든 생산지역에 따라 인증을 받는다.

22 와인을 막고 있는 코르크가 곰팡이에 오염되어 와인의 맛이 변하는 것으로 와인에서 종이 박스 향취, 곰팡이 냄새 등이 나는 것을 의미하는 현상은?

① 부케(Bouquet) ② 부쇼네(Bouchonne)
③ 네고시앙(Negociant) ④ 귀부병(Noble Rot)

> 📁 **Tip**
> • **네고시앙**: 와인상이나 중간 제조업자로 포도 생산업자에게 와인을 구입하여 숙성, 블렌딩한 후 병입하여 판매한다.
> • **부쇼네**: 불량 코르크로 인한 변질된 와인, 곰팡이 냄새가 나는 와인이다. 프랑스어로 병마개 부숑(Bouchon)에서 파생된 단어이다.
> • **귀부병**: 수확시기가 늦어진 포도로 습한 날씨와 건조한 날씨가 교차하면서 포도의 미세한 곰팡이가 자라면서 포도의 수분을 증발시켜 당분이 높은 포도가 된다.
> • **부케**: 프랑스어로 다발 또는 묶음이라는 의미로 발효와 숙성을 통해 생선된 복합적인 향을 의미한다.

23 다음 중 탄산음료의 CO2에 대한 설명으로 틀린 것은?

① 청량감과 시원한 느낌을 준다.
② 단맛과 부드러운 맛을 부여한다.
③ 향기의 변화를 예방한다.
④ 미생물의 발육을 억제한다.

> 📁 **Tip**
> 이산화탄소는 탄산음료의 맛에 영향을 주지 않는다.

24 다음 중 차의 분류가 옳게 연결된 것은?

① 발효차 - 얼그레이 ② 불발효차 - 보이차
③ 반발효차 - 녹차 ④ 후발효차 - 재스민

> 📁 **Tip**
> ② 보이차 - 후발효차
> ③ 녹차 - 불발효차
> ④ 재스민 - 반발효차

25 브랜디의 제조공정에서 증류한 브랜디를 열탕소독한 White Oak Barrel에 담기 전 무엇을 채워 유해한 색소나 이물질을 제거하는가?

① Beer
② Gin
③ White Wine
④ Whisky

> **Tip**
> 화이트 와인의 향으로 유해한 색소나 이물질을 제거한다.

26 럼(Rum)의 주원료는 무엇인가?

① Corn
② Honey
③ Sugar Cane
④ Barley

> **Tip**
> 럼의 주원료는 사탕수수(Sugar Cane)와 당밀(Molasses)이다.

27 저온 살균되어 저장 가능한 맥주는?

① Lager Beer
② Draft Beer
③ Draught Beer
④ Unpasteurized Beer

> **Tip**
> Lager Beer는 저온 살균 맥주로 장기간 저장할 수 있다.

28 지봉유설에 전해오는 것으로 이것을 마시면 불로장생한다 하여 장수주로 유명하며, 주로 찹쌀과 구기자, 고유 약초로 만들어진 우리나라 고유의 술은?

① 두견주
② 백세주
③ 문배주
④ 이강주

> **Tip**
> 장수를 기원하는 술은 백세주이다.

29 다음 중 셰이킹(Shaking) 기법을 사용하는 재료로 가장 거리가 먼 것은?

① 혼성주와 생크림
② 증류주와 달걀
③ 증류주와 탄산수
④ 혼성주와 혼성주

> **Tip**
> 탄산수는 셰이킹을 하면 탄산가스가 분출되어 셰이커가 터질 수 있다.

30 다음 중 Sugar Frost로 만드는 칵테일은?

① Rob Roy
② Kiss of Fire
③ Margarita
④ Angel's Tip

> **Tip**
> Kiss of Fire, 설탕 / Margarita, 소금

31 맥주의 계절별 알맞은 온도는?

① 여름 2~6℃, 겨울 17~19℃
② 여름 4~8℃, 겨울 8~10℃
③ 여름 8~12℃, 겨울 12~16℃
④ 여름 12~16℃, 겨울 20~24℃

32. 표준 레시피(Standard Recipes)를 설정하는 목적에 대한 설명 중 틀린 것은?

① 원가계산을 위한 기초 제공
② 표준 조주법 이용으로 노무비 절감에 기여
③ 특정인에 대한 의존도를 높임
④ 품질과 맛의 계속적인 유지

Tip
표준 레시피가 설정 되어있다면 누구나 동일한 품질을 유지할 수 있다.

33. 위생적인 주류 취급방법으로 틀린 것은?

① 창고에 보관할 때는 Bin Card를 작성한다.
② 사용한 주류는 항상 뚜껑을 닫아둔다.
③ 백포도주의 적정 냉각도는 실온이다.
④ 먼지가 많은 양주는 깨끗이 닦아 Setting한다.

Tip
화이트 와인은 차갑게 보관한다(약 7~10℃).

34. Onion 장식을 하는 칵테일은?

① Margarita   ② Martini
③ Rob Roy   ④ Gibson

Tip
- 마가리타 : 소금 리밍
- 마티니 : 올리브
- 롭로이 : 체리

35. 칵테일 조주 시 각종 주류와 부재료를 재는 표준용량 계량기는?

① Hand Shaker   ② Mixing Glass
③ Squeezer   ④ Jigger

Tip
지거는 표준계량컵으로 작은 쪽은 1oz, 큰 쪽은 1.5oz이다.

36. 보졸레누보(Beaujolais Nouveau)에서 '누보(Nouveau)'를 영어로 바꾼다면 이 중 알맞은 단어는?

① Fresh   ② New
③ Best   ④ Quality

Tip
보졸레누보는 햇포도주로 기존 레드 와인에 비해 맛이 가볍고 신선하다. 소비의 회전이 빠르기 때문에 값이 비싸지 않고 대중주로 사랑받고 있다. 11월 셋째 주 목요일에 출시된다.

37. 이탈리아의 와인 용어 중 클라시코(Classico)라고 표시된 것은 무엇을 의미하는가?

① 오크통에서 발효시키고 그 통에서 숙성시킨 와인
② 음악가, 화가 등 예술가들이 만든 와인
③ DOC 지역의 중심으로 예전부터 있었던 명산지
④ 500년 이상의 역사를 가진 와인에 붙이는 수식어

Tip
Classico(클라시코) : 특정 밭에서 재배되는 포도로 만든 와인. 즉, 일류라는 의미로 산지 내에서 전통적으로 가장 중심이 되는 지역

38 민속주 중 가장 오래된 술로 누룩을 적게 쓰며 일명 앉은뱅이술이라고 불리는 술은?

① 계명주 ② 소곡주
③ 과하주 ④ 삼해주

> **Tip**
> 한산 소곡주는 충남 무형문화재로 지정되었다.

39 다음 중 단식증류기의 특징이 아닌 것은?

① 시설비가 저렴하다.
② 맛과 향의 파괴가 적어 품질이 좋다.
③ 재증류의 번거로움으로 인해 대량생산이 불가능하다.
④ 보드카, 럼 등이 대표상품이다.

> **Tip**
> 보드카, 럼, 그레인 위스키 등은 연속증류기를 사용한다.

40 다음 중 스페이사이드의 대표적인 몰트 위스키가 아닌 것은?

① 발렌타인(Ballantines)
② 더 글렌리벳(The Glenlivet)
③ 글렌피딕(Glenfiddich)
④ 더 맥캘란(The Macallan)

> **Tip**
> 발렌타인은 블렌디드 위스키이다.

41 'Whisky On The Rocks'을 제공하는 절차를 설명한 것으로 틀린 것은?

① 어떤 산지의 위스키인지 파악한다.
② 원하는 상표를 확인한다.
③ 온더락 잔에 위스키를 넣고 얼음을 채운다.
④ 코스터(Coaster)를 깔고 음료를 제공한다.

> **Tip**
> 잔에 얼음을 먼저 채운 다음 음료를 넣는다.

42 다음 중 조주방법이 틀린 것은?

① Dry Martini ② B-52
③ Pousse cafe ④ Angel's kiss

> **Tip**
> 드라이 마티니 : 스터(Stir) / 나머지는 플로팅(Floating)

43 다음 중 세계 3대 홍차의 분류에 해당하지 않는 것은?

① 기문차 ② 우롱차
③ 다즐링 ④ 우바

> **Tip**
> 세계 3대 명차 :
> 인도 다즐링(Darjeeling), 중국 기문차, 스리랑카 우바(Uva)

44 다음 커피의 명칭 중 항구의 이름에서 유래한 것은?

① 킬리만자로(Kilimanjaro)
② 코나(Kona)
③ 산토스(Santos)
④ 이르가체프(Yirgacheffe)

> **Tip**
> 항구의 이름에서 유래된 커피 명칭으로 예멘의 모카, 브라질의 산토스가 있다.

45 다음 중 베리에이션(Variation) 메뉴에 해당되는 것은?

① 에스프레소
② 리스트레토
③ 아메리카노
④ 카페라떼

> **Tip**
> ④ 카페라떼 : 커피 원액에 우유가 추가된 것
> ① 에스프레소 : 25~30ml 정도의 커피 원액
> ② 리스트레토 : 일반적인 에스프레소보다 양이 적은 것
> ③ 아메리카노 : 커피 원액에 물을 추가한 것

46 칵테일의 형태에 따른 분류로 옳지 않은 것은?

① 하이볼(Highball) - 하이볼 글라스에 제공되며 탄산 음료가 섞여서 제공된다.
② 프라페(Frappe) - '잘 냉각된'이란 뜻으로 가루 얼음을 넣어 차게 한 음료를 말한다.
③ 크러스타(Crusta) - 레몬이나 오렌지 껍질을 잔에 넣어서 만든 음료를 말한다.
④ 스쿼시(Squash) - 천연과즙 주스와 함께 제공한 음료를 말한다.

> **Tip**
> ④ 스쿼시 : 천연과즙 + 탄산수

47 식욕을 자극시키는 칵테일로 단맛은 없고 신맛이나 약간의 떫은맛이 들어가는 칵테일은 무엇인가?

① Aperitif Cocktail
② Dessert Cocktail
③ Highball
④ Toddy

> **Tip**
> 식전 칵테일(Aperitif Cocktail)

48 와인의 발효 전이나 후에 브랜디나 당분을 섞고, 약초나 향초를 첨가하여 향을 강화시킨 와인으로 아페리티프 와인(Aperitif Wine)으로 만든 것이지만 칵테일 재료로 널리 쓰이는 것은?

① 카바(Cava)
② 젝트(Sekt)
③ 크레망(Cremant)
④ 베르무트(Vermouth)

> **Tip**
> ①, ②, ③은 스파클링 와인이다.

49 다음 중 알코올 도수가 가장 높은 것은?

① 두견주
② 감홍로
③ 소곡주
④ 부의주

> **Tip**
> ①, ③, ④는 청주로 알코올 도수가 낮다.

50. 다음 중 코냑이 아닌 것은?

① Hennessey ② Remy Martin
③ Chabot ④ Martell

📁 **Tip**
샤보, 아르마냑 / 나머지, 코냑

51. Are there any famous bar around here?

① The flair bar across the street is good.
② Let's get something to eat.
③ I brought my lunch.
④ I've already eaten.

📁 **Tip**
이 근처에 유명한 바가 어디예요?
① 건너편에 있는 플레어 바가 괜찮아요.
② 잠시 들러서 뭐 좀 먹어요.
③ 저는 점심을 싸왔어요.
④ 저는 이미 먹었어요.

52. 다음 (　　) 안에 적합한 단어는?

| I'd like to make a reservation (　　) three (　　) six tonight. |

① at - for ② at - of
③ for - at ④ for - to

📁 **Tip**
오늘 밤 여섯 시에 세 사람 자리를 예약하고 싶어요.

53. 다음 (　　) 안에 적합한 단어는?

| A : How do you like it here?
B : It's nice. I love it.
A : Do you come here (　　)?
B : Sometimes come. |

① well ② it
③ often ④ particularly

📁 **Tip**
A : 이 집 분위기 어때요?
B : 좋아요 무척 마음에 들어요.
A : 여기 자주 오세요?
B : 가끔 옵니다.

54. Which is not Scotch whisky?

① Jim Beam ② Cutty Sark
③ J&B ④ Ballantine

📁 **Tip**
짐빔 American whiskey이다.

55. Which is the most famous orange flavored cognac liqueur?

① Drambuie ② Galliano
③ Grand Marnier ④ Kahlua

📁 **Tip**
코냑 베이스에 오렌지향 리큐르는 그랑마니에르이다.

56. Which country does Campari come from?

① France ② Italy
③ America ④ Scotland

> **Tip**
> 캄파리는 어느 나라에서 왔습니까?
> 캄파리는 이탈리아 식전주

57 다음 ( ) 안에 들어갈 알맞은 것은?

> This is our first visit to Korea and before we ( ) our dinner, we want to ( ) some domestic drinks here.

① having, trying
② serving, be served
③ have, try
④ serve, served

> **Tip**
> 이번이 저희의 한국 첫 방문입니다. 저녁식사 전 국내 주류들을 한번 시음해 보고 싶습니다.

58 다음 ( ) 안에 들어갈 알맞은 것은?

> ( ) is a Caribbean coconut flavored rum originally from Barbados.

① Sambuca
② Maraschino
③ Southern comfort
④ Malibu

> **Tip**
> 말리부는 카리브해 지역의 코코넛 향 럼이다.

59 다음 ( ) 안에 적합한 단어는?

> A: Good evening, May I take your order now?
> B: Yes, I'll have a Salmon Steak, please.
> A: How would you like the steak?
> B: ( ), please.

① Rare
② Service
③ I don't know
④ Chocolate

> **Tip**
> A: 안녕하세요, 지금 주문을 하시겠습니까?
> B: 네, 연어스테이크를 주십시오.
> A: 스테이크는 어떻게 해 드릴까요?
> B: 살짝만 익혀 주세요.

60 다음 ( ) 안에 적합한 단어는?

> A: Do you have anything to read?
> B: We have Korean newspapers and magazines.
> A: ( ) I have a paper, Please?

① What
② Could
③ How
④ Does

> **Tip**
> A: 읽을 만한 것이 있을까요?
> B: 한국어 신문이나 잡지가 있습니다.
> A: 한국어 신문 주세요.

정답

01	④	02	④	03	①	04	①	05	③
06	①	07	④	08	①	09	②	10	①
11	③	12	②	13	③	14	④	15	②
16	①	17	④	18	①	19	④	20	②
21	①	22	②	23	②	24	①	25	③
26	③	27	①	28	②	29	③	30	②
31	②	32	③	33	③	34	④	35	④
36	②	37	③	38	②	39	④	40	①
41	③	42	①	43	②	44	③	45	④
46	④	47	①	48	④	49	②	50	③
51	①	52	③	53	③	54	①	55	③
56	②	57	③	58	④	59	①	60	②

2020년 1회 필기 기출

01 프라페(Frappe)를 만들 때 사용하는 얼음은?

① Cubed Ice
② Shaved Ice
③ Cracked Ice
④ Block of Ice

> **Tip**
> 프라페 칵테일은 Shaved Ice 또는 Crushed Ice를 사용한다.

02 다음에서 설명하는 와인 산지는 어디인가?

> 대서양에 근접한 지역으로 세계 와인 산지 중에서 가장 큰 영향력을 가지고 있다. 주요 포도 품종은 메를로, 카베르네 소비뇽, 카베르네 프랑, 세미용, 소비뇽 블랑으로 두 가지 품종 이상을 블렌딩한다. 지롱드강, 도르도뉴강, 가 론강이 중요한 역할을 하고 있다.

① 보르도(Bordeaux)
② 코냑(Cognac)
③ 프로방스(Provence)
④ 버건디(Burgundy)

> **Tip**
> 까베르네 소비뇽은 보르도 지방의 대표 적포도 품종이다.

03 과일이나 곡류를 발효시킨 술을 기초로 하거나 증류주에 감미와 천연 추출물 등을 첨가한 것은?

① 양조주(Fermented Liquor)
② 증류주(Distilled Liquor)
③ 혼성주(Liqueur)
④ 그라파(Grappa)

> **Tip**
> 혼성주는 주로 알코올 도수가 높은 증류주에 약초, 향초 등과 당분을 혼합해 만든다.

04 다음 중 와인 등급의 설명으로 틀린 것은?

① 카비네트(Kabinett) - 보통 수확기에 만든 와인
② 아우스레제(Auslese) - 잘익은 포도송이를 선별하여 만든 와인
③ 슈패트레제(Spatlese) - 늦따기 포도로 만든 와인 (7~10일 늦게 수확하여 좀 더 성숙되었을 때 만든 와인)
④ 아이스바인(Eiswein) - 잘 익은 포도송이만을 손으로 골라 수확하여 만든 최고 품질의 와인

> **Tip**
> 아이스바인(Eiswein)은 얼린 포도로 만든 디저트용 와인이다.

05 맥주의 원료 홉(Hop)에 대한 설명으로 틀린 것은?

① 맥주 특유의 향기와 고미 등 상쾌한 쓴맛을 낸다.
② 신경중추에 작용하여 신경을 진정시켜 숙면을 촉진하는 효과가 있다.
③ 맥주 거품을 일으키는 효과가 있다.
④ 보존성이 약해 잡균의 침입에 약하다.

> **Tip**
> ④ 보존성이 뛰어나 신선도를 향상시켜 준다.

06 프랑스 보르도(Bordeaux) 지방의 와인이 아닌 것은?

① 보졸레(Beaujolais), 론(Rhone)
② 메독(Medoc), 그라브(Grave)
③ 포므롤(Pomerol), 소테른(Sauternes)
④ 생떼밀리옹(Saint-Emilion), 바르삭(Barsac)

> **Tip**
> 보졸레(Beaujolais)는 부르고뉴 와인 산지이다.

> **Tip**
> 불필요한 대화의 참여는 지양해야 한다.

07 맥주의 재료인 홉(Hop)의 설명으로 옳지 않은 것은?

① 자웅이주 식물로서 수꽃인 솔방울 모양의 열매를 사용한다.
② 맥주의 쓴맛과 향을 낸다.
③ 단백질을 침전 제거하여 맥주를 맑고 투명하게 한다.
④ 거품의 지속성 및 항균성을 부여한다.

> **Tip**
> 홉(Hop) : 뽕나무과, 삼나무과 식물로서 암수가 서로 다른 다년생의 넝쿨식물로 양조용으로 수정되지 않은 암꽃을 사용한다.

10 달걀, 설탕 등의 부재료가 사용되는 칵테일을 혼합할 때 사용하는 기구는?

① Shaker ② Mixing Glass
③ Strainer ④ Muddler

> **Tip**
> 달걀, 설탕 등 잘 섞이지 않는 재료는 셰이킹 기법으로 만든다.

08 커피(Coffee) 제조방법이 아닌 것은?

① 디캔터(Decanter)
② 퍼콜레이터(Percolator)
③ 에스프레소(Espresso)
④ 드립(Drip Filter)

> **Tip**
> 디캔팅는 와인에서 술의 침전물을 거르기 위해 병에서 디캔터로 옮기는 방법이다.

11 와인 제공 순서에 대한 설명으로 옳지 않은 것은?

① 드라이 와인(Dry Wine)을 달콤한 와인(Sweet Wine)보다 먼저 제공한다.
② 화이트 와인은 레드 와인보다 나중에 대접하는 것이 좋다.
③ 가벼운 와인이 먼저 제공되고, 무거운 와인은 가벼운 와인 후에 제공해야 한다.
④ 최근 생산된 와인을 오래 숙성된 와인보다 우선적으로 제공한다.

> **Tip**
> 화이트 와인 → 레드 와인 순으로 제공한다.

09 바텐더가 지켜야 할 사항 중 잘못된 것은?

① 항상 고객의 입장에서 근무하여 고객을 공평하게 대할 것
② 업장에 손님이 없을 시에도 서비스 자세를 바르게 유지할 것
③ 고객의 취향에 맞추어 서비스할 것
④ 고객끼리의 대화를 할 경우 적극적으로 대화에 참여할 것

12 프랑스 와인 상표에 'Vin de Pays d'Oc'은 어느 지역 와인인가?

① 랑그독 루시옹(Languedoc Roussillon)
② 보르도(Bordeaux) 및 코냑(Cognac)
③ 론(Rhone) 일부, 프로방스(Provence)
④ 남서부 지역(Sud-Ouest)

> **Tip**
> 뱅드 페이(Vin de Pays)는 지역등급 와인이다. 지방와인을 뜻한다.

13 보르도(Bordeaux) 와인 생산지역을 지롱드 강과 가론 강을 중심으로 나눌 경우 좌안(Left bank)에 해당되지 않는 지역은?

① 메독(Medoc)
② 그라브(Graves)
③ 소테른(Sautemes)
④ 포므롤(Pomerol)

📁 **Tip**
포므롤은 지롱드강의 상류인 두르도뉴 강변의 오른쪽에 붙어있는 생테밀리옹과 바로 붙어 있는 지역이다.

14 보졸레누보(Beaujolais Nouveau)에서 '누보(Nouveau)'를 영어로 바꾼다면 이 중 알맞은 단어는?

① Fresh
② New
③ Best
④ Quality

📁 **Tip**
보졸레누보는 햇포도주로 기존 레드 와인에 비해 맛이 가볍고 신선하다. 소비의 회전이 빠르기 때문에 값이 비싸지 않고 대중주로 사랑받고 있다. 11월 셋째 주 목요일에 출시된다.

15 이탈리아의 와인 용어 중 클라시코(Classico)라고 표시된 것은 무엇을 의미하는가?

① 오크통에서 발효시키고 그 통에서 숙성시킨 와인
② 음악가, 화가 등 예술가들이 만든 와인
③ DOC 지역의 중심으로 예전부터 있었던 명산지
④ 500년 이상의 역사를 가진 와인에 붙이는 수식어

📁 **Tip**
Classico(클라시코) : 특정 밭에서 재배되는 포도로 만든 와인. 즉, 일류라는 의미로 산지 내에서 전통적으로 가장 중심이 되는 지역

16 세계 최초로 물을 상품화한 기업이자 광천수를 이용하여 먹는 샘물로 나온 브랜드는 무엇인가?

① 셀처
② 비시
③ 에비앙
④ 페리에

📁 **Tip**
에비앙, 프랑스 동부 알프스 산자락, 레만호 남안에 있는 에비앙 마을에서 빙하가 녹아 생성되는 호숫물로 만든 프랑스 생수이다.

17 다음 중 보드카의 설명으로 옳지 않은 것은?

① 원료는 주로 보리, 밀, 호밀, 옥수수, 감자 등이 사용된다.
② 보드카는 슬라브 민족의 국민이다.
③ 보드카는 러시아에서만 생산된다.
④ 보드카에 향을 가미한 것을 플레이버 보드카라 부른다.

📁 **Tip**
폴란드, 핀란드, 스웨덴, 덴마크, 에스토니아, 라트비아 등에서 생산한다.

18 다음 중 당분을 측정하는 단위가 아닌 것은?

① 보메(Baume)
② 웩슬레(öechsle)
③ 온스(Ounce)
④ 브릭스(Brix)

📁 **Tip**
③ 온스(Ounce)는 부피 무게의 단위이다.

19 다음 중 샴파뉴의 당분 표시 중 당분 함량이 가장 적은 것은?

① 브뤼(Brut) ② 엑스트라 섹(Extra Sec)
③ 섹(Sec) ④ 두(Doux)

> **Tip**
> - 브뤼 : 0~1%
> - 엑스트라 섹 : 1~2%
> - 섹 : 3~6%
> - 두 : 10~15%

20 다음 중 스파클링 와인의 제조과정을 올바르게 나열한 것은?

① 포도 수확 - 파쇄 및 압착 - 발효 - 아상블라주 - 효모 및 당분 첨가 - 르뮈아쥬 - 데고르주망 - 병입
② 포도 수확 - 아상블라주 - 파쇄 및 압착 - 발효 - 효모 및 당분 첨가 - 데고르주망 - 르뮈아쥬 - 병입
③ 포도 수확 - 파쇄 및 압착 - 발효 - 효모 및 당분 첨가 - 아상블라주 - 데고르주망 - 르뮈아쥬 - 병입
④ 포도 수확 - 아상블라주 - 파쇄 및 압착 - 발효 - 르뮈아쥬 - 효모 및 당분 첨가 - 데고르주망 - 병입

> **Tip**
> - **스파클링 와인 제조과정** : 포도 수확 - 파쇄 및 압착 - 발효 - 아상블라주 - 효모 및 당분 첨가 - 르미아주 - 데고르주망 - 병입
> - **샴페인 제조과정** : 포도수확 - 압착 - 1차발효 - 블렌딩 - 2차발효 및 숙성 - 르미아주 - 데고르주망 - 도자주 - 병입

21 에스프레소 커피 추출이 빨리 이루어지는 원인이 아닌 것은?

① 너무 굵은 분쇄입자 ② 약한 탬핑 강도
③ 너무 많은 커피 사용 ④ 높은 펌프 압력

> **Tip**
> 너무 많은 커피를 사용하면 커피 추출속도가 느려지며 과다 추출된다.

22 다음 중 구매부서의 기능과 역할이 아닌 것은?

① 판매 ② 검수
③ 저장 ④ 불출

> **Tip**
> 구매부서에서 판매를 하지 않는다.

23 매입법이라고도 하며 장부상 먼저 입고된 것부터 순차적으로 사용하거나 판매하는 것으로 신선도 유지에 좋은 재고관리를 무엇이라 하는가?

① 선입선출법 ② 선입후출법
③ 후입선출법 ④ 후입후출법

> **Tip**
> **선입선출(F.I.F.O)** : 먼저 들어온 것을 먼저 사용한다.

24 다음 중 푸스카페(Pousse Cafe)를 만들 때 맨 나중에 넣어야 할 재료는 무엇인가?

① Brandy
② Creme de Menthe(Green)
③ Creme de Menthe(White)
④ Grenadine Syrup

> **Tip**
> 푸스카페 = 그라나딘 시럽 → 크렘드 민트(그린) → 브랜디

25 Dry Martini를 만들 때 사용하는 기물과 조주기법을 올바르게 나열한 것은?

① Shaker Stir
② Mixing Glass Stir
③ Blender Shaker
④ Mixing Glass Shaker

> **Tip**
> 드라이 마티니 = 드라이진 + 드라이 베르뭇
> **장식**: 올리브, **기법**: 스터(Stir)

26 다음 중 소주의 설명으로 잘못된 것은?

① 소주는 개성 지방에서 '아주'라고 부른다.
② 소주가 우리나라에 처음 들어온 시기는 조선시대부터이다.
③ 조선조 말 다량으로 생산되어 값이 저렴해서 서민의 술로 자리 잡았다.
④ 처음에는 상당히 고급주이면서 사치스러운 술로 권력가와 부유층이 즐겨 마셨다.

> **Tip**
> 소주가 우리나라에 처음 들어온 건 고려 말이다.

27 다음 전통주 중 이강주에 대한 설명으로 틀린 것은?

① 소주에 배와 생강이 들어갔다 하여 붙여진 이름이다.
② 술을 빚을 때 생강을 소량 넣게 되면 꿀보다 맛있는 맛과 꽃보다 좋은 향기를 낸다.
③ 안동의 특산주이다.
④ 계피와 생강에서 나는 독특한 맛이 있고 향이 부드럽고 매콤하면서도 시원한 맛을 준다.

> **Tip**
> 이강주는 전주의 특산주이다.

28 스트레이트 콘 위스키(Straight Corn Whiskey)란?

① 원료의 40% 이상 옥수수를 사용한 것
② 원료의 50% 이상 옥수수를 사용한 것
③ 원료에 옥수수 50%, 호밀 50%가 섞인 것
④ 원료의 80% 이상 옥수수를 사용한 것

> **Tip**
> 콘 위스키 옥수수 80% 이상 / 버번 위스키 옥수수 51% 이상

29 다음 중 단식증류기(Pot Still)로 증류한 것은?

① Dark Rum
② Jack Daniel's
③ Crown Royal
④ Grain Whisky

> **Tip**
> 단식증류기로 증류하는 것은 다크럼(헤비럼), 몰트 위스키가 있다.

30 효모의 생육조건이 아닌 것은?

① 적정 영양소
② 적정 온도
③ 적정 pH
④ 적정 알코올

> **Tip**
> 효모 + 당 → 알코올 + 이산화탄소

31 행사장에 임시로 설치해 간단한 주류와 음료를 판매하는 곳의 명칭은?

① Open Bar
② Dance Bar
③ Cash Bar
④ Lounge Bar

32 Draft(or Draught) Beer란?

① 미살균 맥주
② 살균 맥주
③ 살균 병맥주
④ 장기 저장 가능 맥주

> **Tip**
> 효모가 살균되지 않아 장기 저장이 불가능한 맥주

33 다음 중 위스키에 대한 설명이 아닌 것은?

① 세계 4대 위스키는 아이리시 위스키, 스카치 위스키, 아메리칸 위스키, 캐나디안 위스키이다.
② 위스키는 직사광선을 피해 보관해야 한다.
③ 최초의 위스키는 아메리칸 위스키이다.
④ 위스키는 숙성과정을 거친다.

> **Tip**
> 최초의 위스키는 아이리시 위스키이다.

34 다음 중 생산지가 옳게 연결된 것은?

① 코로나 - 멕시코
② 하이네켄 - 영국
③ 밀러 - 일본
④ 아사히 - 미국

> **Tip**
> 하이네켄(네덜란드), 밀러(미국), 아사히(일본)

35 커피를 다량으로 섭취하는 사람이 가장 많이 보충해주어야 할 영양소는?

① 비타민 A
② 비타민 D
③ 오메가 3
④ 칼슘

> **Tip**
> 카페인은 칼슘 흡수를 방해하므로 우유가 들어간 라떼나 카푸치노 등의 베리에이션 음료를 마시는 것도 좋다.

36 다음 중 Margarita Cocktail에 알맞은 Glass와 장식은?

① Mixing Glass - Lime Peel
② Cocktail Glass - Lemon Peel
③ Mixing Glass - Sugar Rim
④ Cocktail Glass - Salt Rim

> **Tip**
> 마가리타=데킬라+트리플섹+라임
> **장식**:소금 리밍, **기법**:셰이킹, **잔**:칵테일 글라스

37 다음 중 소믈리에의 직무에 관한 설명으로 가장 거리가 먼 것은?

① 와인을 진열, 점검, 관리하며 와인을 판매하는 전략을 세운다.
② 고객에게 와인을 추천하여 주문받고 서브한다.
③ 영업장의 와인 리스트를 체크하고 하우스 와인을 선택 한다.
④ 안주나 음식은 주방의 소관으로 신경 쓰지 않아도 된다.

> **Tip**
> 음식도 와인과 페어링이 중요하므로 함께 신경써야 한다.

38 주장의 종류 중 Classic Bar의 특징과 가장 거리가 먼 것은?

① 조용하고 편안한 영업장으로 서비스 중점의 주장이다.
② 다양한 연령층이 방문하기 때문에 바텐더들의 정중한 언행이 습관화되어 있다.
③ 플레어 기술과 파티장을 연상케 하는 분위기도 연출 된다.
④ 칵테일 조주 시 정확한 용량과 기법으로 제공한다.

> **Tip**
> 화려한 바텐딩 기술을 선보이는 BAR는 플레어BAR이다.

39 내열성이 강한 유리잔에 제공되는 칵테일은?
① Grasshopper ② Tequila Sunrise
③ New York ④ Irish Coffee

> **Tip**
> 뜨거운 칵테일은 아이리시 커피이다.

40 다음 중 기법이 다른 하나는 무엇인가?
① Dry Martini ② Manhattan
③ Gibson ④ Negroni

> **Tip**
> 네그로니(Negroni), 직접 넣기(Build) 나머지, 휘젓기(Stir)

41 주세법상 용어의 설명이 틀린 것은?
① 주류 : 알코올분 1도 이상의 음료를 말한다.
② 주조연도 : 매년 1월 1일부터 9월 30일까지의 기간을 말한다.
③ 밑술 : 효모를 배양/증식한 것으로서 당분이 포함되어 있는 물질을 알코올 발효시킬 수 있는 재료를 말한다.
④ 국 : 녹말이 포함된 재료에 곰팡이류를 번식시킨 것을 말한다.

> **Tip**
> 주조연도는 매년 1월 1일부터 12월 31일까지의 기간이다.

42 What is not the material of dry martini?
① Dry Gin ② Dry Vermouth
③ Scotch whisky ④ Green Olive

> **Tip**
> 드라이 마티니의 재료가 아닌 것은?

43 What is the sour cocktail with lots of Lemon juice in the spirits?
① Highball ② Fizz
③ Collins ④ Sour

> **Tip**
> 증류주에 레몬주스를 많이 넣어 시큼한 맛의 칵테일은 무엇인가?

44 What is aperitif wine?
① Ice Wine ② Red Wine
③ Rice Wine ④ Dry Sherry

> **Tip**
> 스페인의 강화 와인인 Dry Sherry는 식전 와인이다.

45 다음 중 양조주의 설명으로 틀린 것은?
① 알코올 도수가 낮고 맛과 향이 살아 있어 맛있다.
② 장기보관이 가능하다.
③ 선입선출(FIFO)에 주의해야 한다.
④ 각 지역마다 나라마다 다양한 종류가 있다.

> **Tip**
> 양조주는 알코올 도수가 낮아 장기보관이 힘들다.

46 다음에서 설명하는 Glass는 무엇인가?

> 하이볼, 피즈 등 Long Drink를 마실 때 주로 사용하며 청량음료를 제공할 때도 많이 사용된다.

① Sour Glass   ② Champagne Glass
③ Highball Glass   ④ Goblet Glass

Tip
하이볼, 피즈 등은 탄산음료가 들어가기 때문에 탄산감을 유지하기 위해 입구가 좁고 긴 하이볼글라스를 사용한다.

47 다음 중 드람뷰이(Drambuie)에 대한 설명으로 적절하지 않은 것은?

① 스코틀랜드산의 유명한 리큐르이다.
② 알코올 도수가 낮아 냉장 보관이 필요하다.
③ 몰트 위스키에 꿀, 허브를 첨가하여 만드는 리큐르이다.
④ 고대 게릭어로 'Dram Buid Heach', '사람을 만족시키는 음료'라는 뜻이다.

Tip
② 알코올 도수는 40%이며 상온보관

48 다음 중 알코올이 함유되지 않은 커피는 무엇인가?

① 아이리시 커피   ② 베일리스 커피
③ 카페 로열   ④ 더치커피

Tip
더치커피 : 찬물로 내린 커피로 콜드 브루 커피라고도 한다.

49 Caraway를 사용하였으며 소화불량에 효과가 좋은 리큐르는?

① 캄파리(Campari)   ② 쿰멜(Kummel)
③ 베르무트(Vermouth)   ④ 드람뷰이(Drambie)

Tip
회양풀(Caraway)로 만든 리큐르로 네덜란드에서 처음 만들어졌다.

50 다음 (   ) 안에 들어갈 내용은?

> 스트레이트 콘 위스키(Straight Corn Whiskey)는 옥수수가 (   ) 이상 사용된다.

① 40%   ② 50%
③ 60%   ④ 80%

Tip
콘 위스키 옥수수 80% 이상 / 버번 위스키 옥수수 51% 이상

51 다음 전통주 칵테일 중에서 조주기법이 다른 것은?

① 금산   ② 고창
③ 힐링   ④ 진도

Tip
고창(Stir), 금산, 힐링, 진도(Shaking)

52 와인의 색에 따른 분류가 아닌 것은?

① Red wine
② Blue wine
③ White wine
④ Rose wine

> **Tip**
> 와인의 색상에 따른 분류 : 레드, 로제, 화이트

53 소주가 전해진 시기는?

① 삼국시대
② 통일신라
③ 고려시대
④ 조선시대

> **Tip**
> 소주는 고려시대 몽골군을 통해 증류법이 소개되고 만들어졌다.

54 냉장 보관하지 않아도 되는 와인은?

① 화이트 와인
② 샴페인
③ 아이스 와인
④ 주정강화 와인

> **Tip**
> 주정강화 와인은 알코올 도수가 높아 상온 보관가능하다.

55 Hot Drink cocktail이 아닌 것은?

① Godfather
② Irish Coffee
③ Jamaican Coffee
④ Tom and Jerry

> **Tip**
> 갓파더(God Father) = 스카치위스키 + 아마레또, 빌드 또는 스터기법으로 만드는 차가운 칵테일이다.

56 다음 문장에서 ( )에 들어갈 단어로 적합한 것은?

Please accept our apologies for the ( ).

① inconvenience
② convenience
③ help
④ inconveniencing

> **Tip**
> 불편을 끼쳐 드린 점에 대해 사과드립니다.

57 다음 중 의미가 다른 하나는?

① I'll pick up the tab.
② It's on me.
③ It's my treat this time.
④ Let's go dutch.

> **Tip**
> ④ 각자 계산합시다.
> ①, ②, ③ 이번에는 제가 사겠습니다.

58 Which of the following is not Distilled liquor?

① Vodka
② Gin
③ Calvados
④ Pulque

> **Tip**
> 증류주가 아닌 것을 묻는 문제로, 풀케는 멕시코의 양조주이다.

59 다음 ( )에 적합한 단어는?

I'd like to make a reservation ( ) three ( ) seven o'clock

① for - to
② for - at
③ at - of
④ at - for

📁 Tip
오늘 저녁 일곱 시에 세 사람 자리를 예약하고 싶어요.

60 〈I feel like throwing up〉의 의미는?

① 토할 것 같다
② 기분이 좋다
③ 공을 던지고 싶다
④ 술을 더 마시고 싶다

📁 Tip
Throw up ~ 토하다

정답

01	②	02	①	03	③	04	④	05	④
06	①	07	①	08	①	09	④	10	①
11	②	12	①	13	④	14	②	15	③
16	③	17	③	18	③	19	①	20	①
21	③	22	①	23	①	24	①	25	②
26	②	27	③	28	④	29	①	30	④
31	①	32	①	33	③	34	①	35	④
36	④	37	④	38	③	39	④	40	④
41	②	42	③	43	④	44	④	45	②
46	③	47	②	48	④	49	②	50	④
51	②	52	②	53	③	54	④	55	①
56	①	57	④	58	④	59	②	60	①

Chapter 27

2020년 2회 필기 기출

01 로제와인에 대한 설명으로 틀린 것은?

① 대체로 붉은 포도로 만든다.
② 제조 시 포도껍질은 같이 넣고 발효시킨다.
③ 오래 숙성시키지 않고 마시는 것이 좋다.
④ 일반적으로 상온(17~18℃) 정도로 해서 마신다.

📁 **Tip**
레드와인 15~19도 / 화이트와인 8~12도 / 로제와인 8~12도

02 다음 중 럼에 대한 설명으로 옳지 않은 것은?

① 럼은 사탕을 첨가하여 만든 혼성주이다.
② 럼의 향, 맛에 따라 라이트 럼, 미디엄 럼, 헤비 럼으로 분류된다.
③ 럼의 원산지는 서인도제도로 유럽의 식민정책 중 삼각 무역에 사용되었다.
④ 럼의 주원료는 사탕수수이다.

📁 **Tip**
럼은 사탕수수, 당밀을 원료로 발효, 증류를 거친 증류주이다.

03 우리나라의 전통주에 대한 설명으로 잘못된 것은?

① 탁주의 원료는 쌀, 밀 등 곡식을 주로 사용하였다.
② 탁주, 약주, 소주의 순서로 개발되었다.
③ 청주는 쌀의 향을 얻기 위해 주로 현미를 사용한다.
④ 증류주가 전래된 시기는 고려시대이다.

📁 **Tip**
청주의 원료는 백미 또는 찹쌀을 사용한다.

04 정찬코스에서 Hors d'oeuvre 또는 soup 대신에 마시는 우아하고 자양분이 많은 칵테일은?

① after dinner cocktail
② before dinner cocktail
③ club cocktail
④ night cap cocktail

📁 **Tip**
• hors-d'oeuvre : 프랑스어로 전채요리를 의미한다. (=애피타이저)
• Club Cocktail은 정찬 코스에 오르되브르나 스프대신 나오는 자극성이 강한 칵테일이다.

05 다음 중 생산지가 옳게 연결된 것은?

① 페리에 - 독일   ② 비시 - 오스트리아
③ 셀처 - 이탈리아   ④ 에비앙 - 프랑스

📁 **Tip**
• 페리에, 비시 : 프랑스
• 셀처 : 독일

06 식품위해요소중점관리기준이라 불리는 위생관리 시스템은?

① HACCP   ② HACPC
③ HAPPC   ④ HACPP

> **Tip**
> HACCP(Hazard Analysis and Critical Control Points)
> 식품 및 축산물의 원료관리 및 제조·가공·조리·유통의 모든 과정에서 위해한 물질이 식품 및 축산물에 섞이거나 오염되는 것을 방지하기 위하여 각 과정의 위생적 위해요소를 확인·평가하여 중점적으로 관리하는 과학적인 선진식품 관리제도

07 맥주용 보리의 조건이 아닌 것은?

① 껍질이 얇아야 한다.
② 담황색을 띠고 윤기가 있어야 한다.
③ 전분 함유량이 적어야 한다.
④ 수분 함유량이 13% 이하로 잘 건조되어야 한다.

> **Tip**
> 전분 함유량이 많아야 전분당화효소인 다이아스타제(Diastase)가 당화를 많이 시키고, 효모가 알코올과 탄산가스를 만든다.

08 다음 중 용량이 가장 작은 글라스는?

① Old Fashioned Glass ② Highball Glass
③ Cocktail Glass ④ Shot Glass

> **Tip**
> • Shot Glass : 1~2oz
> • Old Fashioned Glass : 6~10oz
> • Highball Glass : 6~10oz
> • Cocktail Glass : 3~4.5oz

09 다음 중 양조주에 해당하는 것은?

① 청주 ② 럼(Rum)
③ 소주(Soju) ④ 리큐르(Liqueur)

> **Tip**
> **양조주**(발효주) : 청주 / **증류주** : 럼, 소주

10 음료에 대한 설명이 잘못된 것은?

① 콜린스 믹서(Collins Mixer)는 레몬주스와 설탕을 주 원료로 만든 착향 탄산음료이다.
② 토닉워터(Tonic Water)는 키니네(Quinine)를 함유하고 있다.
③ 코코아(Cocoa)는 코코넛(Coconut) 열매를 가공하여 가루로 만든 것이다.
④ 콜라(Coke)는 콜라닌과 카페인을 함유하고 있다.

> **Tip**
> Cocoa(코코아)는 카카오콩(Cacao Bean)의 가공품이다. 카카오콩의 지방을 제거하고 분쇄한 것으로 물에 잘 녹는다.

11 전통주 중 합주에 대한 설명으로 맞는 것은?

① 막걸리를 말한다. ② 소주의 일종이다.
③ 혼성주를 말한다. ④ 흑주라고도 한다.

> **Tip**
> 합주는 찹쌀로 빚어 여름에 마시는 막걸리이다.

12 레드 와인의 서비스로 틀린 것은?

① 적정한 온도로 보관하여 서비스한다.
② 잔이 가득 차도록 조심해서 서서히 따른다.
③ 와인 병이 와인 잔에 닿지 않도록 따른다.
④ 와인 병 입구를 종이냅킨이나 크로스냅킨을 이용하여 닦는다.

> **Tip**
> 와인은 향을 위해 잔의 가장 볼록한 부분(약 ⅓)까지만 따른다.

13 영국왕 조지 6세의 캐나다 방문을 기념하여 만든 위스키는?

① 제임슨 ② 씨그램
③ 블랙 벨벳 ④ 크라운 로얄

📁 **Tip**
크라운 로얄 : 대표적인 블렌디드 캐내디언 위스키이다.

14 호주의 와인산지가 아닌 곳은?

① 바로사 벨리 ② 멕라렌 벨리
③ 나파 벨리 ④ 야라 벨리

📁 **Tip**
나파 벨리는 미국의 와인 산지다.

15 국가별 알코올 도수 표기법 설명이 틀린 것은?

① 프랑스 - Syke's Proof
② 한국 - Gay Lussac식 용량 분율법
③ 미국 - Proof
④ 독일 - Windich식 중량 분율법

📁 **Tip**
Syke's Proof는 영국에서 사용하고, 프랑스는 Gay Lussac식을 따른다.

16 다음 중 바텐더의 직무에 관한 설명으로 가장 거리가 먼 것은?

① 각종 장비 및 비품들의 작동상태 및 위생상태를 점검하고 관리해야 한다.
② 모든 주류는 정확히 관리하며 특히 Cost원가관리에 신경 써야 한다.
③ 특정 구단에 대해 공동체를 만들고 팀워크를 다지는 것도 매출 향상에 기여한다.
④ 영업 준비에 대한 점검을 철저히 하며 재고 상품도 체크해야 한다.

📁 **Tip**
분란을 조장할 수 있는 행동은 하지 않는다. 특히 종교, 지역, 정치에 관련한 이야기는 조심한다.

17 블러디 메리(Bloody Mary)에 대한 설명으로 거리가 먼 것은?

① 토마토 주스가 피 색을 연상시켜 이름의 유래가 되었다는 설이 있다.
② Highball Glass에 제공된다.
③ Shaking 기법으로 잘 흔들어서 컵에 따라 제공한다.
④ 장식은 레몬 슬라이스 또는 셀러리를 제공한다.

📁 **Tip**
칵테일 만드는 기법은 직접 넣기(Build) 기법이다.

18 주장의 종류 중 와인 바의 특징과 가장 거리가 먼 것은?

① 언제나 이벤트가 있는 흥겨운 장소이다.
② 간단한 식사 메뉴와 함께 와인을 즐길 수 있는 주장이다.
③ 다양한 잔 와인으로 판매되는 하우스 와인도 있다.
④ 종업원 모두가 와인전문가, 즉 소믈리에라는 점에서 인건비에 대한 부담이 있다.

> **Tip**
> 보통 조용한 분위기에서 편안하게 와인과 식사를 즐길 수 있다.

19 다음 중 After Drink로 가장 거리가 먼 것은?

① Rusty Nail ② Cream Sherry
③ Campari ④ Alexander

> **Tip**
> 식후주는 보통 달콤한 맛을 갖고 있다. 캄파리는 씁쓸한 맛에 대표적인 이탈리아 식전주이다.

20 녹차에 들어간 가용 성분은?

① 키토산 ② 카테킨
③ 카페인 ④ 인슐린

> **Tip**
> 카테킨은 10~18%가 함유되어있다.

21 바에 비치되어 있는 음료의 설명으로 잘못된 것은?

① Ale - 홉(Hop)의 향과 쓴맛이 강한 영국 맥주
② Drambuie - 보드카에 오렌지 껍질로 만든 혼성주
③ Grenadine Syrup - 석류로 만든 시럽
④ Rum - 당밀 또는 사탕수수로 만든 증류주

> **Tip**
> 드림뷰이는 스카치 위스키에 꿀과 허브를 첨가하여 만든 혼성주이다.

22 다음 표준 계량 단위가 적절하게 연결되지 않은 것은?

① 1 pony - 1 oz - 30mL
② 1 split - 6 oz - 177mL
③ 1 cup - 8 oz - 257mL
④ 1 quart - 128 oz - 3,785mL

> **Tip**
> • 1 quart - 32 oz - 944mL
> • 1 gallon - 128 oz - 3,840mL
> 1 oz = 29.5mL 또는 30mL로 계산된다.

23 다음 중 혼성주에 해당하는 것은?

① Jack Daniel's ② Cognac
③ Cointreau ④ Corn Whiskey

> **Tip**
> 혼성주(리큐르) : 코앵트로, 프랑스 오렌지껍질 리큐르

24 포도 품종의 그린 수확(Green Harvest)에 대한 설명으로 옳은 것은?

① 포도원의 잡초 및 주변 환경 제거
② 농익은 포도 수확
③ 푸른빛을 띤 포도 품종 수확
④ 수확량을 제한하기 위한 수확

> **Tip**
> **Green Havest** : 불필요한 녹색 포도를 미리 제거해 남은 포도의 품질을 향상시키기 위해 하는 작업

25 다음 중 보르도의 와인 산지가 아닌 것은?

① 메독
② 헤레스
③ 마고
④ 그라브

📁 **Tip**
헤레스는 스페인의 셰리 와인 산지이다.

26 바(Bar)의 종류에 의한 분류에 해당하지 않는 것은?

① Jazz Bar
② Back Bar
③ Western Bar
④ Wine Bar

📁 **Tip**
Back Bar(바): 바텐더의 효율적인 업무를 위해 뒤쪽에 위치하고 있는 저장 공간, 진열대를 의미한다.

27 Floating의 방법으로 글라스에 직접 제공하여야 할 칵테일은?

① Highball
② Gin Fizz
③ Pousse Cafe
④ Flip

📁 **Tip**
Pousse Cafe, B-52 등이 있다.

28 다음 중 양조주가 아닌 것은?

① 맥주(Beer)
② 와인(Wine)
③ 브랜디(Brandy)
④ 풀케(Pulque)

📁 **Tip**
브랜디(Brandy)는 와인을 증류한 술로 '태운 와인'이란 뜻을 가진 증류주이다.

29 맥주용 보리의 조건이 아닌 것은?

① 껍질이 얇아야 한다.
② 담황색을 띠고 윤기가 있어야 한다.
③ 전분 함유량이 적어야 한다.
④ 수분 함유량이 13% 이하로 잘 건조되어야 한다.

📁 **Tip**
전분 함유량이 많아야 전분당화효소인 디아스타아제(Diastase)가 당화를 많이 시키고, 효모가 알코올과 탄산가스를 만든다.

30 다음 중 프랑스의 와인 등급이 아닌 것은?

① AOC
② VDQS
③ DOC
④ Vins de Table

📁 **Tip**
DOC는 이탈리아의 와인 등급이다.

31 커피 로스팅의 정도에 따라 약한 순서에서 강한 순서대로 나열한 것이다. 바르게 나열한 것은?

① American Roasting - German Roasting - French Roasting - Italian Roasting
② Italian Roasting - German Roasting - American Roasting - French Roasting
③ German Roasting - Italian Roasting - American Roasting - French Roasting
④ French Roasting - American Roasting - Italian Roasting - German Roasting

32. 다음 중 혼합물을 구성하는 각 물질의 비등점을 이용해 만든 술을 무엇이라 하는가?

① 양조주 ② 증류주
③ 혼성주 ④ 혼합주

> **Tip**
> 증류주는 물과 에탄올의 비등점(끓는점)차이를 이용해 만들어지는 술이다.
> • 비등점 : 물(100도), 에탄올(78.3도)
> • 약 80도 정도로 가열하여 에탄올만 뽑아낸다.

33. 식품위생법상 영업에 종사하지 못하는 질병이 아닌 것은?

① 비감염성 결핵 ② 장티푸스
③ A형 간염 ④ 전염성 피부질환

> **Tip**
> 식품위생법상 전염성이 질환을 갖은 사람은 식품관련 영업에 종사할 수 없다.

34. B-52를 조주할 때 가장 먼저 넣어야 하는 재료는 무엇인가?

① Grand Marnier 1/3 part
② Bailey's Irish Cream 1/3 part
③ Coffee Liqueur 1/3 part
④ Whisky 1/3 part

> **Tip**
> B-52 : 깔루아(커피리큐르) → 베일리스 아이리시 크림 → 그랑 마니에르

35. 다음 중 Daiquiri의 재료가 아닌 것은?

① Light Rum ② Dark Rum
③ Lime Juice ④ Powdered Sugar

> **Tip**
> 다이키리 = 라이트 럼 + 라임주스 + 설탕

36. 다음 중 테킬라(Tequila)가 아닌 것은?

① Beefeater ② Cuervo
③ El Toro ④ Sauza

> **Tip**
> 비피터는 진이다.

37. 다음 중 아메리칸 위스키(American Whiskey)가 아닌 것은?

① Jim Beam ② Jameson
③ Wild Whiskey ④ Jack Daniel's

> **Tip**
> 제임슨(Jameson)은 아이리시 위스키이다.

38. 발포성 와인 1병을 주문한 고객에게 샴페인을 따라 주는 방법으로 옳지 않은 것은?

① 최대한 거품이 나지 않도록 조심해서 따른다.
② 샴페인은 글라스에 서브할 때 두 번에 나눠서 따른다.
③ 샴페인은 글라스의 최대 절반 정도까지 따른다.
④ 샴페인은 차갑게 서브한다.

> **Tip**
> 탄삼 기포가 일어날 수 있도록 적당한 속도로 따른다.

39 칵테일을 만드는 데 필요한 기물이 아닌 것은?

① Jigger
② Shaker
③ Mixing Glass
④ Cork Screw

> **Tip**
> 코르크 스크루는 와인 오프너이다.

40 당밀에 석류를 넣어 석류의 맛과 향을 지닌 적색의 시럽은 무엇인가?

① Can Sugar Syrup
② Grenadine Syrup
③ Simple Syrup
④ Plain Syrup

> **Tip**
> 그라나딘 시럽은 석류를 당밀에 넣은 시럽이다.
> 캔 슈가 시럽, 심플시럽, 플레인 시럽은 물과 설탕으로 만든 시럽이다.

41 다음 중 Corkage Charge에 대한 설명으로 가장 거리가 먼 것은?

① 영업장의 와인이 아닌 본인이 직접 가져온 와인을 마시고자 할 때 적용하는 서비스금액이다.
② 고객이 직접 코르크를 오픈할 경우 요금은 부과되지 않는다.
③ 고객이 가져온 와인을 마실 수 있도록 와인 잔과 기타 서비스를 제공하는 대가로 받는 서비스금액이다.
④ 영업장이나 관리자가 와인에 따라 일정한 금액을 정하거나 고정금액을 받기도 한다.

> **Tip**
> ② 영업장을 이용하는 부대비용이기 때문에 와인 오픈 서비스를 받지 않더라도 지급해야 한다.

42 다음 중 서비스 직원의 기본자세가 아닌 것은?

① 깔끔한 인상을 주기 위해 향이 강한 향수 및 화려한 액세서리를 한다.
② 상대방에게 부드러운 인상을 줄 수 있는 자연스러운 메이크업을 한다.
③ 매니큐어는 투명한 색깔로 하고 손톱은 청결하게 하고 짧게 깎는다.
④ 유니폼 착용은 규정에 따른다.

> **Tip**
> ① 향이 강한 향수나 짙은 화장, 화려한 장신구는 피하는 것이 좋다.

43 주장에서 지켜야 할 예의로 가장 올바른 것은?

① 자주 오시는 단골손님은 언제나 우선순위에 두고 서비스한다.
② 고객과의 대화에 끼어들어 얘기하는 상황은 피한다.
③ Second Order를 받도록 적극적으로 상대한다.
④ 영업 중 Bar에서 재고조사를 한다.

44 다음에서 설명하는 기물은 무엇인가?

- 병 입구에 끼워서 사용한다.
- 병속의 음료가 한꺼번에 쏟아지는 것을 방지하는 도구이다.
- 메탈과 플라스틱 재질이 있다.

① Ice Pail
② Ice Tong
③ Pourer
④ Cocktail Pick

> **Tip**
> Ice Pail : 얼음 통 / Ice Tong : 얼음 집게 / Cocktail Pick : 가니쉬를 꽂는 도구

45 인스턴트 커피 재료로 사용되는 품종은?

① 아라비카　　② 로부스타
③ 리베리카　　④ 루왁

> **Tip**
> 커피 3대원종은 아라비카, 로부스타, 리베리카로 인스턴트커피 원료로는 로부스타가 주로 사용된다.

46 바텐더가 Bar에서 Glass를 사용할 때 가장 먼저 체크해야 할 상황은?

① Glass의 온도
② Glass의 재고
③ Glass의 청결
④ Glass의 가장자리 파손 여부

> **Tip**
> 잔에 파손이 되어 있다면 고객이 다칠 수 있다.
> 가장 먼저 입술이 닿는 림을 확인하고 다른 부위를 확인해야 한다.

47 고객이 위스키 스트레이트를 주문하고, 얼음과 함께 콜라나 물을 원할 경우 제공하는 것은?

① Cocktail Glass　　② Cocktail Decanter
③ Mixing Glass　　④ Wine Decanter

> **Tip**
> 체이서 혹은 믹서로 청량음료를 제공할 때 칵테일 디캔터에 제공한다.

48 칼바도스(Calvados)는 보관온도상 다음 중 어떤 품목과 같이 두어도 좋은가?

① Whisky　　② White Wine
③ Beer　　　④ Champagne

> **Tip**
> 칼바도스는 프랑스 노르망디 지역의 사과 브랜디로 증류주이다. 위스키와 동일하게 보관하면 된다.

49 브랜디의 제조공정에서 새 술통을 사용할 때에는 무엇을 채워 유해한 색소나 이물질을 제거하는가?

① Beer　　　② White Wine
③ Red Wine　④ Vodka

> **Tip**
> 화이트 와인을 채워 유해한 색소와 이물질을 제거한다.

50 술을 담근 다음 날 닭이 우는 새벽녘에 벌써 다 익어 마실 수 있는 술이라고 하여 붙여진 이름이며, 급하게 술을 빚을 필요가 있을 때 만들었던 속성주는 무엇인가?

① 계명주　　② 소곡주
③ 오메기술　④ 과하주

> **Tip**
> **계명주** : "저녁에 빚으면 다음날 새벽닭이 울 때까지는 술이 익는다"라고 해서 붙여진 이름이다.

51 다음 ( ) 안에 들어갈 단어로 적합한 것은?

> ( ) is a dry gin based cocktail mixed with dry vermouth and decorated with an olive. It has about 34 proof.

① Manhattan ② Dry Martini
③ Black Russian ④ B-52

📁 **Tip**
드라이 마티니(Dry Martini) = 드라이 진(Dry Gin) + 드라이 베르뭇(Dry Vermouth) / **장식** : 올리브(Olive)

52 Key Box나 Bottle Member 제도에 대한 설명으로 옳은 것은?

① 음료의 판매회전이 촉진된다.
② 고정고객을 확보하기 어렵다.
③ 후불이기 때문에 회수가 불분명하여 자금운영이 원활하지 않다.
④ 주문시간이 많이 걸린다.

📁 **Tip**
Key Box는 고객이 마시다 남은 병술을 보관해주는 것

53 다음 중 〈내가 계산 할게요〉의 뜻이 아닌 것은?

① It's my treat this time.
② I'll pick up the tab.
③ Let's go dutch.
④ It's on me.

📁 **Tip**
③ 각자 계산합시다.

54 What does 'Black coffee' mean?

① Rich in coffee
② Strong coffee
③ Coffee without cream and sugar
④ Clear strong coffee

📁 **Tip**
블랙커피는 크림과 설탕이 들어가지 않는다.

55 다음 문장의 의미는 무엇인가?

> As a rule, the dry wine is served ( ).

① in the meat course
② in the fish course
③ before dinner
④ after dinner

📁 **Tip**
대체로 드라이 와인은 식전에 서브한다.

56 Dry gin, egg white, and grenadine syrup are the main ingredients of ( ).

① Bloody Mary ② Eggnog
③ Tom and Jerry ④ Pink Lady

📁 **Tip**
Pink Lady : 드라이진 1oz + 그라나딘 시럽 1t + 계란흰자 1개 등이 들어간다.

57. Which one is not aperitif cocktail?

① Kir ② Dry Martini
③ B-52 ④ Campari Soda

Tip
식전 칵테일이 아닌 것은?
③ B-52는 디저트 칵테일이다.

58. 다음 중 '한잔 더 주세요'의 가장 정확한 영어 표현은?

① I'd like to have the other drink.
② I want one more wine.
③ I'd like to have another drink.
④ I'd like other drink.

Tip
Another drink 또 다른 한잔

59. Which one is not made from malt?

① Cognac ② The Glenlivet
③ Macallan ④ Glenfiddich

Tip
몰트로 만들어지지 않은 것은?
코냑은 포도로 만들어진다.

60. What is the name of this cocktail?

Vodka 30ml & Orange Juice 90ml, build Method

① Blue Hawaii ② Bloody Mary
③ Screwdriver ④ Manhattan

Tip
보드카와 오렌지주스가 들어가는 칵테일은 스크류 드라이버이다.

정답

01	④	02	①	03	③	04	③	05	④
06	①	07	③	08	④	09	①	10	③
11	①	12	②	13	④	14	③	15	①
16	③	17	③	18	①	19	③	20	②
21	②	22	④	23	③	24	④	25	②
26	②	27	③	28	③	29	③	30	③
31	①	32	②	33	①	34	③	35	②
36	①	37	②	38	①	39	④	40	①
41	②	42	①	43	②	44	③	45	②
46	④	47	②	48	①	49	②	50	①
51	②	52	①	53	③	54	③	55	③
56	④	57	③	58	③	59	①	60	③

2021년 1회 필기 기출

01 제조방법에 따른 술의 분류로 옳은 것은?
① 발효주, 증류주, 추출주
② 양조주, 증류주, 혼성주
③ 발효주, 칵테일, 에센스주
④ 양조주, 칵테일, 여과주

> **Tip**
> 제조법에 따른 분류 : 양조주(발효주), 증류주, 혼성주(리큐르)

02 보졸레누보 양조과정의 특징이 아닌 것은?
① 기계수확을 한다.
② 열매를 분리하지 않고 송이채 밀폐된 탱크에 집어 넣는다.
③ 발효중 CO2의 영향을 받아 산도가 낮은 와인이 만들어 진다.
④ 오랜 숙성 기간 없이 출하한다.

> **Tip**
> 기계가 아닌 손으로 수확한다.

03 다음 중 숙성기간이 가장 긴 브랜디의 표기는?
① 3 Star   ② V.S.O.P
③ V.S.O   ④ X.O

> **Tip**
> V.O - V.S.O - V.S.O.P - X.O - EXTRA

04 함경도 병마절도사 허종의 부인이 후손들에게 전하여 전라남도 무형문화재 제26호가 된 술은?
① 여산 호산춘   ② 보성 강하주
③ 진도 홍주   ④ 해남 진양주

> **Tip**
> 진도 홍주는 쌀과 보리를 이용해 만든 증류주로 증류시 지초를 통과하게 만들어 향과 붉은 색을 띈 증류주다.

05 에일(Ale)은 어디에 속하는가?
① 맥주   ② 위스키
③ 브랜디   ④ 보드카

> **Tip**
> 에일(ale) : 15~24 ℃ 의 상대적으로 높은 온도에서 발효시켜, 대체로 달콤하고 풀 바디감이 느껴지며 과일향이 있는 맥주의 한 종류이다.

06 다음 중 용설란(Agave)을 발효, 증류시켜 만든 술은 무엇인가?
① 보드카   ② 진
③ 테킬라   ④ 소주

> **Tip**
> 멕시코에서 용설란을 발효, 증류한 증류주는 테킬라이다.

07 다음 술의 분류에서 잘못 설명된 것은?

① 주로 곡물과 국을 사용하여 술을 제조하는 우리나라 중국, 일본의 전통주들은 병행복발효주이다.
② 증류주는 알코올 도수가 낮은 포도주나 맥주 같은 발효주를 증류장치를 이용하여 알코올 도수를 높여 만든다.
③ 발효주보다 부드러운 알코올 성분과 순도를 위해 증류한다.
④ 증류는 알코올과 물을 분리하는 작업으로 알코올의 비등점(78℃)과 물의 비등점(100℃)의 차이를 이용하는 것이다.

> **Tip**
> 증류주는 높은 도수를 높이고 불순물을 제거하기 위해 만들어졌습니다.

08 다음 중 알코올 도수가 가장 높은 것은 무엇인가?

① 탁주　　　　② 청주
③ 맥주　　　　④ 브랜디

> **Tip**
> 브랜디는 증류주로 알코올 도수가 높다.

09 좌측부터 술의 오래된 순서로 맞는 것은?

① 소주 - 와인 - 브랜디
② 혼성주 - 와인 - 테킬라
③ 와인 - 브랜디 - 혼성주
④ 브랜디 - 와인 - 혼성주

> **Tip**
> 양조주 - 증류주 - 혼성주 순으로 술이 만들어 졌다.

10 다음 중 비터(Bitters)가 함유된 칵테일은?

① Dry Martini　　② Manhattan
③ New York　　　④ Cosmopolitan

> **Tip**
> 맨하탄 = 버번위스키 + 스위트 베르뭇 + 앙고스투라 비터스
> **장식**: 체리 / **기법**: 스터(Stir)

11 다음 중 코스모폴리탄(Cosmopolitan)의 재료가 아닌 것은?

① 보드카　　　　② 파인애플 주스
③ 트리플 섹　　　④ 라임주스

> **Tip**
> 코스모폴리탄 = 보드카 + 트리플 섹 + 라임주스 + 크랜베리주스 / **장식**: 레몬 필 / **기법**: 셰이킹(Shaking)

12 글라스 세척 시 알맞은 세제와 세척순서로 짝지은 것은?

① 산성세제 - 더운물 - 찬물
② 중성세제 - 찬물 - 더운물
③ 산성세제 - 찬물 - 더운물
④ 중성세제 - 더운물 - 찬물

13 말로락틱발효(Malo Latic Fermentation)로 옳은 것은?

① 와인의 2차 발효를 통해서 사과산(malic acid)을 좀 더 부드러운 맛을 내는 유기산인 젖산(lactic acid)으로 바꿔주는 2차 발효이다.
② 효모가 포도당을 분해해 알코올과 이산화탄소를 발생하는 발효
③ 레드 와인의 1차 발효로 포도알 / 포도씨 / 포도 껍질 등등 발효통 안에 넣고 효모를 첨가해 발효하는 것
④ 곡물을 누룩으로 발효시키는 병행복발효의 하나이다.

📂 **Tip**

1차 발효(알코올 발효)가 끝난 와인에는 흔히 사과산이라 부르는 말산(Malic Acid)이라는 성분이 존재하는데, 이를 젖산균이라는 박테리아를 통해 젖산(Lactic Acid)으로 전환하는 과정을 젖산 발효, 혹은 말로락틱 발효라 부른다.

14 다음에서 설명하는 글라스는 무엇인가?

바스푼을 이용하여 빠른 시간 내에 칵테일의 온도를 냉각 시키는 스터(Stir) 기법에 필요한 기구이다. 큰 유리컵의 모양과 스테인리스 재질로 된 것이 있으며, 바 글라스(Bar Glass)라고도 한다.

① 리큐르 글라스   ② 사워 글라스
③ 믹싱 글라스   ④ 샴페인 글라스

15 다음에서 설명하고 있는 칵테일 기구는 무엇인가?

글라스의 받침으로 사용되는 바 용품이다. 글라스에서 흐르는 물기를 흡수하거나 글라스가 바닥에 부딪혀 깨지지 않도록 하는 안전성 유지기능이 있다. 또 글라스의 품위를 높이기 위해 사용된다.

① 스퀴저(Squeezer)   ② 코스터(Coaster)
③ 푸어러(Pourer)   ④ 칵테일 픽(Cocktail Pick)

📂 **Tip**

코스터(Coaster) : 잔받침

16 먼저 구입한 물건을 항상 선반 앞쪽에 진열하고 먼저 사용하는 방법은?

① 선입후출법   ② 후입선출법
③ 선입선출법   ④ 후입후출법

📂 **Tip**

선입선출 : 먼저 들어온 것을 먼저 사용한다. F.I.F.O.(First In First Out)

17 민트 잎을 넣고 머들러로 으깨어 향이 배어나오게 한 다음, 얼음을 채우고 재료를 넣어 만드는 칵테일은 무엇인가?

① 데이지(Daisy)   ② 크러스타(Crusta)
③ 에그녹(Eggnog)   ④ 줄렙(Julep)

📂 **Tip**

- **줄렙** : 민트 잎을 넣고 머들러로 으깨어 향을 배어나오게 한 다음, 얼음을 채우고 재료를 넣는 칵테일
- **데이지** : 증류주에 리큐르, 레몬주스, 그라나딘 시럽을 첨가하고 와인 글라스에 크러시드 아이스로 채운 칵테일
- **크러스타** : 잔 가장자리에 레몬즙을 적셔 설탕 또는 소금을 묻힌다. 증류주에 리큐르, 레몬즛, 설탕을 혼합해 과일 껍질로 장식하는 칵테일
- **에그녹** : 계란과 우유를 첨가한 칵테일

18. 와인에 설탕이나 레몬주스를 넣고 물로 채우는 기법으로, 스페인어로 피를 의미, 레드 와인 묽게 한 것에서 유래되었다. 와인 외에 위스키 브랜디 등을 사용하기도 하는 이 칵테일의 이름은 무엇인가?

① 생거리(Sangaree) ② 슬링(Sling)
③ 리키(Rickey) ④ 스쿼시(Squash)

📁 **Tip**
- **생거리**: 와인에 설탕, 레몬주스를 넣고 물로 채우는 칵테일
- **슬링**: 피즈와 비슷하나 용량이 더 많고, 리큐르를 첨가해 맛을 부드럽게 하는 칵테일
- **리키**: 증류주에 라임즙과 소다수를 넣어 만든 칵테일
- **스쿼시**: 에이드와 달리 과일즙에 소다수를 넣어 만드는 칵테일

19. 다음에서 설명하고 있는 무엇인가?

> 칵테일을 조주할 때 허브나 생과일의 맛과 향이 더욱 강해 지도록 으깨는 방법이다. 럼을 베이스로 한 모히토(Mojito)를 만들 때 이 방법을 사용한다.

① 머들링(Muddling) ② 블렌딩(Blending)
③ 플로팅(Floating) ④ 스터링(Stirring)

📁 **Tip**
머들링: 머들러로 라임, 레몬, 허브류 등을 으깨는 기법

20. 식음료 서비스의 특성이 아닌 것은?

① 무형성
② 신속성
③ 생산과 소비의 동시성
④ 이질성

📁 **Tip**
식음료 서비스의 특성은 무형성, 비분리성, 동시성, 이질성, 소멸성 등이다.

21. 서비스의 기본 요건에 대한 설명으로 바르지 못한 것은?

① 서비스란 식음료 업무의 생명으로 환대산업의 주 전략 상품이며, 고객에게 제공되는 물적 서비스와 진심 어린 마음으로 고객에게 부담을 주지 않는, 인간미가 수반된 인적 서비스를 말한다.
② 고객에 대한 음식과 음료의 판매 행위와 그에 따른 물적·인적 서비스를 제공하는 대표적인 서비스 산업이다.
③ 주어진 시간 내에 맡은 바 업무를 정확히 파악하여 최고의 결과를 얻을 수 있도록 항상 긴장감을 늦추지 말고 경계심과 비장함으로 업무에 임해야 한다.
④ 레스토랑 서비스는 환대 정신을 가장 필요로 하고 중요시하므로 종사원들은 고객을 대할 때 항상 즐거운 마음으로 얼굴에 미소를 가득 담고 정중하고 반갑게 공손한 태도로 고객을 맞이해야 한다.

22. 영업장에서 고객이 입장할 경우 좌석 안내요령으로 부적절한 것은?

① 예약 손님일 경우 예약 테이블로 안내한다.
② 테이블이 없을 경우 웨이팅 룸에서 대기하도록 정중하게 말씀드린다.
③ 젊은 남녀 고객은 벽쪽의 조용한 테이블로 안내한다.
④ 남녀를 불문하고 혼자 방문한 고객은 어둡고 한적한 곳으로 안내한다.

📁 **Tip**
혼자 방문한 고객도 불편함이 없도록 자리를 안내한다.

23 다음에서 설명하고 있는 기구는 무엇인가?

> 병에 담긴 음료를 따를 때, 병에서 한꺼번에 쏟아져 나와 흘리는 것을 방지하기 위해 병의 입구에 끼워 사용하는 기구이다.

① 코스터(Coaster) ② 스퀴저(Squeezer)
③ 푸어러(Pourer) ④ 칵테일 픽(Cocktail Pick)

📂 Tip
- **코스터** : 잔 받침
- **스퀴저** : 레몬, 라임 등 과일즙을 짜는 도구
- **칵테일 픽** : 가니쉬(올리브, 체리 등)를 꽂는 도구

24 국가 지정 중요 무형문화재로 지정받은 전통주가 아닌 것은?

① 충남 면천두견주 ② 진도 홍주
③ 서울 문배주 ④ 경주 교동법주

📂 Tip
진도 홍주는 지초의 뿌리를 넣고 빚은 전라남도 진도 지방의 전통술이다.

25 다음 칵테일 중 Floating 기법으로 만들지 않는 것은?

① B&B ② Pousse Cafe
③ B-52 ④ Black Russian

📂 Tip
블랙러시안은 Build 기법이다.

26 다음 내용과 가장 밀접한 관련이 있는 것은?

> Manzanilla, Montilla, Oloroso, Amontillado

① 스페인산 포도주 ② 캘리포니아 포도주
③ 보르도 포도주 ④ 샹파뉴 포도주

📂 Tip
보기는 스페인산 주정강화 와인인 셰리와인 종류이다.

27 다음 중 주원료가 다른 하나는?

① San Miguel ② Hoegaarden
③ Forster's ④ Heineken

📂 Tip
호가든은 밀맥주이다.

28 다음 중 발포성 와인의 연결이 잘못된 것은?

① Cava - 스페인 ② Doce - 포르투갈
③ Sekt - 독일 ④ Spumante - 이탈리아

📂 Tip
Doce : 단, 달콤한(포르투갈)

29 다음 중 화가 난 고객의 대처방법으로 올바르지 않은 것은?

① 지적받은 사항에 대해 일단 사과하고 고객의 불만을 귀 기울여 경청한다.
② 긍정적인 태도로 제공이 불가능한 것보다 가능한 것을 제시한다.
③ 최대한 전문적인 단어와 용어를 사용하여 고객에게 설명해야 한다.
④ 객관성을 유지하고 원인을 규명한다.

📂 Tip
도세는 단맛이 있는 포르투갈 와인이다.

30. 영업장에서 깐깐한 고객을 대처하는 방안으로 올바르지 않은 것은?

① 침착하고 단호하게 대처하며 전문가답게 행동한다.
② 고객의 높은 음성, 무례한 태도에 대해 차분히 응대한다.
③ 고객과 논쟁이 되지 않도록 말 한마디라도 주의한다.
④ 자유롭게 말할 수 있도록 개방형의 질문을 하되, 대화의 조절을 위해서는 '예, 아니오'를 답하도록 하는 폐쇄형 질문을 한다.

Tip
④는 수다스러운 고객의 대처로 적절하다.

31. 나라별 와인을 지칭하는 용어가 바르게 연결된 것은?

① 독일 - Wine
② 미국 - Vin
③ 이탈리아 - Vino
④ 프랑스 - Wein

Tip
독일(Wein), 미국(Wine), 프랑스(Vin)

32. 음료의 역사에 대한 설명으로 틀린 것은?

① 기원전 6,000년경 바빌로니아 사람들은 레몬과즙을 마셨다.
② 스페인 발렌시아 부근의 동굴에서는 탄산가스를 발견해 마시는 벽화가 있다.
③ 바빌로니아 사람들은 밀빵이 물에 젖어 발효된 맥주를 발견해 음료로 즐겼다.
④ 중앙아시아 지역에서는 야생의 포도가 쌓여 자연 발효된 포도주를 음료로 즐겼다.

Tip
약 1만 년 전 스페인의 발렌시아 지방의 아라니아 동굴 암벽 조각에서 한 손에 바구니를 들고 봉밀(벌꿀)을 채취하는 사람의 그림이 그려져 있다.

33. 베일리스의 원산지는?

① 아일랜드
② 잉글랜드
③ 스코틀랜드
④ 뉴질랜드

Tip
베일리스 아이리쉬 크림으로 아이리쉬는 아일랜드를 의미한다.

34. 포트 와인(Port Wine)이란?

① 포르투갈산 주정강화 와인
② 포도주의 총칭
③ 캘리포니아산 레드와인
④ 호주산 레드와인

Tip
포르투갈의 주정강화 와인으로 달콤한 맛때문에 식후주로 음용된다.

35. 다음 중 해피아워(Happy Hour) 메뉴에 대해 잘못 설명한 것은?

① 식음료 매장에서 하루 중 고객이 붐비지 않는 시간대나 특정한 시간대에 방문하는 고객에 한해 가격을 할인해 주는 서비스이다.
② 장점은 고객으로 하여금 합리적인 가격에 메뉴 서비스를 받을 수 있다는 것이다.
③ 매장이 비활성화된 시간대에도 매출을 올릴 수 있는 방법이 된다.
④ 보통 주말에 시행해야 효과가 높게 나타난다.

Tip
해피아워는 지정된 일정시간동안 할인된 가격으로 음식 또는 음료를 제공하는 것이다.

36 다음에서 설명하고 있는 도구는 무엇인가?

- 얼음 및 재료를 걸러주는 기물이다.
- 스프링이 있는 것과 망으로 된 형태가 있다.

① 블렌더(Blender)   ② 스쿱(Scoop)
③ 스트레이너(Strainer)   ④ 셰이커(Shaker)

📁 **Tip**
- 스터(Stir)기법으로 조주시 믹싱글라스에 얼음을 거를 때 스프링 스트레이너를 사용한다.
- 망 스트레이너는 깔끔한 칵테일 맛을 위해 이중으로 걸러줄 때 사용한다.

37 Dry Martini의 Glass와 Garnish는?

① Cocktail Glass – Cherry
② Cocktail Glass – Green Olive
③ On the Rock Glass – Cherry
④ Sherry Glass – Green Olive

📁 **Tip**
드라이 마티니(Dry Martini) = 드라이 진(Dry Gin) + 드라이 베르뭇(Dry Vermouth) / 장식 : 올리브(Olive)

38 다음 중 럼에 대한 설명이 아닌 것은?

① 럼의 원료는 사탕수수, 당밀이다.
② 럼은 서인도제도를 통치하는 유럽의 식민정책 중 삼각 무역에 사용되었다.
③ 럼은 사탕을 첨가하여 만든 리큐르이다.
④ 럼의 향, 맛에 따라 라이트 럼, 미디엄 럼, 헤비 럼으로 분류된다.

📁 **Tip**
럼은 증류주이다.

39 탄산음료 중 뒷맛이 쌉쌀한 맛이 남는 음료로 진과 잘 어울리는 음료는?

① 소다수   ② 토닉워터
③ 진저엘   ④ 콜라

📁 **Tip**
- **토닉워터** : 영국에서 개발한 투명한 음료로 레몬, 오렌지, 라임, 키니네 껍질 등의 엑기스에 당분을 가미해 만든 음료로 열대지방 사람들의 식용증진과 원기를 회복시키는 강장제 음료이고, 말라리아 특효약으로 알려져 있다.
- **콜라** : 콜라 나무 열매에서 추출한 원액에 당분과 카라멜색소 등을 혼합해 탄산수를 주입한것으로 카페인 함량이 높다.
- **소다워터** : 물에 이산화탄소를 첨가한 것으로 영양가는 없지만 청량하고 위장을 자극하여 식욕을 돋운다.
- **진저에일** : 생강향이 나는 알코올이 없는 청량음료다.

40 구매부서의 기능이 아닌 것은?

① 판매   ② 불출
③ 저장   ④ 검수

📁 **Tip**
구매부서에서 판매를 하지 않는다.

41 혼성주 중에서 초기의 리큐르 형태로 치료제를 목적으로 생산하기 시작했고 강장, 건위, 소화불량 등에 효능이 있는 것으로 알려진 것은?

① 약초·향초류   ② 과일·과실류
③ 종자류   ④ Bitter류

📁 **Tip**
약초, 향초류 리큐르 : 압생트, 아니세트, 베네딕틴 DOM, 캄파리, 샤르트뢰즈, 시나, 갈리아노, 예거마이스터 등

42 다음 중 탄산수의 효능이 아닌 것은?

① 다이어트 ② 소화불량
③ Cost 절감 ④ 피부미용

> **Tip**
> 탄산수는 소화 촉진, 기분 전환, 디톡스 효과 등의 효능이 있습니다. 또한, 칼로리가 없고 수분 공급을 촉진해 체중 감량에 도움이 될 수 있습니다.

43 영업장의 음료 인벤토리에 대한 설명 중 잘못된 것은?

① 인벤토리 시트는 정확히 기록한다.
② 인벤토리 기간의 음료 입고 전표, 메뉴 판매 리스트 등의 서류를 준비한다.
③ 이전 인벤토리 시트의 재고 현황을 기입한다.
④ 입고수량, 판매수량은 제외한다.

> **Tip**
> 인벤토리 재고조사 시 입고수량, 판매수량을 통해 재고를 파악해야 한다.

44 기물 인벤토리에 대한 설명으로 틀린 것은?

① 음료 인벤토리와 같은 방식으로 인벤토리를 한다. 다른 점은 음료 인벤토리는 원가율 등을 구하는 것이고, 기물 인벤토리는 기물이 얼마나 입고되고 손실되었는지를 알아보는 것으로, 로스율(loss %)을 구한다.
② 로스율은 3~5% 사이가 적정 수준이다.
③ 적정 수준에 있으나 로스율을 줄이면 그만큼 영업 이익을 늘릴 수 있다.
④ 기물 인벤토리는 기물이 얼마나 입고되었는지 재고만 기록하면 된다.

> **Tip**
> 기물인벤토리 시트에는 기물의 사진, 기물명, 규격, 브랜드명(원산지), 단가 등을 표시한다.

45 이탈리아 와인에 대한 설명으로 맞는 것은?

① 거의 전 지역에서 와인이 생산된다.
② 지명도가 높은 와인 산지로는 샹파뉴, 토스카나, 베네토 등이 있다.
③ 이탈리아 와인 등급체계는 5등급이다.
④ 피노누아를 포도 품종으로 사용한다.

> **Tip**
> ② 샹파뉴는 프랑스이다.
> ③ 4등급으로 관리 된다.
> ④ 산지오베제, 네비올로, 바르베라 등이 있다.

46 우리나라의 증류식 소주에 해당되지 않는 것은?

① 안동 소주 ② 제주 한주
③ 경기 문배주 ④ 금산 삼송주

> **Tip**
> 금산 삼송주는 충남 금산의 약주로 멥쌀과 인삼, 솔잎으로 만든다.

47 셰이킹(Shaking) 기법에 대한 설명으로 틀린 것은?

① 달걀, 우유, 크림, 당분이 많은 리큐르 등으로 칵테일을 만들 때 많이 사용된다.
② 셰이커에 얼음을 충분히 넣어 빠른 시간 안에 잘 섞이고 차갑게 한다.
③ 셰이커는 몸통과 스트레이너 두 부분으로 구성되어 있다.
④ 잘 섞이지 않는 재료들을 흔들어서 섞어 주는 조주기법이다.

> **Tip**
> 셰이커는 몸통, 스트레이너, 캡으로 구성되어 있다.

48 우리나라 전통주에 대한 설명으로 틀린 것은?

① 탁주는 쌀 등 곡식을 주로 사용하였다.
② 탁주, 약주, 소주의 순서로 개발되었다.
③ 청주는 쌀의 향미를 얻기 위해 현미만을 사용한다.
④ 증류주 제조기술은 고려시대 때 몽고에 의해 전래되었다.

📁 **Tip**
청주는 향미성분을 얻기 위해 찹쌀을 사용하였다.

49 맥주의 원료가 아닌 것은?

① Malt
② Hope
③ Corn
④ Yeast

📁 **Tip**
옥수수(corn)은 버번위스키의 메인재료로 사용된다.

50 다음 중 단식증류기(Pot Still)를 이용하여 증류한 제품은?

① Blended Whisky
② Dark Rum
③ Vodka
④ Aquavit

📁 **Tip**
단식증류 : 몰트위스키, 다크럼, 코냑 등

51 위스키의 원료에 따른 분류가 아닌 것은?

① 몰트 위스키
② 그레인 위스키
③ 포트 스틸 위스키
④ 블렌디드 위스키

📁 **Tip**
- 위스키는 원료에 따라 몰트 위스키(보리), 그레인 위스키(곡물), 블렌디드 위스키(몰트+그레인)으로 분류한다.
- 포트 스틸 위스키(단식증류)는 제조 방법에 따른 분류이다.

52 Which of the following has a different-meaning?

① Thank you. It's good to be back.
② Good morning, sir. It's very nice to see you again.
③ I'd like a table for two.
④ Mr. James, welcome back.

📁 **Tip**
① 다시 와 주셔서 감사합니다.
② 안녕하십니까? 다시 뵈니 기쁩니다.
③ 두 사람이 앉을 자리를 예약하고자 합니다.
④ 제임스씨 다시 와 주셔서 감사합니다.

53 Which one is not a red wine grape?

① Riesling
② Merlot
③ Pinot Noir
④ Cabernet Sauvignon

📁 **Tip**
Q : 어떤 것이 레드와인 품종인가?
레드와인 품종 : 카베르네 소비뇽, 메를로, 피노 누아, 쉬라즈 등이 있다.

54 Which one is the spirit made from agave?

① Tequila
② Gin
③ Whisky
④ Rum

📁 **Tip**
Q : 아가베(용설란)으로 만든 증류주는 어떤 것인가?

55 다음 (   ) 안에 들어갈 단어로 가장 적합한 것은?

(   ) goes well with dessert.

① Ice wine
② Red wine
③ Vermouth
④ Dry sherry

> **Tip**
> 디저트 와인으로 적절한 것은 Ice Wine이다.

56 Dry gin, egg white, and grenadine syrup are the main ingredients of (   ).

① Bloody Mary ② Eggnog
③ Tom and Jerry ④ Pink Lady

> **Tip**
> Pink Lady : 드라이진 1oz + 그라나딘 시럽 1t + 계란흰자 1개 등이 들어간다.

57 다음 중 의미가 다른 것은?

① What would you like for dessert?
② Please help me clean up after you finish eating.
③ Are you all set to order dessert yet?
④ Would you like to see a dessert menu?

> **Tip**
> ①, ③, ④는 디저트 메뉴를 주문하시겠습니까? 라는 질문이다. / ② 식사를 마친 후 청소하는 데 도와주세요.

58 다음 중 의미가 다른 하나는?

① It's my treat this time.
② I'll pick up the tab.
③ Let's go dutch.
④ It's on me.

> **Tip**
> ①, ②, ④은 내가 지불하겠다는 의미 / ③ 따로 지불하자

59 다음 중 의미가 다른 하나는?

① I'll show you to your table.
② Is this all right for you, sir?
③ Would you like to come this way?
④ When does the restaurant open?

> **Tip**
> ④ 레스토랑은 언제 오픈합니까?
> ① 손님 자리로 안내하겠습니다.
> ② 이 자리가 괜찮습니까?
> ③ 이쪽으로 오시겠습니까?

60 다음 문장의 의미는 무엇인가?

> Always wash your hands before you start cooking.

① 요리를 하기 전엔 항상 손을 씻어라.
② 다 먹고 나서 치우는 것 좀 도와줘.
③ 항상 두 손으로 요리를 해라.
④ 언제나 손으로 요리를 해라.

정답

01	②	02	①	03	④	04	③	05	①
06	③	07	③	08	④	09	③	10	②
11	②	12	④	13	①	14	③	15	②
16	③	17	④	18	①	19	①	20	②
21	③	22	④	23	③	24	②	25	④
26	①	27	③	28	②	29	③	30	④
31	③	32	②	33	①	34	①	35	④
36	③	37	②	38	③	39	②	40	①
41	①	42	③	43	④	44	④	45	①
46	④	47	③	48	③	49	③	50	②
51	③	52	③	53	①	54	①	55	①
56	④	57	②	58	③	59	④	60	①

Chapter 29 2022년 1회 필기 기출

01 와인의 등급이 지정되지 않은 나라는?
① 남아프리카공화국 ② 프랑스
③ 스페인 ④ 포르투갈

02 칵테일을 만드는 기법이 아닌 것은?
① 스터링(Stiring) ② 블렌딩(Blending)
③ 가니싱(Garnishing) ④ 셰이킹(Shaking)

📁 **Tip**
가니싱 : 칵테일에 장식을 더하는 기법

03 프라페(Frappe) 스타일 칵테일을 만들기 위해 필요한 얼음은?
① Cube Ice ② Big Ice
③ Cracked Ice ④ Crushed Ice

📁 **Tip**
프라페는 크러쉬드 아이스가 사용된다.

04 스카치 위스키(Scotch Whisky)와 가장 거리가 먼 것은?
① Malt
② Peat
③ Used Sherry Cask
④ Used Limousin Oak Cask

📁 **Tip**
리무진 오크 캐스크는 프랑스 브랜디 숙성에 사용된다.

05 다음 중 아이리시 위스키(Irish Whisky)는?
① John Jameson ② Old Forester
③ Old Parr ④ Imperial

📁 **Tip**
Old Forester(미국) / Old Parr, Imperial(스코틀랜드)

06 에스프레소 추출 시 너무 진한 크레마(Dark Crema)가 추출되는 원인이 아닌 것은?
① 물의 온도가 95도 보다 높은 경우
② 펌프압력이 기준압력보다 낮은 경우
③ 포터필터의 구멍이 너무 큰 경우
④ 물 공급이 제대로 안 되는 경우

📁 **Tip**
구멍이 막힌 경우 과다 추출이 될 수 있다.

07 다음 중 Bitter류에 속하지 않는 것은?
① Campari ② Galliano
③ Angostura ④ Amer Picon

📁 **Tip**
갈리아노는 오렌지, 아니스, 바닐라 등 40여 가지 약초로 만든 이탈리아 리큐르이다.

08 재고조사 시 기물 적정 Loss는?
① 3~5%   ② 5~7%
③ 8~10%   ④ 10~15%

09 하이볼 글라스의 적정 용량으로 적당한 것은?
① 2oz(60ml)   ② 4oz(120ml)
③ 8oz(240ml)   ④ 16oz(480ml)

> **Tip**
> 하이볼 글라스는 6~8oz(180~240ml) 용량이다.

10 양조주의 특성을 파악하기 위한 설명으로 잘못된 것은?
① 화이트 와인은 숙성 초기에는 녹색을 띠다가 숙성이 진행되면서 노란색으로, 숙성이 지나치면 갈색으로 변한다.
② 레드 와인은 자주색에서 숙성이 진행되면서 진홍색, 적갈색, 갈색의 순서로 색이 변한다.
③ 아로마(Aroma)는 포도에서 나는 향으로 청포도 계열은 신맛 나는 과일향이 많고, 적포도 계열은 붉은 열매(Berry)의 향이 두드러진다.
④ 부케(Bouquet)는 일반적으로 신선한 와인에 많이 난다.

> **Tip**
> 부케(Bouquet)는 와인이 숙성되면서 나는 향으로, 포도 자체의 향과는 다르다.

11 비터(Bitters)에 대한 설명으로 틀린 것은?
① 처음 개발되었을 때는 칵테일에 풍미를 주기 위해 만들어졌다.
② 약초 종류를 많이 사용하여 대부분 쓴맛이 많이 난다.
③ 전 세계적으로 가장 잘 알려져 있는 것은 이탈리아의 캄파리(Campari)로 식전주이다.
④ 식후주는 쓰면서 단맛이 있는데, 이탈리아의 아마로(Amaro), 아베르나(Averna)는 여러 종류의 허브, 나무 껍질과 식물 재료를 혼합한 것이다.

> **Tip**
> ① 처음 개발되었을 때는 소화촉진제, 위장약, 강장제, 해열제와 같은 약제로 사용되었다.

12 화가 난 고객을 대처하기 위해 가장 먼저 대응해야 하는 것은?
① 긍정적인 태도로 제공이 불가능한 것보다 가능한 것을 제시한다.
② 고객의 감정을 인지하고 고객을 안심시킨다.
③ 지적을 받은 사항에 대해 일단 사과하고 고객의 불만을 귀 기울여 경청한다.
④ 객관성을 유지하고 원인을 규명한다.

> **Tip**
> 고객의 불만족 처리시 지적사항에 대해 사과를 하고 경청 후 적절한 보상 및 대안을 제시한다.

13 다음 중 식음료 메뉴 개발의 영향요인에 해당하지 않는 것은?

① 시장에서의 경쟁사 변화를 파악하여 그대로 반영한다.
② 낮은 단가의 식자재나 재고 소진 등도 반드시 생각해야 한다.
③ 음료 제공 서비스 수준을 고려하여 꾸준한 개발을 통해 매출 상승을 도모해야 한다.
④ 소비 패턴 변화에 맞추어 적합한 메뉴를 상품화해야 한다.

> **Tip**
> 시장 트렌드 및 고객의 피드백을 반영하여 개발한다.

14 네그로니(Negroni)의 재료로 옳지 않은 것은?

① Campari   ② Sweet Vermouth
③ Gin   ④ Brandy

> **Tip**
> 네그로니 = 진 + 캄파리 + 스위트 베르뭇 / **장식** : 레몬 필 /
> **기법** : 빌드(Build)

15 다음 내용의 업무를 수행하는 바 조직의 직무는 무엇인가?

- 고객과 서비스 접점에 있는 책임자로서 정확한 주문과 서비스를 담당한다.
- 낮은 단가의 식자재나 재고 소진 등도 반드시 생각해야 한다.
- 음료의 재고파악과 입출사항을 관리한다.
- 고객이 떠난 테이블을 재정비하도록 지시한다.
- 영업 준비와 점검을 담당한다.

① Head Bartender   ② Sommelier
③ Bartender   ④ Bar Helper

> **Tip**
> 헤드 바텐더(Head Bartender)는 캡틴(Captain) 또는 슈퍼바이저(Supervisor)라고 부른다. 고객 관리 및 서비스에 직접적인 책임을 맡고 있는 책임자로서 정확한 주문과 서비스를 담당한다.

16 프랑스에서 생산되는 칼바도스(Calvados)는 음료의 분류에서 어디에 속하는가?

① Beer   ② Vodka
③ Brandy   ④ Wine

> **Tip**
> 칼바도스는 프랑스 노르망디산 애플 브랜디이다.

17 다음 중 상면발효 맥주인 것은?

① Heineken   ② Corona
③ Porter   ④ Bock Beer

> **Tip**
> - **상면발효 맥주** : Stout, Ale, Porter, Lambics
> - **하면발효 맥주** : Lager, Bock, Plisner

18 다음에서 설명하는 것은?

- 북유럽 스칸디나비아 지방의 특산주로 어원은 '생명의 물'이라는 라틴어에서 온 말이다.
- 먼저 감자를 익혀서 으깬 감자와 맥아를 당화, 발효시켜 증류한 음료이다.

① Rum   ② Brandy
③ Vodka   ④ Aquavit

> **Tip**
> 아쿠아비트는 북유럽 스칸디나비아 지방의 특산주이다.

19 다음 우리나라 전통주 중에서 약주가 아닌 것은?

① 문배주　　② 두견주
③ 한산 소곡주　　④ 칠선주

Tip
문배주는 알코올 도수가 높은 증류주이다.

20 다음 중 스카치 위스키(Scotch Whisky)에 해당하지 않는 것은?

① Johnnie Walker　　② Jim Beam
③ J&B　　④ Royal Salute

Tip
짐빔은 아메리칸 위스키이다.

21 다음 중 과일주스가 아닌 것은?

① 포도주스　　② 자몽주스
③ 오렌지 주스　　④ 토마토 주스

Tip
토마토는 채소로 분류된다.

22 다음 중 혼성주의 제조방법이 아닌 것은?

① 샤르마법(Charmat Process)
② 증류법(Distillation Process)
③ 침출법(Infusion Process)
④ 배합법(Essence Process)

Tip
① **샤르마법**: 스파클링 와인의 대량 생산방법으로 커다란 탱크에서 발효시킨 뒤 나중에 압력을 가해 병입한다. 샴페인보다 거품이 크고 가격은 저렴하다.
② **증류법**: 방향성 물질인 식물의 초근목피 등을 알코올에 담아서 증류하는 방법이다.
③ **침출법**: 과일이나 약초, 향료를 증류주에 넣고 향미성분을 용해시키는 방법이다.
④ **배합법**: 주정에 천연 또는 합성향료를 넣고 배합하는 방법이다.

23 Manhattan 칵테일을 담아 제공하는 글라스로 가장 적합한 것은?

① Champagne Glass
② Cocktail Glass
③ Highball Glass
④ On The Rock Glass

Tip
맨하탄 = 버번위스키 + 스위트 베르뭇 + 앙고스투라 비터스
장식: 체리 / **기법**: 스터(Stir) / **잔**: 칵테일 글라스

24 커피의 3대 원종이 아닌 것은?

① 로부스타종　　② 인디카종
③ 아라비카종　　④ 리베리카종

Tip
커피의 3대 원종
- **아라비카종**: 대표적인 커피 품종으로, 카페인 함량이 적고 향미가 우수하며 신맛이 좋은 것으로 알려져 있다.
- **로브스타종**: 병충해에 강해 어떤 토양에서도 재배가 가능하다. 카페인 함량이 높고 강한 쓴맛과 독특한 향을 지니고 있다.
- **리베리카종**: 녹병이 크게 번질 때 아라비카의 대체종으로 관심을 끌었던 품종이다. 풍미가 아라비카보다 못하고 수확량도 적어 서아프리카의 라이베리아와 동남아시아 지역에서 소량 생산되며 현지에서 많이 소비된다.

25 〈생명의 물〉이라고 지칭되었던 유래가 없는 술은?

① 위스키 ② 브랜디
③ 보드카 ④ 진

📁 **Tip**
생명의 물(Uisge beatha)가 어원인 증류주는 위스키, 브랜디, 보드카이다.

26 다음 (   ) 안에 들어갈 내용은?

> 알코올분의 도수는 온도 (   )에서 0.7947의 비중을 가진 것을 말한다.

① 10℃ ② 15℃
③ 13℃ ④ 21℃

27 다음 칵테일 기구에서 설명이 잘못된 것은?

① 스탠다드 셰이커(Standard Shaker) - 캡(Cap), 스트레이너(Strainer), 몸통(Body)으로 구성
② 바스푼(Bar Spoon) - 용량이 1/8oz로 티스푼(Tea Spoon)이라고도 함
③ 전기 블렌더(Electric Blender) - 프로즌 드링크(Frozen Drink)를 만들 때 주로 사용
④ 아이스 페일(Ice Pail) - 일명 '얼음 삽'으로 부름

📁 **Tip**
아이스 페일(Ice Pail)은 얼음을 담는 통이다.
• **아이스 통**(Ice Tong) : 얼음 집게
• **아이스 스쿱**(Ice Scoop) : 얼음 삽

28 다음 중 다른 재료가 전혀 들어가지 않은 것은 무엇인가?

① Americano ② Espresso
③ Macchiato ④ Cafe Latte

📁 **Tip**
에스프레소는 고압, 고온으로 추출한 커피이다.

29 다음의 내용과 가장 관련 있는 것은?

> • 귀부병(Noble Rot)
> • 보트리티스 시네레아(Botrytis cinerea)
> • 소테른(Sauternes)
> • 토카이(Tokay)

① 스파클링 와인(Sparkling Wine)
② 스틸 와인(Still Wine)
③ 스위트 와인(Sweet Wine)
④ 드라이 와인(Dry Wine)

📁 **Tip**
귀부병 : 수확시기가 늦어진 포도로 습한 날씨와 건조한 날씨가 교차하면서 포도의 미세한 곰팡이가 자라면서 포도의 수분을 증발시켜 당분이 높은 포도가 된다.

30 다음 중 카베르네 소비뇽(Cabernet Sauvignon)에 대한 설명으로 올바른 것은?

① 타닌 성분이 적어 맛이 부드럽다.
② 껍질이 두껍고 색깔이 깊고 진하다.
③ 프랑스 포므롤 지방 페트뤼스(Petrus)의 주품종이다.
④ 과일향이 많고 섬세해서 다른 품종과 혼합용으로 많이 사용한다.

📁 **Tip**
①, ③, ④는 메를로(Merlot)에 대한 설명이다.

31. 다음 중 초콜릿이 들어간 메뉴는 무엇인가?

① Caffe Latte
② Cafe Mocha
③ Espresso
④ Americano

> **Tip**
> 카페모카 : 에스프레소 + 초콜렛 + 우유

32. 다음에서 설명하고 있는 전통주는 무엇인가?

- 민속주 중 가장 오래된 술이다.
- 누룩을 적게 쓰는 술이라 붙여진 이름이다.
- 일명 앉은뱅이술이라 불린다.

① 소곡주
② 삼해주
③ 이화주
④ 두견주

> **Tip**
> 특히 충남 서천군 한산면에서 만들어지는 청주(소곡주)를 한산 소곡주라고 한다.

33. 스코틀랜드산의 유명한 혼성주로 몰트 위스키에 꿀, 허브를 첨가하여 만든 암갈색을 띠고 있는 것은 무엇인가?

① Bitter
② Drambuie
③ Bailey's Irish Cream
④ Sloe Gin

> **Tip**
> 스카치 위스키와 꿀로 만들어진 리큐르는 드람뷔이다.

34. 다음 중 탁주에 대해 잘못 설명하고 있는 것은?

① 맑은 술을 떠내지 않고 그대로 걸러서 나온 술이다.
② 빛깔이 탁하고 알코올 성분이 적다.
③ 막 거른 술이라 하여 막걸리, 빛깔이 희다고 하여 백주라 불린다.
④ 상류층에서 즐기던 고급 양조주이다.

> **Tip**
> 상류층이 즐기는 고급 양조주는 청주이다.

35. 다음 중 양조주가 아닌 것은?

① 맥주(Beer)
② 미드(Mead)
③ 풀케(Pulque)
④ 오드비(Eau-de-vie)

> **Tip**
> 오드비(Eau-de-vie)는 생명수란 뜻으로 브랜디와 같은 증류주이다.

36. 주장관리에서 핵심적인 원가의 3요소는?

① 재료비, 인건비, 주장경비
② 세금, 봉사료, 인건비
③ 인건비, 주세, 재료비
④ 재료비, 세금, 주장경비

> **Tip**
> 원가 3요소 : 재료비, 인건비, 주장경비

37 차의 분류에서 녹차의 잎을 10~70% 발효시킨 것으로 중국차의 대명사라 할 수 있는 오룡, 청차, 재스민차, 우롱차 등을 무엇이라 하는가?

① 비발효차 ② 반발효차
③ 발효차   ④ 후발효차

📁 **Tip**
- **불발효차** : 녹차
- **반발효차** : 오룡차, 자스민, 우롱차
- **발효차** : 홍차(다즐링, 기문차, 우바), 블랙티
- **후발효차** : 흑차, 보이차, 육보차, 황차

38 다음 중 우리 술에 대한 설명으로 잘못된 것은?

① 희석식 소주는 주정에 증류수 외에 다른 것은 희석하지 않는다.
② 증류식 소주는 3번 고아서 증류한 술이다.
③ 증류식 소주의 제조 허가조치가 풀려나며 다시 다양한 소주가 경쟁하게 되었다.
④ 전주 이강주는 배와 생강, 계피 등이 첨가되어 독특한 맛이 나고 향이 부드럽다.

📁 **Tip**
소주는 증류식소주와 희석식 소주로 분류되고, 희석식 소주에는 감미료가 첨가된다.

39 카페인(Caffeine)에 대한 설명 중 잘못된 것은?

① 카페인은 물에 잘 녹지 않아 뜨거운 증기로 추출한다.
② 폴리페놀(Polyphenol)이 포함되어 있어 암을 예방하고 건강증진 등의 의학적 효과가 있다.
③ 위를 자극하여 위산의 분비량을 늘려 소화를 촉진한다.
④ 카페인의 장기적인 복용은 면역력을 떨어뜨리고 긴장, 불안, 불면증 등을 유발한다.

📁 **Tip**
카페인은 물에 잘 녹으며, 커피의 특성을 결정하는 가장 중요한 성분이다.

40 우유에 대한 설명으로 잘못된 것은?

① 우유는 수분, 지방, 단백질, 유당 및 무기질의 주성분과 비타민, 효소 등의 미량성분으로 구성되어 있다.
② 우유의 70% 이상이 유제품 가공으로 이용되며 발효유가 그 주류를 이루고 있다.
③ 발효유는 젖산균을 사용하여 우유를 발효시켜 만든 제품이다.
④ 우유의 지방, 유당 및 단백질은 열과 에너지의 공급원이 된다.

41 존 제임슨(John Jameson)은 어떤 종류의 위스키에 속하는가?

① Irish Whiskey   ② Scotch Whisky
③ Malt Whisky   ④ Bourbon Whiskey

📁 **Tip**
제임슨은 부쉬밀과 함께 아이리쉬 위스키이다.

42 다음 중 숙성 연도가 가장 오래된 것은?

① Ballantine's Gold   ② Johnnie Walker Black
③ Royal Salute   ④ J&B Jet

📁 **Tip**
Royal Salute 21년 / ①, ②, ④는 12년

43 다음에서 설명하고 있는 코냑의 생산지역은 어디인가?

- 코냑시의 바로 남쪽에 위치하고 있다.
- 섬세하고 꽃향기의 맛과 향이 진한 브랜디가 생산된다.
- 장기보관이 가능한 우수한 원액이다.

① 그랑드 샹파뉴(Grand Champagne)
② 쁘띠드 샹파뉴(Petite Champagne)
③ 보르드리(Borderies)
④ 팽부아(Fins Bois)

> **Tip**
> 코냑 생산지역은 석회질 토양의 존재에 따라 소지역으로 나뉘며, 그랑드 샹파뉴, 쁘띠뜨 샹파뉴 등으로 구분됩니다.

44 다음은 아쿠아비트(Aquavit)에 대한 설명이다. (　　　) 안에 들어갈 내용은 무엇인가?

> • 북유럽 스칸디나비아 지방의 특산주이다.
> • 어원은 '생명의 물'에서 유래되었다.
> • (　　)를 주원료로 발효, 증류한 다음 회향초 씨나 박하, 오렌지 껍질 등 허브가 첨가된다.

① 보리　　② 감자
③ 포도　　④ 옥수수

> **Tip**
> 아쿠아비트는 주로 감자를 원료로 만들어진다.

45 호텔 홍보나 선전, 판매촉진 등 특별한 접대 목적으로 고객에게 일부를 무료로 제공하는 것은?

① Amenity　　② Complimentary
③ Par Stock　　④ Void

> **Tip**
> ① Amenity : 손님의 편의를 꾀하고 격조 높은 서비스 제공을 위해 무료로 준비해 놓은 소모품을 말한다.
> ③ Par Stock : 저장되어 있는 적정 재고량을 말한다.

46 다음에서 설명하는 것은 무엇인가?

> • 식물의 씨, 잎, 뿌리 등을 건조시켜 약이나 음식, 음료에 사용한다.
> • 소화 촉진, 이뇨, 살균, 해독, 항균작용 등을 한다.
> • 식이요법으로 사용한다.
> • 음식과 음료의 맛과 향을 강화시키는 역할을 한다.

① Ginger Ale　　② Spirits
③ Herb　　④ Bitters

> **Tip**
> • 허브는 라틴어로 '푸른 풀'을 뜻하는 'Herba'에서 유래한 단어입니다.
> • 바질, 페퍼민트, 로즈마리, 라벤더, 캐모마일 등 다양한 종류가 있습니다.

47 캐나다 위스키가 아닌 것은?

① Seagram's V.O.　　② Crown Royal
③ Canadian Club　　④ Seagram's 7 Crown

> **Tip**
> Seagram's 7 Crown은 아메리칸(미국) 위스키이다.

48 커피를 다량으로 섭취하는 사람이 가장 많이 보충해주어야 할 영양소는?

① 비타민 A　　② 비타민 D
③ 오메가 3　　④ 칼슘

> **Tip**
> 카페인은 칼슘 흡수를 방해하므로 우유가 들어간 라떼나 카푸치노 등의 베리에이션 음료를 마시는 것도 좋다.

49 대기업이 아닌 개인이나 소규모 양조장에서 자체 개발한 제조법에 따라 만든 '수제맥주'를 뜻하는 것은?

① Bock Beer　　② Craft Beer
③ Stout Beer　　④ Draft Beer

> **Tip**
> Craft (주로 손으로)만들다 라는 뜻으로, 수제라는 의미를 갖고 있다.

50 다음 중 증류방식이 다른 하나는?

① Malt Whisky ② Vodka
③ Cognac ④ Dark Rum

> **Tip**
> 보드카 - 연속증류

51 What is explained in the following view?

> It becomes a liquor with taste, aroma, and color by adding flavor and sugar of fruits or herbs to distilled liquor.

① Whisky ② Compounded Liquor
③ Distilled Liquor ④ Fermented Liquor

> **Tip**
> 혼성주는 증류주에 과일 또는 허브의 향미 및 설탕을 첨가하여 맛과 향 및 색을 가진 술이 된다.

52 Which of the following cocktails uses pineapple and cherry for decoration?

① B-52 ② Geumsan
③ Blue Hawaiian ④ Negroni

> **Tip**
> Q : 장식으로 파인애플과 체리가 사용되는 칵테일은 어느 것인가?

53 Which of the following drinks does not mature?

① Vodka ② Tequila
③ Whisky ④ Dark Rum

> **Tip**
> 다음 중 숙성하지 않는 술은 무엇인가?
> 보드카는 무색, 무미, 무취로 숙성하지 않는다.

54 What does 'Black coffee' mean?

① Rich in coffee
② Strong coffee
③ Coffee without cream and sugar
④ Clear strong coffee

> **Tip**
> 블랙커피는 크림과 설탕이 들어가지 않는다.

55 다음 중 '한잔 더 주세요'의 가장 정확한 영어 표현은?

① I'd like to have the other drink.
② I want one more wine.
③ I'd like to have another drink.
④ I'd like other drink.

> **Tip**
> Another Drink 또 다른 한잔

56 다음 (   ) 안에 들어갈 단어를 올바르게 나열한 것은?

> 문자 메시지를 기다리겠습니다.
> I'll (   ) for your (   ).

① wait - text ② wait - call
③ call - text ④ text - wait

> **Tip**
> 나는 당신의 전화를 기다릴 것이다.
> Wait 기다리다. / call 전화, 전화하다.

57 Which of the following is not made of grapes?

① Beer
② Wine
③ Brandy
④ Champagne

> **Tip**
> 다음 중 포도로 만들어지지 않은 것은?

58 Which alcohol handling method is wrong?

① Drinks are served in a clean glass.
② Beer is stored in the refrigerator.
③ Red wine is served with ice.
④ Check the rim of the cup.

> **Tip**
> 주류 취급방법이 잘못된 것은?
> ① 음료는 깨끗한 잔에 제공한다.
> ② 맥주는 냉장고에 보관한다.
> ③ 적포도주는 얼음과 함께 제공한다.
> ④ 컵의 가장자리를 확인한다.

59 What is vintage?

① It's the name of the wine.
② It's a grape harvest year.
③ It is the name of origin for wine.
④ It's a variety of grapes.

> **Tip**
> 빈티지란 무엇인가?
> ① 와인 이름이다.
> ② 포도의 수확 연도이다.
> ③ 와인의 원산지 이름이다.
> ④ 포도의 품종이다.

60 What is the meaning of a walk-in guest?

① A guest with no reservation
② Guest on charged instead of reservation guest
③ By walk in guest
④ Guest that checks in through the front desk

> **Tip**
> Q : 워크인 게스트의 의미는 무엇인가?
> • 워크인 게스트 : 예약없이 방문하는 일반 손님

정답

01	①	02	③	03	④	04	④	05	①
06	③	07	②	08	①	09	③	10	④
11	①	12	③	13	①	14	④	15	①
16	③	17	③	18	④	19	①	20	②
21	④	22	①	23	②	24	②	25	④
26	③	27	④	28	②	29	③	30	②
31	②	32	①	33	②	34	④	35	④
36	①	37	①	38	①	39	①	40	①
41	①	42	③	43	①	44	①	45	②
46	③	47	④	48	④	49	②	50	②
51	②	52	③	53	①	54	①	55	③
56	①	57	①	58	③	59	②	60	①

2022년 2회 필기 기출

01 판매시점에 매출을 등록, 집계하여 경영자에게 필요한 영업 및 경영정보를 제공하는 시스템은?
① SMS ② MRP
③ CRM ④ POS

> **Tip**
> POS : Point of Sales 판매시점 정보관리시스템

02 다음 포도 품종에서 분류가 다른 것은 무엇인가?
① 리슬링(Riesling)
② 피노누아(Pinot Noir)
③ 카베르네 소비뇽(Cabernet Sauvignon)
④ 메를로(Merlot)

> **Tip**
> 리슬링(Riesling)은 화이트 와인의 포도 품종이며, 나머지는 레드 와인의 포도 품종이다.

03 다음 중 알코올성 음료를 의미하는 용어가 아닌 것은?
① Liquor ② Spirits
③ Ginger Ale ④ Hard Drink

> **Tip**
> 진저에일 : 생강향이 나는 알코올이 없는 청량음료다.

04 다음 중 알코올 도수가 가장 높은 음료는 무엇인가?
① 맥주 ② 위스키
③ 와인 ④ 소주

> **Tip**
> 증류주인 위스키는 보통 40%이다.

05 와인 양조 시 1%의 알콜을 만들기 위해 약 몇 그램의 당분이 필요한가?
① 1g/L ② 10g/L
③ 16.5g/L ④ 20.5g/L

06 원가가 3,000원이고 목표 원가를 30%로 잡았을 경우 판매 가격은 얼마가 적당한가?
① 6,000원 ② 8,000원
③ 9,000원 ④ 10,000원

> **Tip**
> 판매가 = 원가/목표 원가율*100

07 해피아워(Happy Hour)의 설명으로 적절한 것은?
① 식재료 보관방법 및 저장시간을 말한다.
② 일정한 시간을 정해 놓고 가격을 할인해 주는 것을 말한다.
③ 재고량을 조사하는 시간을 말한다.
④ 물품 공급을 원활하게 하는 신속한 시간을 말한다.

> **Tip**
> 해피아워는 지정된 일정시간동안 할인된 가격으로 음식 또는 음료를 제공하는 것이다.

08 다음 중에서 단행복발효주인 것은?
① 와인　　② 맥주
③ 황주　　④ 막걸리

> **Tip**
> • 단발효주 : 과실류(와인 등)
> • 복발효주 : 곡물류(맥주, 막걸리 등)

09 술의 분류에서 원료의 전분을 당화효소로 당화시켜 당분으로 변화시킨 이후에 알코올을 만드는 것을 무엇이라 하는가?
① 단발효주　　② 단행복발효주
③ 병행복발효주　　④ 증류주

> **Tip**
> • 단발효주 : 과실류 / 와인(포도), 사이다(사과) 등
> • 단행 복발효주 : 맥주(보리)
> • 병행 복발효주 : 황주(쌀, 수수), 막걸리(쌀, 밀, 옥수수)

10 다음은 양조주의 특성을 파악하기 위한 설명이다. 올바르지 않은 것은?
① 테이스팅 장소는 밀폐된 공간으로 집중할 수 있는 적당히 어두운 장소가 좋다.
② 와인의 향을 잘 맡기 위해서는 와인 글라스에 적당한 양(1/4~1/3)의 와인을 따르는 것이 좋다.
③ 와인을 공기와 접촉시켜 향을 풍부하게 맛을 부드럽게 하고, 입안에서 굴리면서 혀의 여러 부위에서 맛을 느끼게 해 준다.
④ 식초나 아세톤 냄새가 나는 와인은 병이나 코르크 상태가 좋지 않았거나 온도가 높은 장소에서 보관한 경우이다.

> **Tip**
> 시음장소는 환기가 잘되고 술의 색상을 확인 할 수 있게 밝은 공간이 좋다.

11 다음 중 조주기법이 다른 하나는?
① 블러디 메리　　② 모스코뮬
③ 쿠바 리브레　　④ 키스 오브 파이어

> **Tip**
> ④ 셰이킹 기법 / ①, ②, ③ 빌딩 기법

12 비터(Bitters)가 사용되지 않는 칵테일은?
① Cosmopolitan　　② Manhattan
③ Old Fashioned　　④ Negroni

> **Tip**
> 코스모폴리탄 = 보드카 + 트리플섹 + 라임주스 + 크랜베리주스 / **장식** : 레몬 필 / **기법** : 셰이킹(Shaking)

13 우리나라 와인 생산지가 아닌 곳은?
① 연태　　② 영동
③ 영천　　④ 무주

> **Tip**
> 연태(중국)

14 술의 분류와 관련한 설명으로 잘못된 것은?

① 발효주는 원재료에 함유된 당분 성분이 알코올 발효가 끝난 술덧 자체를 제성하거나 여과하여 만든 주류이다.
② 단발효주는 원료에 함유된 당분을 발효시켜 만든 포도주나 사과이다.
③ 복발효주는 맥주와 같이 맥아의 당화효소를 이용하여 전분을 당화시켜 알코올을 만든다.
④ 증류주는 곡물이나 과실을 원료로 발효·증류하여 향미와 당분을 첨가한 술이다.

📁 **Tip**
④ 혼성주(리큐르)에 대한 설명이다.

15 다음은 카페라떼(Caffe Latte)에 대한 설명이다. (　　　)에 들어갈 단어는 무엇인가?

- 에스프레소에 스팀한 (　　) 가(이) 들어간 음료이다.
- 카푸치노보다 (　　)가(이) 좀 더 많이 들어간다.

① 물　　　　　② 초콜릿
③ 우유　　　　④ 거품

📁 **Tip**
- **카페라떼** : 에스프레소 + 우유 많음 + 우유거품 조금
- **카푸치노** : 에스프레소 + 우유 조금 + 우유거품 많음

16 카페라떼에 초콜릿을 첨가한 음료는 무엇인가?

① Doppio　　　　② Cafe Mocha
③ Cafe Romano　　④ Cappuccino

📁 **Tip**
카페모카 : 에스프레소 + 초콜렛 + 우유

17 다음 중 청주(약주)에 대한 설명으로 잘못된 것은?

① 이화주는 숟가락으로 떠먹거나 여름철 찬물에 타서 즐긴다.
② 부의주는 '동동주'의 원조이다.
③ 계명주는 오메기떡으로 만든다.
④ 과하주는 술을 빚기도 보관하기도 힘든 여름철을 보냈다는 합주이다.

📁 **Tip**
계명주는 술을 담근 다음 날 닭이 우는 새벽녘에 벌써 다 익어 마실 수 있는 술이라고 하여 붙여진 이름이다.

18 다음에 공통으로 들어가는 혼성주의 성분은 무엇인가?

- Creme de Cafe
- Kahlua
- Tia Maria

① 살구　　　　② 커피
③ 크림　　　　④ 우유

📁 **Tip**
크렘드 카페, 깔루아, 티아 마리아는 모두 커피 리큐르이다.

19 다음 중 양조주에 대한 설명으로 잘못된 것은?

① 미생물이 들어 있는 발효주라고 부른다.
② 물이 전혀 들어가지 않는다.
③ 알코올 도수가 낮다.
④ 장기보관이 어렵다.

📁 **Tip**
양조주(발효주)를 만들 때 원재료와 물, 미생물이 섞여 발효가 일어난다.

20 다음 중 병행복발효와 거리가 먼 것은?

① 포도주 ② 맥주
③ 막걸리 ④ 청주

> **Tip**
> 포도주와 같은 과실주는 단발효주이다.

21 식음료 서비스의 특성으로 적절하지 않은 것은?

① 무형성으로 보거나 만질 수 없다.
② 생산과 소비의 동시성으로 공간적으로 서비스 기업 내에서 동시에 이루어지는 특성이 있다.
③ 이질성으로 품질이 일정하지 않다.
④ 지속성으로 철저한 고객관리 및 서비스의 수요와 공급간의 조화를 위한 방안이다.

> **Tip**
> ④ 소멸성으로 판매되지 않은 서비스는 사라진다.

22 메뉴는 바(Bar)의 콘셉트와 특징 그리고 이미지를 표현하는 것으로 전문성, 차별성, 독창성을 지녀야만 한다. 다음 중 메뉴 개발의 중요성과 거리가 먼 것은?

① 메뉴 개발은 독특한 재료를 주원료로 한다.
② 메뉴 개발은 바의 특성과 이미지를 조성해 주는 수단이다.
③ 메뉴 개발은 무형의 서비스이자 세일즈맨이다.
④ 메뉴 개발은 고객과 연결하는 커뮤니케이션의 도구이다.

> **Tip**
> ① 고객의 요구에 맞는 다양성과 기호도 등을 고려한 재료로 제공한다.

23 메뉴 계획자가 우선적으로 고려해야 하는 사항으로서 적절하지 못한 것은?

① 고객의 경제적·사회적 위치 파악
② 원가와 수익성 관계
③ 설비 및 수용능력
④ 원활한 재료의 구입과 공급

> **Tip**
> 고객의 경제적/사회적 위치와는 무관하다.

24 다음 중 식음료 취급사항에 대해 잘못 설명하고 있는 것은?

① 식음료를 만들기 전에 손을 청결히 한다.
② 차가운 음료는 4℃ 정도로 보관해 준다.
③ 뜨거운 음료와 음식은 최대한 뜨겁게 해야 한다.
④ 작업 공간에는 깨끗한 행주나 물수건을 준비해 둔다.

> **Tip**
> 뜨거운 음료는 고객에게 제공하기 좋은 온도로 준비한다.

25 다음 중 원가관리의 기초에 대한 설명으로 바르지 않은 것은?

① 제품이나 서비스를 생산하기 위한 기업의 구매, 제조와 관련된 경제가치를 화폐가치로 표시한 것이다.
② 기업의 안정적인 발전을 위해 목표달성 추진계획과 점검을 통해 원가절감과 개선을 하는 일체의 관리활동을 말한다.
③ 경영자가 경영상 의사결정을 내리기 위한 필요한 정보를 제공하고 예산 조정과 이해관계자의 불법 행위를 방지할 수 있다.
④ 재료비, 직접원가, 제조경비를 원가의 3요소라 한다.

> **Tip**
> **원가의 3요소**: 재료비, 노무비, 제조경비

26 다음 중 글라스의 용도별 분류에서 다른 한 가지는?

① Highball
② On The Rock
③ Champagne
④ Collins

> **Tip**
> 샴페인글라스는 스템(Stem)이라고 하는 손잡이가 있는 스템드(Stem-med) 글라스이며, ①, ②, ④는 원통형 모양의 텀블러(Tumbler) 글라스이다.

27 다음 칵테일의 기주(Base)별 분류에서 다른 한 가지는?

① Dry Martini
② Singapore Sling
③ Negroni
④ Margarita

> **Tip**
> 마가리타, 데킬라(Tequila) / 나머지, 진(Gin)

28 칵테일에서 사용하는 얼음에 대한 설명으로 적절하지 않은 것은?

① 얼음의 종류는 매우 다양하며 용도에 맞는 얼음을 사용하면 좋은 효과를 가져올 수 있다.
② 얼음 속에 공기가 들어가 있지 않아야 좋다.
③ 얼음은 냄새가 없고 투명해야 한다.
④ 바에서 칵테일 조주 시 가장 널리 이용하는 얼음은 럼프 아이스(Lump Ice)이다.

> **Tip**
> 칵테일 조주 시 가장 널리 이용하는 얼음은 큐브 아이스(Cubed ice)이다.

29 음료의 활용에 대한 설명으로 적절하지 않은 것은?

① Bitters는 처음 개발되었을 당시에는 술보다는 소화 촉진제, 위장약, 강장제, 해열제와 같은 약제로 개발되었다.
② Herb는 약효를 얻을 수 있는 식물의 씨, 꽃잎, 뿌리 등을 건조시켜서 약이나 음식, 음료에 사용한다.
③ 칵테일에 사용되는 비알코올성 음료 중에서는 미네랄 워터와 탄산가스가 혼합된 탄산음료를 많이 사용한다.
④ 칵테일 제조에 많이 사용하는 시럽은 Flavored Syrup이다.

> **Tip**
> 칵테일에서 가장 많이 사용하는 시럽은 심플 시럽(Simple Syrup)과 그레나딘 시럽(Grenadine Syrup)이다.

30 다음 중 풋사랑의 재료가 아닌 것은?

① 스위트 앤 사워믹스
② 안동소주
③ 트리플 섹
④ 애플푸커

> **Tip**
> 풋사랑 = 안동소주 + 트리플섹 + 애플푸커 + 라임주스
> **장식**: 사과 슬라이스 / **기법**: 셰이킹(Shaking) / **잔**: 칵테일 글라스

31 글라스 세척 시 알맞은 세제와 세척순서로 짝지은 것은?

① 산성세제 - 더운물 - 찬물
② 중성세제 - 찬물 - 더운물
③ 산성세제 - 찬물 - 더운물
④ 중성세제 - 더운물 - 찬물

32 나머지 셋과 성격이 다른 것은?

ㄱ. Cherry Brandy　　ㄴ. Peach Brandy
ㄷ. Hennessy Brandy　ㄹ. Apricot Brandy

① ㄱ　　② ㄴ
③ ㄷ　　④ ㄹ

📂 **Tip**
Hennessy Brandy는 브랜디(증류주)이고, 나머지는 리큐르(혼성주)이다.

33 와인 제공 순서에 대한 설명으로 옳지 않은 것은?

① 드라이 와인(Dry Wine)을 달콤한 와인(Sweet Wine)보다 먼저 제공한다.
② 화이트 와인은 레드 와인보다 나중에 대접하는 것이 좋다.
③ 가벼운 와인이 먼저 제공되고, 무거운 와인은 가벼운 와인 후에 제공해야 한다.
④ 최근 생산된 와인을 오래 숙성된 와인보다 우선적으로 제공한다.

📂 **Tip**
화이트와인을 먼저 제공하고, 타닌이 있는 레드와인은 나중에 제공한다.

34 프랑스 와인 상표에 'Vin de Pays d'Oc'은 어느 지역 와인인가?

① 랑그독 루시옹(Languedoc Roussillon)
② 보르도(Bordeaux) 및 코냑(Cognac)
③ 론(Rhone) 일부, 프로방스(Provence)
④ 남서부 지역(Sud-Ouest)

📂 **Tip**
뱅드 페이(Vin de Pays)는 지역등급 와인이다. 지방와인을 뜻한다.

35 다음 중 피노누아(Pinot Noir)에 대한 설명으로 잘못된 것은?

① 프랑스 부르고뉴의 대표 품종이다.
② 껍질이 얇아 타닌 함량이 높지 않고 색깔이 연하다.
③ 스파이시한 향이 짙은 남성적 성격을 가진다.
④ 라즈베리, 딸기, 체리, 민트, 장미, 가죽, 송로 등의 향기를 가지고 있다.

📂 **Tip**
시라(Syrah)는 색깔이 진하고 타닌 성분이 강하며 스파이시한 향이 짙은 남성적 성격을 가진 프랑스 론 지방 최고의 포도 품종이며, 호주에서는 쉬라즈(Shiraz)라고 부른다.

36 쓴맛이 강한 술로 특히 이탈리아에서 즐겨 마시며, 초기에는 소화촉진제, 위장약, 강장제, 해열제 같은 약제로 개발한 것은?

① Smoothie　　② Spirits
③ Bitters　　④ Herb

📂 **Tip**
유럽에서 약용으로 사용하는 술로, 고농축 칵테일 비터스와 바로 음용이 가능한 아페리티프 비터스가 있다.

37 원통형 글라스로 싱글(Single) 글라스 또는 (Shot) 글라스라고도 부르는 스트레이트 글라스(Straight Glass)의 용량은 얼마인가?

① 1oz　　② 3oz
③ 5oz　　④ 7oz

📂 **Tip**
샷 글라스는 1~2oz(30~60ml)이다.

38 다음은 맥주에서 Hop에 대한 설명이다. 잘못된 것은?

① 맥주 특유의 향기와 고미 등 상쾌한 쓴맛을 낸다.
② 맥주 잡균의 침입을 막아 준다.
③ 알코올 발효를 활발하게 도와준다.
④ 맥주 거품을 일으키는 효과가 있다.

📁 **Tip**
Hop은 알코올 발효와 무관하다.

39 다음 중 당분을 표기하는 단어가 아닌 것은?

① 보메(Baume) ② 웩슬레(õechsle)
③ 인치(Inch) ④ 브릭스(Brix)

📁 **Tip**
인치(Inch)는 길이 단위이다.

40 다음에서 (   ) 안에 들어갈 내용은?

> 증류는 알코올과 물을 분리하는 작업으로 알코올의 비등점 (   )과 물의 비등점(100℃)의 차이를 이용하는 것이다.

① 65℃ ② 68.35℃
③ 75℃ ④ 78.35℃

📁 **Tip**
알코올 비등점 78.35도

41 버진 프루츠 펀치의 가니시는?

① 레몬 슬라이스와 체리
② 오렌지 슬라이스와 체리
③ 오렌지 슬라이스와 양파
④ 파인애플 웨지와 체리

📁 **Tip**
버진프루트 펀치 = 오렌지주스 + 파인애플주스 + 크랜베리주스 + 자몽주스 + 레몬주스 + 그라나딘시럽
장식: 파인애플&체리 / **기법**: 블렌딩 / **잔**: 필스너 글라스

42 탄산음료에 대한 설명 중 옳지 않은 것은?

① 콜라는 콜라나무 열매에서 추출한 농축액의 쓴맛과 떫은맛을 제거, 가공 처리한 것이다.
② 소다수는 구연산과 감미료가 들어간 탄산음료이다.
③ 진저에일은 소다수에 구연산과 기타 향신료를 섞어 캐러멜로 착색한 청량음료이다.
④ 토닉워터는 무색 투명한 음료로 레몬, 라임, 오렌지 등에 키니네향이 첨가된 탄산음료이다.

📁 **Tip**
소다수는 첨가물 없이 이산화탄소만 주입된 청량음료이다.

43 다음 중 전통주에 대해 잘못 설명하고 있는 것은?

① 우리나라에 증류주가 들어온 시기는 고려 때로 추정하고 있다.
② 문배주는 문배나무의 과실을 사용하여 과실에서 풍기는 향기가 좋아 붙여진 이름이다.
③ 박재서 명인 안동소주는 감미료나 첨가제를 일절 사용하지 않는다.
④ 감홍로는 평양의 명주로 고려시대에 원나라로부터 유입된 증류이다.

> **Tip**
> 문배주는 평양 일대의 증류식 소주로 밀, 좁쌀, 수수로 빚고 술향에서 문배나무 과실향이 난다고 하여 문배주라고 부른다.

44 다음 커피 로스팅(Roasting)에 대한 설명으로 잘못된 것은?

① 생두를 볶으면 수분 증발로 무게가 15~20% 정도 증가한다.
② 생두에 열을 가하면 600여 개 이상의 화학물질이 생성된다.
③ 가볍게 살짝 볶으면 신맛이 강한 커피가 된다.
④ 강하게 오래 볶으면 쓴맛이 강한 커피가 된다.

> **Tip**
> 수분이 증발해 무게가 줄어든다.

45 다음 주스에 대한 설명으로 잘못된 것은?

① 과실을 짜서 얻은 액즙 주스라고 한다.
② 과즙을 끓여서 살균하면 신선미가 없어지고 비타민C도 상실된다.
③ 1938년 미국의 F.버를 리가 순간살균법을 적용하여 오렌지의 비타민이나 색조, 향미 등을 손상하지 않고 보존성이 좋은 주스를 만드는 데 성공하여 대량생산에 착수하게 되었다.
④ 오렌지 주스만은 끓여도 어느 정도 신선미를 보존하므로 가공한 상품이 판매된다.

> **Tip**
> 포도주스만은 끓여도 어느 정도 신선미를 보존하므로 19세기경부터 병조림으로 가공한 상품이 판매되기 시작했다.

46 다음은 위스키의 4대 제조과정을 나열한 것이다. (　　) 안에 들어갈 내용은?

당화 - 발효 - 증류 - (　　)

① 착색　　② 혼합
③ 숙성　　④ 여과

> **Tip**
> 위스키의 4대 제조과정 : 당화 - 발효 - 증류 - 숙성

47 남아프리카공화국에서 품질이 보증된 와인에 부착하는 골드 마크는?

① AOC　　② WO
③ WOS　　④ DOCG

> **Tip**
> 1973년에 수립된 Wine of Origin(W.O)는 남아프리카의 와인 지역이 어떻게 정의되고 와인 라벨에 어떻게 표시되는지 규정한다. W.O.S(Wine of Origin Scheme)는 품질이 보증되는 와인에만 부착되는 골드 마크

48 피느 샹파뉴(Fine Champagne)에 대한 설명으로 올바른 것은?

① 강렬한 맛과 향으로 남성적인 브랜디이다.
② 상호보완 작용을 위해 숙성이 느리지만 맛이 우수한 쁘띠드 샹파뉴 원액으로 만든다.
③ 그랑드 샹파뉴 50% 이상에 쁘띠드 샹파뉴를 블렌딩한다.
④ 과실이 첨가되어 향긋한 과실이 향기가 느껴진다.

> **Tip**
> 그랑드 샹파뉴 50% 이상에 쁘띠드 샹파뉴를 섞으면 피느 샹파뉴(Fine Champagne)라고 한다.

49 럼 1병(750ml)은 1잔(45ml) 기준 총 몇 잔이 나오는가?

① 6잔 ② 10잔
③ 16잔 ④ 25잔

📁 **Tip**
750ml / 45ml = 약 16.66666잔

50 고객 불만족 처리 시 잘못된 것은?

① 고객과 대화할 때는 항상 주의를 기울여 상냥하고 공손한 말씨를 사용한다.
② 지적받은 부분에 대해서는 일단 사과하고 고객의 불만에 귀 기울인다.
③ 서비스 회복을 위해 이유를 설명한 다음 고객의 설명을 듣는다.
④ 고객과 논쟁이 되지 않도록 말 한마디에도 주의한다.

📁 **Tip**
고객 불만족 처리시 사과 후 고객의 설명을 경청한다. 그 다음 이유를 설명하고 보상과 대책을 제안한다.

51 What is the cocktail described in the following?

- Use a floating technique.
- Float in order of Kalua, Bailey's Irish Cream, and Grand Marnier.

① Dry Martini ② B-52
③ Rob Roy ④ Negroni

📁 **Tip**
플로팅 기법 / 깔루아, 베일리스 아이리시 크림, 그랑 마니에르=B-52

52 Which of the following coffee contains alcohol?

① Irish Coffee ② Espresso
③ Shakerato ④ Cold Brew

📁 **Tip**
다음 중 알코올이 함유된 커피는 무엇인가?

53 Which of the following is way different to make a cocktail?

① Rob Roy ② Dry Martini
③ B-52 ④ Manhattan

📁 **Tip**
다음 중 칵테일 만드는 기법이 다른 하나는 무엇인가? :
③ B-52는 Float 기법 / ①, ②, ④는 Stir 기법

54 Which one is wine that can be served before a meal?

① Table wine ② Dessert wine
③ Aperitif wine ④ Port wine

📁 **Tip**
어떤 와인이 식사 전에 제공될 수 있는지 묻고 있다.

55 It is an object placed in the center of the table to accentuate the table. What do you call a vase, salt, pepper bottle, candlestick, etc?

① Stopper ② Centerpieces
③ Table decoration ④ Table bottle

📁 **Tip**
식탁을 돋보이게 하기 위해 식탁의 중앙에 놓은 집기를 말한다. 꽃병과 소금, 후추병, 촛대 등을 무엇이라 하는가?

56 Which of the following has the highest alcohol content?

① Wine
② Beer
③ Whisky
④ Soju

> **Tip**
> 다음 중 알코올 함량이 가장 높은 것은? :
> 증류주인 위스키가 가장 높다.

57 Which of the following has the highest temperature?

① Dry Martini
② White Wine
③ Red Wine
④ Champagne

> **Tip**
> 다음 중 온도가 가장 높은 것은 무엇입니까? :
> 서브 온도가 가장 높은 것은 레드와인(14~16도)이다.

58 What is the correct explanation for the strainer?

① It is used to mix ingredients.
② It is used to measure capacity.
③ It is used to measure weight.
④ It is used to filter out ice.

> **Tip**
> 스트레이너에 대한 올바른 설명은 무엇입니까?
> ① 재료를 섞을 때 사용한다.
> ② 용량을 측정하는 데 사용한다.
> ③ 무게를 측정하는 데 사용한다.
> ④ 얼음을 걸러내는 데 사용한다.

59 Please, select the cocktail based on Tequila in the following.

① Cosmopolitan
② Kiss of Fire
③ Apple Martini
④ Margarita

> **Tip**
> 다음 중 테킬라가 기본이 되는 칵테일을 고르시오.

60 다음의 (   )에 들어갈 알맞은 말은?

> I am afraid you have the (   ) number.
> 전화 잘못 거셨습니다.

① correct
② wrong
③ missed
④ busy

> **Tip**
> Wrong 잘못된, 틀린

정답

01	④	02	①	03	③	04	②	05	③
06	④	07	②	08	②	09	②	10	①
11	④	12	①	13	①	14	④	15	③
16	②	17	③	18	②	19	②	20	①
21	④	22	①	23	①	24	③	25	④
26	④	27	④	28	④	29	④	30	①
31	④	32	③	33	②	34	①	35	④
36	③	37	②	38	③	39	③	40	④
41	④	42	②	43	②	44	①	45	④
46	③	47	③	48	③	49	③	50	③
51	②	52	①	53	③	54	③	55	②
56	③	57	③	58	④	59	④	60	②

Chapter 31

2023년 1회 필기 기출

01 샴페인 제조 과정에서 병목 침전물을 제거하는 작업은?

① 데고르주망　　② 르미아주
③ 필트레이션　　④ 랙킹

> **Tip**
> **데고르주망(Dégorgement)**은 병목에 모은 효모 침전물을 순간적으로 배출하는 과정이며, 그 이전 단계가 병목을 아래로 향하게 돌려 침전을 모으는 **르미아주(Remuage)**입니다.

02 각 나라별 와인 최고 등급으로 틀린 것은?

① 프랑스-AOC　　② 이탈리아-DOCG
③ 스페인-DOCa　　④ 독일-DOCG

> **Tip**
> 독일 최고 등급은 **프레디카츠바인(Prädikatswein, 구 QmP)**이며 DOCG는 이탈리아 최상위 등급입니다.

03 바 기물 중 세균 번식 위험이 가장 큰 것은?

① 아이스 스쿱　　② 스트레이너
③ 머들러　　　　④ 바스푼

> **Tip**
> 스쿱은 얼음과 손이 반복 접촉하고 냉습 환경이라 **생물막**이 형성되기 쉬워 가장 주의가 필요합니다.

04 우선 세척·관리해야 할 도구는?

① 스퀴저　　② 스트레이너
③ 셰이커　　④ 집게

> **Tip**
> 레몬·라임 산 성분과 과육이 닿는 **스퀴저**는 산화·부식·식중독균 오염 위험이 높아 **선 세척 대상**입니다.

05 Singapore Sling의 베이스 주류는?

① 럼　　② 진
③ 보드카　　④ 위스키

> **Tip**
> 싱가포르 슬링은 **진 베이스**에 체리 브랜디, 파인애플주스 등이 들어가는 롱드링크입니다.

06 칵테일 기법 중 '흔들어' 만드는 것은?

① Stir　　② Shake
③ Build　　④ Float

> **Tip**
> 셰이크는 얼음과 재료를 셰이커에 넣고 강하게 흔들어 **빠른 냉각·희석·기포 형성**을 유도합니다.

07 솔트 리밍을 하는 칵테일은?

① 마가리타　② 다이키리
③ 마티니　④ 맨하탄

> **Tip**
> 마가리타는 잔 림에 소금을 입혀 산미·짠맛 대비로 풍미를 높입니다.

08 커피 강도를 약→강 순서로 바르게 고른 것은?

① Ristretto-Espresso-Lungo-Americano
② Americano-Lungo-Espresso-Ristretto
③ Espresso-Ristretto-Americano-Lungo
④ Lungo-Americano-Ristretto-Espresso

> **Tip**
> 아메리카노(가장 연함) < 룽고(긴 추출로 묽고 쌉쌀) < 에스프레소(표준 25~30ml) < 리스트레토(짧고 가장 진함) 입니다.

09 보기 중 밀맥주는?

① 기네스　② 호가든
③ 버드와이저　④ 하이네켄

> **Tip**
> 호가든은 벨기에식 위트(밀) 비어로, 고수·오렌지필 특유의 향이 납니다.

10 스카치 위스키 설명으로 틀린 것은?

① 맥아 사용　② 숙성 3년↑
③ 연속식 증류 가능　④ 단식 증류기 1회만

> **Tip**
> 전통적으로 몰트 위스키는 포트스틸 2회 증류(일부 예외 3회)하며, 곡물 원료의 그레인은 연속식도 씁니다.

11 와인 보관 방법으로 틀린 것은?

① 습도 30%　② 습도 70~80%
③ 온도 일정　④ 눕혀 보관

> **Tip**
> 코르크 마름 방지를 위해 **습도 70~80%**가 권장되며, 온도는 12~14℃로 안정이 중요합니다.

12 선입선출(FIFO)의 의미는?

① First in, First out　② First in, Final out
③ Fast in, Fast out　④ Final in, First out

> **Tip**
> 먼저 들어온 재고를 먼저 사용해 품질 저하와 폐기를 줄이는 원칙입니다.

13 냉장 보관이 필요 없는 주류는?

① 브랜디　② 맥주
③ 와인　④ 청주

> **Tip**
> 고도수 증류주는 변질 우려가 적어 상온 보관이 일반적입니다(직사광선·고열은 피함).

14 표준 레시피에서 바로 알 수 있는 것은?

① 표준량　② 판매량
③ 고객수　④ 원가율

> **Tip**
> 표준 레시피는 계량(oz/ml), 기법, 글라스 등 기준을 제공합니다.

15 80 Proof는 알코올 도수 몇 %?

① 20 ② 30
③ 40 ④ 60

> **Tip**
> 미국식 Proof=ABV×2, 따라서 80프루프는 40% ABV 입니다.

16 에스프레소 추출에 대한 설명으로 옳은 것은?

① 60초 내 3bar, 60ml 추출
② 25~30초 내 9bar, 약 25~30ml 추출
③ 10초 내 12bar, 10ml 추출
④ 45초 내 6bar, 45ml 추출

> **Tip**
> 전통적인 싱글 에스프레소는 약 9bar 압력에서 25~30초간 25~30ml를 추출합니다.

17 넛맥을 가니시로 쓰는 칵테일은?

① 브랜디 알렉산더   ② 준벅
③ 블랙 러시안   ④ 모히토

> **Tip**
> 브랜디 알렉산더는 브랜디 3/4oz+크렘 드 카카오(브라운) 3/4oz+우유 3/4oz를 얼음과 함께 셰이크해 칵테일 글라스에 따르고, 넛맥을 갈아 올려 마무리합니다.

18 스카치 위스키 제조 과정(영어식)으로 옳은 것은?

① Malting-Mashing-Fermentation-Distillation-Maturation
② Milling-Boiling-Fermentation-Maturation-Bottling
③ Fermentation-Distillation-Malting-Maturation-Bottling
④ Distillation-Malting-Fermentation-Maturation-Bottling

> **Tip**
> 발아→당화→발효→증류→숙성 순이며 이후 블렌딩/병입이 뒤따릅니다.

19 맨하탄(Manhattan)의 가니시는?

① 레몬필   ② 올리브
③ 체리   ④ 어니언

> **Tip**
> 클래식 맨하탄은 보통 칵테일 체리를 사용합니다.

20 Undercloth에 대한 설명으로 옳은 것은?

① 식탁보 아래 깔아 소음·미끄럼 방지
② 주문서
③ 세척용 천
④ 라벨 보호재

> **Tip**
> 언더클로스는 테이블의 완충·미끄럼 방지·보호 목적이며 상부에 메인 크로스를 덮습니다.

21 주장 관리에서 고려 사항이 아닌 것은?
① 수돗물 적합성 ② 조명 110Lux 이상
③ 통풍·공기순환 ④ 종업원 기호

> **Tip**
> 주장 관리 기준은 수질, 조명, 환기, 위생 등 **안전·위생 요**소가 핵심이며, 종업원 기호는 고려 사항이 아닙니다.

22 다음 중 부르고뉴 품종이 아닌 것은?
① 피노 누아 ② 샤르도네
③ 가메이 ④ 까베르네 소비뇽

> **Tip**
> **까베르네 소비뇽**은 보르도의 대표 품종이며, 부르고뉴는 피노누아와 샤르도네, 보졸레 지역은 가메이를 주로 사용합니다.

23 와인 인증 등급이 없는 나라는?
① 프랑스 ② 남아공
③ 벨기에 ④ 영국

> **Tip**
> 영국은 전통적 등급 체계가 없으며 최근 스파클링 와인 생산은 증가 중입니다.

24 영국에서 전통적으로 즐기는 쓴맛 맥주는?
① 에일 ② 스타우트
③ 필스너 ④ 라거

> **Tip**
> **에일(Ale)**은 상면발효 맥주로 홉의 쓴맛과 향이 강해 영국에서 널리 소비됩니다.

25 커피 '제조법'이 아닌 것은?
① 드립 ② 에스프레소
③ 블렌딩 ④ 프렌치프레스

> **Tip**
> 블렌딩은 원두를 섞는 **배합 과정**이지 추출법이 아닙니다.

26 스파클링 와인의 권장 서빙 온도는?
① 47℃ ② 810℃
③ 1214℃ ④ 1618℃

> **Tip**
> 샴페인·카바 등은 차갑게, 보통 6~8℃ 정도에서 제공해야 풍미가 가장 좋습니다.

27 샴페인의 거품 보존에 적합한 잔은?
① 플루트 ② 쿠페
③ 텀블러 ④ 스니프터

> **Tip**
> 플루트 글라스는 기포 유지력이 높고 향의 확산을 천천히 합니다.

28 콜린스 믹스의 구성으로 옳은 것은?

① 레몬주스+설탕+소다수
② 라임주스+설탕+토닉워터
③ 레몬주스+시럽+진저에일
④ 라임주스+소금+소다수

> **Tip**
> 콜린스 믹스는 레몬주스+설탕(시럽)+소다수 조합으로, 진을 넣으면 **톰 콜린스**가 됩니다.

29 다음 중 스파클링 와인이 아닌 것은?

① 카바
② 스푸만테
③ 크레망
④ 셰리

> **Tip**
> 셰리는 스페인 **강화 와인**입니다.

30 IPA(India Pale Ale)는 어떤 범주에 속하는가?

① 라거
② 에일
③ 람빅
④ 루트비어

> **Tip**
> IPA는 **상면발효 에일**로, 홉 향과 쓴맛이 강합니다.

31 보졸레 누보 출시 시기는?

① 11월 첫째 주 금요일
② 11월 셋째 주 목요일
③ 10월 마지막 주 금요일
④ 12월 첫째 주 목요일

> **Tip**
> 보졸레 누보는 매년 **11월 셋째 목요일** 전 세계 동시 출시가 전통입니다.

32 보졸레의 주요 품종은?

① 까베르네 소비뇽
② 메를로
③ 가메이
④ 피노 누아

> **Tip**
> 보졸레 지역은 **가메이 품종** 100%로 와인을 생산합니다.

33 디저트 와인으로 부적절한 것은?

① 아이스와인
② 크림 셰리
③ 소테른
④ 드라이 시라즈

> **Tip**
> 드라이 시라즈는 일반적인 드라이 레드 와인으로 디저트 와인에 해당하지 않습니다.

34 병행복발효주가 아닌 것은?

① 막걸리
② 청주
③ 사케
④ 맥주

> **Tip**
> 맥주는 **단행 발효**이며, 막걸리·사케·청주는 **병행 복발효** 주류입니다.

35 Build 기법에 가장 적합한 얼음은?
① 크러쉬드 아이스 ② 큐브 아이스
③ 셰이브 아이스 ④ 럼프 아이스

> **Tip**
> 빌드 방식은 잔에서 재료를 직접 붓기 때문에 큐브 아이스가 적합합니다.

36 칵테일 제조 후 얼음을 거르는 도구는?
① 믹싱 글라스 ② 지거
③ 스트레이너 ④ 바스푼

> **Tip**
> 스트레이너는 셰이크나 스터 후 얼음을 걸러주는 도구입니다.

37 잔 가장자리에 설탕·소금을 묻히는 도구는?
① 리머(Rimmer) ② 제스터
③ 필러 ④ 머들러

> **Tip**
> 리머 트레이는 잔 림에 소금·설탕을 균일하게 묻히는 전용 도구입니다.

38 Par Stock의 의미는?
① 일일 주문서 ② 적정 재고 기준수량
③ 월 매출표 ④ 직원 배치표

> **Tip**
> PAR는 바가 항상 유지해야 할 최소 재고량으로 발주 기준이 됩니다.

39 주장 원가의 3요소가 아닌 것은?
① 노무비 ② 재료비
③ 감가상각비 ④ 광고비

> **Tip**
> 일반적으로 원가 요소는 **재료비·노무비·경비(감가상각 포함)**입니다.

40 독일 와인의 최고 등급은?
① Prädikatswein(QmP) ② QbA
③ Landwein ④ Tafelwein

> **Tip**
> 독일 와인 등급은 프레디카츠바인 > QbA > Landwein > Tafelwein 순입니다.

41 논알코올이 아닌 것은?
① Lemonade ② Fruit smoothie
③ Mimosa ④ Coffee

> **Tip**
> 미모사는 스파클링 와인과 오렌지 주스를 섞은 칵테일입니다.

42 남아공 와인 원산지 인증 제도는?
① DOCG ② AOC
③ Wine of Origin ④ DO

> **Tip**
> 남아공은 Wine of Origin(WO) 제도를 운영합니다.

43 가니시가 없는 칵테일은?

① 준벅 ② 그래스호퍼
③ 맨하탄 ④ 마가리타

📁 **Tip**
그래스호퍼는 크림리큐르 칵테일로 보통 가니시 없이 제공합니다.

44 재고 조사 시 핵심이 아닌 것은?

① 유통기한 ② 수량
③ 단가 ④ 직원 취향

📁 **Tip**
재고 조사는 **유통기한·수량·단가**가 핵심입니다.

45 와인의 부정적 특성 표현은?

① Body ② Elegance
③ Flat ④ Balance

📁 **Tip**
Flat은 탄산·산미가 죽어 밋밋한 상태를 의미합니다.

46 국가-대표 품종 연결로 옳은 것은?

① 칠레-리슬링 ② 미국-진판델
③ 뉴질랜드-시라 ④ 독일-메를로

📁 **Tip**
미국 캘리포니아 대표 품종 중 하나가 진판델입니다.

47 "한 잔 더 하시죠?" 영어 표현은?

① One more drink? ② Fill the glass?
③ Drink it up? ④ Another seat?

📁 **Tip**
자연스럽게 제안할 때 쓰는 표현입니다.

48 미도리가 들어가는 칵테일은?

① 준벅 ② 롱아일랜드아이스티
③ 모히토 ④ 뉴욕

📁 **Tip**
준벅은 미도리(멜론 리큐르)가 베이스입니다.

49 발효차가 아닌 것은?

① 우바차 ② 보이차
③ 기문차 ④ 자스민차

📁 **Tip**
자스민차는 가향차이며, 보이차는 후발효차, 우바·기문은 홍차입니다.

50 맥주 제조 설명으로 틀린 것은?

① 하면발효는 라거
② 한국 맥주는 보리 외 원료 절대 금지
③ 저온 숙성
④ 홉이 쓴맛·향·보존성 부여

📁 **Tip**
한국 맥주는 쌀·옥수수 등 보조 원료를 사용하기도 합니다.

51 전통주-설명 연결로 틀린 것은?
① 모주-한약재 달인 약주 성격
② 합주-술과 술을 섞은 술
③ 소곡주-고두밥 없이 담금
④ 죽력고-대나무 진액 사용

📁 **Tip**
소곡주는 멥쌀 고두밥을 사용해 빚는 고급 약주입니다.

52 머들러(Muddler)의 용도는?
① 재료 으깨 섞기 ② 계량
③ 여과 ④ 제스트 벗기기

📁 **Tip**
머들러는 잔이나 믹싱 글라스에서 과일·허브를 눌러 향을 추출합니다.

53 와인 잔을 올바르게 잡는 위치는?
① Bowl ② Rim
③ Stem ④ Base

📁 **Tip**
Stem을 잡아 손열이 와인에 전달되지 않도록 합니다.

54 가장 큰 용량 단위는?
① 1 dash ② 1 pony
③ 1 ounce ④ 1 pint

📁 **Tip**
1 pint ≈ 16oz로 가장 큽니다.

55 다음 중 독일산 술은?
① Steinhäger ② Eau-de-vie
③ Amaro ④ Pisco

📁 **Tip**
Steinhäger는 독일 진, Eau-de-vie는 프랑스의 **과실 증류주**(무색 화이트 브랜디), Amaro는 이탈리아 비터, Pisco는 페루/칠레 포도 증류주입니다.

56 중세 향신 와인 Hippocras에 대한 설명으로 옳은 것은?
① 고대 그리스 무향 와인으로 여과 없이 마셨다.
② 설탕·꿀·향신료(계피·생강 등)를 넣은 와인을 **'히포크라테스의 소매(Hippocrates' sleeve)'**라 불리는 천 주머니로 걸러낸 것에서 이름이 유래했다.
③ 현대 프랑스 AOC 등급 와인이다.
④ 반드시 뜨겁게 데워 마셔야 한다.

📁 **Tip**
Hippocras는 중세 유럽에서 와인에 설탕·꿀·향신료를 넣어 만든 음료로, 여과 도구 이름에서 유래했습니다. 현대 등급 와인이 아니라 역사적 음료입니다.

57 코르크 보관법으로 올바른 것은?
① 병을 눕혀 보관 ② 거꾸로 세움
③ 직사광선 노출 ④ 코르크 제거

📁 **Tip**
눕혀 두어 코르크가 촉촉하게 유지되어 공기 유입을 방지합니다.

58 상면발효 맥주는?

① 포터
② 필스너
③ 도르트문트
④ 헬레스

> **Tip**
> 포터·스타우트는 상면발효 에일, 필스너·헬레스는 하면발효 라거입니다.

59 오렌지 껍질에서 유래한 리큐르는?

① 퀴라소
② 깔루아
③ 샤르트뢰즈
④ 삼부카

> **Tip**
> 퀴라소는 오렌지 껍질에서 추출한 향을 활용한 리큐르입니다.

60 콜키지 차지의 설명으로 옳은 것은?

① 보관료
② 손님이 가져온 술 서비스 요금
③ 창고료
④ 빈병 처리비

> **Tip**
> 고객이 반입한 술을 매장에서 서비스할 때 받는 요금입니다.

정답

01	①	02	④	03	①	04	①	05	②
06	②	07	①	08	②	09	②	10	④
11	①	12	①	13	①	14	①	15	③
16	②	17	①	18	①	19	③	20	①
21	④	22	④	23	④	24	①	25	③
26	①	27	①	28	①	29	④	30	②
31	②	32	③	33	④	34	④	35	②
36	③	37	①	38	②	39	④	40	①
41	③	42	③	43	②	44	④	45	③
46	②	47	①	48	①	49	④	50	②
51	③	52	①	53	③	54	④	55	①
56	②	57	①	58	①	59	①	60	②

2024년 1회 필기 기출

01 감자를 주원료로 한 기주는?
① 아쿠아비트 ② 위스키
③ 보드카 ④ 럼

> **Tip**
> 아쿠아비트(Akvavit)는 감자와 허브를 원료로 한 스칸디나비아 전통 증류주이다.

02 두송자(Juniper berry)를 원료로 하는 술은?
① 럼 ② 위스키
③ 진 ④ 보드카

> **Tip**
> 진(Gin)은 곡물주정에 두송자 향을 첨가해 만든다.

03 음료 용량을 잴 때 사용하는 도구는?
① 지거 ② 바스푼
③ 믹싱 글라스 ④ 스트레이너

> **Tip**
> 지거(Jigger)는 일정 용량을 계량하는 기본 도구다.

04 다음 중 용량 단위로 다른 것은?
① 포니(Pony) ② 온스(oz)
③ 핑거(Finger) ④ 갤런(Gallon)

> **Tip**
> 1갤런(128oz)은 대용량 단위이고, 나머지는 바 단위 계량(1oz)이다.

05 뉴질랜드의 대표 와인 산지는?
① 말보로 ② 보르도
③ 나파밸리 ④ 리오하

> **Tip**
> 말보로(Marlborough)는 소비뇽 블랑으로 유명하다.

06 롱 드링크(Long drink)에 해당하는 것은?
① 마티니 ② 진 피즈
③ 맨하탄 ④ 스팅어

> **Tip**
> 롱 드링크는 120ml 이상 음료, 대표적으로 진 피즈, 하이볼이 있다.

07 그레나딘이 필요한 칵테일은?
① 위스키 사워 ② 바카디
③ 카루소 ④ 마가리타

> **Tip**
> 바카디 칵테일은 럼+라임주스+그레나딘으로 만든다.

08 세계 4대 위스키가 아닌 것은?
① 스카치 ② 아이리시
③ 아메리칸 ④ 스페니쉬

> **Tip**
> 4대 위스키는 스카치, 아이리시, 아메리칸, 캐나디안이다.

09 차 발효 정도와 대표 차 연결이 옳지 않은 것은?

① 불발효차-보성녹차
② 반발효차-오룡차
③ 발효차-다즐링차
④ 후발효차-자스민차

📂 **Tip**
자스민차는 가향차, 후발효차는 보이차가 대표적이다.

10 조주 보조원이라 불리며 청결과 준비를 담당하는 직무는?

① 바 헬퍼
② 바텐더
③ 헤드 바텐더
④ 바 매니저

📂 **Tip**
바 헬퍼는 바텐더 보조 인력이다.

11 와인 제조 시 SO_2의 목적이 아닌 것은?

① 항산화제 역할
② 부패 방지
③ 갈변 방지
④ 효모 분리

📂 **Tip**
SO_2는 산화·부패 방지 역할을 하지만 효모 분리 기능은 없다.

12 화이트 와인용 품종이 아닌 것은?

① 샤르도네
② 시라
③ 소비뇽 블랑
④ 피노 블랑

📂 **Tip**
시라는 적포도 품종이며, 나머지는 화이트 와인 품종이다.

13 와인 베이스 칵테일은?

① 마이타이
② 살티독
③ 상그리아
④ 맨하탄

📂 **Tip**
상그리아는 와인에 과일·탄산수를 넣어 만든다.

14 postponed와 의미가 가장 가까운 것은?

① cancelled
② finished
③ put off
④ taken off

📂 **Tip**
postponed=연기하다, put off와 의미가 같다.

15 카페라떼의 올바른 제조법은?

① 에스프레소 30ml + 스팀밀크 120ml
② 에스프레소 30ml + 시나몬 가루
③ 에스프레소 30ml + 화이트 초콜릿 시럽
④ 에스프레소 30ml + 카라멜 시럽

📂 **Tip**
카페라떼는 에스프레소 1 : 스팀밀크 4 비율로 만든다.

16 와인 제조 과정 올바른 순서?

① 수확 → 파쇄 → 압착 → 발효 → 앙금 분리 → 숙성 → 여과 → 병입
② 수확 → 압착 → 발효 → 파쇄 → 앙금분리 → 숙성 → 여과 → 병입
③ 수확 → 여과 → 숙성 → 파쇄 → 압착 → 발효 → 앙금분리 → 병입
④ 수확 → 파쇄 → 앙금분리 → 발효 → 압착 → 숙성 → 여과 → 병입

> **Tip**
> 와인은 수확부터 병입까지 이 순서를 따른다.

17 칵테일 기본 혼합 기술이 아닌 것은?

① Stir ② Shake
③ Blend ④ Roast

> **Tip**
> Roast는 조리법이며 칵테일 기법과는 무관하다.

18 와인 품종-산지 연결이 옳은 것은?

① 부르고뉴-피노 누아
② 보르도-피노 누아
③ 부르고뉴-까베르네 소비뇽
④ 보르도-샤르도네

> **Tip**
> 부르고뉴=피노 누아·샤르도네 / 보르도=까베르네 소비뇽·메를로.

19 다음 중 독일산 진(Gin)의 일종은?

① Steinhäger ② Smirnoff
③ Absolut ④ Gordon's

> **Tip**
> 스타인헤거는 독일산 진. 스미르노프·앱솔루트는 보드카, 고든스는 영국 진.

20 와인 제조 시 SO₂의 역할로 옳은 것은?

① 산화 방지 ② 알코올 도수 증가
③ 효모 증식 촉진 ④ 숙성 촉진

> **Tip**
> SO_2는 와인의 품질 안정과 산화 방지 역할을 한다.

21 Golden Cadillac 칵테일의 알코올 도수는?

(갈리아노 42.3% 1oz, 크렘 드 카카오24% 1oz, 우유 1oz)

① 22.1% ② 10%
③ 20% ④ 15.3%

> **Tip**
> {(42.3X30)+(24X30)}/(30+30+30) = 1989/90 = 22.1%.

22 다음 중 보르도 Pauillac(뽀약) 지방 와인이 아닌 것은?

① Château Lafite Rothschild(샤토 라피트 로쉴드)
② Château Latour(샤토 라투르)
③ Château Mouton Rothschild(샤토 무통 로쉴드)
④ Château Margaux(샤토 마고)

> **Tip**
> Pauillac=라피트, 라투르, 무통. 마고는 마고 지역, 오브리옹은 그라브 페삭 지역.

23 글뤼바인(Glühwein)에 대한 설명으로 옳은 것은?

① 독일 전통의 따뜻한 와인이다.
② 신맛이 강한 독일 와인이다.
③ 독일어로 '신맛'을 의미한다.
④ 프랑스산 강화 와인이다.

> **Tip**
> 글뤼바인은 겨울·성탄절에 마시는 전통 온포도주.

24 다음 중 식전주(Aperitif)가 아닌 것은?
① Campari ② Dry Sherry
③ Vermouth ④ Grappa

> **Tip**
> 그라파는 포도 찌꺼기를 증류한 이탈리아 식후주(Digestif).

25 다음 중 병행복발효주가 아닌 것은?
① 막걸리 ② 청주
③ 사케 ④ 맥주

> **Tip**
> 맥주는 단행복발효, 막걸리·청주·사케는 병행복발효주다.

26 아이스 스쿱 관리로 옳지 않은 것은?
① 얼음통에 항상 담가둔다.
② 주기적으로 소독·세척 후 보관한다.
③ 손잡이 부분은 세균 오염 위험이 높다.
④ 위생 장비와 분리 보관한다.

> **Tip**
> 아이스 스쿱을 얼음통에 담가두면 세균 번식 위험이 크다.

27 음료 서비스 관리에서 옳지 않은 것은?
① 조명은 라벨 식별이 가능하도록 110Lux 이상 유지한다.
② 냉장고는 용적률 100%로 가득 채운다.
③ 금이 간 잔은 규정에 따라 폐기한다.
④ 식기는 종류별로 보관한다.

> **Tip**
> 냉장고 적정 용적률은 70~80%이다.

28 맥주 보관에 적합한 온도는?
① 2~6℃ ② -2~0℃
③ 9~12℃ ④ 15℃ 이상

> **Tip**
> 맥주는 저온 보관해야 품질이 유지된다.

29 다음 대화에서 (　　　)에 들어갈 알맞은 표현은?

> A: Would you like something to drink before dinner?
> B: (＿＿＿), please.

① Dry sherry ② Cola
③ Beer ④ Coffee

> **Tip**
> Dry sherry는 대표적인 식전주(Aperitif).

30 "Proof"는 무엇을 의미하는가?
① 알코올 계량 단위 ② 원산지
③ 맥주 발효 방식 ④ 품질 인증

> **Tip**
> Proof는 알코올 도수 척도로, 미국식은 도수의 2배, 영국식은 1.75배.

31 맥주의 쓴맛을 주는 성분은?
① 맥아 ② 홉
③ 효모 ④ 설탕

> **Tip**
> 홉은 쓴맛·향·보존성을 담당한다.

32 와인의 'Terroir(테루아)'는?
① 품종　　② 재배 환경
③ 양조 기술　　④ 숙성 기간

> **Tip**
> 테루아는 토양, 기후, 지역적 특성을 뜻한다.

33 샹파뉴 전통 발효 방식은?
① Charmat
② Méthode Champenoise
③ Continuous
④ Carbonation

> **Tip**
> 병 내 2차 발효 방식이다.

34 영국식 Proof는 도수의 몇 배?
① 1.5배　　② 1.75배
③ 2배　　④ 2.5배

> **Tip**
> 영국식 Proof = 알코올 도수 × 1.75.

35 칵테일 기법 'Build'는?
① 잔에 직접 붓기　　② 흔들기
③ 갈기　　④ 층 나누기

> **Tip**
> Build는 잔에 직접 붓는 방법이다.

36 와인에 오크 향을 주는 숙성 방식은?
① 스테인리스 탱크　　② 유리 탱크
③ 오크통　　④ 콘크리트 탱크

> **Tip**
> 오크통 숙성에서 오크향이 배어난다.

37 칵테일 기법 'Float'는?
① 흔들기　　② 층 나누기
③ 갈기　　④ 저어 섞기

> **Tip**
> 비중 차이를 이용해 층을 나눈다.

38 럼(Rum)의 원료로 일반적으로 쓰이지 않는 것은?
① 사탕수수　　② 당밀
③ 곡물　　④ 설탕

> **Tip**
> 럼은 사탕수수·당밀 원료로 만든다.

39 칵테일 제공 시 적절한 온도는?
① 0-2℃　　② 2-6℃
③ 6-10℃　　④ 상온

> **Tip**
> 차갑게 제공하는 칵테일은 보통 2-6℃.

40. Manhattan 칵테일의 베이스 주류는?
① 보드카 ② 진
③ 위스키 ④ 럼

📁 **Tip**
Manhattan은 위스키 기반 칵테일.

41. 행주 관리 방법으로 옳은 것은?
① 한 장만 사용 ② 소독 후 건조
③ 물에 담가둔다 ④ 사용 안 함

📁 **Tip**
소독 후 건조해야 위생적이다.

42. 코스터의 용도는?
① 장식 ② 얼음 담기
③ 잔 미끄럼 방지 ④ 향 강화

📁 **Tip**
코스터는 잔을 안정적으로 받친다.

43. 냉장고 조명 기준 Lux는?
① 50 ② 110
③ 200 ④ 500

📁 **Tip**
라벨 확인을 위해 110 Lux 이상 유지.

44. 스트레이너의 역할은?
① 계량 ② 얼음 걸러냄
③ 술 분리 ④ 장식 제거

📁 **Tip**
셰이킹 후 얼음을 거른다.

45. 바글라스 세척 최소 온도는?
① 상온 ② 냉수
③ 60℃ 이상 ④ 끓는 물

📁 **Tip**
60℃ 이상 온수로 세척해야 효과적이다.

46. 가니시 처리 방법은?
① 맨손으로 ② 집게/피크로
③ 손수건으로 ④ 무조건 손

📁 **Tip**
위생을 위해 직접 손으로 만지지 않는다.

47. 맥주잔 보관 방법은?
① 아무렇게나 쌓기 ② 거꾸로 보관
③ 먼지 무관 ④ 향료와 함께

📁 **Tip**
거꾸로 보관해 먼지를 막는다.

48 와인잔 냉장 보관 시 옳은 것은?

① 입구 닫고 세워서 ② 눕혀서
③ 공기 접촉 ④ 레이블 가림

Tip
입구 닫고 세워서 보관해야 위생적이다.

49 바 내부 조명은 몇 Lux 이상?

① 50 ② 110
③ 200 ④ 300

Tip
110 Lux 이상이어야 라벨 확인 가능.

50 준벅·맨하탄·B-52 조주 기법 순서?

① Shake → Build → Float
② Build → Stir → Float
③ Shake → Stir → Float
④ Stir → Float → Build

Tip
조주 순서 : Shake → Stir → Float

51 'Akvavit'의 어원은?

① 독일어 ② 스웨덴어
③ 노르웨이어 ④ 라틴어

Tip
Akvavit는 라틴어 Aqua vitae (생명의 물)에서 유래한 명칭이다.

52 다음 대화에서 (　　)에 들어갈 알맞은 것은?

> A : May I take your (　　)?
> B : Yes, I'd like a glass of wine.

① seat ② order
③ menu ④ bill

Tip
"May I take your order?"는 식음료 업장에서 손님 주문을 받을 때 가장 기본적으로 쓰는 표현이다.

53 미국식 Proof 100은 알코올 도수 몇 %인가?

① 25% ② 50%
③ 75% ④ 100%

Tip
미국식 Proof = 알코올 도수의 2배. Proof 100 = 50%.

54 와인의 탄닌(Tannin)이 의미하는 맛은?

① 단맛 ② 떫은맛
③ 신맛 ④ 향

Tip
탄닌은 포도 껍질·씨·줄기에서 추출되는 성분으로 와인에 떫은맛을 준다.

55 'Par Stock'의 의미는?

① 일일 주문서 ② 적정 재고 수량
③ 판매량 기록 ④ 창고 위치

Tip
Par Stock은 바에서 항상 유지해야 할 최소 적정 재고 수량을 뜻한다.

56 'Order slip'은 어떤 상황에서 사용하는가?

① 음료 주문 시 사용하는 용지
② 재고 파악 시 사용하는 표
③ 배달 요청서
④ 월별 매출표

> **Tip**
> Order slip은 손님의 주문을 받아 기록하는 종이다.

57 'Cup taste'라는 표현이 의미하는 것은?

① 컵 크기
② 술맛 평가에 영향을 주는 컵의 특성
③ 컵 색깔
④ 컵 세척 방법

> **Tip**
> 컵의 재질·온도 등이 음료의 맛 평가에 영향을 미치는 것을 뜻한다.

58 바에서 'Inventory'는 무엇을 의미하는가?

① 현재 재고 정리   ② 주문 리스트
③ 일일 판매량   ④ 직원 근무표

> **Tip**
> Inventory는 바의 현재 재고를 확인·정리하는 과정이다.

59 'Bar Purchaser'의 역할은?

① 칵테일 제조 담당   ② 바 재료 구매 담당
③ 위생 담당   ④ 홍보 담당

> **Tip**
> Bar Purchaser는 주류·재료·가니시 등을 구매·관리하는 역할이다.

60 와인 서비스 시 'Waiter's Corkscrew'의 기능은?

① 와인 따개   ② 와인 디캔터
③ 와인 냉각기   ④ 와인 보관 용기

> **Tip**
> Waiter's Corkscrew는 웨이터들이 흔히 사용하는 접이식 와인 오프너이다.

정답

01	①	02	③	03	①	04	④	05	①
06	②	07	②	08	④	09	④	10	①
11	④	12	②	13	③	14	③	15	①
16	①	17	④	18	①	19	①	20	①
21	①	22	④	23	①	24	④	25	④
26	①	27	②	28	①	29	①	30	①
31	②	32	②	33	②	34	②	35	①
36	③	37	②	38	②	39	②	40	③
41	②	42	③	43	②	44	②	45	③
46	②	47	②	48	①	49	②	50	③
51	④	52	②	53	②	54	②	55	②
56	①	57	②	58	①	59	②	60	①

PART 12
실전 모의고사

Chapter 01 실전모의고사 1회

01 아래 (   ) 안에 알맞은 술은?

(   ) is a flagrant grape-based pomace brandy of between 37.5% and 60% alcohol by volume(75 to 120 US proof), of Italian origin. Literally "grape stalk", most (   ) is made by distilling pomace and grape residue left over from winemaking after pressing.

① grappa   ② galliano
③ sambuca   ④ campari

02 다음 중 증류주가 아닌 것은?

① Whisky   ② Eau-de-vie
③ Aguavit   ④ Grand Marnier

03 우리나라의 전통 소주류에 해당 되지 않는 것은?

① 안동소주   ② 청송불로주
③ 문배주   ④ 산수유주

04 주세법상 용어의 정의로 틀린 것은?

① 밑술 : 효모를 배양·증식한 것으로 당분이 포함되어 있지 않은 물질을 알코올 발효시킬 수 있는 물료
② 주조연도 : 매년 1월1일부터 12월31일까지의 기간
③ 알콜분 : 원용량에 포함되어 있는 에틸알코올
④ 주류 : 알코올분 1도 이상의 음료

05 metric sizes for wine의 양으로 틀린 것은?

① 1 Jeroboam = 0.5ℓ   ② 1 Tenth = 375㎖
③ 1 Quart = 1ℓ   ④ 1 Magnum = 1.5ℓ

06 계란이 들어가는 칵테일에 주로 뿌려 주는 부재료는?

① Nutmeg Powder   ② Lemon Powder
③ Cinnamon Powder   ④ Chocolate Powder

07 증류법에 의해 만들어지는 달고 색이 없는 리큐르로 캐러웨이씨, 쿠민, 회향 등을 첨가하여 맛을 내는 것은?

① kummel   ② orange curacao
③ campari   ④ carfait amour

08 발효방법에 따른 차의 분류가 잘못 연결된 것은?

① 비발효차 - 녹차   ② 반발효차 - 우롱차
③ 발효차 - 말차   ④ 후발효차 - 흑차

09 사과로 만들어진 양조주는?

① Camus Napoleon   ② Cider
③ Kirschwasser   ④ Anisette

10 시럽이나 비터(bitters) 등 칵테일에 소량 사용하는 재료의 양을 나타내는 단위로 한 번 뿌려 주는 양을 말하는 것은?

① Toddy　　　② Double
③ Dry　　　　④ Dash

11 Gibson을 조주할 때 garnish는 무엇으로 하는가?

① Olive　　　② Cherry
③ Onion　　　④ Lime

12 레드 와인 제조 과정이 순서대로 연결된 것은?

① 수확 - 분쇄 - 압착 - 발효 - 숙성 - 여과 - 병입
② 수확 - 분쇄 - 발효 - 압착 - 숙성 - 여과 - 병입
③ 수확 - 분쇄 - 압착 - 숙성 - 발효 - 여과 - 병입
④ 수확 - 압착 - 분쇄 - 발효 - 숙성 - 여과 - 병입

13 simple syrup을 만드는 데 필요한 것은?

① lemon　　　② butter
③ cinnamon　④ sugar

14 증류주가 아닌 것은?

① Rum　　　　② Malt Whisky
③ Brandy　　④ Vermouth

15 다음 계량단위 중 옳은 것은?

① 1oz = 28.35㎖　　② 1Dash = 6Teaspoon
③ 1Jigger = 60㎖　④ 1shot = 100㎖

16 일반적으로 bourbon Whiskey를 주조할 때 약 몇 %의 어떤 곡물이 사용되는가?

① 50% 이상의 호밀　　② 40% 이상의 감자
③ 51% 이상의 옥수수　④ 40% 이상의 보리

17 바 스푼(Bar Spoon)의 용도에 대한 설명으로 틀린 것은?

① Floating Cocktail을 만들 때 사용한다.
② mixing glass를 이용하여 칵테일을 만들 때 휘젓는 용도로 사용한다.
③ 글라스의 내용물을 섞을 때 사용한다.
④ 얼음을 아주 잘게 부술 때 사용한다.

18 Fino를 일정기간 숙성시킨 것으로 숙성과정에서 색이 호박색(황금색)으로 변하는 medium sweet형의 sherry wine은?

① Amontillado　② Amoroso
③ Manzanilla　　④ Oloroso

19 Still wine을 바르게 설명한 것은?

① 발포성 와인　　② 식사 전 와인
③ 비발포성 와인　④ 식사 후 와인

20 얼음을 거르는 기구는?

① Jigger ② Cork Screw
③ Pourer ④ Strainer

21 White Wine을 차게 마시는 이유는?

① 유산은 온도가 낮으면 단맛이 강해지기 때문이다.
② 사과산은 온도가 차가울 때 더욱 Fruity하기 때문이다.
③ Tannin의 맛은 차가울수록 부드러워지기 때문이다.
④ Polyphenol은 차가울 때 인체에 더울 이롭기 때문이다.

22 다음 중 Dry Sherry의 용도로 가장 적합한 것은?

① Aperitif Wine ② Dessert Wine
③ Entree Wine ④ Table Wine

23 셰이커(Shaker)를 사용한 후 가장 적당한 보관 방법은?

① 사용 후 물에 담가 놓는다.
② 사용할 때 씻어서 사용한다.
③ 사용 후 씻어서 물이 빠지도록 몸통과 스트레이너를 분리하여 엎어 놓는다.
④ 씻어서 뚜껑을 닫아서 보관한다.

24 다음 계량단위 중 옳은 것은?

① 1 oz = 28.35㎖
② 1 Dash = 6 Teaspoon
③ 1 Jigger = 60㎖
④ 1Shot 1.5 oz

25 다음 중 1Pony의 액체 분량과 다른 것은?

① 1 oz ② 30㎖
③ 1 Pint ④ 1 Shot

26 담색 또는 무색으로 칵테일의 기본주로 사용되는 Rum은?

① Heavy Rum ② Medium Rum
③ Light Rum ④ Jamaica Rum

27 달걀, 우유, 시럽 등의 부재료가 사용되는 칵테일을 만드는 방법은?

① Mix ② Stir
③ Shake ④ Float

28 칵테일 잔의 밑받침대로 헝겊이나 두터운 종이로 만든 것은?

① Muddler ② Pourer
③ Stopper ④ Coaster

29 다음 중 데킬라(Tequila)를 주재료로 하지 않고 있는 칵테일은?

① Margarita
② Ambassador
③ Long Island Iced Tea
④ Sangria

30 다음 재료 중 칵테일 조주 시 많이 사용되는 붉은 색의 시럽은?

① Maple Syrup   ② Honey
③ Plain Syrup   ④ Grenadine Syrup

31 「Jigger」는 어디에 사용하는 기구인가?

① 주스(Juice)를 따를 때 사용한다.
② 주류의 분량을 측정하기 위하여 사용한다.
③ 와인(Wine)을 시음할 때 사용한다.
④ 과일을 깎을 때 사용하는 칼이다.

32 식음료 서비스의 특성이 아닌 것은?

① 제공과 사용의 분리성   ② 형체의 무형성
③ 품질의 다양성   ④ 상품의 소멸성

33 바(Bar) 디자인의 중요 점검사항에 포함되지 않는 것은?

① 주류가격, 병의 크기
② 시간의 영업량, 컨셉의 크기
③ 음료종류, 주장의 형태와 크기
④ 서비스 형태, 목표고객

34 샴페인의 서비스에 관련된 설명 중 틀린 것은?

① 얼음을 채운 바스킷에 칠링(Chilling)한다.
② 호스트(Host)에게 상표를 확인시킨다.
③ "펑"소리를 크게 하며 거품을 최대한 많이 내야 한다.
④ 서브는 여자 손님부터 시계방향으로 한다.

35 원가의 종류인 고정비와 관련 없는 것은?

① 임대료   ② 광열비
③ 인건비   ④ 감가상각비

36 파 스탁(Par stock)이란 무엇인가?

① 재고정리   ② 적정매출
③ 적정단가   ④ 적정재고

37 바(Bar) 업무능률 향상을 위한 시설물 설치방법 중 옳지 않은 것은?

① 칵테일 얼음을 바(Bar) 작업대 옆에 보관한다.
② 바(Bar)의 수도시설은 믹싱 스테이션(Mixing station) 바로 후면에 설치한다.
③ 냉각기(Cooling Cabinet)는 주방에 설치한다.
④ 얼음제빙기는 가능한 바(Bar) 내에 설치한다.

38 다음 중 조주사의 규칙사항이 아닌 것은?

① 항상 고객을 응대할 준비를 갖추고 대기한다.
② 고객이 주문한 주문내용을 재확인하고 주문서에 기재한다.
③ 조주시에는 사용재료의 상표가 조주원을 향하도록 한다.
④ 고객과의 대화에 있어서 정치성을 띈 언급이나 특정인에 대한 가십은 삼간다.

39 주장(Bar)에서 사용하는 기물이 아닌 것은?

① Champagne Cooler ② Soup Spoon
③ Lemon squeezer   ④ Decanter

40 올드 패션(Old Fashioned)이나 온 더 락(On the Rocks)을 마실 때 사용되는 글라스(Glass)의 용량은?

① 1~2온스   ② 3~4온스
③ 4~6온스   ④ 6~8온스

41 포도주 저장 창고 위치로서 가장 적당한 곳은?

① 지하저장고
② 구매접수가 용이한 곳
③ 바(Bar)와 가까운 곳
④ 주방창고와 가까운 곳

42 칵테일 부재료 중 Spice류에 해당되지 않는 것은?

① Grenadine Syrup ② Mint
③ Nutmeg   ④ Cinnamon

43 세계의 커피 재배 적지라고 불리어 지는 "커피벨트"로 알맞은 것은?

① 북위 20도와 남위 20도 사이를 말한다.
② 북위 30도와 남위 30도 사이를 말한다.
③ 북위 30도와 남위 20도 사이를 말한다.
④ 북위 25도와 남위 25도 사이를 말한다.

44 선입선출의 원래 의미로 맞는 것은?

① first-in, first-on
② first-in, first-off
③ first-in, first-out
④ first-in, side, first-on

45 일반적으로 국내 병맥주의 유통 기한은 얼마 동안인가?

① 6개월   ② 9개월
③ 12개월   ④ 18개월

46 구매명세서(Standard Purchase Specification)를 사용 부서에서 작성할 때 필요한 사항이 아닌 것은?

① 요구되는 품질요건 ② 품목의 규격
③ 무게 또는 수량   ④ 거래처의 상호

47 맥주 제조 과정에서 비살균 상태로 저장되는 맥주는?

① Black Beer ② Draft Beer
③ Porter Beer ④ Lager Beer

48 다음 시럽 중 나머지 셋과 특징이 다른 것은?

① Grenadine Syrup ② Can Sugar Syrup
③ Simple Syrup ④ Plain Syrup

49 주장 캡틴에 관한 설명 중 틀린 것은?

① 영업을 지휘 통제한다.
② 서비스 준비사항과 구성인원을 점검한다.
③ 지배인을 보좌하고 업장 내의 관리 업무를 수행한다.
④ 고객으로부터 직접 주문을 받고 서비스 등을 지시한다.

50 글라스 세척 시 알맞은 세제와 세척 순서로 짝지어진 것은?

① 산성세제 - 더운물 - 찬물
② 중성세제 - 찬물 - 더운물
③ 산성세제 - 찬물 - 더운물
④ 중성세제 - 더운물 - 찬물

51 Which one is not aperitif cocktail?

① Dry Martini ② Kir
③ Campari Orange ④ Grasshopper

52 What is meaning of a walk-in guest?

① A guest with no reservation.
② Guest on charged instead of reservation guest.
③ By walk-in guest.
④ Guest that checks in through the front desk.

53 아래의 (   )안에 적합한 것은?

( ) whisky is a whisky which is distilled and produced at just one particular distillery.
( )s are made entirely from one type of malted grain, traditionally barley, which is cultivated in the region of the distillery.

① grain ② blended
③ single malt ④ bourbon

54 아래의 Guest와 Receptionist의 대화에서 (   ) 안에 알맞은 것은?

G : Is there a swimming pool in this hotel?
R : Yes, there is. It is (A) the 4th floor.
G : What time does it open in the morning?
R : It opens (B) Morning at 6 a.m.

① A : at, B : each ② A : on, B : every
③ A : to, B : at ④ A : by, B : in

55 아래의 (   ) 안에 알맞은 용어는?

The ( ) guarantees that all AOC products will hold to a rigorous set of clearly defined standards.

① DOCG ② ONIVINS
③ VOQS ④ INAO

56 아래의 (   ) 안에 적합한 단어는?

> A bartender should be (   ) with the English names of all stores of liquors and mixed drinks.

① familiar
② warm
③ use
④ accustom

57 아래와 같은 의미로 사용되는 것은?

> 1. (격식) 죄송합니다.(자기 말이나 행동에 대해 사과를 표함)
> 2. 뭐라고요[다시 한 번 말씀해 주세요].(상대방의 말을 잘 알아듣지 못했을 때 씀)

① I'm sorry. I don't know.
② What are you talking about?
③ I beg your parden
④ What did you say?

58 약속과 관련된 표현과 거리가 먼 것은?

① He has got appointment all day on Monday.
② We made up.
③ Anytime would be fine with me on that day.
④ Let's promise.

59 (   ) 안에 가장 적합한 단어는?

> I am afraid you might lose your (   ), if you drink too much aperitif wine.

① glass
② dish
③ appitite
④ dessert

60 바텐더가 손님에게 처음 주문을 받을 때 할 수 있는 표현은?

① What do you recommend?
② Would you care for a drink?
③ What would you like with that?
④ Do you have a reservation?

정답

01	①	02	④	03	④	04	①	05	①
06	①	07	①	08	③	09	②	10	④
11	③	12	②	13	④	14	④	15	①
16	③	17	④	18	①	19	③	20	④
21	②	22	①	23	③	24	①	25	③
26	③	27	③	28	④	29	④	30	④
31	②	32	①	33	①	34	③	35	③
36	④	37	③	38	①	39	②	40	④
41	①	42	①	43	④	44	③	45	③
46	④	47	②	48	①	49	①	50	①
51	④	52	①	53	③	54	②	55	④
56	①	57	③	58	②	59	③	60	②

실전모의고사 2회

01 위스키의 종류 중 증류방법에 의한 분류는?
① Malt Whiskey   ② Grain Whiskey
③ Blended Whiskey   ④ Patent Whiskey

02 Benedictine bottle에 적힌 D·O·M의 의미는?
① 완전한 사랑   ② 최선 최대의 신에게
③ 쓴맛   ④ 순록의 머리

03 해피아워(Happy Hour)란?
① 손님이 가장 많은 시간
② 하루 중 시간을 정해서 가격을 낮춰 영업하는 시간
③ 하루 중 고객에게 특별행사로 가격을 인상해서 영업하는 시간
④ 단골 고객에게 선물 주는 시간

04 Jack Daniel's와 Bourbon Whiskey의 차이점은?
① 옥수수의 사용 여부
② 단풍나무 숯을 이용한 여과 과정의 유무
③ 내부를 불로 그을린 오크통에서 숙성시키는지의 여부
④ 미국에서 생산되는지의 여부

05 혼성주(Compounded Liquor)에 대한 설명 중 틀린 것은?
① 칵테일 제조나 식후주로 사용된다.
② 발효주에 초근목피의 침출물을 혼합하여 만든다.
③ 색체, 향기, 감미, 알코올의 조화가 잘 된 술이다.
④ 혼성주는 고대그리스 시대에 약용으로 사용되었다.

06 가니쉬(Garnishes)에 대한 설명이 옳은 것은?
① 칵테일의 혼합비율을 나타내는 것이다.
② 칵테일에 장식되는 각종 과일과 채소를 말한다.
③ 칵테일을 블랜딩하여 만드는 과정을 말한다.
④ 칵테일에 대한 향과 맛을 나타내는 것이다.

07 Draft(of Draught) Beer란?
① 미살균 생맥주   ② 살균 생맥주
③ 살균 병맥주   ④ 장기저장 가능 맥주

08 Brandy와 Cognac의 구분에 대한 설명으로 옳은 것은?
① 재료의 성질이 다른 것이다.
② 같은 술의 종류이지만 생산지가 다르다.
③ 보관 연도별로 구분한 것이다.
④ 내용물이 알코올 함량이 크게 차이가 난다.

09 여러 가지 양주류와 부재료, 과즙 등을 적당량 혼합하여 칵테일을 조주하는 방법으로 가장 바람직한 것은?

① 강한 단맛이 생기도록 한다.
② 식욕과 감각을 자극하는 샤프함을 지니도록 한다.
③ 향기가 강하게 한다.
④ 색(Color), 맛(Taste), 향(Flavour)이 조화롭게 한다.

10 다음 중 데킬라의 주 원료는?

① 아가베　　② 포도
③ 옥수수　　④ 호밀

11 롱드링크(long drink)가 아닌 것은?

① Pina Colada　　② Martini
③ Tom Collins　　④ Chi Chi

12 주정 강화로 제조된 시칠리아산 와인은?

① Champagne　　② Grappa
③ Marsala　　④ Absente

13 다음 중 지칭하는 대상이 다른 것은?

① Brandy Glass　　② Snifter
③ Cognac Glass　　④ Whiskey sour

14 원료인 포도주에 브랜디나 당분을 섞고, 향료나 약초를 넣어 향미를 내어 만들며 이탈리아산이 유명한 것은?

① Manzanilla　　② Vermouth
③ Stout　　④ Hock

15 다음 중 리큐르는?

① Burgundy　　② Bacardi Rum
③ Cherry Brandy　　④ Canadian Club

16 1 Quart 는 몇 Ounce인가?

① 1　　② 16
③ 32　　④ 38.4

17 조선시대에 유입된 외래주가 아닌 것은?

① 천축주　　② 섬라주
③ 금화주　　④ 두견주

18 독일의 와인 생산지가 아닌 것은?

① Ahr 지역　　② Mosel 지역
③ Rheingu 지역　　④ Penedes 지역

19 이탈리아 와인 중 지명이 아닌 것은?

① 키안티　　② 바르바레스코
③ 바롤로　　④ 바르베라

20 음료에서 사용하는 용어인 "Dry"의 의미와 가장 가까운 샴페인 용어는?

① Burt　　② Sec
③ Doux　　④ Demi sec

21 다음 중 주류의 용량이 잘못 표시된 것은?

① Whisky 1 Quart = 32 Ounce(1ℓ)
② Whisky 1 Pint = 16 Ounce(500㎖)
③ Whisky 1 Miniature = 8 Ounce(200㎖)
④ Whisky 1 Magnum = 2 Bottle(1.5ℓ)

22 Matini의 글라스로 적합한 것은?

① 하이볼 글라스　　② 위스키 샤워 글라스
③ 칵테일 글라스　　④ 올드패션 글라스

23 다음 조주기법 중 「Float」 기법이란?

① 재료의 비중을 이용하여 섞이지 않도록 띄우는 방법
② 재료를 믹서기로 갈아서 만드는 방법
③ 글라스에 직접 재료를 넣어서 조주
④ 혼합하기 쉬운 술끼리 휘저어서 조주

24 부드러우며 뒤끝이 깨끗한 약주로서 쌀로 빚으며 소주에 배, 생강, 울금 등 한약재를 넣어 숙성시킨 전북 전주의 전통주는?

① 두견주　　② 국화주
③ 이강주　　④ 춘향주

25 효모의 생육조건이 아닌 것은?

① 적정 영양소　　② 적정 온도
③ 적정 pH　　④ 적정 알코올

26 후식용 포도주로 유명한 포르투갈산 적포도주는?

① Sherry wine　　② Port wine
③ Sweet vermouth　　④ Dry vermouth

27 혼성주(Compounded Liqueur)를 나타내는 것은?

① 과일 중에 함유된 과당의 효모를 작용시켜서 발효하여 만든 술
② 곡류 중에 함유된 전분을 전분당화효소로 당질화시킨 후 효모를 작용시켜 발효하여 만든 술
③ 각기 다른 물질의 다른 기화점을 이용하여 양조주를 가열하여 얻어낸 농도 짙은 술
④ 증류주 혹은 양조주에 초근목피, 향료, 과즙, 당분을 첨가하여 만든 술

28 제스터(Zester)에 대한 설명으로 옳은 것은?

① 향미를 돋보이게 하는 용기
② 레몬이나 오렌지를 조각내는 집기
③ 얼음을 넣어두는 용기
④ 향미를 보호하기 위한 밀폐되는 용기

29 다음 중 홍차가 아닌 것은?

① 잉글리쉬 블랙퍼스트(English breakfast)
② 로브스타(Robusta)
③ 다즐링(Dazeeling)
④ 우바(Uva)

30 탄산음료 중 뒷맛이 쌉쌀한 맛이 나는 음료는?

① 칼린스 믹서
② 토닉워터
③ 진저엘
④ 콜라

31 store room에서 쓰이는 bin card의 용도는?

① 품목별 불출입 재고 기록
② 품목별 상품특성 및 용도 기록
③ 품목별 수입가와 판매가 기록
④ 품목별 생산지와 빈티지 기록

32 par stock이란?

① 영업장 보관 재고량
② 술 창고 보관 재고량
③ 일일 음료 판매량
④ 재고 순환율

33 aperitif에 대한 설명으로 옳은 것은?

① 식사 전에 먹는 식전주이다.
② 디저트용으로 먹는 술이다.
③ 메인음식과 함께 먹는 술이다.
④ 식사 후에 먹는 식후주이다.

34 다음 중 바텐더가 지켜야 할 사항이 아닌 것은?

① 항상 고객의 입장에서 근무하며 고객을 공평이 대할 것
② 업장에 손님이 없을 시에도 서비스 자세를 바르게 유지 할 것
③ 고객의 취향에 맞추어 서비스 할 것
④ 고객끼리의 대화를 할 경우 적극적으로 대화에 참여할 것

35 브랜디 글라스(Brandy Glass)에 대한 설명 중 틀린 것은?

① 튤립형의 글라스이다.
② 향이 잔속에서 휘감기는 특징이 있다.
③ 글라스를 예열하여 따뜻한 상태로 사용한다.
④ 브랜디는 글라스에 가득 채워 따른다.

36 발포성 와인의 서비스 방법으로 옳은 것은?

① 병을 수직으로 세운 후 병 안쪽의 압축가스를 신속하게 빼낸다.
② 병을 45°로 기울인 후 세게 흔들어 거품이 충분히 나도록 한 후 철사 열 개를 푼다.
③ 거품이 충분이 일어나도록 잔의 가운데에 한꺼번에 많은 양을 넣어 잔을 채운다.
④ 거품이 너무 나지 않게 잔의 내측 벽으로 흘리면서 잔을 채운다.

37 맥주를 저장할 때 신선한 맛을 유지하기 위하여 어떤 재고관리 방법을 활용하는 것이 좋은가?

① First In First Out
② Last In First Out
③ Maximum Inventory
④ Minimum Inventory

38 cork screw의 사용 용도는?

① 와인의 병마개 따개용　② 와인의 병마개용
③ 와인 보관용 그릇　　　④ 잔 받침대

39 바텐더의 영업개시 전 준비사항으로 바람직하지 않은 것은?

① 레드와인을 냉각시킨다.
② 칵테일용 얼음을 준비한다.
③ 글라스의 청결도를 점검한다.
④ 적정재고를 점검한다.

40 glass류 취급 요령으로 맞지 않는 것은?

① 습기가 없는 청결한 장소에 보관 한다.
② 차게 서브되는 품목의 glass는 냉장고에 보관한다.
③ glass는 사용 후 기름기가 많을 때는 찬물에 세척한다.
④ rack 보관하여 파손을 줄인다.

41 Shaker의 사용방법으로 가장 적합한 것은?

① 사용하기 직전에 씻어 물기가 있는 채로 사용한다.
② 술을 먼저 넣고 그 다음에 얼음을 채운다.
③ 얼음을 채운 후에 술을 따른다.
④ 부재료를 넣고 술을 넣은 후에 얼음을 채운다.

42 샴페인의 서비스에 관련된 설명 중 틀린 것은?

① 얼음을 채운 바스킷에 칠링(Chilling)한다.
② 호스트(Host)에게 상표를 확인한다.
③ "펑"소리를 크게 하며 거품을 최대한 많이 내야 한다.
④ 서브는 여자 손님부터 시계방향으로 한다.

43 프랜차이즈업과 독립경영을 비교할 때 프랜차이즈업의 특징에 해당하는 것은?

① 수익성이 높다.
② 사업에 대한 위험도가 높다.
③ 자금운영의 어려움이 있다.
④ 대량구매로 원가절감에 도움이 된다.

44 와인의 서비스에 대한 설명으로 틀린 것은?

① 레드와인은 온도가 너무 낮으면 tannin의 떫은맛이 강해진다.
② 화이트와인은 실온과 비슷해야 신맛이 억제 된다.
③ 레드와인은 고온에서 Fruity한 맛이 없어진다.
④ 화이트와인은 차갑게 해야 신선한 맛이 강조된다.

45 와인 보관시 눕혀서 보관하는 이유와 거리가 먼 것은?

① 와인 보관을 편하게 하고 상표를 손님이 쉽게 볼 수 있도록 하기 위해
② 코르크의 틈으로 향이 배출되는 것을 방지하기 위해
③ 와인이 공기와 접촉하여 산화되는 것을 방지하기 위해
④ 와인의 숙성과 코르크가 건조해지는 것을 방지하기 위해

46 다음 중 지칭하는 대상이 다른 하나는?

① Apptizer　　　② Anti Pasti
③ Hors d'oeuvre　④ Entree

47 텀블러(Tumbler)컵의 주요 용도는?

① 적포도주를 제공하는 컵
② 하이볼을 제공하는 컵
③ 샴페인을 제공하는 컵
④ 위스키를 제공하는 컵

48 다음 중 병행복발효주는?

① 와인　　② 맥주
③ 사과주　④ 청주

49 바텐더의 역할이 아닌 것은?

① 음료 및 부재료의 보급과 Bar내의 청결을 유지한다.
② 직원의 근무시간표를 작성한다.
③ 칵테일을 조주한다.
④ Bar 내의 모든 기물을 정리 정돈한다.

50 바텐더의 자세로 바람직하지 못한 것은?

① 영업 전 후 Inventory 정리를 한다.
② 유통기한을 수시로 체크한다.
③ 손님과의 대화를 위해 뉴스, 신문 등을 자주 본다.
④ 고가의 상품판매를 위해 손님에게 강요한다.

51 주문을 받는 표현 중 나머지 셋과 의미가 다른 하나는?

① May I take your order?
② Are you ready to order?
③ What would you like, sir?
④ How would you like, sir?

52 다음 (　　　)에 알맞은 단어는?

> If you carry the process of fermentation one step further and separate the alcohol from the fermented liquid, you create what is essence or the spirit of the liquid. The process of separation is called (　　).

① intoxication　② evaporation
③ liquidization　④ distillation

53 다음 중 나머지 셋과 의미가 다른 문장은?

① It doesn't matter.
② It doesn't make any difference.
③ It is not important.
④ it is not difficult.

54 What is the meaning of sherry?

① Portugal wine　② Italian white wine
③ French wine　④ Spanish white wine

55 다음은 어떤 혼성주에 대한 설명인가?

> The great proprietary liqueur of Scotland made of Scotch and heather honey.

① Anisette　② Sambuca
③ Drambuie　④ Peter Heering

56 What is an alternative form of "I beg your pardon?"

① Excuse me ② Wait for me
③ I'd like to know ④ Let me see

57 다음 ( ) 안에 알맞은 것은?

Hardly had he mailed the letter ( ).

① then he began regret writing it
② then he received one
③ when he mailed it
④ when he began to regret writing it

58 아래 문장의 의미는?

The line is busy, so I can't put you through.

① 통화 중이므로 바꿔 드릴 수 없습니다.
② 고장이므로 바꿔 드릴 수 없습니다.
③ 외출 중이므로 바꿔 드릴 수 없습니다.
④ 응답이 없으므로 바꿔 드릴 수 없습니다.

59 "우리는 새 블렌더를 가지고 있다."를 가장 잘 표현한 것은?

① We has been a new blender.
② We has a new blender.
③ We had a new blender.
④ We have a new blender.

60 ( ) 안에 가장 적합한 것은?

We don't have to wait ( ).

① any longer ② some longer
③ any long ④ no longer

정답

01	④	02	②	03	②	04	②	05	②
06	②	07	①	08	②	09	④	10	①
11	②	12	③	13	④	14	②	15	③
16	③	17	④	18	④	19	④	20	①
21	③	22	③	23	①	24	③	25	④
26	②	27	④	28	②	29	②	30	②
31	①	32	①	33	①	34	④	35	④
36	④	37	①	38	①	39	①	40	④
41	③	42	③	43	④	44	②	45	①
46	④	47	②	48	④	49	②	50	④
51	④	52	④	53	④	54	④	55	③
56	①	57	④	58	①	59	④	60	①

Chapter 03 실전모의고사 3회

01 다음 중 저장 숙성(Aging) 시키지 않는 증류주는?
① Scotch Whisky ② Brandy
③ Vodka ④ Bourbon Whisky

02 다음 증류주 중에서 곡류의 전분을 원료로 하지 않는 것은?
① 진(gin) ② 럼(Rum)
③ 보드카(Vodka) ④ 위스키(Whisky)

03 다음 중 레몬(lemon)이나 오렌지 슬라이스(Orange Slice)와 체리(Red Cherry)를 장식하여 제공되는 칵테일은?
① Tom Collins ② Martini
③ Rusty Nail ④ Black Russian

04 Daiquiri Frozen의 주재료와 부재료는 어느 것인가?
① Grenadine syrup과 Lime juice
② Vodka와 Lime juice
③ Rum과 Lime juice
④ Brandy와 Grenadine syrup

05 다음 리큐르(liqueur) 중 베일리스가 생산되는 곳은?
① 스코틀랜드 ② 아일랜드
③ 잉글랜드 ④ 뉴질랜드

06 위스키(Whisky)를 그대로 마시기 위해 만들어진 스트레이트 글라스(Straight glass)의 용량은?
① 1~2 온스 ② 4~5 온스
③ 6~7 온스 ④ 8~9 온스

07 다음 중 우리나라의 전통주가 아닌 것은?
① 소흥주 ② 소곡주
③ 문배주 ④ 경주법주

08 다음 중 양조주(Fermented Liquer)에 포함되지 않는 것은?
① 와인 ② 맥주
③ 막걸리 ④ 진

09 호크(Hock) 와인이란?
① 독일 라인산 화이트와인
② 프랑스 버건디산 화이트와인
③ 스페인산 호크하임엘산 레드와인
④ 이탈리아 피에몬테산 레드와인

10 양조주에 대한 설명으로 옳은 것은?

① 당질 또는 전분질 원료에 효모를 첨가하여 발효 시켜 만든 술이다.
② 발효주에 열을 가하여 증류하여 만든다.
③ Amaretto, Drambuie, Cointreau 등은 양조주에 속한다.
④ 증류주 등에 초근, 목피, 향료, 과즙, 당분을 첨가하여 만든 술이다.

11 포도주에 아티초크를 배합한 리큐르로 약간 진한 커피색을 띠는 것은?

① Chartreuse   ② Cynar
③ Dubonnet   ④ Campari

12 생강을 주원료로 만든 탄산음료는?

① Soda Water   ② Tonic Water
③ Perrier Water   ④ Ginger Ale

13 원료와 주류의 연결이 잘못된 것은?

① Grain - Canadian Whisky
② Malt - Scotch Whisky
③ Corn - Canadian Whisky
④ Rye - Canadian Whisky

14 민속주 도량형 중 「되」에 대한 설명으로 틀린 것은?

① 곡식이나 액체, 가루 등의 분량을 재는 것이다.
② 보통 정육면체 또는 직육면체로써 나무나 쇠로 만든다.
③ 분량(1되)을 부피의 기준으로 하여 2분의 1을 1홉이라고 한다.
④ 1되는 약 1.8리터 정도이다.

15 혈중 알코올 농도 측정 공식은?

① 음주량(㎖)×알코올 도수(%)/833×체중(Kg)
② 음주량(㎖)×알코올 도수(%)/체중(Kg)
③ 음주량(㎖)×체중(Kg)×알코올 도수(%)/833
④ 음주량(㎖)×체중(Kg)/833×알코올 도수(%)

16 커피를 주원료로 만든 리큐르는?

① Grand Marnier   ② Benedictine
③ Kahlua   ④ Sloe Gin

17 꼬냑의 세계 5대 메이커에 해당하지 않는 것은?

① Hennessy   ② Remy Martin
③ Camus   ④ Tauqueray

18 다음 혼성주 중 오렌지 껍질을 주원료로 만든 것은?

① Anisette   ② Campari
③ Triple Sec   ④ Underberg

19 80proof는 알코올 도수(%)로 얼마인가?
① 10%　② 20%
③ 30%　④ 40%

20 론, 프로방스 지방의 기후 특성은?
① 서늘한 내륙성 기후이다.
② 온화한 지중해성 기후이다.
③ 강우가 연중 고른 대서양 기후이다.
④ 습윤 대륙성 기후이다.

21 whisky의 유래가 된 어원은?
① Usque baugh　② Aqua Bitae
③ Eau-de-Vie　④ Voda

22 매년 보졸레 누보의 출시일은?
① 11월 1째주 목요일　② 11월 3째주 목요일
③ 11월 1째주 금요일　④ 11월 3째주 금요일

23 식품 등의 표시기준에 의한 알코올 1g당 열량은?
① 1kcal　② 4kcal
③ 5kcal　④ 7kcal

24 프랑스어로 수도원, 승원이라는 뜻으로 리큐르의 여왕이라고 불리는 것은?
① Chartreuse　② Benedictine D.O.M
③ Campari　④ Cynar

25 재고 관리상 쓰이는 용어인 F.I.F.O의 뜻은?
① 정기 구입　② 선입 선출
③ 임의 불출　④ 후입 선출

26 다음 중 탄산음료가 아닌 것은?
① 콜라　② 소다수
③ 진저에일　④ 광천수

27 다음 중 Sugar Frost로 만드는 칵테일은?
① Rob Roy　② Kiss of Fire
③ Magarita　④ Angel's Tip

28 gin에 대한 설명으로 틀린 것은?
① 진의 원료는 대맥, 호밀, 옥수수 등 곡물을 주원료로 한다.
② 무색투명한 증류주이다.
③ 활성탄 여과법으로 맛을 낸다.
④ Juniper berry를 사용하여 착향시킨다.

29 sloe gin의 설명 중 옳은 것은?
① 리큐르의 일종이며 gin의 종류이다.
② 오얏나무 열매성분을 gin에 첨가한 것이다.
③ vodca에 그레나딘 시럽을 첨가한 것이다.
④ 아주 천천히 분위기 있게 먹는 칵테일이다.

30 세계 10대 와인 생산국이 아닌 국가는?
① 영국 ② 아르헨티나
③ 미국 ④ 프랑스

31 칵테일에 관련된 각 용어의 설명이 틀린 것은?
① Cocktail pick - 장식에 사용하는 핀
② Peel - 과일 껍질
③ Decanter - 신맛이라는 뜻
④ Fix - 약간 달고, 맛이 강한 칵테일의 종류

32 바(Bar)에서 하는 일이 아닌 것은?
① Store에서 음료를 수령한다.
② Appetizer를 만든다.
③ Bar Stool을 정리한다.
④ 음료 Cost 관리를 한다.

33 판매 전략으로 적합하지 않은 것은?
① 유명도가 떨어지는 상품을 권할 때에는 고객에게 시음하도록 하여 반응을 살핀다.
② 파스톡은 최소화하여 가능한 0으로 한다.
③ 원가가 싼 제품은 칵테일 베이스로 사용한다.
④ 현장에서 근무하는 종업원들에게 음료관련 지식을 교육시킨다.

34 corkage charge에 대한 설명으로 틀린 것은?
① 음료를 마실 때 필요한 얼음, 레몬 등은 손님이 준비하여야 한다.
② 보통 판매가의 20~30% 정도를 부과한다.
③ 디캔팅 서비스를 제공하여 봉사료를 청구한다.
④ 음료의 종류에 맞게 corkage charge 리스트를 만들어 바에 비치하기도 한다.

35 다음 중 용어의 해설이 틀린 것은?
① Table wine : 식사 중 마시는 와인
② Sparking : 발포성 와인
③ molton : 테이블에 까는 깔개
④ Drapes : 2인용의 작은 테이블

36 음료서비스조직의 형태 중 쉐드 드 랑 시스템(chef de rang system)의 장점이 아닌 것은?
① 종사원의 근무조건에 대해 대체로 만족할 수 있다.
② 종사원에 대한 의존도가 낮아 인건비의 지출이 낮다.
③ 휴식시간이 충분하다.
④ 고객에 대하여 정중한 서비스를 제공한다.

37 칵테일 조주시 술의 양을 계량할 때 사용하는 기구는?
① Squeezer ② Measure cup
③ Cork screw ④ Ice pick

38 판매시점에 매출을 등록, 집계하여 경영자에게 필요한 영업 및 경영정보를 제공하는 시스템은?
① SMS ② MRP
③ CRM ④ POS

39 실제 원가가 표준원가를 초과하게 되는 원인이 아닌 것은?
① 재료의 과도한 변질 발생
② 도난 발생
③ 계획대비 소량 생산
④ 잔여분의 식자재 활용 미숙

40 핑크 레이디, 밀리언 달러, 마티니, 네그로니의 기법을 순서대로 나열한 것은?
① Shaking, Stirring, Float&Layer, Building
② Shaking, Shaking, Float&Layer, Building
③ Shaking, Shaking, Stirring, Building
④ Shaking, Float&Layer, Stirring, Building

41 브랜디와 코냑에 대한 설명으로 틀린 것은?
① 모든 코냑은 브랜디에 속한다.
② 모든 브랜디는 코냑에 속한다.
③ 코냑비장에서 생산되는 브랜디만이 코냑이다.
④ 코냑은 포도를 주재료로 한 증류주의 일종이다.

42 다음 중 Tumbler glass는 어느 것인가?
① Champagne glass ② Cocktail glass
③ Highball glass ④ Brandy glass

43 다음 중 유효기간이 있는 것은?
① Rum ② Liqueur
③ Guinness Beer ④ Brandy

44 Muddler에 대한 설명으로 틀린 것은?
① 설탕이나 장식과일 등을 으깨거나 혼합하기에 편리하게 사용할 수 있는 긴 막대형이다.
② 칵테일 장식에 체리나 올리브 등을 찔러 사용한다.
③ 롱드링크를 마실 때는 휘젓는 용도로 사용한다.
④ Stirring Rod 라고도 한다.

45 바 웨이터의 역할과 거리가 먼 것은?
① 음료의 주문 그리고 서비스를 담당한다.
② 영업시간 전에 필요한 사항을 준비한다.
③ 고객을 위해서 테이블을 재정비한다.
④ 칵테일을 직접 조주한다.

46 다음 중 카페라떼(Caffelatte)커피의 재료로 알맞은 것은?

① 에스프레소 20~30㎖, 스팀밀크 120㎖, 계피가루 약간
② 에스프레소 20~30㎖, 스팀밀크 120㎖
③ 에스프레소 20~30㎖, 스팀밀크 120㎖, 캐러멜시럽 30㎖
④ 에스프레소 20~30㎖, 스팀밀크 120㎖, 화이트초코시럽 30㎖

47 다음 중 주세법상 발효주류에 해당하지 않는 것은?

① 소주　　② 탁주
③ 약주　　④ 과실주

48 바텐더가 영업시작 전 준비하는 업무가 아닌 것은?

① 충분한 얼음을 준비한다.
② 글라스의 청결도를 점검한다.
③ 레드와인을 냉각시켜 놓는다.
④ 전처리가 필요한 과일등을 준비해 둔다.

49 주장의 영업 허가가 되는 근거 법률은?

① 외식업법　　② 음식업법
③ 식품위생법　　④ 주세법

50 음료를 풀고 할 때 선입선출(FIFO : First In, First Out)의 원칙을 지켜야 하는 이유에 대하여 올바르게 표현한 것은?

① 부패에 의한 손실을 최소화하기 위함이다.
② 정확한 재고조사를 하기 위함이다.
③ 적정 재고량(Par stock)을 저장하기 위함이다.
④ 유효기간을 차악하기 위함이다.

51 Choose the most appropriate response to the statement.

> A : How can I get to the bar?
> B : I haven't been there in years!
> A : Well, why don't you show me on a map?
> B : _____

① I'm sorry to hear that.
② No, I think I can find it.
③ You should have gone there.
④ I guess I could.

52 '어서 앉으세요, 손님'에 알맞은 영어는?

① Sit down　　② Please be seated
③ Lie down, sir　　④ Here is a seat, sir

53 (　　) 안에 알맞은 리큐어는?

> (　　) is called the queen of liqueur. This is one of the French traditional liqueur and is made from several years aging arger distilling of various herbs added to spirit.

① Chartreuse　　② Benedictine
③ Kummel　　④ Cointreau

54 Select one of the Dessert Wine in the following.

① Rose wine
② Red wine
③ White wine
④ Sweet white wine

55 다음 (   ) 안에 적당한 말은?

> Bring us another (   ) of beer, please.

① around
② glass
③ circle
④ serve

56 다음 중 의미가 다른 하나는?

① Cheers!
② Give up!
③ Bottoms up!
④ Here's to us!

57 This is produced in Germany and Switzerland alcohol degree 44°C also is effective for hangover and digest. Which is this?

① Unicum
② Orange bitter
③ Underberg
④ Peach bitter

58 '나는 술이 싫다.'의 올바른 표현은?

① I don't like a liquor.
② I don't like the liquor.
③ I don't like liquors.
④ I don't like liquor.

59 '한 잔 더 주세요.'에 가장 정확한 영어 표현은?

① I'd like other drink.
② I'd like to have another drink.
③ I want one more wine.
④ I'd like to have the other drink.

60 다음 (   ) 안에 적당한 단어는?

> (   ) is a generic cordial invented in Italy and made from apricot pits and herbs, yielding a pleasant almond flavor.

① Anisette
② Amaretto
③ Advocaat
④ Amontillado

정답

01	③	02	②	03	①	04	③	05	②
06	①	07	①	08	④	09	①	10	①
11	②	12	④	13	③	14	③	15	①
16	③	17	④	18	③	19	④	20	②
21	①	22	②	23	④	24	①	25	②
26	④	27	②	28	②	29	②	30	①
31	③	32	②	33	②	34	①	35	④
36	②	37	②	38	②	39	③	40	③
41	②	42	③	43	③	44	②	45	④
46	②	47	①	48	③	49	③	50	①
51	④	52	②	53	①	54	④	55	②
56	②	57	③	58	④	59	②	60	②

Chapter 04 실전모의고사 4회

01 레드 와인의 서비스 온도로 맞는 것은?

① 10℃
② 12℃
③ 8℃
④ 16℃

> **Tip**
> 레드 와인 16~18℃ / 화이트 와인 7~10℃

02 리큐르(Liqueur)의 여왕이라고 불리며 프랑스 수도원의 이름을 가지고 있는 것은?

① 드람뷰이(Drambuie)
② 베네딕틴(Benedictine)
③ 체리브랜디(Cherry Brandy)
④ 샤르트뢰즈(Chartreuse)

> **Tip**
> **샤르트뢰즈(Chartreuse)** : 프랑스어로 '수도원, 승원'이란 뜻이며 리큐르의 여왕이라 불린다. 레몬 껍질, 박하초 등 130여 가지나 되는 약초를 포도주에 침지하여 증류해서 만들어졌다.

03 피나콜라다 칵테일에 들어가는 재료가 아닌 것은?

① Orange Juice
② Pineapple Juice
③ Pina Colada Mix
④ Rum

> **Tip**
> 피나콜라다는 파인애플 언덕이라는 뜻으로 럼과 피나콜라다 믹스, 파인애플 주스를 크러시드 아이스와 함께 블렌딩 기법으로 만들며 파인애플과 체리로 장식한다.

04 Cola(콜라)에 대한 설명으로 틀린 것은?

① 서아프리카가 원산지이다.
② 탄산성분은 자연발효 중 생성된다.
③ 콜라나무 열매에서 추출한 농축액을 가공하여 만든다.
④ 콜라나무 종자에는 커피보다 2~3배 많은 카페인과 콜라닌이 들어있다.

> **Tip**
> 콜라는 콜라나무 열매(Cola Nuis)에서 추출한 원액에 당분과 캐러멜 색소, 산미료, 향료 등을 혼합한 후 탄산수를 주입한 것으로 카페인(Catteine) 함량이 높다.

05 다음에 해당하는 표현으로 맞는 것은?

> 다시 한번 말씀해 주시겠어요?

① What are you talking about?
② I'm sorry. I don't know.
③ What did you say?
④ I beg your pardon?

06 다음 중 생맥주의 취급요령으로 틀린 것은?

① 미살균 상태이므로 신선도에 주의해야 한다.
② 2주 정도 숙성기간을 거쳐야 제맛이 난다.
③ 생맥주 통 속의 압력은 12~14파운드로 항상 일정하게 유지한다.
④ 온도는 약 2~3℃로 유지해야 한다.

> **Tip**
> 영업장에서는 선입선출(FIFO)에 신경 써야 한다.

07 이탈리아의 국민주로 붉은색의 쓴맛이 강한 리큐르로 식물의 뿌리, 씨, 향초, 껍질 등 70여 가지의 재료로 만들어지며 식전주로 애음되는 것은?

① 캄파리(Campari)　② 갈리아노(Galliano)
③ 아니세트(Anisette)　④ 압생트(Absente)

08 다음 중 양조용 보리의 특징이 아닌 것은?

① 껍질이 얇은 것이 좋다.
② 수분 함유량이 13% 이하로 잘 건조된 것이 좋다.
③ 알맹이는 다양하게 선별해야 한다.
④ 단백질은 적은 것이 좋다.

> **Tip**
> ③ 알맹이가 고른 것이 좋다.

09 다음 중 스카치 위스키가 아닌 것은?

① 존 제임슨(John Jameson)
② 발렌타인(Ballantines)
③ 조니워커(Johnnie Walker)
④ 제이앤비(J&B)

> **Tip**
> 존 제임슨(John Jameson)은 아이리시 위스키이다.

10 다음 중 Bitter류에 속하지 않는 것은?

① Campari　② Curacao
③ Angostura　④ Amer Picon

> **Tip**
> 큐라소(Curacao)는 네덜란드령 큐라소섬에서 재배되는 오렌지를 원료로 만든 과실류의 혼성주이다.

11 다음 중 설명이 잘못된 것은?

① 블록 오브 아이스(Block of Ice) - 공장에서 찍어낸 사각형의 큰 덩어리 얼음이다.
② 크랙트 아이스(Cracked Ice) - 럼프 오브 아이스를 적당한 크기로 쪼갠 얼음이다.
③ 큐브드 아이스(Cubed Ice) - 정육면체 모양의 형태로 칵테일 만들 때 가장 많이 사용한다.
④ 크러시드 아이스(Crushed Ice) - 아이스픽으로 쪼갠 특정한 형태가 없는 덩어리 얼음이다.

> **Tip**
> 크러시드 아이스 : 큐브드 아이스를 잘게 갈아낸 얼음이다.

12 식전주로 가장 적합한 것은?

① Dry Sherry　② Kahlua
③ Benedictine　④ Drambuie

> **Tip**
> Dry Sherry는 스페인의 유명한 강화 와인으로 식전 와인이다.

13 발포성 와인의 명칭으로 잘못 연결된 것은?

① 프랑스 - 크레망(Cremant)
② 독일 - 젝트(Sekt)
③ 이탈리아 - 스푸만테(Spumante)
④ 스페인 - 샴페인(Champagne)

> **Tip**
> 스페인의 스파클링 와인은 카바(Cava)이다. 샴페인(Champagne)은 프랑스의 대표적인 스파클링 와인이다.

14 다음 중 서비스의 특성이 아닌 것은?

① 인적자원에 대한 의존도가 높다.
② 서비스는 무형성으로 보거나 만질 수 없다.
③ 서비스는 이질성이 있어 서비스를 제공하는 사람과 제공받는 소비자의 주관에 따라 다양하다.
④ 판매되지 않은 서비스는 보존된다.

📁 **Tip**
판매되지 않은 서비스는 사라진다.

15 다음 중 바텐더의 역할과 거리가 먼 것은?

① 영업 준비에 대한 점검을 철저히 하며 재고 상품도 체크해야 한다.
② 각종 장비 및 비품들의 작동상태 및 위생상태를 점검하고 관리해야 한다.
③ 고객과의 대화 시 종교나 정치, 스포츠의 특정 구단에 대해서는 주관적으로 대한다.
④ 음료에 대한 충분한 지식을 숙지해야 한다.

📁 **Tip**
고객과 대화 시 종교나 정치, 스포츠의 특정 구단에 대해 얘기하는 것을 피하고 논쟁을 하지 않는다.

16 단식증류기의 특징이 아닌 것은?

① 재료 고유의 향을 잘 얻을 수 있다.
② 고급 증류주의 제조에 이용한다.
③ 적은 양을 빠른 시간에 증류하여 시간이 적게 걸린다.
④ 증류 시 알코올 도수를 80도 이하로 낮게 증류한다.

📁 **Tip**
단식 증류는 몰트 위스키, 브랜디 등을 증류하는 방법으로 시간과 원가가 많이 들지만 향과 맛이 풍부한 증류주를 만들 수 있다.

17 재고 조사 시 잘못된 것은?

① 하우스 와인 750ml 12잔으로 계산
② 셰리 와인 750ml 12잔으로 계산
③ 브랜디 750ml 15잔으로 계산
④ 위스키 750ml 15잔으로 계산

📁 **Tip**
하우스 와인은 1병(750ml) 기준 5~6잔으로 계산한다. 주정강화 와인인 셰리와인은 12잔 증류주인 브랜디, 위스키는 15잔으로 계산한다.

18 드라이 마티니를 만드는 방법은?

① Mix
② Stir
③ Shake
④ Float

19 다음에서 설명하는 혼성주는?

> The great proprietary liqueur of Scotland made of Scotch and heather honey.

① Anisetter
② Sambuca
③ Drambuie
④ Peter Heering

📁 **Tip**
드람뷰이(Drambuie)는 스카치 위스키를 베이스로 해서 꿀과 허브류를 가하여 만든 혼성주이다.

20 다음의 (   ) 안에 들어갈 적당한 단어는?

> I'll have a Scotch (ㄱ) the rocks and a Bloody Mary (ㄴ) my Wife.

① ㄱ. on, ㄴ. for
② ㄱ. in, ㄴ. to
③ ㄱ. for, ㄴ. at
④ ㄱ. of, ㄴ. in

📁 **Tip**
나는 스카치에 얼음을 넣어서, 그리고 아내를 위해서는 블러디 메리를 주세요.
- 위스키를 얼음잔에 먹는 방식 : On the rocks
- ~위해서 : for

21 다음 중 우유가 들어가는 칵테일은?

① Grasshopper
② Side Car
③ Moscow Mule
④ Healing

22 다음 중 디캔팅(Decanting)에 대한 설명으로 적절하지 않은 것은?

① 보통 레드 와인 위주로 진행되는 작업이다.
② 시간이 많이 걸리는 작업이기에 바쁜 Rush Time은 피하면서 진행해야 한다.
③ 오래 숙성을 거친 레드 와인의 경우 주석산염 등에 의해 생긴 침전물을 걸러 따르는 작업이다.
④ 숙성이 덜 된 거친 와인의 경우도 공기와 접촉하면 맛과 향이 부드럽게 변한다.

23 주장관리 및 기물 취급요령으로 적절하지 않은 것은?

① Bar 및 작업대에는 물기가 고여 있지 않도록 청결 유지에 힘써야 한다.
② 유리 글라스는 Rim 부분의 입술 자국이나 금이 간 곳은 없는지 잘 체크한다.
③ 맥주는 선입선출과 상관없이 가장 차가운 상품을 먼저 제공한다.
④ 냉장고 온도는 3.5~5°C로 유지한다.

📁 **Tip**
맥주는 선입선출을 준수해야 한다.

24 다음 중 기물과 설명이 잘못된 것은?

① Ice Pail - 얼음 통
② Jigger - 술의 용량을 측정하는 기물
③ Muddler - 병마개를 따는 도구
④ Pourer - 술의 양을 조절하기 위해 병 입구에 부착한 도구

📁 **Tip**
머들러는 레몬조각 등을 눌러 즙을 내거나 잔의 내용물을 저을 때 사용한다.

25 다음은 칵테일의 기본 조주기법을 설명한 것으로 옳지 않은 것은?

① Building(직접 넣기) - 컵에 직접 얼음과 재료를 넣고 바 스푼으로 휘저어 제공
② Stirring(휘젓기) - 믹싱 글라스에 얼음과 재료를 넣고 바 스푼으로 잘 저어서 잔에 따르는 방법
③ Shaking (흔들기) - 병을 흔들어서 만드는 방법
④ Floating(띄우기) - 재료의 비중을 이용하여 차례로 쌓이도록 하는 방법

📁 **Tip**
흔들기는 셰이커에 얼음과 재료를 넣고 흔들어서 만드는 방법이다.

26 코냑(Cognac)의 증류가 끝나도록 규정된 때는?

① 12월 31일　② 2월 1일
③ 3월 31일　④ 5월 1일

> **Tip**
> 발효가 끝난 와인은 3월 31일까지 증류 작업을 마쳐야 한다. 4월 1일부터는 오크통 숙성에 들어가야 한다.

27 믹싱 글라스(Mixing Glass)에서 만든 칵테일을 글라스에 따를 때 얼음을 걸러 주는 역할을 하는 기구는?

① Ice Pick　② Ice Tong
③ Strainer　④ Squeezer

28 바(Bar) 집기비품에 속하지 않는 것은?

① Nutmeg　② Spindle Mixer
③ Paring Knife　④ Ice Pail

> **Tip**
> Nutmeg(너트메그) : 사향 향기가 나는 호두라는 뜻으로 육두구나무 열매를 말려서 가루로 만든 것이다.

29 싱가폴 슬링(Singapore Sling) 칵테일의 재료가 아닌 것은?

① 드라이 진(Dry Gin)
② 체리 브랜디(Cherry Brandy)
③ 레몬 주스(Lemon Juice)
④ 토닉 워터(Tonic Water)

> **Tip**
> 싱가폴 슬링에서 탄산수가 들어간다.

30 주장의 캡틴(Bar Captain)에 대한 설명으로 틀린 것은?

① 영업을 지휘·통제한다.
② 서비스 준비사항과 구성인원을 점검한다.
③ 지배인을 보좌하고 업장 내의 관리업무를 수행한다.
④ 고객으로부터 직접 주문을 받고 서비스 등을 지시한다.

> **Tip**
> 영업을 지휘·통제하는 업무는 지배인(Manager)의 역할이다. 매니저는 영업장의 책임자로서 모든 영업에 책임을 진다.

31 다음 대화의 문장으로 어울리는 것은?

> W : I'm afraid we don't have your order on our menu.
> G : Can you make some for me?
> W : _____. We can make some for you.

① Just a moment, please. I'll ask.
② I'm sorry, spaghetti is not on the menu.
③ What would you like to drink?
④ What is bulgogi?

> **Tip**
> W : 죄송합니다. 손님이 주문하신 요리는 저희 메뉴에는 없습니다.
> G : 특별히 만들어 줄 수는 없습니까?
> W : 잠시 기다려주십시오, 물어보겠습니다. 손님이 주문하신 요리는 별도로 만들어 드리겠습니다.

32 다음 중 메뉴를 주문 받는 요령으로 잘못된 것은?

① 판매원은 항시 볼펜과 메모 용지를 준비하고 있어야 한다.
② 일반적으로 고객인 여성, 고객인 남성, Hostess, Host의 순으로 주문 받는다.
③ 주문은 정확하고 잘 알아볼 수 있도록 기록하고 복창하여 재확인한다.
④ 주문을 다 받은 후 "기다리세요."라고 말한 다음 뒤돌아 나온다.

📁 **Tip**
④ 주문을 다 받은 후 "감사합니다."라고 꼭 감사를 표한다.

33 와인 제공 순서를 올바르게 나열한 것은?

> 가. 와인을 따른 후 병목을 서비스 냅킨으로 닦아 술방울이 테이블에 떨어지지 않도록 한다.
> 나. 코르크를 손으로 잡고 살며시 돌리면서 천천히 소리가 나지 않게 빼낸다.
> 다. 와인을 주문한 고객에게 와인의 상표를 확인시키기 위하여 상표가 고객을 향하도록 고객의 좌측에서 보여준다.
> 라. 코르크의 냄새를 맡아 이상 유무를 확인한 후 손님에게 확인하도록 접시 위에 얹어서 보여준다.

① 다 - 나 - 라 - 가   ② 가 - 나 - 다 - 라
③ 나 - 다 - 라 - 가   ④ 라 - 가 - 다 - 나

34 칵테일 제공 서비스 순서를 올바르게 나열한 것은?

> 가. 고객과 밝은 모습으로 간단한 대화를 이어 나간다.
> 나. 바 테이블에 코스터를 깔고 그 위에 칵테일을 올려서 제공한다.
> 다. 주문받은 칵테일을 고객이 보는 앞에서 신속하게 제조한다.
> 라. 웃는 모습으로 "맛있게 드십시오"라고 인사를 한다.

① 다 - 나 - 라 - 가   ② 가 - 나 - 다 - 라
③ 나 - 다 - 라 - 가   ④ 라 - 가 - 다 - 나

35 콜린스 믹스(Collins Mix)의 주 원료는?

① 라임, 설탕   ② 라임, 소금
③ 레몬, 설탕   ④ 레몬, 소금

36 브랜디의 등급표시가 아닌 것은?

① Napoleon   ② V.S.O.P
③ X.O   ④ Blended

37 식품위생법과 그 시행령, 식품위생 분야 종사자의 건강진단 규칙에 중점을 두어 식품 관련업에 종사하는 영업주 및 모든 종업원 또는 종사 예정자가 발급받아야 하는 것은 무엇인가?

① 위생교육증   ② 보건증
③ 식품위생검사증   ④ 영업신고증

📁 **Tip**
보건증은 식음료를 판매하는 모든 사업장에 반드시 제출해야 하는 서류로 관할 보건소에서 간단한 건강검진과 혈액검사를 한 후 발급받을 수 있다.

38 다음에서 설명하는 소독방법은 무엇인가?

> 주방용품을 살균·소독하는 제품으로 박테리아, 바이러스 등 세균의 세포 내 유전물질의 변이를 일으켜 성장 및 번식을 억제해 살균·소독하는 것이다. 약품, 가열 등에 의한 살균·소독과 비교해 식기 등 제품의 변형이 없고, 환경호르몬이 발생하지 않는다.

① 자외선소독기 ② 적외선소독기
③ 열탕소독기 ④ 연무소독

39 우리나라 주세법상 리큐르는 어디에 속하는가?

① 증류주 ② 양조주
③ 혼성주 ④ 기타 주류

📁 Tip
우리나라 주세법상 리큐르는 증류주에 속한다.

40 다음은 전통주 칵테일 힐링(Healing)의 재료이다. (   )에 들어갈 재료는 무엇인가?

> 셰이커에 얼음을 넣고 45mL (   ) / 10mL 베네딕틴 / 10mL 크림 드 카시스 / 30mL 스위트앤사워 믹스를 넣고 잘 흔들어 준 다음 칵테일 글라스에 제공한다. 장식은 레몬 껍질을 비틀어서 짜준다.

① 감홍로 ② 진도홍주
③ 복분자 ④ 문배주

41 Glass 취급방법으로 적절하지 않은 것은?

① 가장자리에 금이 가거나 립스틱 자국이 남아 있는지 먼저 확인한다.
② 물에 레몬이나 에스프레소 1잔을 넣으면 컵의 잡냄새가 제거된다.
③ 옮기거나 이동할 때를 제외하고 Stem은 잡지 않는다.
④ 알맞은 Rack에 담아서 세척기를 이용한다.

42 드라이 마티니에 대한 설명으로 틀린 것은?

① 칵테일의 제왕으로 평가되는 드라이한 칵테일이다.
② 만드는 방법은 휘젓기(Stirring)이다.
③ 칵테일 글라스에 제공된다.
④ 장식으로 보통 블랙 올리브가 제공된다.

43 다음 중 칵테일 상품의 특성과 가장 거리가 먼 것은?

① 인적 의존도가 높다.
② 반품과 재고가 없다.
③ 대량생산이 가능하다.
④ 유통과정이 없다.

44 다음 중 내열성이 강한 잔에 제공되는 칵테일은?

① Irish Coffee ② Tequila Sunrise
③ Black Russian ④ New York

45 글라스의 용도에 따른 분류에 해당하지 않는 것은?

① Tumbler Glass
② Cylindrical Glass
③ Stemmed Glass
④ Mug

📁 **Tip**
텀블러 글라스는 실린디컬 글라스에 해당한다.

46 맥주의 발전과 의미가 다른 것은?

① 1516년 - 맥주순수령
② 1870년 - 칼 폰 린네의 인공 냉동기 발명
③ 1883년 - 한센의 효모 배양기술
④ 주세법 강화

📁 **Tip**
주세법 강화로 소비가 감소했다.

47 다음 중 '프리 런 와인(Free Run Wine)'이란 무엇인가?

① 글라스에 부었을 때 흘러내리는 와인의 눈물
② 찌꺼기가 가라앉은 와인 탱크에서 상층부의 맑은 와인
③ 레드 와인 발효 후 압력을 가하지 않아도 유출되는 와인
④ 숙성 중인 오크통에서 공기 중으로 사라지는 와인

📁 **Tip**
프리 런 와인(Free Run Wine)은 포도의 발효 후 고형물을 분리할 때 압착하기 전 중간층에서 자연적으로 유출되는 액체 상태의 와인으로 고급와인용으로 쓰인다.

48 와인을 마시기 전 실내온도와 일정한 온도를 유지하도록 실내에 비치하는 것을 무엇이라 하는가?

① 샹브레(Chambrer)
② 샹델(Chandelle)
③ 샤르마(Charmat)
④ 샤르뉘(Charnu)

📁 **Tip**
브레(Chambré)는 프랑스어로 실온을 의미한다.

49 월말 인벤토리(Inventory)는 무엇을 파악하기 위한 것인가?

① 매출이익
② 순수익
③ 월경비
④ 재고량

50 다음 중 영업장에서 코스트(Cost) 관리의 목적과 거리가 먼 것은?

① 해피아워(Happy Hour) 연장
② 파스톡(Par Stock) 체크
③ 선입선출
④ 규칙적인 인벤토리(Inventory) 체크

📁 **Tip**
Happy Hour는 가격 할인 판매시간을 말한다.

51 오렌지를 주원료로 만든 술이 아닌 것은?

① Triple Sec　② Tequila
③ Cointreau　④ Grand Marnier

📁 **Tip**
테킬라(Tequila)는 멕시코의 증류주이다.

52 What does not belong to the world's four major whisky?

① Scotch Whisky
② American Whiskey
③ Canadian Whisky
④ Japanese Whisky

📁 **Tip**
세계 4대 위스키에 속하지 않는 것은? :
Japanese Whisky는 5대 위스키에 포함된다.

53 밑줄 친 It에 해당하는 술은?

> It is colorless, tasteless, and odorless spirits.

① Gin　② Vodka
③ White Rum　④ Tequila

📁 **Tip**
무색, 무미, 무취의 증류주는 보드카

54 다음 중 지역명과 대표적인 포도 품종의 연결이 맞는 것은?

① 샴페인 - 세미용
② 부르고뉴(White) - 소비뇽 블랑
③ 보르도(Red) - 피노누아
④ 샤토뇌프 뒤 파프 - 그르나슈

📁 **Tip**
- **샴페인** : 샤르도네(Chardonnay), 피노누아(Pinot Noir), 피노 뫼니에(Pinot Meunier)
- **부르고뉴** : 피노누아(Pinot Noir)
- **보르도** : 카베르네 소비뇽(Cabernet Sauvignon)

55 Which one is wine that can be served before a meal?

① Table Wine　② Dessert Wine
③ Aperitif Wine　④ Port Wine

📁 **Tip**
어떤 와인이 식사 전에 제공될 수 있나요? :
Aperitif(식전주)

56 Malt Whisky 제조 순서를 올바르게 나열한 것은?

1. 보리(2조보리)	6. 발효
2. 침맥	7. 증류(단식증류)
3. 건조(피트)	8. 숙성
4. 분쇄	9. 병입
5. 당화	

① 1-2-3-4-5-6-7-8-9
② 1-3-2-4-5-6-7-8-9
③ 1-3-2-4-6-5-7-8-9
④ 1-2-3-4-6-5-7-8-9

57 주장(Bar)을 의미하는 것이 아닌 것은?

① 주류를 중심으로 한 음료 판매가 가능한 일정 시설을 갖추어 판매하는 공간
② 고객과 바텐더 사이에 놓인 널판
③ 조리 가능한 시설을 갖추어 음료와 식사를 제공하는 장소
④ 주문과 서브가 이루어지는 고객들의 이용장소

58 빈(Bin)이 의미하는 것으로 가장 적합한 것은?

① 프랑스산 적포도주
② 주류 저장소에 술병을 넣어 놓은 장소
③ 칵테일 조주 시 가장 기본이 되는 주재료
④ 글라스를 세척하여 담아 놓는 기구

59 (　　　) 안에 적합한 것은?

> A bartender must (　　　) his helpers, waiters and waitresses. He must also (　　　) various kinds of records, such as stock control, inventory, daily sales report, purchasing report and so on.

① take, manage
② supervise, handle
③ respect, deal
④ manage, careful

📁 **Tip**
바텐더는 그의 보조도우미, 웨이터, 웨이트리스들을 총괄하여야 한다. 또한 재고관리, 물품관리, 일일 판매기록, 구매기록 등과 같은 다양한 종류의 기록 문서들을 관리해야 한다.

60 Which one is wine that can be served before a meal?

① Table wine
② Dessert wine
③ Aperitif wine
④ Port wine

📁 **Tip**
어떤 와인이 식사 전에 제공될 수 있는지 묻고 있다.

정답

01	④	02	④	03	①	04	②	05	④
06	②	07	①	08	③	09	①	10	②
11	④	12	①	13	④	14	④	15	③
16	③	17	①	18	②	19	③	20	①
21	①	22	②	23	③	24	③	25	③
26	③	27	④	28	①	29	④	30	①
31	①	32	④	33	①	34	①	35	①
36	④	37	②	38	①	39	①	40	①
41	③	42	④	43	③	44	①	45	①
46	④	47	③	48	①	49	④	50	①
51	②	52	④	53	②	54	④	55	③
56	①	57	③	58	②	59	②	60	③

Chapter 05 실전모의고사 5회

01 칵테일 글라스는 어디를 잡아야 하는가?
① Rim   ② Face
③ Stem   ④ Bottom

02 다음 중 위생적인 영업장 관리로 올바르지 않은 것은?
① 냉장·냉동고는 주 1회 이상 청소한다.
② 교차오염을 예방하기 위해 식품은 분리 보관한다.
③ 자외선 살균소독기에 컵을 넣을 때는 뒤집어서 물기가 잘 빠지도록 넣는다.
④ 선입선출이 용이하도록 보관·관리한다.

> **Tip**
> 자외선 살균소독기에 컵 등의 식기류를 넣을 때는 컵 등의 내면이 자외선 램프 쪽을 향하도록 한다.

03 생맥주 기기에 대한 설명으로 올바르지 않은 것은?
① 생맥주 기기는 냉각기, 탭, 생맥주, 탄산가스, 압력계로 구성되어 있다.
② 탄산가스통 내의 압력을 표시하는 고압계의 바늘이 적색 부분에 오면 탄산가스통을 교체한다.
③ 생맥주 기기에서 소리가 날 때는 탄산가스 잔량 확인 후 새 가스통으로 교체한다.
④ 세척통의 물로 맥주라인을 세척하면 호스나 냉각기 라인에 잔류된 맥주가 제거되어 미생물, 세균들이 번식할 수 없게 되어 신선한 생맥주를 제공할 수 있다.

> **Tip**
> 생맥주 기기에서 소리가 날 때는 냉각수 수평 상태를 확인하여 기기를 수평에 맞춰 재위치시키고, 냉각기 조립 상태 등을 확인하여 볼트, 너트 등이 단단히 고정되도록 조인다.

04 음료 영업장 작업공간 배치에 대한 설명으로 적절하지 못한 것은?
① 음료 영업장에 설치되는 냉장고는 주로 스탠드형 냉장고가 사용된다.
② 음료 영업장 작업대의 틀을 만든 후 그 밑에 냉장고를 넣는다.
③ 음료 영업장의 시설 및 기구는 바텐더의 움직임을 최소화할 수 있도록 효율적으로 배치한다.
④ 음료 영업장에 보통 1~2개 이상의 작업대를 만들어 사용하며 작업대 사이에는 싱크대를 설치한다.

> **Tip**
> ① 음료 영업장에 설치되는 냉장고는 주로 테이블형 냉장고가 사용된다.

05 다음 중 음료의 분류로 틀린 것은?
① 음료는 알코올성 음료와 비알코올성 음료로 분류된다.
② 알코올성 음료는 양조주, 증류주, 혼성주로 분류된다.
③ 커피, 와인, 위스키는 세계 3대 기호음료로 분류된다.
④ 비알코올성 음료는 청량음료, 영양음료, 기호음료로 분류된다.

> **Tip**
> 세계 3대 기호음료는 커피, 코코아, 티로 분류된다.

06 다음 중 뜨거운 칵테일은?

① Irish Coffee ② Pink Lady
③ Pina Colada ④ Manhattan

07 다음에서 설명하는 지역은 어디인가?

> 지하 토양은 철분이 함유된 충적층으로 이루어진 특성을 가지고 있어 '찌꺼기'라는 별명을 지니고 있다. 페트루스(Petrus)는 세계적인 최고의 와인으로 잘 알려져 있다.

① 메독(Médoc)
② 그라브(Graves)
③ 생떼밀리옹(Saint-Emilion)
④ 포므롤(Pomerol)

08 다음 중 기본 베이스(Base)가 다른 하나는?

① Negroni ② Cosmopolitan
③ Moscow Mule ④ Seabreeze

Tip
네그로니(Negroni), 드라이 진(Dry Gin) 나머지, 보드카(Vodka)

09 다음 (   ) 안에 들어갈 알맞은 단어는?

> I don't know what happened at the meeting because I wasn't able to (   ).

① apply ② decline
③ attend ④ depart

Tip
회의에 참석하지 못해서 무슨 일이 있었는지 모르겠다.

10 다음 중 럼(Rum)이 베이스(Base)로 쓰이지 않는 칵테일은?

① Daiquiri ② Manhattan
③ Mai Tai ④ Pina Colada

11 다음 중 조주기법에 대한 설명으로 틀린 것은?

① 계란, 우유, 크림 등 유제품이 들어간 칵테일은 셰이킹(Shaking) 기법이 잘 어울린다.
② 스터(Stir) 기법은 원재료의 맛과 향을 최대한 유지하면서 가볍게 섞어 주거나 차갑게 할 때 사용하는 방법이다.
③ 플로트(Float) 기법은 색깔에 따라 재료를 순서대로 넣어 준다.
④ 블렌드(Blend) 기법은 얼음과 재료를 넣고 기계로 혼합하는 방법이다.

Tip
플로트(Float) 기법 : 재료의 비중을 이용하여 내용물을 차례대로 띄우는 방법이다.

12 다음 중 위스키의 재료가 아닌 것은?

① 보리 ② 맥아
③ 감자 ④ 호밀

Tip
감자는 보드카, 소주의 재료로 많이 쓰인다.

13 다음 중 화이트 와인(White Wine) 품종은?

① Sangiovese ② Nebbiolo
③ Barbera ④ Muscadelle

14 탄산수에 키니네, 레몬, 라임 등의 농축액과 당분을 넣어 만든 강장제 음료는?

① 진저비어(Ginger Beer)
② 진저에일(Ginger Ale)
③ 콜린스 믹스(Collins Mix)
④ 토닉 워터(Tonic Water)

15 체리 가니쉬를 사용하지 않는 칵테일은?

① 맨해튼　　② 올드패션드
③ 피나 콜라다　　④ 진 피즈

16 다음 중 손익분기점에 대한 설명으로 바르지 않은 것은?

① 손익분기점(BEP)이란 총수익과 총비용(총원가)이 일치하여 손실이나 이익이 발생하지 않는 판매량 또는 매출액을 말한다.
② 이윤 추구가 목표이기 때문에 경기침체나 경쟁업체 등장, 원가 상승 등 다양한 환경 변화에서도 손익분기점 이상의 매출을 달성해야 한다.
③ 신제품을 출시할 때 목표이익을 실현할 수 있는 가격을 어떻게 결정할 것인가의 의사결정이다.
④ 생산량과 실제 가능한 매출액 분포에 대한 기대치와 표준편차를 인지할 경우 기업의 미래를 예측할 수는 없지만 목표량을 결정할 수 있다.

> **Tip**
> 생산량과 실제의 가능한 매출액 분포에 대한 기대치와 표준편차를 인지할 경우 기업의 미래를 예측할 수 있다.

17 다음 중 식후주로 어울리는 칵테일은 무엇인가?

① Manhattan　　② Grasshopper
③ Campari Soda　　④ Dry Martini

18 다음에서 설명하고 있는 조주 형태별 분류는 무엇인가?

> • 과일의 껍질로 장식하여 제공하는 기법이다.
> • 글라스 가장자리에 레몬즙을 적신다.
> • 설탕 또는 소금을 묻힌다.

① Eggnog　　② Crusta
③ Cooler　　④ Ade

19 다음 칵테일 조주 기법에서 스터링(Stirring) 기법에 해당하는 것을 모두 고른 것은?

> ㄱ. 믹싱 글라스에 얼음과 재료를 넣은 다음, 바 스푼을 이용하여 휘저어 혼합과 냉각시킨다.
> ㄴ. 잘 섞이지 않는 재료를 혼합할 때 사용하는 조주 기법이다.
> ㄷ. 비중이 서로 다른 음료를 섞이지 않게 층을 만들어 띄운다.
> ㄹ. 글라스에 따를 때는 스트레이너를 이용해서 얼음이 쏟아지지 않도록 한다.

① ㄱ, ㄴ　　② ㄱ, ㄷ
③ ㄱ, ㄹ　　④ ㄴ, ㄷ

20 다음 중 기주(Base)가 다른 하나는 무엇인가?

① New York　　② Side Car
③ Manhattan　　④ Old Fashioned

> **Tip**
> 사이드카 브랜디 베이스이며, 나머지는 버번 위스키가 베이스이다.

21 다음 중 감미가 진하고 짙은 갈색으로 특히 자메이카산이 유명한 럼은 무엇인가?

① Light Rum   ② Gold Rum
③ Medium Rum ④ Dark Rum

22 다음 빈칸에 들어갈 적합한 말로 바르게 짝지어진 것은?

> 멕시코의 특산주로 (　　　)를 발효해서 (　　　)를 만들어 마시다가 스페인으로부터 증류기술이 도입되어 증류주를 생산하게 되었다.

① Corn - Beer   ② Agave - Pulque
③ Rice - Wine   ④ Rye - Whisky

23 다음 중 단식증류기를 사용하지 않는 상품은?

① Vodka   ② Malt Whisky
③ Tequila ④ Cognac

> **Tip**
> 보드카는 연속증류로 만든 무색, 무미, 무취의 증류주이다.

24 다음 중 소주에 대한 설명으로 틀린 것은?

① 소주는 소아시아의 수메르 지방에서 처음 제조되었다.
② 고려 말 몽고에 의해 전파되었다.
③ 소주는 처음부터 쌀을 원료로 생산되어 값이 저렴했기에 서민의 술로 자리잡았다.
④ 소주는 곡물 이외에 당분, 구연산, 아미노산류, 무기염류, 아스파탐, 자일리톨 등의 물질이 첨가된다.

> **Tip**
> 소주는 조선시대에 이르러서는 상당히 고급주였지만, 조선시대 말 대량으로 생산되어 서민의 술로 자리잡았다.

25 다음 설명 중 틀린 것은?

① 소주는 증류식 소주와 희석식 소주가 있다.
② 소주의 원료는 쌀, 보리, 옥수수, 감자 그리고 당밀, 고구마, 타피오카 등의 전분질 원료가 쓰인다.
③ 제조업체의 특성에 따른 설탕, 올리고당, 아스파라긴산, 포도당 등의 당류와 첨가류에 따라 각각 맛과 향이 달라진다.
④ 증류식 소주의 제조 허가는 엄격하게 관리, 통제되고 있다.

> **Tip**
> 소주의 제조 허가 조치가 풀리면서 다양한 소주가 경쟁하고 있다.

26 다음 발효주(양조주)의 설명으로 잘못된 것은?

① 단발효주는 맥주나 막걸리가 대표적이다.
② 복발효주는 곡물을 당화하여 효모로 발효시킨 술이다.
③ 단발효주는 원료의 형태가 당분으로 이루어져 있다.
④ 병행복발효주에는 주가 있다.

> **Tip**
> - **단발효주** : 와인(포도), 사이다(사과), 발포성 와인(포도)
> - **단행복발효주** : 맥주(보리)
> - **병행복발효주** : 막걸리(쌀)

27 다음 중 증류주에 해당하지 않는 것은?

① 키르슈   ② 위스키
③ 백주   ④ 슬로 진

> **Tip**
> 슬로 진은 혼성주이다.

28 테이스팅에 대한 설명 중 잘못된 것은?

① 장소는 밀폐된 공간의 서늘한 곳으로 습도는 60% 정도를 유지하는 것이 좋다.
② 흰색 바탕 위에 글라스를 약 45° 비스듬히 기울이면 색을 자세히 볼 수 있다.
③ 레드 와인은 자주색에서 숙성이 진행되면서 진홍색, 적갈색, 갈색의 순서로 변한다.
④ 부케는 와인이 숙성되면서 나는 향으로, 포도 자체의 향과는 다른 향을 보여준다.

📁 **Tip**
테이스팅을 하기 위한 좋은 장소는 조용하고 환기시설이 잘되어 있는 곳이다.

29 다음 중 식전주(Aperitifs)는 무엇인가?

① 언더버그(Underberg)
② 예거마이스터(Jagermeister)
③ 캄파리(Campari)
④ 페르네 브랑카(Fernet Branca)

30 다음 중 보드카(Vodka) 베이스 칵테일이 아닌 것은?

① 뉴욕   ② 하비월뱅어
③ 애플 마티니   ④ 블랙러시안

📁 **Tip**
뉴욕의 베이스는 버번 위스키이다.

31 다음 중 식품위생의 필요성과 거리가 먼 것은?

① 식품으로부터 오는 유해 미생물의 존재를 확인하고 이들의 혼입을 막거나 증식을 억제한다.
② 여러 천연 혹은 인공 유해물질을 밝히고 오염되지 않도록 한다.
③ 평균 수명을 높이는 데 가장 크게 기여한다.
④ 식중독 사고 및 식품기인성 질병 발병률을 크게 낮출 수 있다.

📁 **Tip**
평균수명이 높아지는 이유는 의료 보급과 식생활 개선, 식품 및 개인 위생의 개선에 따른 결과이다.

32 식품위생법에 따른 건강진단에 대한 설명으로 올바르지 않은 것은?

① 총리령으로 정하는 영업자 및 그 종업원은 건강진단을 받아야 한다.
② 건강진단을 받은 결과 타인에게 위해를 끼칠 우려가 있는 질병이 있다고 인정된 자는 그 영업에 종사하지 못한다.
③ 영업자는 건강진단을 받지 아니한 자나 건강진단 결과 타인에게 위해를 끼칠 우려가 있는 질병이 있는 자를 그 영업에 종사시키지 못한다.
④ 완전 포장된 식품 또는 식품첨가물을 운반하거나 판매하는 일에 종사하는 사람은 연 2회 건강진단을 받아야 한다.

📁 **Tip**
④ 완전 포장된 식품 또는 식품첨가물을 운반하거나 판매하는 일에 종사하는 사람은 제외한다(식품위생법 시행규칙 제49조제1항).

33 음료 영업장 시설물에 대한 설명으로 옳지 않은 것은?

① 테이블형 냉장고는 주로 음료 영업장 안쪽에 설치한다.
② 스탠드형 냉장고는 음료 영업장 안쪽보다는 뒤쪽에 설치하여 맥주 등 음료를 보관하는 용도로 사용한다.
③ 직냉식 냉장(동)고는 냉각 파이프가 내부를 직접 감싸고 있는 구조로 내부를 직접 냉각시키며, 내부 온도가 쉽게 변하지 않고 소음이 적다.
④ 간냉식 냉장(동)고는 냉기를 순환시켜 실내를 냉각시키는 방식으로 성에가 많이 끼는 단점이 있다.

📁 **Tip**
직냉식은 내부 벽면 전체가 차가워지는 방식이어서 성에가 낄 수 있으므로 자주 성에 제거해 주어야 하며, 간냉식은 제상 타임이 되면 성에가 자동으로 제거된다.

34 다음 중 제빙기(Ice Maker)에 대한 설명으로 적절하지 못한 것은?

① 음료 영업장에서 가장 많이 사용하는 재료인 얼음을 만드는 기계이다.
② 수압이 높은 수도라인을 사용해야 꽉 찬 얼음이 잘 만들어진다.
③ 청소할 때는 제빙기의 모든 얼음을 제거한 후 중성세제를 사용하여 깨끗이 청소하며, 깨끗한 물을 사용하여 내부를 잘 헹구고 마른 수건으로 물기를 제거한다.
④ 제빙기 필터는 수시로 먼지를 제거해 준다.

35 다음에서 설명하고 있는 도구는 무엇인가?

- 얼음 및 재료를 걸러주는 기물이다.
- 스프링이 있는 것과 망으로 된 형태가 있다.

① 블렌더(Blender)
② 스쿱(Scoop)
③ 스트레이너(Strainer)
④ 셰이커(Shaker)

36 다음 원가관리에 대한 설명으로 올바르지 않은 것은?

① 원가관리의 목적은 식자재의 구입, 조리, 판매의 과정에서 최대의 이윤을 얻는 것이다.
② 목표 설정을 위한 수치 제공, 영업장 물품관리 목적을 위한 수치 제공, 재무제표 등 기타 자료를 위한 수치 제공 등이 목적이다.
③ 목표 원가를 설정한 다음 판매가격을 산출한다.
④ 원가관리는 전 품목을 동일 기준으로 산출해야 한다.

37 다음 중 인벤토리(Inventory)에 대한 설명으로 적절하지 않은 것은?

① 적정 재고를 유지하고, 무익한 재고 투자를 절감하여 예비 자금을 윤택하게 할 수 있다.
② 긴급 상황에 재고를 갖는 비축을 위한 기능이 있다.
③ 비용 절감 또는 투기를 목적으로 가격이 낮을 때 매입하는 투기성 재고의 형태가 있다.
④ 재고기간 동안 손상, 분실, 사용 및 판매 중지된 재고의 형태를 순환재고라고 한다.

📁 **Tip**
불용재고란 재고기간 동안 손상, 분실, 사용 및 판매 중지된 재고의 형태를 말한다.

38 다음 음료의 분류에 대한 설명으로 올바르지 않은 것은?

① 음료란 크게 알코올성 음료와 비알코올성 음료로 구분된다.
② 알코올성 음료는 제조 방법에 따라 발효주, 증류주, 혼성주로 나눈다.
③ 발효주(양조주)는 단발효주와 복발효주로 분류된다.
④ 단발효주는 황주, 막걸리가 있다.

📂 **Tip**
황주와 막걸리는 당화와 발효가 동시에 진행되는 병행복발효주이다.

39 커피 리큐르가 아닌 것은?

① 카모라(Kamora)   ② 티아 마리아(Tia Maria)
③ 쿰멜(Kummel)   ④ 칼루아(Kahlua)

📂 **Tip**
쿰멜(Kummel)은 회양풀(Caraway Seeds)로 만든 독일의 무색 투명한 리큐르로 소화불량에 특효가 있다.

40 다음 중 오렌지향의 리큐르가 아닌 것은?

① 그랑 마니에르(Grand Marnier)
② 트리플 섹(Triple Sec)
③ 쿠앵트로(Cointreau)
④ 무셰(Mousseux)

📂 **Tip**
무셰(뮤슈, Mousseux)는 프랑스어로 거품이 있는 또는 거품같이 부드럽고 가볍다는 뜻으로 뱅 무셰(Vin Mousseux)는 프랑스 샹파뉴 지방 이외에서 생산되는 발포성 와인을 뜻한다.

41 음료 영업장에서 기획메뉴를 개발하는 이유와 거리가 먼 것은?

① 고객에게 메뉴 선택의 편리성을 제공하기 위해
② 특정 후원업체의 매출 증대를 위해
③ 새로운 신규 고객을 창출하기 위해
④ 기존 고객의 재방문을 유도하기 위해

42 다음 중 계량 단위가 잘못 설정된 것은?

① 1 pony - 15mL   ② 1 pint - 16oz
③ 1 - 1/2oz - 45mL ④ 1 dash - 5~6 drop

📂 **Tip**
1 pony = 1oz = 30mL

43 와인의 코르크를 오픈할 때 사용하는 기물은 무엇인가?

① Blender   ② Shaker
③ Cork Screw   ④ Ice Pick

44 합리적인 식품 위생관리로 인한 장점으로 적절하지 않은 것은?

① 각종 식품 관련 법적 규제의 억압
② 품질 개선 및 고객과의 신뢰도 향상
③ 식품의 저장기간 연장 및 품질 개선으로 판매 손실의 최소화
④ 음료 영업장의 식중독 사고 방지

45 다음 ( ) 안에 들어갈 내용은 무엇인가?

> 런던 드라이 진은 원료인 맥아와 옥수수를 주원료로 하여 당화 발효시킨 뒤 연속증류기로 증류하고 여기에 ( ), 안젤리카, 코리앤더, 시나몬 등이 들어간다.

① 아니스 ② 주니퍼베리
③ 호밀   ④ 사탕수수

46 다음 중 레시피 노트 작성 체크리스트에 포함되지 않는 것은?

① 메뉴 이름
② 담당 바텐더
③ 주류 및 식재료의 계량단위
④ 글라스 종류

47 다음 중 메뉴 엔지니어링(Menu Engineering)에 대한 설명으로 잘못된 것은?

① 매장의 사업 방향을 결정하기 위해 정보를 수집하고 메뉴의 구성, 수익성, 대중성 등을 평가하고 판단하는 것이다.
② 경영진이 현재와 미래 메뉴의 가격, 내용 등을 평가할 수 있도록 해주는 과정이다.
③ 공헌 이익이 높은 메뉴를 분류하고 분석하는 과정이다.
④ 메뉴 엔지니어링의 3요소는 고객의 수요 고객이 선호하는 메뉴 품목의 분석, 각 메뉴 품목별 순이익 분석이다.

📁 **Tip**
메뉴 엔지니어링(Menu Engineering) : 메뉴 엔지니어링이란 매장의 사업 방향을 결정하기 위해 정보를 수집하고 메뉴의 구성, 수익성, 대중성 등을 매장 운영 측면에서 적정성을 평가하고 판단하는 것과 관련된 활동이다.

48 달걀, 설탕 등의 부재료가 사용되는 칵테일을 혼합할 때 사용하는 기구는?

① Shaker   ② Mixing Glass
③ Strainer   ④ Muddler

49 다음에서 설명하는 제품은 무엇인가?

> - 프랑스에서 가장 오래된 리큐르 중 하나이다.
> - 안젤리카를 주향료로 하여 박하, 약초, 주니퍼베리, 시나몬, 레몬 껍질, 벌꿀 등 약 27종의 약초를 사용한다.
> - DOM(Deo Optimo Maximo)로 '최고 최대의 신에게 바치는 술'이라는 의미가 있다.

① Chartreuse   ② Galliano
③ Dubonnet   ④ Benedictine

50 다음 중 용량이 가장 큰 단위는 무엇인가?

① 1 dash   ② 1 Gallon
③ 1 Jigger   ④ 1 Cup

📁 **Tip**
- 1 dash : 1/32 oz
- 1 Jigger : 1.5oz
- 1 Cup : 8oz
- 1 Gallon : 128 oz

51 "주말은 이미 예약이 다 되어 있습니다."의 표현으로 알맞은 것은?

① We look forward to seeing you on May 5th.
② We are already booked for the weekend.
③ Would you like to make a reservation?
④ I have an appointment over the weekend.

52 다음 문장의 의미는 무엇인가?

> The line is busy, so I can't put you through.

① 전화가 오고 나는 바빠서 안 됩니다.
② 지금 통화 중이므로 바꿔 드릴 수 없습니다.
③ 바빠서 바꿔 드릴 수 없습니다.
④ 지금 바쁘니 죄송하지만 다시 전화 주십시오.

53 What is distilled liquor made of agave?

① Tequila   ② Gin
③ Vodka   ④ Rum

54 다음 (   )에 들어갈 단어로 가장 적합한 것은?

> G : What kind of aperitif wine do you have?
> B : We have (   ).

① ice wine   ② red wine
③ dry sherry   ④ beer

📁 **Tip**
G : 어떤 종류의 식전 와인이 있습니까?
B : 드라이 셰리가 있습니다.

55 병행 복발효주에 해당되지 않는 것은?

① 청주   ② 맥주
③ 고량주   ④ 증류식 소주

📁 **Tip**
맥주(보리)는 단행 복발효주이다.

56 와인 제조 시 이산화황(SO2)을 사용하는 이유가 아닌 것은?

① 항산화제 역할   ② 부패균 생성 방지
③ 갈변 방지   ④ 효모 분리

57 다음 (   )에 들어갈 단어로 가장 적합한 것은?

> Generally, (   ) means an alcoholic beverage mixed with other liquor, juice, soda or liqueur. Many people think (   ) as a drink made by a bartender, but a mixture of vodka and orange juice made in home is also a (   ).

① beer   ② cocktail
③ whisky   ④ beverage

58 Which of the following has a different meaning?

① Sec   ② Doux
③ Dulce   ④ Sweet

📁 **Tip**
다음 중 의미가 다른 것은?
① Sec은 단맛이 거의 없다는 의미의 프랑스 표현이고 나머지는 단맛의 표현이다.

59 다음 ( ) 안에 가장 적절한 것은?

W : What would you like to try tonight?
G : (　　　　　　)
W : A whisky, no ice, no water, Am i correct?
G : Yes

① Just one for my health, please
② One for the road
③ I'll stick to my usual
④ Another one please

📁 **Tip**

What would you like to try tonight? :
오늘 저녁은 무엇으로 드시겠습니까?
I'll stick to my usual. :
늘 마시던 걸로 주세요.

60 다음 ( ) 안에 들어갈 단어로 적합한 것은?

A : Hello, may I speak to Mr. Park? This is Kim calling.
B : Mr. Park is not at his desk.
　　May I take a (　　　　)?
A : No. It's all right. Thank you.

① card　　　　　② message
③ money　　　　④ picture

📁 **Tip**

A : Mr. 박과 통화할 수 있을까요? 저는 김입니다.
B : Mr. 박이 부재중입니다.
　　메시지를 남기시겠습니까?
A : 아뇨, 괜찮습니다.

정답

01	③	02	③	03	③	04	①	05	③
06	①	07	④	08	①	09	③	10	②
11	③	12	③	13	④	14	④	15	④
16	④	17	②	18	②	19	③	20	②
21	④	22	②	23	①	24	③	25	④
26	①	27	④	28	①	29	③	30	①
31	③	32	④	33	④	34	②	35	③
36	④	37	④	38	④	39	④	40	④
41	②	42	①	43	③	44	①	45	②
46	②	47	③	48	①	49	④	50	②
51	②	52	②	53	①	54	③	55	②
56	④	57	②	58	①	59	③	60	②

Chapter 06 실전모의고사 6회

01 다음 중 제공되는 잔의 크기가 가장 작은 것은?

① Espresso ② Americano
③ Caffe Latte ④ Cappuccino

📂 **Tip**
에스프레소는 데미타스(Demitasse) 잔에 제공된다. 커피 잔 중에서 가장 작다.

02 다음 중 제공되는 커피의 양이 가장 많은 것은?

① Espresso ② Ristretto
③ Lungo ④ Doppio

📂 **Tip**
- 에스프레소(25~30mL)
- 리스트레토(15~20mL)
- 룽고(35~40mL)
- 도피오(60mL)

03 다음 중 의미가 다른 것은?

① 섹(Sec) ② 두(Doux)
③ 둘체(Dulce) ④ 스위트(Sweet)

📂 **Tip**
- Sec : 단맛이 거의 없는 와인
- DOUX : 프랑스어로 달콤한 맛
- Dulce : 스페인어로 감미롭다는 뜻

04 프리미엄 테킬라의 재료는?

① 아가베 아메리카나
② 아가베 아줄 테킬라나
③ 아가베 아트로비렌스
④ 아가베 시럽

📂 **Tip**
아가베 아줄 테킬라나 = 블루 아가베

05 다음 중 이탈리아 와인 등급 표시로 맞는 것은?

① AOC ② DOCG
③ QbA ④ Vins de Pays

📂 **Tip**
AOC, Vins de Pays는 프랑스, QbA는 독일의 품질 등급이다.

06 에스프레소 추출방법에 대한 설명으로 잘못된 것은?

① 90~95℃의 물로 20~30초 정도 추출한다.
② 분쇄된 커피를 다지는 행위를 탬핑이라고 한다.
③ 에스프레소는 고농도의 향미 성분을 추출해야 하므로 분쇄도를 가장 굵게 해 주어야 한다.
④ 추출수의 압력은 9기압 정도로 분쇄된 커피에 통과시켜 추출한다.

📂 **Tip**
에스프레소는 분쇄도를 가장 가늘게 쓰는 추출방법 중 하나이다.

07 다음 중 국가지정 중요 무형문화재로 지정받은 전통주가 아닌 것은?

① 김포 문배주　　② 충남 면천두견주
③ 진도 홍주　　　④ 경주 교동법주

08 다음 중 브랜디에 대한 설명으로 가장 거리가 먼 것은?

① 향미가 좋아 식전주로 애음된다.
② 포도 또는 과실을 발효하여 증류한 술이다.
③ 코냑 브랜디에 처음으로 별표의 기호를 도입한 것은 1865년 헤네시(Hennessy)사에 의해서이다.
④ 유명 산지는 코냑과 아르마냑이 있다.

> **Tip**
> 브랜디는 감미로워 식후주로 많이 마신다.

09 다음 중 위스키의 원료에 따른 분류가 아닌 것은?

① 몰트 위스키(Malt Whisky)
② 그레인 위스키(Grain Whisky)
③ 포트 스틸 위스키(Pot Still Whisky)
④ 블렌디드 위스키(Blended Whisky)

> **Tip**
> 포트 스틸 위스키는 증류기의 종류에 따른 분류에 속한다.

10 발포성 와인의 이름이 아닌 것은?

① 스페인 - 까바(Cava)
② 독일 - 젝트(Sekt)
③ 이탈리아 - 스푸만테(Spumante)
④ 포르투갈 - 도세(Doce)

> **Tip**
> Doce : 포르투갈어로 단, 달콤한, 향기로운의 뜻을 가지고 있다.

11 진 베이스 칵테일이 아닌 것은?

① 드라이 마티니　② 싱가폴 슬링
③ 진피즈　　　　④ 뉴욕

12 글루루바인(Gluhwein)의 정의로 옳은 것은?

① 따뜻하게 데워서 먹을 수 있는 와인이다.
② 독일산의 신맛이 나는 와인이다.
③ 와인의 신맛이 나는 정도를 의미한다.
④ 독일어로 와인을 의미한다.

> **Tip**
> 글루바인은 독일어로 〈따듯한 와인〉이다.

13 냉장보관이 필요없는 음료는?

① 드라이 셰리　② 와인
③ 브랜디　　　④ 맥주

> **Tip**
> 브랜디는 증류주로 상온 보관한다.

14 What does 〈A La Carte〉 mean?

① 그날의 스페셜 메뉴이다.
② 카페테리아의 메뉴 중 하나이다.
③ 구성품을 모두 따로 주문할 수 있다.
④ 많은 것이 포함되어 있다.

> **Tip**
> 알라카르트는 "식단에 따라서"라는 뜻의 프랑스어로 메뉴 구성은 정식 메뉴(코스요리) 순으로 되어 있으나, 각 코스별로 여러 가지 종류를 고객의 기호에 맞게 선택할 수 있는 메뉴이다.
> 반대로 메뉴가 정해져 있는 정식요리는 Table d'Hote, Full course로 구분한다.

15 다음 중 곡물을 사용하지 않은 증류주는?

① 럼
② 진
③ 보드카
④ 위스키

16 소독으로 병원균은 모두 없는 상태지만, 일반균 등이 남아 있어 보관 과정 중 번식으로 인해 변질될 수 있는 우유는?

① 가공우유
② 일반우유
③ 멸균우유
④ 발효우유

17 설탕이나 소금을 잔 주변에 묻힐 때 사용하는 기물은?

① 아이스 텅
② 리머
③ 스트레이너
④ 머들러

18 프랑스 AOC 규정에서 규제하고 있는 것으로 옳지 않은 것은?

① 최대 도수
② 농가의 경제력
③ 원산지
④ 포도 품종

19 약초/허브로 만든 리큐어가 아닌 것은?

① menthe
② campari
③ cassis
④ anisette

20 다음의 설명에 해당하는 혼성주를 옳게 연결한 것은?

> ㄱ. 멕시코산 커피를 주원료로 하여 Cocoa, Vanilla 향을 첨가해서 만든 혼성주이다.
> ㄴ. 야생 오얏을 진에 첨가해서 만든 빨간색의 혼성주이다.
> ㄷ. 이탈리아의 국민주로 제조법은 각종 식물의 뿌리, 씨, 향초, 껍질 등 70여 가지의 재료로 만들어지며 제조 기간은 45일이 걸린다.

① ㄱ. 샤르트뢰즈(Chartreuse)
　ㄴ. 시나(Cymar)
　ㄷ. 캄파리(Campari)
② ㄱ. 파샤(Pasha)
　ㄴ. 슬로 진(Sloe Gin)
　ㄷ. 캄파리(Campari)
③ ㄱ. 칼루아(Kahlua)
　ㄴ. 시나(Cynar)
　ㄷ. 캄파리(Campari)
④ ㄱ. 칼루아(Kahlua)
　ㄴ. 슬로 진(Sloe Gin)
　ㄷ. 캄파리(Campari)

21 다음 중 우유가 들어가는 칵테일은 무엇인가?

① 그래스호퍼
② B-52
③ 풋사랑
④ 푸스카페

22 다음 메뉴 개발계획에 대한 설명으로 잘못된 것은?

① 메뉴 개발계획은 소비자 행동 변화의 트렌드를 파악하고 참조한다.
② 메뉴 구성은 바텐더가 원하는 메뉴를 선정해서 매장에 적용한다.
③ 메뉴 재료의 전체적인 원가와 수익의 목표를 염두에 두고 만든다.
④ Bar의 콘셉트와 관련하여 메뉴 전체의 방향과 범위를 명확하게 설정한다.

23 다음 중 기획메뉴의 개념을 잘못 설명하고 있는 것은?

① 한시적 특별 메뉴이다.
② 고객 창출을 위한 계절성 메뉴이다.
③ 제휴업체와의 협약으로 인한 프로모션 메뉴 등 일정한 간격을 두고 주기적으로 바뀌는 메뉴이다.
④ Bar에서 시간이 가장 오래 걸리는 메뉴이다.

24 다음 중 음료의 설명이 잘못된 것은?

① 소주는 주정을 희석하고 조미료를 첨가한 한국과 일본의 술이다.
② 백주는 수수, 조, 쌀 등의 곡물을 발효·증류·숙성시킨 중국의 전통 증류주이다.
③ 브랜디는 옥수수, 감자 등 전분질을 발효·증류한 뒤 활성탄으로 여과한 무색, 무미, 무취의 술이다.
④ 진은 주정에 주니퍼, 코리앤더, 시나몬 등의 향료 및 식물을 침출 후 증류하거나, 주정에 향료 및 식물의 성분을 첨가한 술이다.

▸ **Tip**
③은 보드카에 대한 설명이다.

25 다음 중 디카페인 커피(Decaffeinated Coffee)를 가장 잘 설명한 것은?

① 제조비용이 저렴한 커피를 말한다.
② 카페인이 제거된 커피를 말한다.
③ 카페인의 함량이 높은 커피를 말한다.
④ 카페인의 함량을 조절할 수 있는 커피를 말한다.

26 다음 중 증류방법이 나머지와 다른 하나는?

① 몰트 위스키(Malt Whisky)
② 코냑(Cognac)
③ 다크럼(Dark Rum)
④ 그레인 위스키(Grain Whisky)

▸ **Tip**
그레인 위스키는 연속증류기로 생산한다.

27 다음 중 위스키의 4대 제조과정이 아닌 것은?

① 당화(Mashing)   ② 발효(Fermentation)
③ 증류(Distillation)   ④ 블렌딩(Blending)

▸ **Tip**
당화 - 발효 - 증류 - 숙성
블렌딩은 성질이 다른 원액을 섞는 작업으로 모든 위스키가 이 작업을 거치는 것은 아니다.

28 다음 위스키의 분류 중 산지가 다른 것은 무엇인가?

① Wild Turkey   ② Ballantines
③ Macallan   ④ Johnnie Walker

▸ **Tip**
와일드 터키는 아메리칸 위스키, 발렌타인, 맥캘란, 조니워커는 스카치 위스키이다.

29 다음 위스키 중에서 제조과정의 원료가 다른 것은 무엇인가?

① Jim beam   ② Jack Daniel's
③ Wild Turkey   ④ Old Parr

> **Tip**
> 짐빔, 잭 다니엘, 와일드 터키는 아메리칸 버번 위스키로 옥수수가 51% 이상 함유되고 올드파는 스카치 위스키로 보리의 함량이 높다.

30 칵테일 원가비율을 20%에 맞추어 판매하고자 할 때, 재료비가 2,000원이라면 판매가는 얼마인가?

① 10,000 ② 8,000
③ 6,000   ④ 5,000

> **Tip**
> 판매가 × 원가율/100 = 재료비

31 다음 중 음료의 역사에서 인류 최초의 알코올성 음료로 알려져 있는 것은?

① 와인(Wine)   ② 미드(Mead)
③ 칵테일(Cocktail) ④ 맥주(Beer)

32 드라이 마티니(Dry Martini)를 만들 때 필요하지 않은 도구는 무엇인가?

① 셰이커(Shaker)   ② 지거(Jigger)
③ 바스푼(Bar Spoon) ④ 스트레이너(Strainer)

33 다음 중 우유가 가장 많이 들어가는 메뉴는 무엇인가?

① Cafe Mocha ② Cappuccino
③ Americano   ④ Cafe Latte

34 다음 내용과 가장 관련 있는 것은?

- 크레망(Cremant) - 프랑스
- 젝트(Sekt) - 독일
- 스푸만테(Spumante) - 이탈리아
- 카바(Cava) - 스페인

① 스파클링 와인(Sparkling Wine)
② 스틸 와인(Still Wine)
③ 스위트 와인(Sweet Wine)
④ 드라이 와인(Dry Wine)

35 보르도(Bordeaux) 와인 생산지역을 지롱드 강과 가론 강을 중심으로 나눌 경우 좌안(Left bank)에 해당되지 않는 지역은?

① 메독(Medoc)   ② 그라브(Graves)
③ 소테른(Sautemes) ④ 포므롤(Pomerol)

36 주장관리에서 핵심적인 원가의 3요소는?

① 재료비, 인건비, 주장경비
② 세금, 봉사료, 인건비
③ 인건비, 주세, 재료비
④ 재료비, 세금, 주장경비

37 주장의 영업 허가 시 근거 법률은?

① 외식업법   ② 음식업법
③ 식품위생법 ④ 주세법

38. 빈티지(Vintage)란 무엇을 뜻하는가?

① 포도주의 이름
② 포도의 수확 연도
③ 포도주의 원산지명
④ 포도의 품종

Tip
빈티지(Vintage)는 포도 수확된 해를 말한다.

39. 다음 중 White Wine 품종은?

① Sangiovese
② Nebbiolo
③ Barbera
④ Muscadelle

Tip
① 산지오베제(Sangiovese) : 이탈리아 토스카나 적포도 품종
② 네비올로(Nebbiolo) : 이탈리아 피에몬테 적포도 품종
③ 바르베라(Barbera) : 이탈리아 적포도 품종

40. 다음 중 과실음료가 아닌 것은?

① 토마토 주스
② 천연과즙주스
③ 희석과즙음료
④ 과립과즙음료

Tip
토마토는 딸기와 함께 채소과일이라 부른다.

41. 다음 중 코냑에 대한 설명으로 틀린 것은?

① 프랑스 보르도 북쪽에 위치해 있다.
② 구리로 만든 전통적인 증류기를 사용하여 2~3번 증류한다.
③ 술통은 새것보다 오래된 것이 더 좋다.
④ 모든 증류작업은 12월 31일까지 마친다.

Tip
꼬냑의 모든 증류작업은 3월 31일까지 마친다.

42. 다음 중 알코올성 커피는?

① 카페 로얄(Cafe Royale)
② 비엔나 커피(Vienna Coffee)
③ 데미타스 커피(Demitasse Coffee)
④ 카페오레(Cafe Au Lait)

Tip
카페 로얄(Cafe Royale)은 나폴레옹이 즐겨 마셨다는 브랜디가 들어간 커피이다.

43. 다음에서 설명하는 민속주는?

> 호남의 명주로서 부드럽게 취하고 뒤끝이 깨끗하여 우리의 고유한 전통술로 정평이 나 있고 쌀로 빚은 30도의 소주에 배, 생강, 울금 등 한약재를 넣어 숙성시킨 약주이다.

① 복분자주
② 국화주
③ 춘향주
④ 이강주

Tip
이강주는 평양 감홍로, 정읍 죽력고와 함께 조선의 3대 명주로 꼽힌다.

44. 다음 중 스파클링 와인이 아닌 것은?

① 젝트(Sekt)
② 스푸만테(Spumante)
③ 카바(Cava)
④ 아이스바인(Ice Wine)

Tip
아이스바인은 독일에서 추운 날씨에 포도를 얼려 만든 와인으로 디저트 와인이다.
스파클링 와인 : 젝트(독일), 스푸만테(이탈리아), 카바(스페인)

45 호텔에서 호텔홍보, 판매촉진 등 특별한 접대 목적으로 일부를 무료로 제공하는 것?
① Out of Order ② F/O Cashier
③ Complaint   ④ Complimentary

46 커피를 다량으로 섭취하는 사람이 가장 많이 보충해주어야 할 영양소는?
① 비타민 A   ② 비타민 D
③ 오메가 3   ④ 칼슘

📁 **Tip**
카페인은 칼슘 흡수를 방해하므로 우유가 들어간 라떼나 카푸치노 등의 베리에이션 음료를 마시는 것도 좋다.

47 세계 최초로 물을 상품화한 기업이자 광천수를 이용하여 먹는 샘물로 나온 브랜드는 무엇인가?
① 셀처   ② 비시
③ 에비앙 ④ 페리에

48 다음 중 보드카의 설명으로 옳지 않은 것은?
① 원료는 주로 보리, 밀, 호밀, 옥수수, 감자 등이 사용된다.
② 보드카는 슬라브 민족의 국민이다.
③ 보드카는 러시아에서만 생산된다.
④ 보드카에 향을 가미한 것을 플레이버 보드카라 부른다.

📁 **Tip**
폴란드, 핀란드, 스웨덴, 덴마크, 에스토니아, 라트비아 등에서 생산한다.

49 다음 중 당분을 측정하는 단위가 아닌 것은?
① 보메(Baume)   ② 웩슬러(ŏechsle)
③ 온스(Ounce)   ④ 브릭스(Brix)

📁 **Tip**
③ 온스(Ounce)는 부피 무게의 단위이다.

50 다음 중 샴파뉴의 당분 표시 중 당분 함량이 가장 적은 것은?
① 브뤼(Brut)   ② 엑스트라 섹(Extra Sec)
③ 섹(Sec)   ④ 두(Doux)

📁 **Tip**
- 브뤼 : 0~1%,
- 엑스트라 섹 : 1~2%
- 섹 : 3~6%
- 두 : 10~15%

51 다음 중 스파클링 와인의 제조과정을 올바르게 나열한 것은?
① 포도 수확 - 파쇄 및 압착 - 발효 - 아상블라쥬 - 효모 및 당분 첨가 - 르뮈아쥬 - 데고르주망 - 병입
② 포도 수확 - 아상블라쥬 - 파쇄 및 압착 - 발효 - 효모 및 당분 첨가 - 데고르주망 - 르뮈아쥬 - 병입
③ 포도 수확 - 파쇄 및 압착 - 발효 - 효모 및 당분 첨가 - 아상블라쥬 - 데고르주망 - 르뮈아쥬 - 병입
④ 포도 수확 - 아상블라쥬 - 파쇄 및 압착 - 발효 - 르뮈아쥬 - 효모 및 당분 첨가 - 데고르주망 - 병입

52 다음 ( )에 적합한 단어는?

I'd like to make a reservation ( ) three ( ) seven o'clock.

① for - to
② for - at
③ at - of
④ at - for

📁 **Tip**
오늘 저녁 일곱 시에 세 사람 자리를 예약하고 싶어요.

53 What ingredients are used to express the sunrise of Mexico in the Tequila Sunrise?

① Tequila
② Orange Juice
③ Blue Curacao
④ Grenadine Syrup

📁 **Tip**
Tequila Sunrise 칵테일에서 멕시코의 일출을 표현할 때 사용되는 재료는 무엇인가?

54 Which of the following is a sweet melon-flavored cocktail?

① Rusty Nail   ② June Bug
③ Margarita   ④ Whiskey Sour

📁 **Tip**
다음 중 멜론향이 나는 달콤한 칵테일은 무엇인가?

55 This is used when serving drinks to the material is made of thick paper. What is this?

① Napkin   ② Muddler
③ Coaster   ④ Pourer

56 What is the wrong expression?

A : You said you weren't drinking last night.
B : Yes. ( )

① I hate alcohol, but I like cocktails.
② I don't drink, but I like cocktails.
③ I'm not good at drinking, but I like cocktails.
④ Let's go to the nearest cocktail bar.

📁 **Tip**
A : 어젯밤에 술 안 마신다고 했잖아.
① 나는 술이 싫지만 칵테일은 좋아해.
② 술은 안 마시지만 칵테일은 좋아해.
③ 술은 잘 못 마시지만 칵테일은 좋아해.
④ 가까운 칵테일 바에 가자.

57 다음 중 의미가 다른 것은?

① What would you like for dessert?
② Please help me clean up after you finish eating.
③ Are you all set to order dessert yet?
④ Would you like to see a dessert menu?

58 What is the meaning of a walk-in guest?

① A guest with no reservation
② Guest on charged instead of reservation guest
③ By walk in guest
④ Guest that checks in through the front desk

59 Which of the following is wrong about fermented liquor?

① Beer, wine, etc. belong to this.
② Have a short shelf life.
③ The alcohol content is low.
④ It is used to make mixed liquor.

> **Tip**
> 다음 중 양조주에 대한 설명으로 틀린 것은?
> ④ 혼성주는 대부분 증류주를 많이 사용한다.
> ① 맥주, 와인 등이 여기에 속한다.
> ② 보존기간이 짧다.
> ③ 알코올 도수가 낮다.

60 Which of the following is not orange flavored?

① Triple Sec ② Tequila
③ Cointreau ④ Grand Marnier

> **Tip**
> 다음 중 오렌지향이 첨가되지 않은 것은?

정답

01	①	02	④	03	①	04	②	05	②
06	③	07	③	08	①	09	③	10	④
11	④	12	①	13	③	14	③	15	①
16	②	17	②	18	②	19	③	20	④
21	①	22	②	23	④	24	③	25	②
26	④	27	④	28	①	29	④	30	①
31	②	32	①	33	④	34	①	35	④
36	①	37	③	38	②	39	④	40	①
41	④	42	①	43	④	44	④	45	④
46	④	47	③	48	③	49	③	50	①
51	①	52	②	53	④	54	②	55	③
56	④	57	②	58	①	59	④	60	②

조주기능사
CRAFTSMAN BARTENDER

실기

GUIDE

조선바텐더 조주기능사 필기 / 실기 / 무료강의

✦ 실기 출제기준 ✦

| 직무 분야 | 음식서비스 | 중직무분야 | 조리 | 자격종목 | 조주기능사 | 적용기간 | 2025.1.1~2027.12.31 |

다양한 음료의 특성을 이해하고 조주에 관계된 지식, 기술, 태도의 습득을 통해 음료 서비스, 영업장 관리를 수행하는 직무이다.

• 수행준거:
1. 고객에게 위생적인 음료를 제공하기 위하여 음료 영업장과 조주에 활용되는 재료·기물·기구를 청결히 관리하고 개인위생을 준수할 수 있다.
2. 다양한 음료의 특성을 파악·분류하고 조주에 활용할 수 있다.
3. 칵테일 조주를 위한 기본적인 지식과 기법을 습득하고 수행할 수 있다.
4. 칵테일 조주 기법에 따라 칵테일을 조주하고 관능평가를 수행할 수 있다.
5. 고객영접, 주문, 서비스, 다양한 편익제공, 환송 등 고객에 대한 서비스를 수행할 수 있다.
6. 음료 영업장 시설을 유지보수하고 기구·글라스를 관리하며 음료의 적정 수량과 상태를 관리할 수 있다.
7. 기초 외국어, 음료 영업장 전문용어를 숙지하고 사용할 수 있다.
8. 본격적인 식음료서비스를 제공하기 전 영업장환경과 비품을 점검함으로써 최선의 서비스가 될 수 있도록 준비할 수 있다.
9. 와인서비스를 위해 와인글라스, 디캔터와 그 외 관련비품을 청결하게 유지·관리할 수 있다.

실기검정방법	작업형	시험시간	7분 정도
실기과목명	주요항목	세부항목	세세항목
바텐더 실무	1. 위생관리	1. 음료 영업장 위생 관리하기	1. 음료 영업장의 청결을 위하여 영업 전 청결상태를 확인하여 조치할 수 있다. 2. 음료 영업장의 청결을 위하여 영업 중 청결상태를 유지할 수 있다. 3. 음료 영업장의 청결을 위하여 영업 후 청결상태를 복원할 수 있다.
		2. 재료·기물·기구 위생 관리하기	1. 음료의 위생적 보관을 위하여 음료 진열장의 청결을 유지할 수 있다. 2. 음료 외 재료의 위생적 보관을 위하여 냉장고의 청결을 유지할 수 있다. 3. 조주 기물의 위생 관리를 위하여 살균 소독을 할 수 있다.
		3. 개인위생 관리	1. 이물질에 의한 오염을 막기 위하여 개인 유니폼을 항상 청결하게 유지할 수 있다. 2. 이물질에 의한 오염을 막기 위하여 손과 두발을 항상 청결하게 유지할 수 있다. 3. 병원균에 의한 오염을 막기 위하여 보건증을 발급받을 수 있다.
	2. 음료 특성 분석	1. 음료 분류하기	1. 알코올 함유량에 따라 음료를 분류할 수 있다. 2. 양조방법에 따라 음료를 분류할 수 있다. 3. 청량음료, 영양음료, 기호음료를 분류할 수 있다. 4. 지역별 전통주를 분류할 수 있다.

실기과목명	주요항목	세부항목	세세항목
바텐더 실무	2. 음료 특성 분석	2. 음료 특성 파악하기	1. 다양한 양조주의 기본적인 특성을 설명할 수 있다. 2. 다양한 증류주의 기본적인 특성을 설명할 수 있다. 3. 다양한 혼성주의 기본적인 특성을 설명할 수 있다. 4. 다양한 전통주의 기본적인 특성을 설명할 수 있다. 5. 다양한 청량음료, 영양음료, 기호음료의 기본적인 특성을 설명할 수 있다.
		3. 음료 활용하기	1. 알코올성 음료를 칵테일 조주에 활용할 수 있다. 2. 비알코올성 음료를 칵테일 조주에 활용할 수 있다. 3. 비터와 시럽을 칵테일 조주에 활용할 수 있다.
	3. 칵테일 기법 실무	1. 칵테일 특성 파악하기	1. 고객에서 정보를 제공하기 위하여 칵테일의 유래와 역사를 설명할 수 있다. 2. 칵테일 조주를 위하여 칵테일 기구의 사용법을 습득할 수 있다. 3. 칵테일별 특성에 따라서 칵테일을 분류할 수 있다.
		2. 칵테일 기법 수행하기	1. 셰이킹(Shaking) 기법을 수행할 수 있다. 2. 빌딩(Building) 기법을 수행할 수 있다. 3. 스터링(Stirring) 기법을 수행할 수 있다. 4. 플로팅(Floating) 기법을 수행할 수 있다. 5. 블렌딩(Blending) 기법을 수행할 수 있다. 6. 머들링(Muddling) 기법을 수행할 수 있다.
	4. 칵테일 조주 실무	1. 칵테일 조주하기	1. 동일한 맛을 유지하기 위하여 표준 레시피에 따라 조주할 수 있다. 2. 칵테일 종류에 따라 적절한 조주 기법을 활용할 수 있다. 3. 칵테일 종류에 따라 적절한 얼음과 글라스를 선택하여 조주할 수 있다.
		2. 전통주 칵테일 조주하기	1. 전통주 칵테일 레시피를 설명할 수 있다. 2. 전통주 칵테일을 조주할 수 있다. 3. 전통주 칵테일에 맞는 가니쉬를 사용할 수 있다.
		3. 칵테일 관능평가하기	1. 시각을 통해 조주된 칵테일을 평가할 수 있다. 2. 후각을 통해 조주된 칵테일을 평가할 수 있다. 3. 미각을 통해 조주된 칵테일을 평가할 수 있다.

실기과목명	주요항목	세부항목	세세항목
바텐더 실무	5. 고객 서비스	1. 고객 응대하기	1. 고객의 예약사항을 관리할 수 있다. 2. 고객을 영접할 수 있다. 3. 고객의 요구사항과 불편사항을 적절하게 처리할 수 있다. 4. 고객을 환송할 수 있다.
		2. 주문 서비스하기	1. 음료 영업장의 메뉴를 파악할 수 있다. 2. 음료 영업장의 메뉴를 설명하고 주문 받을 수 있다. 3. 고객의 요구나 취향, 상황을 확인하고 맞춤형 메뉴를 추천할 수 있다.
		3. 편익 제공하기	1. 고객에 필요한 서비스 용품을 제공할 수 있다. 2. 고객에 필요한 서비스 시설을 제공할 수 있다. 3. 고객 만족을 위하여 이벤트를 수행할 수 있다.
	6. 음료영업장 관리	1. 음료 영업장 시설 관리하기	1. 음료 영업장 시설물의 안전 상태를 점검할 수 있다. 2. 음료 영업장 시설물의 작동 상태를 점검할 수 있다. 3. 음료 영업장 시설물을 정해진 위치에 배치할 수 있다.
		2. 음료 영업장 기구·글라스 관리하기	1. 음료 영업장 운영에 필요한 조주 기구, 글라스를 안전하게 관리할 수 있다. 2. 음료 영업장 운영에 필요한 조주 기구, 글라스를 정해진 장소에 보관할 수 있다. 3. 음료 영업장 운영에 필요한 조주 기구, 글라스의 정해진 수량을 유지할 수 있다.
		3. 음료 관리하기	1. 원가 및 재고 관리를 위하여 인벤토리(inventory)를 작성할 수 있다. 2. 파스탁(par stock)을 통하여 적정재고량을 관리할 수 있다. 3. 음료를 선입선출(F.I.F.O)에 따라 관리할 수 있다.
	7. 바텐더 외국어 사용	1. 기초 외국어 구사하기	1. 기초 외국어 습득을 통하여 외국어로 고객을 응대를 할 수 있다. 2. 기초 외국어 습득을 통하여 고객 응대에 필요한 외국어 문장을 해석할 수 있다. 3. 기초 외국어 습득을 통해서 고객 응대에 필요한 외국어 문장을 작성할 수 있다.
		2. 음료 영업장 전문용어 구사하기	1. 음료영업장 시설물과 조주 기구를 외국어로 표현할 수 있다. 2. 다양한 음료를 외국어로 표현할 수 있다. 3. 다양한 조주 기법을 외국어로 표현할 수 있다.

CRAFTSMAN BARTENDER

실기과목명	주요항목	세부항목	세세항목
바텐더 실무	8. 식음료 영업 준비	1. 테이블 세팅하기	1. 메뉴에 따른 세팅 물품을 숙지하고 정확하게 준비할 수 있다. 2. 집기 취급 방법에 따라 테이블 세팅을 할 수 있다. 3. 집기의 놓는 위치에 따라 정확하게 테이블 세팅을 할 수 있다. 4. 테이블세팅 시에 소음이 나지 않게 할 수 있다. 5. 테이블과 의자의 균형을 조정할 수 있다. 6. 예약현황을 파악하여 요청사항에 따른 준비를 할 수 있다. 7. 영업장의 성격에 맞는 테이블크로스, 냅킨 등 린넨류를 다룰 수 있다. 8. 냅킨을 다양한 방법으로 활용하여 접을 수 있다.
		2. 스테이션 준비하기	1. 스테이션의 기물을 용도에 따라 정리할 수 있다. 2. 비품과 소모품의 위치와 수량을 확인하고 재고 목록표를 작성 할 수 있다. 3. 회전율을 고려한 일일 적정 재고량을 파악하여 부족한 물품이 없도록 확인할 수 있다. 4. 식자재 유통기한과 표시기준을 확인하고 선입 선출의 방법에 따라 정돈 사용할 수 있다.
		3. 음료 재료 준비하기	1. 표준 레시피에 따라 음료제조에 필요한 재료의 종류와 수량을 파악하고 준비 할 수 있다. 2. 표준 레시피에 따라 과일 등의 재료를 손질하여 준비할 수 있다. 3. 덜어 쓰는 재료를 적합한 용기에 보관하고 유통기한을 표시할 수 있다.
		4. 영업장 점검하기	1. 영업장의 청결을 점검 할 수 있다. 2. 최적의 조명상태를 유지하도록 조명기구들을 점검할 수 있다. 3. 고정 설치물의 적합한 위치와 상태를 유지할 수 있도록 점검할 수 있다. 4. 영업장 테이블 및 의자의 상태를 점검할 수 있다. 5. 일일 메뉴의 특이사항과 재고를 점검할 수 있다.
	9. 와인장비·비품 관리	1. 와인글라스 유지·관리하기	1. 와인글라스의 파손, 오염을 확인할 수 있다. 2. 와인글라스를 청결하게 유지·관리할 수 있다. 3. 와인글라스를 종류별로 정리·정돈할 수 있다. 4. 와인글라스의 종류별 재고를 적정하게 확보·유지할 수 있다.

실기과목명	주요항목	세부항목	세세항목
바텐더 실무	9. 와인장비·비품 관리	2. 와인디캔터 유지·관리하기	1. 디캔터의 파손, 오염을 확인할 수 있다. 2. 디캔터를 청결하게 유지·관리할 수 있다. 3. 디캔터를 종류별로 정리·정돈할 수 있다. 4. 디캔터의 종류별 재고를 적정하게 확보·유지할 수 있다.
		3. 와인비품 유지·관리하기	1. 와인오프너, 와인쿨러 등 비품의 파손, 오염을 확인할 수 있다. 2. 와인오프너, 와인쿨러 등 비품을 청결하게 유지·관리할 수 있다. 3. 와인오프너, 와인쿨러 등 비품을 종류별로 정리·정돈할 수 있다. 4. 와인오프너, 와인쿨러 등 비품을 적정하게 확보·유지할 수 있다.

CONTENTS

조선바텐더 조주기능사 필기/실기/무료강의

| 시험일 | / | 시험 목표 | 점 |

✦ 실기 시험 준비 플랜&목차 ✦

주요항목	세부항목	Page	Day	Check
PART 1 실기 문제	01. 시험문제	576	/	
	02. 유의사항	578	/	
	03. 실기시험 Tip	579	/	
PART 2 기초 이론	01. 글라스의 종류	582	/	
	02. 칵테일 기구	585	/	
	03. 칵테일 음료와 재료	589	/	
	04. 가니쉬 손질	591	/	
	05. 칵테일 술	596	/	
PART 3 레시피 암기	01. 표준 레시피	600	/	
	02. 기주, 기법별 칵테일 분류	604	/	
PART 4 실기 시험문제	실전 레시피와 Tip	608	/	
PART 5 부록	들고 다니는 레시피	651	/	

PART 01
실기 문제

Chapter 01 시험 문제

(1) 요구사항(시험시간 : 7분)

1) 다음의 칵테일 중 감독위원이 제시하는 3가지 작품을 조주하여 제출하시오.

(2) 칵테일

번호	칵테일	번호	칵테일
1	Pousse Café	21	Long Island Iced Tea
2	Manhattan Cocktail	22	Side Car
3	Dry Martini	23	Mai Tai
4	Old Fashioned	24	Pina Colada
5	Brandy Alexander	25	Cosmopolitan Cocktail
6	Singapore Sling	26	Moscow Mule
7	Black Russian	27	Apricot Cocktail
8	Margarita	28	Honeymoon Cocktail
9	Rusty Nail	29	Blue Hawaiian
10	Whiskey Sour	30	Kir
11	New York	31	Tequila Sunrise
12	Daiquiri	32	Healing
13	B-52	33	Jindo
14	June Bug	34	Puppy Love
15	Bacardi Cocktail	35	Geumsan
16	Cuba Libre	36	Gochang
17	Grasshopper	37	Gin Fizz
18	Seabreeze	38	Fresh Lemon Squash
19	Apple Martini	39	Virgin Fruit Punch
20	Negroni	40	Boulevardier

(3) 시험 절차

1) 시험 준비물 : 손수건 또는 행주, 신분증

2) 시험 절차

① 신분 확인 및 비번호 뽑기(비번호가 시험 순서)

② 조별로 대기(2~3인으로 순서대로 조 구성)

③ 조별 이동 및 시험문제 뽑기

④ 시험장 입장

⑤ 2분간 술, 기물 위치 확인

⑥ 감독위원이 요구한 3가지 작품을 7분 내에 완성하여 제출
   - 2022년부터 제공되는 코스터에 제출

⑦ 3분 이내에 세척/정리하고 퇴장

Chapter 02 유의사항

01 실격 기준

(1) 오작

1) 3가지 과제 중 2가지 이상의 주재료(주류) 선택이 잘못된 경우
2) 3가지 과제 중 2가지 이상의 조주법(기법) 선택이 잘못된 경우
3) 3가지 과제 중 2가지 이상의 글라스 사용 선택이 잘못된 경우
4) 3가지 과제 중 2가지 이상의 장식 선택이 잘못된 경우
5) 1과제 내에 재료 선택이 2가지 이상 잘못된 경우

(2) 미완성

1) 요구된 과제 3가지 중 1가지라도 제출하지 못한 경우

02 감점 사항

1) 위생
① 두발 상태가 불량하고 복장 상태가 비위생적인 경우
② 손에 과도한 액세서리를 착용하여 작업에 방해가 되는 경우
③ 작업 전에 손을 씻지 않는 경우
④ 글라스의 림 부위, 얼음, 가니쉬 등을 손으로 집을 경우

2) 미숙한 동작(지거링, 스터, 쉐이킹 등)

3) 조주 순서가 잘못된 경우

4) 칵테일 용량이 부족한 경우

5) 재료, 기법, 가니쉬 등 선택이 잘못된 경우

Chapter 03 실기시험 Tip

01 사전 준비

1) 빈 술병에 물을 채워 지거링을 충분히 연습한다.
2) 얼음과 물을 이용해 스터와 쉐이킹을 충분히 연습한다.
3) 레시피는 베이스별/기법별로 나누어 외운다.
4) 시험장 후기를 확인하자(재료/기물 등의 위치와 사용되는 술 브랜드를 확인할 수 있다).
① 네이버 카페:〈조선바텐더 조주기능사〉, 〈아이엠어바텐더〉, 〈칵테일의 꿈〉의 시험 후기 게시판 이용
5) 인터넷으로 실기 시험에 사용되는 술병들을 찾아본다.

02 시험 Tip

1) 2분간의 술/기물 등을 확인하는 시간을 잘 활용하자.
① 기주는 기주별로, 리큐르는 리큐르 별로 보통 모여 있고 시험장마다 사용하는 술이 조금씩 상이할 수 있으니 라벨을 꼭 확인한다.
② 라벨이 잘 보이지 않는 술병은 돌려서 라벨을 꼭 확인하자. 단, 술의 위치를 바꾸거나 뚜껑을 미리 따두면 안 된다.
③ 중간에 감독관이 시험문제를 제출하면 확인 후 필요한 술과 재료를 체크한다.
2) 술병은 밑부분을 잡고 라벨이 정면(감독관)을 향하도록 한다.
3) 술은 기주(베이스)부터 넣는다.
4) 복장은 단정하게 입는다.
5) 계량은 반드시 지거 또는 바 스푼을 이용한다.
6) 계량 시 정확한 용량으로 계량한다.
7) 글라스의 림, 얼음, 가니쉬는 손으로 잡지 않는다.
8) 시험이 시작되면 글라스 3가지를 선택하고 칠링이 필요한 글라스는 칠링한다.
9) 가니쉬 손질은 칵테일 완성 후 진행하고, 칼집을 낸 후 림에 꽂아준다.(체리, 올리브의 경우 픽에 꽂아 잔에 넣어준다.)
10) 조주 순서는 쉬운 것부터 진행한다.(빌드 → 스터 → 쉐이킹 → 블렌딩 → 플로팅)
11) 빌드, 스터, 쉐이킹에 사용되는 얼음은 많이 넣지 않는다.
① 기본 8~10개를 넣고 시간이 부족하다고 판단되면 4~5개 정도만 넣자.

12) 스터, 쉐이킹은 오래 하지 않는다.

① 맛있는 칵테일을 만드는 시험이 아니고 시간 내에 레시피대로 만드는 시험이다. 시간 절약을 위해 스터와 쉐이킹은 8~10회 정도만 한다.

13) 완성된 칵테일은 순서에 맞춰 제출한다.

14) 시설 및 기물이 파손되지 않도록 주의하고 시험이 끝나면 3분 이내로 세척/정리 후 퇴장한다.

PART 02
기초 이론

Chapter 01 글라스 종류

이미지	명칭	내용
	하이볼 글라스 (Highball Glass)	증류주에 탄산음료를 혼합해서 마시는 하이볼(highball) 칵테일을 제공할 때 주로 사용하는 잔으로 용량은 8oz(약 240ml)가 표준이다. 주로 양이 많은 롱 드링크(Long Drink) 칵테일을 낼 때 사용한다.
	올드 패션드 글라스 (Old Fashioned Glass)	올드패션 글라스를 온더락(on the rock)글라스라고도 한다. 얼음을 넣고 위스키를 부어 마실 때 주로 사용되며, 용량은 보통 8oz(약 240ml)이다.
	칼린스 글라스 (Collins Glass)	원통형의 대형잔으로 주로 양이 많은 롱 드링크를 낼 때 사용한다. 용량은 12oz(약 360ml) 정도로 키가 크므로 일명 톨하이볼(Tall Highball) 또는 굴뚝이란 뜻의 침니(Chimney)글라스라고도 한다.

이미지	명칭	내용
	칵테일 글라스 (Cocktail Glass)	역삼각형 모양의 글라스로 칵테일의 종류 중 쇼트 드링크(Short Drink)를 제공하는데 가장 많이 사용되는 글라스이다. 4oz(약 120ml)가 표준 사이즈이며, 용량에는 약간의 차이가 있다.
	샴페인 글라스 (Champagne Glass)	샴페인을 제공하는 잔으로 잔의 용량은 3~4oz(약 120~160ml) 정도가 일반적이다.
	(가) 소서(Saucer)형 글라스	입구 부분이 넓은 샴페인 글라스로 각종 파티나 케이크 커팅 등 축하의 자리에서 주로 사용하는 잔이다. 프라페(Frappe)나 프로즌(Frozen) 스타일의 칵테일 등에 사용한다.
	(나) 플루트(Flute)형 글라스	입구 부분이 가늘고 긴 샴페인 글라스로 샴페인을 식사와 함께 또는 천천히 마시고자 할 때 사용되는 잔이다.
	사워 글라스 (Sour Glass)	가늘고 긴 잔으로 플루트형 샴페인 글라스와 모양이 비슷하나, 글라스와 스템의 길이가 약간 짧다. 사워 칵테일을 제공할 때 사용되며 용량은 4oz(약 120ml)이다.
	리큐르 글라스 (Liqueur Glass)	리큐르를 제공하는 잔으로 용량은 1oz(약 30ml)이다. 플로팅(Floating) 기법을 사용하는 푸스카페나 레인보우 등에 사용되는 글라스로, 증류주를 스트레이트로 마실 때도 사용한다.

기초 이론

이미지	명칭	내용
	셰리와인 글라스 (Sherry Wine Glass)	셰리와인을 마실 때 사용하는 잔으로 용량은 2~2½oz(약 60~75ml)이다. 리큐르 글라스와 와인 글라스의 중간 크기이며, 셰리와인 글라스를 사용하는 대표적인 칵테일로 B-52가 있다.
	필스너 글라스 (Pilsner Glass)	원래 맥주 전용 잔으로 사용하였으나 최근에는 롱 드링크 등의 칵테일 글라스로도 사용된다. 필스너 글라스의 용량은 8~12oz(약 240~360ml)로 종류가 다양하다.
	와인 글라스 (Wine Glass)	와인 글라스의 종류는 매우 다양하고 여러 가지가 있다. 대체적으로 용량은 레드와인 글라스가 가장 크고 화이트, 포트 순으로 크기가 작아진다.

칵테일 기구

이미지	명칭	내용
	셰이커 (Shaker)	• 서로 잘 섞이지 않는 재료들로 칵테일을 조주할 때 이용하는 기구 • 바디(Body), 스트레이너(Strainer), 캡(Cap)으로 구성
	지거 (Jigger)	• 음료의 양을 측정하는 도구로 계량컵(measure cup)이라고도 한다. • 일반적으로 작은쪽(1oz), 큰쪽(1.5oz)으로 구성된 더블지거 형태
	바 스푼 (Bar Spoon)	재료를 섞거나 계량할 때 사용하는 긴 스푼
	믹싱 글라스 (Mixing Glass)	바 스푼을 이용하여 빠른 시간 내에 칵테일의 온도를 냉각시키는 스터(stir) 기법에 필요한 기구
	스트레이너 (Strainer)	믹싱 글라스에서 조주한 칵테일을 잔에 따를 때 얼음이 빠져나오지 않도록 거름망 역할을 하는 기구

이미지	명칭	내용
	머들러 (Muddler)	머들러는 크게 두 가지의 용도로 사용되는데 첫 번째는 고객용 머들러로 고객에게 제공된 칵테일의 글라스 안에 꽂아 주는 얇은 막대로 글라스 안의 칵테일을 저을 때 사용한다. 두 번째는 바텐더용 머들러로 바텐더가 '모히토'와 같은 줄렙(julep) 형태의 칵테일을 조주할 때 민트 잎을 으깨는 용도로 사용하는 봉모양의 막대를 말한다. 이런 형태의 조주 기법을 머들링(muddling)이라고 한다.
	칵테일 픽 (Cocktail Pick)	칵테일 픽은 칵테일에 제공되는 장식인 가니쉬(garnish)를 만들기 위해 체리, 올리브 등의 부재료를 꽂거나 장식을 돋보이게 하기 위해 사용되는 도구
	블렌더 (Blender)	과일이나 잘 섞이지 않는 재료를 혼합할 때 이용한다. 또한 생과일 주스를 만들거나 얼음까지 갈아서 만드는 칵테일을 조주할 때 이용하는 기구
	스퀴져 (Squeezer)	레몬, 라임 등 과즙을 짤 때 사용

이미지	명칭	내용
	글라스 리머 (Glass Rimmers)	글라스 림머는 크러스터 또는 스노스타일 칵테일을 조주할 때 사용하는 기구로 소금, 설탕 등을 나누어 담아 둘 수 있다.
	아이스 통 (Ice Tong)	얼음 집게
	아이스 페일 (Ice Pail)	얼음 통
	아이스 스쿱 (Ice Scoop)	얼음을 담을 때 사용
	제스터 (Zester)	레몬이나 오렌지 껍질을 벗기는 칼

이미지	명칭	내용
	코스터 (Coaster)	코스터는 글라스의 받침으로 사용되는 바 용품
	아이스 픽 (Ice Pick)	얼음을 잘게 부술 때 사용
	푸어러 (Pourer)	푸어러는 병에 담긴 음료를 따를 때, 병에서 한꺼번에 쏟아져 나와 흘리는 것을 방지하기 위해 병의 입구에 끼워 사용하는 기구

Chapter 03 칵테일 음료와 재료

이미지	명칭	이미지	명칭
	자몽 주스		라임 주스
	그라나딘 시럽		스윗앤사워믹스
	소다수		진저에일
	오렌지 주스		파인애플 주스
	스프라이트		우유

이미지	명칭	이미지	명칭
	크랜베리 주스		토마토 주스
	콜라		청포도 주스
	레몬 주스		넛맥
	타바스코 소스		우스터 소스
	앙고스트라 비터스		피나콜라다 믹스

Chapter 04 가니쉬 손질

01 레몬 슬라이스 Lemon Slice

1. 레몬을 길게 2등분한다.

2. 레몬 반쪽의 1/3 또는 1/2 지점에서 반달 모양으로 자른다.

3. 약 0.5cm 정도 일정한 두께로 자른다.

4. 가운데에 칼집을 내고 잔에 끼운다.

5. 완성

02 레몬 웨지 Lemon Wedge

1. 레몬을 길게 2등분한다.

2. 평평한 면은 바닥에 놓고 1/3 또는 1/4조각만큼 웨지 모양으로 자른다.

3. 웨지 레몬을 다듬어 준다.

4. 레몬 과육과 껍질 사이에 칼집을 내서 잔에 끼운다.

5. 완성

03 레몬 트위스티 필 Lemon Twist Peel

1. 약 1cm 두께로 레몬 슬라이스를 자른다.

2. 레몬 슬라이스의 껍질과 과육 사이 흰 부분에 칼을 대고 과육을 도려낸다.(칼날과 손의 방향은 반대로 하고 자른다.)

3. 양 끝을 잡고 잔 위에서 비튼 후 잔에 넣어준다.

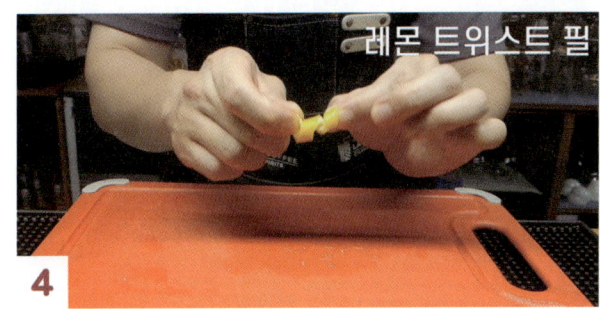

4. 완성

04 사과 슬라이스 Apple Slice

1. 사과를 꼭지 부분을 중심으로 2등분한다.

2. 평평한 면은 바닥에 두고 반달 모양으로 일정한 두께 약 0.5cm로 자른다.

05 오렌지 슬라이스&체리 Orange Slice&Cherry

1. 오렌지의 꼭지 부분과 반대쪽을 잘라낸다.

2. 오렌지를 반으로 자른다.

3. 약 1cm 두께로 반달 모양으로 슬라이스 한다.

4. 집게를 이용해 체리를 픽에 꽂는다.

5. 체리가 꽂힌 픽을 오렌지 슬라이스 껍질 쪽에 꽂아준다.

6. 완성

06 파인애플 슬라이스&체리 Pineapple&Cherry

파인애플 잎을 제거한다.

파인애플을 2등분한다.

파인애플을 약 1.5cm 두께로 슬라이스한다.

슬라이스한 파인애플을 1/4 조각으로 잘라준다.

과육 부분에 2cm 정도 칼집을 내준다.

체리가 꽂힌 픽을 파인애플 껍질 쪽으로 꽂아준다.

완성

Chapter 05 칵테일 술

명칭	종류
진 Gin	
럼 Rum	
보드카 Vodka	
테킬라 Tequila	

명칭	종류
위스키 Whisky	Maker's Mark, J&B, Jim Beam, Johnnie Walker Black Label
브랜디 Brandy	Remy Martin, Napoleon Courvoisier, Hennessy
리큐르 Liqueur	De Kuyper, Cointreau, Campari, De Kuyper Sour Apple Martini Rosso, Cinzano, Baileys, D.O.M Bénédictine Midori, Malibu, Drambuie, Martini Extra Dry

명칭	종류
리큐르 Liqueur	
전통주	 

01 라벨 확인하는 법

1) 표기된 부분의 라벨을 확인해 술 종류를 확인한다.

PART 03
레시피 암기

Chapter 01 표준 레시피

순번	칵테일	기법	글라스	가니쉬	재료
1	Pousse Café	Float	Stemed Liqueur Glass	없음	Grenadine Syrup 1/3part Crème De Menthe(Green) 1/3Part Brandy 1/3part
2	Manhattan	Stir	Cocktail Glass	Cherry	Bourbon Whiskey 1 1/2oz Sweet Vermouth 3/4oz Angostura Bitters 1dash
3	Dry Martini	Stir	Cocktail Glass	Green Olive	Dry Gin 2oz Dry Vermouth 1/3oz
4	Old Fashioned	Build	Old Fashioned Glass	A Slice of Orange& Cherry	Bourbon Whiskey 1 1/2oz Soda Water 1/2oz Powdered Sugar 1tsp Angostura Bitters 1dash
5	Brandy Alexander	Shake	Cocktail Glass	Nutmeg Powder	Brandy 3/4oz Crème de Cacao(Brown) 3/4oz Light Milk 3/4oz
6	Singapore Sling	Shake Build	Footed Pilsner Glass	A Slice of Orange& Cherry	Dry Gin 1 1/2oz Lemon Juice 1/2oz Powdered Sugar 1tsp Fill with Club Soda Top With Cherry Brandy 1/2oz
7	Black Russian	Build	Old Fashioned Glass	없음	Vodka 1oz Coffee Liqueur(Kahlua) 1/2oz
8	Margarita	Shake	Cocktail Glass	Rimming with Salt	Tequila 1 1/2oz Triple Sec 1/2oz Lime Juice 1/2oz
9	Rusty Nail	Build	Old Fashioned Glass	없음	Scotch Whisky 1oz Drambuie 1/2oz
10	Whisky Sour	Shake Build	Sour Glass	A Slice of Lemon& Cherry	Bourbon Whiskey 1 1/2oz Lemon Juice 1/2oz Powdered Sugar 1tsp Top With Soda Water 1oz
11	New York	Shake	Cocktail Glass	Twist of Lemon Peel	Bourbon Whiskey 1 1/2oz Lime Juice 1/2oz Powdered Sugar 1tsp Grenadine Syrup 1/2tsp

순번	칵테일	기법	글라스	가니쉬	재료
12	Daiquiri	Shake	Cocktail Glass	없음	Light Rum 1 3/4oz Lime Juice 3/4oz Powdered Sugar 1tsp
13	B–52	Float	Sherry Glass (2oz)	없음	Coffee Liqueur 1/3part(1/3oz) Bailey's Irish Cream 1/3part(1/2oz) Grand Marnier 1/3part(3/4oz)
14	June Bug	Shake	Collins Glass	A Wedge of Pineapple& Cherry	Midori(Melon Liqueur) 1oz Malibu 1/2oz Banana Liqueur 1/2oz Pineapple Juice 2oz Sweet&Sour Mix 2oz
15	Bacadi Cocktail	Shake	Cocktail Glass	없음	Bacardi Rum(White) 1 3/4oz Lime Juice 3/4oz Grenadine Syrup 1tsp
16	Cuba Libre	Build	Highball Glass	A Wedge of Lemon	Light Rum 1 1/2oz Lime Juice 1/2oz Fill With Cola
17	Grasshopper	Shake	Champagne Glass(Saucer)	없음	Crème de Menthe(Green) 1oz Crème de Cacao(White) 1oz Light Milk 1oz
18	Seabreeze	Build	Highball Glass	A Wedge of Lemon or Lime	Vodka 1 1/2oz Cranberry Juice 3oz Grapefruit Juice 1/2oz
19	Apple Martini	Shake	Cocktail Glass	A Slice of Apple	Vodka 1oz Apple Puker 1oz Lime Juice 1/2oz
20	Negroni	Build	Old Fashioned Glass	Twist of Lemon Peel	Dry Gin 3/4oz Sweet Vermouth 3/4oz Campari 3/4oz
21	Long Island Iced Tea	Build	Collins Glass	A Wedge of Lemon or Lime	Gin 1/2oz Vodka 1/2oz Light Rum 1/2oz Tequila 1/2oz Triple Sec 1/2oz Sweet&Sour Mix 1 1/2oz Top With Cola
22	Side Car	Shake	Cocktail Glass	없음	Brandy 1oz Cointreau or Triple Sec 1oz Lemon Juice 1/4oz

순번	칵테일	기법	글라스	가니쉬	재료
23	Mai – Tai	Blend	Footed Pilsner Glass	A Wedge of Pineapple or Orange& Cherry	Light Rum 1 1/4oz Triple Sec 3/4oz Lime Juice 1oz Pineapple Juice 1oz Orange Juice 1oz Grenadine Syrup 1/4oz
24	Pina Colada	Blend	Footed Pilsner Glass	A Wedge of Pineapple& Cherry	Light Rum 1 1/4oz Pina Colada Mix 2oz Pineapple Juice 2oz
25	Cosmopolitan Cocktail	Shake	Cocktail Glass	Twist of Lime or Lemon Peel	Vodka 1oz Triple Sec 1/2oz Lime Juice 1/2oz Cranberry Juice 1/2oz
26	Moscow Mule	Build	Highball Glass	A Slice of Lime or Lemon	Vodka 1 1/2oz Lime Juice 1/2oz Fill With Ginger Ale
27	Apricot Cocktail	Shake	Cocktail Glass	없음	Apricot Brandy 1 1/2oz Dry Gin 1tsp Lemon Juice 1/2oz Orange Juice 1/2oz
28	Honeymoon Cocktail	Shake	Cocktail Glass	없음	Apple Brandy 3/4oz Benedictine D.O.M 3/4oz Triple Sec 1/4oz Lemon Juice 1/2oz
29	Blue Hawaiian	Blend	Footed Pilsner Glass	A Wedge of Pineapple& Cherry	Light Rum 1oz Blue Curacao 1oz Malibu(Coconut Rum) 1oz Pineapple Juice 2 1/2oz
30	Kir	Build	White Wine Glass	Twist of Lemon Peel	White Wine 3oz Crème de Cassis 1/2oz
31	Tequila Sunrise	Build	Footed Pilsner Glass	없음	Tequila 1 1/2oz Fill With Orange Juice Grenadine Syrup 1/2oz
32	힐링(Healing)	Shake	Cocktail Glass	Twist of Lemon Peel	Gam Hong Ro(감홍로 40도) 1 1/2oz Benedictine 1/3oz Crème de Cassis 1/3oz Sweet&Sour Mix 1oz

순번	칵테일	기법	글라스	가니쉬	재료

순번	칵테일	기법	글라스	가니쉬	재료
33	진도(Jindo)	Shake	Cocktail Glass	없음	Jindo Hongju(진도 홍주 40도) 1oz Crème de Menthe(White) 1/2oz White Grape Juice(청포도 주스) 3/4oz Raspberry Syrup 1/2oz
34	풋사랑 (Puppy Love)	Shake	Cocktail Glass	A Slice of Apple	Andong Soju(안동 소주 35도) 1oz Triple Sec 1/3oz Apple Pucker 1oz Lime Juice 1/3oz
35	금산(Geumsan)	Shake	Cocktail Glass	없음	Geumsan Insamju(금산 인산주 43도) 1 1/2oz Coffee Liqueur(Kahlua) 1/2oz Apple Pucker 1/2oz Lime Juice 1tsp
36	고창(Gochang)	Stir	Flute Champagne Glass	없음	Sunwoonsan Bokbunja Wine(선운산 복분자주) 2oz Cointreau or Triple Sec 1/2oz Sprite 2oz
37	진 피즈 (Gin Fizz)	Shake Build	Highball Glass	A Slice of Lemon	Gin 1 1/2oz Lemon Juice 1/2oz Powdered Sugar 1tsp Fill with Club Soda
38	프레쉬 레몬 스쿼시 (Fresh Lemon Squash)	Build	Highball Glass	A Slice of Lemon	Fresh squeezed Lemon 1/2ea Powdered Sugar 2tsp Fill with Club Soda
39	버진 프루트 펀치 (Virgin Fruit Punch)	Blend	Footed Pilsner Glass	A Wedge of Pineapple& Cherry	Orange Juice 1oz Pineapple Juice 1oz Cranberry Juice 1oz Grapefruit Juice 1oz Lemon Juice 1/2oz Grenadine Syrup 1/2oz
40	불바디에 (Boulevardier)	Stir	Old Fashioned Glass	Twist of Orange Peel	Bourbon Whiskey 1oz Sweet Vermouth 1oz Campari 1oz

Chapter 02 기주별, 기법별 칵테일 분류

01 기주별 칵테일 분류

기주	칵테일
진 Gin	• Dry Martini(드라이 마티니) • Long Island Iced Tea(롱 아일랜드 아이스 티) • Negroni(네그로니) • Singapore Sling(싱가폴 슬링) • Gin Fizz(진 피즈)
럼 Rum	• Bacardi(바카디) • Blue Hawaiian(블루 하와이언) • Cuba Libre(쿠바 리브레) • Daiquiri(다이키리) • Mai-Tai(마이타이) • Pina Colada(피나 콜라다)
보드카 Vodka	• Apple Martini(애플 마티니) • Black Russian(블랙 러시안) • Cosmopolitan Cocktail(코스모폴리탄 칵테일) • Moscow Mule(모스코 뮬) • Seabreeze(시브리즈)
위스키 Whisky	• Manhattan(맨하탄) • New York(뉴욕) • Old Fashioned(올드패션드) • Rusty Nail(러스티네일) • Whisky Sour(위스키 사워) • Boulevardier(불바디에)
브랜디 Brandy	• Brandy Alexander(브랜디 알렉산더) • Honeymoon Cocktail(허니문 칵테일) • Side Car(사이드 카)
테킬라 Tequila	• Margarita(마가리타) • Tequila Sunrise(테킬라 선라이즈)
와인 Wine	• Kir(키르)
리큐르 Liqueur	• Apricot Cocktail(애프리콧 칵테일) • B-52 • Grasshopper(그래스호퍼) • June Bug(준벅) • Pousse Café(푸스카페)

기주	칵테일
전통주	• Geumsan(금산) • Gochang(고창) • Healing(힐링) • Jindo(진도) • Puppy Love(풋사랑)
논알콜	• Fresh Lemon Squash(프레쉬 레몬 스쿼시) • Virgin Fruit Punch(버진 프루트 펀치)

02 기법 칵테일 분류

기법	칵테일
Build 직접넣기	• Cuba Libre(쿠바 리브레) • Long Island Iced Tea(롱 아일랜드 아이스 티) • Negroni(네그로니) • Black Russian(블랙 러시안) • Moscow Mule(모스코 뮬) • Seabreeze(시브리즈) • Old Fashioned(올드패션드) • Rusty Nail(러스티네일) • Kir(키르) • Fresh Lemon Squash(프레쉬 레몬 스쿼시)
Stir 휘젓기	• Dry Martini(드라이 마티니) • Manhattan(맨하탄) • Gochang(고창) • Boulevardier(불바디에)
Shake 흔들기	• Bacardi(바카디) • Daiquiri(다이키리) • Apple Martini(애플 마티니) • Cosmopolitan Cocktail(코스모폴리탄 칵테일) • New York(뉴욕) • Brandy Alexander(브랜디 알렉산더) • Honeymoon Cocktail(허니문 칵테일) • Side Car(사이드 카) • Margarita(마가리타) • Apricot Cocktail(애프리콧 칵테일) • Grasshopper(그래스호퍼) • June Bug(준벅) • Geumsan(금산) • Healing(힐링) • Jindo(진도) • Puppy Love(풋사랑)

기법	칵테일
Blend 블렌딩	• Blue Hawaiian(블루 하와이언) • Mai-Tai(마이타이) • Pina Colada(피나 콜라다) • Virgin Fruit Punch(버진 프루트 펀치)
Float 띄우기	• B-52 • Pousse Café(푸스카페)
Shake + Build	• Singapore Sling(싱가폴 슬링) • Whisky Sour(위스키 사워) • Gin Fizz(진 피즈)
Build + Float	• Tequila Sunrise(테킬라 선라이즈)

PART 04
실기 시험문제

01 | 푸스 카페 Pousse Café

글라스
Stemed Liqueur Glass

기법
Float

재료
Grenadine Syrup 1/3Part(좌: 1/2oz, 우: 1/4oz)
Creme de Menthe(Green) 1/3Part(좌: 1/2oz, 우: 1/4oz)
Brandy 1/3Part(좌: 3/4oz, 우: 1/3oz)
*리큐르 글라스 잔 모양에 따라 용량을 조절한다.

가니쉬
없음

Tip
- 바 스푼은 짧게 잡고 재료 바로 위에 위치하고 바 스푼 위에 천천히 따른다.
- 재료가 바뀔 때는 항상 지거와 바 스푼을 세척한다.
- 세척 후 물기를 닦아내거나 털어준다.
- 잔의 총 용량은 2oz로 높이가 3등분이 될 수 있도록 각 용량을 조절한다.
- 잔의 80~90%까지 채운다.

레시피

❶ 잔에 그라나딘 시럽을 1/3part 넣는다.

❷ 잔의 2/3part까지 바 스푼 앞면을 이용해 크림드 민트를 천천히 띄운다. 이때 바 스푼은 그라나딘 시럽 바로 위에 위치한다.

❸ 잔의 3/3part까지 바 스푼 앞면을 이용해 브랜디를 천천히 띄운다. 이때 바 스푼은 크림드 민트 바로 위에 위치한다.

강의
QR코드를 찍으면 무료 강의를 확인할 수 있습니다.

02 | 맨하탄 Manhattan

글라스
Cocktail Glass

기법
Stir

재료
Bourbon Whiskey 1 1/2oz
Sweet Vermouth 3/4oz
Angostura Bitters 1dash

가니쉬
Cherry

Tip

- 칠링한 얼음은 항상 칵테일을 잔에 따르기 전에 버린다.
- 믹싱 글라스에 얼음을 너무 많이 넣지 않는다.
- 스터는 오래 하지 않는다.

레시피

❶ 잔에 얼음을 넣고 칠링한다.

❷ 믹싱 글라스에 얼음을 8~10개 정도 넣는다.

❸ 버번위스키 1 1/2oz, 스위트 베르뭇 3/4oz, 앙고스투라 비터스 1dash를 넣는다.

❹ 바 스푼으로 8~10회 젓는다.

❺ 스트레이너를 끼우고 칠링된 얼음은 버리고 잔에 따른다.

❻ 체리를 픽에 꽂아 넣어준다.

강의 QR코드를 찍으면 무료 강의를 확인할 수 있습니다.

03 | 드라이 마티니 Dry Martini

- **글라스**
Cocktail Glass

- **기법**
Stir

- **재료**
Dry Gin 2oz
Dry Vermouth 1/3oz

- **가니쉬**
Green Olive

Tip

- 칠링한 얼음은 항상 칵테일을 잔에 따르기 전에 버린다.
- 믹싱 글라스에 얼음을 너무 많이 넣지 않는다.
- 스터는 오래 하지 않는다.

레시피

❶ 잔에 얼음을 넣고 칠링한다.

❷ 믹싱 글라스에 얼음을 8~10개 정도 넣는다.

❸ 드라이 진 2oz, 드라이 베르뭇 1/3oz를 넣는다.

❹ 바 스푼으로 8~10회 젓는다.

❺ 스트레이너를 끼우고 칠링된 얼음은 버리고 잔에 따른다.

❻ 그린 올리브를 픽에 꽂아 넣어준다.

강의

QR코드를 찍으면 무료 강의를 확인할 수 있습니다.

04 | 올드 패션드 Old Fashioned

글라스
Old Fashioned Glass

기법
Build

재료
Bourbon Whiskey 1 1/2oz
Powdered Sugar 1tsp
Angostura Bitters 1dash
Soda Water 1/2oz

가니쉬
A Slice of Orange&Cherry

Tip

- 바 스푼으로 설탕을 10회 정도 휘저어 녹여 준다.
- 얼음은 시간 절약을 위해 8~10개만 넣는다. 시간이 부족하다면 4~5개만 넣자.
- 스터는 오래 하지 않는다.

강의
QR코드를 찍으면 무료 강의를 확인할 수 있습니다.

레시피

❶ 올드 패션드 글라스에 설탕 1tps를 넣는다.

❷ 글라스를 손으로 잡고 앙고스투라 비터스를 1대시 넣는다.

❸ 소다워터를 1/2oz 넣는다.

❹ 바 스푼으로 휘저어 설탕을 녹인다.

❺ 얼음을 글라스에 8~10개 넣는다.

❻ 버번위스키 1 1/2oz를 넣고 바 스푼으로 8~10회 저어준다.

❼ 오렌지 슬라이스와 체리로 장식한다.

05 | 브랜디 알렉산더 Brandy Alexander

글라스
Cocktail Glass

기법
Shake

재료
Brandy 3/4oz
Creme de Cacao(Brown) 3/4oz
Light Milk 3/4oz

가니쉬
Nutmeg Powder

Tip

- 칠링한 얼음은 항상 칵테일을 잔에 따르기 전에 버린다.
- 쉐이커에 얼음을 너무 많이 넣지 않는다.
- 쉐이킹은 오래 하지 않는다.

레시피

❶ 잔에 얼음을 넣고 칠링한다.

❷ 쉐이커에 얼음을 8~10개 정도 넣는다.

❸ 브랜디 3/4oz, 크렘드 카카오 3/4oz, 우유 3/4oz를 넣는다.

❹ 스트레이너, 캡 순으로 닫고 8~10회 흔든다.

❺ 칠링된 얼음은 버리고 칵테일을 따라낸다.

❻ 넛맥가루를 뿌려준다.

QR코드를 찍으면 무료 강의를 확인할 수 있습니다.

06 | 싱가폴 슬링 Singapore Sling

글라스
Footed Pilsner Glass

기법
Shake + Build

재료
Dry Gin 1 1/2oz
Lemon Juice 1/2oz
Powdered Sugar 1tsp
Fill with Soda Water
Top with Cherry Brandy 1/2oz

가니쉬
A Slice of Orange and Cherry

 Tip

- 쉐이커에 얼음을 많이 넣지 않는다.
- 쉐이킹은 오래 하지 않는다.
- 체리 브랜디는 바 스푼을 이용해 플로팅한다.

레시피

❶ 잔에 얼음을 가득 넣는다.

❷ 쉐이커에 얼음을 8~10개 정도 넣는다.

❸ 드라이 진 1 1/2oz, 레몬주스 1/2oz, 설탕 1tsp을 넣는다.

❹ 쉐이커를 8~10회 흔든다.

❺ 필스너 잔에 따라준다.

❻ 잔의 90%까지 소다수로 채워준다.

❼ 바 스푼으로 살짝 저어준다.

❽ 체리 브랜디를 1/2oz를 바 스푼을 이용해 천천히 넣어준다.

❾ 오렌지 슬라이스와 체리로 장식한다.

 강의 QR코드를 찍으면 무료 강의를 확인할 수 있습니다.

07 | 블랙러시안 Black Russian

■ **글라스**
Old Fashioned Glass

■ **기법**
Build

■ **재료**
Vodka 1oz
Coffee Liqueur(Kahlua) 1/2oz

■ **가니쉬**
없음

Tip

- 빌드 기법은 잔에 얼음은 가득 넣는다.
- 스터는 오래 하지 않는다.

레시피

❶ 잔에 얼음을 80% 정도 넣어준다(8~10개).

❷ 보드카 1oz를 넣는다.

❸ 커피 리큐르(깔루아)를 1/2oz 넣는다.

❹ 바 스푼으로 8~10회 젓는다.

강의 QR코드를 찍으면 무료 강의를 확인할 수 있습니다.

08 | 마가리타 Margarita

글라스
Cocktail Glass

기법
Shake

재료
Tequila 1 1/2oz
Triple Sec 1/2oz
Lime Juice 1/2oz

가니쉬
Rimming with Salt

Tip

- 레몬즙을 림에 골고루 바른다.
- 소금을 묻힌 후 한 번 털어준다.
- 잔에 따를 때 왼손으로 잔을 잡고 쉐이커가 잔에 부딪히지 않게 따른다.

레시피

❶ 잔에 얼음을 넣고 칠링한다.

❷ 쉐이커에 얼음을 8~10개 정도 넣는다.

❸ 테킬라 1 1/2oz, 트리플 섹 1/2oz, 라임주스 1/2oz를 넣는다.

❹ 스트레이너, 캡 순으로 닫고 8~10회 흔든다.

❺ 칠링된 얼음은 버리고 레몬 슬라이스로 칵테일 글라스 림에 레몬즙을 바른다.

❻ 레몬즙이 묻은 림에 소금을 묻힌다.

❼ 왼손으로 잔의 밑부분을 잡고 칵테일을 따른다.

QR코드를 찍으면 무료 강의를 확인할 수 있습니다.

09 | 러스티 네일 Rusty Nail

- **글라스**
Old Fashioned Glass

- **기법**
Build

- **재료**
Scotch Whisky 1oz
Drambuie 1/2oz

- **가니쉬**
없음

Tip

- 빌드 기법은 잔에 얼음은 가득 넣는다.
- 스터는 오래 하지 않는다.

레시피

① 잔에 얼음을 80% 정도 넣어준다(8~10개).

② 스카치위스키 1oz를 넣는다.

③ 드람뷰이를 1/2oz 넣는다.

④ 바 스푼으로 8~10회 젓는다.

QR코드를 찍으면 무료 강의를 확인할 수 있습니다.

10 | 위스키 사워 Whiskey Sour

글라스
Sour Glass

기법
Shake + Build

재료
Bourbon Whiskey 1 1/2oz
Lemon Juice 1/2oz
Powdered Sugar 1tsp
Top with Soda Water 1oz

가니쉬
A Slice of Lemon&Cherry

Tip
- 칠링한 얼음은 항상 칵테일을 잔에 따르기 전에 버린다.
- 쉐이커에 얼음을 너무 많이 넣지 않는다.
- 쉐이킹은 오래 하지 않는다.

레시피

❶ 잔에 얼음을 넣고 칠링한다.

❷ 쉐이커에 얼음을 8~10개 정도 넣는다.

❸ 버번위스키 1 1/2oz, 레몬주스 1/2oz, 설탕 1tsp을 넣는다.

❹ 스트레이너, 캡 순으로 닫고 8~10회 흔든다.

❺ 잔에 얼음은 버리고 칵테일을 따른다.

❻ 소다수 1oz를 넣고 살짝 저어준다.

❼ 레몬 슬라이스와 체리로 장식한다.

강의
QR코드를 찍으면 무료 강의를 확인할 수 있습니다.

11 | 뉴욕 New York

■ **글라스**
Cocktail Glass

■ **기법**
Shake

■ **재료**
Bourbon Whiskey 1 1/2oz
Lime Juice 1/2oz
Powdered Sugar 1tsp
Grenadine Syrup 1/2tsp

■ **가니쉬**
Twist of Lemon Peel

Tip

- 칠링한 얼음은 항상 칵테일을 잔에 따르기 전에 버린다.
- 쉐이커에 얼음을 너무 많이 넣지 않는다.
- 쉐이킹은 오래 하지 않는다.
- 레몬 필은 칵테일 조주전에 손질해 놓는다.

레시피

❶ 잔에 얼음을 넣고 칠링한다.

❷ 쉐이커에 얼음을 8~10개 정도 넣는다.

❸ 버번위스키 1 1/2oz, 라임주스 1/2oz, 설탕 1tsp, 그라나딘 시럽 1/2tsp을 넣는다.

❹ 스트레이너, 캡 순으로 닫고 8~10회 흔든다.

❺ 잔에 칠링된 얼음은 버리고 칵테일을 따른다.

❻ 손질한 레몬껍질을 비틀어 잔에 넣는다.

강의 QR코드를 찍으면 무료 강의를 확인할 수 있습니다.

12 | 다이키리 Daiquiri

■ 글라스
Cocktail Glass

■ 기법
Shake

■ 재료
Light Rum 1 3/4oz
Lime Juice 3/4oz
Powdered Sugar 1tsp

■ 가니쉬
없음

Tip

- 칠링한 얼음은 항상 칵테일을 잔에 따르기 전에 버린다.
- 쉐이커에 얼음을 너무 많이 넣지 않는다.
- 쉐이킹은 오래 하지 않는다.

레시피

❶ 잔에 얼음을 넣고 칠링한다.

❷ 쉐이커에 얼음을 8~10개 정도 넣는다.

❸ 럼 1 3/4oz, 라임주스 3/4oz, 설탕 1tsp을 넣는다.

❹ 스트레이너, 캡 순으로 닫고 8~10회 흔든다.

❺ 잔에 얼음은 버리고 칵테일을 따른다.

QR코드를 찍으면 무료 강의를 확인할 수 있습니다.

13 | B-52

글라스
Sherry Glass

기법
Float

재료
Coffee Liqueur(Kahlua) 1/3part(1/3oz)
Bailey's Irish Cream 1/3part(1/2oz)
Grand Marnier 1/3part(3/4oz)

가니쉬
없음

Tip

- 잔의 총 용량은 2oz로 각 재료가 균등하게 쌓는다.
- 재료가 바뀔 때마다 지거와 바 스푼을 씻고 물기를 제거한다.
- 바 스푼은 짧게 잡고 재료 바로 위에 바 스푼을 위치하고 천천히 따른다.

레시피

① 잔에 깔루아를 1/3oz 넣는다.

② 잔의 2/3part까지 바 스푼 앞면을 이용해 베일리스 아이리쉬 크림을 1/2oz 천천히 띄운다. 이때 바 스푼은 깔루아 바로 위에 위치한다.

③ 잔의 3/3part까지 바 스푼 앞면을 이용해 그랑마니에르 3/4oz를 천천히 띄운다. 이때 바 스푼은 베일리스 아이리쉬 크림 바로 위에 위치한다.

강의
QR코드를 찍으면 무료 강의를 확인할 수 있습니다.

14 | 준 벅 June Bug

글라스
Collins Glass

기법
Shake

재료
Midori(Melon Liqueur) 1oz
Malibu(Coconut Rum) 1/2oz
Banana Liqueur 1/2oz
Pineapple Juice 2oz
Sweet&Sour Mix 2oz

가니쉬
A Wedge of Fresh Pineapple&Cherry

Tip
- 잔에 얼음은 가득 넣는다.
- 콜린스 잔에 음료가 90% 찰 수 있게 조주한다.
- 쉐이킹은 오래 하지 않는다.

레시피

❶ 잔에 얼음을 80~90% 넣는다.

❷ 쉐이커에 얼음을 8~10개 정도 넣는다.

❸ 미도리 1oz, 말리부 1/2oz, 바나나 리큐르 1/2oz, 파인애플 주스 2oz, 스윗앤사워 믹스 2oz를 넣는다.

❹ 스트레이너, 캡 순으로 닫고 8~10회 흔든다.

❺ 왼손으로 잔의 밑부분을 잡고 따른다.

❻ 파인애플 웨지와 체리로 장식한다.

강의
QR코드를 찍으면 무료 강의를 확인할 수 있습니다.

15 | 바카디 Bacardi

글라스
Cocktail Glass

기법
Shake

재료
Bacardi Rum White 1 3/4oz
Lime Juice 3/4oz
Grenadine Syrup 1tsp

가니쉬
없음

Tip

- 칠링한 얼음은 항상 칵테일을 잔에 따르기 전에 버린다.
- 쉐이커에 얼음을 너무 많이 넣지 않는다.
- 쉐이킹은 오래 하지 않는다.

레시피

❶ 잔에 얼음을 넣고 칠링한다.

❷ 쉐이커에 얼음을 8~10개 정도 넣는다.

❸ 바카디 럼 1 3/4oz, 라임주스 3/4oz, 그라나딘 시럽 1tsp을 넣는다.

❹ 스트레이너, 캡 순으로 닫고 8~10회 흔든다.

❺ 잔에 얼음은 버리고 칵테일을 따른다.

강의

QR코드를 찍으면 무료 강의를 확인할 수 있습니다.

16 | 쿠바 리브레 Cuba Libre

글라스
Highball Glass

기법
Build

재료
Light Rum 1 1/2oz
Lime Juice 1/2oz
Fill with Cola

가니쉬
A Wedge of Lemon

Tip
- 빌드 기법은 얼음을 잔에 가득 넣는다.
- 용량은 잔에 약 90% 정도가 되게 한다.

레시피

❶ 잔에 얼음을 80% 정도 넣는다.

❷ 잔에 럼 1 1/2oz, 라임주스 1/2oz를 넣는다.

❸ 콜라를 잔에 80~90% 채운다.

❹ 바 스푼으로 살짝 저어준다.

❺ 레몬웨지로 장식한다.

강의
QR코드를 찍으면 무료 강의를 확인할 수 있습니다.

17 | 그래스호퍼 Grasshopper

글라스
Champagne Glass(Saucer)

기법
Shake

재료
Creme de Mint(Green) 1oz
Creme de Cacao(White) 1oz
Light Milk 1oz

가니쉬
없음

Tip
- 칠링한 얼음은 항상 칵테일을 잔에 따르기 전에 버린다.
- 쉐이커에 얼음을 너무 많이 넣지 않는다.
- 쉐이킹은 오래 하지 않는다.

레시피
❶ 잔에 얼음을 넣고 칠링한다.

❷ 쉐이커에 얼음을 8~10개 정도 넣는다.

❸ 크림 드 민트(그린) 1oz, 크림 드 카카오(화이트) 1oz, 우유 1oz를 넣는다.

❹ 스트레이너, 캡 순으로 닫고 8~10회 흔든다.

❺ 잔에 얼음은 버리고 칵테일을 따른다.

강의
QR코드를 찍으면 무료 강의를 확인할 수 있습니다.

18 | 시브리즈 Seabreeze

글라스
Highball Glass

기법
Build

재료
Vodka 1 1/2oz
Cranberry Juice 3oz
Grapefruit Juice 1/2oz

가니쉬
A Wedge of Lime or Lemon

Tip
- 빌드 기법은 얼음을 잔에 가득 넣는다.
- 용량은 잔에 약 90% 정도가 되게 한다.

레시피

❶ 잔에 얼음을 80~90% 정도 넣는다.

❷ 잔에 보드카 1 1/2oz, 크랜베리주스 3oz, 자몽주스 1/2oz를 넣는다.

❸ 바 스푼으로 살짝 저어준다.

❹ 레몬웨지로 장식한다.

 강의
QR코드를 찍으면 무료 강의를 확인할 수 있습니다.

19 | 애플 마티니 Apple Martini

글라스
Cocktail Glass

기법
Shake

재료
Vodka 1oz
Apple Pucker 1oz
Lime Juice 1/2oz

가니쉬
A Slice of Apple

Tip
- 칠링한 얼음은 항상 칵테일을 잔에 따르기 전에 버린다.
- 쉐이커에 얼음을 너무 많이 넣지 않는다.
- 쉐이킹은 오래 하지 않는다.

레시피

❶ 잔에 얼음을 넣고 칠링한다.

❷ 쉐이커에 얼음을 8~10개 정도 넣는다.

❸ 보드카 1oz, 애플푸커 1oz, 라임주스 1/2oz를 넣는다.

❹ 스트레이너, 캡 순으로 닫고 8~10회 흔든다.

❺ 잔에 얼음은 버리고 칵테일을 따른다.

❻ 사과 슬라이스로 장식한다.

강의
QR코드를 찍으면 무료 강의를 확인할 수 있습니다.

20 | 네그로니 Negroni

글라스
Old Fashioned Glass

기법
Build

재료
Dry Gin 3/4oz
Sweet Vermouth 3/4oz
Campari 3/4oz

가니쉬
Twist of Lemon peel

Tip

- 빌드 기법은 잔에 얼음은 가득 넣는다.
- 스터는 오래 하지 않는다.
- 레몬필은 잔 위에서 한다.

레시피

❶ 잔에 얼음을 80% 정도 넣어준다.(8~10개)

❷ 드라이 진 3/4oz를 넣는다.

❸ 캄파리 3/4oz, 스위트 베르뭇 3/4oz를 넣는다.

❹ 바 스푼으로 8~10회 젓는다.

❺ 레몬껍질을 비틀어 장식한다.

강의

QR코드를 찍으면 무료 강의를 확인할 수 있습니다.

21 | 롱 아일랜드 아이스티 Long Island Iced Tea

글라스
Collins Glass

기법
Build

재료
Gin 1/2oz
Vodka 1/2oz
Light Rum 1/2oz
Tequila 1/2oz
Triple Sec 1/2oz
Sweet&Sour Mix 1 1/2oz
Top With Cola

가니쉬
A Wedge Lime or Lemon

Tip

- 빌드 기법은 얼음을 잔에 가득 넣는다.
- 용량은 잔에 약 90% 정도가 되게 한다.
- 시간이 없다면 레몬 웨지를 잔 안에 넣어도 된다.

레시피

❶ 잔에 얼음을 80% 정도 넣어준다.(8~10개)

❷ 진, 보드카, 럼, 테킬라, 트리플 섹 1/2oz를 넣는다.

❸ 스윗 앤 사워 믹스 1 1/2oz를 넣는다.

❹ 바 스푼으로 8~10회 젓는다.

❺ 콜라를 잔에 90%가 될 정도로 따라준다.

❻ 레몬 웨지로 장식한다.

강의 QR코드를 찍으시면 무료 강의를 확인할 수 있습니다.

22 | 사이드 카 Side Car

■ 글라스
Cocktail Glass

■ 기법
Shake

■ 재료
Brandy 1oz
Cointreau or Triple Sec 1oz
Lemon Juice 1/4oz

■ 가니쉬
없음

Tip

- 칠링한 얼음은 항상 칵테일을 잔에 따르기 전에 버린다.
- 쉐이커에 얼음을 너무 많이 넣지 않는다.
- 쉐이킹은 오래 하지 않는다.

레시피

❶ 잔에 얼음을 넣고 칠링한다.

❷ 쉐이커에 얼음을 8~10개 정도 넣는다.

❸ 브랜디 1oz, 코앤트로 또는 트리플섹 1oz, 레몬주스 1/4oz를 넣는다.

❹ 스트레이너, 캡 순으로 닫고 8~10회 흔든다.

❺ 잔에 얼음은 버리고 칵테일을 따른다.

강의

QR코드를 찍으면 무료 강의를 확인할 수 있습니다.

23 | 마이타이 Mai-Tai

글라스
Footed Pilsner Glass

기법
Blend

재료
Light Rum 1 1/4oz
Triple Sec 3/4oz
Lime Juice 1oz
Pineapple Juice 1oz
Orange Juice 1oz
Grenadine Syrup 1/4oz

가니쉬
A Wedge of Fresh Pineapple(Orange)&Cherry

Tip
- 칠링한 얼음은 항상 칵테일을 잔에 따르기 전에 버린다.
- 크러쉬드 아이스가 제공되지 않을 경우 큐브 얼음을 8~10개 넣는다.
- 블렌딩은 오래 하지 않는다.

레시피

❶ 잔에 얼음을 가득 넣고 칠링한다.

❷ 블렌더에 라이트럼 1 1/4oz, 트리플섹 3/4oz, 라임주스1oz, 파인애플주스 1oz, 오렌지주스1oz, 그라나딘 시럽 1/4oz를 넣는다.

❸ 크러쉬드 아이스 1스쿱을 넣고 블렌더를 잘 닫는다 (크러쉬드 아이스가 없을 경우 큐브 얼음 8~10개 정도 넣는다).

❹ 블렌더를 약 8~10초간 작동한다(얼음과 음료가 충분히 섞여 잔에 따라내기 적당한 정도까지).

❺ 잔에 얼음을 버리고 음료를 잔에 따라낸다.

❻ 파인애플과 체리로 장식한다.

강의
QR코드를 찍으면 무료 강의를 확인할 수 있습니다.

24 | 피나 콜라다 Pina Colada

글라스
Footed Pilsner Glass

기법
Blend

재료
Light Rum 1 1/4oz
Pina Colada Mix 2oz
Pineapple Juice 2oz

가니쉬
A Wedge of Fresh Pineapple(Orange)&Cherry

Tip

- 칠링한 얼음은 항상 칵테일을 잔에 따르기 전에 버린다.
- 크러쉬드 아이스가 제공되지 않을 경우 큐브 얼음을 8~10개 넣는다.
- 블렌딩은 오래 하지 않는다.

레시피

① 잔에 얼음을 가득 넣고 칠링한다.

② 블렌더에 라이트럼 1 1/4oz, 피나콜라다 믹스 2oz, 파인애플 주스 2oz를 넣는다.

③ 크러쉬드 아이스 1스쿱을 넣고 블렌더를 잘 닫는다 (크러쉬드 아이스가 없을 경우 큐브 얼음 8~10개 정도 넣는다).

④ 블렌더를 약 8~10초간 작동한다(얼음과 음료가 충분히 섞여 잔에 따라내기 적당한 정도까지).

⑤ 잔에 얼음을 버리고 음료를 잔에 따라낸다.

⑥ 파인애플과 체리로 장식한다.

강의
QR코드를 찍으면 무료 강의를 확인할 수 있습니다.

25 | 코스모폴리탄 Cosmopolitan

- **글라스**
Cocktail Glass

- **기법**
Shake

- **재료**
Vodka 1oz
Triple Sec 1/2oz
Lime Juice 1/2oz
Cranberry Juice 1/2oz

- **가니쉬**
Twist of Lime or Lemon

Tip

- 칠링한 얼음은 항상 칵테일을 잔에 따르기 전에 버린다.
- 쉐이커에 얼음을 너무 많이 넣지 않는다.
- 쉐이킹은 오래 하지 않는다.

레시피

❶ 잔에 얼음을 넣고 칠링한다.

❷ 쉐이커에 얼음을 8~10개 정도 넣는다.

❸ 보드카 1oz, 트리플섹 1/2oz, 라임주스 1/2oz, 크랜베리 주스 1/2oz를 넣는다.

❹ 스트레이너, 캡 순으로 닫고 8~10회 흔든다.

❺ 잔에 얼음은 버리고 칵테일을 따른다.

❻ 레몬껍질을 비틀어 칵테일 안에 넣는다.

강의 QR코드를 찍으면 무료 강의를 확인할 수 있습니다.

26 | 모스코 뮬 Moscow Mule

글라스
Highball Glass

기법
Build

재료
Vodka 1 1/2oz
Lime Juice 1/2oz
Fill with Ginger Ale

가니쉬
A Slice of Lime or Lemon

Tip
- 빌드 기법은 얼음을 잔에 가득 넣는다.
- 용량은 잔에 약 90% 정도가 되게 한다.

레시피
1. 잔에 얼음을 가득 넣어준다.
2. 보드카 1 1/2oz, 라임주스 1/2oz를 넣는다.
3. 진저에일을 잔의 90%까지 채운다.
4. 바 스푼으로 살짝 젓는다.
5. 레몬 슬라이스로 장식한다.

강의
QR코드를 찍으면 무료 강의를 확인할 수 있습니다.

27 | 애프리콧 Apricot

- **글라스**
Cocktail Glass

- **기법**
Shake

- **재료**
Apricot Brandy 1 1/2oz
Dry Gin 1tsp
Lemon Juice 1/2oz
Orange Juice 1/2oz

- **가니쉬**
없음

Tip

- 칠링한 얼음은 항상 칵테일을 잔에 따르기 전에 버린다.
- 쉐이커에 얼음을 너무 많이 넣지 않는다.
- 쉐이킹은 오래 하지 않는다.

레시피

❶ 잔에 얼음을 넣고 칠링한다.

❷ 쉐이커에 얼음을 8~10개 정도 넣는다.

❸ 애프리콧 브랜디 1 1/2oz, 드라이 진 1tsp, 레몬주스 1/2oz, 오렌지주스 1/2oz를 넣는다.

❹ 스트레이너, 캡 순으로 닫고 8~10회 흔든다.

❺ 잔에 얼음은 버리고 칵테일을 따른다.

강의

QR코드를 찍으면 무료 강의를 확인할 수 있습니다.

28 | 허니문 Honeymoon

글라스
Cocktail Glass

기법
Shake

재료
Apple Brandy 3/4oz
Benedictine D.O.M 3/4oz
Triple Sec 1/4oz
Lemon Juice 1/2oz

가니쉬
없음

Tip
- 칠링한 얼음은 항상 칵테일을 잔에 따르기 전에 버린다.
- 쉐이커에 얼음을 너무 많이 넣지 않는다.
- 쉐이킹은 오래 하지 않는다.

레시피
❶ 잔에 얼음을 넣고 칠링한다.

❷ 쉐이커에 얼음을 8~10개 정도 넣는다.

❸ 애플브랜디 3/4oz, 베네딕틴 DOM 3/4oz, 트리플 섹 1/4oz, 레몬주스 1/2oz를 넣는다.

❹ 스트레이너, 캡 순으로 닫고 8~10회 흔든다.

❺ 잔에 얼음은 버리고 칵테일을 따른다.

QR코드를 찍으면 무료 강의를 확인할 수 있습니다.

29 | 블루 하와이안 Blue Hawaiian

글라스
Footed Pilsner Glass

기법
Blend

재료
Light Rum 1oz
Blue Curacao 1oz
Malibu(Coconut Rum) 1oz
Pineapple Juice 2 1/2oz

가니쉬
A Wedge of Fresh Pineapple&Cherry

Tip

- 칠링한 얼음은 항상 칵테일을 잔에 따르기 전에 버린다.
- 크러쉬드 아이스가 제공되지 않을 경우 큐브 얼음을 8~10개 넣는다.
- 블렌딩은 오래 하지 않는다.

레시피

❶ 잔에 얼음을 가득 넣고 칠링한다.

❷ 블렌더에 라이트럼 1oz, 블루 큐라소 1oz, 말리부 1oz, 파인애플 주스 2 1/2oz를 넣는다.

❸ 크러쉬드 아이스 1스쿱을 넣고 블렌더를 잘 닫는다 (크러쉬드 아이스가 없을 경우 큐브 얼음 8~10개 정도 넣는다).

❹ 블렌더를 약 8~10초간 작동한다(얼음과 음료가 충분히 섞여 잔에 따라내기 적당한 정도까지).

❺ 잔에 얼음을 버리고 음료를 잔에 따라낸다.

❻ 파인애플과 체리로 장식한다.

QR코드를 찍으면 무료 강의를 확인할 수 있습니다.

30 | 키르 Kir

■ **글라스**
White Wine Glass

■ **기법**
Build

■ **재료**
White Wine 3oz
Creme de Cassis 1/2oz

■ **가니쉬**
Twist of Lemon Peel

Tip

- 레몬 껍질은 잔 위에서 비틀고 넣는다.
- 화이트와인 계량 시 1oz씩 3번 나누어 계량한다.

레시피

❶ 잔에 화이트 와인 3oz를 넣는다.

❷ 크림드 카시스 1/2oz를 넣는다.

❸ 바 스푼으로 살짝 저어준다.

❹ 레몬껍질을 비틀어 잔에 넣는다.

강의

QR코드를 찍으면 무료 강의를 확인할 수 있습니다.

31 | 테킬라 선라이즈 Tequila Sunrise

글라스
Footed Pilsner Glass

기법
Build + Float

재료
Tequila 1 1/2oz
Fill with Orange Juice
Grenadine Syrup 1/2oz

가니쉬
없음

Tip

- 빌드 기법은 얼음을 잔에 가득 넣는다.
- 용량은 잔에 약 90% 정도가 되게 한다.
- 그라나딘 시럽을 넣을 때 바 스푼을 오렌지 주스 바로 위에 위치하고 천천히 플로팅한다.

레시피

❶ 잔에 얼음을 가득 넣어준다.

❷ 테킬라 1 1/2oz를 넣는다.

❸ 오렌지 주스를 잔의 90%까지 채운다.

❹ 바 스푼으로 살짝 저어준다.

❺ 바 스푼을 이용해 그라나딘 시럽 1/2oz를 천천히 따라준다.

 강의

QR코드를 찍으면 무료 강의를 확인할 수 있습니다.

32 | 힐링 Healing

글라스
Cocktail Glass

기법
Shake

재료
Gamhongro(감홍로40도) 1 1/2oz
Benedictine D.O.M 1/3oz
Creme de Cassis 1/3oz
Sweet&Sour Mix 1oz

가니쉬
Twist of Lemon Peel

Tip
- 칠링한 얼음은 항상 칵테일을 잔에 따르기 전에 버린다.
- 쉐이커에 얼음을 너무 많이 넣지 않는다.
- 쉐이킹은 오래 하지 않는다.

레시피

❶ 잔에 얼음을 넣고 칠링한다.

❷ 쉐이커에 얼음을 8~10개 정도 넣는다.

❸ 감홍로 1 1/2oz, 베네딕틴 D.O.M 1/3oz, 크림드 카시스 1/3oz, 스윗앤사워 믹스 1oz를 넣는다.

❹ 스트레이너, 캡 순으로 닫고 8~10회 흔든다.

❺ 잔에 얼음은 버리고 칵테일을 따른다.

❻ 레몬껍질을 비틀어 잔에 넣는다.

QR코드를 찍으면 무료 강의를 확인할 수 있습니다.

33 | 진도 Jindo

글라스
Cocktail Glass

기법
Shake

재료
Jindo Hongju 1oz
Creme de Menthe(White) 1/2oz
White Grape Juice(청포도) 3/4oz
Raspberry Syrup 1/2oz

가니쉬
없음

Tip
- 칠링한 얼음은 항상 칵테일을 잔에 따르기 전에 버린다.
- 쉐이커에 얼음을 너무 많이 넣지 않는다.
- 쉐이킹은 오래 하지 않는다.

레시피

❶ 잔에 얼음을 넣고 칠링한다.

❷ 쉐이커에 얼음을 8~10개 정도 넣는다.

❸ 진도 홍주 1oz, 크림드 민트(화이트) 1/2oz, 청포도 주스 3/4oz, 라즈베리 시럽 1/2oz를 넣는다.

❹ 스트레이너, 캡 순으로 닫고 8~10회 흔든다.

❺ 잔에 얼음은 버리고 잔의 밑부분을 잡고 칵테일을 따른다.

강의
QR코드를 찍으면 무료 강의를 확인할 수 있습니다.

34 | 풋사랑 Puppy Love

■ 글라스
Cocktail Glass

■ 기법
Shake

■ 재료
Andong Soju(안동소주 35도) 1oz
Triple Sec 1/3oz
Apple Pucker 1oz
Lime Juice 1/3oz

■ 가니쉬
A Slice of Apple

Tip

- 칠링한 얼음은 항상 칵테일을 잔에 따르기 전에 버린다.
- 쉐이커에 얼음을 너무 많이 넣지 않는다.
- 쉐이킹은 오래 하지 않는다.

레시피

❶ 잔에 얼음을 넣고 칠링한다.

❷ 쉐이커에 얼음을 8~10개 정도 넣는다.

❸ 안동소주 1oz, 트리플 섹 1/3oz, 애플푸커 1oz, 라임주스 1/3oz를 넣는다.

❹ 스트레이너, 캡 순으로 닫고 8~10회 흔든다.

❺ 잔에 얼음은 버리고 잔의 밑부분을 잡고 칵테일을 따른다.

❻ 사과 슬라이스로 장식한다.

강의 QR코드를 찍으면 무료 강의를 확인할 수 있습니다.

35 | 금산 Geumsan

글라스
Cocktail Glass

기법
Shake

재료
Geumsan Insamju(금산인삼주43도) 1 1/2oz
Coffee Liqueur(Kahlua) 1/2oz
Apple Pucker 1/2oz
Lime Juice 1tsp

가니쉬
없음

Tip
- 칠링한 얼음은 항상 칵테일을 잔에 따르기 전에 버린다.
- 쉐이커에 얼음을 너무 많이 넣지 않는다.
- 쉐이킹은 오래 하지 않는다.

레시피

❶ 잔에 얼음을 넣고 칠링한다.

❷ 쉐이커에 얼음을 8~10개 정도 넣는다.

❸ 금산 인삼주 1 1/2oz, 깔루아 1/2oz, 애플 푸커 1/2oz, 라임주스 1tsp를 넣는다.

❹ 스트레이너, 캡 순으로 닫고 8~10회 흔든다.

❺ 잔에 얼음은 버리고 잔의 밑부분을 잡고 칵테일을 따른다.

강의
QR코드를 찍으면 무료 강의를 확인할 수 있습니다.

36 | 고창 Gochang

- **글라스**
  Flute Champagne Glass

- **기법**
  Stir

- **재료**
  Sunwoonsan Bokbunjaju(선운산복분자주) 2oz
  Cointreau or Triple Sec 1/2oz
  Sprite 2oz

- **가니쉬**
  없음

Tip

- 칠링한 얼음은 항상 칵테일을 잔에 따르기 전에 버린다.
- 믹싱 글라스에 얼음을 너무 많이 넣지 않는다.
- 스터는 오래 하지 않는다.

레시피

1. 잔에 얼음을 넣고 칠링한다.
2. 믹싱 글라스에 얼음을 8~10개 정도 넣는다.
3. 믹싱 글라스에 선운산 복분자주 2oz, 코엥트로 또는 트리플섹 1/2oz, 스프라이트 2oz를 넣는다.
4. 바 스푼으로 8~10회 젓는다.
5. 스트레이너를 끼우고 칠링된 얼음은 버리고 잔에 따른다.

강의 QR코드를 찍으면 무료 강의를 확인할 수 있습니다.

37 | 진 피즈 Gin Fizz

■ 글라스
Highball Glass

■ 기법
Shake + Build

■ 재료
Gin 1 1/2oz

Lemon Juice 1/2oz

Powdered Sugar 1tsp

Fill with Club Soda

■ 가니쉬
A Slice of Lemon

레시피

❶ 잔에 얼음을 80~90% 넣는다.

❷ 쉐이커에 얼음을 8~10개 정도 넣는다.

❸ 진 1 1/2oz, 레몬 주스 1/2oz, 설탕 1tsp을 넣는다.

❹ 스트레이너, 캡 순으로 닫고 8~10회 흔든다.

❺ 왼손으로 잔의 밑부분을 잡고 따른다.

❻ 잔의 90%까지 탄산수로 채운다.

❼ 살짝 저어주고 레몬 슬라이스로 장식한다.

Tip

- 잔에 얼음은 가득 넣는다.
- 하이볼 잔에 90% 음료가 찰 수 있게 조주한다.
- 쉐이킹은 오래하지 않는다.

 강의

QR코드를 찍으면 무료 강의를 확인할 수 있습니다.

38 | 프레쉬 레몬 스쿼시 Fresh Lemon Squash

■ 글라스
Highball Glass

■ 기법
Build

■ 재료
Lemon 1/2ea
Powdered Sugar 2tsp
Fill with Club Soda

■ 가니쉬
A Slice of Lemon

Tip

- 시간이 부족할 때, 칠링을 생략한다.
1. 레몬을 반으로 자르고 스퀴저를 이용해 즙을 짠다.
2. 잔의 레몬즙을 넣고, 설탕 2tsp을 넣어준다.
3. 재료를 저어준다.
4. 얼음을 80~90% 채운다.
5. 탄산수를 잔에 90%까지 채우고 살짝 저어준다.
6. 레몬 슬라이스로 장식한다.

 강의

레시피

❶ 잔에 얼음을 가득 넣고 칠링한다.

❷ 레몬을 반으로 자르고 스퀴저를 이용해 즙을 짠다.

❸ 칠링된 잔의 얼음을 버리고 레몬즙을 넣어준다.

❹ 설탕 2tsp을 넣어준다.

❺ 탄산수 1oz를 넣고 재료를 저어준다.

❻ 얼음을 80~90% 채운다.

❼ 탄산수를 잔에 90%까지 채우고 살짝 저어준다.

❽ 레몬 슬라이스로 장식한다.

39 | 버진 프루트 펀치 Virgin Fruit Punch

■ 글라스
Footed Pilsner Glass

■ 기법
Blend

■ 재료
Orange Juice 1oz Lemon Juice 1/2oz

Pineapple Juice 1oz   Grenadine Syrup 1/2oz

Cranberry Juice 1oz

Grapefruit Juice 1oz

■ 가니쉬
A Wedge of Fresh Pineapple&Cherry

레시피

Tip

- 칠링한 얼음은 항상 칵테일을 잔에 따르기 전에 버린다.
- 크러쉬드 아이스가 제공되지 않을 경우 큐브 얼음을 8~10개 넣는다.
- 블렌딩은 오래하지 않는다.

❶ 잔에 얼음을 가득 넣고 칠링한다.

❷ 블렌더에 오렌지 주스 1oz, 파인애플 주스 1oz, 크랜베리 주스 1oz, 자몽 주스 1oz, 레몬주스 1/2oz, 그라나딘 시럽 1/2oz를 넣는다.

❸ 크러쉬드 아이스 1스쿱을 넣고 블렌더를 잘 닫는다(크러쉬드 아이스가 없을 경우 큐브 얼음 8~10개 정도 넣는다).

❹ 블렌더를 약 8~10초간 작동한다(얼음과 음료가 충분히 섞여 잔에 따라내기 적당한 정도까지).

❺ 잔에 얼음을 버리고 음료를 잔에 따라낸다.

❻ 파인애플과 체리로 장식한다.

QR코드를 찍으면 무료 강의를 확인할 수 있습니다.

40 | 불바디에 Boulevardier

글라스
Old Fashioned Glass

기법
Stir

재료
Bourbon Whiskey 1oz
Sweet Vermouth 1oz
Campari 1oz

가니쉬
Twist of Orange Peel

Tip
- 믹싱 글라스에 얼음을 많이 넣지 않는다.
- 스터는 오래 하지 않는다.
- 오렌지 트위스트 필은 집게와 손을 이용해서 한다.

레시피

❶ 잔에 얼음을 6~8개 넣는다.

❷ 믹싱 글라스에 얼음 8~10개 정도 넣는다.

❸ 버번위스키, 스윗 베르뭇, 캄파리를 각 1oz씩 넣는다.

❹ 바스푼으로 8~10 젓는다.

❺ 스트레이너를 끼우고 잔에 따른다.

❻ 오렌지 트위스트 필을 한다.

강의
QR코드를 찍으면 무료 강의를 확인할 수 있습니다.

강의 QR코드를 찍으면 무료 강의를 확인할 수 있습니다.

가니쉬 손질법	40개 레시피 몰아 보기

PART 05
부록

들고 다니는 레시피

01 푸스 카페
Pousse Café

02 맨하탄
Manhattan

03 드라이 마티니
Dry Martini

04 올드 패션드
Old Fashioned

02 맨하탄
Manhattan

- **글라스** Cocktail Glass
- **기법** Stir
- **재료** Bourbon Whiskey 1 1/2oz
  Sweet Vermouth 3/4oz
  Angostura Bitters 1dash
- **가니쉬** Cherry

01 푸스 카페
Pousse Café

- **글라스** Stemed Liqueur Glass
- **기법** Float
- **재료** Grenadine Syrup 1/3Part(1/2oz)
  Creme de Menthe(Green) 1/3Part (1/2oz)
  Brandy 1/3Part(1/2oz)
  *리큐르 글라스 잔 모양에 따라 용량을 조절한다.
- **가니쉬** 없음

04 올드 패션드
Old Fashioned

- **글라스** Old Fashioned Glass
- **기법** Build
- **재료** Bourbon Whiskey 1 1/2oz
  Powered Sugar 1tsp
  Angostura Bitters 1dash
  Soda Water 1/2oz
- **가니쉬** A Slice of Orange&Cherry

03 드라이 마티니
Dry Martini

- **글라스** Cocktail Glass
- **기법** Stir
- **재료** Dry Gin 2oz
  Dry Vermouth 1/3oz
- **가니쉬** Green Olive

05 브랜디 알렉산더
Brandy Alexander

06 싱가폴 슬링
Singapore Sling

07 블랙러시안
Black Russian

08 마가리타
Margarita

06 싱가폴 슬링
Singapore Sling

- **글라스** Footed Pilsner Glass
- **기법** Shake + Build
- **재료** Dry Gin 1 1/2oz
  Lemon Juice 1/2oz
  Powdered Sugar 1tsp
  Fill with Soda Water
  Top with Cherry Brandy 1/2oz
- **가니쉬** A Slice of Orange and Cherry

05 브랜디 알렉산더
Brandy Alexander

- **글라스** Cocktail Glass
- **기법** Shake
- **재료** Brandy 3/4oz
  Creme de Cacao(Brown) 3/4oz
  Light Milk 3/4oz
- **가니쉬** Nutmeg Powder

08 마가리타
Margarita

- **글라스** Cocktail Glass
- **기법** Shake
- **재료** Tequila 1 1/2oz
  Triple Sec 1/2oz
  Lime Juice 1/2oz
- **가니쉬** Rimming with Salt

07 블랙러시안
Black Russian

- **글라스** Old Fashioned Glass
- **기법** Build
- **재료** Vodka 1oz
  Coffee Liqueur(Kahlua) 1/2oz
- **가니쉬** 없음

09 러스티 네일
Rusty Nail

10 위스키 사워
Whiskey Sour

11 뉴욕
New York

12 다이키리
Daiquiri

10 위스키 사워
Whiskey Sour

- **글라스** Sour Glass
- **기법** Shake + Build
- **재료** Bourbon Whiskey 1 1/2oz
  Lemon Juice 1/2oz
  Powdered Sugar 1tsp
  Top with Soda Water 1oz
- **가니쉬** A Slice of Lemon&Cherry

09 러스티 네일
Rusty Nail

- **글라스** Old Fashioned Glass
- **기법** Build
- **재료** Scotch Whisky 1oz
  Drambuie 1/2oz
- **가니쉬** 없음

12 다이키리
Daiquiri

- **글라스** Cocktail Glass
- **기법** Shake
- **재료** Light Rum 1 3/4oz
  Lime Juice 3/4oz
  Powdered Sugar 1tsp
- **가니쉬** 없음

11 뉴욕
New York

- **글라스** Cocktail Glass
- **기법** Shake
- **재료** Bourbon Whiskey 1 1/2oz
  Lime Juice 1/2oz
  Powdered Sugar 1tsp
  Grenadine Syrup 1/2tsp
- **가니쉬** Twist of Lemon Peel

13 B-52

14 준벅
June Bug

15 바카디
Bacardi

16 쿠바 리브레
Cuba Libre

14 준벅
June Bug

- **글라스** Collins Glass
- **기법** Shake
- **재료** Midori(Melon Liqueur) 1oz
  Malibu(Coconut Rum) 1/2oz
  Banana Liqueur 1/2oz
  Pineapple Juice 2oz
  Sweet&Sour Mix 2oz
- **가니쉬** A Wedge of Fresh Pineapple &Cherry

13 B-52

- **글라스** Sherry Glass
- **기법** Float
- **재료** Coffee Liqueur(Kahlua) 1/3part(1/3oz)
  Bailey's Irish Cream 1/3part(1/2oz)
  Grand Marnier 1/3part(3/4oz)
- **가니쉬** 없음

16 쿠바 리브레
Cuba Libre

- **글라스** Highball Glass
- **기법** Build
- **재료** Light Rum 1 1/2oz
  Lime Juice 1/2oz
  Fill with Cola
- **가니쉬** A Wedge of Lemon

15 바카디
Bacardi

- **글라스** Cocktail Glass
- **기법** Shake
- **재료** Bacardi Rum White 1 3/4oz
  Lime Juice 3/4oz
  Grenadine Syrup 1tsp
- **가니쉬** 없음

17 그래스호퍼
Grasshopper

18 시브리즈
Seabreeze

19 애플 마티니
Apple Martini

20 네그로니
Negroni

18 시브리즈
Seabreeze

- 글라스: Highball Glass
- 기법: Build
- 재료: Vodka 1 1/2oz
  Cranberry Juice 3oz
  Grapefruit Juice 1/2oz
- 가니쉬: A Wedge of Lime or Lemon

17 그래스호퍼
Grasshopper

- 글라스: Champagne Glass(Saucer)
- 기법: Shake
- 재료: Creme de Mint(Green) 1oz
  Creme de Cacao(White) 1oz
  Light Milk 1oz
- 가니쉬: 없음

20 네그로니
Negroni

- 글라스: Old Fashioned Glass
- 기법: Build
- 재료: Dry Gin 3/4oz
  Sweet Vermouth 3/4oz
  Campari 3/4oz
- 가니쉬: Twist of Lemon peel

19 애플 마티니
Apple Martini

- 글라스: Cocktail Glass
- 기법: Shake
- 재료: Vodka 1oz
  Apple Pucker 1oz
  Lime Juice 1/2oz
- 가니쉬: A Slice of Apple

21 롱 아일랜드 아이스티
Long Island Iced Tea

22 사이드 카
Side Car

23 마이타이
Mai-Tai

24 피나 콜라다
Pina Colada

22 사이드 카
Side Car

- **글라스** Cocktail Glass
- **기법** Shake
- **재료** Brandy 1oz
  Cointreau or Triple Sec 1oz
  Lemon Juice 1/4oz
- **가니쉬** 없음

21 롱 아일랜드 아이스티
Long Island Iced Tea

- **글라스** Collins Glass
- **기법** Build
- **재료** Gin 1/2oz
  Vodka 1/2oz
  Light Rum 1/2oz
  Tequila 1/2oz
  Triple Sec 1/2oz
  Sweet&Sour Mix 1 1/2oz
  Top With Cola
- **가니쉬** A Wedge Lime or Lemon

24 피나 콜라다
Pina Colada

- **글라스** Footed Pilsner Glass
- **기법** Blend
- **재료** Light Rum 1 1/4oz
  Pina Colada Mix 2oz
  Pineapple Juice 2oz
- **가니쉬** A Wedge of Fresh Pineapple (Orange)&Cherry

23 마이타이
Mai-Tai

- **글라스** Footed Pilsner Glass
- **기법** Blend
- **재료** Light Rum 1 1/4oz
  Triple Sec 3/4oz
  Lime Juice 1oz
  Pineapple Juice 1oz
  Orange Juice 1oz
  Grenadine Syrup 1/4oz
- **가니쉬** A Wedge of Fresh Pineapple (Orange)&Cherry

25 코스모폴리탄
Cosmopolitan

26 모스코 뮬
Moscow Mule

27 애프리콧
Apricot

28 허니문
Honeymoon

26 모스코 뮬
Moscow Mule

- **글라스** Highball Glass
- **기법** Build
- **재료** Vodka 1 1/2oz
  Lime Juice 1/2oz
  Fill with Ginger Ale
- **가니쉬** A Slice of Lime or Lemon

25 코스모폴리탄
Cosmopolitan

- **글라스** Cocktail Glass
- **기법** Shake
- **재료** Vodka 1oz
  Triple Sec 1/2oz
  Lime Juice 1/2oz
  Cranberry Juice 1/2oz
- **가니쉬** Twist of Lime or Lemon

28 허니문
Honeymoon

- **글라스** Cocktail Glass
- **기법** Shake
- **재료** Apple Brandy 3/4oz
  Benedictine D.O.M 3/4oz
  Triple Sec 1/4oz
  Lemon Juice 1/2oz
- **가니쉬** 없음

27 애프리콧
Apricot

- **글라스** Cocktail Glass
- **기법** Shake
- **재료** Apricot Brandy 1 1/2oz
  Dry Gin 1tsp
  Lemon Juice 1/2oz
  Orange Juice 1/2oz
- **가니쉬** 없음

29 블루 하와이안
Blue Hawaiian

30 키르
Kir

31 테킬라 선라이즈
Tequila Sunrise

32 힐링
Healing

30 키르
Kir

- 글라스 — White Wine Glass
- 기법 — Build
- 재료 — White Wine 3oz
  Creme de Cassis 1/2oz
- 가니쉬 — Twist of Lemon Peel

29 블루 하와이안
Blue Hawaiian

- 글라스 — Footed Pilsner Glass
- 기법 — Blend
- 재료 — Light Rum 1oz
  Blue Curacao 1oz
  Malibu(Coconut Rum) 1oz
  Pineapple Juice 2 1/2oz
- 가니쉬 — A Wedge of Fresh Pineapple &Cherry

32 힐링
Healing

- 글라스 — Cocktail Glass
- 기법 — Shake
- 재료 — Gamhongro(감홍로40도) 1 1/2oz
  Benedictine D.O.M 1/3oz
  Creme de Cassis 1/3oz
  Sweet&Sour Mix 1oz
- 가니쉬 — Twist of Lemon Peel

31 테킬라 선라이즈
Tequila Sunrise

- 글라스 — Footed Pilsner Glass
- 기법 — Build + Float
- 재료 — Tequila 1 1/2oz
  Fill with Orange Juice
  Grenadine Syrup 1/2oz
- 가니쉬 — 없음

33 진도
Jindo

34 풋사랑
Puppy Love

35 금산
Geumsan

36 고창
Gochang

34 풋사랑
Puppy Love

- **글라스** Cocktail Glass
- **기법**   Shake
- **재료**   Andong Soju(안동소주 35도) 1oz
             Triple Sec 1/3oz
             Apple Pucker 1oz
             Lime Juice 1/3oz
- **가니쉬** A Slice of Apple

33 진도
Jindo

- **글라스** Cocktail Glass
- **기법**   Shake
- **재료**   Jindo Hongju 1oz
             Creme de Menthe(White) 1/2oz
             White Grape Juice(청포도) 3/4oz
             Raspberry Syrup 1/2oz
- **가니쉬** 없음

36 고창
Gochang

- **글라스** Flute Chamagne Glass
- **기법**   Stir
- **재료**   Sunwoonsan Bokbunjaju(선운산복분자주) 2oz
             Cointreau or Triple Sec 1/2oz
             Sprite 2oz
- **가니쉬** 없음

35 금산
Geumsan

- **글라스** Cocktail Glass
- **기법**   Shake
- **재료**   Geumsan Insamju(금산인삼주 43도) 1 1/2oz
             Coffee Liqueur(Kahlua) 1/2oz
             Apple Pucker 1/2oz
             Lime Juice 1tsp
- **가니쉬** 없음

37 진 피즈
Gin Fizz

38 프레쉬 레몬 스쿼시
Fresh Lemon Squash

39 버진 프루트 펀치
Virgin Fruit Punch

40 불바디에
Boulevardier

38 프레쉬 레몬 스쿼시
Fresh Lemon Squash

- **글라스** Highball Glass
- **기법** Build
- **재료** Lemon 1/2ea
  Powdered Sugar 2tsp
  Fill with Club Soda
- **가니쉬** A Slice of Lemon

37 진 피즈
Gin Fizz

- **글라스** Highball Glass
- **기법** Shake + Build
- **재료** Gin 1 1/2oz
  Lemon Juice 1/2oz
  Powdered Sugar 1tsp
  Fill with Club Soda
- **가니쉬** A Slice of Lemon

40 불바디에
Boulevardier

- **글라스** Old Fashioned Glass
- **기법** Stir
- **재료** Bourbon Whiskey 1oz
  Sweet Vermouth 1oz
  Campari 1oz
- **가니쉬** Twist of Orange Peel

39 버진 프루트 펀치
Virgin Fruit Punch

- **글라스** Footed Pilsner Glass
- **기법** Blend
- **재료** Orange Juice 1oz
  Pineapple Juice 1oz
  Cranberry Juice 1oz
  Grapefruit Juice 1oz
  Lemon Juice 1/2oz
  Grenadine Syrup 1/2oz
- **가니쉬** A Wedge of Fresh Pineapple &Cherry

MEMO

MEMO

MEMO